董仲舒与儒学研究

第八辑

魏彦红 主编
曹迎春 卫立冬 耿春红 李建明 副主编

巴蜀书社

图书在版编目（CIP）数据

董仲舒与儒学研究．第八辑/魏彦红主编．—成都：巴蜀书社，2019.5

ISBN 978-7-5531-1145-2

Ⅰ.①董…　Ⅱ.①魏…　Ⅲ.①董仲舒（前179—前104）—哲学思想—思想评论—文集②儒学—研究—文集
Ⅳ.①B234.55—53②B222.05—53

中国版本图书馆CIP数据核字（2019）第074044号

董仲舒与儒学研究（第八辑）　　魏彦红　主编

责任编辑	陈亚玲
出　　版	巴蜀书社 成都市槐树街2号　邮编610031 总编室电话：(028)86259397
网　　址	www.bsbook.com
发　　行	巴蜀书社 发行科电话：(028)86259422　86259423
经　　销	新华书店
照　　排	四川胜翔数码印务设计有限公司
印　　刷	成都蜀通印务有限责任公司（028）64715762
版　　次	2019年5月第1版
印　　次	2019年5月第1次印刷
成品尺寸	148mm×210mm
印　　张	23.75
字　　数	750千
书　　号	ISBN 978-7-5531-1145-2
定　　价	98.00元

李润和教授在“2018 中国·衡水董仲舒与儒家思想国际学术研讨会”做主题演讲

钱耕森教授在“2018 中国·衡水董仲舒与儒家思想国际学术研讨会”做主题演讲

谢遐龄教授在“2018 中国・衡水董仲舒与儒家思想国际学术研讨会”做主题演讲

丁四新教授在“2018 中国・衡水董仲舒与儒家思想国际学术研讨会”做主题演讲

陈福滨教授在“2018 中国 · 衡水董仲舒与儒家思想国际学术研讨会”做主题演讲

方朝晖教授在“2018 中国 · 衡水董仲舒与儒家思想国际学术研讨会”做主题演讲

罗传芳教授在“2018 中国 · 衡水董仲舒与儒家思想国际学术研讨会”做主题演讲

傅永吉教授在“2018 中国 · 衡水董仲舒与儒家思想国际学术研讨会”做主题演讲

山西省社科院哲学所一行访问董子学院

魏彦红教授在第 24 届世界哲学大会演讲

白立强博士在第 24 届世界哲学大会演讲

在中华孔子学会国学教育委员会年会与国学大师钱逊先生（左二）、楼宇烈先生（左三）合影

首届鲁迅文学奖获得者、解放军出版社副总编董保存（中）第二次到访董子学院

魏彦红教授参加中华孔子学会 2018 学术年会

《衡水学院学报》因董学专栏的影响力在武汉刊博会（2018）备受关注

白立强博士在“首届中华传统文化与华夏文明探源”国际论坛与李宗桂教授（右）合影

魏彦红教授参加由中国社会科学院哲学所举办的“第二届经史传统与中国哲学”学术研讨会

董子后裔江西留坑董学研究会一行到访董子学院

衡水学院“董仲舒思想国际研究院”入选教育部举办的“改革开放 40 年中国高等教育成就精品展”

董子学院教师集体参加第五届河北儒学论坛

河北省董仲舒研究会 2018 学术年会暨董子学院学术年会在衡水学院召开

美籍华人学者王小良教授（左）莅临董子讲坛，李奎良教授主持

董子学院外聘韩国教授金周昌博士在阳明学会议上做主题演讲

《衡水学院学报》出刊百期暨董学专栏建设座谈会召开，中宣部、教育部等主管领导及期刊界编辑名家、二次文献机构负责人等出席

魏彦红教授参加酒哲学学术研讨会并和余治平教授（右）合影

魏彦红教授和曹迎春教授参加在尼泊尔举行的第二届亚洲环境哲学会议

董子学院以强大阵容参加“苇杭书院 2018 年终会讲”并与楼宇烈先生（左五）合影

在由史仁怀先生捐赠的董子像揭幕仪式上，董子学院教师深情诵读董子名言

董子学院教师参加第四届“国学与大学德育论坛”

董子学院曹迎春教授在央视纪录片《中山国》中做解说嘉宾

董子学院曹迎春教授受邀到燕山大学讲董仲舒思想

目 录

序　盛世文化的代表

周桂钿

两千多年前的儒家提出了最高的社会理想和现实的社会理想。最高理想是“大道之行也，天下为公”的大同社会。最高理想很难实现，现实社会是“大道既隐，天下为家”的家天下。家天下也有兴衰成败的问题，兴盛时，社会安定，经济发展，人民安居乐业。这叫小康社会。如果天下分裂，社会大乱，战争爆发，经济崩溃，人民流离失所。这就是乱世。中国历史上经常出现乱世与治世的交替。大乱后有大治，治以后又乱，分久必合，合久必分。治理得好，可以安定数百年。治理不好，连续动乱，难有安定的日子。中国人的梦想首先是实现小康的现实理想，而最高理想只是追求的目标，时过两千多年，还没实现，再过两千年，也未必能实现。因此，我们要争取的首先是现实理想，那就是小康社会。

儒家认为尧、舜之前是公天下的大同社会，就是公有制的原始社会。从禹开始出现家天下，这是私有制的社会。儒家还认为，在禹、汤、文武、成王、周公执政时期是小康社会。这时的家天下，社会安定，没有战争，秩序良好。这是三代的前期。接着后来就逐渐变坏了。夏桀和商纣当政都是乱世，才被汤、武所取代。特别在周朝末期，天下大乱，周天子没有权威，礼崩乐坏，各诸侯分裂割据，年年纷争，大国强国吞并小国弱国，最后七强纷争进入战国时代，最终由秦国吞并六国统一天下，建立秦朝，筑长城，统一文字与度量衡，改封建制度为郡县制度。秦虽然统一了，由于执政缺乏德教，不久又陷入大乱，很快又灭亡了。继承秦朝的是汉朝，虽然改朝了，而家天下的格局没有改变，一直延续到清朝，达四千五百多年。家天下在四千多年中，虽然不断改朝换代，家天下的格局没有变化，虽有改革与创新，只是在完善这种制度。新朝代刚建立往往比较好，社会安定，经济发展，人民安居乐业，呈现盛世状况。延续一段时间后，就逐渐腐败，进入乱世，被人民推翻，被有德者取代。在中国历史上有汉唐盛世。汉朝与唐朝的前期与三代前期相似，都可以称为盛世即小康社会。

大同是儒家的最高理想，很难达到，小康则是可以实现的现实的理想社会。大同与小康就成为古今中国人的共同之梦。

尧舜之前还没有出现私有制的原始社会，儒家称为“天下为公”的时代。当时社会状况，我们不清楚。夏、商、周三代，孔子对于夏、商的社会制度已经不太清楚，礼制大概已经出现。后代考古可以确定商代有甲骨文和祭祀文化。至于周代，孔子有比较多的了解，主要的有周公制礼作乐，创造礼乐文化，又实行分封建国的封建制度，细节保存在儒家的典籍中。秦王朝建立时，实行郡县制，取代封建制，同时废除许多礼乐细节。春秋时代已经礼崩乐坏，这时改朝的冲击，使礼乐细节荡然无存。

汉代秦之后，许多儒生企图恢复周礼，由于资料不全，他们收集残篇断简，加上想象猜测，重新创造出与时代相适应的礼乐制度来。“礼之用，和为贵”，礼乐的作用最重要的就是使社会和谐。汉初统治者为了巩固得来不易的政权，采取了一系列措施，协调各种社会关系，消除危险因素。在稳定的条件下，发展生产，保障供给，让人民安居乐业。人民富裕以后，就开始奢侈，而当官的就抢先腐败，教育就变得特别重要。正如孟子所说，生活好了，不接受教育，就会变得与禽兽差不多。刘邦巩固政权，文、景时代使百姓富裕，汉武帝开始独尊儒术，大办教育，发展文化事业。汉初这三阶段形成了盛事景象：社会稳定，经济发展，文化提高。

文化提高，培育了史学家。史学家记述了盛世景象。司马迁、班固等著名史学家，记录了汉代社会的状况。在盛世之下有许多社会问题，是动乱的萌芽，任其发展，就会毁灭这个盛世。这里有丰富的经验与教训。还有一些著作，如陆贾《新语》，贾谊《新书》，桓宽《盐铁论》等，都从不同角度阐述了治理天下的深刻理论。特别是董仲舒，不置产业，专心理论探索，提出一些重要思想，对后代有深刻的影响，如“大一统论”，形成民族意识。为民族统一作出贡献的，是民族英雄；分裂民族，出卖民族利益的，是民族败类、汉奸卖国贼。又如“独尊儒术”，奠定了以儒学为主干的中华民族精神。因此，董仲舒被称为经学大师，“为儒者宗”，“为群儒首”，上承孔子，下启朱熹，堪称中华文明史上三大圣之一。

孔子生于春秋时代的乱世，朱熹生于南宋末世，只有董仲舒生于西汉前期的盛世。因此，董仲舒哲学即董学不愧为盛世文化的代表。

董仲舒故里广川，今属河北衡水市，衡水学院的学者们重视本地先贤，潜心研究，又组织全国性会议，交流研究成果和体会。现将这些论文汇集出版，编辑邀我作序，我以为好事，当即应允，在视力很差的情况下，闭目思考，写下以上文字，权充序，请读者指正！

序

蒋重跃

《衡水学院学报》主编魏彦红教授要我为他们将要出版的《董仲舒与儒学研究》系列文集作一篇序，其中的文章多出自他们学报的特色专栏“董仲舒与儒学研究”。我欣然接受了这项任务。为什么呢？一来是因为这个主题与我的学术领域相关，对于它的学术意义和价值，我多少还能有所了解；二来是因为办特色栏目对于高校社科学术期刊的发展具有重要的意义，作为全国高等学校文科学报研究会理事会的负责人，我的确感到有话可说。

毫无疑问，董仲舒是中国古代历史上第一流的学者和思想家。在他生活的时期，王朝统治正在从“清静无为”向“以孝治天下”（其实是“以霸王道杂之”）过渡，很自然地，学术思想上也就要从黄老之学向儒学转向。董仲舒的思想就是儒学向意识形态最高地位攀升的代表。他的“天人三策”对于汉武帝实施思想统治产生了重大影响；他对《春秋》学的研究继承了先秦公羊家传统，被当时的思想界和学术界公认为一家，并进而规范了两汉公羊学的基本走向。董仲舒在当时的政治、思想、文化、教育、学术等诸多方面都留下了影响。他在世时就受到最高统治者和学界的隆重礼遇，身后长期受到尊崇。不过，在特定的历史时期，他也会遭遇相反的命运，受到世人的批评、误解，甚至污蔑和谩骂。时至今日，关于董仲舒，仍有许多问题需要不断地探索和研究。例如，他对天人关系的认识究竟是毫无价值的宗教迷信，还是饱含真知灼见的理性反省？他的一统思想、三统论、三世说究竟是稀奇古怪的歪理邪说，还是别有会心的奇思妙想？他对公羊家法有怎样的贡献？他的学术活动在人类知识发展史上占有怎样的地位？他的思想在今天还有哪些意义和价值？这些问题的确大有研究的必要。

在中国历史上，像董仲舒这样的大思想家并不多见，如果回念两千多年的悠久历程，放眼中国乃至全世界的广袤地域，这个话题就更显得弥足珍贵了。在我国当下的中等学校和高等院校文史哲的相关教材和学术著作中，是不会丢掉董仲舒的。专以董仲舒为题的学术著作也有十几种出版，学术论文就更多了，以董仲舒本人为题的论文每年都会有五十篇左右在正式学术期刊发表，但却没有一种学术期刊是专以董仲舒及与董仲舒相关的思想文化现象为主题的，这不能不说是一个缺憾。怎么办呢？

2007 年，就在董仲舒的家乡，《衡水学院学报》创设了“董仲舒研究”专栏，弥补了学术界的这个缺憾。为了办好这个栏目，《衡水学院学报》的主编和编辑不辞辛劳，做了大量工作。他们在全国范围内发出征稿函和约稿函，专程拜访董学专家，参加相关学术研讨会，举办全国董仲舒思想高端学术论坛，还通过网络（博客、微博等）挖掘稿源。他们的努力得到了丰厚的回报，许多著名的董学专家学者纷纷把自己的研究心得贡献出来。在短短的几年里，他们与众多董学研究知名学者建立并保持了良好的合作关系，专栏共刊登了一百多篇董仲舒研究论文，其中不乏精品力作，所以才有本文集的系列出版。

《衡水学院学报》创办“董仲舒与儒学研究”专栏是一个有代表性的案例，它说明，综合性学术期刊创办特色栏目是必要的，更是可行的。

首先，在我国的学术研究和学术期刊界，有一个问题一直困扰着人们，即一方面是有许多学术专题研究成果需要发表，另一方面却是没有足够的与之相应的专题期刊以供论文发表。这样的研究课题和领域有许多，历史人物方面涉及思想家、教育家、文学家、政治家、军事家等等，地域文化方面涉及齐鲁、闽越、河海、三晋、关陇、巴蜀、岭南等等，行业文化方面涉及盐铁、纺织、印刷、演艺等等。与此相适应，各个主题下的研究队伍也相对集中。但与之相对应的专题性学术刊物却不多。那么，怎样才能更有效地把众多优秀的专题论文发表出来，以满足学术研究的需要呢？在现有的管理体制下，唯有在综合期刊中考虑创办专题栏目这条路可走。

其次，随着高等教育的快速发展，如何为提高高校的学术研究水平和教学的学术含量服务，也成了摆在高校学术期刊人面前的一个大问题。要做到这一点，提高自身的学术水平就是当务之急。除了少数办刊历史悠久、学术资源丰厚的“大刊”“名刊”，对于众多创刊时间短、经验相对欠缺、资源相对薄弱的学术期刊来说，要想在短时间内取得整体进步是不现实的。如果结合各自的实际，发挥某一方面的优势，创办特色栏目，先把一个或少数几个栏目办好，然后再把优势扩展到全刊，最终推动全刊整体进步，倒是切实可行的。

正是因为瞅准了以上两点，2003 年以来，教育部哲学社会科学名刊建设工程中才专门设立名栏建设计划，至今已经评选出三批共五十余家学报。同时，全国高等学校文科学报研究会在三届评优活动中，专门设立“特色栏目”一项，2014 年，共评选出 217 个优秀特色栏目，鼓励高校学术期刊在创办特色栏目上大胆探索。其中《衡水学院学报》的“董仲舒与儒学研究”专栏连续两届入选研究会评选的特色栏目。政府主管部门和行业组织的这些举措，极大地激发了高校学术期刊创办特色栏目的积极性。目前，许多高校学术期刊都在出点子，想办法，一个争相创办、办好特色栏目的活动正在蓬蓬勃勃地开展起来。《衡水学院学报》的“董仲舒与儒学研究”毫无疑问是其中的一个优秀代表。

创办特色栏目当然要有热情。不过，话又说回来了，创办特色栏目不能脱离实际，要认真研究选题的可行性，切实掌握研究基础和学术队伍的实际情况，保证刊发的学术成果是水到渠成的，而不是揠苗助长出来的。简单说，要在特色和学术水平两者之间形成一种合理的张力或平衡，这才叫质量，才值得去做，才有望获得成功。从本系列文集所选的论文可以看出，《衡水学院学报》在追求特色和水平之间的平衡上做出了他们的努力，应该给予充分肯定。

以上就我所知，对本系列文集的缘起和背景略作介绍，希望对读者的阅读和了解有所助益。

董仲舒政治思想研究

董仲舒盛世治理的四个原则

周桂钿

什么是盛世？没有内忧外患，社会安定，人民生活普遍提高，我认为这就是盛世。但盛世不是没有问题，这些问题如果治理不好就变成乱世。董仲舒那个时代，也是盛世，也有很多问题，所以他提出一些措施。我认为他的这些说法对我们现代社会的治理也是有积极意义的。

第一条就是大一统论。董仲舒根据汉初七国之乱的历史教训，提出“大一统”。他认为只有把地方诸侯王的权力削弱下去，加强中央集权，社会才能统一，社会统一之后国家才能安定，国家安定以后人民才能过安居乐业的生活。加强中央集权以后天子的权力很大，于是董仲舒根据秦二世而亡教训，提出要用天来制约皇帝的这个权力。董仲舒讲的“天”实际内容就是儒学，所以“屈君而伸天”实际上就是独尊儒术。秦朝时建立的中央集权制度是当时中国最先进的制度。董仲舒在汉代的时候用理论来证明加强中央集权的合理性，所以我认为董仲舒的哲学是当时先进文化的代表。这是第一个原则，大一统论。这个统一思想对于中国以后两千年都有很深刻的影响。

第二个就是经济调均。社会安定以后，权势之家经常利用权势“与民争利”，这样就导致贫富两极分化。贫富两极分化以后，富人们骄奢淫逸，穷人们铤而走险，社会也将不安定。所以当政者要进行经济调均。董仲舒提出只有让老百姓安居乐业，强者救助弱者，社会才能调均平衡。东汉的时候，有一些地方受灾，皇帝就从丰收的地方调过来一些粮食救助灾区，让灾区的人民度过灾年，有这个措施以后就没有了逃荒问题。因为大家之前经常一受灾就逃荒。经济是社会的基础，经济调节好了社会就稳定，社会稳定了政权就能巩固。

第三点就是德教为主，刑罚为辅。孔孟时代的儒家都比较重视教育，孔子强调“有教无类”，就是强调教育的意义。但是德教对少数人不适用，老是要触犯底线，所以要采取一个刑罚措施，就是惩罚极少数的。这个思路也是在中国两千年间有很大意义的，所以刑罚仅是对少数的触犯底线的害群之马进行惩罚，以维护大多数人民的正常生活。所以，道德教育是社会稳定的基础，是维护盛世的重要原则。

还有一条原则，就是社会稳定以后很多人觉得国家就安定太平了，实际上过了一段时间又会乱，所以在安定的时候要居安思危，要想到还有什么问题，需要怎么解决？不要就没事干了。这应该说是董仲舒很好的提法。

如果社会稳定以后坚持这四条原则，这个社会未来就可以安定稳定下去。我觉得这个说法对于我们现代社会的治理是有借鉴意义的。所以我就讲一下这个问题。学习董仲舒的思想有现实的价值。

本文为“2018 中国·衡水董仲舒与儒家思想国际学术研讨会”上发表的主题演讲。

原文载于《衡水学院学报》2018 年第 5 期。

周桂钿（1943－），男，福建长乐人，北京师范大学哲学与社会学学院教授，博士生导师，衡水学院特聘教授。

董仲舒给儒家的定位：宗教还是神学

谢遐龄

董仲舒在中国思想史上有崇高地位，是西汉今文经学家代表人物、儒学统治地位确立者。论公羊学的学者皆给其高度评价。关于他对中华文明的积极贡献和“消极”影响，学者们多有研讨，共识与争议并存，无须赘述。本文的立论前提是，董仲舒确立了儒家独尊的地位；要讨论的议题是，董仲舒给儒家做的贡献，是把儒家确定为宗教，还是确定为神学？

回答这个问题的前提是清楚了解古代中国社会的宗教状况，以及孔子是否是儒教教主。盖因康有为立说称孔子是创教者，如果孔子创教，董仲舒或可看作继承并完成孔子创教事业者。孔子是否是教主与儒家是否是宗教，实际上是同一个问题。

一、孔孟儒家不能看作宗教
——了解古代中国社会的国家宗教

康有为坚执孔子创儒教、孔子是教主，意图在模仿耶稣创立基督教，自己创立孔教。不过，把儒家看作宗教并非自康有为始。长远以来，就有儒释道三教并称的流行语。也就是说，儒家到底是个什么样的存在，并不清晰。何况今日话语中宗教一词其实是个西方概念之中译，所以对儒家定位再增加了一重困难。

要解决这个问题，至少要做两件事。一是根据社会科学的方法论，辨析确定学术概念意义的思路。简要地说，把一个存在体划进宗教这个集合，根据的是对其特征的实证研究，以及这些特征是否符合宗教（这个集合中的单元）概念之规定。然而，研究宗教概念之规定，先须判定把哪些存在体归入这个集合。这就是说，当研究某类事物的特性时，先要做建类的工作——把一些存在体圈为一个集合。过程是：一，圈一些存在体建立集合，称作建类。在本例中就是把道教、佛教、基督教等存在体圈在一起，建立一个集合，称作宗教。二，抽象出其共性，看作这类存在体区别其他同种存在体的特征。三，遇到新的类似存在体时，在本例中就是儒家，比对特征，判定其可否归入这个集合。人们对儒家能否归入宗教，就是按这个思路做研究的。由以上分析可见，初始时是否把某个存在体圈进集合是个重要步骤。如果起初就把儒家圈进，那么抽象出来的特征就会有所不同。所以，实际的思想史，建类、抽象特征，是交替进行的。用康德哲学的术语叙述就是，规定性判断与反思性判断交替开展。

这就是说，要提高自己的方法论水平，了解学术研究中概念是怎样确定、修正、发展；对宗教概念有深入的把握。

第二件要做的事是，摆脱以基督教为典型、直观出宗教模型的思维定式，从犹太史价值中立地看待基督教。从犹太民族自身立场看，基督教是叛离正统宗教的邪教，为本民族不容；到外邦传教，成为全世界最大宗教，其势力之大，非基督教各国纪年都以耶稣立元，逼迫犹太人也不得不使用耶元。郁闷，无奈。

做好以上两件事，再看古代中国，就可了解，中国社会自古自有宗教。按照人类学家杨庆堃的术语，称作原始宗教，而基督教、道教、佛教等，称作自愿性宗教①。

西方社会的经典作家对中国社会的宗教状况有十分清楚的了解。例如黑格尔，在讲历史哲学时明确地讲道，“天子是一国的元首，也是宗教的教主。结果，宗教在中国简直是‘国教’”[1]。马克斯·韦伯《儒教与道教》一书有同样清晰的表述。只是他称这“国教”为儒教。

本文赞同杨庆堃及我国以牟钟鉴为代表的一些宗教学学者的看法，认为中国社会自远古以来直至清朝末年，存在着一个覆盖全社会的宗教。其成形在夏商周期间。（这个说法稍嫌粗糙。夏商周历时近两千年。周亡至今也才两千多年。不过，西周时这个宗教已经规模严整，是可以确定的。）其后也未停滞，而是逐渐完善。有本大学教科书描述得相当好（虽然不免有可商榷之处），照抄如下：

> 中国宗法性传统宗教以天神崇拜和祖先崇拜为核心，以社稷、日月、山川等自然崇拜为羽翼，以其他多种鬼神崇拜为补充，形成相对稳固的郊社制度、宗庙制度以及其他祭祖制度，成为维系社会秩序和家族体系的精神力量，成为慰藉中国人的心灵的精神源泉。这种宗教在中国人心目中占有崇高的地位，它不仅在实际生活中为官方所遵奉，为民众所信仰，而且为学者和史家所关注。在《尚书》《周易》《诗经》及《春秋三传》中，特别在《周礼》《仪礼》和《礼记》中，有着关于早期宗教祭祖活动、理论和制度的庄重的记述。这种在夏商周三代形成的宗法性国家宗教，在秦汉以后非但没有消失，反而在向前发展，不断走向完备。
>
> 宗法性传统宗教没有独立的教团体系，它的宗教祭祀功能由各层次的宗法组织兼任，这可视为该宗教的特点。由皇族、宗

① 杨庆堃《中国社会中的宗教》，修订译本，范丽珠等译，四川人民出版社，2016年版，第89、90页：“原始宗教是从传统中诞生并发展起来的，并没有一个明确的创始人，其公众特征是基于民众对共同信仰体系的普遍接受，这种共同信仰在原则上让民众别无选择。但自愿性宗教却是基于一种个人对信仰的选择，然后皈依，完全可以和社群普遍接受的信仰没有关系。”他又在该书第228页把中国的原始宗教描述为“弥漫性宗教”，自愿性宗教描述为“制度性宗教”。

族、家庭所构成的宗法血缘组织，其功能是多重的。当它肩负起宗教祭祀组织功能的时候，它就是作为一种宗教组织在起作用。它也可以再现出作为政治组织、社会组织的特性。……①

确认国教存在，就可以讨论孔子的活动是否创立新宗教。耶稣在犹太人中的活动有两个鲜明特点是孔子不具备的。一是他面向民众传播新的宗教思想，二是他的活动具有反叛性。而孔子是为当时的统治者培训干部——他的学生出路是到诸侯或大夫那里去担任家臣。与众不同的是，他要贯彻自己对大道的理解，不是单纯找工作。那么，古代中国社会是否有与耶稣类似的创教者？有的：道教（于吉、张角等）。面向民众、反叛性，以及对本己传统的重新阐释，与基督教一样。耶稣对犹太教的经典做新的阐释，以至于后来一并收入，称作《旧约》。道教以中华民族本己的天道、大道为标帜，从《老子》《庄子》《淮南子》中搜罗一些篇章充当经典，也未丢弃易经。

凡有明确创始人的宗教，如道教、基督教、佛教，都对本土传统宗教有反叛性质。因而形成边界清晰的组织。这是因为这些宗教必须从原有的国家宗教中动员、吸收成员参加到自己的教派中来，想方设法留住他们。如刻画标记、制作一些象征性物件供成员佩戴或设计与众不同的发型，凸显成员与国教的区别。

除了反叛性、组织性，民间性是又一特征，即上述要组织新的宗教，必须面向民众争取教徒。再一个特征是重视布道——为争夺民众，必须提出新的宗教观念，并注重宣教。第五个特征：布道内容是宣布过去是黑暗时代，自己承诺给民众带来光明和幸福。道教：苍天已死，黄天当立；基督教：许诺信众得救。

所有上述特征（有明确的创始人，也是必备条件），儒家均属缺如。不错，儒家重视教化。然而，教化并非布道。

主张儒家是宗教的学者，想必是知道中国社会有宗教，却未把国

① 王晓阳《宗教学基础十五讲》，北京大学出版社，2003 年版，第 57 页。这本教材是北京大学发起、全国 16 所重点大学和一些科研单位协作编写的大型“大学素质教育通识课系列教材”中的一种。

家看作宗教组织，于是让儒家承当名头。他们都未达到黑格尔那样清晰的认识。有的学者依照传统的“三教”说，把儒家看作与道教、佛教并列的宗教；而国家则被看作纯粹的政权和行政中枢。天子的教主地位也被移植给孔子。

对这样的主张，我们要问：最重要的宗教活动——祭天大典，是国家的事，还是儒家的事？

而且，这等重大宗教活动，自古就有，《尚书》中有记载，如舜接过天子之位后的一系列祭祀活动，那时还没有儒家吧？按《汉书·艺文志》的说法，“儒家者流，盖出于司徒之官，助人君顺阴阳明教化者也”。确定为国家职能部门的官员①，后世或流散民间。按当代学者的研究，有追溯到殷商时代，认定为源出于帮贵族办理丧事的人士②。无论按照《艺文志》说法，儒士参与国家祭典，甚或担当主事者，祭祀天地山川的重大宗教活动毕竟是国家的事，不是儒家的事。儒士是工作人员而已。如若按照当代学者的说法，儒者为民间主办丧事混饭吃的打工者，更无涉国家祭祀活动，因而在国家宗教中无地位可言——至多有极为低下的地位。

孔子的活动与耶稣迥然不同。耶稣与国家宗教（犹太教）处于对

---

① 赵伯雄整理：《周礼注疏》整理本，北京大学出版社，2000年版，第47页记“大宰之职”：“以九两系邦国之民……四曰儒，以道得民。”司徒属地官，太宰属天官。此处所列太宰之职，涉及的是管理诸侯之路数。儒属于诸侯国的官职，故而提及；但其职能对应司徒直辖的保氏。又，述“大司徒之职”，于第310页“以本俗六安万民……四曰联师儒”提及。

② 王钧林《中国儒学史》第一卷“先秦卷”，广东教育出版社，1998年版。作者从胡适认为“儒是殷民族的教士”引申，征引徐中舒研究甲骨文得出的结论：“甲骨文中儒字的本义为濡，向我们揭示了一个历史事实：儒家的起源决不是班固所说的‘儒家者流，盖出于司徒之官，助人君顺阴阳明教化者也’；专门替殷商奴隶主贵族祭祖事神，办丧事，当司仪的那一批人，才算是最早的儒家。”“殷灭于周后，儒者作为殷遗民的一部分，仍然活动于社会之上，他们就是后来儒家党派所从由来的前身。”王钧林认为：“徐中舒的发现，最终解决了儒之由来的问题。这是徐中舒的一项重大学术贡献。”第80、81页。不知这些专事祭祖事神办丧事当司仪的人士是国家体制内的工作人员（如果是，还要问：属于哪个部门?），还是游离于社会之中的“自由职业者”，或已经组织为NGO？徐中舒的论文发表于1975年，因而有“奴隶主”之说。

立状态，孔子却不与国家宗教对立，而是做“补台”之事。他一方面积极寻找体制内的位置，另一方面培训人才为完善体制提供优秀干部。孔子为人，温润含蓄，奉为万世师表。孟子身处乱世，思潮混乱，邪说盛行，故而富于战斗性，被宋儒批评为“有些英气”“甚害事”。孔孟儒家与国家宗教的关系可见一斑。

总之，不能把孔孟的活动看作另立宗教的活动。

二、董仲舒论证天在神祇体系中的地位

从董仲舒的活动反观孔孟，可以认为孔孟的活动是阐释国家宗教，有着争当国家宗教阐释者的意义。孔子为当时的统治者培养管理工作人员，或者说，管理工作的负责人员。他的目标是培养君子。对于君子的要求，他说：君子有三畏——畏天命、畏大人、畏圣人之言。把敬畏天命置于第一位。这就是说，孔子认为干部的宗教虔诚是最重要的品性。这是合乎国家宗教要求的。孟子的性善论意图是教导君子们注重修养。至于修养的目的则是宗教的——事天。“尽其心者，知其性也。知其性，则知天矣。存其心，养其性，所以事天也。”也与国家宗教合拍。

汉武帝独尊儒家，意义是确定儒学为国家宗教的唯一阐释者。当然，这儒学是吸收、综合了众多学派的元素的处于新发展阶段的儒学。其旗号是儒学则无疑。

观董仲舒答复武帝咨询的对策，二者关系相当清晰。皇帝是天子，即天之子，担任教主。董仲舒是智者，是理论家。天子要了解天意，咨询怎样知道天意。理论家的答复提供学说。董仲舒确实在为国家宗教工作，然而他的工作并非把儒学建设为宗教，而是吸收各学派精华发展儒学，论证、阐释国家宗教。在这里，儒学是在为国家宗教做理论解释。与基督教比较，儒学相当于神学；与犹太教比较，儒者接近于拉比。我的浅见：做比较宗教研究，以国家宗教与犹太教做比较（于是儒者与拉比做比较），以道教与基督教做比较，配对更佳。

秦统一中国，未作宗教上的统一。其宗教行为主要在祀帝，显现

僭端（司马迁《史记·六国年表》论之甚明）。秦的统一中国，须看作中华民族的一次大规模整合。中华民族的历史，从这个角度看，就是一个整合过程。中华文明在整合中形成和发展。仅仅在领土、行政上统一，对于文明体而言，只是整合的初级工作。精神上的统一，除了书同文、车同轨、度量衡等制度的统一和文化的生活要素统一，还须有宗教上的整合。历法有宗教意义，也有确定农时的实用意义。信仰的整合与统一是“纯粹”精神层面的要素。乃至有的研究者认为，秦二世而亡，除了暴政，未做宗教整合是又一重要原因。单只祭天还不够，还须把分散的地方信仰整合进一个体系之中。

汉初的一个突出问题是天与帝的关系。帝是天之别称？抑或天是高于帝的存在？

殷周之际似乎已有这个问题。殷崇拜上帝，论者曰，乃是祖先神。或曰，祖先所配的神。周代殷，以祭天代替祀帝。此是否确论，可进一步研究。可以确定的是，殷周革命，信仰统一是一问题。

董仲舒曰：天者，百神之大君也（《春秋繁露·郊语》）。天者，百神之君也，王者之所最尊也（《郊义》）。百神，是否包括帝在内？

时已有五帝之说。一般认为乃邹衍创说。盖五帝配五行、五色。当看作中华文明神祇体系整合过程中的一个重要环节。《吕氏春秋》十二纪每纪之首列出当值天帝。五帝之名称儒者后有争论（这些争论的神学性质十分明显）：

《周礼注疏》“祀五帝”贾公彦疏引“释曰：五帝者，东方青帝灵威仰、南方赤帝赤熛怒、中央黄帝含枢纽、西方白帝白招拒、北方黑帝汁光纪”①。孙诒让按语称“贾说深得郑恉。但五帝之名，依《月令》即太皞、炎帝、黄帝、少皞、颛顼五天帝。郑《小宗伯》注，依《春秋纬文耀钩》说，谓苍帝名灵威仰等，非也。贾疏亦沿其误。”[2]《月令》所述，即《吕氏春秋》十二纪之说。

董仲舒在《春秋繁露·三代改制质文》写道：

---

① 赵伯雄整理：《周礼注疏》整理本，北京大学出版社，2000年版，第55页。五帝方位是中国的，名称似是外来语之汉字注音，疑为外来宗教之神。

王者必受命而后王。王者必改正朔，易服色，制礼乐，一统于天下，所以明易姓，非继人，通以己受之于天也。

故汤受命而王，应天变夏，作殷号，时正白统。亲夏故虞，绌唐谓之帝尧，以神农为赤帝。……制质礼以奉天。文王受命而王，应天变殷作周号，时正赤统。亲殷故夏，绌虞谓之帝舜，以轩辕为黄帝，推神农以为九皇。……制文礼以奉天。[3]185—187

三王、五帝、九皇、六十四民在董仲舒此学说中为诸先王与本朝亲疏关系。无论神农、黄帝、尧、舜，皆已为神，且神农、黄帝已列入五帝，有称其为上帝时（当认定其为当政朝代之受命帝时）。其地位及所享祭祀视朝代更迭而升降。

董仲舒在答武帝策问“三王之教所祖不同”的对策文中写道：舜“改正朔、易服色，以顺天命而已”，“王者有改制之名，亡变道之实”；“道之大原出于天。天不变，道亦不变。是以禹继舜、舜继尧，三圣相受而守一道”。可见《三代改制质文》篇所述改制，变动诸天帝位置（享祀待遇），无涉天道地位。也就是说，天凌驾于诸帝之上。可见，天统领百神，包括统领五帝。

确定天在神祇体系中的统帅地位，把各位地方性的神祇整合在一个系统之中，这对汉朝政权稳固做出重大贡献，对巩固刚刚完成的统一打下坚实基础，也是为中华民族共同信仰的确立迈出决定性的一步。

三、董仲舒关于天道的论述是为国家宗教建设神学体系

前文以武帝策问、董仲舒对策之关系说明，儒家在向国家宗教提供阐释性理论，并非借机把自己转化为宗教。其功能确如《汉书·艺文志》所说“助人君顺阴阳明教化”。

武帝清楚了解自己面对的治国难题，他提的问题，既是行政学的、哲学的（怎样看人之情性），也是宗教的。他的问题是：天命怎样落实到面临的乱局——是否要改变治理之道？（对先王之道是全盘继承还是改动？大改动还是稍作调整？）

上天信仰（按：即天命、天道信仰；宋儒从《乐记》中抉出“天理”二字重新阐发，推进其理性化）自古以来就深深地在民众心中扎下了根。观察古代可以理解当代；观察当代也可以理解古代。读书多的、自诩知识丰富的，较易倾向于不信鬼神、不信天命。孔子说“君子有三畏”，要求君子畏天命，或许是针对这类人士的不信态度。

董仲舒以研究《春秋》闻名于世，足见他精通史学。他的学说不可视为迷信而一概排斥，其中不少内容，尤其主要精神，是出于对历史的体悟。天人合一，包含着历史体现天道，可以从历史中领会天道之义。

中国思想传统自古就认为天命存在着；更进一步，认为天命是可以认识的。天命可知是极其重要的设定。就方法论言之，当代，认定世界可知，从而各门科学有了建立之前提；古代，认定天命可知，就可以探索、求解、立说。卜筮就是认知天命的活动。卜筮活动及其成为专业部门、产生专业人士从业，其前提就是天命可知。

儒家把知命列为君子的基本能力——“不知命，无以为君子”作为最重要的训诫置于《论语》结尾处，让学习者牢记。知命包含知天命义（另义是知自身遭际）。孔子自称五十知天命，足见儒家对知天命重视程度。

担当天子，最重要的莫过于遵奉天命。诗曰：维天之命于穆不已。文王之德之纯，在于充分地知天命，完善地遵奉天命。

对天命的认知，有两个途径：一是理论分析；一是感应。卜筮的理论前提与实践过程就是专业人士对天命的感应。

理论分析之基础是哲学的认知。中华民族先祖的哲学思考从认知天道始。“唯初太始，道立于一。”如果传说无误，伏羲画卦，那么从写出“一”字时，中国哲学就开始了①。这比古希腊泰勒斯早至少千余年。问题也不同。西方哲学起源，按亚里士多德说法，乃是追问万物所由出且终返归之“第一原因”。而中国哲学自始就探寻天道，立意深矣。

“道立于一”，即为太极。太极生两仪，即有阴爻⚋、阳爻⚊。

有论者谓：董仲舒非纯儒，乃阴阳家耳。此大谬。《周易》乃中华文明原典，也系儒家遵奉的思想源头。孔子赞易或有争议。然而，孔子五十学易，又自道，五十知天命。此二事有何关联？吾臆：易经，探测天命、解说天命之书也。通易则能推衍天命。其广大悉备，称之为天命全书亦不为过。孔子示范：知天命才可能深通易经。

可见，以阴阳解说天命，乃儒家本色。质疑者谓董仲舒吸收邹衍以五行解说历史为阴阳家。董仲舒本人精《春秋》，探索历史规律乃当行本色。五行学说是时已成为社会流行观念。评论为“援他说入儒”可，评论为儒学进一步吸纳、综合诸家思想亦可。只要坚守基本立场，则其为纯儒乃不易之论。

何谓基本立场？坚守仁政。

与道家对比，《老子》曰：天地不仁，以万物为刍狗；圣人不仁，以百姓为刍狗。无为而治，放任民众自生自灭耳。此当代放任商人随意定价之思路也。定价原则当为成本加些许利润（例如15%）；决不可以人们能容忍的最高价定价，还美其名曰“市场决定”。实际上，前者才是健全的市场行为。市场当贯彻市场精神——合乎理性。合乎理性的表现之一就是自觉地限定价格。对于逸出理性制约超限定价的企业家当有监管。自由的市场由企业家组成的行业协会贯彻其共同意志及内涵的市场精神；不成熟的、尚未达到自由的市场，则政府不能

① 《周易·系辞上》：“天生神物，圣人则之。天地变化，圣人效之。天垂象，见吉凶，圣人象之。河出图，洛出书，圣人则之。”简述作卦之源。《系辞下》更详细地叙述道：“古者包羲氏之王天下也，仰则观象于天，俯则观法于地，观鸟兽之文，与地之宜，近取诸身，远取诸物，于是始作八卦，以通神明之德，以类万物之情。”太初立一为道乃统说。起于何时，先于阴阳爻，抑或数字卦？尚待推究。无论河图洛书八卦，皆先民对天道的探究，则无疑也。

放任自流，在行业协会未成熟之前，不可推卸责任。道家与儒家在当代的分野，此其一也。

儒家以天道为仁（用当代的科学方法论话语叙述，为：儒家设定天道为仁——对比道家设定天地不仁）。董仲舒写道：

> 仁之美者在于天，天，仁也，天覆育万物，既化而生之，有养而成之，事功无已，终而复始，凡举归之以奉人，察于天之意，无穷极之仁也。（《王道通三》）[3]329

> “天地之常，一阴一阳，阳者天之德也，阴者天之刑也。”“与天同者大治，与天异者大乱，故为人主之道，莫明于在身之与天同者而用之，使喜怒必当义而出，如寒暑之必当其时乃发也。使德之厚于刑也，如阳之多于阴也。”（《阴阳义》）[3]341—342

> 是故阳行于顺，阴行于逆；逆行而顺，顺行而逆者，阴也。是故天以阴为权，以阳为经；阳出而南，阴出而北；经用于盛，权用于末；以此见天之显经隐权，前德而后刑也。故曰：阳，天之德；阴，天之刑也。阳气暖而阴气寒，阳气予而阴气夺，阳气仁而阴气戾，阳气宽而阴气急，阳气爱而阴气恶，阳气生而阴气杀。是故阳常居实位而行于盛，阴常居空位而行于末，天之好仁而近，恶戾之变而远，大德而小刑之意也。先经而后权，贵阳而贱阴也。（《阳尊阴卑》）[3]327

这段话描述阳气性质为暖、予、仁、宽、爱、生，阴气性质为寒、夺、戾、急、恶、杀，乃是对天道的具体解说。依据天道阴阳性质的理论阐述治国理政时经权位置，确立德主刑辅原则，充分展示董仲舒思想中国家治理的宗教内涵。古代中国的国家机器具有宗教内涵，也就是说，国家机器承担着教会功能。皇帝称作天子，既是国家元首，又是宗教元首。职能部门中有些有宗教功能，有些直接执行宗教职能。董仲舒提出的理论，揭示国家并非纯世俗的，而是有宗教性质、宗教功能的。

人伦关系亦归之于天道。儒家认为孝乃为人之本。董仲舒以五行学说论证孝为天之经、地之义（《五行对》[3]318—317。文多不录）。孝之本亦归属天道。

以上所述即所谓“天人合一”。天人合一意思是：天道即人道，或曰，正确的行为皆合乎天道——“与天同者大治，与天异者大乱”。文王之德之纯，即天人合一：全然合于天命。

小结：何谓天道？气之运行也。气之运行，一阴一阳。五行亦气之运行也。行，行也、运行也。依木、火、土、金、水次序各当值（用事）72天，其气则青、赤、黄、白、黑（《治水五行》）[3]381。故而天道即气之阴阳五行。阴阳五行皆气之运行特性。在董仲舒，阴阳五行皆属运行，未看作实质。等阴阳五行实质化，解释为阴气、阳气，木、火、土、金、水之材质，就过渡为科学概念。医学理论、命相学所用五行，皆作材质看。与董仲舒所论阴阳五行，概念内涵有明显差异。

四、天人感应是以天道约束天子的宗教学说

气之运行或会出差错。依据五行理论，五行行差则出现异常气象：

> 火干木，蛰虫蚤出，蚿雷蚤行。土干木，胎夭卵毈，鸟虫多伤。金干木，有兵。水干木，春下霜。……（《治乱五行》）[3]383

天，气也；人亦气也。故而天人合一。天、人，一气也。天人又能相感。卜筮之所以能行，不仅天道可知，还须有知之之法。卜筮即知天意之法。怎样知之？感应。

自古以来就把感应作为认知天意的方法。只有少数人具备这种能力，可以从事卜筮。董仲舒扩大感应的义涵。人，气也。人的错误行为即气之运行性质出偏差，于是影响天之气：

> 王者与臣无礼，貌不肃敬，则木不曲直，而夏多暴风，风者，木之气也，其音角也，故应之以暴风。王者言不从，则金不从革，而秋多霹雳。霹雳者，金气也，其音商也，故应之以霹雳。王者视不明，则火不炎上，而秋多电。电者，火气也，其音徵也，故应之以电。王者听不聪，则水不润下，而春夏多暴雨。雨者，水气也，其音羽也，故应之以暴雨。王者心不能容，则稼

稽不成。而秋多雷，雷者，土气也，其音宫也，故应之以雷。(《五行五事》)[3]387

犯错误的人不是一般人。普通人没那么大的感应能量。必须王者才会有征应。天之气感应之，现之以异象，有警示之意。

这五件事，皆属天道：

五事：一曰貌，二曰言，三曰视，四曰听，五曰思，何谓也？夫五事者，人之所受命于天也，而王者所修而治民也（遐案：可见是天道）。故王者为民，治则不可以不明，准绳不可以不正（遐案：此则“与天同者大治，与天异者大乱”之义）。王者貌曰恭，恭者，敬也；言曰从，从者，可从；视曰明，明者，知贤不肖，分明黑白也；听曰聪，聪者，能闻事而审其意也；思曰容，容者，言无不容。恭作肃，从作乂，明作哲，聪作谋，容作圣。何谓也？恭作肃，言王者诚能内有恭敬之姿，而天下莫不肃矣。从作乂，言王者言可从，明正从行，而天下治矣。明作哲，哲者，知也，王者明，则贤者进，不肖者退，天下知善而劝之，知恶而耻之矣。聪作谋，谋者，谋事也，王者聪，则闻事与臣下谋之，故事无失谋矣。容作圣，圣者，设也，王者心宽大无不容，则圣能施设，事各得其宜也。[3]389—392

王者的貌言视听思五事影响天之气，因而皆属国家大事：

王者能敬，则肃，肃则春气得，故肃者主春……于时阴气为贼，故王者钦。钦不以议阴事，然后万物遂生，而木可曲直也。春行秋政，则草木凋；行冬政，则雪；行夏政，则杀。春失政，则……[3]392

王者态度端正则气正。气正，影响上天（气）运行健全，此天人感应之义。

王者能治，则义立，义立则秋气得，故乂者主秋。秋气始杀，王者行小刑罚，民不犯则礼义成。于时阳气为贼，故王者辅以官牧之事，然后万物成熟。秋，草木不荣华，金从革也。秋行春政，则华；行夏政，则乔；行冬政，则落。秋失政，则春大风不解，雷不发声。[3]392—392

王者能治，为天下确立义，于是上天感应为秋气正。秋气杀，乃感受到的天道（我在北京生活20年，在上海生活45年，对比之，北部感受秋杀明显）。对应天道，“王者行小刑罚”。意在“立义”（维护礼义）。人道顺天意也（天不言，行四季示天意）。

下亦相仿：“王者能知，则知善恶，知善恶则夏气得，故哲者主夏。”“王者无失谋，然后冬气得，故谋者主冬。”文多不录。

天子貌似尊荣，实则责任重大，貌言视听思皆牵动天气。想必吓唬皇帝不轻，做皇帝乐趣全无。董仲舒下狱，原因或在此乎？

其实上天概念在董仲舒那里颇似当代中国的大自然，无所不包，却又无形态；看似极抽象，却是极实在——就在身边。天人感应运用甚广。求雨、止雨，皆依此原理。行之甚易：“止雨之礼，废阴起阳。……夫妇在官者，咸遣妇归。女子不得至市。”[3]439 当代认为大自然自带规律，或曰大自然之运动就是规律。古人则认为天为气、理与气同在；甚至可以解释为，天即气也（氤氲），气之运行即道，故而气即道也。当代科学设定大自然中万物相互作用；旧学则设定氤氲（上天）之阴阳五行感应。思路异向耳。董仲舒曰：“天者群物之祖也，故遍覆包函而无所殊，建日月风雨以和之，经阴阳寒暑以成之。”又曰：“天地者，万物之本、先祖之所出也。”（《观德》）[3]269 直接理解为大自然，不亦宜乎！

参考文献：

［1］黑格尔. 历史哲学［M］. 王造时，译. 上海：商务印书馆，1963：136.

［2］孙诒让. 周礼正义［M］. 北京：中华书局，1987：135.

［3］苏舆. 春秋繁露义证［M］. 钟哲，点校. 北京：中华书局，1992.

原文载于《衡水学院学报》2019年第2期。

谢遐龄（1945—），男，浙江温州人，复旦大学社会发展与公共政策学院教授，博士生导师。

董仲舒的“王道”

李润和

一

关于如何看待汉代儒学的观点有两种倾向：一种认为由于先秦的儒学到了汉朝被宗教化，因此汉代儒学就其哲学性来说没有探讨的价值。其主要原因在于人们对蔓延于汉代思想文化中的阴阳五行学说的理解。一般认为汉朝的学术大部分是建立在宗教迷信的基础上的，在这种认识中处于中心地位的是董仲舒，他将阴阳五行学说的灾异论搬上历史舞台。因此，汉朝的儒家思想又被称为儒教或儒术，否定了其哲学性的一面，在这种背景下，人们认为哲学是比宗教更高层次的东西。另外一种偏见认为，汉代的思想没有什么成就，只不过是先秦时代各种思想的混合而已[1]，这种评价主要是对按照现代新儒家道统论认识的董仲舒，以及对汉唐儒学所持否定性偏见作用的结果。

汉朝的知识分子面对的客观现实世界更为复杂和深刻，他们不仅要适应帝国的出现这一历史现实，而且还要提出可以管理统治它的合适的解决方案。不仅如此，他们还得研究出一种机制，用来预防像春秋战国时期由于人的暴力性不受制约而引发的各种形态的战争或刑罚，以及由此带来的导致共同体陷入危机的局面。在此过程中，汉朝的知识分子反思了过去现实世界的无秩序带来的弊端，提出了以“天命”和“文治”为主的王道论，即共同体秩序需要由上天委任赋予其统治权的有道德的王者来守护，并极力主张帝国的共同体秩序应根据表现为天命、天道、天意的，培育行为之前的动机的伦理来进行管理，而非军事力量和苛酷的刑罚。

随着天下政治和地域的大一统成为现实，儒家十分警惕强大的君主权利被私自滥用。他们反对君主的个人独裁，并作为否定的理由强调君主的公共性。尤其是孟子，他认为君主拥有绝对权力的前提条件是君主应实行保障百姓民生的王道，因此，大部分儒家从“王道”的观点出发警戒现世君主对绝对权力的滥用。董仲舒也共享这种时代需求，并积极吸收其成果。董仲舒主张君权的合法性不仅仅源自上天的神性，更径直源自借天之神性所表达的社会道义，因为上天之道义性只是体现为君主替天行天道这一点，即便是君主也不能成为恣行无道或独霸天下的独夫。君主对于天的责任即实行德政（仁政），“天子命无常，唯命是德庆”（《春秋繁露·三代改制质文》，以下引用《春秋繁露》只记载篇名），由此可知，万一有违天命，将被处以警告甚至被夺走王位。

如上所示，当时在皇帝支配体制内部建立专制权力的牵制与均衡机制是不可能的，这种情况下只能寄托于已得到权威认可的神圣的“天命”和“天道”。在当时条件下，通过用“天命”和“天道”来约束君王的道德自觉的方式，追求儒家的政治理念和价值实现，并使之作用于现实政治，这具有十分重要的历史意义。

二

董仲舒为了使天命的作用方式更为透明，不仅制定了阴阳、五行理论，而且将其扩展到社会、历史、文化领域。因此，董仲舒接受阴阳家的学说，从理论上重新构建了学问体系，在解释《春秋》的同时，通过排斥诸子独崇孔子使儒家得以复兴，因此被称为“汉代儒学的宗主”。当时，汉儒的学风一方面继承了传统的道德主义，另一方面又从理论上巧妙地与阴阳家的自然主义思想进行折中，这种尝试正是始于董仲舒。他的春秋公羊学也是吸收了自然主义的阴阳家的思维方式，从而构建出新的理论体系，因此它同时包含了自然主义和道德主义的侧面，呈现出这两种境界的混合体。

因此董仲舒在两种境界的延长线上将“王”的意义进行了特别的解释。正如“古之造文者，三画而连其中，谓之王。三和者天地与人也，而连其中者，通其道也，取天地与人之中，以为贯而参通之，非王者，孰能当之”（《王道通三》）中所说，贯通于天、地、人，即自然和人类社会之间的“王”，“人主立于生杀之位，与天共持变化之势”（《王道通三》），说的就是要将君主的绝对地位和权能如同“自然法则”一样来接受。与此同时，董仲舒说：“中者，天地之所终始也；而和者，天地之所生成也。夫德莫大于和，而道莫正于中。中者，天地之美达理也，圣人之所保守也。《诗》云：‘不刚不柔，布政优优。’此非中和之谓与？是故能以中和理天下者，其德大盛；能以中和养其身者，其寿极命。”（《循天之道》）认为“王”作为“中和”，与天地人贯通。这种认识意味着董仲舒并非无条件肯定汉皇帝的大一统专制权力[2]。

当然在这种主张的背景下，董仲舒也有成为帝国成员的现实苦闷。他力图从“王者受命于天”的理论中寻求能够制约拥有最高权力的君主的力量，因此要求君主仿效于天，试图引入使君主的行为和天道相一致的君道[3]。因此，董仲舒通过“为人君者，其法取象于天”（《天地之行》），“王者承天意以从事”“欲有所为，宜求其于天”（《汉书·董仲舒传》），“王者受命于天，天意之所予也，故号为天子者，亦视天如父，事天以孝道也”（《深察名号》），“受命之君，天之所大显也。事父者承意，事君者仪志，事天亦然”（《楚庄王》）等多种主张，提出了可以说是实践王道的本源的“天命”和意志，并不懈地展开了使自身的政治理想实体化的努力。因此，在董仲舒的这种可以称为“天”的属性的自然性、人伦性、神圣性等特征中，自然性是“天”的基础，人伦性是核心，神圣性是形式[4]。像这样，董仲舒通过将君主的道德归属于天，也让天具有了道德属性，即由天的阴阳特性引出道德，道德可以说既是天的属性也是天的目的。儒学史上十分重视天和道德的关联，孔孟中也有赋予上天道德色彩的事例，正如“尽其心者，知其性也。知其性，则知天矣”（《孟子·尽心上》）所言，虽说道德理性的根源在于天，而它只被保存在人的内心，天无法置位于社会、道德关系的中心。然而，从董仲舒所说的“天之任阳不任阴，好德不好刑”（《阴阳位》），“阴，刑气也；阳，德气也”（《王道通三》），“天道之常，一阴一阳。阳者，天之德也；阴者，天之刑也”（《阴阳义》）中可知，天的作用超越道德的作用，甚至扩大到社会关系的层面。

三

通过历史经验所得的教训，董仲舒因统治上的弊端生发出强烈的责任意识。他说：“周衰，天子微弱，诸侯力政，大夫专国，士专邑，不能行度制法文之礼。诸侯背叛，莫修贡聘，奉献天子。臣弑其君，子弑其父，孽杀其宗，不能统理，更相伐锉以广地。以强相胁，不能制属。强奄弱，众暴寡，富使贫，并兼无已。臣下上僭，不能禁止。”（《王道》）他指出了过去历史进程中的问题，提出了正君论，以求规制君王的行为。董仲舒说：“王者承天意以从事。王者欲有所为，宜求其端于天。”“故圣人法天而立道，亦溥爱而亡私，布德施仁以厚之，设谊立礼以导之。春者天之所以生也，仁者君之所以爱也；夏者天之所以长也，德者君之所以养也；霜者天之所以杀也，刑者君之所以罚也。”（《汉书·董仲舒传》）“圣人副天之所行以为政。”（《基义》）他强调天含仁心，代表人间道义，从而使天道义化之后，王者副天，须则天而行。

董仲舒说：“臣谨案《春秋》之文，求王道之端，得之于正。正次王，王次春。春者，天之所为也；正者，王之所为也。其意曰，上承天之所为，而下以正其所为，正王道之端云尔。”（《汉书·董仲舒传》）也就是说，君主的王道之治首先需要君主修身正心才有可能达成。同时，正如他所说的“故为人君者，正心以正朝廷，正朝廷以正百官，正百官以正万民，正万民以正四方，四方正，远近莫敢不壹于正，而亡有邪气奸其间者。是以阴阳调而风雨时，群生和而万民殖，五谷孰而草木茂，天地之间被润泽而大丰美，四海之内闻盛德而皆来臣，诸福之物，可致之祥，莫不毕至，而王道终矣”（《汉书·董仲舒传》），人君只有通过儒家伦理的道德规范来约束自己的个人行为，才能谋求社会安定。这和孔子所说的“政者，正也”从根本上是一脉相承的。而且，董仲舒说：“正也者，正于天之为人性命也。天之为人性命，使行仁义而羞可耻，非若鸟兽然，苟为生，苟为利而已。”（《竹林》）“正”源于天而成为人之性命，使人能够“行仁义”“羞可耻”，从而与禽兽区别开来。

秦始皇以来，酷吏的刑治造成当代现实矛盾，即“乃至孝武帝即位。……征发烦数，白姓贫耗，穷民犯法，酷吏击断……所欲活则傅生议，所欲陷则予死比。议者咸冤伤之”（《汉书·刑法志》）。作为为克服这一问题而进行的实践努力，董仲舒主张采用符合儒家王道思想的德治来实现。他认为将儒家的仁义之道确立为最高的政治指导原则，坚持仁政和德治是现实政治运作的根本价值所在。董仲舒说：“人之受命于天也，取仁于天而仁也。”（《王道通三》）他认为天的仁是道德的来源。与此同时，他说：“仁义制度之数，尽取之天。……王道之三纲，可求于天。”（《基义》）“仁，天心，故次以天心。”（《俞序》）“仁之美者在于天。天，仁也。天覆育万物，既化而生之，有养而成之。事功无已，终而复始。凡举归之以奉人，察于天之意，无穷极之仁也。”（《王道通三》）他认为将天赋予的仁义大幅扩张到政治领域，作为“为国”“为政”的根本原则及途径，应将社会各阶级阶层的权利和义务、责任及利益等所有的一切按照仁义进行恰如其分的分配。董仲舒灵活运用天道的超越性和神圣性，通过将仁义的至上性和普遍性发展成为统治者的普遍信仰，完成了将人事与天道相结合的普遍性的思维方式。这样，董仲舒通过以仁解释天，强调了仁由天而来，仁是天的本性。以此为基础，重视德治和仁政使天下人受益，这才是君王的本分。董仲舒说：“《春秋》之道，大得之则以王，小得之则以霸。故曾子、子石盛美齐侯，安诸侯，尊天子。霸王之道，皆本于仁。”（《俞序》）他认为《春秋》中体现出来的王道政治的具体内涵即是仁，对于董仲舒来说，王道以仁为本，仁为天心，是天之根本。因此，王道以仁政的实践得以完成。

董仲舒说："《春秋》之法，以人随君，以君随天。一日不可无君，而犹三年称子者，为君心之未当立也。此非以人随君耶？孝子之心，三年不当。三年不当而逾年即位者，与天数俱终始也。此非以君随天邪？故屈民而伸君，屈君而伸天，《春秋》之大义也。"（《玉杯》）他将施行仁政重新发展到"以民为本，屈君伸天"的阶段。同时，他说："民本王者，民之所往。君者，不失其群者也。故能使万民往之，而得天下之群者，无敌于天下。"（《灭国上》）"是故王者上谨承天意以顺命也，下务明教化民以成性也。"（《汉书·董仲舒传》）他在强调君主作用的同时，也指出与"明教化民"这一王者的职责相关的明确的现实目标。董仲舒说："且天之生民，非为王也，而天立王以为民也。故其德足以安乐民者，天予之；其恶足以贼害民者，天夺之。"（《尧舜不擅移，汤武不专杀》）他认为"为民"和"安乐民"既是王的责任，也是王的义务。甚至说如果不这样做的话，天就会夺其王位。无论是天意还是王位所具有的意义都建立在"以民为本"的伦理之上。

总而言之，董仲舒发现了儒学的时代价值与文化价值，纵贯百家学说赋予了儒学发展的新内涵和新形态。而且作为统一帝国的儒学，积极接收阴阳五行说，将以人为中心的道德儒学扩大到"自然（天）"。从这两点上可以说他尝试对儒学进行创造性转换。同时，他洞悉并把握了汉帝国统治者的政治愿望和文化趋势，作为"罢黜百家，独尊儒术"的实践目标之一，将儒家的仁义扩展至政治领域，确立了王道论这一政治理念，从这点来说具有重大的历史性意义。

参考文献：

[1] 李妍承．董仲舒研究史检讨和新方向摸索［J］．大东文化研究，1999（35）：173．

[2] 宋荣培．董仲舒的历史哲学［J］．哲学，1985（23）：16－18．

[3] 徐复观．两汉思想史：卷二［M］．台北：学生书局，1985：415．

[4] 王永祥. 董仲舒评传［M］. 南京：南京大学出版社，1995：122.

原文载于《衡水学院学报》2019年第2期。

李润和（1953—），男，韩国庆北人，韩国国立安东大学教授，博士生导师。

“王道”小考①

方朝晖

一

王，甲骨文写作：，为象征王权的斧钺，由演变而来[1]。《尔雅·释诂上》：“王，君也。”是王字本义。王国维曾据甲骨文、金文等考证指出：“古诸侯于境内称王，与称君、称公无异。”[2]王说可由甲骨文、金文写法得到验证。然“王”又可作动词，指为王、称王、作王，即统治。故王道，亦称“王之道”“圣王之道”“为王之道”②。今本《文子·道德》有“古之王者以道莅天下。……古之王道，其于此矣”一句，似可说明“王道”一词之本义，及其何以由古代先王（特别是尧、舜、禹、汤、文王等圣王）统治之道日益普遍地被作为理想统治的典范，王道一词遂获得了规范性价值判断含义，盛行于春秋战国文献中。

“王”字之义，后世有多种解释，而这些解释多半都带有引申的特点。一种非常有影响的解释是把“王”解释成“天下归往”。比如，

---

① 本书为“清华大学自主科研计划（2017THWWH02）”基金项目。

② 例如，《管子·治国》：“奸巧不生，则民治而富，此王之道也。”此处的“王”可读四声，作动词，即“为王”。

《春秋穀梁传》庄公三年："王者，民之所归往也。"《荀子·王霸》："天下归往谓之王。"《吕氏春秋·慎大览·下贤》："王也者，天下之往也。"《尚书大传》："王者，往也，天上下之往也。"《韩诗外传·卷五》："王者何也？曰往也，天下往之谓之王。"《白虎通·号篇》："王者，往也，天下所归往。"《说文》："王，天下所归往也。"桓谭《新论·王霸》："王者，往也，言其惠泽优游，天下归往也。"然而所谓"天下归往"，未必不可读作事实判断，指王者为最高统领、天下人所依归。

又《二程全书·河南程氏外书第八·游氏本拾遗》有：

> 至孟子时，七国争雄，而天下不知有周。然而生民涂炭，诸侯是时能行王道，则可以王矣。盖王者，天下之义主也。故孟子所以劝齐之可以王者，此也。

此处定义"王者"为"天下之义主"，极合孟子本义，也说明时人对"王"之义的理解。

汉代学者董仲舒则对"王"之义从五个方面加以定义：

> 王者，皇也；王者，方也；王者，匡也；王者，黄也；王者，往也。是故王意不普大而皇，则道不能正直而方；道不能正直而方，则德不能匡运周遍；德不能匡运周遍，则美不能黄；美不能黄，则四方不能往；四方不能往，则不全于王。（《春秋繁露·深察名号》）

董仲舒所说"王"的五要素，即皇、方、匡、黄、往，大抵皆是对王者品德的描述："皇"是胸怀普博，"方"是行为正直，"匡"是周到无遗[①]，"黄"是光彩照人，"往"是天下归往。如果说这些只是对王者内在道德品质的要求，董仲舒还对王者外在行为特征描述如下：

> 古之造文者，三画而连其中，谓之王；三画者，天地与人

① 钟肇鹏《校释》释匡为"正"（指正确），苏舆《义证》释匡为"满"，从上下文看笔者以为苏释为上，段中有"匡运周遍""天覆无外，地载兼爱，风行令而一其威，雨布施而均其德，王术之谓也"。

也；而连其中者，通其道也；取天地与人之中以为贯，而参通之，非王者庸能当是。是故王者唯天之施，施其时而成之，法其命而循之诸人，法其数而以起事，治其道而以出法，治其志而归之于仁。（《春秋繁露·王道通三》）

这段话可分为两个层面：如果贯通天地人是形而上的层面，施法治理则近乎形而下的层面；前者是理论基础，后者是应用实施。这段话大意是王者贯通天地人，故能“施其时”“法其命”“法其数”“治其道”“治其志”。故“王道”即是贯通天地人之道，而具体表现于施、法、治等一系列治理行为。所以，王道与治道含义相通，王道为治道之依据，治道为王道之应用。如果说《文子》上的说法代表王道之义的最初来源，董仲舒的解释则代表后世儒家对王道含义的最高总结，规范性色彩十分强烈。

二

“王道”一词出现甚早，使用亦甚广。最早出现于《尚书·洪范》，亦见于《墨子·兼爱下》《春秋穀梁传》僖公十六年、《孟子·梁惠王》《管子·白心》，《礼记》的《乡饮酒义》《乐记》，《商君书》的《农战》《开塞》，《荀子·王制》《韩非子·心度》《吕氏春秋·有始览》，《春秋繁露》的《玉杯》《王道》《王道通三》《阳尊阴卑》《俞序》《盟会要》，贾谊《新书·过秦下》，《淮南子》的《主术训》《俶真训》《要略》，《韩诗外传》卷五及卷九，刘向《说苑》的《君道》《政理》，《白虎通》的《社稷》《五经》，《盐铁论》的《论儒》《相刺》《诏圣》，陆贾《新语·道基》，马融《忠经·忠谏》，王充《论衡》的《正说篇》《宣汉篇》，应劭《风俗通》的《五伯》《三王》，《孔丛子》的《居卫》《答问》，以及《史记》《汉书》等先秦至两汉时期作品中。后世作品中亦常见，如《太平广记》《太平御览》《朱子语类》、朱熹《四书章句集注》、王夫之《读通鉴论》等。

然而，“王道”一词在先秦及两汉文献中的含义虽不完全一致，但大体可以理解为由“先王之道”演变而来。

（一）“王道”很常见的含义是指古先王之道。例如，《淮南子·本经训》：“古者天子一畿，诸侯一同，各守其分，不得相侵，有不行王道者。”刘向《说苑·君道》：“尧知九职之事，使九子者各受其事。……是故知人者王道也。”桓谭《新论·王霸》论三王、五霸，称“五帝以上久远，经传无事，唯王霸二盛之美，以定古今之理焉。夫王道之治，先除人害，而足其衣食”。应劭《风俗通·三王》谓：“汤者，攘也，昌也。言其攘除不轨，改亳为商，成就王道。”王道实指三皇五帝及三代圣王等的统治之道。而《商君书·开塞》“王道有绳……所道则异，而所绳则一也”，《淮南子·本经训》“古者天子一畿，诸侯一同，各守其分，不得相侵，有不行王道者……乃举兵而伐之”中的王道则是作者自己想象出来的上世、中世及下世的帝王们。

（二）王道也可指周王之道，比如《吕氏春秋·有始览·谕大》：“武王欲及汤而不成，既足以王道矣。”《春秋繁露·王道》：“孔子明得失，差贵贱，反王道之本，讥天王以致太平。”《淮南子·俶真训》：“周室衰而王道废。”《白虎通·五经》：“孔子居周之末世，王道陵迟。”《盐铁论·诏圣》：“王道衰而《诗》刺彰。”《孔丛子·居卫》论周大王遭狄人围攻，“杖策而去”“豳民之束脩奔而从之者三千乘……此王道之端也”。《汉书·郊祀志》：“周公相成王，王道大洽，制礼作乐。”

（三）王道也可泛指为王之道。如《史记·李斯列传》：“法修术明而天下乱者，未之闻也，故曰王道约而易操也。”《汉书·沟洫志》：“河，中国之经渎。圣王兴则出图书，王道废则竭绝。”《汉书·杨胡朱梅云传》：“秦为亡道……故欲行王道者莫能致其功也。”《汉书·谷永杜邺传》：“白气起东方，贱人将兴之表也；黄浊冒京师，王道微绝之应也。”马融《忠经·忠谏章》：“忠臣之事君也，莫先于谏，下能言之，上能听之，则王道光矣。”

（四）王道的一个重要含义是与“霸道”相对，指崇德不崇力，即韩非子所谓“上古竞于道德，中世逐于智谋，当今争于气力”（《五蠹》）中的上古治道。先秦诸子每以王、霸对举，其所谓王，常指三王，即三代之王，通常指禹、汤、文王；其所谓霸，常指五霸，即春秋五霸，通常指齐桓、晋文、秦穆、楚庄、宋襄[①]。因此，王道与霸道的区别，本指三王与五霸统治天下方式的区别，具体表现为崇德与崇力之别。然崇德方式，各家说法略异。孟子以仁界定王道：“以力假仁者霸。”“以德行仁者王。”（《孟子·公孙丑上》）“霸者之民，驩虞如也；王者之民，皞皞如也。”（《孟子·尽心上》）荀子以义界定王道：“义立而王，信立而霸，权谋立而亡。”（《荀子·王霸》）桓谭则合乎孟荀，以仁义界定王道：“三王由仁义，五霸用权智。”（《新论·王霸》）[②] 韩非子不赞同古先王之道，然亦称“夫称上古之传颂……道先王仁义”（《外储说左上》）云云。可见，王道崇德与霸道崇力的区别，亦出于对先王统治方式的总结。

三

王道的含义从其外延看与霸道相对，从其内涵看则主要指治理之道，即治道。先秦以来的学者们对王道的内涵做了许多总结。笔者初步总结先秦至两汉王道一词的内涵（主要是其治道义），有如下几方面：

指推行公道。《尚书·洪范》：“无偏无陂，遵王之义；无有作好，遵王之道；无有作恶，尊王之路。无偏无党，王道荡荡；无党无偏，王道平平；无反无侧，王道正直。”《墨子·兼爱下》：“周诗曰：王道荡荡，不偏不党，王道平平，不党不偏。……古者文、武为正，均分赏贤罚暴，勿有亲戚弟兄之所阿。”贾谊《新书·过秦下》：“秦王怀贪鄙之心……废王道而立私爱。”《说苑·至公》：“《书》曰：不偏不党，王道荡荡。言至公也。古有行大公者，帝尧是也。”

指仁爱百姓。《孟子·梁惠王上》：“养生丧死无憾，王道之始也。”（另参《孟子·梁惠王下》论王政）《荀子·王制》：“仁眇天下，

① 参赵岐《孟子·告子下》“五霸者，三王之罪人也”章注。

② 桓谭复称：“赏善诛恶，诸侯朝事，谓之王；兴兵众，约盟誓，以信义矫世，谓之霸。”（《新论·王霸》）盖指王道推行公道，而霸道重在揽人。

故天下莫不亲也；义眇天下，故天下莫不贵也；威眇天下，故天下莫敢敌也。以不敌之威，辅服人之道，故不战而胜，不攻而得，甲兵不劳而天下服。是知王道者也。”《春秋繁露·王道》：“五帝三王之治天下，不敢有君民之心，什一而税。……不夺民时，使民不过岁三日，民家给人足，无怨望忿怒之患、强弱之难。”桓谭《新论·王霸》：“夫王道之治，先除人害，而足其衣食。”

指人伦有序。比如《礼记·乡饮酒义》：“孔子曰：吾观于乡，而知王道之易易也。”《春秋繁露·王道》：“五帝三王之治天下……教以爱，使以忠，敬长老，亲亲而尊尊。”陆贾《新语·道基》：“民始开悟，知有父子之亲，君臣之义，夫妇之别，长幼之序，于是百官立，王道乃生。”《白虎通·卷二·社稷》：“有贵贱焉，有亲疏焉，有长幼焉。……此三者行然后王道得。”《韩诗外传·卷五》：“于时周室微，王道绝……礼仪废坏，人伦不理。”《汉书·刑法志》：“圣人取类以正名，而谓群为父母，明仁、爱、德、让，王道之本也。”

指太平无患。《史记·龟策列传》：“天下和平，王道得。”《春秋繁露·盟会要》：“盖圣人者，贵除天下之患……天下者无患……然后王道举。”《淮南子·要略》：“文王欲以卑弱制强暴，以为天下去残除贼而成王道。”《白虎通·卷八·五经》：“孔子居周之末世，王道陵迟……强陵弱，众暴寡。”《论衡·宣汉篇》：“夫太平以治定为效，百姓以安乐为符……故夫王道定事以验，立实以效。”《新论·王霸》：“夫王道之治，先除人害。”

指治官有方。《韩非子·心度》：“王道在所闻，在所塞，塞其奸者必王。”刘向《说苑·君道》：“尧知九职之事，使九子者各受其事……以王天下。是故知人者王道也，知事者臣道也，王道知人，臣道知事，毋乱旧法而天下治矣。”

通过上述考证，我们大体可以发现，王道一词本指古先王统治天下之道；由于古先王后来被当作成功典范和效法榜样，特别是春秋时期五霸的兴起，所以后世引申出反对霸道、推行公道以及各种治道等含义来。

参考文献：

［1］李学勤. 字源［M］. 天津：天津古籍出版社，沈阳：辽宁人民出版社，2012：14.

［2］王国维. 观堂集林：第4册［M］. 北京：中华书局，1961：1152.

原文载于《衡水学院学报》2018年第6期。

方朝晖（1965—），男，安徽枞阳人，哲学博士，清华大学人文学院教授，博士生导师。

论董仲舒对《春秋》的意识形态转换

朱康有

从“打天下”取胜后建立新生政权，严格说来，只有通过合理、合法的意识形态的建构，才能实现人心的稳定，为长治久安打下基础。意识形态取自于思想文化资源，但要进行适当的转换，为整个统治阶层、绝大部分知识精英所接受，并“从上到下”洋洋洒洒、弥漫浸润于复杂社会的各个层次、各个领域，或能完成这项使命。董仲舒对孔子《春秋》公羊学的解说、引申和发挥——《春秋繁露》[①]，不仅使汉代几百年的天下获得这样一个稳固基础（其“断狱”之功能，已经说明儒家的历史哲学、政治哲学理念发挥现实的“治理”角色），并奠定了我国统一多民族传统社会之后在大部分时期的儒家意识形态主导地位。

一、“罢黜百家”与一元多样

当代学者已经证明，“罢黜百家”并不是不要或者消灭“百家”，它其实是一个统治阶层意识形态的“选项”——在其主流的意义上只能选择一种“指导思想”。那么，是否，“独尊儒术”即一定和其他学

① 董仲舒《春秋繁露》，张世亮、钟肇鹏、周桂钿译注，中华书局，2012年版。文中凡引此著，仅注篇名。

术思想在意识形态中必然产生冲突呢？显然，意识形态除了主流之外，还有非主流等作为补充，亦可以说并非“铁板一块”，而具有相当程度的弹性。我们不必从汉代意识形态实施层面列举什么“王霸兼用”“阳儒阴法”之术，仅就董仲舒本人的思想来看，实际上也包含着“一元多样”（他自身倡导的“罢黜百家”这一极端提法，被现代学者夸大后，往往忽视此面）的丰富内容。

最典型的当属对法家的利用与改造。经过荀子、李斯等在学理及其政治实践层面的操作，特别是秦王朝的兴衰史，汉初无论是思想界还是政治家对法家思想的利弊可以说十分了解。故此，比之荀子之说，董仲舒对法家进行了更为彻底的“儒学式”改造。其主张的“执法诛之”（《五行相胜》）“听狱”“折狱”“论罪”等内容业已深深打上儒家烙印。“《春秋》为仁义法，仁之法在爱人，不在爱我；义之法在正我，不在正人”（《仁义法》），将儒家的仁义伦理上升至“法”的高度，以之来处理人己关系，这就直接颠覆了对“法”局限在“刑”上的认知。认为“为政而任刑，谓之逆天，非王道也”（《阳尊阴卑》），“故折狱而是也，理益明，教益行；折狱而非也，暗理迷众，与教相妨。教，政之本也，狱，政之末也，其事异域，其用一也，不可不以相顺”（《精华》）。“折狱”一定要和教化配合，判罪判罚背后显示的“理”，应和社会教化相互顺应而不是“相妨”，二者关涉的领域可能不一，但后者更为根本。人君所树立的“威”势和权力，必先和德政关联起来：“国之所以为国者，德也；君之所以为君者，威也。故德不可共，威不可分……是故为人君者，固守其德，以附其民，固执其权，以正其臣。”（《保位权》）

黄老之道学在汉初发挥的意识形态“疗伤”治愈功能令人注目。董仲舒指出，“故为人主者”“君人者”，要“以无为为道”（《离合根》），“志如死灰，形如委衣，安精养神，寂寞无为，休形无见影”（《立元神》），“其要贵神，神者，不可得而视也，不可得而听也，是故视而不见其形，听而不闻其声……不见不闻，是谓冥昏，能冥则明，能昏则彰，能冥能昏，是谓神。……执无源之虑，行无端之事”（《立元神》），“居无为之位，行不言之教，寂而无声，静而无形，执一无端，为国源泉”，“虚心静处，聪听其响，明视其影，以行赏罚之象”。董子明确地将此称之为“自然致力之术”（《保位权》），他的“法天之行”主张包含着“莫见其为之，而功成矣”（《离合根》）的道家思想。不过，对于这种“法天”之“术”，董子将之限定为“人主”“人君”的最高“领导层”使用范围。

至于包含代表着当时自然哲学水平的阴阳五行观（即使今日亦不能断之为皆属迷信，否则整个中医学的实践将失去重要理论根基）、代表当时逻辑学发展的名家思想（董子的“正名”丰富完善了孔子思想）等派在董子思想中皆有所见，兹不详举备论。由此，我们说董子建立了一个以儒学为主、包容多家思想的意识形态体系亦不为过。

二、“道必极于其所至”与天人整体观

我们今天把“意识形态”形象地称之为“观念的上层建筑”，此“建筑”能否为人所接受并长久地“居住”在里面，首先取决于它是否向下根基扎得稳固，向上扩展的顶端（目标）可否供更多的人群（包括后来者）持续不断地发展、追寻。一句话，意识形态可否转化为上下“信仰”的动力。

有必要对源于儒家长久以来信奉的“天人整体观”进行改造，使之成为相对坚如磐石的根基。从西周以来，人们就在思考，“天命靡常”的原因在于与王道德行的配合，但系统“天命”观先秦亦没有完全建立起来。《论语》中一方面言及“知天命”，一方面又“不语”“性与命”的含混；《春秋》之经言及天（或吉或灾）与人事活动的“搭配”之理的缺失；《易传》形上之道没有脱离“阴阳不测”的神秘性；孟子由性达天、荀子的明于“天人之分”“制天而用”虽有所推进，亦无终成。道家似详于“天”，但对之向人间治理的转化论之甚少。

融儒道法阴阳五行，形成比较完备的天人观，以此为意识形态奠基“形而上”基础，端乃董子完成。董子亦“察天人之分”（《天道施》），但更多的是看到二者的相互作用。人类来源于自然界，故必先

“尊天之道”（《郊义》）。他把天看作是“百神之大君”（《郊语》），比众神皆高，故天子“不敢以父母之丧废事天地之礼”（《郊祭》），显然，“天”是更为根本的“衣食父母”，人类理应敬之、畏之、事之。虽然“天意难见也，其道难理”，但“天志仁，其道也义。为人主者，予夺生杀，各当其义，若四时；列官执吏，必以其能，若五行；好仁恶戾，任德远刑，若阴阳”（《天地阴阳》），“天有和有德，有平有威，有相受之意，有为政之理，不可不审也”（《威德所生》）。“天”有“为政之理”，故圣人或人君要行“天德”以“配天”，“合于天数”，“合于天道”（《阳尊阴卑》），“视天而行”（《天容》）。“为人君者，其法取象于天”，“是故天执其道，为万物主，君执其常，为一国主；天不可以不刚，主不可以不坚……故为天者，务刚其气，为君者，务坚其政，刚坚然后阳道制命”，与上述吸收的黄老道家思想形成互补。而“为人臣者，其法取象于地”（《天地之行》），取法于阴阳、五行及山川、水、玉等具体物象，故要“副天之所行以为政”（依据上天所作所为的法则来指导自己施政）（《四时之副》）。“天地者，万物之本、先祖之所出也”，“君臣、父子、夫妇之道取之此”（《观德》）。“凡物必有合……物莫无合，而合各相阴阳。阳兼于阴，阴兼于阳……君臣、父子、夫妇之义，皆取诸阴阳之道”，自然的辩证之道适应于人间的辩证之道，故“王道之三纲，可求于天”（《基义》）。“唯天子受命于天，天下受命于天子，一国则受命于君”（《为人者天》），夺取天下、统治天下就有了合理、合法的依据。某种意义上讲，天就是民，天意就是民意。想必董子十分通晓自周代开始“天”和“民”的关系，他在此也不必费什么口舌将“天”还原于“民”，而有意突出了天的崇高性、神圣性。

强调君权天授的机理在于，符合了天之“仁德”。予之有理，杀之有理，养之有理。“天之生民，非为王也；而天立王，以为民也。故其德足以安乐民者，天予之，其恶足以贼害民者，天夺之”，虽为天授，却是“为民”，安民方能“天予”。在夺取天下的过程中，尽管有人的积极作为，那显然也是符合了“天道”，应运了时代和社会的发展规律，“王者，天之所予也，其所伐，皆天之所夺也”，“有道伐无道，此天理也，所从来久矣”（《尧舜不擅移汤武不专杀》）。“天子不能奉天之命，则废而称公，王者之后是也”（《顺命》），像帝王的后代就是这样。“君权天授”不假，但若违天之命，就会被废掉。在统治、治理天下的过程中，“天之亲阳而疏阴，任德而不任刑也。是故仁义制度之数，尽取之天”，各项政举尤其是仁义善政，同样体现了“天德”，顺应了民心。“天之所为，弗乍而成也。人之所为亦当弗乍而极也。凡有兴者，稍稍上之，以逊顺往，使人心说而安之，无使人心恐”（《基义》），凡是有创新的改革之事，慢慢地实施，逐步地推行，使人心中喜悦而安置若泰，不使人心生恐惧。改革，也是依照“天之所为”来进行的。“声名魂魄施于虚，极寿无疆”（《三代改制质文》），那些为天下做出盛德大业的圣君明相，其声名已经复归于天地自然之中，并会永久流传而不磨灭。

在顺遂“天”的同时，董子并不否定人的作用。“人之超然万物之上，而最为天下贵也。人下长万物，上参天地”（《天地阴阳》），“人受命乎天也，故超然有以倚”（《人副天数》），卓然与天地并立。“天所为，有所至而止，止之内谓之天，止之外谓之”（《深察名号》）“王教”或“人事”，天的创造，是有一定限度的，限制在天所创造的范围叫作天性，超出的则叫作社会教化或人事。尤其是当天失阴阳秩序，比如发生了大旱或大涝之情形，这些均属“为其不义”，《春秋》此时表现出的是“不畏强御”，不畏天的强暴，甚或人力可以“变天地之位，正阴阳之序，直行其道，而不忘（避讳）其难”，“义之至”，此种反抗非不义，恰恰是最高的义的表现。“是故胁严社而不为不敬灵，出天王而不为不尊上，辞父之命而不为不承亲，绝母之属而不为不孝慈，义矣夫!”（《精华》）所以，惩戒土地神不算是不敬神灵，让天王出居在外不算是不尊敬圣上，拒绝父亲的命令不算是不顺从父亲，断绝母亲的嘱咐不算是不孝顺母亲，这是义啊！对于鬼神，“信之而不独任，事之而不专恃”（《祭义》），相信它们而不完全放任它们，事奉它们但是不会一味地依赖它们，更多唤起的是人自身的敬心和作为。

董子为人所诟病多之处，因其倡天人感应之说。把人机械地与天相比较，确有不妥粗糙之处，如言“天有四时，王有四政”（《四时之副》），显得牵强。但即就今日之思维来说，亦不能完全否定其价值。比如，系统科学中的“分形”论、全息论，隐含着把自然或社会完全不同类的事物进行比较的可能。“感应”之说，实际上体现了中国古代类比推理的思维特征。中医科学一定程度上也证明了“察身以知天”（《郊语》）的可能性。“凡灾异之本，尽生于国家之失”（《必仁且智》），把自然界的“灾”皆看作为天之谴告亦显突兀，但董子的本意“欲其省天谴而畏天威，内动于心志，外见于事情，修身审己，明善心以反道者”，目的是为了“贵微重始、慎终推效”（《二端》）。人与自然之间的关系链条很长，相互作用的因果复杂，“不以其行”（《奉本》），人类不遵循法度，导致的后果也往往不是那么直接就可以显示出来的。“我们连同我们的肉、血和头脑都是属于自然界和存在于自然之中的”，认识到“自身和自然界的一体性”[1]，完成了的自然主义和人道主义是等同的。从现代来看，人和万物何至于“感应”之说，其相互作用的深度和广度大大加深了。

值得重视的是，董子吸收道家“气”的思想，将天人关系的互动演进到社会治理、国家行为中。“天地之间，有阴阳之气，常渐（浸润）人者，若水常渐鱼也，所以异于水者，可见与不可见耳……然则人之居天地之间，其犹鱼之离（通‘丽’，附丽、附着）水一也，其无间……天地之间，若虚而实，人常渐是澹澹（漂浮动荡）之中”，天与人同属一气，故属一整体，它们之间的相互作用就有了“介质”。“治乱之气，邪正之风，是淆天地之化者也。生于化而反淆化，与运连也”，人类社会治理和混乱的气、邪僻和正直的风俗，和天地的运行化育相混杂；人类的气从天地之气的运动变化中产生而反过来又和天地之气混杂在一起，和天地的运动相联系。其规律是，“治则以正气淆天地之化，乱则以邪气淆天地之化，同者相益，异者相损”，“故其治乱之故，动静顺逆之气，乃损益阴阳之化，而摇荡四海之内”。“物故以类相召也……其气益精”（《天地阴阳》），同类感应发出的气更加纯粹。所谓“致雨”“止雨”之神秘，若“明于此者，欲致雨，则动阴以起阴，欲止雨，则动阳以起阳。故致雨，非神也，而疑于神者，其理微妙也”（《同类相动》），无非是通过“开阴闭阳”（《求雨》）或“废阴起阳”（《止雨》），表现出试图把握自然并使之为人类服务的强烈愿望。“聪明圣神，内视反听，言为明圣内视反听。故独明圣者知其本心皆在此耳”（《同类相动》），只有那些修养达到很高程度的“独明圣者”才可以把握这种微妙之理，属于“修此以知彼”之术。中国古代哲人、圣人对待宇宙的看法大部分恰恰是一种有机的“唯物论”；对于宇宙的本根缺乏已有的语言为之描述清晰，但不可目之为玄学或唯心之说。道或气，本身既是一种特殊的物质，又是这种物质的功能，还是这种功能所表现出来的规律，并关联时空的整体性。“法天者，乃法人之辨”（《循天之道》），效法天道，就是效法人自身的治理之道。“与天同者大治，与天异者大乱。故为人主之道，莫明于在身之与天同者而用之。”（《阴阳义》）

董子将人道提升至天道高度去认识，为汉以后中国传统社会的长治久安做出了重要的贡献，其意义是深远的。“道必极于其所至，然后能得天地之美也”（《官制象天》），为政之道必须达到最高境界，然后才能够得到天地间的精髓。不过，以天人感应说为理论依据之一的谶纬，把经学神学化、烦琐化，走向了另一个极端。宋明以后，吸收佛、道兴起的新儒学（理学、心学），倡导天理与心性之说，进一步完善了后期意识形态的构建。董子之论，侧重于传统意识形态的根基，适应了汉初对治理秩序的亟须，但对意识形态的目标指向则模糊不清。汉儒整理、编辑儒家《礼记》倒是提出“小康”“大同”受时代局限，显得非常简略，直到近代康有为、孙中山等有所发挥。当今，我们在讲到“共同理想”和“最终社会目标信仰”上有重大推进，但如何将辩证的、历史的唯物主义与中华优秀传统中的有机天人整体观结合起来，深植民族文化信仰之自信，仍有待学人努力。

三、“两言而管天下”与《春秋》大义

意识形态的核心为价值观。善恶就是是非，人们知道了善恶，就明了行为的选择方向。董子通过分析《春秋》笔法的微言大义，根据

“褒贬”两字以显“善恶”两端，引导整个社会从上到下树立“大义”，以满满的正能量价值导向正途。“《春秋》重而书天下之患遍矣”，“天下者无患”，“然后王道举，礼乐兴”。“患”的原因何在呢？“细恶不绝之所致也”，故“善无小而不举，恶无小而不去，以纯其美”（《盟会要》）。“《春秋》之所善，善也；所不善，亦不善也。不可不两省也”（《玉英》），《春秋》所赞同的是好的，所不赞同的是不好的，要从这两方面加以省察。当然，这显得似乎太理想、太绝对化了。在实际分析过程中，则表现为“缘人情，赦小过”（《俞序》）；“大德无逾闲者”，而“小德出入可也”（《玉英》）。

“是非难别。”（《竹林》）“有贱乎贱者”，“亦有贵乎贵者矣”；“不义之中有义，义之中有不义”。我们经常可以看到，是非善恶往往很复杂，“婆说婆理，公说公理”是常态，世俗似乎很难找到统一的价值标准。“故凡人之有为也，前枉而后义者，谓之中权，虽不能成，《春秋》善之……前正而后有枉者，谓之邪道，虽能成之，《春秋》不爱”（《竹林》），显然，这里《春秋》处理的方法是一个动态的过程。“若不贬（不加以贬斥），庸知其非正经（这种行为不符合正确的规则）？《春秋》常于其嫌得者（在好像正确的事情中），见其不得也（揭示出不正确的内容）。”（《楚庄王》）因为怕人们不知道这些罪过，继续安然沿用而不能警戒，所以《春秋》反复地用严厉语气批评这些罪过行为，以矫正世俗的错误观念而使之回到正确的轨道上来；矫枉不过正，就不能使它直。

“畏与义兼。”（《楚庄王》）“义不讪上（义士不诽谤上级），智不危身（智者不使自身危险），故远者以义讳（对久远的国君因为道义而为他讳过），近者以智畏（对当世的国君出于明智的考虑而畏惧服从他）。畏与义兼，则世逾近而言逾谨（说话越要谨慎）。”“以故用则天下平，不用则安其身，《春秋》之道也”（《楚庄王》），《春秋》笔法被采用，对天下有好处，不被采用，也没有“讪上”的罪名，自身安全。这是孔子写《春秋》的原则。其实这种原则也透露出作者将自己放入历史中考量的一种价值观：“终皆祸及身”，“皆不得以寿终”（《俞序》），并不是最好的选择。

“文辞不隐情，明情不遗文。”（《天道施》）修饰辞藻但不会隐瞒真情，揭示真情但不会忽视修辞。事实只有一个，但对事实的记载和描述则随顺主体价值观的不同而又差异，甚至截然相反。最难理解的是，作为编年史书，为什么会出现“《春秋》之书事，时诡其实，以有避也；其书人，时易其名，以有讳也”的情况呢？现代的“历史科学”或许很难接受这种“历史价值观”重于“历史事实本身”的“笔法”。“然则说《春秋》者，入则诡辞，随其委曲，而后得之”（《玉英》），要深入了解这种“真话假说”“诡其辞”的“讳”言方式，只有随顺它的复杂变化才能明白其中的真实意义，从中反映出“存亡荣辱之要”（《随本消息》）。“《春秋》之论事，莫重于志”（《玉杯》），《春秋》之好微与其贵志相关也。从这里看出，“事”本身还包含对人内在动机的考察。“由是观之，见其指者，不任其辞，不任其辞，然后可与适道矣”（《竹林》），超出语言，“不任其辞”即可把握后面的实质。

“诛意之法。”（《王道》）责备人动机不善的笔法是什么呢？写历史的人肯定有自己的看法。“不见《春秋》，内心予之行，法绝而不予”（《王道》），一些事在《春秋》没有记载，但作者内心里赞同这些行为，却也知道这不符合当时的王法，因此不在文字上表示赞同。唯如此，才能符合“屈民而伸君，屈君而伸天”（《玉杯》）的《春秋》之法、之义。“诛意不诛辞”（《王道》），有批评的意思却没有批评的语言，这显然要读《春秋》者玩味背后的“暗义”。

“贯比而论。”“天道各以其类动”（《三代改制质文》），所以可“以比贯类”，通过并列事例的比较来理解同类的道理，或者叫“贯比而论”，联系比较同类的事物而加以推论。如此，“是非虽难悉得，其义一也”（《玉杯》），主要道理是一致的。“其辞体天之微，效难知也，弗能察，寂若无，能察之，无物不在。是故为《春秋》者，得一端（一件事）而多连之，见一空（一种现象）而博贯之，则天下尽矣。”（《精华》）

此外，“察视其外，可以见其内”（《玉杯》）、“救文以质”（《王道》）、“深察名号”等等也可以算作是董子总结出来的明了价值引领之法。

四、“长于治人”与社会人道

“凡人之性，莫不善义，然而不能义者，利败之也”（《玉英》），人虽然有好善之倾向，却由于迷失在利益之中，“积习渐靡，物之微者也。其入人不知，习忘乃为常”，结果把非人性的东西当作人性，价值走向偏颇。这就要重新树立人道，规范和构建社会正确治理之道。什么是人道呢？“见善者不能无好，见不善者不能无恶，好恶不能坚守，故有人道。人道者，人之所由、乐而不乱、复而不厌者”（《天道施》），人们喜好、厌恶的标准选择，往往不能在适当的程度上加以坚守，那么人道的制定就非常必要了。而之所以称之为“人道”，说明作为规律，它是人们必须要遵守的，是人们反复实行而不感到厌烦的。董子通过对《春秋》的公羊学解读，目的就是为了建立“人道”。“《春秋》正是非，故长于治人”（《玉杯》），作为“经”，《春秋》虽欲褒贬，那也只是对历史的反映，通过后人的不断理解和阐释，它具有了“治人”的功能。“仲尼之作《春秋》也，上探正天端，王公之位，万民之所欲，下明得失，起贤才”（《俞序》），如此，《春秋》成了无所不包的治理体系，“理百物，辨品类，别嫌微，修本末”（《玉英》），与儒学其他经典一起，从学术和理论形态的主张，转变为意识形态的综合规范、制约作用，获得现实的意义和实践性价值。

“明于情性，乃可与论为政”（《正贯》），意思是说，只有了解人民情性的人，才可以与他讨论为政的道理。“人受命于天，有善善恶恶（喜欢善良的、厌恶丑恶的）之性，可养而不可改，可豫（预防）而不可去”（《玉杯》），不能停留在人性是抽象的善或恶的讨论上，要根据其现实特征去针对性地治理。“故圣人之治国也，因天地之性情、孔窍之所利，以立尊卑之制，以等贵贱之差，设官府爵禄，利五味，盛五色，调五声，以诱其耳目”，“务致民令有所好，有所好，然后可得而劝也，故设赏以劝之；有所好，必有所恶，有所恶，然后可得而畏也，故设罚以畏之”（《保位权》）。“貌、言、视、听、思”，这五件人受命于天的器官功能，正是“王者所修而治民也”（《五行五事》），君王自身有所修养后，即用于治理百姓。归根结底，都是“引其天性所好，而压其情之所憎者也”（《正贯》），不过为引导人民天性所喜好的，压制人民性情上所憎恶的。

“利以养其体，义以养其心。”贫富差异过大而不相对均平，往往是社会动乱根源。“大富则骄，大贫则忧，忧则为盗，骄则为暴，此众人之情也。圣者则于众人之情，见乱之所从生，故其制人道而差上下也，使富者足以示贵而不至于骄，贫者足以养生而不至于忧，以此为度而调均之，是以财不匮而上下相安，故易治也。今世弃其度制，而各从其欲，欲无所穷，而俗得自恣，其势无极，大人病不足于上，而小民羸瘠于下，则富者愈贪利而不肯为义，贫者日犯禁而不可得止，是世之所以难治也。”难能可贵的是，董子引用孔子的话说：“君子不尽利以遗民”（《度制》），权贵不能将所有的好处都霸占了，“仕则不稼”为古之通义。治理和养育民众，不能仅仅停留在物质生活阶段上，因为“天之生人也，使人生义与利。利以养其体，义以养其心。心不得义，不能乐；体不得利，不能安。义者，心之养也；利者，体之养也。体莫贵于心，故养莫重于义，义之养生人大于利”（《身之养重于义》），用正能量的“义”养心甚至一定程度上比“利”养体还要重要。从儒学角度看，就是要“简六艺以赡养之”，不能“以恶服人”（《玉杯》）。自上述来理解董子的“正其道不谋其利，修其理不急其功”（《对胶西王越大夫不得为仁》）就显得合理了。

“建治之术，贵得贤而同心。”（《立元神》）“气之清者为精，人之清者为贤，治身者以积精为宝，治国者以积贤为道……贤积于其主，则上下相制使……则百官各得其所……然后国可得而守也。”（《通国身》）甚至，尊重贤才就是“尊神”：“体国之道，在于尊神。尊者，所以奉其政也，神者，所以就其化也，故不尊不畏，不神不化。夫欲为尊者，在于任贤；欲为神者，在于同心；贤者备股肱，则君尊严而国安；同心相承，则变化若神。”君王即使有天大的能力，也不能靠一己之力、一己之智治理偌大国家，必须靠贤才的同心忠诚所为，才能功成若神化：“圣人积众贤以自强……天所以刚者，非一精之力，

圣人所以强者，非一贤之德也。”（《立元神》）

“反之制度。”“今欲以乱为治……非反之制度不可”（《度制》），想要使祸乱得到治理，长久考虑，非得恢复制度不可。“各度爵而制服，量禄而用财，饮食有量，衣服有制，宫室有度，畜产人徒有数，舟车甲器有禁；生有轩冕服位贵禄田宅之分，死有棺椁绞衾圹袭之度”（《服制》），从生到死把所有人纳入“制度”的规范下，社会才能走上正轨。而制度很大程度上是为了“堤防”：“圣人之道，众堤防之类也，谓之度制，谓之礼节，故贵贱有等，衣服有制，朝廷有位，乡党有序，则民有所让而不敢争，所以一之也。”（《度制》）显然，这是一个“差序”化稳定秩序，乃社会组织“维齐非齐”（《荀子·王制》引《尚书·吕刑》之语）的运用。我们很难设想，它就纯粹是为了维护所谓“不平等”的制度，毋宁说它也可以是根据人才等级划分的治理方式：“万人者曰英，千人者曰俊，百人者曰杰，十人者曰豪，豪杰俊英不相陵，故治天下如视诸掌上。”（《爵国》）解决贫富差距过大问题也要靠制度，“故明圣者象天所为为制度，使诸有大俸禄，亦皆不得兼小利、与民争利业，乃天理也”（《度制》），以防止官员“与民争利”的现象发生。

“固有常义，又有应变。”“所闻《诗》无达诂，《易》无达占，《春秋》无达辞。从变从义，而一以奉人”（《精华》），两者兼从，一概因人而异。“明乎经变之事，然后知轻重之分，可与适权矣。”“权之端焉，不可不察也。夫权虽反经，亦必在可以然之域；不在可以然之域，故虽死亡，终弗为也”（《玉英》），权变的出发点仍本于制度，超出一定范围的所谓灵活性是不能够接受的。“各有所处，得其处，则皆是也，失其处，则皆非也”（《精华》），“《春秋》之道，固有常有变，变用于变，常用于常，各止其科，非相妨也”（《竹林》）。以变通否定常义，更是要不得：“毋以适遭之变，疑平生之常，则所守不失，则正道益明”（《暖燠常多》），“故说《春秋》者，无以平定之常义，疑变故之大，则义几可谕矣”（《竹林》）。由此我们也理解了董子为什么说“王者有改制之名，无易道之实”（《楚庄王》），因为治国的大原则不可随意更改。

此外，还有“贵微重始”“考绩绌陟”（《考功名》）等具体详尽的治理方针和措施。如果我们从国家意识形态来分析，董子之论可谓“博大精深”。并且，他的论述非常接“地气”，涵盖并渗透到了传统农耕为主的社会生活的方方面面。比如，他认为“男女犹道也”，“男女之法，法阴与阳……天地之气，不致盛满，不交阴阳；是故君子甚爱气而游于房，以体天也”（《循天之道》）。如此细致、精密的意识形态之网，自然不限于精英层面，可以说，各个阶层、各个领域都能从中找到对应的普遍与特殊规则。

《春秋》“昭然独见存亡之机，得失之要，治乱之源，豫禁未然之前”（《五行相生》），充满了忧患意识，被董子改换为传统社会长治久安的意识形态重要内容之一。《春秋》论十二世之事，人道（处世之道）浃而王道（治国之道）备。我们知道，春秋为周乱世之开端（继之为“战国”），“弑君三十二，亡国五十二，细恶不绝之所致也”，而“亡者，自亡也，非人亡之也”（《王道》）。“《春秋》明得失，差贵贱，本之天王（天子）之所失天下者，使诸侯得以大乱之说，而后引而反之”，所以说其“博而明，深而切矣”（《重政》），目的是为“天下之所以永全”（《服制像》）提供“可观”的“存亡道”（《王道》）。“一旦之言，危百世之嗣”（《灭国下》），可不慎哉！一些道理是“甚幽而明，无传而著”，没有解说却又很清楚，“不可不察也”（《竹林》）。董子引卫子夏言：“有国家者，不可不学《春秋》，不学《春秋》，则无以见前后旁侧之危，则不知国之大柄，君之重任也。……苟能述《春秋》之法，致行其道，岂徒除祸哉！乃尧舜之德也。”（《俞序》）

董子引用孔子晚年“天丧予”“天祝（断绝）予”“吾道穷”等慨叹，他也承认有“命”，认为那是主客观设定的限度，任何人无法超越，这种“天命成败，圣人知之，有所不能救，命矣夫!”（《随本消息》）但是，“恶无故自来，君子不耻，内省不疚，何忧何惧，是已矣”（《楚庄王》），恶不是自己行为招来的，君子不感到羞耻，甚至嗤之以“就这么回事”，没什么了不起的！这是一种坚定的历史文化自信啊！

参考文献：

[1] 马克思，恩格斯. 马克思恩格斯选集 [M]. 北京：人民出版社，1995：384.

本文为“2018 中国·衡水董仲舒与儒家思想国际学术研讨会”提交的论文。

朱康有（1967—），男，山西平陆人，哲学博士，中国人民解放军国防大学国家安全学院教授，大校军衔，中国实学研究会常务副会长。

董仲舒论“和”：以《循天之道》为中心的考察

何善蒙

董氏之学，大抵推天道以明人事，故天人感应之说，乃是其义理结构之必然。但是，天道如何方可以贯通于人事之中？和合是其天道和人事贯通的关键点，这个董仲舒自己说得非常清楚，“凡物必有合。合必有上，必有下，必有左，必有右，必有前，必有后，必有表，必有里。……有寒必有暑，有昼必有夜，此皆其合也。阴者阳之合，妻者夫之合，子者父之合，臣者君之合。物莫无合，而合各有阴阳。……君臣父子夫妇之义，皆与诸阴阳之道。君为阳，臣为阴；父为阳，子为阴；夫为阳，妻为阴。……王道之三纲，可求于天”（《春秋繁露·基义》），“天下和平，则灾害不生。今灾害生，见天下未和平也，天下所未和平者，天子之教化不政也”（《春秋繁露·郊语》）。从这两段来说，天道和人事之间的贯通就是因为人事合于天道，而人事之合于天道的结果就是天下和平，因合而和，由此呈现出和合在于董仲舒政治结构论述中国的特殊重要的意义。

由此，董氏对于和合的推崇，是十分明显的。单就《天人三策》而言，“和”字共七见，所谓“故声发于和而本于情，接于肌肤，臧于骨髓”，“上下不和，则阴阳缪盭而娇孽生矣”，“未上之化下，下之从上，犹泥之在钧，唯甄者之所为，犹金之在熔，唯冶者之所铸。

‘绥之斯俫，动之斯和’，此之谓也”，“是以阴阳调而风雨时，群生和而万民殖，五谷孰而草木茂，天地之间被润泽而大丰美，四海之内闻盛德而皆徕臣，诸福之物，可致之祥，莫不毕至，而王道终矣”，“众圣辅德，贤能佐职，教化大行，天下和洽，万民皆安仁乐谊，各得其宜，动作应礼，从容中道”，“故遍覆包函而无所殊，建日月风雨以和之，经阴阳寒暑以成之”，“夫古之天下亦今之天下，今之天下亦古之天下，共是天下，古以大治，上下和睦，习俗美盛，不令而行，不禁而止，吏亡奸邪，民亡盗贼，囹圄空虚，德润草木，泽被四海，凤皇来集，麒麟来游，以古准今，壹何不相逮之远也”（《汉书·董仲舒传》）！大抵皆取和合之意。

而在《春秋繁露》中，董仲舒对于和合也给予了非常重要的关注，屡屡论及和合。尤其是在《循天之道》一篇中，“和”字共四见，“合”字共八见，可谓出现的频率是相当密集，可以视为董氏对于和“合”理解的一个基本纲要。限于篇幅，本文以董氏在《循天之道》中的讨论，来梳理其对于“和”的基本理解，“和合”的问题，另文再讨论。

一、“两和”与“二中”：天道的自然过程和理论建构

如我们在通常的情形下所理解的那样，董氏的论述，往往是从天道进入人事的，对于“和”的论述也是如此。在儒家的传统中，视“中”“和”为最高的道德价值，是不会有多大怀疑的，尤其是在后世儒者（如理学家）的深入诠释的背景之下，但是，在宋儒的形上学诠释之前，董氏对于“中”“和”做了非常直接的天道论基础的讨论，换而言之，董仲舒在天道那里，为“中”“和”找到了最为坚实的根据，按照董仲舒的说法：

> 天有两和以成二中，岁立其中，用之无穷。是北方之中用合阴，而物始动于下；南方之中用合阳，而养始美于上。其动于下者，不得东方之和不能生，中春是也。其养于上者，不得西方之和不能成，中秋是也。（《循天之道》）

董仲舒的这段描述，在农耕文明的经验背景之下，是非常好理解的一个事实。在春、夏、秋、冬的四季更替之中，百物以生、以成，人类的生活由此得以确立，这是我们一般人所能够感知到的经验现实。但是，如何对这个经验现实进行描述，这就是思想家（或者说哲学家）之所以超越一般的意义所在。从董仲舒对这段话的描述中，我们可以很清楚地看到董氏的理论建构的意义。在对自然生产过程的理解之上，董氏用“两和”和“二中”来揭示这一经验生活的过程。“两和”和“二中”，是董仲舒所用来揭示天道的基本概念，什么是“两和”“二中”？简单地说，“两和”就是春分和秋分，“二中”就是冬至和夏至，实际上就是在四时之中，董仲舒以其敏锐的观察，做了一个非常有意思的、深刻的概括。按照董仲舒的说法，天道的自然过程就是以“两和”而成就“二中”的，为什么是这样？因为首先我们对于天道所看到的就是时间的循环不止（即春夏秋冬循环往复，这就构成天道），对此，董仲舒解释，我们生活经验的时间（年岁）就是在“两和”“二中”当中，循环往复，没有穷尽。那么，这个往复的过程是怎样展开的呢？按照董仲舒的解释，就是阴阳二气的流转的过程，所以北方的“中”（冬至）用的与阴气相合，而万物开始在阴气之下活动；南方的“中”（夏至）用的与阳气相合，而万物开始在阳气之上养成。由此，那些在阴气下运动的，不得东方的“和”（春分）不能生长，中春就是这么来的。那些在阳气上养成的，不得西方的“和”（秋分）不能成熟，中秋就是这么来的。

这样，由“两和”和“二中”，形成了对于天道自然过程的直接描述。但是，董仲舒作为一个思想家，当然不仅仅在于用了两个概念来解释一个过程，而是说，经由这两个概念，董仲舒完成了一种理论的自觉构建：

> 是故东方生而西方成，东方和生北方之所起，西方和成南方之所养长。起之不至于和之所不能生，养长之不至于和之所不能成。成于和，生必和也；始于中，止必中也。中者，天地之所终始也；而和者，天地之所生成也。夫德莫大于和，而道莫正于中。中者，天地之美达理也，圣人之所保守也。《诗》云：“不刚

不柔，布政优优。”此非中和之谓与？（《循天之道》）

在这段话中，董仲舒将“中”“和”提高到了一个非常特殊的理论地位，即“中和”就是天道。从经验性的描述来说，因此东方生出而西方养成，东方之和生出北方的起始，西方之和成就了南方的成长和成熟（这是按照古人对于四方和四季相应的形式来描述的）。因此，“和”与“中”在这个过程中就具有了特殊的意义。任何事物开始发展，如果不能到达“和”，就不能称为真正的生；万物的养成、生长，如果不能发展到“和”，就不能称为生长的完成。也就是说，对于万物来说，无论其成、其生，最根本的条件就是“和”。同样，对于万物生长来说，是从“中”的状态开始的，也一定是以“中”作为结束的标准。由此看来，“中”是贯穿天地始终的原则，而“和”则是万物生、成的原因。这样看来，在董仲舒这里，“中”更加侧重于作为一个原则和目标的存在，而“和”则更加侧重于对生的过程的展开。以道和德的概念来类比的话，董仲舒认为“和”就是最高的德行（所以，和更多是现实展开层面的），而“中”是最为端正的“道”[①]。由此，“中”“和”表达出来的就是天道本身，这是天地之间最高的道理，也是圣人所坚持的道理。

由此，我们可以说，董仲舒从四时的变化的过程中，以“两和”“二中”作为一个诠释的进路，实现了对于天道的自然秩序、自然过程的把握，“中”“和”由此可以作为天道直接表达的、儒家最高的道德价值的存在。由此，从经验性的对于天道的解释，进入了对于天道之自然秩序的理论性建构，而这种建构的最终目的，就是彰显出“中”“和”的意义。并由此而确立了对于人事之行为原则的诠释基础。

① 董仲舒这里对“中”“和”的分判，跟《中庸》的描述基本上是一个基调，即“喜怒哀乐之未发，谓之中；发而皆中节，谓之和。中也者，天下之大本也；和也者，天下之达道也。致中和，天地位焉，万物育焉”。

二、以中和理天下：人事行为原则的确立

既然天道的表现就是中和，那么，对于人事来说，自然就应该以中和作为最根本的行为方式，从而在现实生活中，将天道的这种中和贯彻并实现出来，由此，才能真正实现天道和人事之理的贯通。

> 是故能以中和理天下者，其德大盛；能以中和养其身者，其寿极命。（《循天之道》）

在揭示出天道实为中和之道之后，董仲舒直接就说，如果在现实生活世界之中，能够用“中和”来治理天下的，那么，他的德行就会得到极为盛大的表达；能够用“中和”来养护自身的，那么，他的寿命就会延续很长，寿终正寝。也就是说，无论是对于个体来说，还是对于整个社会来说，中和都应当成为最根本的价值原则而得到落实，这才是最佳的人事行为方式的表现。

那么，为什么人事必须顺天道呢？如果说阴阳是天地最为基本的表现，那么男女是人事的最为基础的形式。在这里，董仲舒以男女之事为例，从天道自然的角度加以说明：

> 男女之法，法阴与阳。阳气起于北方，至南方而盛，盛极而合乎阴；阴气起乎中夏，至中冬而盛，盛极而合乎阳；不盛不合。是故十月而壹俱盛，终岁而乃再合。天地久节，以此为常。是故先法之内矣，养身以全，使男子不坚牡，不家室，阴不极盛，不相接，是故身精明难衰而坚固，寿考无忒，此天地之道也。（《循天之道》）

按照董仲舒的说法，男女的原则，就是效仿阴气与阳气。从经验的观察可以看出，阳气起始在北方，到南方就兴盛，兴盛到极点便与阴气相合。而阴气，则由中夏起始，到中冬时最旺盛，旺盛到极点就和阳气相合。所以，从自然的经验来看，阴阳之气如果不旺盛就不会相合，所以十月就全部兴盛，到年终时便第二次相合。因此，我们可以很清楚地看到，天地之所以长久，就是因为阴阳二气的这种调节和节制，这就是二气运动的基本方式，也是天地之道的表现。因此，对

于人来说，就应该首先从自我的行为方式来效仿阴阳二气之道，以蓄养自身而长成。所以，我们从生活经验中也可以看到，如果男子的阳具不坚就不能成家室，女子的阴气不极盛就不能相交接，而只有等男女成年之后，才可以有男女之事，这就是天道的表达。人只有这样做，才能够使自己的身体精明，难以衰退而且坚固，延年益寿。关于这一点，董仲舒非常重视和认同，可能是基于阴阳男女是最为基础的现象，也是最为直接明了的道理：

> 天之道，向秋冬而阴来，向春夏而阴去，是故古之人霜降而迎女，在泮而杀内，与阴俱近，与阳俱远也。天地之气，不致盛满，不交阴阳；是故君子甚爱气而游于房，以体天也。气不伤于以盛通，而伤于不时天并；不与阴阳俱往来，谓之不时；恣其欲而不顾天数，谓之天并。君子治身不敢违天，是故新牡十日而一游于房，中年者倍新牡，始衰者倍中年，中衰者倍始衰，大衰者以月当新牡之日，而上与天地同节矣，此其大略也。然而其要皆期于不极盛不相遇，疏春而旷夏，谓不远天地之数。（《循天之道》）

如果我们说，人事的行为就是效法天道，那么天道又是什么？按照董仲舒的说法，所谓的天道就是阴阳二气的变化，简单地说，如果秋冬二季，那么阴气就到来，如果春夏二季，那么阴气就离去。因此按照古人的行为方式，在霜降下时便娶妻，冰开始融化时就停止娶妻活动。为什么是这样？因为霜降的时候阴气离人近、阳气离人远。天地之气，如果不到它十分充满的时候，就不要让阴阳二气相交接。由此，君子特别喜爱气，而谨慎地在闺房中活动，以便接近上天的原则。阴阳二气在极盛时相交接不会产生伤害，而在不合时宜或上天摒弃时交接产生伤害。不和阴气阳气同时来往，叫作不合时宜。放纵自己的欲望，不顾上天的规律，叫作被上天摒弃。君子修养自身，不敢违背上天。因此新婚男子十天才可在房中与妻子交接一次，中年男子是新婚男子的两倍时间，年龄开始衰老的人是中年人的两倍时间，特别衰老的人用月数代替新婚男子的天数。这就是与天地相同，符合天地自然之道。按照董仲舒看来，其中最为关键的全在于不在极旺盛时就不相交接，所以在春季应当疏远而在夏季应当空缺，这就叫作不远离上天地的规律。

人事的行为，不可以违背天地之道，这是最为基本的原则。但是，人应该怎样效法天道，或者说，人当取法天道的什么？董仲舒认为“君子法乎其所贵”：

> 君子法乎其所贵，天地之阴阳当男女，人之男女当阴阳，阴阳亦可以谓男女，男女亦可以谓阴阳。天地之经，至东方之中，而所生大养，至西方之中，而所养大成，一岁四起，业而必于中，中之所为，而必就于和，故曰和其要也。和者，天之正也，阴阳之平也，其气最良，物之所生也。诚择其和者，以为大得天地之奉也。天地之道，虽有不和者，必归之于和，而所为有功；虽有不中者，必止之于中，而所为不失。是故阳之行，始于北方之中，而止于南方之中；阴之行，始于南方之中，而止于北方之中。阴阳之道不同，至于盛，而皆止于中，其所始起，皆必于中，中者，天地之太极也，日月之所至而却也，长短之隆，不得过中。天地之制也，兼和与不和，中与不中，而时用之，尽以为功，是故时无不时者，天地之道也。（《循天之道》）

什么是君子发乎其所贵？董仲舒还是从阴阳二气入手，来讨论这个道理。按照董仲舒的看法，天地的阴阳二气代表男女，人的男女代表阴阳，因此，阴阳也可以说是男女，男女也可以说是阴阳。从生活经验的事实我们可以看到，到达东方之中而所生之气特别能生养，到达西方之中而所生养的就长成。一年之中有四季的变化，但是，天地之气的运转一定是以“中”为目标展开的。“中”的运作方式，必然表现出“和”。因此，“和”是最为主要的。“和”，是天地的正气。阴阳的平和，是气当中最为优良的，也是万物所产生的根源。因此，如果能够确实获取阴阳二气之“和”，也就可以最大限度获得天地的奉献。当然，从天地之道来看，即使有阴阳二气的不和（在现实中，这是正常的现象），也务必要归向到“和”，这才是真正有效的行为方式；即使有阴阳二气的不“中”，也一定会在“中”的标准终止，这样的行为才没有什么错误。因此阳气运行，开始在北方之中，而终止在南方之中；阴气的运行，开始在南方之中，而终止在北方之中。阴阳二气的运行规律不同，到达旺盛时，全都终止到“中”，它们的开始全都在“中”。中，是天地初始。从日月到达之处后退，长短的生长，不能超过“中”，这是天地的制度。兼有“和”与“不和”，“中”与“不中”，按时利用它们，全可以取得成效。所以时机没有不符合时宜的，是天地的原则。

由此，我们可以简单地说，君子对于天地的效法，实际上效法的就是阴阳二气的运转特征。而所谓阴阳二气运转的特征，就是“中”“和”。“和”是“天之正”，“中”是“天之太极”，从这个分梳来说，“中”就是天道的基本原则，而“和”就是天道的具体展开状态。而“中”“和”就是君子所贵的东西。

三、养身以和：循天之道的集中表现

人事应当效法天道，尤其是修身，更是应当以天道为基本的原则，在《循天之道》的开头，董仲舒就说“循天之道以养其身，谓之道也”，这就是说，在董仲舒看来，所谓的道就是在人依循天道来养身中表达出来的，这就意味着董仲舒所说的道，不是一个抽象的概念，而是在人的自我修养的过程中实现出来的。

如果说天地之道就是以阴阳二气的形式表达出来的话，那么，对于人或者万物来说，都是禀气而生的。就气禀来说，则是以“中”“和”为基准的，因此，如果是对“中”“和”的违背，就不是恰当的修养方式：

> 举天地之道，而美于和，是故物生皆贵气而迎养之，孟子曰：“我善养吾浩然之气者也。”谓行必终礼，而心自喜，常以阳得生其意也。公孙之养气曰：“里藏泰实则气不通，泰虚则气不足，热胜则气寒，泰劳则气不入，泰佚则气宛至。怒则气高，喜则气散，忧则气狂，惧则气慑，凡此十者，气之害也，而皆生于不中和。（《循天之道》）

既然“和”是万物展开的最佳方式、完美的形式，那么，对于万物来说，皆是以和气为可贵，所以，所谓的修养，也就是迎养和气。所以，董仲舒引孟子和公孙的话来说明“和”对于个体修养的意义。孟子说：“我善养吾浩然之气”，在董仲舒看来，孟子的意思就是说，个体的行为必须终止在礼上，即以礼作为行为的规范和目标，在这种情况下，人的内心会呈现出一种欢喜的感觉，因此也就可以常常像阳气那样，不断地生出自己的想法，与天地之气相贯通。而公孙的话，则揭示了不恰当养气的结果。按照公孙的说法，人五脏之中，如果太充实气就不通顺；太空虚气，就不足；太热，气就寒冷；太劳苦，气就不入身；太安逸，气就郁结。因此，人愤怒的时候气就大，欢喜的时候气就分散，忧郁的时候气就张狂，恐惧的时候气就收摄。而这十种情况，都是气被破坏的结果，都是不是从“中”“和”来的。

因此，对于个体的修养来说，就是要以中和作为根本来规避气的破坏，而返回到气的“中”“和”状态。由此，养身才是可能被实现的，或者说，中和才是养身的最佳方式。

> 故君子怒则反中，而自说以和；喜则反中，而收之以正；忧则反中，而舒之以意；惧则反中，而实之以精。夫中和之不可不反如此。故君子道至气则华而上，凡气从心，心、气之君也，何为而气不随也，是以天下之道者，皆言内心其本也。故仁人之所以多寿者，外无贪而内清净，心和平而不失中正，取天地之美，以养其身，是其且多且治。(《循天之道》)

正因为中和原则的被破坏，使得人有各种不好的情绪反应，这对于修身来说，并不是最佳的状态，所以，董仲舒提出了“反中”这样的修养方法，所谓“反中”，就是以“中”作为标准去要求、规范人的行为方式，由此而达到对于气的有效掌握——即达到气的“和”。气的“和”在哪里可以得到验证？或者说，什么样的状态才是气的“和”？董仲舒认为，“凡气从心，心、气之君也”，即这种“和”的状态是在人的内心可以感觉到的，或者说，就是内心的一种平和的状态。

就具体来说，循天之道以养身可以表达在内外两个层面的意思，所谓“和乐者，生之外泰也，精神者，生之内充也”(《循天之道》)。

也就是说，和的养身状态，有精神的表达，也有外在形体上的体现。形体的和乐以及内在的精神充满，都是以和养身的结果。那么，怎么来达到这样的状态呢？对于形体的外在和乐，主要是通过对于食物的选择来达到的，也就是说，恰当的食物选择，就是一种“和”的表达，是适合身体的需要的。

> 凡天地之物，乘于其泰而生，厌于其胜而死，四时之变是也。故冬之水气，东加于春而木生，乘其泰也；春之生，西至金而死，厌于胜也；生于木者，至金而死，生于金者，至火而死；春之所生，而不得过秋，秋之所生，不得过夏，天之数也。饮食臭味，每至一时，亦有所胜，有所不胜，之理不可不察也。四时不同气，气各有所宜，宜之所在，其物代美，视代美而代养之，同时美者杂食之，是皆其所宜也。故荠以冬美，而荼以夏成，此可以见冬夏之所宜服矣。冬，水气也，荠，甘味也，乘于水气而美者，甘胜寒也，荠之为言济与，济，大水也；夏，火气也，荼，苦味也，乘于火气而成者，苦胜暑也。天无所言，而意以物，物不与群物同时而生死者，必深察之，是天之所以告人也。故荠成告之甘，荼成告之苦也，君子察物而成告谨，是以至荠不可食之时，而尽远甘物，至荼成就也。天所独代之成者，君子独代之，是冬夏之所宜也。春秋杂物其和，而冬夏代服其宜，则当得天地之美，四时和矣。（《循天之道》）

按照董仲舒的看法，凡是天地间的万物，均是凭借气平和时出生，满足气的完成就死去，四季的变化就是如此。因此冬季的水气，在东方加在春天之上草木就出生。春天出生，往西到金便死去，因为满足于完成。在木时出生的，到金时就死去。金时出生的，到火时就死去。春天出生的东西，不能超过秋天，秋天出生的东西，不能超过夏天，这是上天的规律。因此，对于人的饮食来说，每一个季节，都有也有适合的和不适合的，这个道理是必须要认识清楚的。既然万物的生长都是因为季节调和的结果，那么饮食也就必须要遵循这个天道的秩序，董仲舒以荠、荼为例，具体地说明了食物对于人之合适与不合适的选择，从而使得人能够获得天地之美好和四季之调和。如果能够依循天之道来妥善地选择食物，这就是养身的最好的方式，也是对于人的外在形体的最佳的照顾，如果能够这样做，那就是对于生命本身最好的维护，也就是中和常在于身，“此中和常在乎其身，谓之得天地泰，得天地泰者，其寿引而长，不得天地泰者，其寿伤而短”（《循天之道》）。

如果说养外在形体的重要之处就在于恰当地选择天地之气所产生的万物，以合适的选择方式来对待饮食，从而获得外在形体的和乐。那么，对于内在精神的养，则是要使得阴阳二气在内在达到一种平和的状态。

> 故养生之大者，乃在爱气，气从神而成，神从意而出，心之所之谓意，意劳者神扰，神扰者气少，气少者难久矣；故君子闲欲止恶以平意，平意以静神，静神以养气，气多而治，则养身之大者得矣。古之道士有言曰：“将欲无陵，固守一德。”此言神无离形，而气多内充，而忍饥寒也。和乐者，生之外泰也，精神者，生之内充也。外泰不若内充，而况外伤乎！忿恤忧恨者，生之伤也，和说劝善者，生之养也，君子慎小物而无大败也，行中正，声向荣，气意和平，居处虞乐，可谓养生矣。（《循天之道》）

所以养身的关键，就在于爱气，即珍惜天地之气。怎样才是爱气呢？按照董仲舒的分析，气由精神形成，精神是由意念出现的。什么是意念？内心所向往的叫作意念。既然内心所向往的就是意念，那么意念和人的精神的关系就非常密切了。意念劳伤的，精神就乱，而精神乱的，气就少，气少的难以持久。因此君子熟悉要制止丑恶以便使意念平静（平意），平静意念（平意）就会使精神安宁，安宁精神就会使天地之气得到很好的修养，气就会多。气多了就平安无事，这样养身的关键就达到了。修养内在的精神，也是必须从养气而来的，因为精神不脱离形体。而精神之养的关键，就是让意念平静，从而获得气的充实。虽然养身是有内外之别的，但是很显然，内在精神的修养是重于外在形体的和乐的，所谓“外泰不若内充”。既然，外部形体的安泰，都比不上内部精神的充实，更何况外部伤害了。所以，对于养身来说，愤恨和担忧、忧愁和遗憾，都是对于生命的伤害。而平和、愉悦，都是对于生命的保养。一个人如果是行为正直、声音洪亮、气与意念和谐平稳，那么，他坐在那里会很快乐，这就是养生。

由此，董仲舒通过对天地之中和本性的确立、讨论，从而树立了中和之作为人事行为的基本原则，并且最终将人事的行为落实在个体对于自身的修养之上。按照董仲舒的基本论述，人对于天的效法，直接表达在人对于自身的修养之上，而这就是依循天道而生活，就是道在现实层面的展开。

本文为“2018中国·衡水董仲舒与儒家思想国际学术研讨会”提交的论文。

何善蒙（1977－），浙江天台人，浙江大学哲学系教授、博士生导师，台州学院和合文化研究院院长。

“谊主”说与“推明孔氏”：董仲舒在“独尊儒术”中的理论贡献及相关问题探微

王　刚

一、问题的提出：从“仲舒对册”的意义说起

众所周知，董仲舒是历史上“罢黜百家，独尊儒术”的倡议者。据《汉书·董仲舒传》，汉武帝即位后力求更化改制，董氏顺应时势，以《春秋》经学为理论基础，以“天人感应”为支点，在贤良对策中连上三篇雄文，史称“天人三策”。

策文改变了董仲舒的命运，史载：“天子览其对而异焉”，“对既毕，天子以仲舒为江都相”①。然而，更重要的是，策文对于汉王朝乃至整个帝制时代的思想大转向起了巨大的推动作用，深刻影响了后世的历史面貌。

习文史者皆知，沿着策文的理论逻辑和现实取向，董仲舒最终提出：

> 《春秋》大一统者，天地之常经，古今之通谊也。今师异道，人异论，百家殊方，指意不同。是以上亡以持一统。法制数变，

① 《汉书》卷五六《董仲舒传》，中华书局，1962年版，第2506、2523页。以下未注明出处者，都出于此篇，不再出注说明。

下不知所守。臣愚以为诸不在六艺之科孔子之术者，皆绝其道，勿使并进。邪辟之说灭息，然后统纪可一而法度可明，民知所从矣。

就是根据这一建议，后人总结出了“罢黜百家、独尊儒术”的论断。

这是具有历史性意义的建议，它开启了全新的时代，一系列思想举措和文化政策由此推进，班固论道：“及仲舒对册，推明孔氏，抑黜百家。立学校之官，州郡举茂材孝廉，皆自仲舒发之。”依照这一看法，“仲舒对册”，为“推明孔氏、抑黜百家”的起点所在，自此以来，言“独尊儒术”者，皆避不开董仲舒及其“天人三策”。

循此理路，冯友兰在《中国哲学史》中郑重提出：“董仲舒之主张行，而子学时代终；董仲舒之学说立，而经学时代始。”以“天人三策”的出现为分水岭，将中国古代思想文化的发展分为了“子学时代”与“经学时代”两大阶段。他还进一步指出，在经学时代，“其立说无论如何新奇，皆须于经学中求有根据，方可为一般人所信受”①。据此言之，董仲舒的作用不可谓不大，“天人三策”实乃推动历史转折的大文章。钱穆说：“（它）奠定了西汉一代政治之规模”，使得“武帝走上复古更化的路”，董仲舒则成为“这时最要的人物”②。而侯外庐等学者则进一步指出：“他的理论，通过了武帝雄才大略的钦定，实质上确立为神学的正宗。因此他对古代‘子学’作出了否定，为中世纪‘经学’开拓了地基。”③

然而，随着研究的细分和深入，质疑也在产生。质疑主要集中在两点：一是汉家制度以“霸王道杂之”为特点，对于其他各派并未禁绝，故而有学者说：“武帝的‘尊经’有兼容百家的意味，儒家在其

① 冯友兰：《中国哲学史》上册，华东师范大学出版社，2000年版，第25、296页。

② 钱穆：《国史大纲》（修订本），商务印书馆，1991年版，第144页。

③ 侯外庐等：《中国思想通史》第二卷，人民出版社，1957年版，第98页。

中只是处于主导地位，而未享受‘独尊’的地位。”① 二是鉴于董仲舒对策后任官并不重要，同为贤良出身的公孙弘却因修习《春秋》成为了“白衣宰相”，二人在政坛的地位真不可以道里计。由此有学者轻视董仲舒的作用，认为：“董仲舒对策所起的作用，充其量不过是对既定政策作出理论说明，就是说替一种由统治阶级内部利益冲突中间产生出的实际事实编造幻想，如此而已。”②

按照这样的说法，不仅董仲舒及“天人三策”没有发挥什么作用，甚至连“独尊儒术”都在夸大中虚构了事实，直至有人推断：“由《史记》而《汉书》而《通鉴》积渐至著改铸了历史的原貌。”③ 这种思考路径不能说完全没有事实依据，但由于在思想方法上的出发点存在巨大误差，所见皆为“一面之事实”，从而忽略了更为核心的“另一面事实”，所得出的结论，是经不得历史检验的。

之所以这样说，理由在于：

（一）思想或政策在推行的过程中，有一个内核与边缘的问题

当一种主流思想产生及发挥效用时，我们当然不能无视其他的边缘思想及人物，但倘由此将边缘认定为核心，直至排斥核心思想的存在，则不仅是本末倒置，甚至可以说在颠覆真正的事实。关于这一问题，诚如周桂钿所指出的：

> 汉武帝虽然也任用其他学派的人才，但这不影响我们将汉代归结为经学时代。经学是如何产生的？那就是独尊儒术的结果。如果不独尊儒术，怎么会产生经学呢？④

还可加以补充的是，就“儒术”与“百家”之关系而言，在“抑黜”之外，更有一个兼容问题。也就是说，“独尊”，并不是消灭的代名词，它更多的是整合。冯友兰指出：

---

① 王葆玹：《今古文经学新论》，中国社会科学出版社，1997年版，第201页。

② 朱维铮：《儒术独尊的转折过程》，氏著：《经学史十讲》，复旦大学出版社，2002年版，第82页。

③ 庄春波：《汉武帝“罢黜百家，独尊儒术”说考辩》，《孔子研究》2000年第4期，第60页。

④ 周桂钿：《秦汉哲学》，武汉出版社，2006年版，第25页。

> 儒家之六艺，本非一人之家学，其中有多种思想之萌芽，易为人所引申附会。此富有弹力性之六艺，对于不同之思想，有兼容并包之可能。儒家独尊后，与儒家本来不同之学说，仍可在六艺之大帽子下，改头换面，保持其存在。儒家既不必完全制别家之死命，别家亦不必竭力反对之，故其独尊之招牌，终能敷衍维持。①

明了这一点，在做思想史的观察时，就不应在看到别家理论痕迹时，就断然否定“儒术”的“独尊”。事实上，自“独尊儒术”以来，对于汉代以降的各种思想，如要按照先秦的学术性质进行严苛的分判，往往粗看皆是儒术，细看各家纷呈。董仲舒本人就是一个典型例子，他的思想中除了儒学之外，有阴阳，有道、墨，可以说百家并包。但倘由此认为他不是儒家，而是所谓的阴阳家、新道家等，则颇为荒谬。所谓“霸王道杂之”亦当如是观。我们知道，这一认识理路主要以“外儒内法”的样式加以呈现，且不说儒学与“王道”，法家与“霸道”在内容上未必完全契合，仅就“内”“外”之用词，就可以看出“儒术”的包容及其主体性。君可曾见“外法内儒”之说？也就是说，法家也好，“霸道”也罢，它们可以，并且需要穿上“儒术”或经学的外衣，作为汉以来以“儒术”为核心及代表的整体学说的补充部分而存在，反之则不可行矣，“儒术”之兼容由此可见一斑。要之，“独尊”当可成立，只是对它的理解，要加以历史的观察和调整。

（二）在“独尊儒术”问题上，谁在发挥绝对性的作用？这是需要分清不同层面的

我们注意到，有些学者虽承认“独尊儒术”，但否定或淡化董仲舒在其中所起的作用，主要原因在于，他们往往不自觉地混淆了理论创造与行政实践的区别。在轻视理论作用的前提下，将政治人物与思想人物的边界抹杀掉了。在他们看来，既然董仲舒的政治地位在汉武帝，甚至公孙弘之下，在这一重大思想推出的进程中，应该“人微言

---

① 冯友兰：《中国哲学史》上册，华东师范大学出版社，2000年版，第298页。

轻”，实在没有多少分量可言。有，也不过是前所引述的，“充其量不过是对既定政策作出理论说明”。

然而，对于思想政策的研判而言，这样的思考路数是颇不可取的。在历史的大进程中，思想家可以“人微”，却未必“言轻”，理论的作用，与理论家本人的政治地位不是绝对成比例的。我们从来不否定地位显赫者可以“言重”，但此“言”只是其建言的分量，要上升为重大理论，不是以身处的地位而定的。质言之，它不是权力大小的简单转换，它需要的，是理论的修养和凝练，最关乎思想家的理论水准。权高位重者所做的，是采纳或执行这一理论，创构理论是思想家的职责。进一步言之，重大的思想政策或意识形态的产生与奠定，是一项复杂的工程，不同的人物在其中担负着不同的职责。在前台的政治家往往看似为最核心的掌控者，似乎这一意识形态只是，且仅仅是政治权威博弈的后果。从这个角度来说，在“独尊儒术”的进程中，似乎汉武帝、公孙弘等才是真正的主角，是意识形态奠定的核心所在，董仲舒所做的“务虚”工作，即所谓的“理论说明”，真的也就无足轻重了。

但根本性的问题在于，汉武帝等所推行的意识形态是从哪里来的呢？在一项伟大的思想工程创构的过程中，政治家的雄才伟略固然值得重视，但如果这一政治家并不身兼思想家身份，那么，不管其魄力何其大，手段何其高明，从一定意义上来说，他或他们只是一群理论的推动者和执行者。毫无疑问，理论的推进与实施需要政治为之撑腰、站台，由此政治人物成了关键性的力量。但不可混淆的是，政治权威并不就是理论创造力量，有力不等于有理。由本论题来看，我们说，就意识形态的建构而言，“独尊儒术”背后的系统性思想，不是汉武帝的，更不是公孙弘的，它只能是董仲舒的。前者是实施者，后者才是创造者。周桂钿曾对董仲舒做过“奠定汉魂”的评价，并指出：“孔子创立了儒学，而董仲舒以儒学奠定了中国魂。”① 这一评价

① 周桂钿：《独尊儒术、奠定汉魂——董仲舒政治哲学研究》，《船山学刊》1998年第2期，第60页。

是极为精当的。不管其他人在“独尊儒术”中的地位和贡献如何，董仲舒的学说实为灵魂所在，它虽看起来“虚空”，却是各种“实务”的头脑或发动机，由此，所谓的“理论说明”不仅重要，而且它根本就是水之源，木之本。

我们注意到，强调董氏思想作用的侯外庐等学者曾有这样的评述：“说董仲舒的思想活动与武帝的政治措施恰相呼应，即是说前者是后者的苟合取容。”[①] 这一说法看到了董仲舒对策与武帝政策拉动之间的呼应性，但所谓的“苟合取容”颇为苛责，真正“苟合取容”者并非董氏，而是公孙弘们，故而与他们命运不同的是，董氏仕途并不畅达，并曾作《士不遇赋》而遣怀[②]。在笔者看来，在“独尊儒术”中，汉武帝等人的贡献自不待言，一系列的思想政策的推出，与其主动性和导向性有着密切的关联，由此，说他是“独尊儒术”的启动者亦不为过，笔者曾对相关问题做过若干考察，并指出：“‘推明孔氏’与其说是董仲舒‘发之’，不如说是汉武帝‘导之’。”[③] 在此，我们不再赘论，仅由本论题出发，要再次强调的是，汉武帝虽有思想导向和掌控之功，但系统严密的理论推导却不是他所能为，他只是一个政治家，而不是真正的思想家。所以他需要贤良对策，需要董仲舒。董氏的不可或缺在于，为他的帝国蓝图夯实了理论的力量。也正因为董氏出，治国之策中才有了丰富的理论内涵，这是汉家政策大调整后，得以长治久安的核心所在。如果没有理论家的思想论证，仅靠政治权威来推行所谓的“独尊儒术”或其他相关政策，它的理论源头将是枯竭的，内容苍白，徒具形式之下，不可能会有恰当的相应举措，这样的政策在执行中，因思想动力不足，最终只能归于失败。

---

① 侯外庐等：《中国思想通史》第二卷，人民出版社，1957年版，第97页。

② 关于这一文赋，可参看陈蒲清校注：《春秋繁露、天人三策》（岳麓书社，1997年版），在“提要”中，陈氏指出：“此赋当作于晚年，感慨正直之士得不到当权者的信任。汉武帝虽采用董仲舒‘独尊儒术’的建议，但并不重用正直的董仲舒，而是重用苟合取容的公孙弘、张汤等人。”（第335—336页）

③ 拙著：《学与政：汉代知识与政治互动关系之考察》，黑龙江人民出版社，2012年版，第182页。

由此，如果将同是儒生的董仲舒和公孙弘来加以比较的话，可以看到，在“独尊儒术”中，前者是为帝国提供思想路线图的大理论家，后者则是一名位高权重的理论推动者或执行者，二者的角色是完全不一样的，我们切不可因为董仲舒官职不高，就否定他的理论贡献。如此思维，必然会产生历史的误判。与之相类的是，秦政府以韩非学说为治国之策，难道韩非在秦国位极人臣了？要知道，他的结局是下狱而死，但这不影响他的理论在秦帝国中的指导性作用。而为汉家做思想奠基的陆贾，究其实也只是无权无势的散官。然而，《汉书·高帝纪》载：“天下既定，（刘邦）命萧何次律令，韩信申军法，张苍定章程，叔孙通制礼仪，陆贾造《新语》。……虽日不暇给，规模弘远矣。”陆贾能与汉初创构具体制度的军政重臣并列，核心原因就在于，他担荷了对汉家立国思想初构的重任，成为“规模弘远”的重要组成部分①。

同样的，董仲舒理论得以重视，未必就要赐之于高官厚爵，二者不是不可分离的关系。事实上，对理论家的重视，不仅不需要与行政地位挂钩，甚至有时还需与具体的事务拉开距离。因为在专制主义政治环境下，仰察上意最为紧要，加之官僚之间各种复杂的关系需要斡旋，在事务性的漩涡中，往往不能畅所欲言。由此，甚至后世的清流官、言官等皆无具体行政事务，就有着这重考量在内。所以，我们看到，董仲舒虽不权高位重，但朝廷对其理论上的重视是自不待言的。具体表现就是：“仲舒在家，朝廷如有大议，使使者及廷尉张汤就其家而问之，其对皆有明法。”从某种意义上来说，他的角色更多的是置身于具体事务之外的理论顾问。

而公孙弘则不同，有学者这样评价：“公孙弘在儒学学术方面没有什么建树，但是他在张延重视儒风、儒学上起到了推波助澜的作用，在独尊儒术的保障和落实上作出了不小贡献。”② 也就是说，他

① 关于这一问题，可参看拙著：《学与政：汉代知识与政治互动关系之考察》，黑龙江人民出版社，2012年版，第112—113、141—142页。

② 李景明：《中国儒学史》秦汉卷，广东教育出版社，1998年版，第119页。

虽在儒学兴盛方面有贡献，但这属于官员的作为，在本质上不是思想家层面的问题。对于汉武帝来说，重用他，根本不在于其理论水准有多高，而是他真正能揣摩君意，执行自己的意图。这是时人及后世批评公孙弘所在，但也恰恰是他获得重用的关键。武帝好儒，则投其所好，并服犬马之劳而已。这样的人虽保留了儒生的某些特点，但在本质上已转变为没有独立性的官僚，一切服从于实际的政治需要。理论需要创新，需要冲破现行制度的勇气和自主性，公孙弘们可以在体制内做执行官，但创构宏大理论对于他们来说，几无可能。

所以，董仲舒之所以为董仲舒，不在于朝廷赋予了他多大的官爵和权力，而在于他的理论切中了时代，为大汉王朝及此后整个大时代的思想转向提供了理论支撑。从历史的结果来看，他完成了一个理论家应有的任务，由此，作为呈现其思想主张的“仲舒对策”，当然可视之为这一历史事件的生发点，其在思想史上的意义是毋庸置疑的。也由此，“天人三策”价值如何，不能仅从董氏本人的权位和遭际去看，更需要从其理论内容对汉王朝及古代中国的思想影响去加以考察。

长期以来，对于“天人三策”的研究从不乏人。然而，大多数成果或是对意义的概述；或是集中于时间、人物的考订等。这种研究路数当然有其内在意义。然而，由大处着眼，从小处入手，深入于文本内部，对其理论脉路作细密梳理，尚有不小的学术空间。由此，我们的主要思考方向为，在理论生产过程中，“天人三策”的知识架构是如何建立的？它内在的概念、推断是如何做到“推明孔氏”的？质言之，关注这一知识产品的生产进程及动力所在，为主要致力方向。

在这样的问题意识下，笔者注意到了策文中一个重要的概念——谊主。

在我们看来，董仲舒提出这一概念，不仅仅有着学术的内在理路，更与大汉王朝的政治转向相呼应，在时势的刺激下，有着不少的言外之意。以它为切入点和突破口，以小见大，以点带面，去分析董仲舒对策时的思想文化环境及大转向问题，去讨论它为实现“推明孔氏”的目标所起的作用，不仅可以由此获得更为深切的历史体认，也可联带出许多复杂的历史及思想文化问题，我们认为，这是一个颇具研究价值的学术论题。以笔者目力所及，现在尚无专门的研究成果，下面，就不揣浅陋，做一个初步的分析，以就正于方家。

二、何谓谊主？谊主何为？——文献考究与思想立场

“谊主”一词出现于贤良对策的第一策中，是董仲舒对汉武帝的一种身份期许。具体文字为：

> 孔子曰：“凤鸟不至，河不出图，吾已矣夫。”自悲可致此物，而身卑贱不得致也。今陛下贵为天子，富有四海，居得致之位，操可致之势，又有能致之资，行高而恩厚，知明而意美，爱民而好士，可谓谊主矣。

颜师古注曰：“凤鸟河图，皆王者之瑞。仲尼自叹有德无位，故不至也。”但对于“谊主”一词，颜氏没有作出解说，在王先谦的《汉书补注》中，亦复如是，而在施丁主编的《汉书新注》中，则解释道：“义主，有道之君。”① 在此，施丁等学者将“谊”解为“义”，并由道义角度对其做了训解。

这一解释简明扼要。然而，由于词义背后的历史文化信息极为丰富，如进一步探究，或许我们还需要回答如下的问题：“谊”为何解为“义”？“谊主”的具体指标或内容有哪些？历史上谁可以称之为“谊主”？“谊主”需要做些什么？它有类型差异吗？董氏所指为哪一种？对于这些问题要做出相对圆满的解答，不仅需要穷究文献，更重要的是，需立足于董仲舒的思想立场之上，循其理论轨迹，去探寻历史的答案。下面，就展开具体的论述。

（一）“谊主”训解

由前已知，“谊”解为“义”，“谊主”就是“义主”。

但凡中国人，对于“义”这一概念都耳熟能详，在一般认识中，

---

① 施丁主编：《汉书新注》，三秦出版社，1994 年版，第 1756 页。

“义”指的是道德或是非标准，它是儒家所推崇的“五常”之一，尤其与“仁”相配为“仁义”，成为极重要的术语。但是，就字义而言，“义”的道义意蕴，实乃后起，据《说文解字》，“义”的本义指的是“已之威仪也”。也即“礼仪”之“仪”，后来所盛行的词义，最早是落实于“谊”字之上的。“谊”，在今天主要指友情、情谊等，但据《说文》，其本义是：“人所宜也”，并由此引申出“道义”等方面的内涵与外延。段玉裁注曰：

> 《周礼·肆师》注：“故书仪为义。”郑司农云：“义读为仪。”古者书仪但为义，今时所谓义为谊。按此则谊、义古今字，周时作谊，汉时作义。皆今之仁义字也。其威仪字。则周时作义，汉时作仪。……云谊者，人所宜，则许谓谊为仁义字。今俗分别为恩谊字，乃野说也。中庸云：“仁者人也，义者宜也。”是古训也。

由此可知，后世所盛行的“仁义”等，本应写作“仁谊”，“谊”与“义”为古今字关系，后者的意义大盛后，前者的本义反而不行。也由此，清儒钱大昕注意到，在《汉书》中有很多“谊”“义”相通之例，如昭帝时代的蔡谊也作蔡义；平帝时代的翟谊就是翟义①。看起来，“谊主”与“义主”不仅词义完全可通，前者反倒是正宗写法。

查检文献，“谊主”或“义主”时或可见，它不是董仲舒的创造，而是沿承而来的一个概念。可注意的是，在《新书·胎教》中，有这样一段话：“齐桓公得管仲，九合诸侯，一匡天下，称为义主。失管仲，任竖刁而身死不葬，为天下笑。”此段文字连同上下文，与《大戴礼记·保傅》所载同，显系出自同一文本，文字差异，除了“任竖刁”，在《大戴》中作“任竖刁、狄牙”外，最为重要的是，“称为义主”，作“再为义王”，但经过清儒王念孙等人的考订，《大戴》乃为讹写，王氏不仅以《新书》为例，亦引董仲舒“谊主”之说为证，指出：“谊与义同。”黄怀信总结道：“再为义王史无其事，‘再’必

① 钱大昕注，方诗铭、周殿杰点校：《廿二史考异》卷八《汉书三》，上海古籍出版社，2004年版，第158页。

‘爯’字之误，王念孙说是。‘爯’当借为‘称’。‘义王’，亦当从《新书》作‘义主’为长。”① 我们知道，《新书》的作者贾谊是汉初之人，《大戴礼记》则编成于西汉中后期的戴德之手，而董仲舒的时代正处于他们之间，也就是说，在整个西汉时代，“谊主”是一直在使用的一个政治词汇。

就字义而言，“谊主”指的是符合道义之君，其着眼点乃在于“义”。然而，“义”或“道义”是相对泛化的概念，它需要在一定语境中，落实于具体指标之上，方显确切意义。进一步言之，“有道之君”实在是各式各样。仅就君主类型而言，就有很多层级，谊主属于哪一类呢？这一答案，由策文难以直接推出，但在贾、戴之书中，“谊主”所对应的乃是齐桓公，众所周知，他是任用管仲成就霸业的春秋五霸之首。王念孙说：“称为义主者，天下皆称桓公为义主也。”② 由此，有学者认为，谊主指的是“行为符合道义的霸主”③。

但这一说法不仅不能涵盖所有类型，以后世的一般认识来加以查验，甚至还是矛盾的。在《孟子·梁惠王上》篇，程颐针对孟子劝梁王行“王道”之事，特为评述道：“当是时，诸侯能行王道，则可以王矣，此孟子所以劝齐、梁之君也。盖王者，天下之义主也。”④ 不仅如此，我们还注意到，同一时代的洪迈曾对三国时代的魏明帝优容直谏之臣大为赞赏，甚至认为他比唐太宗更胜一筹，他评述道：“虽非谊主，亦可谓有君人之量矣。”⑤ 在此，“谊主”就绝非霸主，因为无论是“王者”还是皇帝，都是一统天下的君王，恰恰是与霸主相对

① 黄怀信、孔德立、周海生：《大戴礼记汇校集注》，三秦出版社，2005 年版，第 427—428 页。

② 同上，第 427 页。

③ 明儒戴钦作《鸣凤翔》，其中说道：“揽群英，振皇武，以仁暴为生民之义主。”石勇在《戴钦诗文集校注》（广西大学硕士学位论文，2001 年 5 月，第 54 页）中这样解释道：“义主，行为符合道义的霸主。汉贾谊《新书·胎教》：‘齐桓公得管仲，九合诸侯，一匡天下，称为义主。’”

④ 朱熹：《四书章句集注》，中华书局，1983 年版，第 205 页。

⑤ 洪迈：《容斋随笔》卷一三《魏明帝容谏》，上海古籍出版社，1996 年版，第 173 页。

而言的角色。

不仅如此，董仲舒是鼓吹“大一统”的重要人物，他寄予厚望的汉武大帝也是以追踪“五帝三王”自任①，由此，在董氏的策文中，“谊主”就绝不可能是“霸主”，而只能是“王者”。前者的代表是齐桓公，那么，后者以谁为代表人物呢？答案是周文王。我们注意到，关于这一问题，韩非有过讨论，只不过他以法家的立场，对周文王这一“义主”（谊主）很不以为然，甚至认为商纣王应该及早诛杀他。此段文字出于《韩非子·外储说左下》，其文曰：

> 赵简子谓左右曰：“车席泰美。夫冠虽贱，头必戴之；屦虽贵，足必履之。今车席如此，大美，吾将何屩以履之？夫美下而耗上，妨义之本也。”费仲说纣曰：“西伯昌贤，百姓悦之，诸侯附焉，不可不诛；不诛，必为殷祸。”纣曰：“子言，义主，何可诛？”费仲曰：“冠虽穿弊，必戴于头；履虽五采，必践之于地。今西伯昌，人臣也，修义而人向之，卒为天下患，其必昌乎！人人不以其贤为其主，非可不诛也。且主而诛臣，焉有过？”纣曰：“夫仁义者，上所以劝下也。今昌好仁义，诛之不可。”三说不用，故亡。②

由此，我们就可以知道，在董仲舒之前，所谓的“谊主”不仅有“霸主”，更有“王者”类型，董氏所取当为后者。也由此，接下来的问题是，既然“王者”或“霸主”皆可为“谊主”，他们的共通点在哪里呢？在笔者看来，主要在两点：一是选贤任能；二是颇有仁政之举，而且二者是互为作用的。

就第一点而言，我们注意到，前文论及齐桓公为“谊主”，就在于他信用管仲，所谓“得管仲九合诸侯，一匡天下，称为义主”。反

① 据《汉书·董仲舒传》，在贤良对策中，汉武帝所追问的正是“五帝三王之道”。

② 王先慎撰，钟哲点校：《韩非子集解》，中华书局，1998年版，第299—330页。此段文字，各本颇有出入，笔者以王先慎本为准，以下引《韩非子》者，皆出于此本。

之，则不仅不能继续做“谊主”，甚至“为天下笑”。同样的，在文王这里，“百姓悦之，诸侯附焉”。毫无疑问，选贤任能也是他成为“谊主”的重要条件。因为在中国古代的政治思维中，只有君主“有道”，才可能选贤任能，也才可能有贤士及民众前来效命，即所谓“修义而人向之”。而这一点扩展开来，就会出现第二点所论及的“仁政”问题。我们知道，中国古代，尤其在儒家理论系统内，对于体恤百姓，施惠于民的“仁政”有着极高的评价。文王就是行仁政的重要代表，《孟子·公孙丑上》曰：“以德行仁者王，王不待大，汤以七十里，文王以百里。”而齐桓公虽不能与周文王相提并论，但也有这方面的优异表现，《论语·宪问》曰：“九合诸侯，不以兵车，管仲之力也。如其仁，如其仁。”孔子对齐桓和管仲政治上有仁德是极为赞赏的。而且，据《史记·管晏列传》，对于管仲治国，有“宽和惠民”，“忠惠可结于百姓”等评价，这与“仁政”的确有气息相通之处。

而这两点在策文中，或许可以用董氏所言的“爱民好士”来加以总结。当然，所谓“爱民”与否不过是一种姿态，尤其即位不久者，在“观其行”上尚且有限，那么，“听其言”，即看其表现的政治姿态，就成为很重要的判断。求取贤良，为天下谋利，似乎很有这种“爱民好士”的气息，这应该就是董仲舒称武帝为“谊主”的基本原因。宋儒宇文之邵上书曰：“陛下初即大位，念万世无疆之业，诏求阙失，开言路，可谓谊主矣。”① 明儒朱舜水曾说：“处士戒乎怀宝，谊主职在兴贤。”② 或许就是承接这一理路而来。要之，选取贤良，施行仁政的人主，就可以称之为“谊主”，其身份可分为“霸主”与“王者”两大类型。

（二）董仲舒的理论基础及思想关怀

通过前面的考订，我们已经知道，自先秦两汉以来，“谊主”中

---

① 宇文之邵：《上皇帝书》，吕祖谦编：《宋文鉴》，吉林人民出版社，1998 年版，第 508 页。

② 朱舜水：《上监国鲁王辞孝廉奏疏》，朱谦之整理：《朱舜水集》，中华书局，1981 年版，第 36 页。

有“霸主”和“王者”之别。然而，如果继续向下延伸，又可发现，自汉以后，已不太有将“桓公”这样的“霸主”称为“谊主”之例了，“谊主”一般只与“王者”发生关联。作为“独尊儒术”之后“大一统”文化的产物，我们有理由相信，董仲舒的影响应该在其间起着关键性的作用。因为董氏的立场乃是崇“王”祛“霸”，在他那里，“谊主”只能是“王者”，而没有“霸主”的位置，随着“独尊儒术”的深入，这一理念日益为后世所接受，实乃情理之中的事情。

不仅如此，甚至就是在汉代，也已然可以看到董仲舒的巨大影响。证据就是，刘向在其所编撰的《说苑·尊贤》中，在引述齐桓公信用管仲的文字时，有这样的表述：“齐桓公得管仲，九合诸侯，一匡天下，失管仲，任竖刁、易牙而身死不葬，为天下笑。”我们注意到，此段文字与贾、戴之书中的内容重合，但删去了“称为义主”一句。我们认为，这不是疏漏所致，而是刘向的有意为之。据《汉书·董仲舒传》，刘向对董仲舒推崇备至，他称誉董氏“有王佐之材，虽伊、吕亡以加，管、晏之属，伯者之佐，殆不及也”。也就是说，在刘向看来，不仅辅佐霸业的管仲等人不及董仲舒，董仲舒的水准甚至比辅佐商、周成就“王者”之业的伊尹、吕尚还要有过之而无不及。质言之，在刘向眼里，董仲舒就是最好的“王者”之佐，其所排斥的齐桓，自然不可以再进入“谊主”的序列，故而“称为义主”一句被删芟。

由此，我们认为，自董仲舒之论出，为后世“谊主”之论的基本内容和指向确定了基调。关于这一问题，在后面的论述中还会逐渐展开，现在需要厘清的是，当董氏进行贤良对策时，他对“谊主”所下的判定，具体的理论基础在哪？有什么样的思想关怀呢？以笔者之见，董仲舒所持立场，主要基于义、利不两立，“王”“霸”不同道的理论认知。它的知识依据直承荀卿，远绍孟学，在孟、荀的整合中，建构出了具有董氏特点的“谊主”之说。下面，就具体论之。

由本论题出发，可以发现，董仲舒的思想特点中有一个很突出的地方，那就是，总体上来看，他对于讲求道义，追求仁政的“王道”极口赞誉；而对于使用谋诈，鼓吹功利的“霸道”则颇为排斥，二者之间存在着紧张而难以相容的关系。《春秋繁露·玉英》曰:“凡人之性,莫不善义,然而不能义者,利败之也;故君子终日言不及利。”就很能反映这一趋向。

这一立场的源头在孟学。在《孟子》一开篇的《梁惠王上》,当梁惠王向孟子发问“亦将有以利吾国乎”时,孟子旗帜鲜明地将其顶了回去,并反驳道:“王何必曰利?亦有仁义而已矣!”在这种“义利”对立的辩论中,拉开了孟学的理论帷幕。毫无疑问,这是董仲舒的理论基础所在,也是判定“谊主”之所以为“谊主”的重要基点。由此,在“霸王道杂之”的汉代政治文化氛围下,董仲舒显得颇为特异独行。这既是他在汉代政治中颇难得志的一大缘由,同时也恰恰是获得后世交口称誉的最大理由。宋儒有言:“王霸之无辩,汉世为尤甚。拟人之非伦,汉儒为尤甚。尊王绌霸,言道义不言功利,一董仲舒而已。”①

这一论述从总体上来看是可以成立的。但如果细究,似乎也有值得商榷之处。揆之于事实,董仲舒无疑是以“尊王绌霸”为理论底色,但在“绌”之中,亦有肯定之处,并非全盘推翻。《春秋繁露·俞序》曰:“《春秋》之道,大得之则以王,小得之则以霸。……霸王之道,皆本于仁。”也就是说,“霸”虽不如“王”,但它们都有自身的价值,只是存在着大与小、高与下的差别。那么,“王”又究竟高在哪里?“霸”差在何处呢?在《汉书·董仲舒传》中,有一段非常著名的论述:

> 夫仁人者,正其谊不谋其利,明其道不计其功,是以仲尼之门,五尺之童羞称五伯,为其先诈力而后仁谊也。苟为诈而已,故不足称于大君子之门也。五伯比于他诸侯为贤,犹武夫之与美玉也。

颜注引应劭曰:“武夫,石而似玉者也。”也就是说,齐桓公这样的五霸虽然比一般诸侯强,但比之真正的“王者”,简直就是石头与

① 王应麟:《困学纪闻》卷一二《考史》,辽宁教育出版社,1998年版,第253页。

美玉之别，二者有着质的差异。而之所以如此，根本原因就在于，是否以“义”为核心。也就是说，“王者”之所以为“王者”，乃在于，他们作为“仁人”，以“道义”为行事的唯一标准，至于功利的问题，是在所不计的，即所谓“正其谊不谋其利，明其道不计其功”。而以齐桓公为代表的霸主们，虽然也讲求“仁义”，但他们首先考虑的是“诈力”，而不是“仁谊”，所以即使他们有“仁谊”之举，由于不处于优先位置，所以不仅不能与王者相提并论，甚至孔子门下的小童都瞧不起这样的人。即所谓“仲尼之门，五尺之童羞称五伯”。

细绎这一文本，我们看到，除了义利之辨，“王者”与“霸主”，“霸主”与一般诸侯之间的差级问题，也有着孟学的痕迹，《孟子·告子下》曰：“五霸者，三王之罪人也。今之诸侯，五霸之罪人也。今之大夫，今之诸侯之罪人也。”应该就是董氏立论的渊源所在。但是，除了承接孟子之说，此处显然还综合了荀学理论，《荀子·仲尼》曰：“仲尼之门，五尺之竖子言羞称乎五伯。”即为董生所本。尤为重要的是，我们注意到，在《荀子·王霸》中，曾特别提出：“用国者，义立而王，信立而霸，权谋立而亡。”对于“霸道”和“权谋”做了旗帜鲜明的排斥，将“义”与之脱钩，而仅归之于“王者”。按照这一理论，既然“义立而王”，则“谊主”只能是“王者”。我们还知道，韩非虽为法家，却曾师从荀子，他以文王为“王者”，很可能就源自于此。

沿着这一理路，细绎董氏的“谊主”说与《王霸》篇，可以发现，前者的理论营养很多就来自于此，它们在逻辑乃至语辞上，确乎有一种继承与发展的关系。质言之，董氏的“谊主”说应该就直接承自于荀子理论。我们注意到，在《王霸》篇中，所谓的“义立而王”的王者，乃是大一统的君主，他要达成的目标是：“天下为一，诸侯为臣，通达之属，莫不从服。”而要做到这一点，就需要以“义”为起点或载体，所以，荀子接着论证道：“无它故焉，以义济矣，是所谓义立而王也。”但是，所谓的“大一统”不是简单的政权上或制度上的统一，其本质在于，以统一的“道”来进行思想的整合，所以《王霸》篇为此论述道：“取天下者，非负其土地而从之之谓也，道足以壹人而已矣。”从某种意义上来看，由“义”而“道”；由“谊主”之行作为起点，达成“道”的一统，实在是《王霸》篇中一个很重要的逻辑路径。

而这一路径，同样存于董仲舒的论述中。

我们注意到，“谊主”不是董氏之论的终点，而是起点，通过“谊主”最终要达成的，乃是大一统的目标，即所谓“《春秋》大一统者，天地之常经，古今之通谊也”。并由此，有了对“儒术”之外的学说，“绝其道，勿使并进”的建议。这些与《王霸》篇中的论述契若符节。所以，从荀子的“道足以壹人”，到董仲舒的“《春秋》大一统”，都强调有道义的君主在其间所起的关键作用。为什么呢？因为在他们看来，君主通过政权的力量而实现“道”之一统，是最基本依赖的力量，《王霸》篇说：“人主者，天下之利埶（势）也。得道以持之，则大安也。”要之，“道”是需要“势位”支撑的。由此，相较之下，《王霸》篇又提出，孔子虽然“诚义乎志意，加义乎身行，著之言语，济之日不隐乎天下，名垂乎后世”，但由于他没有“势位”的支撑，即所谓“仲尼无置锥之地”，并不能成为实现“王道”的最后力量，“王道”目标要实现，“义立而王”的君主实为最后一环。事实上，这已经隐隐开启了依靠君王“推明孔氏”，实现“大一统”的路径设计。

承接此意，我们注意到，董仲舒在“谊主”说正式推出之前，先对君主“正心”及“王道”问题做了一番论述，在此基础上，笔锋一转，将孔子及“凤鸟”“河图”等“王者之瑞”抬了出来。但和《王霸》篇的路数一样，这不是为了让孔子和帝王争地位，而是让帝王沿着孔子之路走下去。所以董氏提出：“自悲可致此物，而身卑贱不得致也。”也就是说，孔子有德无位，他可以引致“王者之瑞”，却不能成为真正的“王者”，只能做“素王”。真正的“王者”是需要有德有位的，也即所谓“居得致之位，操可致之势，又有能致之资”，在据有“势位”的基础上，再做到“爱民而好士”等，则可以成为德位兼具的“谊主”，最终开创“大一统”的局面。

总之，在董仲舒看来，汉武帝应该利用自己的“势位”，沿着孔子之路，实现德、位相配。以“谊主”作为起点，最终实现“大一统”的伟大梦想。这一政治憧憬吸纳了孟、荀之学的理论营养，董仲舒在综合它们的基础上，以“尊王绌霸”为基点，以“推明孔氏”为依托，顺应时代的要求，使得这一理念在发生变化的同时，有力推进了“独尊儒术”思想的最终确立。

三、时势与理论：西汉中前期的政治嬗变与“谊主”说的提出

理论的创造不是凭空而降的，它总是由时代的要求所推动。从这个角度来看董仲舒的“谊主”说，可以发现，它不仅是西汉政治文化的直接成果，更与西汉中前期以来的政治嬗变有着密切的关联。

倘一言以蔽之，变，乃是西汉以来的政治及政治文化演进的主题所在。作为时代主旋律，变的起点，在王朝建立之初，以承秦为开端，基本定型，则是在武帝时期的“大一统”之完成。众所周知，汉是在秦的废墟之上成立的王朝。董仲舒说：“汉继秦之后，如朽木、粪墙”，这就决定了，改变是不可避免的，所谓“圣王之继乱世也，扫除其迹而悉去之”。高祖由此被称之为“拨乱反正”者①。而所谓“拨乱反正”，又恰恰与儒家，尤其是《公羊》家们所追求的“大一统”丝丝入扣。在《公羊传》哀公十四年中，有这样的论述：“君子曷为为《春秋》？拨乱世，反诸正，莫近诸《春秋》。……制《春秋》之义，以俟后圣。”诚如有学者所指出的，这段文字所反映出的，是“使诸侯割据叛乱之乱世复归于天下统一之治世”的旨趣②。由此我们可以说，汉代秦之后的政治道路，实质上就是“拨乱反正”的道路，是迈向“大一统”之路。

① 据《史记·高祖本纪》，刘邦过世后，群臣议曰：“高祖起细微，拨乱世反之正，平定天下，为汉太祖，功最高。”而《汉书·武帝纪》则赞曰：“汉承百王之弊，高祖拨乱反正。”

② 寇养厚：《汉武帝为何重视〈公羊传〉》，《文史哲》1999年第4期，第78页。

然而，这一道路的实现，是充满了曲折与斗争的，其中最重要的内容之一，是君王的角色定位与皇权的加强问题。我们知道，汉代为后世奠定了中央集权的国家样式，在这一政治模式中，皇帝是最为核心的力量。但皇权及中央权力一开始并不强大，为获得与“大一统”同步的最高权力，中央与地方诸侯之间产生过激烈的碰撞，直至发生“七国之乱”。而在中央权力的内部，对于皇权，也有着这样或那样的掣肘。这些问题的发生，既与政治势力的消长相关联，更由思想理论的不统一所导致。也由此，在迈向“大一统”之路上，皇权与君主的政治作用力问题，成了重要的核心命题。围绕着它，无论是在政治实践还是理论上，都产生了激烈的交锋，并使得西汉中前期成为一个政治剧烈嬗变的动荡时代。在这样的背景下，可以看到，伴随着政治风云而来的“谊主”说，在强烈的时代驱动下，与历史实践发生着丝丝入扣的关联，它不再是从理论到理论的推演，而更多地是对时代命题的作答。

（一）从关中本位到“大一统”：时势转变下的理论转化问题

作为统一的中央集权国家，秦、汉帝国前后相承。然而，秦以暴政而亡，汉王朝在充满警惕性的政治心理下，对其所做的承接，主要偏向于具体制度及行政技术层面。政治精神上的追溯，主要来自于“周道”或“周政”，“汉家法周”由此成了公认的政治原则①。再进一步推之，周作为“王道”的代表，又与“五帝三王”相联结，为大汉王朝建立起了合法性的理论根基，即所谓：“维我汉继五帝末流，接三代绝业。”② 然而，理想是美好的，现实是残酷的。鉴于严峻的政治形势，汉王朝在立国之初，不得不在实践中弃周而用秦。由此，在王朝建立后，政治架构中出现了“承秦”与“继周”的两面，前者由残酷的政治现实所决定；后者则是王朝的政治理想所在，它们的对

---

① 《史记》卷五八《梁孝王世家》，中华书局，1959年版，第2091页。

② 《史记》卷一三〇《太史公自序》，中华书局，1959年版，第3319页。

立统一，共同为汉帝国的创生和发展提供着思想和政治资源[①]。

据《史记·叔孙通刘敬列传》，楚汉相争结束后，面临着定都问题，刘氏集团大多数人倾向于周故都洛阳。娄敬向刘邦发问道："陛下都洛阳，岂欲与周室比隆哉?"对于此诘问的回应是，"上曰'然'"，此时的刘邦充满了理想和自信，以"继周"为己任。然而，娄敬的一席话却使得其政治方向再度回返到了秦的军国主义路数之上。

> 娄敬曰："陛下取天下与周室异。周之先自后稷，尧封之于邰，积德累善十有余世。……乃营成周洛邑，以此为天下之中也，诸侯四方纳贡职，道里均矣，有德则易以王，无德则易以亡。凡居此者，欲令周务以德致人，不欲依阻险，令后世骄奢以虐民也。……今陛下起丰沛，收卒三千人，以之径往而卷蜀汉，定三秦，与项羽战荥阳，争成皋之口，大战七十，小战四十，使天下之民肝脑涂地，父子暴骨中野，不可胜数。哭泣之声未绝，伤痍者未起，而欲比隆于成、康之时，臣窃以为不侔也。且夫秦地被山带河，四塞以为固，卒然有急，百万之众可具也。因秦之故，资甚美膏腴之地，此所谓天府者也。陛下入关而都之，山东虽乱，秦之故地可全而有也。夫与人斗，不搤其亢，拊其背，未能全胜也。今陛下入关而都，案秦之故地，此亦搤天下之亢而拊其背也。"

如立足于政治控制的角度来考察刘邦君臣的行为及心态，就应该承认，汉初的首要任务确实不在于修德施仁，当务之急是让政权稳定下来，获得安全保障。在这样的前提下，以德政来治天下，以效周为己任，则只能归于覆灭。究其实，西汉王朝立国之君臣皆为实用主义者，他们虽有理想，但更强调现实的需要。由此我们说，就西汉王朝的"本心"或"初心"而言，周的以德为治是理想所在，但"用秦"作为首要目标，更为形势所迫，不得不为之。

---

① 这一问题的具体论述，可参看拙著：《学与政：汉代知识与政治互动关系之考察》，黑龙江人民出版社，2012年版，第120—125页。

这一思路的基本考虑是，在天下还不稳固之时，为新王朝的政治安全计，必须以秦为根据地，通过“扼天下之亢而拊其背”的军事优势，对东方进行管控。这样就形成了一种东西对峙的局面，西部的关中作为基本依靠力量，由中央直接管控，东部则依照当年周的模式大封诸侯王，在郡、国并行之制下，建构出了独特的中央与地方的军政关系。这种独特性表现在，一方面作为汉帝国的一部分，地方王国当然需要服从中央管理，所以看似与西周“封建”性质相等，但由于它建立在东西对峙的基础上，汉人一般都将其视作“用秦”的政治后果。另一方面，东方诸侯国的确有着高度的自治权，形成分而治之的局面，这就与秦所创构的郡县制度拉开了差距，有学者将这种局面称之为“一国两制”①。

“一国两制”的出现是历史的选择。揆之于史，秦统一中国后，郡县制在原东方六国的推行有着重重的阻力，老百姓对于秦的中央集权很不习惯，尊重历史惯性，沿用旧制，方能保证政治的稳定性。陈苏镇指出：

> 在东西文化尚未充分融合、战国时代的文化布局依然存在的情况下，刘邦建立汉家帝业……必须尊重东方社会的习俗，特别是楚、齐、赵人之俗。这是历史对刘邦的苛刻要求，也是汉初实行郡国并行制的深层背景。②

由此，可以看到，汉王朝的诸侯王都封于关东，关中无封王裂土者。在这种对立中，东部诸侯一旦力量坐大，就易于演变成抗衡王朝的异己力量。这种异己性，不仅体现在异姓王问题上，同姓王也不例外。我们知道，汉初以来，在刘邦手上已基本完成了对异姓王的翦除，但他并没有将东部立刻转为郡县制，从而与关中一体视之，而是分封同姓王，继续实行诸侯王填抚的政策和制度。太史公总结其原因

---

① 管东贵：《秦汉时期的一国两制——政治体制的冲突与统合》，氏著：《从宗法封建制到皇帝郡县制的演变：以血缘解纽为脉络》，中华书局，2010年版。

② 陈苏镇：《〈春秋〉与“汉道”：两汉政治与政治文化研究》，中华书局，2011年版，第76页。

道："以海内初定，子弟少，激秦之无尺土封，故大封同姓，以填万民之心。及后分裂，固其理也。"① 也就是说，从政治建设来看，在政治文化心理还未消除东、西对立的背景下，东部分封诸侯还是最好的办法。但当有一天形势发生变化时，则可以使其分裂乃至消灭，所谓"固其理也"，既说明了分封是理所必然，此后削藩也是理之所至。一切举措都需按照历史的逻辑加以调整，不同时势之下，封与不封是由不得统治者一厢之愿的。

所以，可注意的是，刘邦封刘濞为吴王时，曾拊其背曰："天下同姓为一家也，慎无反。"② 他不是没有看到同姓王也有谋反的可能，但时势所在，不得不以当时最合适的方式来进行国家治理。由此，在很长一段时间内，无论是异姓还是同姓王，汉王朝一方面不断分封，一方面又时刻提防他们的反叛。不仅定都于秦，还大肆从东方迁徙豪民，一个重要目的就在于，"诸侯有变，亦足率以东伐，此强本弱末之术也"③。所谓本、末之论，正说明了当时以关中为本位的状况。也由此，汉帝国虽号称"天下同姓为一家"，形式上为中央集权的政体，但实际上在汉天子之下，东方还有着不少抗衡中央的大大小小的"土皇帝"。

制度滋养着理论，或者说为思想提供着土壤。由此来看"谊主"理论，就难有落实的政治空间。我们知道，所谓"谊主"，它的核心在于"主"的属性，而且应该是天下唯一的主人，然后才是道义方面的内容。就大汉王朝来说，汉皇帝要成为"谊主"，最基本的，当然是需要获得最高和唯一的权威。然而，汉初以来，且不说奉行黄老无为的文景时代，哪怕是开国之君刘邦，都难有此待遇。

据《史记·张耳陈余列传》，刘邦对赵王张敖甚为无礼，赵相贯高等人愤怒难平，在劝说赵王弑杀未果之下，准备自己动手杀死刘邦。事情败露后，为给受牵连的赵王辩诬，贯高等人忍受着酷刑及夷

---

① 《史记》卷五二《齐悼惠王世家》，中华书局，1959年版，第2012页。
② 《史记》卷一〇六《吴王濞列传》，中华书局，1959年版，第2822页。
③ 《史记》卷九九《刘敬叔孙通列传》，第2720页。

族之痛，而决不屈服，直至辩诬成功，自戕以谢罪。史载："于是上贤张王诸客，以钳奴从张王入关，无不为诸侯相、郡守者。"汉末的荀悦评价道："贯高首为乱谋，杀主之贼，虽能证明其王，小亮不塞大逆，私行不赎公罪。《春秋》之义大居正，罪无赦。"①

当荀悦谴责贯高为"杀主之贼"时，一个不言自明的前提是，刘邦是天下的主人，并引《春秋》之义证明之。然而，在武帝之前，是没有这种鲜明思维的。在贯高看来，他的主人是赵王，而不是刘邦。这不是他的个人私见，而是当时的普遍认知。在荀悦看起来罪无可赦的贯高为何最终能得到刘邦的欣赏呢？核心原因在于忠，他忠于自己的主公——赵王。刘邦虽贵为皇帝，却不认为自己就是他的君主。所以，我们注意到，刘邦让他们随张敖入关，在关中系统中，还纷纷成了"诸侯相、郡守"，当他们由王国之人转为了"汉家"之臣时，刘邦才成为了他们真正的主人。也就是说，关中才具备真正建构汉家君臣之道的政治系统，王国则具有无可置疑的独立性。

毫无疑问，统一的中央政权是绝不可能长期容忍这种政治生态的。由此，中央权力尤其是皇权的加强，成了必然选择。而皇权盛，必然诸侯王权衰，伴随着他们的反抗和斗争，至景帝时演为了公开的武装叛乱，即所谓的"七国之乱"。"七国之乱"的平定是一件大事，它意味着中央权力开始占据绝对优势，此后皇权步步加强，地方诸侯日益势衰。由本论题出发，可注意的是，"七国之乱"不是偶发事件，而是矛盾长期积聚的必然后果。其中最核心的冲突乃在于，理想中的"汉家天下"是"天下同姓为一家"，其归宿是"大一统"，典型表现为，天下处在皇权的完全掌握之下。也就是说，"汉家天下"的家长只能有一个，但诸侯王们在其领地内，俨然是另一个家长，最终冲突无法调和，直至兵戎相见。

---

① 荀悦撰，张烈点校：《汉纪》卷四《高皇帝纪》，中华书局，2002年版，第49页。按，末句作："《春秋》之大义，居正罪无赦。"应是明显的错讹，为字句倒置所致。因为按照原文，文义不可通，甚至意义正相反。而且"大居正"为《公羊春秋》重要的经义之义，故而改订之。

由此，可以看到，在矛盾公开和激化之前，由于政治格局的钳制，大一统的理论很难得到贯彻与推行，随之而来的“谊主”也就没有了政治市场。甚至这种惯性还延续到了武帝时代。据《汉书·武帝纪》，汉武帝初即位时，曾经“诏丞相、御史、列侯、中二千石、二千石、诸侯相举贤良方正直言极谏之士”。但是，这些所谓的“贤良”们“或治申、商、韩非、苏秦、张仪之言”，主持其事的丞相认为：“乱国政，请皆罢。”获得了武帝的许可，有学者说：“这是汉初以来朝廷‘罢黜百家’的滥觞。”①

由论题出发，可注意的是，所谓“苏秦、张仪之言”，是战国时代纵横家们的理论，他们通过合纵、连横游走于各国之间，是分裂时代的显学。从特定视角来说，它是在不同“人主”之间寻找缝隙之术，基本前提就是要天下多主。而我们知道，“大一统”就应该政出一门，“天下一主”，纵横之术的繁盛说明，武帝更化之前，在思想观念中对此缺乏普遍的认同。尤为严重的是，这种理论不仅成为士人的修习方向，甚至举为贤良，它显然与统一的中央集权的国家精神背道而驰。

但这就是严峻的事实。而且这种观念正是对应着政治事实而来。汉代纵横之术的一度繁盛，根本原因在于，郡国并行之下诸侯王所具有的分庭抗礼的力量，由此激发出天下依稀分裂的政治态势和思想图景，为相关理论的生长找到了缝隙。我们看到，由于东西对抗的政治环境，汉初以来，帝国对关中、关东分而治之，以秦地、秦制为军政基础，治关中以“汉法”为之，关东则以特殊的东方政策从其俗而治之②。《新书·壹通》曰：“不令似一家者。”“汉家天下”的“不似一家”，意味着皇帝这个“家长”权威的实际丧失。《史记·六国年表》在论及战国政、学问题时，曾言：“务在强兵并敌，谋诈用而纵横短

① 李景明：《中国儒学史》秦汉卷，广东教育出版社，1998年版，第103页。

② 关于这一问题，可参看陈苏镇：《〈春秋〉与“汉道”：两汉政治与政治文化研究》第一章第三节。此外，拙著：《学与政：汉代知识与政治互动关系之考察》第三章第一节也有进一步的讨论。

长之说起。”纵横之术是各相当的政治势力之间博弈的结果。不仅是纵横，崇尚军国主义的法家也是适应这一政治生态的产物。以此来看武帝初年所举贤良，除了纵横家们，还有法家，正与此事实相呼应。从某种意义来说，这些结果乃是“承秦”之后，以关中为本位，讲求本、末的逻辑后果。

但是，改变在发生。景帝之后随着东方分离势力的平定，“用秦”的现实意义日渐减弱，“继周”越来越显现出其价值。武帝即位后，中央权力日益巩固，更需加大对地方分离势力的打压，在全力集权于中央的基础上，向着“大一统”迈开实质性的步伐。在这一进程中，“谊主”问题提上了议事日程。

由此上溯，可以看到，“七国之乱”的平定，实质上是争夺领导权的斗争。随着事件的平息，要真正迈向大一统之路，就需要在天下树立唯一的“主人”或“家长”之权威。这个“家长”应该是什么样的？按照朝廷当时所奉行的黄老“无为”去加以塑造，肯定是不行的，从某种程度上来说，严峻形势的发生，正与长期以来黄老所主导的不作为政策大有关联。从某种意义上来说，在政治上它只有暂时的维持，而无长久的对策。法家固然是加强皇权的工具，但它作为暴秦的政治工具，带来了前朝的最终覆灭，何况它与纵横之术一样，是“强兵并敌，谋诈用”之树上的思想果实。它的基本主张是“以力服人”，故而与汉王朝的“王道”追求相距甚远。

毫无疑问，随着阻碍中央集权的各种力量日渐扫平，汉王朝所需的君主，应该走出维系现状的黄老之术，在改变之中，当与“继周”相吻合。他排斥“纵横”自不待言，因为这一理论是“天下一主”的对立面，而法家虽鼓吹君主集权，但有“主”而无“谊”，故而也不可用。剩下的唯有既具备“谊”之要素，又一统天下的“家长”。而这正与《公羊春秋》所阐述的理论相契合。我们注意到，董仲舒是当时最重要的《公羊》大师，他的理论源泉就来自于此，而在《公羊》学中，乃是以周文王作为“大一统”之义的载体。如《公羊传》一开篇，在隐公元年中就说：“王者孰谓？谓文王也。”这既为后来的

“《公羊》大兴”① 埋下了种子，也使得在周、汉杂陈之中，以古解今成为汉代政治文化的一大特点。韦政通指出：“周代行的是封建制，算不了大一统，大一统是《公羊》作者当时时代的要求，所以这是以今解古，也是把古史赋予新义的一种方式。”②

由此，自武帝以来，以“谊主”为重要载体，汉王朝开始找到了一条既昭示“继周”，又至少在理论上与法家残酷统治相区分的“大一统”之路。从特定视角来看，汉高于秦之处，乃在于将道德伦理力量置于刑法之上，日渐找到了人心凝聚的共同点，并以“谊主”直通“圣王”，在“拨乱反正”中，进行着承接与开新，在这种理想中，人群向心力得以实现与提升。这一思路的展开与接受，遂使得汉帝国在“大一统”建构与实现的进程中，通过继承“圣统”，日渐走上了伦理共同体的道理。它与秦王朝以法来分治人群不同，是一种可凝聚人心的温暖力量。

（二）王朝理论言说中的汉帝身份认知及其变化

考察西汉史，我们发现，自政权创构以来，怎样做皇帝？做什么样的皇帝？成了王朝的重要理论话题。并随着政治的嬗变，随之发生悄然的变化。如果将这视之为一种身份认知的话，可以说，当董仲舒提出“谊主”说之时，它不仅顺应了关中本位向“大一统”迈进的政治实践，更在理念上直接与汉帝的身份认知相承接。由“过秦”到“周文、齐桓”；再至武帝时代聚焦于“五帝三王”的“大居正”，经过几代君臣的反思和实践，大汉王朝的君主责任及使命越来越清晰。它们为董氏理论的提出准备了思想条件，通过根之于实践的点点细微变化，最终推动了理论的转型。下面，就具体论之。

质言之，“谊主”作为一种理念，指向的是君主的正向责任。但在建汉之初，该怎么做君主，统治者们或许并没有那么清晰的定位。作为代秦而兴的新王朝，最直接的思维是，殷鉴不远，历史的教训必

① 《汉书·儒林传》载：“上（武帝）因尊《公羊》家，诏太子受《公羊春秋》，由是《公羊》大兴。”

② 韦政通：《董仲舒》，台北：东大图书股份有限公司，1986年版，第43页。

须吸取，不能再像暴秦那样去治国理政。由此，汉初以来，有着一股十分强劲的“过秦”思潮。在汉人看来，秦的败亡固然有各种原因，但极为核心的一条是，不讲道义，以为依靠残酷的刑罚，就可以天下大治。正是这种思维及举措的存在，直接导致了败亡和最大的乱世，即所谓“自古以来，未尝以乱济乱，大败天下如秦者也”。在这一过程中，毫无疑问，主体责任者就是秦的君主。贾谊在给文帝的上书中这样论道：“秦王置天下于法令刑罚，德泽亡一有”，在“礼谊之不如法令，教化之不如刑罚”的理念下，最终结果是：“秦王治天下，十余岁则大败。”①

揆之于史，秦的君主之所以如此，有一个很重要的理念在起着作用。那就是，君主可以无所约束，从而也就没有任何的道义和政治责任。据《史记·李斯列传》，秦皇帝所奉行的是“独制于天下而无所制”的为君之道。反映在治国方略上，展现为董仲舒所概括的：“颛为直恣苟简之治。”秦的败亡无疑给汉最高统治者敲响了警钟，他们总体来说小心谨慎，对于自己的政治作为十分在意。赵翼曾有“汉诏多惧词”之论，认为：“两汉之衰，但有庸主，而无暴君”，并将其归因于“家风使然”②。但所谓的“家风”，究其实，乃是建汉以来，在所形成和沿承的政治文化中，对于最高统治者怎么做君王，有着内在的约束和要求，这其实可以看作“过秦”问题在皇帝身份认知上的一种反映。也就是说，吸取秦的教训，不做无所顾忌的君王，是汉代为君之道的基本面。

由此，我们就可以理解，为什么汉统治者不愿以“承秦”为目标，而以“继周”为理想。当秦亡汉兴之后，做周王那样的统治者实乃题中应有之义。然而，可注意的是，当刘邦平定天下后，在诏书中说：“盖闻王者莫高于周文，伯者莫高于齐桓。”是以周文、齐桓自况，以求贤天下。高祖希望效仿周文王毫不奇怪，可是作为开国皇

---

① 《汉书》卷四八《贾谊传》，中华书局，1962年版，第2253页。

② 赵翼著，王树民校证：《廿二史札记校证》（订补本）卷二《史记、汉书》，中华书局，1984年版，第42页。

帝，为什么竟还有齐桓公之梦呢？须知他仅为一方之君，而不是一统天下的王者。

前已论及，汉以“法周”为追求，甚至由此进一步宣称，自己所接续的，乃“五帝三王”之法统①。看起来汉皇帝对自己的定位并不低，“王道”不仅从未放弃，甚至就是本质目标。但问题是，在他们看起来，光凭“王道”，以“周文”之手段，是做不好汉皇帝的。在“王道”“周文”之外，还应有退而求其次的辅助面，由此霸主齐桓公进入了理论视线。

这种看似局促的思维，实由政治形势所逼使。

由前已知，汉朝廷虽初心在于“继周”，但为了对付严峻的政治危局，“继周”之路不得不暂缓，当务之急是以关中为本位，以“承秦”为首要任务，在形成对东部军政优势的前提下，开展政治建设。《新书·壹通》曰：“若秦之备六国。”这样的一种政治态势，俨然回到了战国时代东西对峙的局面中。当此之际，以周为蓝本的“王道”之梦固然不可丢弃，但以实力求生存发展的“霸道”，更不能置之不理。前已论及，汉初弃洛阳而长安，据秦地而控全国，成为政治上“承秦”的开端，当定策之时，曾特别提出：“山东虽乱，秦之故地可全而有也。”“入关而都，案秦之故地，此亦搤天下之亢而拊其背也。”汉中央朝廷所做的最坏打算乃是，倘若东部不保，还可割据西部，做不了“王者”，“霸主”总是可以保证的，“霸”是最低限度，“王”则徐徐图之。质言之，进则为“王”，退则为“霸”。

据《史记·秦始皇本纪》，秦定皇帝之号，乃是认为自己功盖三皇五帝，“自上古以来未尝有，五帝所不及”。相较前朝的豪迈，汉王朝这种“霸王道杂之”的帝王身份认知，固然气概不如。但它的定位完全出于理性，而且具有可操作性，尤为重要的是，它在现实与传统结合的基础上，具有了道义方面的内涵，这是它优于秦政之处，亦为后来的更化奠定了理论基础。

---

① 据《史记·郦生陆贾列传》，汉初在宣扬汉家威德时曾说：“（刘邦）继五帝三王之业，统理中国。……政由一家，自天地剖泮未始有也。”

所谓现实与传统的结合，就现实而言，空唱高调，政权很可能覆灭，残酷的现实决定了，需有互补的两手打造出相对充裕的政治空间，由此最高统治者进退于“王”“霸”之间，择时而动，择机而行，一切由现实出发，来决定自己的举措与政策。而就传统而言，“过秦”之后，必须回到秦之前的战国时代，以此为起点来进行政治建设。而在那个时代，有两大君王历史资源，一是作为主流思潮的，以周为代表，扩而广之的“五帝三王系统”。由前已知，对于这一系统，秦认为自己完全可以抛弃，以全新的姿态取而代之；而汉则以承接为己任。另一资源则是“五霸”系统，他们曾威震一方，是春秋以来现实政治中的显赫者和实力派。战国时代常常将它们并论，如《战国策·齐策一》载：“古者五帝、三王、五伯之伐也。”虽然此处的“五伯”，也即“五霸”，有认为包括了春秋以上人物者，但齐桓、晋文等春秋人物被纳入这一系列，则是公认的①。

前已论及，当汉进行帝王身份认知时，是以秦为参照系和反面教材的，故而，比较秦的无道，汉所承接的五帝三王及五霸系统应该充满着道义。周文王所在的“五帝三王”系统在这一点上毫无问题，尤其是周文王一直以来被作为“仁政”的代表，如在《孟子》中，《梁惠王下》认为他“发政施仁”，《公孙丑上》则将其推为“行仁政而王”的最典型代表。而“五霸”则因其崇尚暴力，一直以来颇受非议，《孟子·公孙丑上》认为，他们与“以德行仁”的王者不一样，属于“以力假仁者。”赵岐的《孟子章指》阐发道：“王者任德，霸者兼力。”但问题是，严峻的形势使得汉初以来的统治者不得不以霸者作为最后的政治底线，故而，在帝王的身份认知中，这是不能完全祛除的一面。

可注意的是，霸业之盛并非只有齐桓，还有稍晚的晋文公，齐桓、晋文是并称于世的霸主。所以《孟子·梁惠王上》曰：“仲尼之徒，无道桓、文之事者。”《荀子·议兵》则曰：“秦之锐士，不可以

① 刘向集录：《战国策》，上海古籍出版社，1985年版，第334页。

当桓、文之节制；桓、文之节制，不可以敌汤、武之仁义。”那么，为什么在帝王身份认知上，汉王朝不采晋文呢？原因在于，首先，虽同为霸主，但齐桓更有道义，而晋文公则以谋诈为主。其次，齐桓有拯救民众的一面，而晋文则无此方面的突出表现。我们看到，在《论语·宪问》中，孔子在对他们做对比后，有这样的评价：“晋文公谲而不正，齐桓公正而不谲。”并且对于辅佐桓公的管仲，给予了“如其仁”的评价，认为他辅佐齐桓成就的功业，拯民于水火，所谓“霸诸侯，一匡天下，民到于今受其赐”。由此，齐桓进入了汉帝的身份认知之中，晋文公则很自然地被排摈。

但要而言之，无论是“王”还是“霸”，汉代的“周文”“齐桓”都是与秦拉开了精神距离的身份认知。“周文”“齐桓”作为政治符号，是拯救天下之君，也就是道义之君，这种鲜明指向乃由“过秦”而发之，并因时势而推动。这样也就使得“谊主”在汉代具有了王、霸两种类型。我们注意到，文王类型的“谊主”在《荀子》《韩非子》中已经出现，它应该是在秦汉之前所形成的认识；而齐桓类型的“谊主”出现在《新书》中，为汉贾谊所作，《大戴礼记·保傅》与《新书》的《保傅》内容重合，也可能与贾谊有关，即使无关，里面出现了秦二世的内容，具有鲜明的“过秦”色彩，为汉儒所作是没有什么问题的。

然而，随着时间的演进，尤其是平定“七国之乱”以后，汉帝越来越不需要“霸主”色彩。据《史记·吴王濞列传》，“七国之乱”的头目吴王刘濞在汉廷满足其要求后，并不罢休，他自认为“东帝”，这是高于齐桓之上的名号。在平定叛乱之后，如果汉朝廷不大力推进中央集权，而继续当年的齐桓认知，无疑是极为不利的。

进一步言之，齐桓这样的霸主思维，乃由东西对峙的局面所引致，属于权宜之计。它至少在两大方面对于政权的长治久安极为不利。

一是不管霸主如何讲道义，但本质上是以军政实力来决定未来的，依照董仲舒的说法，“先诈力而后仁谊”。此前，中央朝廷因为没有压倒性的优势，只能以关中为本位，以桓公自任，那时在东西军政力量的博弈下，有很大的不可控性，不得不如此。“七国之乱”平定后，如果不趁势做一统天下的王者，还以齐桓姿态出现，就会使得若干年后，东部故态复萌，这是很危险的事情。

二是在一个统一王朝内，皇帝以齐桓自居毕竟是不正常的，属于权衡之计下的非常态思维，按照《公羊春秋》的说法，为“不正”。由此，我们注意到，《公羊传》哀公十四年提出，《春秋》之学，包含着孔子的“微言大义”，是为“后圣”“拨乱反正”做准备的，而在隐公三年，在论及宋宣公不立子而立弟，最终引发祸乱时，指出：“故君子大居正。宋之祸，宣公为之也。”何休注曰：“明修法守正，最计之要者。”《春秋》学，尤其阐发义理的《公羊》学特别注意国君内在的“正”对国家的影响。故而大力赞颂居于“正”，也即所谓“大居正”。在这种思维影响下，当景帝一度接受母亲的暗示，要传位给弟弟梁王时，大臣引“大居正”之义顶了回去，这才有了后来武帝的即位。

我们以为，这种旗帜鲜明的态度，与“七国之乱”后皇权的加强大有干系。翻检史料，景帝的父亲文帝在立太子问题上就曾经战战兢兢，认为可以在诸侯宗室之中寻找人选①，虽有故作姿态之处，但本质上是实力不足的反映。在我们看来，因为实力不足，所以才有齐桓的自许。但中央集权加强之后，倘还是如此，国家及国君长期处于不“正”之中，如何做到对秦的“拨乱反正”呢？一个极其严肃的政治课题已摆在统治者面前，那就是，随着“拨乱反正”进程的展开与深入，汉帝认知也应随之“拨乱反正”，去齐桓，只聚焦于“周文”及“五帝三王”之上，成了必然之势。由此，我们看到，同是贤良对策，在文帝时代的晁错对策中，依然是“五帝三王”与齐桓并举②；而武帝则在对策之前，即表明了自己承接“五帝三王”的态度，他说：

① 《汉书》卷四《文帝纪》，中华书局，1962年版，第111页。

② 《汉书·晁错传》载：“臣窃闻古之贤主莫不求贤以为辅翼，故黄帝得力牧而为五帝先，大禹得咎繇而为三王祖，齐桓得筦子而为五伯长。今陛下讲于大禹及高皇帝之建豪英也，退托于不明，以求贤良。”

“盖闻五帝三王之道，改制作乐而天下洽和，百王同之。”有学者评价说：“册问正文劈头提出‘五帝三王之道’，表明汉武帝已接受儒家之基本理念：优良治理，必当求之于五帝三王之道。”① 但由前已知，这一理路的直接源头在景帝时代，与中央集权的加强直接挂钩。不仅如此，武帝因“大居正”而最终执掌国柄，这也为后来《公羊》大兴埋下了伏笔。有学者说：“这次夺嗣斗争，给《公羊春秋》一个显身政治舞台的机会，也成为汉武帝‘独尊儒术’的最直接的原因。”②

总之，时势造英雄，时势亦推动着理论的发生。从这个意义上来看，“谊主”说绝不是思想家凭空造作而出，而是在承接历史的基础上，顺应和拉动着政治嬗变的进程中，所开出的思想之花。

四、从“莫敢明受命放杀”到“有所统一”：“谊主”说及“推明孔氏”的意义

对于董仲舒的思想地位及贡献，刘向曾有这样的评价：“令后学者有所统一，为群儒首。”也就是说，在董仲舒理论出现之前，士林间各持一辞，董氏理论出，则使得各种说法得以整合与统一。而在这种统一中，最为关键的，乃是对大汉王朝合法性问题所形成的共识，其核心所在，就是对君王所做的身份定位，并由此形成了董仲舒所阐释的“谊主”说。

如果以西汉时代的思想交锋为视野，来追溯董氏这一说法的直接缘起，可以发现的是，景帝时代的“辕、黄之辩”是一个重要的起点。从某种意义上来看，董仲舒的“谊主”说就是对其做出的直接回应。在这种刺激与反应中，董仲舒将大汉王朝从理论窘境中拉了出来，通过“推明孔氏”，获得了巨大的政治理论空间，将大汉王朝的思想建设带入了一个新的阶段。

---

① 姚中秋：《天人之际的治道：广川董子“天人三策”义疏》，《政治思想史》2012年第3期，第4页。

② 李景明：《中国儒学史》秦汉卷，广东教育出版社，1998年版，第111页。

所谓的“辕、黄之辩”，发生于景帝时代，所论及的，是关于王朝及君主执掌天下的合法性问题，辩论双方一为大儒辕固，另一位为黄生。《史记·儒林列传》载：

清河王太傅辕固生者，齐人也。以治《诗》，孝景时为博士。与黄生争论景帝前。黄生曰：“汤武非受命，乃弑也。”辕固生曰：“不然。夫桀纣虐乱，天下之心皆归汤武，汤武与天下之心而诛桀纣，桀纣之民不为之使而归汤武，汤武不得已而立，非受命为何？”黄生曰：“冠虽敝，必加于首。履虽新，必关于足。何者，上下之分也。今桀纣虽失道，然君上也。汤武虽圣，臣下也。夫主有失行，臣下不能正言匡过以尊天子，反因过而诛之，代立践南面，非弑而何也？”辕固生曰：“必若所云，是高帝代秦即天子之位，非邪？”于是景帝曰：“食肉不食马肝，不为不知味。言学者无言汤武受命，不为愚。”遂罢。是后学者莫敢明受命放杀者。

由上可知，“辕、黄之辩”围绕着“汤武革命”加以展开，论辩的核心在于，“汤武革命”究竟是属于受命，还是篡弑。这样的一个古代命题，并不是闲暇时的学术消遣，它与汉王朝的合法性密切相关，在论古的表象下，直指现实政治。我们知道，古代王朝的更迭以两种形式加以呈现，一是禅代；二是武力推翻。后者以商汤灭夏桀，周武王伐商纣为代表，并由此实现了王朝的天命转移，史称“汤武革命”。刘邦建立的大汉政权，乃是通过武力征战而获取，无疑属于后一类型。

由于“汤、武”与所推翻的夏桀、商纣之间原本为臣、君关系，出于君臣不可易位的认知，黄生提出，“汤武”不仅不是值得赞颂的“受命”者，反倒是应得唾弃的乱臣贼子。由表象上来看，这一论调对于已经统治天下的汉王朝来说，是有利的，尤其在景帝时代，地方王国对于中央权力威胁尚大，建立臣子对君主的绝对服从之理念，似乎很可以从思想根子上掐灭臣下对于皇权的觊觎，这或许就是黄生的现实关怀所在吧。但反面的问题是，如果汤武是“弑君”，那么，替代秦王朝的刘邦，不也一样成了乱臣贼子了吗？这无疑让统治者陷入了理论的两难。所以，当辕固以此来反诘黄生时，景帝迅速阻止了这场辩论。因为这种辩论再持续下去，很可能动摇大汉王朝的政治根基。吴龙灿说："这是困扰汉初统治阶层半个多世纪的重大政治问题，在没有更加有效的理论去解释之前，汉景帝只有选择回避。"①

然而，回避是无法彻底解决矛盾的，而且随着时间的推移，疑惑不断扩展开去，越是回避，越是将自己置于火山口之上，是极其危险的做法。太史公谓："后学者莫敢明受命放杀者。"但越是"莫敢"，越说明内心的质疑不断，从特定意义上来说，"受命放杀"及由此推演出的汉代皇帝君临天下的合法性问题，成了那个时代最大的政治心结。心结必须心解，质言之，思想的问题必须以理论方法来加以解决。

但揆之于史，这应该是武帝之前，大汉王朝治国理政上的最大理论短板。

众所周知，汉王朝建立后，主要奉行的是"黄老无为"之术，在休养生息，恢复经济社会发展等方面产生了不少正面作用。但它因缺乏深入而系统的治国理论，本质上只是一种缓解矛盾的统治术，所以，只可行于一时，不可长久用之。习文史者皆知，文帝时代以"黄老"治国，开启了史所盛赞的"文景之治"。然而，就是这样一个黄金时代，也因奉行"黄老"而危机四伏。典型表现是，经济社会的发展至一定阶段后，政治及社会风尚等方面集聚的冲突随时可能爆发，但"黄老"只是以维持的办法静以待变。由此贾谊上《治安策》，针对当时的政治隐患发出警戒之声，据《汉书·贾谊传》，贾氏指出："进言者皆曰天下已安已治矣，臣独以为未也。曰安且治者，非愚则谀，皆非事实知治乱之体者也。夫抱火厝之积薪之下而寝其上。"然而，面对如此严峻的形势，官员们却漠然处之，为此贾氏疾呼道：

国已屈矣，盗贼直须时耳，然而献计者曰"毋动"，为大耳。夫俗至大不敬也，至亡等也，进计者犹曰"毋为"，可为长太息者

① 吴龙灿：《天命、正义与伦理——董仲舒政治哲学研究》，人民出版社，2013年版，第134页。

此也。

我们知道，贾谊属于儒家派，如果以汉代政治文化的视野来加以考察，可以发现的是，在他痛心疾首的背后，实质上有着学派的分野。简言之，官员们的“不作为”，其实正是“黄老”派的基本做派。贾氏之言容或有夸大之处，但揭示了“黄老”治国的一个基本性格，那就是，维持现状，反对大的变革。

尤为重要的是，他们还以所谓的“不言而躬行”自诩，认为儒者“文多质少”，是不可信赖的群体①。在“黄老”派看来，少一些虚空的讨论，多一些维持现状的实务，才是治国之要。然而遗憾的是，这样的思维运之于政治，不仅回避了矛盾，也造就了理论的贫乏。如果说在初级阶段，在万事纷乱之下，搁置争议，埋头于经济社会的发展，“黄老”以其“不作为”，而不干扰社会，不扰民，有其合理且必要之处。那么，随着经济社会的发展，基本的民生问题解决后，民心及思想层面的问题随之不断爆发，并越来越突出时，再不面对这些矛盾冲突，从理论和顶层设计上加以积极正面的解决，就犹若行船，此时已由汉初的浅滩试水，进入了深水区，可谓日日处于惊涛骇浪之间，稍有不慎，很可能就会遭到船毁人亡的危险。

由本论题出发，毫无疑问，当时一个最大危险就是，如何解释王朝及汉皇帝的合法性问题。这一问题在中华人民共和国之初，因致力于经济社会发展，可暂时搁置不议，但当时间进入到景、武时代之后，随着经济建设任务的基本完成，政治建设提上议事日程，这一“心结”必须解开。当此之际，不解开它，王朝就无法理直气壮地进行政治建设；不解开它，民众的质疑日甚一日，日积月累之下，易转化为社会的不稳定因素；不解开它，“后学者”隐之于心的各种理念，很容易成为引发政治乱局、危局的思想导火索。前已论及，“黄老”以“不言而躬行”为态度，对于具体事务的确可以发挥某些积极的作用，但对于合法性问题，这一态度不仅于事无补，甚至是有害的。对

① 《史记》卷一〇三《万石张叔列传》，中华书局，1959年版，第2765页。

于这种严肃的理论课题，所能采取的应对态度，不仅要“言”，而且要“言”得圆融得理。质言之，面对着质疑，已经到了必须讲清楚的阶段。“黄老”必须退场了，新的转型开始了。

而“黄老”退出后，一个接续而来的理论课题则是，如何防止回到简单粗暴的法家之说上去。我们知道，法家为秦所用，既成就了秦，也带来了之后的覆灭。就本质而言，它以强力捍卫现行统治秩序为己任，是维系统治者最有力的学说。就理论方法而言，则以不允许质疑当下为最大特点，众所周知的“焚书坑儒”就是由此而引发。比较而言，同是维系现状，“黄老”是以不要争论为特点，采取相对温和的搁置手法；而法家则是以暴力对异议进行残酷的打压。虽方式路径不同，但由于有着对现实政权维护的共同点，促使了二者的气息相通。

在这样的思路下，我们注意到，黄生在辩论中所采取的观点，其实就来源于韩非贬责文王为“谊主”的那一段阐述。不仅弑君之臣的论调一致，连“冠”“履”的比喻都前后相承。由此，要讲清楚汉王朝及汉皇帝的合法性，理论起点应从反对法家的相关论述开始。

由前已知，在法家看来，“汤武”乃是乱臣贼子的渊薮，那么，以其为代表的“谊主”不仅不能受到推崇，甚至人人可得而诛之。在此需要特别指出的是，法家并没有否定“桀纣”为昏君，“汤武”有仁义，但按照它的理念，即便是昏君，也不能反对。简言之，秩序优于道义。即所谓：“冠虽穿弊，必戴于头；履虽五采，必践之于地。”而为了维持这一秩序，就需要暴力和刑罚作为控制手段，道义作为乱源所在，反倒是需要摈弃的。所以，《韩非子·问辩》曰：“明主之国，令者，言最贵者也；法者，事最适者也。言无二贵，法不两适，故言行而不轨于法令者必禁。”《五蠹》篇则说：“故举先王、言仁义者人盈廷，而政不免于乱。”

很显然，这样的一种思路不仅荒谬，而且违反人性对良善的追求。其中最根本的问题在于，法之上的理在哪里？倘既不讲“理”，又无良善可言，人心不服怎么办？在法家看来，一是要用严酷的刑法加以控制。他们认为，只要用法严苛，民众的心就可以达成一致，并不需要多讲道义。《韩非子·五蠹》说："民者固服于势，寡能怀于义。"《用人》则主张："以法教心。"二是用利益做钓饵，遵守则给好处，不服则加重刑罚。《韩非子·外储说左上》："利之所在民归之，名之所彰士死之。"《二柄》则言："二柄者，刑德也……群臣畏其威而归其利矣。"要之，在工具主义的思维下，反对道义，通过力与利的两手来管控社会。但问题是，这一理路不仅没有从终极上解决合法性问题，甚至还在制造更多的思想隐患。就一般情理论之，人心哪里是刑法就可以完全控制的呢？由此，陈胜那一句"天下苦秦久矣"[①]的呼号，不仅道尽了秦尽失民心的情形，更掀开了反秦大起义的序幕。

毫无疑问，在秦废墟之上建立的大汉王朝是绝不愿重蹈前朝覆辙的。职是故，汉王朝在政权及君主合法性问题上，当然要抛弃秦思维，顺理成章的，接续"汤武"以来的王道政治，并明确树立其作为"谊主"的正当性，就成为重大而严肃的理论课题。尤其是自"辕、黄之辩"以后，儒家系统内对其讲清楚，成为理所必然，势之所趋。

随着雄才大略的武帝即位，这一任务显得更为急迫。我们注意到，在武帝朝首先登上政治舞台的儒家大师并不是董仲舒，而是传《鲁诗》的申公，武帝本希望他能引入儒术，主持更化改制。但年迈的申公对武帝的回应却是："为治者不在多言，顾力行何如耳。"[②]陈苏镇评价道："一幅长者面孔，俨然道家语气"，"看到的是儒生迎合潮流的努力"[③]。

这种应对当然招致了武帝的不满，因为在危机重重之下，如再不从理论上讲清楚大汉的合法性所在，什么样的"力行"都无济于事。当此之际，不仅要"多言"，而且要"言"得有分量，要切中肯綮。就本论题而言，至少对于"辕、黄之辩"要有一个了结。也由此才有

---

① 《史记》卷四八《陈涉世家》，中华书局，1959年版，第1950页。

② 《史记》卷一二一《儒林列传》，中华书局，1959年版，第3121页。

③ 陈苏镇：《〈春秋〉与"汉道"：两汉政治与政治文化研究》，中华书局，2011年版，第213页。

了后来董仲舒的横空出世。黄晓军指出："以强势武力而来的政权在正当性上有着巨大的隐患，即任何人都可以依靠武力来觊觎。在此情况下求助于单纯的制度构建本身，无论是采取何种行政制度，强化何种思想统治，都无法获取政治形态的外在超越性而生起敬畏之心以确保其正当性。"而董仲舒的解释路径中最值得注意的乃是"奉天法古"，"将具象化的历史史事与历史评价原则提升到天道的层面来说明王道政治的当下意义"[①]。前已论及，大汉合法性问题以"汤武受命"为集矢点。揆之于史，对于"汤武"的辩护，孟子时代已经有之，《孟子·梁惠王下》："贼仁者谓之贼，贼义者谓之残；残贼之人，谓之一夫。闻诛一夫纣矣。未闻弑君也。"但在这里，与"辕、黄之辩"一样，都着眼于"人事"，而没有在"天命论"层面进行更为深入、系统的论证。也由此，在那个时代，孟子理论在硬度上显得不够，无法成为驳斥法家的最有力武器，需根据时代的要求，进一步完备。

而这为此后董仲舒的工作留下了难度和空间。

翻检《春秋繁露》，有一篇《尧舜不擅移，汤武不专杀》，正与"辕、黄之辩"相呼应，可以视之为后续讨论。虽然苏舆认为此篇"非董子文"，但在笔者看来，这实属误判。此篇文辞或许有羼入或窜乱之处，但总的来说符合董子思想立场，并与《春秋繁露》其他篇章性格相通。限于篇幅，在此不能一一驳正，就本论题出发，最可注意的是，苏舆提出，既然"后学者莫敢明受命放杀者"，"董生笃学，岂容忽先帝遗言？"并以此作为伪作的重要理由[②]。但以笔者看来，情形恰恰相反。既然董仲舒及汉武帝做的是更化改制工作，意味着要对"先帝"时代的做法纠偏，只不过这并非是违反遗言，而是理论解困。景帝作为高祖之后，是"汤武"型君主的后人，从情理而言，固然要站在"汤武"一边，但不允许讨论，只是理论上无法自圆其说，处在尴尬境地而已。从这个意义上来看，继续讨论，并将其说清楚，实为

① 黄晓军：《董仲舒天人架构王道政治哲学新解》，《人文杂志》2014年第3期，第24页。

② 苏舆撰，钟哲点校：《春秋繁露义证》，中书书局，1992年版，第221页。

弥补景帝以来的政治遗憾，为大汉王朝建立理论根基，根本上是董仲舒应该做的，而且是贡献所在。

明了这一点，再来细绎文本，就可以发现，董仲舒在直接承接孟子理论的基础上，有两点推进：一是将“天命”引入，也就是说“汤武”顺应的是上天的意志；二是天意来自于民心。他说：“且天之生民，非为王也；而天立王，以为民也。故其德足以安乐民者，天予之，其恶足以贼害民者，天夺之。”虽然这一说法在《易·革·彖辞》中能找到源头，即所谓：“汤武革命，顺乎天而应乎人。”但在“天人三策”及相关阐释中，通过“天人感应”理论，表现得更为深入与系统，也更为切合那个时代，“汤武革命”在某种程度上得以完备和补缺。

习文史者皆知，就董学的政治理论而言，董仲舒既以“君权神授”赋予了君王至上的理论基础；同时也以“天人灾异”钳制了君王的为所欲为。而就本论题出发，可注意的是，“谊主”作为此一理论系统的核心所在，一是它的仁义属性，由天命所缘饰，君主有“谊”，成为天道、天理的至高律令。所以《春秋繁露·王道通三》曰：“人主出此四者，义则世治，不义则世乱，是故治世与美岁同数，乱世与恶岁同数，以此见人理之副天道也。”二是这些理论都整合到了《公羊春秋》及孔子名下，《春秋繁露·玉杯》曰：“故屈民而伸君，屈君而伸天，春秋之大义也。”《竹林》篇则曰：“春秋之所恶者，不任德而任力，驱民而残贼之；其所好者，设而勿用，仁义以服之也。诗云：‘弛其文德，洽此四国。’此春秋之所善也。”

如果从思想史的发展出发，董氏所论不乏附会之处，但在那个时代，由于天命论与《春秋》学的结合，解决了孟子以来“汤武”作为“谊主”，其“谊”的合理性终极何在？民心如何体察？文本载体如何建立？等一系列问题。由此，在经学文本和天人之学的组合下，尊王、正王、天命的主题得以张扬，大汉王朝的合法性问题在理论上获得解答。在这一过程中，“孔氏”得以“推明”，大一统的政治架构获得了理论力量，同时也对儒学及经学的发展带来了正反两面的重大影响。

五、结论

就理论建设来看，董仲舒的“天人三策”实为“推明孔氏”的起点，它为“独尊儒术”提供了系统的思想路线图。在深入于文本内部，对其理论脉路做细密梳理的过程中，笔者注意到了策文中一个重要的概念——谊主。以此为切入口，对“谊主”概念在西汉政治生活中的发生、发展做了一个历史性的初步考察，由此来分析董仲舒对策时的思想文化环境及大转向问题，并讨论它为实现“推明孔氏”的目标所起的作用，及由此连带的各种问题。

在笔者看来，在董仲舒之前，西汉在意识形态的言说上较为混乱，士林间各执一词，董氏理论出，则使得各种说法得以整合与统一。而在这种统一中，最为关键的是，对大汉王朝合法性问题所形成的共识，其核心所在，就是对君王所做的身份定位，并由此形成了董仲舒所阐释的“谊主”说。在此基础上，笔者得出如下结论：

一、“谊主”或“义主”不是董仲舒的创造，而是沿承而来的一个概念。在董仲舒之前，所谓的“谊主”有“霸主”与“王者”两种类型，董氏所取当为后者。董氏的理论选择，由其思想立场所决定，主要基于义、利不两立，“王”“霸”不同道的理论认知。它的知识依据直承荀卿，远绍孟学，在孟、荀的整合中，建构出了具有董氏特点的“谊主”之说，并为后世确定了思想基调。

二、董仲舒的“谊主”说是“大一统”理论得以实现的政治起点，董氏以“尊王黜霸”为基点，以“推明孔氏”为依托，对“谊主”的责任与使命作了适应时代的新阐释。既适应了由“关中本位”向“大一统”的政治转型，更在理念上直接与汉帝的身份认知的演进相承接。为汉王朝在政治上由一时权衡，向长治久安的思想转换，提供了理论武器。可以说，董仲舒“谊主”说的出现，既是时势之下的产物，更反映了董氏的理论创造力。

三、在董仲舒之前，对于“汤武”型的西汉政权及君王的合法性问题，不仅没有一个统一的正面论证，而且因理论论证力的贫弱，造成了对政治合法性不敢言说的理论困境。其中最典型的，就是景帝时代的“辕、黄之辩”。从某种意义上来看，董仲舒的“谊主”说作为“汤武革命”论的完备，是对其所做出的直接回应。董仲舒在直承孟子理论的基础上，使得“天命”与民心在互动中，形成天人感应，并找到了经学载体。由此，接续“汤武”以来的王道政治，并明确树立其作为“谊主”的正当性，得以“说清楚”。在这种刺激与反应中，董仲舒将大汉王朝从理论窘境中拉了出来，通过“推明孔氏”，获得了巨大的政治理论空间，将大汉王朝的思想建设带入了一个新的阶段。

总之，董仲舒提出的这一概念，不仅仅有着学术的内在理路，更与大汉王朝的政治转向相呼应，是外在时势与学术理路结合的历史产物，是观察西汉乃至中国古代政治文化嬗变的重要支点。

本文为“2018 中国·衡水董仲舒与儒家思想国际学术研讨会”提交的论文。

王刚（1971—），男，江西南昌人，江西师范大学历史文化与旅游学院副教授。

董仲舒关于社会制度设计的贡献

李奎良

汉代儒者多以治国淑世为学术情怀，陆贾、贾谊、董仲舒莫不如是。西汉前期，学者们面临的社会问题很多，但关键问题是转型社会制度的设计和优化。汉承秦制，中央集权的基本社会结构被继承下来，同时辅之以部分分封制，使地方管理体系中郡国并存。陆贾设计的“行仁义、法先圣，礼法结合、无为而治”的基本社会图式，使汉初七十年在黄老思想指导下一方面休养生息、经济发展、社会相对稳定，一方面诸侯坐大，争取权益甚至觊觎中央政权。贾谊为文帝设计了“众建诸侯而少其力”的方案，离析“同姓九王”封地为多个封国，分封更多的诸侯王以削弱其势力。景帝时晁错上了“削藩策”，矛盾终于总爆发，“七国之乱”祸及半个国家。

董仲舒的制度设计是立体的、全方位的，汉武帝强势推行，终于使汉朝的社会制度趋于完善，并且影响中国两千多年，同时影响了东亚文化圈诸国的制度设计，间接地影响到了欧洲的文艺复兴。

一、董仲舒社会制度设计的指导思想

董仲舒是治公羊春秋的鸿儒，他的治国方略基本以公羊春秋为理论依据。公羊春秋第一要义即“大一统”。董仲舒把“大一统”作为社会制度设计的总纲，提出了两个方面的“大一统”，即政治“大一统”和文化“大一统”。

首先看政治“大一统”。针对诸侯分裂势力，董仲舒在《天人三策》中向汉武帝陈述：“《春秋》大一统者，天地之常经，古今之通谊也。”[1]1918把国家统一、政治集权上升到天地之道的高度，促使汉武帝下决心彻底解决诸侯王国封土过大，连城数十，地方千里，骄奢淫逸，图谋不轨的社会顽疾。汉武帝采纳董仲舒的建议和主父偃的“推恩令”，一举将与郡平行的诸侯王国划分为若干侯国，侯国与县等同，且受郡管辖。从“削藩策”开始的中央朝廷和地方分封势力的斗法至此基本上得到了解决。全国“大一统”的局面真正形成。

纵观中国历史，汉武帝以后，“大一统”的观念深入人心，朝野上下均高度认同，所以中国历史才有了“分久必合”的特殊历史景象。即使北方游牧民族入主中原，掌握了全国政权，也奉行“大一统”的观念，坚持国家统一和传承“道统”。这种情形与欧洲的蛮族入侵，打断历史传承，分裂为多个国家颇为迥异。与其他文明古国的历史中断、文明消失更是大为不同。元朝、清朝都不是汉族政权，但他们在坚持儒学传统，坚持国家“大一统”，坚持传统治理模式等方面与汉族政权大致无异。近代列强企图瓜分中国，但是从朝廷抵抗到民间的遍地反洋烽火，都显示出维护民族独立、国家一统的精神力量。

再来看文化“大一统”。秦代实行文化专制高压政策，“以吏为师”，不允许朝廷法令以外的任何学说流传于社会，所谓“灭先王之道，而颛为自恣苟简之治”[1]1905，直接导致二世而亡。汉初废挟书令，各家学说逐渐复苏，朝廷提倡黄老之学，儒学虽立为朝廷博士，但并未真正受到重视，基本属于民间学说。其他诸子学说均在民间传承授受。这种情况反映到朝廷的国家治理方略，就表现为“无为而治”、中央政权弱化、对内统治无力、对外屡受匈奴劫掠。董仲舒认为这些情况的根源在于师异道，人异论，教化不统一，政令就不会统一。所以汉初七十年间，几次制礼作乐均因争论不休而放弃，对匈奴的方略也是游移不定，所谓“上亡以持一统；法制数变，下不知所守”[1]1918。针对这种情况，董仲舒建议汉武帝“诸不在六艺之科、孔子之术者，皆绝其道，勿使并进。邪辟之说灭息，然后统纪可一而法度可明，民知所从矣”[1]1918。董仲舒倡议大一统，主张统一思想，并且努力做了思想大综合的工作，这是中华民族思想发展过程中的一个环节，一个必要的环节，对确立儒学成为中华民族思想的主干地位起了重要的作用[2]。从史实来看，汉武帝完全采纳了董仲舒的建议，设太学，立儒学五经七博士以教授太学生（以前只有博士而无生员，博士只是皇帝的顾问而已）。在全社会倡导儒学，在基层也设立教育机构，即庠和序，以儒学行教化。从此，儒学由民间学问上升为国家学说，成为国家的主流文化。这种格局一直到新文化运动才有所变化。

值得关注的是，北魏、元、清三朝，统治集团均是北方游牧民族，但他们都没有用其本民族的文化作为国家主流文化，而是坚持儒学治国，虽然有所损益，但基本格局未变。最为突出的是北魏冯太后和孝文帝的汉化改革。北魏政权建立初期，推行鲜卑族原有文化和统治方式。在冯太后谋划和支持下，孝文帝顶住压力，决心汉化，迁都、改制、改姓名、改服饰，尤其是读儒家经典、行儒家礼法，使得险些中断的儒学传统得以延续。南宋政权在崖山之战后灭亡，史学界有人说“崖山之后无中国”，其实大谬，中国传统文化在元朝不仅没有中断，反而有所强化，如书院的发展，在元代朝廷的重视下，得到一定程度的扩展和深化。清代满族风俗习惯有一些体现在了统治方略中，但有清一代的文化主体和治理方式均与汉族朝廷无异。尤其清代的皇帝，多是儒学的饱学之士，通诗书，工文学。这种历史现象在世界上独一无二，四大文明古国，其他三个均已湮灭，唯独中华文明不仅未曾中断，反而愈益丰厚，影响广远，形成了所谓“东亚文化圈”。可以想象，如果没有文化“大一统”，依然是师异道，人异论，没有主流文化，那么中国文化的传承有序连绵不绝将不会保持，也将如其他古代文明一样中断湮灭，也就不会有东亚文化圈和对世界的广泛影响。政治上和文化上两个“大一统”是董仲舒一系列制度设计的指导思想。

二、官员培养、选拔和任用制度

董仲舒在对策中有一段详细论述："夫不素养士而欲求贤，譬犹不琢玉而不求文采也。故养士之大者，莫大乎太学；太学者，贤士之所关，教化之本原也。今以一郡一国之众，对亡应书者，是王道往往而绝也。臣愿陛下兴太学，置明师，以养天下之士，数考问以尽其材，则英俊宜可得矣。今之郡守、县令，民之师帅，所使承流而宣化也；故师帅不贤，则主德不宣，恩泽不流。今吏既亡教训于下，或不承用主上之法，暴虐百姓，与奸为市，贫穷孤弱，冤苦失职，甚不称陛下之意。是以阴阳错缪，氛气充塞，群生寡遂，黎民未济，皆长吏不明使至于此也。夫长吏多出于郎中、中郎，吏二千石子弟选郎吏，又以富訾，未必贤也。且古所谓功者，以任官称职为差，非谓积日累久也。故小材虽累日，不离于小官；贤材虽未久，不害为辅佐。是以有司竭力尽知，务治其业而以赴功。今则不然，累日以取贵，积久以致官，是以廉耻贸乱，贤不肖浑殽，未得其真。臣愚以为使诸列侯、郡守、二千石各择其吏民之贤者，岁贡二人以给宿卫，且以观大臣之能；所贡贤者有赏，所贡不肖者有罚。夫如是，诸侯、吏二千石皆尽心于求贤，天下之士可得而官使也。遍得天下之贤人，则三王之盛易为，而尧舜之名可及也。毋以日月为功，实试贤能为上，量材而授官，录德而定位，则廉耻殊路，贤不肖异处矣。"[1]1911

董仲舒的建议有三个要点：一是在中央设太学，地方设庠、序，广泛培养官吏人才；二是责令地方官岁举二人给朝廷；三是朝廷对这些人才进行考察，量才授官。这是一套完整的文官制度。此举彻底改变了汉初的官吏政策。汉初官吏来源基本有四类情况：高官子弟，战功受奖，年久积累，捐资买官。这样的官吏资源短期尚可维持，但长久必见大弊。而文官制度却是制度性、可持续的，使社会保持长久稳定。从《汉书》的记载来看，汉武帝完全采纳并实行了这一整套文官制度。这种制度在隋唐以后发展为科举取士，直至清末。在欧洲文艺复兴时期，欧洲的先进思想家，如伏尔泰等人，极力推崇中国的文官制度，最早设计西方文官制度的英国也是参考了中国的科举制度，因此西方教科书中认为文官制度起源于中国。

三、官吏的财产管理

董仲舒认为：“夫皇皇求财利常恐乏匮者，庶人之意也；皇皇求仁义常恐不能化民者，大夫之意也。《易》曰：‘负且乘，致寇至。’乘车者君子之位也，负担者小人之事也，此言居君子之位而为庶人之行者，其患祸必至也。若居君子之位，当君子之行，则舍公仪休之相鲁，亡可为者矣。”[1]1917 他举鲁相公仪休拔葵出妻的例证，说明士大夫官员不应治家产，不能与民争利，只可行仁义以为庶民榜样。他以“天不重与”来论证其建议的合理性，“有角者不得有上齿。故已有大者，不得有小者，天数也”[3]230，因此，要“使诸有大奉禄亦皆不得兼小利、与民争利业，乃天理也”[3]230。他自己身体力行，终生不置产业，被称为“醇儒”。这项吏治管理举措意义重大，果能实行，吏治将是清明的。当今世界各国通行官员不能经商的管理办法与董仲舒的设计有异曲同工之妙。

四、“调均”的经济政策

西汉初期，朝廷奉行“无为而治”，社会经济以自耕农和手工业者为主体，经济政策是放任自由。经过几十年发展，这种自由经济政策的必然走向是土地兼并，两极分化，社会问题日益严峻。董仲舒为汉武帝设计了“调均”的经济政策。他说：“孔子曰：‘不患贫而患不均。’故有所积重，则有所空虚矣。大富则骄，大贫则忧。忧则为盗，骄则为暴，此众人之情也。圣者则于众人之情，见乱之所从生。故其制人道而差上下也，使富者足以示贵而不至于骄，贫者足以养生而不至于忧。以此为度而调均之，是以财不匮而上下相安，故易治也。今世弃其度制，而各从其欲。欲无所穷，而俗得自恣，其势无极。大人病不足于上，而小民羸瘠于下，则富者愈贪利而不肯为义，贫者日犯禁而不可得止，是世之所以难治也。”[3]227—229 董仲舒认为，贫富的标准应该以“中和”思想为指导，无大贫亦无大富则社会安定。其实从古至今，所有社会的病态根源全在于两极分化。富则骄，骄则为暴；贫则忧，忧则为盗。当年董仲舒阐发的这种社会轨迹在以后不断上演，不仅中国如此，世界其他国家又何尝不是如此。

参考文献：

［1］班固. 汉书［M］. 北京：中华书局，1999.
［2］周桂钿. 董学探微［M］. 北京：北京师范大学出版社，2008：350.
［3］董仲舒. 春秋繁露［M］. 北京：中华书局，1992.

原载于《衡水学院学报》2018 年第 4 期。

李奎良（1957—），男，河北枣强人，衡水学院董子学院教授。

董仲舒“大一统”王道政治思想的德性文明意蕴

杨柳新

古典儒学经历了秦汉之际的社会制度变革之后，诞生的第一个承续道统的“新古典”儒学思想体系，是由董仲舒《春秋繁露》所建立的思想体系。《春秋繁露》由《春秋》及于“六经”，虽间或杂取阴阳、名、墨、法诸家，但其大本大源皆出于古圣先王“内圣外王”之道，属于孔子“祖述尧舜，宪章文武”之正脉，董仲舒儒学的主体和核心是“大一统”王道政治思想。董仲舒“大一统”王道政治思想秉持孔子及古圣先王的生命共同体主义，惟道是从，唯天为大，贯通天地人三才之道于“大一”，具有突出的德性文明传统特色。

长期以来，学界有一种占主流地位的观点，认为汉儒董仲舒的儒学思想是“君主专制主义”意识形态，尤以其“大一统”思想为集中体现。这个观点所批评的当然不仅仅只是董仲舒一人的思想，它实际上包含着对孔子，以及整个儒学传统的评判。这种判断是否真的能够成立呢？与之相反的可能性显然是值得探究的一个问题：儒学，无论是古圣先王的创制，还是孔子的集大成，还是我们此时所面对的“汉朝孔子”——董仲舒的学说，或许在根本上恰是反对“君主专制主义”的？由于历史的机缘，董仲舒的儒学思想全方位地关联着汉王朝的政统及其政治实践，并奠定了此后中国历代王朝道统与政统关系的基本模式。为了准确理解儒学思想与历史之间互动关系的基本性质，本文拟从文化源流、文化内涵的角度，对董仲舒“大一统”王道政治思想的德性文明意蕴予以诠释。从而，一方面对各种与之关涉的所谓儒学“君主专制主义”意识形态的误解与附会予以澄清；另一方面，也从当今中华德性文明伟大兴起的新时代境遇，略述“大一统”王道政治思想传统对于当代中国的意义。

一、“大一统”说及“君主专制主义”的想象

“大一统”说比较典型地见于《汉书·董仲舒传》所载的天人三策之第一策：

> 臣谨案《春秋》之文，求王道之端，得之于正。正次王，王次春。春者，天之所为也；正者，王之所为也。其意曰，上承天之所为，而下以正其所为，正王道之端云尔。然则王者欲有所为，宜求其端于天。天道之大者在阴阳。阳为德，阴为刑；刑主杀而德主生。是故阳常居大夏，而以生育长养为事；阴常居大冬，而积于空虚不用之处。以此见天之任德不任刑也。……臣谨案《春秋》一元之意，一者万物之所从始也，元者辞之所谓大也。谓一为元者，视大始而欲正本也。《春秋》深探其本，而反自贵者始。故为人君者，正心以正朝廷，正朝廷以正百官，正百官以正万民，正万民以正四方。四方正，远近莫敢不壹于正，而亡有邪气奸其间者。是以阴阳调而风雨时，群生和而万民殖，五谷孰而草木茂，天地之间被润泽而大丰美，四海之内闻盛德而皆徕臣，诸福之物，可致之祥，莫不必至，而王道终矣。（《汉书·董仲舒传》）

董仲舒的所谓“大一统”，实质是天地人三才贯通之道，与孔子《易传》“立天之道曰阴与阳，立地之道曰柔与刚，立人之道曰仁与义”（《易·说卦》），并无二致。他以天之一元表天道，言阴阳化生；就王道论人道，言刑德以配阴阳。如此天人之道“一”以贯之。他又从人君“正心”往外说至“正朝廷”“正百官”“正万民”“正四方”

“正远近”。看得出，这是《大学》“内圣外王”的理路。可见，“大一统”说创造性地将人之“外内之道”，与天地人三才之道“立体性”地贯通，所把握的正是儒者关于人类生命与生活的恒常大道。“大一统”之道有体有用。其用于政治实践，自然有一定的尊君意味，以反映亘古不易的“五达道”或“五伦”中的“君臣”——共同体与共同体成员关系伦理。这也是儒家一贯的主张，至少可以追溯到《尚书·洪范》的“皇极”思想。王夫之认为，“惟辟作福，惟辟作威，惟辟玉食。臣无有作福、作威、玉食。臣之有作福、作威、玉食，其害于而家，凶于而国”，为“五曰皇极”之文，错简在“六曰三德”段落之中。从皇极含君臣之道来看，这是很有道理的。“皇极”或曰“皇极大中”，意谓共同体整体统一性之至高价值准则与至上地位；共同体成员莫不统于此“皇极”以生，莫不尊顺此“皇极大中”以立。正是因为“大一统”继承和集成了儒家上述三才、内外、君臣之道，且能以之合天人，贯古今，统道政。所以，董仲舒说：“《春秋》大一统者，天地之常经，古今之通谊也。”（《汉书·董仲舒传》）

在对“大一统”思想的理解中，颇有些人离开其正常体用，一味从它与王权相关联的“实用主义”角度，在它上面附会了诸多关于“君主专制主义”或“专制王权”的想象。例如，有论者曰：董仲舒从“春王正月”一语，一面引申到神学的领域，一面又引申到政治论的领域，以致曲述其政治之神权的内容。从而归结到“大一统”的专制主义的结论①。另外，由于董仲舒在策对中提道：“今师异道，人异论，百家殊方，指意不同，是以亡以持一统。法制数变，下不知所守。臣愚以为诸不在六艺之科孔子之术者，皆绝其道，勿使并进。邪辟之说灭息，然后统纪可一而法度可明，民知所从矣。”于是，有人认为，这是董仲舒在专制主义的原则下，企图以他所解释的“孔子之术”统制各派思想，以达到精神统治的目的和思想的一元化②。应该说，董仲舒有思想统一的意图，但这并非必然是为所谓“君主专制主

① 吕振羽：《中国政治思想史》（上），人民出版社，2008年版，第269页。
② 同上。

义”服务。从一定意义上讲，某种形态的“思想的一元化”，是正常社会生活必要的思想基础。任何一个有序运转的社会，即便是所谓最为自由、多元和开放的社会，客观上也必然存在特定样式的“思想的一元化”。

又如，董仲舒说：“《春秋》之法，以人随君，以君随天。……故曲民而伸君，屈君而伸天，《春秋》之大义也。”（《春秋繁露·玉杯》）于是，有人说，“毫无疑问，这是为了迎合专制帝王，而造出来的新说，与《春秋》的义法无关，恰恰相反，《春秋》义法，正是要贬天子、讨诸侯的”①。也有人评判董仲舒“自身在客观上也成了助成专制政治的历史中的罪人”②。

上述例子是比较典型的批判董仲舒为“君主专制”服务的论调。且不说所谓“罪人”论有主观上“欲加之罪”的味道；其前一说则明显断章取义，无视上下文中“以君随天”和“屈君而伸天”的关联性。将中国历史贴上“君主专制主义”的标签，这是将儒学，包括董仲舒学说目为“君主专制主义”意识形态的前提。由于这个前提的由来与中国历史本身的性质问题，非本文所讨论的重点，这里不予置辩，而只是指出：上述这类批判是先入为主的“成见”性的批判。因此，它们当然不太理会董仲舒全部道理的实际，只需寻找到某种可视为“证据”的只言片语，即可认定自己已有的看法，并对所欲批判的对象实施其既定的批判。

二、“大一统”与《尚书》中的“王道”

董仲舒的“大一统”说，可谓一“究天人之际”的道德政治思想体系，它合“三才”与“五伦”而立体展开的“王道”观，并非“尊王”而已。董仲舒传公羊《春秋》，而孔子作《春秋》，有“贬天子，

---

① 韦政通：《中国思想史》（上），上海书店出版社，2003年版，第318页。

② 徐复观语，见氏著《两汉思想史》，台北：学生书局，1976年版，第296页。转引自上引“韦正通书”，第318页。

退诸侯，讨大夫”之义（《史记·太史公自序》），虽不可说无“尊王”之意，但本非一味“尊王”。《春秋》对于天子、诸侯、大夫之间的“礼”之大义，强调的是“君君臣臣”：君不可不君，臣不可不臣；否则，必“贬”之，“退”之，“讨”之。

然而，取《春秋》“君臣”伦理一义，不足以成“大一统”之“王道”观。董子“大一统”之“王道”观，实与《尚书·洪范》一脉相承。

先就《尚书·洪范》的思想体系整体来看，“洪范”九畴：“初一曰五行。次二曰敬用五事。次三曰农用八政。次四曰协用五纪。次五曰建用皇极。次六曰乂用三德。次七曰明用稽疑。次八曰念用庶征。次九曰向用五福，威用六极。”（《尚书·洪范》）

王夫之先生认为，“洪范”为“洛书”精义，“五行”居中，当天道之行。五行“中土，东木，南火，西金，北水也。龟背隆中而杀外，以高者为初。故从中宫始。五行，阴阳之殊而未合为人者也，故居初一”①。且“五行者，二气之有迹者也。畴始于五行而不及二气者，敦人事以著阴骘之用，略天道而听阴阳之化，禹之所以就人心而凝道心也。五行之化为水火木金土者，天之所以生人、继善者也。五行之德为仁义礼智信者，人之所以得乎天、成性者也。八畴之用，要以五常为本而居中以应乎事，为之损有余，益不足，使相得而合乎中。……五行本天以治人，居上以治下”②。天之阴阳五行高居于上，为初，为一，为元，为始，为大。天人之际，上下尊卑见矣。

“初一曰五行”，“观乎天文，以察时变”者也。其余八畴，“观乎人文，以化成天下”者也。王夫之认为：“五事、八政”为“人事”，“五纪、庶征”为“神用”。“皇极，道也。三德，德也。”“皇极”与“福极”为治道之体用。且“皇极”为大君之极：“大哉君极，以修五事，治八政，察五纪者也；以宣三德，合稽疑，召庶征，行福极者

① 王夫之：《尚书稗疏》，《船山全书》（第二册），岳麓书社，2011年版，第137页。

② 同上，第133－134页。

也。”“三德之教，修于五事，五事修，则三德成矣。”“稽疑者，稽八政之所疑也。”“五纪之顺逆，生庶征之休咎。”至于王之治天下，居幽向明，主一治众，则“福极”与“皇极”相为表里[①]。

董仲舒《春秋繁露》在道理和规模上大体继承《尚书》原义，而有所衍生：

古之造文者，三画而连其中，谓之王。三画者，天、地与人也，而连其中者，通其道也。取天地与人之中以为贯而参通之，非王者孰能当是？是故王者唯天之施，施其时而成之，法其命而循之诸人，法其数而以起事，治其道而以出法，治其志而归之于仁。仁之美者在于天。天，仁也。天覆育万物，既化而生之，有养而成之，事功无已，终而复始，举凡归之以奉人，察于天之意，无穷极之仁也。人之受命于天也，取仁于天而仁也。是故人之受命天之尊，父兄子弟之亲，有忠信慈惠之心，有礼义廉让之行，有是非逆顺之治。文理灿然而厚，知广大有而博，唯人道为可以参天。(《王道通三》)

王者之所以为王者，为其德业足以顺天之则，以率民由仁义之道而行，从而参赞天地之化育。在“王道通三”说中，至上和根本的权威，从而王者的“合法性”，皆只有一原，原于“天”。故曰：“王者唯天之施，施其时而成之，法其命而循之诸人，法其数而以起事，治其道而以出法，治其志而归之于仁。”具体说来，董仲舒依儒学传统认为，王者处天人之际，法天立极，居上治下，有四大要义：

其一，王者居仁由义，“允执厥中”“为天地立心”“为生命立命”。《春秋繁露》承《易传》三才一贯之道，强调“立人之道曰仁与义”，以参赞天地阴阳柔刚之道。

为人君者，其法取象于天。故贵爵而臣国，所以为仁也；深居隐处，不见其体，所以为神也；任贤使能，观听四方，所以为明也；量能授官，贤愚有差，所以相承也；引贤自近，以备股

① 王夫之：《尚书稗疏》，《船山全书》（第二册），岳麓书社，2011 年版，第 137—140 页。

肱，所以为刚也；考实事功，次序殿最，所以成世也；有功者进，无功者退，所以赏罚也。是故天执其道为万物主，君执其常为一国主。（《天地之行》）

王者以仁义为人道之中准。董仲舒曰：

《春秋》之所治，人与我也。所以治人与我者，仁与义也。以仁安人，以义正我，故仁之为言人也，义之为言我也，言名以别矣。……是故《春秋》为仁义法，仁之法在爱人，不在爱我；义之法在正我，不在正人。我不自正，虽能正人，弗予为义。人不被其爱，虽厚自爱，不予为仁。（《仁义法》）

天命之谓性，率性之谓道。（《中庸》）

性有明德，德有五常，一于仁义。圣王贯通天人之道，立人极以为天下式，精一其心，允执厥中。

是故志意随天地，缓急仿阴阳。然而人事之宜行者，无所郁滞，且恕于人，顺于天，天人之道兼举，此谓执其中。（《如天之为》）

又如《天道施》篇曰：

天道施，地道化，人道义。圣人见端而知本，精之至也；得一而应万，类之治也。（《天道施》）

其二，圣王则天，天子尊天如"父"。

孔子曰："唯天为大，唯尧则之。"则之者，大也。"巍巍乎其有成功也!"言其尊天以成功也。齐桓、晋文不尊周室，不能霸；三代圣人不则天地，不能至王。阶此而观之，可以知天地之贵矣。（《奉本》）

天不言，使人发其意；弗为，使人行其中。名则圣人所发天意，不可不深观也。

受命之君，天意之所予也。故号为天子者，宜视天如父，事天以孝道也。（《《深察名号》

王称天子，以天为王"父"也。天下若不能尽情性之宜，则天必不乐。天子顺乎天心以殷忧天下，天下大治，则天颜舒。

一统乎天子，而加忧于天下之忧也，务除天下所患，而欲以

上通五帝，下极三王，以通百王之道，而随天之终始，博得失之效，而考命象之为，极理以尽情性之宜，则天容遂矣。（《符瑞》）

其三，天立王以为民，王者有化民易俗之责。一则，王为教民继善成性而立，教民之责必王者任之。

天生民性有善质而未能善，于是为之立王以善之，此天意也。民受未能善之性于天，而退受成性之教于王。王承天意，以成民之性为任者也。（《深察名号》）

二则，王须德能堪任，若非如此，天命可移。

且“天之生民，非为王也；而天立王，以为民也”。故其德足以安乐民者，天予之；其恶足以贼害民者，天夺之。《诗》云：“殷士肤敏，裸将于京，侯服于周，天命靡常。”言天之无常予，无常夺也。（《尧舜不擅移汤武不专杀》）

其四，王者“务尽卑谦以致贤”。

气之清者为精，人之清者为贤。治身者以积精为宝，治国者以积贤为道。身以心为本，国以君为主。……夫欲致精者，必虚静其形；欲致贤者，必卑谦其身。形静志虚者，精气之所趣也；谦尊自卑者，仁贤之所事也。故治身者，务执虚静以致精；治国者，务尽卑谦以致贤。（《通国身》）

三、“大一统”正德利用厚生之王政

《尚书·大禹谟》数王政之大端，后世圣王遵循以为政。

德惟善政，政在养民。水火金木土谷惟修。正德、利用、厚生惟和。九功惟叙。九叙惟歌。戒之用休，董之用威，劝之以九歌，俾勿坏。（《尚书·大禹谟》）

这实际上也就是商周之际，箕子为武王述《尚书·洪范》九畴要义。董仲舒大一统观论王政，仍承《尚书》大体。王政出于王道，王政之制度随时损益，王道之伦常亘古不易。新王受命，其政更新，其道有恒。

受命之君，天之所大显也。事父者承意，事君者仪志，事天亦然。今天大显已，物袭所代而率与同，则不显不明，非天志。故必徙居处，更称号，改正朔，易服色者，无他焉，不敢不顺天志而明自显也。若夫大纲，人伦道理，政治教化，习俗文义尽如故，亦何改哉！故王者有改制之名，无易道之实。孔子曰："无为而治者，其舜乎！"言其主尧之道而已。此非不易之效与？（《楚庄王》）

《诗》曰："周虽旧邦，其命维新。"（《诗·大雅·文王》）命则维新，邦则维旧。王天下可久可大之德业，其政惟天道是从，惟古德是则。

《春秋》之道，奉天而法古。是故虽有巧手，弗循规矩，不能正方圆；虽有察耳，不吹六律，不能定五音；虽有知心，不览先王，不能平天下。然则先王之遗道，亦天下之规矩六律已。故圣者法天，贤者法圣，此其大数也。得大数而治，失大数而乱，此治乱之分也。所闻天下无二道，故圣人异治同理也。（《楚庄王》）

王政者，正王正民以法天地之行，参天地之化也。天地阴阳柔刚之道，形于五行，王者用之以正德利用厚生。董仲舒论五行，亦以其用于正德利用厚生为本，至于感应、养生、灾异等说，或附会于阴阳家，不过为王政之余事。

圣王用五行，以"正德、利用、厚生"。王夫之尝释"五行"曰："圣人之言，言彝伦之叙也，所谓务民之义也。修火政，导水利，育林木，制五金，勤稼穑，以味养民，以材利民，养道遂，庶事成，而入以事父，出以事君，友于兄弟，刑于妻子，惠于朋友者，德以正焉。因天之化，成人之能，皆五行之用也。'初一曰五行'，义尽于此矣。"①

董仲舒以"五行"配人事"五官"，以及人伦"五常"，建立了一个形式上比较规整的体系：

---

① 王夫之：《尚书引义》，《船山全书》（第二册），岳麓书社，2011年版，第352页。

木配东、司农、仁；火配南、司马、智；土配中央，司营、信；金配西、司徒、义；水配北、司寇、礼。(《五行相生》)

虽然这个体系难免有些机械，但是董仲舒五行论能得《洪范》之大体，保持了《洪范》“五行”统八畴的天人相通之理，这是无疑的。

天地之气，合而为一，分为阴阳，判为四时，列为五行。行者，行也，其行不同，故谓之五行。五行者，五官也，比相生而间相胜也。故为治，逆之则乱，顺之则治。(《五行相生》)

董仲舒《春秋繁露》中有专门论《洪范》第二畴“五事”的段落。

五事：一曰貌，二曰言，三曰视，四曰听，五曰思。何谓也？夫五事者，人之所受命于天也，而王者所修而治民也。故王者为民，治则不可以不明，准绳不可以不正。王者貌曰恭，恭者，敬也；言曰从，从者，可从；视曰明，明者，知贤不肖，分明黑白也。听曰聪，聪者，能闻事而审其意也。思曰容，容者，言无不容。恭作肃，从作乂，明作哲，聪作谋，容作圣。何谓也？恭作肃，言王者诚能内有恭敬之姿，而天下莫不肃矣。从作乂，言王者言可从，明正从行，而天下治矣。明作哲，哲者，知也。王者明，则贤者进，不肖者退，天下知善而劝之，知恶而耻之矣。聪作谋，谋者，谋事也，王者聪，则闻事与臣下谋之，故事无失谋矣。王者心宽大无不容，则圣能施设，事各得其宜也。(《五行五事》)

董仲舒以“阴阳”解王道政治“务德不务刑”，这显然是继承了孔子关于“德礼政刑”的思想。

阳，天之德，阴，天之刑也。阳气暖而阴气寒，阳气予而阴气夺，阳气仁而阴气戾，阳气宽而阴气急，阳气爱而阴气恶，阳气生而阴气杀。是故阳常居实位而行于盛，阴常居空位而行于末。天之好仁而近，恶戾之变而远，大德而小刑之意也。先经而后权，贵阳而贱阴也。……是故人主近天之所近，远天之所远；大天之所大，小天之所小。是故天数右阳而不右阴，务德而不务刑。刑之不可任以治世也，犹阴之不可任以成岁也。为政而任

刑，谓之逆天，非王道也。（《阳尊阴卑》）

《洪范》九畴第八曰“庶征”：曰雨，曰旸，曰燠，曰寒，曰风。董仲舒显然将“庶征”之说纳入了他的学说，并在其上增加了带神秘理性意谓的“天人感应”论：

天之道，有序而时，有度而节，变而有常，反而有相奉，微而至远，踔而致精，一而少积蓄，广而实，虚而盈。圣人视天而行。是故其禁而审好恶喜怒之处也，欲合诸天之非其时不出暖清寒暑也；其告之以政令而化风之清微也，欲合诸天之颠倒其一不以成岁也；其羞浅末华虚而贵敦厚忠信也，欲合诸天之默然不言而功德积成也；其不阿党偏私而美泛爱兼利也，欲合诸天之所以成物者少霜而多露也。其内自省以是而外显，不可以不时，人主有喜怒，不可以不时。可亦为时，时亦为义，喜怒以类合，其理一也。故义不义者，时之合类也，而喜怒乃寒暑之别气也。（《天容》

王政为德礼政治，“建国君民，教学为先”（《礼记·学记》）。为政以德，首重教化。

传曰：政有三端：父子不亲，则致其爱慈；大臣不和，则敬顺其礼；百姓不安，则力其孝弟。孝弟者，所以安百姓也。力者，勉行之身以化之。天地之数，不能独以寒暑成岁，必有春夏秋冬。圣人之道，不能独以威势成政，必有教化。故曰：先之以博爱，教以仁也；难得者，君子不贵，教以义也。虽天子必有尊也，教以孝也；必有先也，教以弟也。此威势之不足独恃，教化之功不大乎？（《为人者天》）

教化之行，入于人之性情，诚之其诚，继善成性，成性存存。明乎性情，乃可以言为政。

故唱而民和之，动而民随之，是知引其天性所好，而压其情之所憎者也。如是则言虽约，说必布矣；事虽小，功必大矣；声响盛化运于物，散入于理，德在天地，神明休集，并行而不竭，盈于四海而讼咏。《书》曰：“八音克谐，无相夺伦，神人以和。”乃是谓也。故明于情性乃可与论为政，不然，虽劳无功。夙夜是

寤，思虑惓心，犹不能睹，故天下有非者。（《正贯》）

民之性虽有善质，而并非已善，待王者教而成之。“性者，天质之朴也；善者，王教之化也。无其质，则王教不能化；无其王教，则质朴不能善。”（《实性》）具体而言，董仲舒认为性中兼有仁贪。

人之诚，有贪有仁。仁、贪之气，两在于身。身之名，取诸大。大两有阴阳之施，身亦两有贪、仁之性。天有阴阳禁，身有情欲，与天道一也。……必知天性不乘于教，终不能栣。察实以为名，无教之时，性何遽若是？

故性比于禾，善比于米。米出禾中，而禾未可全为米也。善出性中，而性未可全为善也。善与米，人之所继天而成于外，非在天所为之内也。天之所为，有所至而止。止之内谓之天性，止之外谓之人事。事在性外，而性不得不成德。民之号，取之瞑也。使性而已善，则何故以瞑为号？（《深察名号》）

《洪范》次九曰“福极”，王者“权”柄，衡于“仁义”之大“经”，酌善恶之轻重而用之。董仲舒对此多有申发：

天有和有德，有平有威，有相受之意，有为政之理，不可不审也。春者，天之和也；夏者，天之德也；秋者，天之平也；冬者，天之威也。天之序，必先和然后发德，必先平然后发威。……能常若是者，谓之天德，行天德者，谓之圣人。

为人主者，居至德之位，操杀生之势，以变化民。民之从主也，如草木之应四时也。喜怒当寒暑，威德当冬夏。……喜怒之发，威德之处，无不皆中，其应可以参寒暑冬夏之不失其时已。故曰圣人配天。（《威德所生》）

王，承天命“作之君，作之师”者也。王为天下之元，万民仰望；王者以身作则，为天下之枢机。

君人者，国之元，发言动作，万物之枢机。枢机之发，荣辱之端也。失之豪厘，驷不及追。（《立元神》）

《洪范》曰：“惟辟作福，惟辟作威，惟辟玉食。”王之威德如何作？法天之行，无由私意。

天高其位而下其施，藏其形而见其光。高其位，所以为尊也；下其施，所以为仁也；藏其形，所以为神；见其光，所以为明。故为人主者法天之行，是故内深藏，所以为神；外博观，所以为明也；任群贤，所以为受成；乃不自劳于事，所以为尊也；泛爱群生，不以喜怒赏罚，所以为仁也。故为人主者，以无为为道，以不私为宝。（《离合根》）

四、“大一统”观与中华德性文明的复兴

董仲舒是汉代首屈一指的儒学大师，他所传承的儒学本质上是“为天地立心，为生民立命，为往圣继绝学，为万世开太平”的圣德王道，非为一帝一朝而立，亦实非君主专制主义意识形态。且董子刚正不阿，终以灾异说见黜，即是董子儒者本色的证明。

董仲舒从“六经”开出新生面，接续孔子的古典儒学道统，形成了以“大一统”王道政治思想为内核的“新古典儒学”体系。董仲舒的王道政治思想及其相关政治活动，振起春秋战国以降思想“多元化”，诸子百家“道术为天下裂”之衰敝，成就“罢黜百家，独尊儒术”之大功，肇造“道术为天下合”之大势。董子政治思想及实践之价值在此；董子目为春秋战国“一统”之后，承继孔子之第一人以此。

中国共产党领导的新时代中国特色社会主义实践，以马克思主义为指导，以儒学为主体的中华优秀传统文化为根基，正在推动中华民族伟大复兴和人类命运共同体建设。当代中国的社会主义事业，崇道务本，为政以德，向天下昭示着中华德性文明的伟大复兴。当此之际，“大一统”王道政治思想的精义呈现出多方面的现实价值。在此，略举三端：

第一，“大一统”在文化上尊一道以驭百家，突出主导思想的独尊地位和一统作用。天人常道，定于一尊。古今治乱，系于大中。这对于我们在文化主体上坚持马克思主义与中华优秀传统文化相融通，在道德导向上坚持培育和践行社会主义核心价值观，在政治生活中尊崇宪法和中国共产党的领导，在发展方向上始终坚持社会主义道路

等，无疑具有多方面的启示。

第二，“大一统”政治为政以德，修养以正己，教化以正人。从这个维度上，我们能看到《春秋繁露》中天人合一、身国共治、义养生人等诸多内容，对于我们今天加强中国共产党的自身建设和提升党的领导艺术，依然具有丰富的实践价值。

第三，董仲舒“大一统”思想蕴含的“一元”统率阴阳、五行、万物的哲学观点，是对《易经》整体“生生”之道的继承与创造性阐发。这是“王道”政治思想体系“统一性”的哲学根据，也是中华德性文明“共同体主义”政治实践的哲学根据。一体一元，一以驭万。一统于道，则可大可久。“大一统”观在历史上曾经为中华民族文化认同和国家认同做出过不可磨灭的巨大贡献。今天，我们依然必须接续这一极其宝贵的核心道德智慧传统，源源不断地从中汲取精神滋养，以巩固中华民族多元一体的团结，不断增强中华民族和国家共同体的凝聚力。当代中国正在倡导和推动“天下文明”意义上的人类命运共同体建设，“大一统”观显然是值得继承弘扬的宝贵精神传统和值得开发利用的宝贵思想资源。

本文为“2018 中国·衡水董仲舒与儒家思想国际学术研讨会”提交的论文。

杨柳新（1967—），男，湖北天门人，北京大学马克思主义学院副教授，博士生导师。

董仲舒“独尊儒术”思想史意义三题

胡发贵

作为一位彪炳史册的人物，汉代大儒董仲舒以其“罢黜百家，独尊儒术”的倡议而倍受关注。史载董子对策：“《春秋》大一统者，天地之常经，古今之通谊也。今师异道，人异论，百家殊方，指意不同，是以上亡以持一统；法制数变，下不知所守。臣愚以为诸不在六艺之科孔子之术者，皆绝其道，勿使并进。邪辟之说灭息，然后统纪可一，而法度可明，民知所从矣。”（《汉书》卷五十六，《董仲舒传》）汉武帝接受了他的建议，从而开启了中国古代两千余年的儒家治理。董子这一建议本身，包含了丰富的历史文化内涵，本文拟作三点论理，以期更真切地走近董子。

一、终止“道术久于一偏”

历史地看，董仲舒以前，天下有过一统，但学术思想却未“一统”，相反的，却“道术”长久分裂。特别是春秋以降，百家争鸣，仅儒家就分为八派，墨家分为三派，“昔仲尼没而微言绝，七十子丧而大义乖。故《春秋》分为五，《诗》分为四，《易》有数家之传”（《汉书》卷三十，《艺文志》第十）。各家均欲以其学易天下，悦诸侯，“王道既微，诸侯力政，时君世主，好恶殊方，是以九家之术蜂出并作，各引一端，崇其所善，以此驰说，取合诸侯。其言虽殊，辟

犹水火，相灭亦相生也。”（《汉书》卷三十，《艺文志》第十）

为了“取合”诸侯，各家无不是其所是，非其所非，“天下之人各为其所欲焉以自为方”（《庄子天下》）；都自以自家主张最为正确，“天下之治方术者多矣，皆以其有为不可加矣！”（《庄子天下）》于是，诸子各持己说，各张己论，莫衷一是，“战国从衡，真伪分争，诸子之言纷然殽乱”（《汉书》卷三十，《艺文志》第十）。荀子身逢战国百家学术蜂涌之际，对各家固守一偏之见颇多不满和讥评，斥之为“矞宇嵬琐”，即诡诈委琐：“假今之世，饰邪说，交奸言，以枭乱天下，矞宇嵬琐，使天下混然不知是非治乱之所存者有人矣。”（《荀子非十二子》）庄子似平和些，但却也讽刺百家之说，不过是一曲之见：“天下大乱，贤圣不明，道德不一。天下多得一察焉以自好。譬如耳目鼻口，皆有所明，不能相通。犹百家众技也，皆有所长，时有所用。虽然，不该不遍，一曲之士也。”

为了超越这种一察之见的欠缺，扬弃百家的一偏，早在荀子那里，就已出现了综合百家之异、统一于孔子的声音：“今夫仁人也，将何务哉？上则法舜、禹之制，下则法仲尼、子弓之义，以务息十二子之说，如是则天下之害除，仁人之事毕，圣王之迹著矣。”（《荀子非十二子)》秦一统天下，尚法寡恩，荀子“上则法舜、禹之制，下则法仲尼”的建议，未被采纳；到了大汉一统，使“法仲尼”的先声得到了响应。董子的屏绝诸家、独尊儒术，显然是接绪于荀子的倡议，结束“师异道，人异论，百家殊方，指意不同”的各是其是，在思想趋向上意在以孔子的儒家，折衷百家的一偏，为天下立一恒定、明确而统一的“法度”。

二、致力“尚同”

人类的生存和发展是以“有组织的社会”（摩尔根：《古代社会》）开始的，它意味着不论何种发展水平的人类群落，都必须构建一种统一和普适的规则，如果没有这种规则，群体就难以形成，而且必然是不断的冲突。中国古代许多先哲，于此都有过精辟的阐释。如“子墨子言曰：古者民始生，未有刑政之时，盖其语人异义。是以一人则一义，二人则二义，十人则十义，其人兹众，其所谓义者亦兹众。是以人是其义，以非人之义，故文相非也。是以内者父子兄弟作怨恶，离散不能相和合。天下之百姓，皆以水火毒药相亏害，至有余力不能以相劳，腐臭余财不以相分，隐匿良道不以相教，天下之乱，若禽兽然。”（《墨子尚同》）墨子以为，立天子，正是为了统一是非，“天子唯能壹同天下之义，是以天下治也”。再如荀子所深刻指出的：单个人的能力是非常有限的，必须联合起来，即形成人类“群”，尔后才能保护自身并有效地利用自然资源；而人的理性能力，恰保证了人类能够“群”，即人类的智慧足以制礼造义，创造维护社会团结与稳定的根本规范（礼、道）。他说：“人有气、有生、有知，亦且有义，故最为天下贵也。力不若牛，走不若马，而牛马为用，何也？曰：人能群，彼不能群也。人何以能群？曰：分。分何以能行？曰：义。故义以分则和，和则一，一则多力，多力则强，强则胜物；故宫室可得而居也。故序四时，裁万物，兼利天下，无它故焉，得之分义也。故人生不能无群，群而无分则争，争则乱，乱则离，离则弱，弱则不能胜物；故宫室不可得而居也，不可少顷舍礼义之谓也。”（《荀子·王制》）

文献记载中，我们也经常可以看到，传说中的上古先王就开始寻求团结部落或氏族联盟的普遍性原则。史称舜“和五典”，尧曰：“嗟！四岳：朕在位七十载，汝能庸命，践朕位？”四岳推荐舜，称其纯孝，“尧善之，乃使舜慎和五典，五典能从”。又称舜统一度量衡、时间标准和刑法：“于是帝尧老，命舜摄行天子之政，以观天命。舜乃在璇玑玉衡，以齐七政（七政，指日月五星）。遂类于上帝，禋于六宗，望于山川，辩于髃神。揖五瑞，择吉月日，见四岳诸牧，班瑞。岁二月，东巡狩，至于岱宗，祡，望秩于山川。遂见东方君长，合时月正日，同律度量衡，修五礼五玉三帛二生一死为挚，如五器，卒乃复。”（《史记》卷一，《五帝本纪》）文中的“同律度量衡”，《史记》“正义”注解说：律之十二律，度之丈尺，量之斗斛，衡之斤两，皆使天下相同，无制度长短轻重异也。故文中的“同律度量衡”，实即统一社会生活中的某些重要而基础性的标准。而文中的“五礼”，《史记》“集解”引马融的见解，是指“吉、凶、宾、军、嘉”五种礼则，其要义如《周礼》所载，是为“以吉礼事邦国之鬼神只，以凶礼哀邦国之忧，以宾礼亲邦国，以军礼同邦国，以嘉礼亲万民”，它们无疑也都是些指导社会生活的规范。

揆诸史籍，舜不仅亲历亲为“同律度量衡，修五礼”，在自己主政后，又命商契修“五教”“帝曰：契，百姓不亲，五品不逊，汝作司徒，敬敷五教，在宽”（《尚书舜典》）。史书又说“舜举八恺，使主后土，以揆百事，莫不时序。举八元，使布五教于四方，父义，母慈，兄友，弟恭，子孝，内平外成”（《史记》卷一，《五帝本纪》）。后来孟子更是明确地指出，是契造五伦：“人之有道也，饱食暖衣，逸居而无教，则近于禽兽。圣人有忧之，使契为司徒，教以人伦：父子有亲，君臣有义，夫妇有别，长幼有叙，朋友有信。”（《孟子·滕文公上》）

不论是“五典”还是“五伦”，显然都是指的某类人伦规范和社会行事准则，本质上都是在为邦国共同体努力构建一种普适的是非标准。周克商后，缔造了“普天之下，莫非王土，率土之滨，莫非王臣”的超地域政治帝国，于是，构建与此政治帝国相适应的“天下大义”也就成为一种现实的亟需。史称武王求教箕子，如何构建新帝国的“彝伦”，后者道出了“洪范九畴”，尤其强调了其中的“王道”普世精神：惟十有三祀，王访于箕子。王乃言曰：“呜呼！箕子，惟天阴骘下民，相协厥居，我不知其彝伦攸叙。”箕子在回答中建议，要在“惟皇作极”，创建超越而统领天下的“王道”：“无偏无党，王道荡荡。无党无偏，王道平平。”（《尚书洪范》）何谓“王道”?《尚书》“正义”所指称的“天地大法”颇为传神：“武王伐殷，既胜，杀受，立其子武庚为殷后，以箕子归镐京，访以天道，箕子为陈天地之大法，叙述其事，作《洪范》。”顾名思义，“天地大法”者，即天下最高而绝对的准则，亦可谓古代世界的普世价值。

故从历史的视角看，“一是非”是人类“有组织的社会”生活之必须，人类也很早就开始了寻找并确立这一是非标准，董子的独尊儒术，可以视为这种努力之一，只不过它是在汉初出现的构建“天地大法”的具体方案，其实质恰如墨子所论，是致力于社会的“尚同”而不是殊异。

三、奠定“万事之统”的精神取舍

周以前的天下一统，在创制建章上，成就斐然；尤其是周王朝，孔子赞之为“郁郁乎文哉”的典盛。据王国维先生的研究，殷、周之际社会变化最剧，因为周人建立了一套新的政治制度，创建了一种“道德化的国家”：“周人制度之大异于商者，一曰立子立嫡之制，由是而生宗法及丧服之制，并由是而有封建子弟之制、君天子臣诸侯之制；二曰庙数之制；三曰同姓不婚之制。此数者，皆周之所以纲纪天下。其旨则在纳上下于道德，而合天子、诸侯、卿、大夫、士、庶民以成一道德之团体。”（《殷周制度论》）

但到了春秋战国，随着周天子权力衰弱，周人制度遭到了剧烈的挑战，礼崩乐坏，普世的王道也受到冲击，世界分崩离析，其情形诚如许慎所形容：“其后诸侯力政，不统于王。恶礼乐之害己，而皆去其典籍。分为七国，田畴异亩，车涂异轨，律令异法衣冠异制，言语异声，文字异形。”（《说文解字》序）

秦一统天下，以焚书坑儒极端的方式，终结百家争鸣而一任于法，但二世而亡，在如何构建一同天下的“道术”上，似没有留下什么正面的遗产。汉代秦而起，一面警醒秦任法之路不通，但如何治天下而长治久安，却一直在探索而没有定论。刘邦开国，因叔孙通依儒立礼仪，初尝儒家魅力；但“孝惠、吕后时，公卿皆武力有功之臣。孝文时颇征用，然孝文帝本好刑名之言。及至孝景，不任儒者，而窦太后又好黄老之术，故诸博士具官待问，未有进者”（《史记》卷一百二十一《儒林列传》）。汉景帝时，还发生了这样一场著名的论辩：辕固生与黄生争论汤武是革命抑或篡弑，两人互不相服，景帝以“食肉不食马肝，不为不知味；言学者无言汤武受命，不为愚”（《史记》，卷一百二十一《儒林列传》）止息了这场争论。故汉武帝深为忧虑地说：汉家草创，“永惟万事之统，犹惧有阙”（《汉书》卷五十六《董仲舒传》）可见迄至汉武帝，国家“万事之统”尚付阙如。这一“阙”，表明汉帝国初期，制度虽袭秦，但国家核心价值观念，飘移不定，尚未确立，汉初的“王道”还是模糊的，这换用今天的话说，即国家与社会亟待构建普适的价值。在此意义上，董子的“独尊儒术”，正是为汉帝国指明了创建“万事之统”的文化与精神上的取舍。

本文为“2018中国·衡水董仲舒与儒家思想国际学术研讨会”提交的论文。

胡发贵（1960—），男，安徽太平人，江苏省社会科学院哲学与文化研究所所长、研究员。

董仲舒社会治理思想的时代价值

刘百淞

汉兴六十余年，“强国家”的暴力机器日趋完备，财富积累，矛盾激化，改革呼之欲出。武帝励精图治，广泛征求治国理政的建议。董仲舒以博士身份呈上《天人三策》，武帝择其精要而从之。一个强大而全新的时代到来了。董仲舒在第三策中提到“道之大原出于天，天不变，道亦不变”。这句话对后世产生了深远影响。现代学者从宗教学、哲学、政治学、社会学等角度对其阐发或批判。质疑者很多。朱永嘉先生最具代表性。他十分欣赏李贽对董仲舒的批评。李贽在《史纲评要》中指出：“‘道之大原出于天’，误尽宋儒。命犹令也。岂不冤哉？”[①] 平心而论，李贽为了清除“存天理，灭人欲”的社会影响力，否定道学家的修养工夫，不得不追根溯源，将病因归结到董仲舒那里。董仲舒“误尽宋儒”，似乎成了定案。果真如此？我们必须与董仲舒的社会治理思想同频共振，以期得到正确答案。

一

董仲舒之所以能够大放异彩，在于他意识到国家治理的混杂、社会治理的缺失、儒家士大夫的缺位。从国家制度层面来讲，汉承秦

① 朱永嘉：《论李贽》，中国长安出版社，2018年版，第311页。

制，将其推向了极致；从观念形态领域来讲，奉行黄老之术，与民休息。民生有所改善。水涨船高，一些权贵骄奢淫逸，与民争利，胡作非为。地方势力厉兵秣马，纠集亡命之徒，大搞独立王国，觊觎天子之位。天子恩泽被这些中间环节榨干。民众只能忍受横征暴敛。贫富两极分化不可避免。

对于最高统治者而言，许多不利因素羼杂在一起，引发了一系列混乱。原先，以黄老之术作为官方意识形态，以刑名法术作为治理技艺，还能发挥积极作用。然而阶段性的成就不等于永久繁荣。社会危机不可避免。当一个王朝，自上而下，沉寂在追求利益最大化的幻觉之中，抛弃礼义廉耻，不愿担负社会责任，那么上层建筑就会变成泥足巨人，根基松动，直至轰然倒塌。

武帝非常具有忧患意识。怎么办？唯有革故鼎新。就当时的大环境而言，各家都有改革方案。应该选择哪一家？这就要看哪一家能从整体上化解当时的社会危机。民众有欲求，民众要生存。这是事实，不容回避。统治者必须正视民众欲求，为民众的生存和发展创造有利条件。

或许有人会问：儒家不是提倡“养心莫善于寡欲”吗？寡欲甚至无欲，理应成为人生境界，没有必要讨论“同民所欲”。其实，这是一种非常低劣的错误观点。面对权贵铺张浪费、骄奢淫逸，儒家劝诫他们节制欲望，过合乎理性的生活；面对民众饥寒交迫，颠沛流离，儒家呼吁统治者广施仁政，体察民情，同时借助家族、邻里和社会的力量，确保大家共渡难关。同样是一个“欲”字，不同等级的人有着不同的体验。权贵可以做到“食前方丈”，声色犬马，无所不用其极。对此，有必要讲清楚“养心莫善于寡欲”的积极作用。放眼望去，路有饿殍，面有菜色，老百姓的吃饭问题都解决不了，何谈幸福生活？对此，儒家必须推进“先富而后教”和“厚生”的社会治理。

后人曲解宋儒讲的“天理人欲之辨”，用一种非彼即此的对立思维对其加以曲解，并将这种偏见投射到社会生活之中，引发了许多尖锐冲突。须知，“存天理，灭人欲”是有所指的。对君子而言，“去一分人欲，则入一分天理”，这是道德自觉；对普通人而言，“百姓日用而不知”可能更有实效。如果强行将君子的道德自觉用来钳制普通人的言行举止，甚至将最高的道德境界作为标准，借以压迫民众，那无异于“以理杀人”。这是道学的流弊，也是宋儒不愿看到的。

自古以来，有一种不对等的论辩方式经常被某些人利用，那就是先歪曲对方的观点，进而以泰山压顶之势将所歪曲的观点打碎，然后宣称已经驳倒对方的观点。董仲舒和他的学术思想也经历了这样的厄运。有些人师心自用，断章取义，误以为董仲舒忽视民众的欲求，一味强调仁义道德。这种说法正确吗？不对！这是后人对先贤的诬蔑。事实上，董仲舒不仅重视民众的欲求，而且从经典诠释的高度对此加以辩护。在他看来，《春秋》二百四十二年承载了天下道义，其中一项就是“亲近来远，同民所欲”（《春秋繁露·十指》），君子拨乱反正开太平，离不开民众的支持，离不开“吉凶与民患”的担当精神，离不开家国天下的有序推进。在撰述《春秋董氏学》的过程中，康有为及其弟子发现董仲舒与孔孟有着内在一致性，那就是“同民所欲”。康有为指出：“孟子乐以天下，忧以天下，乐货勇色园囿池沼，皆与民同。同民所欲，孔子之至义也。”[①] 相比之下，那些漠视民众欲求、片面追求功利的人，就是名教的罪人。

后人对董仲舒的指责，很大程度上源于对“正其谊不谋其利，明其道不计其功”的误读。结合具体语境，这两句话是讲给江都易王刘非听的。江都易王刘非勇猛过人，自比齐桓公、越王勾践，劝说董仲舒辅佐自己成就霸业。作为天子任命的江都相，董仲舒恪守纲常，义正词严，向江都易王讲述了道义，指出：“夫仁人者，正其谊不谋其利，明其道不计其功，是以仲尼之门，五尺之童，羞称五霸，为其先诈力而后仁义也。苟为诈而已，故不足称于大君子之门也。”（《汉书·董仲舒传》）这里讲的“谊”，可以解释为“义”。它不仅是道德条目，而且还是等级制度、分配机制、行为准则。只要不折不扣地按照“谊”推进实践，就能确保相应的利益。作为诸侯王，江都易王骄

① 康有为：《春秋董氏学》，见于《中国现代学术经典·康有为卷》，河北教育出版社，1996年版，第284页。

奢狂妄，企图凭借诈力谋求功业。这种想法本身就是大逆不道。董仲舒在关键时刻坚守政治规矩，极力劝阻，充分体现了儒生的高风亮节。

当然，朱永嘉先生很难赞成这种说法。在他看来，“故在人们的日常生活中，只讲道义，不讲功利，实际上与人的行为不可能一致。即使是公益，亦还是有利益在内，公益也有范围，当然它与小团体的私利不同，私利与公益是有区别的。李贽谓董仲舒误了宋儒，认为他把天道与社会伦理混为一谈，使宋儒因而误入歧途。人的生存与情欲同在，天理何以能泯灭人之欲念呢？结果造成道学虚伪的一面”①。这种说法，其实是对董仲舒原话的曲解。持有类似看法的不乏其人，颜元在解读《大学》所谓“以义为利”时，就指出：“孟子极驳‘利’字，恶其掊克聚敛者耳。其实义中之利，君子所贵也。后儒乃云：‘正其谊不谋其利’，过矣！宋人喜道之，以文其空疏无用之学。予尝矫其偏，改云：‘正其谊以谋其利，明其道而计其功。’”（《四书正误》）颜元力主习行，推崇功利，故而抨击董仲舒的义利观。这是情有可原的。

与颜元的学术旨趣不同，朱永嘉先生承续不断革命的学术传统，否定天道，解放社会伦理。他对李贽深表钦佩，赞成将天道与社会伦理打成两截，为平等、觉悟、同志等观念深入人心开辟道路。从这种价值诉求出发，阅读董仲舒的著述，就会觉得里面充满了问题。姑且不论“人之为人本于天”有什么宗教学意蕴，我们先讨论民众欲求是如何影响国家治理的。董仲舒要求最高统治者准确把握民众好恶，精准施策，确保社会生活有条不紊，指出：

> 民无所好，君无以权也；民无所恶，君无以畏也；无以权，无以畏，则君无以禁制也；无以禁制，则比肩齐势，而无以为贵矣。故圣人之治国也，因天地之性情、孔窍之所利，以立尊卑之制，以等贵贱之差，设官府爵禄，利五味，盛五色，调五声，以

① 朱永嘉：《论李贽》，中国长安出版社，2018年版，第311页。

诱其耳目；自令清瘘昭然殊体，荣辱踔然相驳，以感动其心；务致民令有所好，有所好，然后可得而劝也，故设赏以劝之；有所好，必有所恶，有所恶，然后可得而畏也，故设罚以畏之；既有所劝，又有所畏，然后可得而制；制之者，制其所好，是以劝赏而不得多也；制其所恶，是以畏罚而不可过也；所好多，则作福；所恶多，则作威；作威则君亡权，天下相怨；作福则君亡德，天下相贼。故圣人之制民，使之有欲，不得过节；使之敦朴，不得无欲；无欲有欲，各得以足，而君道得矣。国之所以为国者，德也；君之所以为君者，威也。故德不可共，威不可分。德共则失恩，威分则失权，失权则君贱，失恩则民散，民散则国乱，君贱则臣叛。是故为人君者，固守其德，以附其民；固执其权，以正其臣。（《春秋繁露·保位权》）

一切都要从实际出发。民众有好恶，这是事实。最高统治者无法彻底消灭民众的好恶，只能循序善诱，加以利用，使其成为维护统治秩序的有利保障。因为只有善于利用民众的喜好，才能进行权力运作；只有善于觉察民众的憎恶，才能进行惩戒引导。在国家机构设置上，突出分工合作，明确上下级的权责，给那些德才兼备的士人提供上升的途径。人才是国家治理的鲜活力量。一家一姓，只凭借权贵的强大力量，是无法搞好国家治理的。只有建立健全人才选拔机制，不断用新鲜血液冲散那些导致国家机构淤塞的腐朽力量，才能迎来政治生活的全新面貌。董仲舒对《尚书·洪范》中的“惟辟作威，惟辟作福”有着深刻理解。毋庸置疑，“威”和“福”是最高统治者的大权。大权紧握，江山稳固；大权旁落，人亡政息。大致说来，民众的言行举止合乎道义，就要予以奖励，这是“作福”；民众的言行举止违背道义，就要予以惩罚，这是“作威”。如果美德不受奖励，恶德不受惩罚，那就会出现价值观错乱，民众不明是非，肆无忌惮，冲决一切社会公德。国本动摇，政权飘摇。一家一姓势必丢掉江山社稷。

从社会治理的角度来看，民众需要礼义。因为礼义能够维系良好的社会秩序。先贤告诫大家，人之所以能在复杂多变的自然环境中脱颖而出，就在于“人能群”。这里讲的“群”，不是人们聚集在一起，形成规模效应，而是指民众能够按照一定的伦常处理彼此之间的关系，形成人类社会。儒家和法家对“群”有着不同的看法。儒家理解的“群”是“个人→家庭→国家→天下”的逐次扩充的格局；法家理解的“群”是君主统治下的臣民不断开拓生存空间的动态过程。前者强调推己及人，将德性贯穿于家国天下，使之生机盎然；后者力主富国强兵，将功利视为一切工作的生命线。在儒家的“群”里，社会拥有广阔的天地；在法家的“群”里，社会无立锥之地。

汉承秦制，法家为“强国家”创造了前所未有的恢宏局面。既然谈到“强国家”，就要明白“强国家”是相对于“弱民”而言的。从商鞅开始，法家就将“国”与“民”视为一对矛盾，认为“民弱国强，国强民弱。故有道之国，务在弱民。朴则强，淫则弱。弱则轨，淫则越志。弱则有用，越志则强。故曰：以强去强者，弱；以弱去强者，强”（《商君书·弱民》）。法家看到了“弱民”的实际好处，那就是民众质朴无华，遵从法纪，勇于公战，为最高统治者尽心竭力开创功业。在法家的心目中，礼乐制度的功用甚微，不如法纪来得实在。最高统治者必须颁布法度，让民众老老实实地待在他们所处的等级地位，克服贪生怕死、安于现状的毛病，激发勤于农事、参军作战的勇气，在建功立业的前提下改变自己的命运。最高统治者要想把民众绑上功利的战车，就必须消灭社会；要想消灭社会，就要从拆散家族开始。只有废除规模庞大的家族，才能将民众从礼乐制度中抽离出来，使其成为实现功利的有效工具。没有了社会，远离了家族，民众极易陷入贫困、弱小和屈辱的境地。商鞅的精辟论述至今发人深思，即所谓“民，辱则贵爵，弱则尊官，贫则重赏。以刑治民，则乐用；以赏战民，则轻死。故战事兵用曰强”（《商君书·弱民》）。此时，最高统治者就要及时发挥赏罚的积极作用，从“弱民”走向“强国”。这是法家的魅力所在，也是秦制之所以被后世沿袭的根本原因。

不过，法家始终无法走出历史的怪圈。法家通过“弱民”实现“强国”，奖励耕战，开疆扩土，为建立统一强大的王朝做了准备工作，其中包括通过法令明确每一个人的地位、职责和所有权。但是，它无法向最高统治者兑现“天下大治”的诺言，只能用强权和暴力维持统治秩序。诚如姚中秋先生所言：“强大的国家力量固可以让民众恐惧，民众被迫服从。然而一旦这种强制威慑力略有弱化，利己为恶之心就会爆发。而且，这些为利所驱动之人一定觊觎权力本身，因为，在权力控制一切的社会中，权力就是最大的利益，因其可以产生全部其他利益。”① 有些学者主张“立善法”以实现长治久安。当然，还需要“奉法者”努力践行。不过，法家的严刑峻法并不是真正的法治。因为法纪森严，民众深陷其中，无力自拔，只求幸免于难，而不敢有所作为。一旦人亡政息，法纪就会形同虚设，整个国家难免陷入混乱。

董仲舒稔熟暴秦二世而亡的惨剧，为了苍生福泽，为了皇图永固，向最高统治者建议：应当德威并重——用德行感召民众，以威权管束官吏——民众得到了实实在在的好处，官吏心中有戒尺，守规矩，知权责，尽心竭力为国效劳。可以说，重回家庭，重建社会，重新唤起所有人的道德良知，是董仲舒的历史使命。不这样做，就无法稀释秦制的政治毒素，就无从谈及社会治理，就无力改善民生，让民众享有更多的获得感。

二

在秦制的统治模式中，“强国家”扼杀了社会，成为一端独大的终极力量。没有社会，就不会有社会治理；没有社会治理，任何标榜“朕为始皇帝，后世以计数，二世三世至于万世，传之无穷”的美好夙愿都会被“二世而亡”的史实无情嘲弄。要想国祚长久，就要激发社会活力；要想激发社会活力，就要改善民生。

改善民生，让老百姓摆脱贫困，走向富裕，是往圣前贤的真情实意。时至今日，儒家的理财观依然具有强大的生命力。《周易·系辞下》有言：“天地之大德曰生，圣人之大宝曰位。何以守位？曰仁；

① 姚中秋：《儒家宪政主义传统》，中国政法大学出版社，2013年版，第67页。

何以聚人？曰财。理财正辞，禁民为非曰义。”民众脱贫致富，这是合理欲求。如何脱贫致富，这需要道德伦理的约束。没有约束，一切向钱看，一切以钱作为衡量标准，就会把人引入禽兽不如的歧途。因而必须树立正确的理财观。以前，许多人以为“理财”是现代人的构想。其实不然。陈焕章在《孔门理财学》中指出：“孔子为官员与士人阶层、广大的庶民阶层规定了两条原则，分别为：位居社会上层的官员与士人，伦理活动先于理财活动；而处于社会低层的庶民阶层，则是理财活动先于伦理活动。而如果我们从一开始就清楚地懂得孔子的原则，那么，我们将避免对该原则在理解上的混乱。”① 这是对“先富后教”的准确诠释。它有助于今人全面认识儒家思想。

儒家信奉“先富而后教”的基本原则。局部领域的“先富”是社会进步的实绩，它为“后教”创造了先决条件。整肃形形色色的利益集团，杜绝团伙帮派对社会财富的聚敛，消除“先富”的社会群体与普通民众之间的心理落差，这是困扰许多朝代的实际问题。诚如唐甄所言：“财者国之宝也，民之命也。宝不可窃，命不可攘。圣人以百姓为子孙，以四海为府库，无有窃其宝而攘其命者。是以家室皆盈，妇子皆宁。反其道者，输于悻臣之家，藏于巨室之窟，蠹多则树槁，痈肥则体敝，此穷富之源，治乱之分也。”（《潜书·富民》）纵观《史记》和《汉书》的记载，汉初政治舞台上涌现出一大批佞幸，他们依仗皇帝恩宠，肆意聚敛，惹得天怒人怨。相比之下，那些没有资格进入史官视野的贪婪之徒多如牛毛。权贵操控公权力，不放过任何机会，大肆搜刮；富人攀龙附凤，跻身于骄纵的行列。这些人占据总人口的极少数，控制了绝大多数的财富。民众被压迫得喘不过气。当一个王朝走进它的中期的时候，财富就会向权力金字塔的顶端喷涌，“人之道损不足以补有余”变成常态。穷人的数量越来越多，占据的财富越来越少，走投无路，铤而走险，沦为强盗；富人的数量不多，占据的财富越来越多，利欲熏心，恣意妄为，变成暴徒。贫富之间的

① 陈焕章：《孔门理财学》，韩华译，中华书局，2010年版，第61—62页。

矛盾不可避免。强盗与暴徒发生冲突，王朝的统治秩序就会崩溃。董仲舒对此深感忧虑，指出：

孔子曰："不患贫而患不均。"故有所积重，则有所空虚矣。大富则骄，大贫则忧，忧则为盗，骄则为暴，此众人之情也。圣者则于众人之情，见乱之所从生，故其制人道而差上下也，使富者足以示贵而不至于骄，贫者足以养生而不至于忧，以此为度而调均之，是以财不匮而上下相安，故易治也。今世弃其度制，而各从其欲，欲无所穷，而俗得自恣，其势无极，大人病不足于上，而小民羸瘠于下，则富者愈贪利而不肯为义，贫者日犯禁而不可得止，是世之所以难治也。（《春秋繁露·度制》）

以前，一些学者为了提倡效率优先，不敢针砭时弊，只能上演"荆轲刺孔子"的闹剧，将效率低下归罪于到儒家，认为孔子讲的"不患寡而患不均，不患贫而患不安"就是罪魁祸首，对它进行口诛笔伐，给它戴上平均主义的帽子，这令许多人望而生畏。时移世易，正反两方面的经验和教训历历在目。孔子思想得到了重新评价。平均主义的帽子被摘掉。由此延伸到重新研究董仲舒的"调均"的治理技艺。

董仲舒的"调均"遵循儒家的人道原则，在国家内部实行上下差等的制度，着力消除贫富两极分化。我们不能将董仲舒的"调均"误解为杀富济贫，或者是搞平均主义。在董仲舒那里，"调均"是有度的，即所谓"使富者足以示贵而不至于骄，贫者足以养生而不至于忧"。用今天的话来说，就是让富人享有荣誉感，而非意味骄纵；让穷人享有生存和发展的权利，不必为衣食住用行发愁。

用"度制"消除贫富两极分化，是董仲舒潜心钻研儒术的结果。没有"度制"，就会亡国。最高统治者不愿看到这幅场景。破坏"度制"，就会滋生腐败，大人像硕鼠一样贪得无厌，小民饥寒交迫。久而久之，任何仁义道德和法律禁令都将失去效用。因而必须确立"度制"，推进社会治理；改善民生，稳固统治基础。在"四民"之中，农民的力量不容小觑。王亚南先生指出："农民是在土地上生根的，一切伦常交易，一切'安分守己''安土重迁'的大道理，是要他们能继续在土地上生存下去才能发挥作用。他们一旦因着四面八方的压迫榨取而从土地上'游离'出来，而变为所谓浮浪者、游食游民；以前所有的社会思想的羁绊，便不再对他们发生效用了。"① 缓解社会矛盾，加强社会风险评估与治理研究，就要深刻认识"不与民争利"的必要性。为了维护统治秩序，缓和统治集团与民众之间的矛盾，董仲舒旁征博引，对这一观念展开全面论述，指出：

> 孔子曰："君子不尽利以遗民。"《诗》云："彼其遗秉，此有不敛穧，伊寡妇之利。"故君子仕则不稼，田则不渔，食时不力珍，大夫不坐羊，士不坐犬。《诗》曰："采葑采菲，无以下体，德音莫违，及尔同死。"以此防民，民犹忘义而争利，以亡其身。天不重与，有角不得有上齿，故已有大者，不得有小者，天数也。夫已有大者，又兼小者，天不能足之，况人乎！故明圣者象天所为为制度，使诸有大奉禄，亦皆不得兼小利、与民争利业，乃天理也。（《春秋繁露·度制》）

董仲舒试图以君子之道驯化那些权贵，让他们适可而止，让利于民。这样的大道理，许多人都懂，却不愿实行。为什么呢？因为欲望在作祟。"无利不起早"早已成为一种强大的惯性，驱使他们大小全收，追求利益最大化。在"以吏为师"的制度框架中，"与民争利"的危险性显得尤为突出。如何破局？儒生的措施行之有效，那就是恪守政治道德，维护大一统的局面，身体力行，融入国家治理体系，为社会治理赢得公权力的支撑。在姚中秋先生看来，从儒生到儒家士大夫的转变是治理主体意识得到彰显的大事件，董仲舒建议地方贡士，促成"社会"进入预备官吏遴选的程序之中，"相对于秦制，这是一个具有广泛影响力的革命性变化。当权力和财富决定官吏时，社会完全不被承认。秦制的本质就是政府不承认社会，秦致力于摧毁商业、摧毁学术，以图官吏用刑律直接统治每个人。依据董子之建议，社会获得了权力，从而凸显了其独立于政府的存在，而与政府合作。贡士

① 王亚南：《中国官僚政治研究》，商务印书馆，2010 年版，第 131 页。

制度宣告了社会之存在，也成为社会与政府之间沟通的中介性制度”①。至此，“社会”得到了重建，秦制的政治毒素得到了稀释，社会治理得到了正名。

三

帝制时代的历史是由胜利者书写的。董仲舒的言论在很大程度上打动了武帝。武帝对“汉得天下以来，常欲善治而至今不可善治者，失之于当更化而不更化也”深有体会，曾为“更化”付出惨重代价。当“罢黜百家，表彰六经”的建议被采纳之后，儒学成功地跃居“王官学”的高位。儒家自此彻底扭转了自秦始皇焚书坑儒以来的被动局面。武帝有所作为，董仲舒成人之美。一代君臣，千古基业。后人至今赞颂其德。

不过，应当指出，黄老之术从“王官学”的位置上跌落下来，并没有中绝，而是和其他学派一起汇入新的学术潮流。即便有些地方诸侯依然固守原先的“王官学”，不肯向武帝的改革低头，那也不过是强弩之末了。冯友兰先生指出：“当时的地方政权和中央政权的对立，实际上是地主阶级内部当权派和不当权派的对立。董仲舒春秋公羊家体系和黄老之学体系的对立，是地主阶级内部对立的两派在思想战线上的反映。”② 武帝之后，许多名臣依然研习黄老之术、申韩之学，在国家治理方面发挥着重要作用。康有为在《孔子改制考》中讲述了各派后学的基本情况。这充分说明：儒术定为一尊，并不妨碍其他学派持续发展。

在董仲舒看来，完善的社会治理体制必须具备圣君在位、贤能从政、民众参与、礼义维系的基本特征。武帝“更化”是顺应历史潮流的英明决断。董仲舒审时度势，建言献策，为重建社会、改变儒生命运创造了有利条件。与秦制相比，董仲舒侧重于构建君民命运共同

① 姚中秋：《儒家宪政主义传统》，中国政法大学出版社，2013 年版，第 77 页。
② 冯友兰：《中国哲学史新编》（中卷），人民出版社，1998 年版，第 153 页。

体，借以缓和二者之间的尖锐矛盾。他指出：

> 传曰：天生之，地载之，圣人教之。君者，民之心也，民者，君之体也；心之所好，体必安之；君之所好，民必从之。故君民者，贵孝弟而好礼义，重仁廉而轻财利，躬亲职此于上而万民听，生善于下矣。故曰：先王见教之可以化民也。此之谓也。（《春秋繁露·为人者天》）

在中华医学理论中，心之官则思，身体受到心的支配。心处于平和状态，身体健全，人就是健康的。反之，心处于癫狂状态，身体失控，人就会难以自持。董仲舒将民众比作身体，将君主视为心。身心和谐是最佳状态。既然将心视为身体之主，那就有必要保持它的平和状态。与此相似，君主应该以孝悌、礼义自持，为民众做出仁廉的表率，才能达到“其身正，不令则行”的治理效果。在这种理论框架中，君主不再是喜怒无常、残暴不仁的命运主宰者，而是君民命运共同体的重要组成部分。君主和民众都应该是接受圣人教化的人群。圣人具备的教化资格来自于天。从名号的角度来看，“故号为天子者，宜视天为父，事天以孝道也；号为诸侯者，宜谨视所候奉之天子也；号为大夫者，宜厚其忠信，敦其礼义，使善大于匹夫之义，足以化也；士者，事也，民者，瞑也；士不及化，可使守事从上而已”（《春秋繁露·深察名号》）。维护君民命运共同体，必然涉及“执其两端而用中”的方法问题。圣人以“君道”教化君主，使君主固守德位，成为圣君；以礼义教化民众，使民众安分守己，成为有耻且格的良民。这是君民命运共同体的两端，两端之间充斥着官吏和士人。士人德才兼备，跻身仕途，就变成各级官吏。君主要想维持一家一姓的长期统治，就要善于任贤、序贤、托贤，及时疏通人才上升通道。因为这条通道能够消除国家治理和社会治理之间的隔阂，足以加强预防和化解社会矛盾机制建设。

必须说明一点，以前有人摘取“民者，瞑也”这句话，借以抨击董仲舒，认为他鄙视人民群众，不尊重人民群众的主观能动性。其实，这种解读非常突兀。董仲舒之所以将“民”视为“民”，是对特定历史阶段的反思，因为在黄老之术“愚民”、商君之学“弱民”的交替作用下，民众的觉悟亟待提高，民众的智慧亟待开启，民众参与国家治理和社会治理的愿望亟待得到满足。教化民众，就是将民众从“瞑”转变为“醒”。在儒生那里，“先生”就是“先醒”，“先醒”唤起“后醒”，有力推进社会治理。

董仲舒主张“更化”，不是取消君权，而是规范君权。君权不能放任。与西方人限制君权有所不同，儒生有时强调权力集中，建议君主乾纲独断，遵从礼制，治国理政。董仲舒看重现实中的权力金字塔——民众服从于官吏的管束，官吏臣服于君主的统治。“大一统”的局面形成了，就要不断完善它。挑战王权，无异于自取灭亡；放纵王权，等同于为虎作伥。只有规范王权，才是忠臣孝子的作为。董仲舒援引经义，指出：“《春秋》之法，以人随君，以君随天”（《春秋繁露·玉杯》），借以赢得最高统治者的支持。在此基础上，董仲舒进一步阐发自己的设想：民众接受“天子”的统治，“天子”必须遵从上天的旨意，这是《春秋》大一统的奥义。用他的话来说，就是“故屈民而伸君，屈君而伸天，《春秋》之大义也”（《春秋繁露·玉杯》）。上天的旨意，谁来解释？当然是儒生。儒生如何解释上天的旨意？当然是“天听自我民听之，天视自我民视之”，以百姓心为心，以民众的合理欲求作为依据，与时偕行，引导权力良性运作。这是对孟子学说的巧妙转化。孟子主张的“民为贵，社稷次之，君为轻”（《孟子·尽心下》）极易刺伤君主的虚荣心，因而很难得到落实。董仲舒因时制宜，善巧方便，为儒学复兴赢得了强力支持，为后学有所统一打好了基础。

毋庸讳言，董仲舒的社会治理思想易简易从，它集中反映了儒生的价值诉求。儒生维系五伦，将家庭从秦制的压制中解救出来，将“父子有亲，君臣有义，夫妇有别，长幼有序，朋友有信”确立为所有人必须遵从的神圣信条。即便“文法吏”也要在经义的约束下行使公权力。朝廷兴办文教，重视礼义，对儒家士大夫群体的成长起到积极作用。儒家士大夫必须名副其实，判别标准在于如何处理“人与我”之间的关系。董仲舒指出：

《春秋》之所治，人与我也；所以治人与我者，仁与义也；

以仁安人，以义正我；故仁之为言人也，义之为言我也，言名以别矣。仁之于人，义之于我者，不可不察也，众人不察，乃反以仁自裕，而以义设人，诡其处而逆其理，鲜不乱矣。是故人莫欲乱，而大抵常乱，凡以暗于人我之分，而不省仁义之所在也。是故《春秋》为仁义法，仁之法在爱人，不在爱我；义之法在正我，不在正人；我不自正，虽能正人，弗予为义；人不被其爱，虽厚自爱，不予为仁。（《春秋繁露·仁义法》）

董仲舒用“仁义法”重新开辟“修己治人”的出场路径，将“爱人”与“正己”融会贯通，向世人展示儒生的光辉形象。钟泰先生对此予以高度评价，指出：“自孟子言仁义，而仁义之言遍天下。然如董子分析若是之明白者，鲜矣！此真醇粹以精之言，深有得于儒之精神命脉者。而世之谈董子者，往往遗之，反纠缠于其阴阳五行之论，谓非弃周鼎而宝康瓠者耶！”① 董仲舒的“仁义法”堪称儒家士大夫善世化俗的康庄大道。“爱人”不是空谈，而是实践。只有实践，与民休戚，才能赢得人心。人心向背定成败。谁能解决好民众最关心最直接最现实的利益问题，谁就能站稳脚跟，发挥更大的社会功用。民众需要领路人，更需要自己人。董仲舒倡导的“仁义法”，有助于加强社会心理服务体系建设。儒家士大夫身体力行，化解戾气，明是非，知荣辱，守大节，在全社会营造“正己爱人”的新风尚。此外，董仲舒更强调从天下的广度理解“仁”，指出“故仁者，所以爱人类也”（《春秋繁露·必仁且智》）。这为我们构建人类命运共同体提供了深厚土壤。

古为今用，综合创新。从目前的实际状况来看，有些儒学从业人员喜欢以教化者的姿态出现，对民众指指点点，说三道四，好像道德、真理和权威在自己这边，好像民众就应当处于受教者的地位，洗耳恭听，唯命是从。其实，这是一种好为人师的表现形式，对儒学传统的继承和发扬有害而无益。为什么呢？因为民众更看重实际行动，

① 钟泰：《中国哲学史》，辽宁教育出版社，1998 年版，第 103—104 页。

更相信“行胜于言”的古训，更关注谁能给他们带来实际好处。与其空谈仁义礼智信，不如踏踏实实为老百姓做些实事；与其大讲“君君臣臣父父子子”，不如以身作则，让民众看到道德楷模的实际行动。有时候，教化者在实践方面就像留声机，说得多，做得少，缺乏担当精神，形象远逊于民众。往往有这样一种情况——教化者标榜的仁义道德，自己无法做到，却在民众那里得到真信真行。教化者成了尾巴而不自知，更不愿面对这个现实。民众强烈要求教化者推进实践，教化者充耳不闻，误以为自己想象的道德困境就是老百姓的真实存在，于是陷入“自己出题，自己回答”的封闭状态。民众觉得莫名其妙，不愿和教化者交心，更谈不上真心实意接受教化。

时至今日，董仲舒的“仁义法”依然具有现实意义。它有利于矫正浮躁功利的学术风气，有利于塑造“诚于中而形于外”的君子人格，有利于培育家国天下的情怀。它不同于精英群体的傲慢与偏见。有些人拾人牙慧，道听途说，拔高身段，以启蒙者的姿态出场，势必招致鄙夷；有些人择取宗教经典文本的语句，任意曲解，蛊惑人心，以教化者的姿态登台，势必换来羞辱。精英群体很复杂，其中不乏滥竽充数之徒。精英群体总试图用自己的决策影响大众、塑造大众、引导大众。但是，他们不得不面对这样一个现实——民众不是西方人在书中剖析的乌合之众，而是富有正义感的社会群体。

结　语

既然要大力弘扬中华传统文化，就无法绕开董仲舒的学术思想、实践活动和历史贡献。董仲舒的学术思想，气势恢宏，具有非同寻常的现实意义。管中窥豹，亦能获得有益启示。从社会治理的角度重新阅读董仲舒的著作，有助于我们根除偏见，更加全面地理解儒家经世致用的优良传统。圣贤不世出。刘向指出：“董仲舒有王佐之材，虽伊、吕亡以加，管、晏之属，伯者之佐，殆不及也。”（《汉书·董仲舒传》）董仲舒在世的时候，经受了“誉满天下，谤满天下”的考验，虽九死其犹未悔，为汉朝的强劲崛起提供了精神武装。

董仲舒的社会治理思想，其实是仁政在重建社会、推进社会治理方面的有益尝试。它在君主、官吏和民众之间建立了互动机制，使儒家士大夫成为社会治理主体，为“王霸杂用之”的国家治理格局的形成奠定了稳固的基础。在“强国家”的框架中推进社会治理，既能改善民生，又能维护君主的权威，更能为儒生经世致用搭建广阔平台。陈乔见先生指出：“儒家倡导仁政，以不忍人之心行不忍人之政，其本质就是儒家的恕道。在‘家天下’的君主制下，天下乃君主一人之天下，君主独占天下资源。为此，儒家主张对天下资源‘公’而‘共’之，即由君主（公、公家、政府）独占的资源向公众开放，由公众共享；批判和反对君主以‘以我之大私为天下之大公’的观念。”① 研习董仲舒的社会治理思想，不能人云亦云，必须将其放在特定的时代背景之中，探寻其中的“总问题”，以求得到有益的历史借鉴。

本文为“2018 中国·衡水董仲舒与儒家思想国际学术研讨会”提交的论文。

刘百淞（1982—），男，河南灵宝人，哲学博士，安徽工程大学马克思主义学院讲师。

① 陈乔见：《公私辨：历史衍化与现代诠释》，生活·读书·新知三联书店，2013 年版，第 218 页。

从董仲舒思想看汉代儒家礼乐及其社会控制

聂春华

礼和乐在儒家思想中不只是一种个体情性的体现，也即不仅仅只是表现为个人的守礼与享乐，礼和乐同时也是重要的社会控制手段。儒家学者认为借助于礼和乐的双重作用，便可实现等级社会的和谐与延续。因此，礼和乐在儒家思想中是国家权力的表现形式，但这种表现形式显然和风俗习惯、刑罚律令有不同的特点。

礼、俗、法是三个相互关联而又有所差别的概念。礼的起源和定义往往与其他两个概念相纠结，且广义的礼是包括风俗习惯和刑法律令在内的。《荀子·修身》篇云：

> 宜于时通，利以处穷，礼信是也。凡用血气、志意、知虑，由礼则治通，不由礼则勃乱提僈；食饮、衣服、居处、动静，由礼则和节，不由礼则触陷生疾；容貌、态度、进退、趋行，由礼则雅，不由礼则夷固僻违，庸众而野。故人无礼则不生，事无礼则不成，国家无礼则不宁。

荀子说的礼，既包括血气、志意、知虑的培养，又包括饮食、衣服、居处、动静等的熏习，还包括容貌、态度、进退、趋行等朝仪的训练，若说前两者近乎风俗习惯，则后者就近于法令了。因礼覆盖公私生活之方方面面，故荀子说“人无礼则不生，事无礼则不成，国家无礼则不宁”。礼、俗、法之间有亲缘性，从根本上说皆因它们都是社会控制的手段，都是统治阶层为实现国家治理所不可或缺的，这便如《礼记·乐记》所言："礼以道其志，乐以和其声，政以一其行，刑以防其奸。礼、乐、刑、政，其极一也，所以同民心而出治道也。"

广义上的礼包括俗与法，但狭义的礼，与风俗习惯和刑法律令有所差别。下面稍稍从历史和社会的横纵面探讨它们之间的关系：

其一，从历史层面来看，不少论者都认为礼源于俗，即作为一种行为规范的礼其实是来源于一定社会的风俗习惯。所谓风俗，虽然有其固定的形式和传统，但风俗主要又发自于内在的情性。《汉书·地理志》云："凡民函五常之性，而其刚柔缓急，音声不同，系水土之风气，故谓之风；好恶取舍，动静亡常，随君上之情欲，故谓之俗。"源自情性的风俗经文人的修饰完善，便形成了礼。在孔子思想中，可明显看到这种近于俗的礼，如"食不语，寝不言""乡人饮酒，杖者出，斯出矣""乡人傩，朝服而立于阼阶"，等等（《论语·乡党》）。这些礼仪可说是孔子时代的风俗习惯，当然这大半已经过文人的加工提炼而文饰化了。

一些在日常生活中"日用而不知"的习惯性行为模式经文饰化而成为固定的、象征性的仪式，这些仪式经过这样的加工提炼之后可能已不像原生性的风俗习惯那样不知不觉地浸染到人的思维模式和行为方式中，而要靠某些掌握这些仪式、技术的专门人才来进行教化才能习得，原生性的风俗习惯就这样发展而为文饰化的礼仪。因此，浸染和教化构成了俗和礼的重要区别。风俗习惯一般来说并不需专门人才的教育和训练，只要身处其境便能受到当地风俗习惯潜移默化的影响；但礼仪却是由专门人才或社会族群不断传承、修订、完善、创造的知识和技术。在某些风俗习惯已经改变的情况下，与此相应的礼仪却有可能延续下去；同样，在风俗习惯没有改变的情况下，礼仪却可能发生剧烈的改变。董仲舒的一个重要思想便是"改制更化"，即新王朝建立之初必须改正朔、易服色，但这种礼仪上的改变却并非来自习俗上的变化，而只是一种人工的制定，用以显示新王朝上承天命。故董仲舒说："故必徙居处、更称号、改正朔、易服色者，无他焉，不敢不顺天志而明自显也。若夫大纲、人伦、道理、政治、教化、习俗、文义尽如故，亦何改哉？"（《春秋繁露·楚庄王》）礼仪更多地掌握在古代知识阶层手中，因此它更多地是依靠教化而不是浸染来影响个人的性情倾向。

孔子礼学最重要的特点便是以仁释礼，把外在的行为规范建立在宗法制的血缘亲情之上。在这方面，孔子可能注意到了风俗习惯在影响人的思维模式和行为方式上的力量，他之所以把礼建立在仁的基础上，其实也就是要在礼上面达到俗的效果，期望外在的行为规范能建立在内在的血亲气质之上。孟子拓展了此种思想，他甚至直接就把仁、义、礼、智归之于人先天就有的本性。而在荀子那里，先秦儒家的礼学则向法发展。因主张人性为恶，故礼义在人本身没有实现的确实保障，所以荀子把人心向善的可能放在礼仪规范的约束和矫治之上，这样荀子的礼就很容易走向了纯粹的强制性工具，即法。在很多场合，荀子是礼法并提的，如《荀子·劝学》云："《礼》者，法之大分，类之纲纪也，故学至乎《礼》而止矣。"又《荀子·性恶》："故圣人化性而起伪，伪起而生礼义，礼义生而制法度。然则礼义法度者，是圣人之所生也。"荀子在这里表达了一个重要观点，即法由礼而生。虽然礼和法在荀子思想中俱由圣人化性起伪而制定，但礼和法之间仍有轻重的区别。《荀子·王制》云："故奸言、奸说、奸事、奸能、遁逃反侧之民，职而教之，须而待之，勉之以庆赏，惩之以刑罚，安职则畜，不安职则弃。……听政之大分：以善至者待之以礼，以不善至者待之以刑。"荀子所说的礼虽和法接近，但他说的礼毕竟还是以教化为主，而法则主要是一种刑罚。

法是一种依赖于国家政权推行的强制性措施，这种强制性措施为一个特定社会中的各族群划定各种必须遵守的行为规范；而礼则是通过教化来使人服膺，它所遵循的乃是一套经由社会知识阶层不断完善的知识和技术。礼虽离不开政治权力和国家机构，但它主要掌握在知识阶层手中并成为知识阶层赖以界定自身身份的方式或手段。换言之，礼属于古代知识分子所持守之"道"。一个王朝的建立离不开暴力手段，但此种强制性的"势"并不能使之维持下去，它还需要"道"的支持。叔孙通说儒者"难与进取，可与守成"（《史记·刘敬叔孙通列传》），陆贾也说"文武并用，长久之术"（《史记·陆贾列传》)，汉初的知识阶层已有共识，他们所持守之“道”可为政治权威提供合法性，从而有利于政治社会秩序的巩固和延续。但也要看到，叔孙通、陆贾等人的身份已经不同于先秦知识分子。在先秦诸侯争霸的局面下，知识分子的身份是“游士”，他们可以和君主维持师友的关系，但在秦汉大一统格局下，叔孙通、陆贾等人就只能是帝王的臣僚了。因此，叔孙通、陆贾等人在向汉高祖提出恢复礼制的时候，已经不能像先秦之士那般恃“道”和帝王之“势”抗礼，他们所传习之礼便笼罩在帝王之“势”下，而不复为知识阶层所独专之知识和技术，这样的礼便成为国家权力的体现而与法很接近了。

其二，从社会层面来看，礼、俗、法针对的阶层不同。《礼记·曲礼》说“礼不下庶人，刑不上大夫”，这表明俗、礼和刑有其针对的对象。礼一般针对知识阶层而言，《荀子·礼论》云：“祭者，志意思慕之情也，忠信爱敬之至矣，礼节文貌之盛矣，苟非圣人，莫之能知也。圣人明知之，士君子安行之，官人以为守，百姓以成俗。其在君子，以为人道也；其在百姓，以为鬼事也。”荀子说“其在君子，以为人道也；其在百姓，以为鬼事也”，君子对于祭祀注重的是忠信爱敬的情感和礼节文貌的仪式，而百姓注重的则是其中鬼神信仰的内容。知识程度和教育水平的差距，造成君子和百姓对于礼节的不同理解。对于君子来说，礼节更像是一种技术和知识，君子通过这些礼节所表达的是受到理智节制的情感；而对于百姓来说，由于知识水平的限制，他们不可能像知识分子那样只注重礼节中的形式和情感，他们带有更多的功利倾向和畏惧心态。士君子安行之的是节文之礼，而百姓畏而奉之的则是以为鬼事的风俗。从这里可以发现，俗更多实际的和功利的内容，而礼更多形式和情感的意味。按照荀子，刑罚也是针对百姓而设的。《荀子·富国》云：“由士以上则必以礼乐节之，众庶百姓则必以法数制之。”限于知识水平，百姓所习染的风俗更多实际和功利的内容，他们不像知识分子那样可以比较自觉地用礼来节制情感，故荀子认为刑罚更多应针对百姓而设。但斟酌荀子之意，并非说士以上身份的人就不能用刑罚来处置，他这里大概只是笼统而言之。因士以上身份的人知识水平较高，所以能通过礼乐的教化而向善，但这并不排除其中有相当部分的人违禁犯法，故刑罚也是不可或缺的。

董仲舒也对这个问题进行了较为详细的探讨。他提出了以志论礼的命题，他说："缘此以论礼，礼之所重者在其志。志敬而节俱，则君子予之知礼。"（《春秋繁露·玉杯》）礼最重要的方面就是动机，心存敬意而又有周到的礼节，那么君子就可以说知礼了。据《春秋·僖公二十九年》记载："二十有九年，春，介葛卢来。"介，国名；葛卢，介国国君。葛卢为夷狄之君，不懂华夏礼仪，所以不说"朝"而说"来"。夷狄之君不懂礼仪，本不称名，但葛卢向往礼仪之邦，所以他内心的动机是好的，因此这里称他的名字。又《春秋·桓公六年》记载："六年，春，正月，寔来。"所谓"寔来"即这个人来。"这个人"指州公。州，国名；公，爵号。州公去曹国，经鲁都而不去朝见鲁公，这是无礼的表现，所以《春秋》没有称他的名字。董仲舒说："虽弗予能礼，尚少善之，介葛卢来是也。有文无质，非直不予，乃少恶之，谓州公寔来是也。"（《春秋繁露·玉杯》）在他看来，之所以称葛卢的名和不称州公的名，并非按照他们的身份来的，而是看他们有无尚礼的动机。可见，董仲舒主张根据动机而不是身份来判断一个是否遵循礼仪。

判断他人是否有礼，除了具体情况具体分析之外，还要有一种笼统、普遍的说法来概括大致的情况，这种笼统、普遍的说法董仲舒认为体现在《春秋》之中就是"常辞"。他说："《春秋》之常辞也，不予夷狄而予中国为礼。至邲之战，偏然反之，何也？曰：《春秋》无通辞，从变而移。"（《春秋繁露·竹林》）常辞，即通常的说法。邲之战是发生在鲁宣公十二年的一场晋楚之战。在这场战争中，楚庄王表现了可贵的仁德，而晋人却表现无礼。本来依照《春秋》通常的说法，是不予夷狄为礼而予中原之国为礼的，但"常辞"并不是"通辞"，即固定的说法，遇到具体情况还要从变而移，所以在邲之战这件事上，《春秋》称楚国有礼而晋国无礼。由此又可见，董仲舒的礼学既重礼背后的动机，又把常与变结合起来，较好地解决了礼的适用对象的问题。按照董仲舒的观点，礼的适用有其针对性，礼一般适用于知识阶层，而作为公羊学家，董仲舒又特别重视夷夏之分；但另一方面，礼的适用又要根据具体情况，本来没有资格讲礼的人只要有尚礼之心，也可称他知礼。而本来就有资格讲礼的人如果不重视礼仪，那就不认为他知礼了。

在中国古代思想特别是儒家思想中，礼乐常相对而言，“礼别异，乐合同”便是一个经典的命题。若从个体的兴趣爱好来看，乐确实和礼不一样，乐是个体情性的自我实现，而礼则是外在的社会规范。但是，如果从作为社会控制手段的礼和乐来看，乐实际上包括在礼之内。如前所述，在儒家思想当中，音乐从来就不仅仅只关涉于个体情性的自我实现，它还是关乎整个国家和社会秩序之安定稳固的重要手段，从这个层面来看，乐也是一种礼。

把乐归之于礼并非只是归类上的方便，而是由礼这种社会控制手段的权力方式所规定的。礼在社会上的承传与施受主要依靠教化，这与习俗的浸染和法律的惩罚有别。习俗的浸染依靠人的性情、习性、血气、志意、品格等自然性，而法律依赖的则是将人情排除在外的条文、律令、法则以及随之而来的约束、禁制、惩罚等规范性。礼有法的特点，因此它和法一样是外在的行为规范；但礼又不独是外在的规范，它同样要建立在人的自然性基础上，这说明包括音乐在内的审美性要求其实是内在于礼之中的，因为音乐等艺术就是建立在人的自然性情感基础之上。礼既然是一种社会控制的手段，那么它其实也就是国家或社会权力的表现方式，而同样作为社会控制手段的音乐则因成为国家或社会权力的表现方式而与抒发个体情性的音乐有了分殊。当音乐成为国家或社会权力的表现形式，它就从个人的趣味上升为一种经特定阶层或族群提倡并在很大程度上得到国家认同的阶级品味，这里随即也就产生了权力的支配与被支配的关系。

作为社会控制手段的礼和习俗及法律的不同之处，在于它的运作逻辑是把社会族群之必需的等级划分变换成一种审美化或艺术化的自然情性并进行反复地灌输。在此过程中，礼由于和乐结合而避免了法律那种赤裸裸的强制性，而越来越采取一种曲折的权力表现方式。正是在此意义上，可借用法国思想家福柯的概念，把礼乐视为“规训的艺术”。福柯说：“这些方法使得人们有可能对人体的运作加以精心的控制，不断地征服人体的各种力量，并强加给这些力量以一种驯顺—功利关系。这些方法可以称作为‘纪律’。……一方面，它把体能变成了一种‘才能’‘能力’，并竭力增强它。另一方面，它颠倒了体能的产生过程，把后者变成一种严格的征服关系。如果说经济剥削使劳动力与劳动产品分离，那么我们也可以说，规训强制在肉体中建立了能力增强与支配加剧之间的聚敛联系。”① 依福柯之见，比之于奴隶制，纪律有种高雅性，它不需要奴隶制那种昂贵粗暴的关系就能获得很大的实际效果；它也不同于附庸关系，后者更多地涉及劳动产品和效忠仪式，而较少地涉及人体的运作；它也不同于禁欲主义以及修行式“戒律”，后者的目的在于弃绝功利而不是增加功利。换言之，纪律以一种比以往的粗暴关系更为高雅的方式增强了人的能力，同时又在一种驯顺的温情的面纱之下强化支配关系。礼乐的教化过程，也可视之为肉体的驯顺过程，这种过程杜绝了赤裸裸的经济或法律的强制性支配关系，并采取较为高雅的表现方式而具有了更加持久和深化的作用。

具体地说，礼乐如何实现此种规训的作用呢？有这么几个方面值得注意：

第一，礼乐的权威化。

礼乐是一种国家或社会权力的表现形式，但它们要把这种权力贯注在比较文雅的形式当中，礼乐的权威化就是通过把权力神圣化、制度化以实现这一作用的方式。权力和权威之不同，在于一为强迫性的服从，一为自愿性的服从，权力一旦转化为权威就获得了正当性并发生持久的效果。

权力的权威化最常见的一种方式，是将权力或权力之行使者神圣化。依前面所说，礼乐主要通过知识阶层而传承，故礼乐的权威化通常使用的方式便是神化礼乐的发明者或制定者，在儒家学者看来，即先王。考察先秦至秦汉的儒学，便可发现从战国末期的荀子开始，就

① ［法］米歇尔·福柯著，刘北成、杨远婴译：《规训与惩罚》，生活·读书·新知三联书店，2007 年版，第 155—156 页。

逐渐出现了儒家代表人物和儒家经典的神圣化倾向，到了汉代此种倾向更是发展到了一个罕见的地步。从汉武帝时代开始，儒家学术独尊局面的建立、五经博士的设立、儒家先圣的神秘化和神话化，这些都可说是儒家思想神圣化的集中体现。其实在先秦儒家礼学中，就已出现了日常生活化的礼向政治化的礼发展的倾向；而在董仲舒那里，礼已经是专制帝国的一种统驭工具了。汉代政权的建立靠的是武力的征服，但它的维持与延续则不能只靠武力，它必须要从礼仪规范中获得统驭天下的合法性，董仲舒"改正朔，易服色"的思想正是为了论证刘汉政权之合法性。而一旦国家政权从某种知识或技术中获得了合法性，它就会有意地神化这种知识或技术，以便进一步巩固其合法性。明白了此点，就不难理解为什么汉代儒家思想能够被神化成为荒诞的谶纬神学了。

在荀子那里礼乐的神圣化倾向就已经很明显了。荀子音乐思想的主要目的是提倡雅乐，但雅乐并不如俗乐更受欢迎，荀子于是对雅乐进行了神圣化的处理。他认为只有经先王整顿创制过的音乐才值得提倡和传播，经他这样的界定，雅乐就被涂上了一层神圣的色彩，一种强迫性的服从就容易变成自愿性的服膺。原本一听到雅乐就昏昏欲睡的王侯，为了响应或效仿先王制礼作乐的精神，也不得不按捺住聆听俗乐的心情。对于欣赏者的审美趣味来说，音乐的神圣化造成了欣赏者审美趣味的分裂，与雅乐联系的审美趣味被赋予了正面的价值与评价，而与俗乐联系的审美趣味则被赋予了负面的价值与评价。正是在这样一种趣味划分中，带有价值判断和道德评判的阶级品味诞生了。掌握了审美价值裁断的一部分人竭力培养一种本阶级、阶层或族群所独有的趣味、容止、气量、步态、装束，而这种阶级品味的价值来源于它与其他审美趣味所保持的距离，正是因为和其他审美趣味相分离，这种阶级品味才获得了高高在上的地位，并有了对其他审美趣味进行道德裁决的权力。于是，在荀子的先王制定雅乐的思想背后，一种原本是被认为发端于人情的公共文化资源，最终脱蜕为一种排他性的权力表现形式。

董仲舒在这方面继承了荀子的思想。和荀子一样，他认为只有圣王所制定的音乐才具有合法性。这样他就通过赋予先王或圣王以制礼作乐的权威，使作为社会控制手段的礼乐的推行不必体现为强制性的征服关系。换言之，对作为权力方式的礼乐的接受，不再体现为对现行政权的屈服，而是体现为对历史叙事中的理想圣人的自发性服膺。但和荀子相比，董仲舒的礼乐思想有一个很重要的特点，就是他特别强调把礼乐作为汉帝国的国家制度确定下来。因此，在董仲舒的思想中，礼乐的权威化不仅通过礼乐的神圣化而实现，也是通过礼乐的制度化来实现。在《春秋繁露》中，可以看到他对各种“制度”的强调，比如在《服制》篇中他说：“饮食有量，衣服有制，宫室有度，畜产人徒有数，舟车甲器有禁。”这是在说，饮食、衣服、房屋、家畜、仆役、车船、器具等，都要有一定的规格制度而不可违背；在《三代改制质文》中他说：“顺数五而相复，礼乐各以其法，象其宜；顺数四而相复，咸作国号，迁宫邑，易官名，制礼作乐。”就是说，要按照五行的法则制定适宜的礼乐，要按照商、夏、质、文的顺序订立国号、迁徙都城、改变官名、制作礼乐；在《官制象天》中他说：“吾闻圣王所取仪，法天之大经，三起而成，四转而终，官制亦然者，此其仪与?”这是说，官制应当效法天数，使两者一一对应起来；在《度制》篇中他说：“故明圣者象天所为，为制度，使诸有大奉禄亦皆不得兼小利，与民争利业，乃天理也。”这里是说明解决贫富差距问题的方法在于制作一套制度；《爵国》一篇则详细论述了官制、军制和井田制等各种制度。由此可见，董仲舒是希望把汉代的礼乐文化、政治文化、军事文化乃至日常生活中的诸多事宜，都形成一定的规章制度，以获得统一、稳固的社会秩序。

谈到制度，法国社会学家皮埃尔·布尔迪厄说：“谈到制度仪式，就要假设，所有的仪式都趋向于使一种任意的界限神圣化或合法化，这种神圣化或合法化是通过促进对这种限制的任意性的误识，以及鼓励将其认可为合法化而做到的。”[①] 又说：“设立制度，即给予一种社

---

① ［法］皮埃尔·布尔迪厄著，褚思真、刘晖译：《言语意味着什么——语言交换的经济》，商务印书馆，2005年版，第98页。

会界定，一种认同，也就是强加了边界。”① 依照布尔迪厄，所谓制度就是划定一种界限并使这种界限合法化。与法律制度不同的是，礼的制度化并非一定就是依靠强制性的征服来完成，它更多依赖于被支配者对它的认同，礼的制度化只不过是把一种自发性的认同或服膺固定为合法化的行为规范。董仲舒对制度也有类似的界定，他说：“器从名、地从主人之谓制。权之端焉，不可不察也。夫权虽反经，亦必在可以然之域。……故诸侯在不可以然之域者，谓之大德，大德无逾闲者，谓正经。诸侯在可以然之域者，谓之小德，小德出入可也。”（《春秋繁露·玉英》）器物依从名称，土地依从主人，这便叫作“制”。制度和权变相联系，权变要以制度为其最终依据，这方面不可不省察。权变虽然违反常规，但也必须在可以允许的范围。这些不允许的范围对诸侯来说就是“大德”，即原则性问题，是不能超越的；而那些可以允许的范围对诸侯来说就是“小德”，即小节问题，这是允许有所出入的。可见，所谓制度，在董仲舒看来并不是制定一些僵死的规范，而是和布尔迪厄所说那样，是划定一种界限或范围，界限划定之后，每一事物就都有其“可以然之域”和“不可以然之域”了。董仲舒所构想的社会制度并不否认权变，但任何事物都有其权变之端，逾越了这一权变的界限则被视为“反经”的异端。

由此可见，在荀子那里就出现的礼乐权威化倾向，在董仲舒这里就被进一步制度化了。在武帝的策问中，董仲舒答道：“臣闻制度文采玄黄之饰，所以明尊卑，异贵贱，而劝有德也。故《春秋》受命，所先制者，改正朔，易服色，所以应天也。然则宫室旌旗之制，有法而然者也。故孔子曰‘奢则不逊，俭则固’，俭非圣人之中制也。臣闻良玉不瑑，资质润美，不待刻瑑，此亡异于达巷党人不学而自知也。然则常玉不瑑，不成文章；君子不学，不成其德。”（《汉书·董仲舒传》）此段引文的后半句表明董仲舒对荀子思想的继承。荀子曾说：“君子知夫不全不粹之不足以为美也，故诵读以贯之，思索以通

---

① ［法］皮埃尔·布尔迪厄著，褚思真、刘晖译：《言语意味着什么——语言交换的经济》，商务印书馆，2005年版，第102页。

之，为其人以处之，除其害者以持养之，使目非是无欲见也，使耳非是无欲闻也，使口非是无欲言也，使心非是无欲虑也。”（《荀子·劝学》）依荀子，一个人要学习《礼》《乐》《诗》《书》等知识并常玩味求索之，要以贤人为自己的榜样，使自己的各种欲望合于礼义的规定，如此这般君子才能达到“全”和“粹”的境界。董仲舒的看法与荀子一致，他并不认为有天生就完美无缺的本性，所以君子要达到美的境界，就必须像玉一样要经过刻瑑。

但此段引文的上半句就体现董仲舒作为一个公羊大家的理论旨趣了。他在这里谈到了制度的重要性，他认为制度文采玄黄之饰都是用来“明尊卑，异贵贱，而劝有德”的，这里衣服的文采装饰和制度并提，可见他把一般人眼中的审美或艺术资源制度化了，经过制度化的这种审美或艺术资源就在自身之中形成了等级划分。于是，不是趣味的满足而是趣味的划分成为审美或艺术的首要功能，所以他说：“凡衣裳之生也，为盖形暖身也。然而染五采、饰文章者，非以为益肌肤血气之情也，将以贵贵尊贤，而明别上下之伦，使教亟行，使化易成，为治为之也。若去其度制，使人人从其欲，快其意，以逐无穷，是大乱人伦，而靡斯财用也。失文采所遂生之意矣。”（《春秋繁露·度制》）由此，在董仲舒思想中，礼乐的权威化要通过礼乐的制度化来实现，此一制度化使一种普遍的文化资源——无论是产生礼的俗还是产生乐的人情——最终被纳入一套权威体系中。可以把礼乐的制度化视为一个类似于授权的过程，通过为整个社会族群所熟知的正当化程序，某种等级、差别、距离、优劣、高低也就获得了合法的地位。相对于礼乐的神圣化来说，礼乐的制度化显然在其权威的建立上更进了一步。因之，礼乐思想经荀子而发展到董仲舒，它的强制性意味更大了，而它的权威性也达到了新的高度，同时礼乐与国家权力的结合也更加紧密了。

第二，礼乐互训。

“礼别异，乐合同”是儒家关于礼乐社会作用的经典规定，这一规定容易给人造成一种印象，即乐的社会功能是合同而礼的社会功能是别异，两者是有区别的。但是，在对这一经典命题的探究中可发现礼乐的社会功能其实隐含着相反的逻辑，其目的在于使权力的被支配者以一种心悦诚服的心态认可施加在自己身上的暴力，并进而加深了社会族群的身份沟壑。

按照一般看法，音乐作为一种审美活动建立在自身逻辑之上并遵循这一特殊的逻辑，在儒家礼乐思想中，音乐自身的逻辑便是“合同”，即音乐能够实现礼所没有的社会调和功能，而正是这一功能把音乐和礼仪区分开来。按照此种看法，音乐之所以具有“合同”的功能，是因为它拒绝了实用的和物质的利益法则，而正因为拒绝了实用的和物质的利益法则，作为审美活动的音乐就构成了各种社会族群所共有的一片领域。在此公共领域，为自己所欣赏的音乐也同样能够为他人所分享，而且各种人在分享之时并不构成争权夺利的局面。这一普遍性的假定成为音乐能够“合同”的基础。在孟子那里可以发现这种思想的端倪。孟子强调人人都有先天而来的善性，因此他认为每个人对美或丑的看法都是相似的，“口之于味也，有同耆焉；耳之于声也，有同听焉；目之于色也，有同美焉”（《孟子·告子上》）。孟子其实暗中肯定了音乐要获得“合同”的效果，就必须假设人人普遍都有审美的共通感。

但孟子这种看法却和“礼别异，乐合同”这个儒家经典命题相抵牾。在孟子思想中，这种每个人大致相同的善性以及为所有人共享的审美领域，实际上消解了礼的社会区分功能，当每个人都能由着自身善性行事而“人皆可以为尧舜”（《孟子·告子下》），并且老百姓和君王对审美活动都有相同感受时，外在的礼法规定和等级区分实际上也就如同虚设了。故而，孟子此种建立在性善论基础上的音乐审美理论，虽极大地提高了人的主体精神并以其理想主义的人道关怀吸引了众多追随者，但对国家秩序和社会等级的建立来说这种理论实际带来很大的破坏性。而在荀子思想中，音乐的社会调和功能无论如何强大，都不能以牺牲礼法的等级区分功能为代价。因此，在他的“礼别异，乐合同”的命题中可发现两层含义：一是表面上的，即礼的社会功能在于区分，而乐的社会功能在于调和；一是深层的，即乐必须建立在礼之上，而礼则要以乐作为其表现形式。后面这层含义建立在礼和乐互训互释的基础上，正是礼和乐之间的这种互训互释，才有可能形成一个为所有人所接受并认同的等级社会。

在荀子思想中，音乐要实现其社会调和功能，但它所实现的社会调和状态并非孟子那种理想主义的无差别的大同世界，而是一个有差别、有等级区分的社会。与强制性的征服不同，这个社会中的被支配者以一种心悦诚服的心态认可自己那种被统治的身份，这种由被支配者的自愿性服膺而来的和谐状态才是荀子所要实现的理想。因此，荀子的礼乐思想有种相反的逻辑：音乐的社会功能是调和，但它所指向的却是社会的区分；礼的社会功能是区分，但它呈现出来的却是调和。这样，在“礼别异，乐合同”这个命题中，音乐以一种拒绝实用和物质利益的审美姿态实现着其实用和物质利益的目的，而礼则成功地使社会上的被支配者认同了施加在自己身上的暴力，使之趋向于音乐的和乐之境。正是由于这种相反的逻辑，我们才可以说音乐或者说以音乐为代表的审美活动在儒家思想中并不仅仅只是一种个人趣味，而是一种社会权力的独特表现形式。

“礼别异，乐合同”这种观念在中国古代社会的贯彻，培养出一种建立在区分基础上的审美趣味。例如仪态、讲话的方式、服装、品位、步态、情调等，这些生活趣味越来越成为中国古代知识阶层所共同标榜并以之作为身份认同的方式。一方面，他们往往以明确拒绝经济利益、政治利益、实用利益构成这一生活趣味的前提，或者说，审美和艺术的纯粹性往往成为古代知识分子标榜自身鉴赏力的手段。由此，一种纯艺术和纯审美的价值在知识阶层中被赋予了特权，吟诗作对、歌舞酬唱、笔墨挥洒成了文人士大夫们区别于其他人的标志，他们在艺术化的文化实践中尽力展示自身在审美素养上的精致和在审美鉴赏上的仲裁者身份。另一方面，这些文人士大夫们所标榜的审美和艺术趣味在表面上拒绝经济利益、政治利益和实用利益的同时却实现着一种象征性的利益。比如说，一种审美趣味往往以对经济利益的拒绝为前提，审美趣味总是被视为非功利性的趣味，但是对审美趣味的非功利性的强调有时候往往正是为了实现一种深层的经济利益。换言之，对非功利的审美趣味的强调往往可以成为一个文人借以界定自身身份的资本，而且文人越是标榜这种审美趣味的非功利性，他也就越是拥有了一种排他性的优势。这表明，审美趣味的运作是一种非“经济”的经济原则，这一原则保证了审美趣味以非功利性的方式被排他性地占有。正如布尔迪厄所说：“鉴赏力使对象分类，也使分类者分类。经各自的级别分类的社会主体以其在美和丑、杰出与庸俗之间做出的区分特征区别着自身，通过这些区分，他们在客观级别中的地位便被表达或暴露出来了。”① 鉴赏力不仅对审美对象做出区分，即分别美和丑、杰出与庸俗，还能通过在美和丑、杰出与庸俗之间做出区分而对鉴赏的主体本身做出区分。审美对象的区分（这一区分往往以拒绝经济利益、政治利益和实用利益的非功利性原则为依据）是以审美主体的区分（这一区分往往是和与经济利益、政治利益和实用利益挂钩的客观级别为依据）为其深层目的。换句话说，古代的文人士大夫们在吟咏情性、挥洒笔墨的美的鉴赏和创造过程中，已经自觉或不自觉地把他们和其他社会阶层区分开来了。没有这种建立在区分基础上的审美活动，这些文人士大夫就不可能建立一个自我身份认同的世界。

本文为“2018中国·衡水董仲舒与儒家思想国际学术研讨会”提交的论文。

聂春华（1978－），男，广东韶关人，广东第二师范学院中文系教授。

① ［法］皮埃尔·布迪厄：《区分：鉴赏判断的社会批判》，见苏国勋、刘小枫主编：《社会理论的政治分化》，生活·读书·新知三联书店，2005年版，第256页。

试论董仲舒“无为”思想的四个维度

何大海

与董仲舒相关的存世文献中，直接论述“无为”的部分有十余次之多，其他与“无为”思想相涉的内容也不在少数。长久以来，对于“无为”的诠释成了道家、道教的专属名词，因此学者在论述董仲舒“无为”思想时，多有把其完全归入于道家或黄老思想中言，认为“《春秋繁露》中的‘无为之术’实源于《淮南鸿烈》”①。或者认为董仲舒的“无为思想”有其儒家源头，但仍是以“寂寞无为”为核心内容②。董仲舒对于“无为”的众多论述其实包含了四个维度，涉及不同时间段的思想变迁，反映了其在面对汉代学术与政治问题时所阐发的经世致用思想，具有不同的指向性，不能只作单向度式概括。

一、吸收黄老“无为”，寻求儒道整合

有学者指出《春秋繁露》中有一部分内容是董仲舒于汉景帝时代所作，因此把《春秋繁露》中与此相关的篇目定性为“黄老编”，并

---

① 陈国华：《〈淮南鸿烈〉与〈春秋繁露〉》，《道家文化研究》（第六辑），上海古籍出版社，1995年版，第216页。

② 张分田：《秦汉之际法、道、儒三种“无为”的互动与共性——兼论“无为而治”是中国古代的一种统治思想》，《政治学研究》2006年第2期，第88—91页。

认为几乎不涉及儒家思想，而只是论述黄老“无为”与“君主统治术”等内容①。查《春秋繁露》中与此相对应的语句，确实有强烈的黄老特色：

> 故为人主者，以无为为道，以不私为宝。立无为之位而乘备具之官……（《离合根第十八》）②
>
> 故为人君者，谨本详始，敬小慎微，志如死灰，形如委衣，安精养神，寂寞无为。（《立元神第十九》：166—167）
>
> 为人君者居无为之位，行不言之教，寂而无声，静而无形，执一无端，为国源泉。（《保位权第二十》：175）

这些描述确实与黄老道家所提出的“人主之术，处无为之事，而行不言之教”③“故执道者之观于天下殹（也），无执殹（也），无处也，无为殹（也），无私殹（也）”④等内容类似，应属黄老家言无疑。如果确认这些篇章是董仲舒本人所作的话⑤，那我们必须承认董仲舒这些“无为”理论是吸收了黄老的“无为”思想与君主“南面之术”。究其原因，一方面在于汉初习黄老是一种风尚，董仲舒虽是儒生，“孝景时为博士”⑥，但在景帝朝儒学尚未被定于一尊、窦太后“好黄老言”的背景之下，董仲舒学说受黄老影响，也是时代使然。

---

① ［美］桂思卓：《从编年史到经典——董仲舒的春秋诠释学》，朱腾译，中国政法大学出版社，2010年版，第97—98页。

② （清）苏舆撰，钟哲点校：《春秋繁露义证》，中华书局，1992年版，第165页。下文所引《春秋繁露》文字，除特别说明外，均采用此版本，随文标出篇目及页码。

③ 张双棣：《淮南子校释》（增订本）（上），北京大学出版社，2013年版，第904页。

④ 陈鼓应：《黄帝四经今注今译——马王堆汉墓出土帛书》（修订版），商务印书馆，2016年版，第10页。

⑤ ［美］桂思卓著，朱腾译：《从编年史到经典——董仲舒的春秋诠释学》，中国政法大学出版社，2010年版，第106页。

⑥ （西汉）司马迁撰、（南朝宋）裴骃集解、（唐）司马贞索隐、（唐）张守节正义：《史记》（修订本）第10册，中华书局，2014年版，第3798页。

苏舆说："汉初儒者皆习道家……董子……其初固亦兼习道家。"[①] 此处"道家"，皆指黄老而言[②]。另一方面，黄老之学其实是一种对于诸子学说融合之后产生的新道家思想，也就是司马谈所谓"道家……因阴阳之大顺，采儒、墨之善，撮名、法之要"所形成的"指约而易操，事少而功多"[③] 可以用来指导政治的一种为政思想，具有一定的现实意义与合理性，董仲舒对于黄老"无为"思想的吸收，说明他在某种程度上认可这些理论。

但是若只从以上所谓"黄老编"的只言片语来理解董仲舒处于景帝时代的思想，其实是对于《春秋繁露》思想体系的一种割裂。换言之，在以上"黄老编"诸篇中，确实存在黄老的"无为"思想，毋庸置疑；但是在这些篇章中，也论述了儒家的核心思想，如《立元神》篇在论述了君主的"寂寞无为"之后，董仲舒提出"天地人"三才是万物的根本，在于"天生之以孝悌，地养之以衣食，人成之以礼乐，三者相为手足，合以成体，不可一无也"（《立元神第十九》：168）。孝悌、礼乐是儒家的最基本思想与核心价值，本与黄老家言相抵牾。随后，董仲舒又提出要"以德为国"，才可以"崇本而不敢失"，完全是一套儒家的礼义教化之道，可见"黄老编"并非与儒家思想全然无涉。之所以如此，在于汉初儒者有着强烈的融合诸子思想、实现儒道整合的倾向。既然黄老之学在当时是显学，儒生也不得不"兼习道家"，那么在学习黄老之术的过程中，儒生则灌注了自己站在儒家思想立场之上对于黄老学的一种新的解读。如汉初陆贾在《新语·无为》中说："夫道莫大于无为，行莫大于谨敬。"就有调和儒道的意味在其中。贾谊、韩婴等汉初儒生皆如此。董仲舒作为汉代新儒学的代表人物，他对于儒道整合也是倾注了自己的心血，不仅为了实现儒生

---

① （清）苏舆撰，钟哲点校：《春秋繁露义证》，中华书局，1992年版，第477页。

② 吴光：《黄老之学通论》，浙江人民出版社，1985年版，第1页。

③ （西汉）司马迁撰、（南朝宋）裴骃集解、（唐）司马贞索隐、（唐）张守节正义：《史记》（修订本）第10册，中华书局，2014年版，第3993—3994页。

的话语权而努力，同时也要规避君主完全按照黄老的“因循无为”治国，而需要“以德为国”，反映了他立足于儒家思想的现实关怀。

二、政治分工：君无为而臣有为

随着汉代大一统时代的来临，君臣关系成为时代主题，在仕于景帝和武帝时期，董仲舒继承诸子思想，继续完善“无为而治”的君臣政治分工模式——“君无为而臣有为”，即“无为而治”是最终的政治目标，表现于君是“无为”，于臣是“有为”。这种模式一方面限制了君权的恶性膨胀，维护政治稳定；另一方面也为更多大臣拥有政治话语权，积极有效治理国家提供保障。君主之所以“无为”，儒者多认为是有合适的贤才辅助形成的。如对于孔子评价舜“无为而治”的原因，何晏认为：“言任官得其人，故无为而治也。”① 但容易被忽略的问题在于具体实施中，君王却不是完全被动的“无为”，反而最开始需要一定的“有为”。《新序·杂事四》云：“故王者劳于求贤，逸于得贤。舜举众贤在位，垂衣裳躬己无为而天下治。”所以，“儒家的‘无为而治’……主张‘必先有为而后至于无为’，即由‘有为’而‘无为’”②。儒家虽然认同“无为而治”是最终的理想境界，但是君主早期的“有为”也是重要而必备的手段，以“一劳”达“永逸”，即必须由良性的“有为之选”达到理想的“无为而治”。

而这种思想董仲舒也多有论述：“欲为尊者在于任贤……天所以刚者，非一精之力；圣人所以强者，非一贤之德也。故天道务盛其精，圣人务众其贤。”（《立元神第十九》：170—171）董仲舒将天与君主相类比，认为天的“刚健”特性来自精气的充盈，明君的强大则来自众多贤臣的辅佐，所以要达到尊贵必须“任群贤”，即帝王必须先选拔任用贤臣。“尧受命，以天下为忧，而未以位为乐也，故诛逐乱

① （南朝梁）皇侃：《论语义疏》，中华书局，2013 年版，第 395 页。

② 葛荣晋：《中国管理哲学导论》（第 2 版），中国人民大学出版社，2014 年版，第 443 页。

臣，务求贤圣，是以得舜、禹、稷、卨、咎繇。众圣辅德，贤能佐职，教化大行，天下和洽，万民皆安仁乐谊，各得其宜，动作应礼，从容中道。”① 尧帝在受命而王之后，颇为“有为”，先诛杀乱臣，再寻求圣贤，可以说“劳于求贤”，最终得到了舜、禹等贤臣，方可“逸于得贤”，因而“无为之化自成”②。舜帝亦然，所以能“垂拱无为而天下治”③。而选贤任能的标准，董仲舒也做了细致的描述。一方面是儒家的仁义礼智信等德性要求，他说：“有否心者，不可藉便执，其质愚者不与利器。”（《必仁且智第三十》：257）“有否心者”指的是“不仁”，没有仁爱之心，不能给他便于利用的权势，因为这样的人会利用权力为非作歹；“其质愚者”指的是“不智”，资质愚鲁、迟钝之人，不能把“国之利器”，即国家权力交付于他，因为这样的人没有治理好国家的能力。所以选贤任能时，需要“必仁且智”，仁爱与智慧，二者必不可少。另一方面则吸收了当时诸子都提倡的“循名责实”思想，即根据官员的具体能力进行任命，做到“深察名号”，因而“名实相副”。董仲舒说：“考绩绌陟，计事除废……揽名责实，不得虚言，有功者赏，有罪者罚，功盛者赏显，罪多者罚重。”（《考功名第二十一》：178）强调了通过“考试之法”而“以名定实”，即根据官员考核成绩来论定他的功业与罪行，是一种切实可行的管理模式。因此，“有大功德者受大爵土，功德小者受小爵土，大材者执大官位，小材者受小官位”（《爵国第二十八》：237）。以此实现各尽其用，“选贤举能”。而这种标准也体现了董仲舒的“德主刑辅”思想，即以儒家德治为中心并吸收百家思想的选贤标准，也是他整合诸子思想的表现之一。

董仲舒认为君主的“无为”，还体现为以自身的德性修养来引导

---

① （东汉）班固撰、（唐）颜师古注：《汉书》（点校本）第8册，中华书局，1962年版，第2508页。

② 张宗祥：《论衡校注》，上海古籍出版社，2010年版，第368页。

③ （东汉）班固撰、（唐）颜师古注：《汉书》（点校本）第8册，中华书局，1962年版，第2509页。

百姓及大臣，反映了儒家“德性无为”的特点，讲求“正人正己”。董仲舒说：“先王显德以示民，民乐而歌之以为诗，说而化之以为俗。故不令而自行，不禁而自止，从上之意，不待使之，若自然矣。”（《身之养重于义第三十一》：265）即明君以儒家之大德昭示民众，作为理想的道德榜样，则百姓以此为乐，心悦诚服而顺应这种教化，最终实现移风易俗，即“无为而治”的理想境况。而对于君主的德性修养，董仲舒一方面强调“以仁安人，以义正我”（《仁义法第二十九》：249），即以儒家的道义来规避君王，树立道德楷模；另一方面通过《春秋》学引入“元”这一理念，在君臣关系中对于君主有了天道的形上层面的引导与限制，凸显了儒生对于君权的限制与政治诠释的把握，力求实现有序政治。“《春秋》之道，以元之深正天之端，以天之端，正王之政，以王之政正诸侯之即位，以诸侯之即位正竟内之治。五者俱正，而化大行。”（《玉英第四》：70）

所以君主在君臣关系中要把握选贤任能、德性引导等大方向趋势，而绝非处理具体细小的事情，即“不自劳于事”（《离合根第十八》：165），是谓“无为”；而大臣必须“有为”，即发挥自己的才能，处理具体政务，辅佐君主达到“无为”的境地，最终实现天下大治。董仲舒说：“群臣分职而治，各敬而事，争进其功，显广其名，而人君得载其中，此自然致力之术也。”（《保位权第二十》：176）大臣根据君主的选拔与“考试”认定的所属职责行政，各自处理好本职工作而治理好国家，君主能够在其中安定自得，以享英明。所以，君主与大臣在具体的行政分工中是不一样的，但最终目的都是为了实现“无为而治”。

这种“君无为而臣有为”的君臣分工模式，常见于先秦诸子文献之中，例如《管子·形势解》的“明主之举事也，任圣人之虑，用众人之力，而不自与焉”。《慎子·民杂》说：“君臣之道，臣有事而君无事也，君逸乐而臣任劳。”《庄子·天道》中所论“上必无为而用天下，下必有为为天下用”。《荀子·大略》云：“主道知人，臣道知事。故舜之治天下，不以事诏而万物成。”《吕氏春秋·任数》言：“君道无知无为，而贤与有知有为。”《韩非子·主道》提出“明君无为于上，君臣竦惧乎下”的观点。所以董仲舒关于“无为而治”的政治分工“君无为而臣有为”，其实是儒家、道家、法家等学派共识，也符合当时大臣的政治参与性、社会担当意识与限制君权的要求。从这一点来看，董仲舒的君臣分工理论并无新意。而其创新之处在于实现了这种君臣分工的“源头性”探索，即通过阴阳理论，将君臣与阳阴相比附，为“君无为而臣有为”的分工寻找形上依据，建立了汉代以阴阳论政治的诠释模式。董仲舒说：“凡物必有合……阴者阳之合……臣者君之合……阳兼于阴，阴兼于阳……君兼于臣，臣兼于君，君臣……之义，皆取诸阴阳之道。君为阳，臣为阴……阴道无所独行。”（《基义第五十三》：350—351）即君臣关系犹如阳阴关系，阴阳不是独立存在，彼此是相互对应的，君臣分工因此是相互配合而成。他还说：“故人臣居阳而为阴，人君居阴而为阳。阴道尚形而露情，阳道无端而贵神。”（《立元神第十九》：172）“君无为而臣有为”的阴阳之义在于：阳之道不露端倪，因而自有神妙，正与君主“无为”相合，阴之道表露形式与内容，正与大臣“有为”相应，反映了董仲舒阴阳理论的现实意义。

三、“无为而治”与“改制无易道”

汉初黄老学大盛，凭借其“以虚无为本，以因循为用”[①]的特点，汉初诸帝采纳黄老休养生息政策，对于恢复社会稳定，推动国家发展是大有裨益的。但也正是这个特点造成“汉承秦制”，承接着亡秦的法家文化与黄老的因循虚无，汉初缺少新的制度构建，尤其表现在儒生认为更加重要的礼乐制度方面，西汉早期更是一无建树，苏舆说：“汉有天下，沿用秦正，至于服色礼乐，并安苟简。”[②]黄老的因循守旧与安于现状，缺乏文化教育与道德宣传，使得汉帝国难以实现“新王受命必改制”的礼乐建构，是“当更化而不能更化”。故贾谊、

① （西汉）司马迁撰、（南朝宋）裴骃集解、（唐）司马贞索隐、（唐）张守节正义：《史记》（修订本）第10册，中华书局，2014年版，第3997页。

② （清）苏舆撰，钟哲点校：《春秋繁露义证》，中华书局，1992年版，第16页。

司马相如等儒生都提过改正朔、易服色的建议，均未果。“至武帝即位，进用英隽，议立明堂，制礼服，以兴太平。会窦太后好黄老言，不说儒术，其事又废。”[①] 随着窦太后离世、黄老思潮逐渐退出政治舞台，董仲舒提出了“无为而治”思想的另一个维度——“改制无易道”，是武帝朝“太初改历”的思想来源之一。

董仲舒说：“春秋之道，奉天而法古……故圣者法天，贤者法圣，此其大数也。得大数而治，失大数而乱，此治乱之分也。所闻天下无二道，故圣人异治同理也。古今通达，故先贤传其法于后世也……今所谓新王必改制者，非改其道，非变其理，受命于天，易姓更王，非继前王而王也。若一因前制，修故业，而无有所改，是与继前王而王者无以别。受命之君……故必徙居处、更称号、改正朔、易服色者，无他焉，不敢不顺天志而明自显也。若夫大纲、人伦、道理、政治、教化、习俗、文义尽如故，亦何改哉？故王者有改制之名，无易道之实。孔子曰：‘无为而治者，其舜乎！’言其主尧之道而已。此非不易之效与？”（《楚庄王第一》：14—19）

董仲舒认为《春秋》大道是“奉天而法古”，“奉天”是天人关系，“法古”是古今关系，天与古，实际代表儒家的天命观与礼乐文化。而之所以要“奉天而法古”，在于汉代没有顺应天命而接续古已有之的礼乐文明，尚未实现“善治”。所以董仲舒说：“今临政而愿治七十余岁矣，不如退而更化；更化则可善治，善治则灾害日去，福禄日来。”[②] 所谓“更化”，即董仲舒所说“王者有改制之名，无易道之实”，可谓之“改制无易道”，并认为孔子说舜帝“无为而治”包含了这种思想。苏舆云：“以循尧道为无为……《白虎通·三教篇》：‘舜之承尧，无为易也。’”[③] 然则，此处的“无为而治”涉及两个内容：“改制”与“无易道”。之所以要“改制”，一方面在于对应天命所归，

① （东汉）班固撰、（唐）颜师古注：《汉书》（点校本）第4册，中华书局，1962年版，第1031页。

② 同上，第8册，第2505页。

③ （清）苏舆撰，钟哲点校：《春秋繁露义证》，中华书局，1992年版，第19页。

即“奉天”之意：新王承接天命，必须要在迁都、变更称号（包括国号等）、改正朔（天文历法等）、修改服饰颜色（对应三统说中所尚之色）等方面进行转变，通过必要的“改制之名”，表明新王“易姓更王”，并非旧王，也就是其《对策》所言：“《春秋》受命所先制者，改正朔，易服色，所以应天也。”① 另一方面是为了“新民”，即显示新政权的新气象以教化民众，如朱熹对此解释：“一番新民观听，合如此。如新知县到任，便变易号令一番；住持入院，改换行者名次，相似。”② 苏舆也说：“正朔、服色数者，为天子大礼。易姓受命，必显扬一二，以新民耳目。”③ 即“正朔、服色”等内容不变，民众也无从得以自新，不知新王与旧王的区别，则不符合儒家制度构建与民众教化的需求。但容易忽略也更为重要的理念是“无易道”，即“法古”之意，改变制度不等于抛弃儒家大道，所以董仲舒强调：“道之大原出于天，天不变，道亦不变。”④ 即儒家“天道”具有永恒价值，帝王不可变动，故“法古”之道也来自于天道。董仲舒认为舜帝之所以“垂拱无为而天下治”，不仅在于“君无为而臣有为”，同时也在于“继其统业”，即因袭了尧帝的治道，此处“无为”或可作“无违”“无易”解，即不违背、不改变先王之道。既然儒家的天道是历代圣王明君都必须坚守的内容，那么汉代的政治模式也应该是对古已有之的儒家礼乐制度的继承，不可改变这些根本，即纲常人伦、政治教化、习俗文明等，“其余尽循尧道，何更为哉！”⑤ 这就是董仲舒“无为而治”思想的另一层含义。

“改制无易道”涉及了制度构建中的变与不变这两种内涵，即新

① （东汉）班固撰、（唐）颜师古注：《汉书》（点校本）第8册，中华书局，1962年版，第2510页。

② （南宋）黎靖德编，王星贤点校：《朱子语类》第2册，中华书局，1986年版，第598页。

③ （清）苏舆撰，钟哲点校：《春秋繁露义证》，中华书局，1992年版，第18页。

④ （东汉）班固撰、（唐）颜师古注：《汉书》（点校本）第8册，中华书局，1962年版，第2518—2519页。

⑤ 同上，第2518页。

王制度建设的变迁性与继承儒家大道的不变性，这其实是儒家的核心思想之一，其形上来源可以归结为易有“三义”：简易、变易和不易[①]，即事物本身就有变易与不易的特性；其文化内涵则是董仲舒《天人三策》中引孔子言：“殷因于夏礼，所损益可知也；周因于殷礼，所损益可知也；其或继周者，虽百世可知也。”[②] 孔子认为三代文明之所以可以延续，一方面是“因袭”礼乐，这是不变的部分；另一方面是“损益”礼乐，即变化的部分，根据不同时代的具体情况作出不同的调整。所以后世继承周代文明的朝代，孔子也可以知晓，就在于礼乐不变与变的特点，即对于儒家思想的继承与发展。但董仲舒更强调这种“因袭”性，“此言百王之用，以此三者矣。夏因于虞，而独不言所损益者，其道如一而所上同也”[③]。《汉书·礼乐志》亦言：“王者必因前王之礼，顺时施宜，有所损益，即民之心，稍稍制作，至太平而大备。”[④] 朱熹也认为“所因之礼，是天做底，万世不可易；所损益之礼，是人做底，故随时更变”，因此表示“此一章‘因’字最重”[⑤]。因此儒家的“无为而治”更强调礼乐文化的延续性，即“因袭”的特点，所以三代礼乐文明不仅仅是夏商周三个王朝的文化形态，更是后世可以不断因袭、损益的制度，其表现就是儒家的天命观、礼乐文化等共同构成的一整套文明体系。作为儒生，董仲舒发展了这一套理论，在汉代大一统的时代背景下，更需要对于之前儒家文化的延续与损益，以寻找汉代政权的合法性支持，同时对于武帝之前礼乐文明构建缺失的更化与补救。

关于董仲舒诠释“无为而治”的“改制无易道”思想，学者多认

---

① （清）赵在翰辑，钟肇鹏、萧文郁点校：《七纬（附论语谶）》（上），中华书局，2012年版，第30页。

② （东汉）班固撰、（唐）颜师古注：《汉书》（点校本）第8册，中华书局，1962年版，第2518页。

③ 同上，第2518页。

④ 同上，第4册，第1029页。

⑤ （南宋）黎靖德编，王星贤点校：《朱子语类》第2册，中华书局，1986年版，第595、598页。

为其发生在太初未改正朔之前，并且这一论调在当时也是“时务”，并非董仲舒一家之言。但当时“上方征讨四夷，锐志武功，不暇留意礼文之事”①，董仲舒的建议并没有得到武帝采纳，所以在《对策》之后，“天子以仲舒为江都相，事易王”②。但是随着汉代礼乐文明建构的需要，汉武帝还是在太初元年，“以正月为岁首，色尚黄，数用五”③。改变了沿袭秦朝几十年的部分制度，并强调了汉王朝对于儒家圣王之道的延续性，由此可见，董仲舒的这种“无为而治”思想有了一定成效，间接实现了汉代的“更化”。

四、反对过度有为，实现“无为”善治

整体而言，“无为”思想的核心是“无为而治”。所以董仲舒说：“舜……是以垂拱无为而天下治”④“致无为而习俗大化”（《对胶西王越大夫不得为仁第三十二》：268）“无为致太平”（《天地之行第七十八》：461），说明“无为”只是一种治国手段，最终目的是实现良性政治、善治。因此董仲舒的“无为而治”思想反映了汉代儒生的“治道文化”，即治理国家之道。老子说：“治大国若烹小鲜”，强调治理国家不能随意妄为，因为稍有不慎就会产生恶劣影响，政策得当则可能会造福百姓，所以反对君臣的过分有为，提倡善治，也是董仲舒“无为”思想的另外一个维度。

《汉书·食货志》载武帝时“宗室有土，公卿大夫以下争于奢侈……外事四夷，内兴功利，役费并兴，而民去本”，董仲舒于此上书云：“秦……用商鞅之法，改帝王之制，除井田，民得卖买，富者

---

① （东汉）班固撰、（唐）颜师古注：《汉书》（点校本）第4册，中华书局，1962年版，第1032页。

② （东汉）班固撰、（唐）颜师古注：《汉书》（点校本）第8册，中华书局，1962年版，第2523页。

③ （清）苏舆撰，钟哲点校：《春秋繁露义证》，中华书局，1992年版，第16页。

④ （东汉）班固撰、（唐）颜师古注：《汉书》（点校本）第8册，中华书局，1962年版，第2508—2509页。

田连阡陌，贫者亡立锥之地……汉兴，循而未改。古井田法虽难卒行，宜少近古，限民名田，以澹不足，塞并兼之路。盐铁皆归于民。去奴婢，除专杀之威。薄赋敛，省繇役，以宽民力。然后可善治也。”① 可见，“为人廉直”的董仲舒是有现实关怀的学者，其提出“无为而治”，也有针对帝王、宗室和公卿大夫的奢侈有为而言。在汉武帝穷兵黩武、耗费天下、与民争利之时，董仲舒提出要以秦作为反面例子，因为其“改帝王之制”，破坏了井田制等先王制度，恢复土地买卖使得贫富差距扩大，社会矛盾加深；而汉朝建立以来，却因为黄老因循守旧的思维，没有改变秦朝的经济政策，因此造成了严重的社会问题。而解决问题的办法就是恢复古制，轻徭薄赋，盐铁回归于民，更化政治，达到“善治”，可谓“切中当世之弊”②。董仲舒的“调均”理念也可以归于这种“无为”思想，调和贫富差距，寻求“中和之道”：“使富者足以示贵而不至于骄，贫者足以养生而不至于忧。以此为度而调均之，是以财不匮而上下相安，故易治也。”（《度制第二十七》：228）反映了董仲舒利用“无为而治”思想来“改造秦时已泛滥开来的帝国权力的无节制行使”③ 的努力。可惜的是，董仲舒死后，汉朝却依然“功费愈甚，天下虚耗，人复相食”④。武帝并没有采纳他的意见，直到刘彻晚年才“悔征伐之事”，重视农耕。这种“无为”思想还体现在董仲舒任胶西相时，胶西王认为越国的勾践、范蠡、文仲是“三仁”，原因在于君臣合力而“雪会稽之耻，卒为霸主”，是一种为达目的不择手段的功利性思维，因此董仲舒劝谏诸侯王“仁人者正其道不谋其利，修其理不急其功，致无为而习俗大

---

① （东汉）班固撰、（唐）颜师古注：《汉书》（点校本）第4册，中华书局，1962年版，第1136—1137页。

② （清）苏舆撰，钟哲点校：《春秋繁露义证》，中华书局，1992年版，第508页。

③ ［美］桂思卓著，朱腾译：《从编年史到经典——董仲舒的春秋诠释学》，中国政法大学出版社，2010年版，第10页。

④ （东汉）班固撰、（唐）颜师古注：《汉书》（点校本）第4册，中华书局，1962年版，第1137页。

化，可谓仁圣矣”[①]（《对胶西王越大夫不得为仁第三十二》：268）。长期以来，学界多因关注前两句格言而忽视了后两句的重要性，其实在董仲舒看来这四句话是形成一个完整的儒家仁圣观链条：越国之所以没有仁人，是因为所谓“三仁”都是以行诈的方式取得霸业，君子不为；而真正的仁人圣贤除了遵循正道而不谋私利、顺应大道而不着急建立功勋之外，还需要“致无为”，即反对过度有为，控制自己的欲望，守好自己的底线，才可以达到“移风易俗”的效果，三者相得益彰，不可缺少。这其实是董仲舒用“无为”思想来规避地方诸侯过度有为的一种努力，因此不能忽略此处“致无为”的作用。

虽然董仲舒提出反对西汉统治阶层过度有为的“无为”思想在当时并没有成效，但是汉儒依然在用“无为而治”的思想作为规避恶性政治的一种手段，促进汉朝政治的有序合理发展，如匡衡、王充等学者也都在不同方面提倡实现“无为而治”的良性政治。

结　语

由于董仲舒“亲见四世之事”[②]，约高祖九年出生到武帝太初元年之前去世，“寿达 90 余岁”[③]，几乎见证了西汉初期至中期的政治与文化变迁，所以其“无为”思想在不同时期就有了各自的时代印记：董仲舒仕于景帝朝时受黄老道家影响，吸收黄老“无为”与君人南面之术，并试图融合儒道思想，进行汉代新儒学理论建构；随着汉代统治秩序的恢复，大一统的逐渐加深，如何处理君臣关系成为时代主题，景武之际的董仲舒吸收诸子百家思想，形成了对于“君无为而

---

① 《汉书・董仲舒传》以为诸侯王是“江都易王”，董仲舒所对之言为“正其谊不谋其利，明其道不计其功，是以仲尼之门……”并无“致无为而习俗大化”之语。见：（东汉）班固撰、（唐）颜师古注：《汉书》（点校本）第 8 册，中华书局，1962 年版，第 2524 页。二者差异并非本文讨论主题，故此处文本仍以《春秋繁露》为主。

② （东汉）班固撰、（唐）颜师古注：《汉书》（点校本）第 11 册，中华书局，1992 年版，第 3831 页。

③ 周桂钿：《董学探微》，福建教育出版社，2015 年版，第 5—9 页。

臣有为”这一君臣分工模式的新诠释，并注入了阴阳学说，探寻君臣分工的源头性依据；当黄老逐渐退出政治舞台，儒家发挥的作用越来越大，而汉初诸帝没有实现的“受命改制”、制礼作乐等制度构建问题逐渐提上日程，董仲舒立足儒家“无为而治”思想所提出的“改制无易道”，不仅继承了孔子以来的儒家礼乐文化的因袭与损益之道，也间接促成了汉武帝的“太初改制”；携“文景之治”余温，武帝朝国力空前提高，但刘彻本人好大喜功、劳民伤财，导致社会贫富差距扩大，董仲舒立足于反对君主与诸侯王等统治阶层过度有为的情况，提出“调均”“致无为”等“无为而治”主张，希冀以“无为”促“善治”，实现良性政治。总而言之，董仲舒“无为”思想的四个维度既反映了其学说的变迁性与复杂性，又立足于汉代的社会政治现实，理论联系实际而充满活力，有“经世致用”的特点，是董仲舒思想体系中不可忽视的一环，也对后世的“无为而治”理论产生了深远影响。

本文为“2018 中国·衡水董仲舒与儒家思想国际学术研讨会”提交的论文。

何大海（1988—），男，辽宁大连人，陕西师范大学哲学与政府管理学院中国哲学博士后。

天道无为，治道崇本

——从《春秋繁露》看儒家的“无为之治”

孙占卿

今天我们习惯地把“无为之治”归于道家，但客观地看，无为之治是先秦政治理念的“共法”。如《论语》中孔子就说：“无为而治者，其舜也与？夫何为哉，恭己正南面而已矣。”[①] 而《韩诗外传》所记颜渊所言，并得到孔子赞赏的“君绥于上，臣和于下，垂拱无为，动作中道，从容得礼，言仁义者赏，言战斗者死，则由何进而救，赐何难之解。”[②] 按照今天的标准，显然可以归入道家了。这大约与先秦诸子对天道无为的一致认知有关。因此，至如“君逸臣劳”也并非黄老一派之术，[③] 而是秦汉儒家也持有的观点。但儒家的“无为之治”思想显然与道家不同，具有明显的“儒家性格”，先秦儒家对无为之治的论述侧重理念，这或许是与当时缺乏明确的可以言说的政治对象有关。

董仲舒著认为“《春秋》记天下之得失，而见所以然之故。甚幽

---

① 《论语·卫灵公》。

② 《韩诗外传·卷七》。类似说法在儒家经典中并不少见，如《孟子·离娄上》中也说：“争地以战，杀人盈野；争城以战，杀人盈城。此所谓率土地而食人肉，罪不容于死。故善战者服上刑，连诸侯者次之，辟草莱、任土地者次之。”

③ 参见王中江著《黄老学的法哲学原理、公共性和法律共同体理想——为什么是“道”和“法”的统治》，《天津社会科学》2004年第4期。

而明，无传而著，不可不察也。夫泰山之为大，弗察弗见，而况微渺者乎？故案《春秋》而适往事，穷其端而视其故”，《春秋繁露》通过解读春秋，品评政治，较为系统地呈现出儒家“无为之治”的政治思想体系[1]。

一、儒家政治学的基调：仁爱而无为

如果说道家是系统性地反对秩序设计，无为而自然，儒家则强调天道的根本品格是仁爱，仁爱而无为。道家的无为强调无行动，儒家的无为强调勿伤害。

“《春秋》明得失，差贵贱，本之天”[2]，在董仲舒看来，孔子作《春秋》就是要本天道，为政治立法。董仲舒指出“圣者法天，贤者法圣，此其大数也。得大数而治，失大数而乱，此治乱之分也。所闻天下无二道，故圣人异治同理也”[3]，儒家的政治信念来自对天道的遵循，天道无二，政治正义也没有其他理路。因此，董仲舒在回应“王者必改制”时，指出王者改制改变的是正朔、服色，而“若夫大纲、人伦、道理、政治、教化、习俗、文义尽如故，亦何改哉？故王者有改制之名，无易道之实”[4]。

天道揭示了仁爱而勿伤，积极而无为的政治理念。

子曰：“天何言哉？四时行焉，百物生焉，天何言哉？”[5]

在孔子看来，天道一体两面，具有两个基本的德性。一是养民，这是天道作为行动总体的品德，上天有好生之德，因此四时有序，万物生养；二是无为，这是天道整体的性格，即上天养育万物，却迈出万物，不干涉事物的生长发生。因此孔子说：“无为而治者，其舜也

① 苏舆《春秋繁露义证》“自序”说：“《繁露》非完书也。而其说《春秋》者，又不过十之五六。”但总体而言，《春秋繁露》整体是基于对《春秋》的解读和发挥。

② 《春秋繁露·重政》。

③ 《春秋繁露·楚庄王》。

④ 同上。

⑤ 《论语·阳货》。

与？夫何为哉，恭己正南面而已矣。”董仲舒解释说：“言其主尧之道而已。此非不易之效与?”① 认为“《春秋》之法，以人随君，以君随天”② 是不易之王道。

政治的初衷在于除患。“至意虽难喻，盖圣人者贵除天下之患”③，在儒家看来，政治成为人类的基本活动方式，是因为其能“免除苦难”。因此能否使百姓免除苦难是政治合法性的根本标准。

> 天下者无患，然后性可善；性可善，然后清廉之化流；清廉之化流。然后王道举，礼乐兴。④

因此儒家传说中的圣王核心事迹都是拯救百姓，如有巢氏、燧人氏等⑤，这是与儒家的天道认知一脉相承的。孟子认为周之先祖宁可丧失君位不愿让百姓蒙难的品德，是其“后世子孙必有王者”的根本⑥；而汤武革命的合法性则在于其为百姓带来的解除苦难的恩泽，“民望之，若大旱之望云霓”⑦；如果统治者不但不能为百姓免除苦难，甚至成了苦难的制造者，则杀之不为弑君。“贼仁者谓之贼，贼义者谓之残，残贼之人谓之一夫。闻诛一夫纣矣，未闻弑君也。”⑧

二、政治的合法性：法天养民

与道家整体性的无为相比，董仲舒认为无为主要是指君德。

道家的无为是整体性基调，君王无为，百姓也要无为。因此君王固然要“不尚贤，使民不争；不贵难得之货，使民不为盗；不见可

① 《春秋繁露・楚庄王》。

② 《春秋繁露・玉杯》。

③ 《春秋繁露・盟会要》。

④ 同上。

⑤ 参见《孟子・滕文公上》“当尧之时”章，后韩愈作《原道》做了进一步发挥。

⑥ 《孟子・梁惠王下》。

⑦ 同上。

⑧ 同上。

欲，使心不乱。是以圣人之治，虚其心，实其腹，弱其志，强其骨”；百姓也要“民无知无欲。使夫知者不敢为也。为无为，则无不治”，“国相望，鸡犬之声相闻，民至老死，不相往来”①。

儒家认为君王是天道落实在人道的代表。董仲舒指出“天高其位而下其施，为人主者，法天之行”。人道与天道的关系类似柏拉图所讲的“分有”，人道是天道仿效者，而君主与天下的关系，类似于上天之与万物的关系，“为人君者居无为之位，行不言之教，寂而无声，静而无形，执一无端，为国源泉”②。

（一）安民而王

儒家的“仁政”学说首先强调君对民的义务，统治者（君）与被统治者（民）之间关系形成的前提是君主有德，能养民。这并非是儒家独有的，如管子就有“予之为取”的说法，而“仓廪实，则知礼节，衣食足，则知荣辱”更是明确将百姓的养育问题作为政治秩序的逻辑起点③。养民是政治统治合法性的根本依据。养民是要让百姓得到平安生活是统治者的基本任务。“养生丧死无憾，王道之始”；“七十者衣帛食肉，黎民不饥不寒，然而不王者，未之有也”④。

董仲舒一脉相承了孟子“保民而王”的思想。

> 天之生民，非为王也，而天立王以为民也。故其德足以安乐民者，天予之；其恶足以贼害民者，天夺之。⑤

天道有恒，君主要谨奉天道，不妄为。君王守天道则天授之君位，虽尧舜不可擅移；逆天道则天夺其位而亡。儒家讲王道，多举《诗经》说“溥天之下、莫非王土。率土之滨、莫非王臣”⑥，但并非

---

① 《道德经》。

② 《春秋繁露·保位权》。

③ 《管子·牧民》。

④ 《孟子·梁惠王上》。

⑤ 《春秋繁露·尧舜不擅移、汤武不专杀》。

⑥ 语出《诗经·小雅·北山》，但在儒家系统中“天下”与“国家”是两个不同的概念，孟子以前讲王道主要是一个文化概念，如孟子讲“地方百里可以王”，大一统王朝建立后，王道的概念就和国家混同了。

是一种专制主义的姿态，董仲舒指出：

> 故王者爱及四夷，霸者爱及诸侯，安者爱及封内，危者爱及旁侧，亡者爱及独身。独身者，虽立天子诸侯之位，一夫之人耳，无臣民之用矣。如此者，莫之亡而自亡也。①

显然，从“仁者爱人”的角度，君主爱人的心志和能力是其作为“王”的合法性标准。

其次，君主应有敬畏天命、敬畏生民之心。“春秋之论事，莫重于志”②，从君主之心论政是儒家的传统，如孟子就说“先王有不忍人之心，斯有不忍人之政”。董仲舒指出上天有生民之德，君王作为天道在人间秩序中的代表，其职分在于安民，“五帝三王之治天下，不敢有君民之心”③。

第三，针对家天下的政治模式，董仲舒指出血统并不是君位合法性的来源。君若妄为就失去了合法性。

> 桀纣皆圣王之后，骄溢妄行。侈宫室，广苑囿……周发兵，不期会于孟津者八百诸侯，共诛纣，大亡天下。《春秋》以为戒，曰：“蒲社灾。”④

董仲舒认为君主是代天掌管天下的，一旦其政令得不到人民的拥护了，其合法性就丧失了。

> 君也者，掌令者也，令行而禁止也。今桀纣令天下而不行，禁天下而不止，安在其能臣天下也？果不能臣天下，何谓汤武弑？⑤

既然不能令天下信服，也就不是天下之君主。董仲舒进一步阐发了孟子“贼仁者谓之贼，贼义者谓之残，残贼之人谓之一夫。闻诛一夫纣矣，未闻弑君也”的观点⑥，指出君主罔顾安民之责，自然会失

---

① 《春秋繁露·仁义法》。

② 《春秋繁露·玉杯》，同篇又云：“《春秋》之好微与？其贵志也。”

③ 《春秋繁露·王道》。

④ 同上。

⑤ 《春秋繁露·尧舜不擅移、汤武不专杀》。

⑥ 《孟子·梁惠王下》。

去天道眷顾，迎来改朝换代，“故夏无道而殷伐之，殷无道而周伐之，周无道而秦伐之，秦无道而汉伐之。有道伐无道，此天理也，所从来久矣”①。

（二）节民之欲

子适卫，冉有仆。子曰：“庶矣哉!”冉有曰：“既庶矣。又何加焉?”曰：“富之。”曰：“既富矣，又何加焉?”曰：“教之。”②

明君制民之产，必使仰足以事父母，俯足以畜妻子，乐岁终身饱，凶年免于死亡。然后驱而之善。③

当民收到君提供的安定生活待遇后，君一民之间开始形成管理和被管理关系。“子曰：‘道之以政，齐之以刑，民免而无耻；道之以德，齐之以礼，有耻且格’”，孟子说“善政，不如善教之得民也。善政民畏之，善教民爱之；善政得民财，善教得民心”④，因此，儒家的治民之术主要是礼乐教化。

首先，宽容对待现实中的人性之恶。董仲舒从人性的现实情况出发探讨治理。

今善善恶恶，好荣憎辱，非人能自生，此天施之在人者也。⑤

人受命于天，有善善恶恶之性，可养而不可改，可豫而不可去，若形体之可肥，而不可得革也。是故虽有至贤，能为君亲含容其恶，不能为君亲令无恶。事亲亦然，皆忠孝之极也。非至贤安能如是?父不父则子不子，君不君则臣不臣耳。⑥

人性之善固出于天命，恶亦出于天命，作为政治秩序的主动者和组织者，君主不能因此厌恶人民，或者视而不见，应该实事求是地“含容其恶”而行教化。事实上先秦儒家一直有宽容对待百姓品格的

---

① 《春秋繁露·尧舜不擅移、汤武不专杀》。

② 《论语·子路》。

③ 《孟子·梁惠王上》。

④ 《孟子·尽心上》。

⑤ 《春秋繁露·竹林》。

⑥ 《春秋繁露·玉杯》。

理念，但对实际政治活动中如何对待客观的人性之恶，多语焉不详，是由于孔孟主要是对士大夫立言。董仲舒认为泛泛地说性善、性恶没有意义，需要从行动的“发动处”看，他对孟子“性善说”和善的标准做了分析和推进。

> 性有善端，动之爱父母，善于禽兽，则谓之善。此孟子之善。循三纲五纪，通八端之理，忠信而博爱，敦厚而好礼，乃可谓善。此圣人之善也。①

董仲舒指出：以善的最高标准衡量人，很难由善人；而将人之异于禽兽者作为人性之善，也不妥，应该将其可能为善的那种动机作为人性之“善端”。因此，既能解释现实之恶，也能引导潜在之善。

其次，君主应该宽容待民，严谨律己。董仲舒指出治理矛盾主要是统治者对仁义的理解不对造成的。《春秋》所倡导的治理，无非是治人和自治。

> 《春秋》之所治，人与我也。所以治人与我者，仁与义也。以仁安人，以义正我，故仁之为言人也，义之为言我也。②

仁义之治，仁是对人的，讲爱；义是对己的，讲正。“仁之法在爱人，不在爱我。义之法在正我，不在正人。我不自正，虽能正人，弗予为义。人不被其爱，虽厚自爱，不予为仁。”③ 反映了儒家关于政治治理的基本逻辑，“正已而后正人”④，因此政治治理中，对民要宽以爱，对自身要严而正。

再次，善用百姓人性之善恶转化为治理制度。董仲舒提出百姓有欲不仅是客观的，也是治理手段得以建构的凭借。“民无所好，君无以权也。民无所恶，君无以畏也。无以权，无以畏，则君无以禁制也。无以禁制，则比肩齐势而无以为贵矣。”⑤ 政治活动的组织正是

---

① 《春秋繁露·深察名号》。

② 《春秋繁露·仁义法》。

③ 同上。

④ 《论语·颜渊》：季康子问政于孔子。孔子对曰：“政者，正也。子帅以正，孰敢不正？”

⑤ 《春秋繁露·保位权》。

借由此建立起来的，“设官府爵禄，利五味，盛五色，调五声，以诱其耳目，自令清浊昭然殊体，荣辱踔然相驳，以感动其心，务致民令有所好。有所好然后可得而劝也。既有所劝，又有所畏，然后可得而制”①。因此，“圣人之制民，使之有欲，不得过节；使之敦朴，不得无欲。无欲有欲，各得以足，而君道得矣”②。但董仲舒提醒君主，制度设立过犹不及，“所好多则作福，所恶多则作威。作威则君亡权，天下相怨；作福则君亡德，天下相贱”③。

三、政治的运作：共治而独威

（一）君臣分职而治

董仲舒指出“君人者，国之元，发言动作，万物之枢机。枢机之发，荣辱之端也。失之豪厘，驷不及追”，建议“故为人君者，谨本详始，敬小慎微，志如死灰，精养神，寂莫无为”④。君主作为最高政治权威，应该对权力保持足够的敬畏和谨慎，因此君主的政治权力通过官僚体系（臣）来推行。

首先，君阳臣阴的“君臣分职而治，各敬而事”职分分工。君主对天道负责，官僚体系对君主负责，“君一臣”是一对阴阳关系。君为阳，“为人主者，法天之行”，负责道德和政治的价值，“外博观，所以为明也；任群贤，所以为受成；乃不自劳于事，所以为尊也；凡爱群生，不以喜怒赏罚，所以为仁也”。臣为阴，“为人臣者，法地之道……常竭情悉力而见其短长，使主上得而器使之，而犹地之竭竟其情也”。在君臣关系中，君是主动者，“因国以为身，因臣以为心。以臣言为声，以臣事为形”官僚体系如同君主的肢体，负责响应、完成君主的决策，在权力运行时“有声必有响，有形必有影。声出于内，

---

① 《春秋繁露·保位权》。
② 同上。
③ 同上。
④ 《春秋繁露·立元神》。

响报于外；形立于上，影应于下”①，最终实现“上下相制使，则百官各得其所。形体无所苦，然后身可得而安也；百官各得其所，然后国可得而守也”②。

其次，君居阴而为阳，臣居阳而为阴，“功出于臣，名归于君”的名分责任归属③。

> 为人君者，其要贵神。神者，不可得而视也，不可得而听也，是故亲而不见其形，听而不闻其声。声之不闻，故莫得其响，不见其形，故莫得其影。④

尽管君权借助官僚体系运行，但董仲舒强调君权必须是“隐形的”，君“内深藏，所以为神”，臣“暴其形，出其情以示人，高下、险易、坚耍、刚柔、肥、美恶”。因此君主决策而隐身，臣执行以“示人”，“是故《春秋》君不名恶，臣不名善，善皆归于君，恶皆归于臣。臣之义比于地，故为人臣者，视地之事天也。为人子者，视土之事火也。虽居中央”⑤。

这种机制设计的好处在于：

一是为维护皇权的权威性，“莫得其影则无以曲直也，莫得其响则无以清浊也。无以曲直则其功不可得而败，无以清浊则其名不可得而度也”⑥。官僚体系不仅是君权的行使者，同时也是责任承担者，给君主保留进退的余地。

二是为维护君权的神秘性。“所谓不见其形者，非不见其进止之形也，言其所以进止不可得而见也。所谓不闻其声者，非不闻其号令之声也，言其所以号令不可得而闻也。”⑦ 因为无法窥测，也就无法轻易觊觎。

---

① 《春秋繁露·立元神》。
② 《春秋繁露·通国身》。
③ 春秋繁露·立元神》。
④ 同上。
⑤ 《春秋繁露·阳尊阴卑》。
⑥ 《春秋繁露·立元神》。
⑦ 《春秋繁露·立元神》。

（二）君权威不可共

儒家一直反对君权被分割，认为这是政治败落之根由。

孔子曰："天下有道，则礼乐征伐自天子出；天下无道，则礼乐征伐自诸侯出。自诸侯出，盖十世希不失矣；自大夫出，五世希不失矣；陪臣执国命，三世希不失矣。天下有道，则政不在大夫。天下有道，则庶人不议。"①

儒家承认就具体的政治统治而言，是存在统治集团的，如孟子回答齐宣王时就说卿有不同，"有贵戚之卿，有异姓之卿"，前者属于统治集团内部，具有分享权力的机会，后者则类似今天的职业经理人②。

董仲舒认为君权的独立性和完整性是政治统治秩序的根本，"为人君者，固守其德，以附其民；固执其权，以正其臣"③。

国之所以为国者德也，君之所以为君者威也，故德不可共，威不可分。德共则失恩，威分则失权。失权则君贱，失恩则民散。民散则国乱，君贱则臣叛。④

与孔、孟相比，董仲舒所处的统一王朝政治复杂程度更高，因此对君权的独立性和完整性要求也就更高。

君权的权威还体现在对官僚体系的监督、赏罚权。董仲舒指出尽管从理论上官僚体系与君主之间是"主一被"的关系，但仍然存在执行不力等问题。

响有清浊，影有曲直，响所报非一声也，影所应非一形也。故为君虚心静处，聪听其响，明视其影，以行赏罚之象。其行赏罚也，响清则生清者荣，响浊则生浊者辱，影正则生正者进，影枉则生枉者绌。击名考质，以参其实。赏不空施，罚不虚出。⑤

---

① 《论语·季氏》。

② 《孟子·万章下》，顾炎武关于肉食者与匹夫的责任区分（参见顾炎武《日知录·正始》）正是源于孟子。

③ 《春秋繁露·保位权》。

④ 同上。

⑤ 《春秋繁露·保位权》。

通过监督、赏罚，君权实现了运行上的闭环，同时也强化了自身的权威。

总结：治国在崇本

董仲舒将政治秩序的来源归结为天、地、人三个方面："天地人，万物之本也。天生之，地养之，人成之。天生之以孝悌，地养之以衣食，人成之以礼乐。"① 在他看来，伦理纲常是天道所命；衣食安居是地之所产；礼乐制度是人之所设。若无三者，人就回到野蛮社会"则民如麋鹿，各从其欲，家自为俗。父不能使子，君不能使臣，虽有城郭，名曰虚邑"。

老子云："治大国若烹小鲜"②，孟子也说"为政不难"③，治国是非常复杂的政治活动，但其根本原则却往往并不复杂。董仲舒指出君主治理不能依靠"峻刑重诛"，而应回到政治秩序的来源处求解。

如今，政治经济生活的根本秩序早已被现代大规模、多元化的知识生产所遮蔽，政治理论层出不穷，治理技术日新月异，沙上筑塔终无益。讨论中华民族的伟大复兴时，我们实在有必要回到先圣前贤思考的起点，重新反思：我们的先民是为何走进政治的。

本文为"2018中国·衡水董仲舒与儒家思想国际学术研讨会"提交的论文。

孙占卿（1977-），男，山东费县人，广州市社会科学院副研究员。

---

①《春秋繁露·保位权》。

②《道德经》。

③《孟子·离娄上》。

“素王”孔子的成立：基于董仲舒《天人三策》的研究[①]

郑济洲

《天人三策》是中国历史上一次著名的贤良对策，它发生在汉武帝元光元年[②]。通过这一次对策，董仲舒在尊王的同时，促成了“素王”孔子在西汉的成立。《左传·襄公二十四年》载：“太上有立德，其次有立功，其次有立言，虽久不废，此之谓三不朽。”[③] 立德、立功和立言是中国古人对历史人物能够不朽于青史之原因的精炼概括。笔者认为，孔子在西汉能为儒林领袖奉为“素王”，正是因为在德、功和言三个方面都极其杰出，而《天人三策》最早在这三个方面确立了孔子的“素王”地位。

一、立德：圣德天授，明礼通天

董仲舒是西汉春秋公羊学的宗师，他在《天人三策》中用春秋公

---

① 本文为国家社科重点课题“中国古代管理思想”，其项目批准号为：13AZD032。

② 陈苏镇先生据《天人三策》中“今临朝而愿治七十余岁矣”一句断定董仲舒对策的时间在元光元年，其说可信。见陈苏镇：《〈春秋〉与“汉道”：两汉政治与政治文化研究》，中华书局，2011年版，第224页。

③ 刘勋：《春秋左传精读》第2册，新世界出版社，2014年版，第1128页。

羊学的义理来阐释“孔子言”，孔子“素王”地位的最初成立也是在公羊学的诠释之下的。《天人三策》载孔子曰：“凤鸟不至，河不出图，吾已矣夫!”[①] 董子在这句话之后解释到“自悲可致此物，而身卑贱不得致也”[②]。孔子将“凤鸟不至，河不出图”与自己的境遇联系起来，体现出他思维世界中的天命意识，也表现出在礼崩乐坏的春秋末年孔子匡扶天下的责任情怀。而董子的诠释揭示了天命与王位在孔子身上的矛盾，他认为孔子自识可以得到天命，却因为无王位而无法得到天命。

在中国古人的思维世界中，“天命”是与生俱来的，因为世袭王位的关系，天子生来就有“天命”。孔子虽然没有王位，但是在当时许多人看来，孔子生来就具有“天命”。胡适在《说儒》中提出，在殷亡之后，殷遗民中曾流传着一个预言（“悬记”）：将有一位“王者”起来，完成殷的“中兴”大业。但是，到了孔子的时代，“他们好像始终保存着民族复兴的梦想，渐渐养成了一个‘救世圣人’的语言”[③]，而孔子正是这一应运而生的“圣人”。在孔子在世之时，他就被身边的人视作圣人。《论语·子罕》记载，太宰问于子贡曰：“夫子圣者与？何其多能也？”子贡曰：“固天纵之将圣，又多能也。”[④] 据此，在当时的部分官员和孔子的弟子眼中，孔子就是天生的圣人。然而，孔子自己并不以“圣人”自居，他说：“若圣与仁，则吾岂敢。”[⑤]（《论语·述而》）当他面对太宰和子贡的赞美时，他是用“君子”来指代自己。在《论语·八佾》所记载的“仪封人请见”一章中，“仪封人”亦用“君子”指称孔子：“君子之至于斯也，吾未尝不得见也。”之后说：“二三子何患于丧乎？天下之无道久矣，天将以夫

---

① （汉）班固撰，（唐）颜师古注：《汉书》第8册，中华书局，1962年版，第2503页。

② 同上。

③ 胡适：《说儒》，漓江出版社，2013年版，第49页。

④ 程树德：《论语集释》第2册，中华书局，1990年版，第579—583页。

⑤ 同上，第500页。

子为木铎。”[①] 在“仪封人”看来，孔子是“君子”中出类拔萃者，他禀受天命，上天赋予夫子传道、救世的使命。由此，与其说孔子是“君子”，不如说他是“圣人”更为贴切“仪封人”的想法。

日本学者白川静曾经对孔子时代的“圣”字做过诠释，圣字“会意，‘耳’‘口’‘壬’组合之字。‘壬’为踮起脚尖站立者的侧视图。‘口’为‘’，置有向神祷告的祷辞的祝咒之器。‘壬’上写有大‘耳’，强调地表示听（听）的动作。古人相信耳可以捕捉到神声，尽管神声微乎其微。诵咏祝词，踮起脚尖向神祷告，可以听到神明的诏示的人，谓‘圣’，即圣职者”[②]。概而言之，“圣人”是可以与天神相往来的人，孔子被视为“圣人”，实际上内蕴着他获得了“天命”的诏示。虽然，终孔子一生，他都不愿以“圣人”自称，但是，夫子并不否认自己获得了天命。

《论语·子罕》载，子畏于匡，曰：“文王既没，文不在兹乎？天之将丧斯文也，后死者不得与于斯文也；天之未丧斯文也，匡人其如予何？”[③]《论语·述而》载，子曰：“天生德于予，桓魋其如予何？”[④]《史记·孔子世家》还原了后一处话语的情境，孔子去曹适宋，与弟子习礼大树下。宋司马桓魋欲杀孔子，拔其树。孔子去。弟子曰：“可以速矣。”孔子曰：“天生德于予，桓魋其如予何？”[⑤] 通过上述两处引文，我们可以看出孔子的天命意识是自觉的。当受困于匡时，孔子认为自己禀赋了上天所授予的传布礼乐文化的使命；当遇难于宋时，孔子申明自己的德行是上天授予的。

与当时人对孔子生而得“天命”的认识不同，夫子认为自己获得“天命”是长时间积累的过程。《论语·述而》载，子曰：“我非生而

---

① 程树德：《论语集释》第1册，中华书局，1990年版，第219页。

② ［日］白川静：《常用字解》，九州出版社，2010年版，第253—254页。

③ 程树德：《论语集释》第2册，中华书局，1990年版，第578—579页。

④ 程树德：《论语集释》第2册，北京：中华书局，1990年版，484页。

⑤ （汉）司马迁撰，（宋）裴骃集解，（唐）司马贞索隐，（唐）张守节正义：《史记》第6册，中华书局，1959年版，第1921页。

知之者，好古，敏以求之者也。”[①] 孔子还说：“吾十有五而志于学，三十而立，四十而不惑，五十而知天命，六十而耳顺，七十而从心所欲，不逾矩。”[②]（《论语·为政》）此处引文可视为夫子的晚年定论，它意味着，经历了五十年左右的时光，孔子才确信自己知晓了“天命”。既然夫子否定了自己的“生而知之”，那么他是通过怎样的过程才“知天命”的呢？笔者认为，孔子“知天命”源于他对礼乐文化长时间的学习和探索。

《论语·季氏》记载了孔子对孔鲤“学礼以立”的教诲，而在《论语·尧曰》中，夫子说：“不知礼，无以立。”[③] 结合他“三十而立”的晚年断语，我们可以得出，孔子认为礼乐文化是人安身立命的基本条件。我们知道孔子“年少好礼”[④]，到了三十多岁时，他已经是鲁国最负盛名的礼学专家。以至于鲁国贵族孟僖子将死前召其大夫曰：“礼，人之干也；无礼，无以立。吾闻将有达者曰孔丘，圣人之后也……臧孙纥有言：‘圣人有明德者，若不当世，其后必有达人。’今其将在孔丘乎？我若获，必属说与何忌于夫子，使事之，而学礼焉，以定其位。”[⑤] 后来何忌（即孟懿子）果然和另一位鲁人南宫敬叔同时“师事仲尼”。孟僖子的临终遗言将孔子视为“圣人之后”，并认为夫子之所以可以成为圣人，是因为他领悟了礼乐文化的真谛，并因此培养起自己的圣人之德。

孟僖子的言语将孔子、礼、德性和圣人联系了起来。上文已经论述了圣人与“天命”的关系，而在孔子的时代，礼乐文化也与“天命”息息相关。《左传》文公十五年（前612）季文子说：“礼以顺

---

① 程树德：《论语集释》第2册，中华书局，1990年版，第480页

② 程树德：《论语集释》第1册，中华书局，1990年版，第70—76页。

③ 程树德：《论语集释》第4册，中华书局，1990年版，第1378页。

④ （汉）司马迁撰，（宋）裴骃集解，（唐）司马贞索引，（唐）张守节正义：《史记》第6册，中华书局，1959年版，第1908页。

⑤ 刘勋：《春秋左传精读》第3册，新世界出版社，2014年版，第1387—1388页。

天，天之道也。”[1]《左传》昭公二十五年（前517）追记子产对“礼”的界说云：“夫礼，天之经也，地之义也，民之行也。”[2] 在春秋时期，知识分子普遍认为礼乐文化的根源在于天道。《说文解字》“示”部说：“礼，履也，所以事神致福也；从示，从豊。”又“豊”部：“豊，行礼之器也；从豆，象形。”王国维《释礼》一文讨论殷墟卜辞“豊”字，以为此字上半之“𡴑”“象二玉在器之形”，并指出，古者行礼以玉，故《说文》曰：“豊，行礼之器。”其说古矣。……实则“豊”从珏，在凵中。从豆乃会意字，而非象形字也。盛玉以奉神人之器，谓之“𡴑”若豊，推之而奉神人之酒醴，亦谓之醴，又推之而奉神人之事，通谓之礼[3]。据此，行礼是古人与天神往来的手段，礼乐文化内蕴着“天命”的真谛。孔子称自己“五十而知天命”，正是通过长时间的学礼、行礼、立于礼、领悟礼的过程，最终洞悟了礼乐文化的真谛来源于天。孔子对自己得天命的意识是建立在学礼的过程中的，而他所自信的“天生德于予”亦是在不断学礼的过程中形成的。

在孔子的思维世界中，礼是德的表现，德内蕴于礼中，孔子往往用“仁”来指代礼中之“德”。孔子说：“人而不仁，如礼何？人而不仁，如乐何？”[4]（《论语·八佾》）由此可见，礼与仁互为表里，礼是仁的外在行为，仁是礼的内在德性。孔子对礼的长时间的学习，是一个内在超越的过程，这一超越使孔子探索到天命的真谛，领悟到了天命之德（仁）。孔子曾说：“天何言哉？四时行焉，百物生焉，天何言哉？”[5]（《论语·阳货》）当孔子证悟天命时，他与天的对话是精神的往来，不需要用言语，内心的一点灵犀就能知晓天命的诏示。人们称

① 刘勋：《春秋左传精读》第2册，新世界出版社，2014年版，第634页。

② 刘勋：《春秋左传精读》第3册，新世界出版社，2014年版，第1581页。

③ 王国维著，彭林整理：《观堂集林》（外二种），河北教育出版社，2001年版，第143—144页。

④ 程树德：《论语集释》第1册，中华书局，1990年版，第142页。

⑤ 同上，第1227页。

孔子为“圣人”，认为只有他获得了天命，孔子虽不以“圣人”自居，但他自信德可通天，他甚至认为普天之下只有“天”真正理解他。他说：“不怨天，不尤人。下学而上达。知我者，其天乎！”[①]（《论语·宪问》）孔子通过学礼而知晓“天命”，而“天命”的诏示让他确信自己毕生的努力，天地之间，唯夫子知天，也只有天知夫子。

孔子的立德是他证悟礼乐文化的结果。礼的本源在天，孔子通过学礼，一次次靠近天命之真谛。当夫子之德足以匹天之时，他被人们称为“圣人”，认为他生来禀赋了天命。而孔子清楚自己获得天命是“下学而上达”的结果，他勉励弟子勤奋学习，告诉他们“君子有三畏：畏天命，畏大人，畏圣人之言”（《论语·季氏》）。在孔子看来，天命对每一个人开放，只要你坚持学礼，不断行礼，你就在不断地与“天命”靠近。孔子认为，天命是一种德行，是“仁”，他之所以自信“天生德于予”，不过是他领悟了天命之“仁”。孔子用生命推行仁道，践行仁道，教授仁道，是为“立德”。而当他人接受了孔子的学说，并推广孔子的学说时，孔子对中国历史的功德亦昭然若揭。

二、立功：专行教道，素位为政

在董仲舒春秋公羊学的学说视阈下，孔子所说的“凤鸟不至，河不出图，吾已矣夫！”成了孔子对自己有德无位的悲叹。在董子看来，有位天子必须以教化天下为第一要务，他在《天人三策》中指出：“今陛下贵为天子，富有四海，居得致之谓，操可致之势，又有能致之资，行高而恩厚，知明而意美，爱民而好士，可谓谊主矣。然而天地未应而美祥莫至者，何也？凡以教化不立而万民不正也。”[②] 董仲舒认为，汉武帝时期天下未得大治的一个根本原因是教化不行。换言之，教化的施行与否是衡量“王之为王”的一个条件。事实上，通过

---

① 程树德：《论语集释》第3册，中华书局，1990年版，第1019页。

② （汉）班固撰，（唐）颜师古注：《汉书》第8册，中华书局，1962年版，第2503页。

笔者对《论语》“子奚不为政”章的考察，孔子之所以在西汉被奉为“素王”，与其晚年“专行教道”息息相关。

《淮南子·主术训》记载：“孔子之通，智过于苌弘，勇服于孟贲，足蹑郊菟，力招城关。能亦多矣。然而勇力不闻，伎巧不知，专行教道，以成素王，事亦鲜矣。”① 此处引文的作者认为孔子是一个智慧过人、勇力胜人、多才多艺的通才，然而他之所以成为“素王”，是因为他专门推行教化之道。这处引文的作者历史性地将孔子布教和他成为“素王”联系起来，在他论述的孔子的“通”与“专”之间，我们不禁有意对孔子的“专行教化”做一番考察。我们的问题有，孔子是何时开始“专行教化”的？孔子的“专行教化”对于春秋末期的社会具有什么作用？

孔子三十多岁开始教授弟子，近代以来的学术大家往往据此称孔子为“伟大的教育家”，实际上在孔子的生活中，教化是他政治生活的延伸，孔子从来没有放弃过参与政治。《为政》是《论语》的第二篇，笔者认为它与《论语》的第一篇《学而》是紧密相关的。“为政”是“为学”的目的，“为学”是“为政”的条件。孔子开设杏坛的目的是培养“君子”，在孔子的思维世界中，“君子”不仅有德而且有位。早年的孔子是游走于教学与为政之间的，这就是子夏所说的“学而优则仕，仕而优则学”②（《论语·子张》）。然而根据《史记·孔子世家》的记载：“孔子之去鲁凡十四岁而反乎鲁。……然鲁终不能用孔子，孔子亦不求仕。”③ 也就是说，孔子周游列国回到鲁国之后（前 484），鲁国执政者仍然没有启用孔子，而孔子自己也不愿意在入仕为官。从此之后，孔子专门施行教化。孔子晚年专行教化，与其早年积极入仕的心态迥然不同，这引起了一些人对孔子不为政的困惑，

① 刘文典撰，冯逸、乔华点校：《淮南鸿烈集解》第 1 册，中华书局，1989 年版，第 312—313 页。

② 程树德：《论语集释》第 4 册，中华书局，1990 年版，1324 页。

③ （汉）司马迁撰，（宋）裴骃集解，（唐）司马贞索引，（唐）张守节正义：《史记》第 6 册，中华书局，1959 年版，第 1935 页。

于是有了“或人”“子奚不为政”的疑问。

《论语·为政》记载，或谓孔子曰：“子奚不为政?”子曰：“《书》云：‘孝乎惟孝，友于兄弟’，施于有政。是亦为政！奚其为为政?”刘宝楠对这章的解释是，孔子引《尚书》的话，是为了说明“所行有政道”①，不在其位亦可“为政”。顺着刘宝楠的思路，作为一个普通人只要在行为上符合政道（孝友之道)，他就是在为政。笔者以为，这种解释泛化了“为政”的内涵，用“所行有政道”来理解孔子此时的“为政”实际上并没有真正领悟孔子思维世界中的“为政”。

在《论语》中，除“子奚不为政”章外，“为政”共出现三处：

子曰：“为政以德，譬如北辰居其所而众星共之。”(《论语·为政》)

季康子问政于孔子曰：“如杀无道，以就有道，何如?”孔子对曰：“子为政，焉用杀？子欲善而民善矣。君子之德风，小人之德草，草上之风，必偃。”(《论语·颜渊》)

子路曰：“卫君待子而为政，子将奚先?”子曰：“必也正名乎!”子路曰：“有是哉，子之迂也！奚其正?”子曰：“野哉，由也！君子于其所不知，盖阙如也。名不正，则言不顺；言不顺，则事不成；事不成，则礼乐不兴；礼乐不兴，则刑罚不中；刑罚不中，则民无所措手足。故君子名之必可言也，言之必可行也。君子于其言，无所苟而已矣。”(《论语·子路》)

对于“为政以德”章，既往的研究过分重视“德”与“为政”的关系。毫无疑问，德是中国古代政治的内在核心，但我们也不能忽视此章透入的“位”对于政治的重要性。执政者仅有“德”是不能构成执政者的，还需要以“位”为条件，就像北辰星居于众星核心的地位一样。面对季康子的问话，孔子答以“君子之德风，小人之德草，草上之风，必偃”，“君子”之于“小人”的区别不仅在有“德”，而且在有“位”，有德且有位方可称为“君子”。

---

① （清）刘宝楠撰，高流水点校：《论语正义》第1册，中华书局，1990年版，第66页。

因此，“为政”并不是任何人“所行有政道”就可以自命的，它是有位者用德性进行的政治活动。“或人”对孔子“奚不为政”的疑问，是对夫子不出仕的困惑，其中透出他对孔子不求位的不解。而孔子的回答是别有深意的，他并不认为自己无位而“教化”是不“为政”，相反，他将自己的教化行为视作一种政治行为。究其原因，教化是孔子以前的君王最为重要的政治行为，它是维护社会稳定的必要手段。但是在王官失守之后，掌管礼乐文化和图书典籍的官吏散落四方。孔子之时的官府已经无力且无暇施行教化，诸侯们疲于征伐和扩充领土，也无心推行教化。这时候，孔子首立私学，推行礼乐教化，实际上弥补了官府所丢失的政治职能。在孔子看来，重立教化是挽救当时礼崩乐坏的第一要务。因此，在孔子的思维世界中，专行教化虽然无实在的官府之位，但这种行为的实质仍然是一种政治行为。

毛子水在《论语今注今译中》将这章翻译为，有人对孔子说：“你为什么不干政治呢?”孔子说：“书上曾说，‘一个人要孝顺于父母；友爱于兄弟。’把孝友的道理传布到当政者，亦就是干政治！要怎样才算是干政治呢?”① 由此可见，孔子的“专行教化”的受众虽然是弟子，但他的目的是通过教化在坊间形成道德的氛围，继而影响执政者的德性和行政。孔子在周游列国时，力图通过一己的努力来矫正和改变君主的德性。而此时的孔子力图通过教化的努力，形成了一个以自己为核心、以孝友之道为共识的儒家知识分子团体，自下而上的正君之德。孔子的教化行为始终与国家的政治紧密相连，因此，他并不认为自己无位而“教化”就不是在“为政”。

根据《史记》的记载，当时孔子的“弟子盖三千焉”②。孔子“专行教化”之时，距其离世只有五年，能在暮年将儒家知识分子团体扩充到三千人，不仅对鲁国的坊间道德氛围的形成是一大功绩，更

① 王云五主编、毛子水译注：《论语今注今译》，台北：台湾商务印书馆，1979年第3版，第28页。

② （汉）司马迁撰，（宋）裴骃集解，（唐）司马贞索引，（唐）张守节正义：《史记》第6册，中华书局，1959年版，1938页。

为其身后儒家对中国历史的影响播撒了种子。《淮南子·主术训》的作者将孔子“专行教化”与他成为“素王”相连，实际上内蕴着孔子在生前的丰功伟绩。孔子早年失意于庙堂，周游列国时被人称之为“累累若丧家之犬”①，然而他从来没有放弃过挽救乱世的志向，也从未放弃影响政治。孔子始终追求一种有德性的政治，他暮年的专行教化是他在生命的尾巴的最后一种政治行为。这种政治行为产生了两个效果，一是正民之德，二是正君之德，相较于后者，孔子的转行教化对鲁国坊间的影响是巨大的。孔子通过自己道德的播种，确立了儒家团体的规模，而儒家的星星之火终于在西汉渐成燎原之火。《淮南子·主术训》的作者在论述完孔子“专行教道，以成素王”后，写道：“《春秋》二百四十二年，亡国五十二，弑君三十六，采善锄丑，以成王道，论亦博矣。”② 这段论述揭示了孔子晚年的另一项对后世中国影响深远的事件，即制作《春秋》。相传孔子之后，通过家学与师承，《春秋》共分五传，而西汉儒宗董仲舒承学了《春秋公羊传》。董仲舒在《天人三策》中明春秋公羊学之奥义，为西汉王朝确立了往后发展的蓝图，亦确立了孔子成为“素王”的制度基础。我们所谓的“《春秋》为汉立法”，在最初意义上就是春秋公羊学为汉立法，公羊学家们认为孔子制作《春秋》正是为之后的王朝的托古改制提供“王道”的参照。因此，孔子作《春秋》，通过“立言”的方式为后世的王朝“立法”，这一行为也与他被后世的儒者视为“素王”息息相关。

三、立言：人情原天，托古改制

董仲舒在《天人三策》中说：“孔子作《春秋》，先正王而系万

① （汉）司马迁撰，（宋）裴骃集解，（唐）司马贞索隐，（唐）张守节正义：《史记》第6册，中华书局，1959年版，第1921页。

② 刘文典撰，冯逸、乔华点校：《淮南鸿烈集解》第1册，中华书局，1989年版，第312—313页。

世，见素王之文焉。”[①] 在此，董子把孔子所作之《春秋》视为“素王之文”，其中蕴含着两层意思，其一，《春秋》彰显了王道；其二，孔子做《春秋》以成素王。在春秋公羊学家看来，《春秋》是孔子所作，孔子创作它的目的就是为后世立法，具体到董仲舒的时代，《春秋》的作用就是“为汉立法”。

当我们把春秋公羊学视为一部汉家“法典”时，自然就在用一种政治哲学的思维来解读春秋公羊学。当代大陆新儒家蒋庆致力于研究春秋公羊学于当代中国政治制度的连接问题，他把儒学分为心性儒学和政治儒学，认为：“心性儒学是以曾思学派以及宋明儒学为代表的儒学，政治儒学则是以公羊学为代表的儒学。”[②] 他同时指出：“心性儒学从本体上来看性，把性看成一超越的价值源泉，看成一道德的形上依据，此性可以离开历史文化而超然独在，不受政治现实的任何影响（不为尧存，不为桀亡），所以，心性儒学把性同本心、道心、道体、性体等同起来，认为性善。公羊学则不同。公羊学从历史事件与政治现实中来看性，对人性的负面价值有一深切的体认。”[③] 蒋庆对“心性儒学”的偏激意见暂且搁置不论，他把春秋公羊学的人性观点完全建基于现实政治亦不符合公羊学的义理，实际上，公羊学同样将人性的立足点安放在形上世界（天道），兹就公羊学的情性论做如下论述。

董仲舒说：“《春秋》变一谓之元，元犹原也，其义以随天地终始也。故人惟有终始也而生，不必应四时之变，故元者为万物之本，而人之元在焉。”[④] 由此可见，春秋公羊学认为“人之元”来源于天地终始变化之“元”，而“元”是万物之根本，人类之根本。那么，内

① （汉）班固撰，（唐）颜师古注：《汉书》第8册，中华书局，1962年版，第2509页。

② 蒋庆：《公羊学引论：儒家的政治智慧与历史信仰》（修订本），福建教育出版社，2014年版，第7—8页。

③ 同上，第9页。

④ （清）苏舆撰，钟哲点校：《春秋繁露义证》，中华书局，1992年版，第147页。

蕴于天地终始变化的“元”是什么？笔者认为，“元”就是“天之道”，就是阴阳之道。董仲舒指出：“天之道，终而复始，故北方者，天之所终始也，阴阳之所合别也。”① 这意味着，天道之阴阳是自然界和人类社会的根本法则，它是现实世界的本体，是人之情性的本体。

《春秋繁露·如天之为》载：“阴阳之气，在上天，亦在人。在人者为好恶喜怒；在天者为暖清寒暑。”② 此处引文揭示了天道之阴阳在人之情性上的生理表现，天道之“阴”对应着人之“恶”与“怒”，天道之“阳”对应着人之“好”和“喜”。而天道在人性上的道德表现则是“贪”“仁”，董仲舒指出：“身之名，取诸天。天两有阴阳之施，身亦两有贪仁之性。天有阴阳禁，身有情欲栣，与天道一也。”③“贪”与“仁”明显带有道德判断的含义，“贪”的发展可变成人性之“恶”，“仁”的培养可促成心性之“善”。“恶”与“善”对应着天道之“阴”“阳”，董仲舒用“圣人之性”来指称心性“全善”的状态，用“斗筲之性”来指称心性“全恶”的状态。董仲舒认为：“圣人之性不可以名性，斗筲之性又不可以名性，名性者，中民之性。”④ 这就是说，作为阴阳两极的“斗筲之性”和“圣人之性”都不是董仲舒认为可以治理的人之情性，他认为可以变化的人之情性是“中民之性”。“中人之性”是“善”与“恶”混杂的状态，它是天道之阴阳和合在人性中的表现。

董仲舒将“中民之性”视为能治之性，并不是对“圣人之性”与“斗筲之性”的摒弃。在他看来，“圣人之性”和“斗筲之性”是现实存在的两种极端状态，前者无须治，而后者无法治，这正如孔子所说

---

① （清）苏舆撰，钟哲点校：《春秋繁露义证》，中华书局，1992年版，第339页。

② 同上，第463页。

③ 同上，第296页。

④ 同上，第311—312页。

的“唯上智与下愚不移”[①]。在现实社会中，大多数的人性是复杂的，“圣人”与“斗筲”之性并非人性之常态，政治所要教化的是复杂的人性。春秋公羊学将人性的本体建立在天道之阴阳，实际上为其整个学说设立了一个人性的基础。毫无疑问，春秋公羊学的重心在于政治哲学，然而儒家对人性来源的认识并不来源于变化的现实政治，而是来源于永恒的天道义理。建立天道与人性的勾连，为春秋公羊学的政治思想建立了一个稳定的立论基础，在这一基础上公羊家的政治哲学才能有序地展开。

《天人三策》载：“孔子曰：‘腐朽之木不可雕也，粪土之墙不可圬也。’今汉继秦之后，如圬木粪墙矣，虽欲善治之，亡可奈何。法出而奸生，令下而诈起，如以汤止沸，抱薪救火，愈甚亡益也。窃譬之琴瑟不调，甚者必解而更张之，乃可鼓也；为政而不行，甚者必变而更化之，乃可理也。”[②] 董仲舒在《天人三策》中大倡公羊学的要旨，其目的就是要在对西汉王朝的政制进行改弦更张。董仲舒并不满意当时的政治现状，他认为，改制是汉武帝当时的首先要施行的政治决策。

董仲舒援引孔子的话语：“殷因于夏礼，所损益可知也；周因于殷礼，所损益可致也；其或继周者，虽百世可知也。”[③] 他在《天人三策》中用公羊学所秉持的孔子“托古改制”的义理对这句话进行解释：“夏上忠，殷上敬，周上文者，所继之捄，当用此也。孔子曰：‘殷因于夏礼，所损益可知也；周因于殷礼，所损益可知也。其或继周者，虽百世可知也。’此言百王之用，以此三者矣。”[④] 夏、殷、周三代是春秋公羊学“通三统”思想中的三个朝代，公羊学家以“三统三正三色”来对应这三个朝代，董仲舒认为夏朝是正黑统，建寅（以

① 程树德撰，蒋见元点校：《论语集释》第4册，中华书局，1990年版，第1185页。

② （汉）班固撰，（唐）颜师古注：《汉书》第8册，中华书局，1962年版，第2504页。

③ 同上，第2518页。

④ 同上。

一月为正月），色尚黑；殷朝是正白统，建丑（以十二月为正月），色尚白；周朝是正赤统，建子（以十一月为正月），色尚赤。“通三统”强调新朝制度对旧朝的损益，正如蒋庆所说：“通三统是指王者在改制与治理天下时除依自己独有的一统外，还必须参照其他王者之统。”① 笔者认为，公羊学“通三统”的思想也符合天之道，其中体现着阴阳之道。

《春秋繁露·三代改制质文》载：“王者以制，一商一夏，一质一文，商质者主天，夏文者主地……主天法商而王，其道佚阳，亲亲而多仁朴……主地法夏而王，其道进阴，尊尊而多义节……主天法质而王，其道佚阳，亲亲而多质爱……主地法文而王，其道进阴，尊尊而多礼文。”② 在这里，董仲舒勾勒了政治历史演变的“四法”之说。“四法”说实际上是“三统”说的进一步延伸，二者在内涵上是一致的。“三统”说以夏、殷二代为基础，夏主文、上忠，殷主质、上敬，二者的文质变化是三代变化的基本模式。周又主文、上文实际上是损益了殷代之质而融合了夏代之文。“四法”说无非是在“三统”说的基础上继续延展。在董仲舒看来，王朝所法不同，其礼乐制度则随之不同。董仲舒通过对历代礼乐制度演变的考察，认为主要就是商、夏、质、文“四法”的循环。他指出：“四法休于所故，祖于先帝，故四法如四时然，终而复始，穷则反本。”③ 从上述“四法”的实质内容可以看出，“法商”与“法质”的礼乐制度大同小异，“法夏”与“法文”之礼乐制度亦大相径庭。从本体论的角度来观察，文与质对应着天道之“阳”与“阴”，文、质的损益实际上就是阳、阴的和合，阴阳的和合并不是一方消灭一方，而是螺旋式地不断演进，这正符合新朝在旧朝的基础上对自身礼法的不断改进。公羊家“通三统”的思

① 蒋庆：《公羊学引论：儒家的政治智慧与历史信仰》，福建教育出版社，2014年版，第243页。

② （清）苏舆撰，钟哲点校：《春秋繁露义证》，中华书局，1992年版，第204—211页。

③ 同上，第212页。

想是通过文与质的损益来化解“乱世”，建立“治世”。

孔子制作《春秋》，被汉代公羊学家认为是一种通过“立言”的方式为万世开太平的作为。《春秋》的要旨是托古改制，它将中国历史的过去、现在和未来纳入一个完整的历史进程之中，确立了一套历史的形而上学。《春秋》的创作特点是“世愈乱而文愈治”，孔子通过现实和理想相悖反的写作方式，将对社会美好的愿景寄托于未来的世界中。董仲舒借孔子《春秋》之文为汉武帝时期的汉王朝确立了发展的蓝图，在《春秋》为汉治法的儒者情怀中，孔子的“素王”地位被确立了下来。“素王”孔子的成立是对天子王权的挑战，孔子与后世天子同受命于天，这给信奉儒家的知识分子无比的勇气去参与到与天子互动的政治生活中去。

本文为“2018中国·衡水董仲舒与儒家思想国际学术研讨会”提交的论文。

郑济洲（1988－），男，福建福州人，哲学博士，中共福建省委党校讲师。

董仲舒“太平”理想社会的理论建构①

盖立涛

“理想社会”是指人们对未来社会发展和理想秩序所做的宏观设计，是人们对理想社会形态的美好期望。理想社会对指引社会的发展，对匡正现实政治有着重要意义。每个时代的思想家都会提出自己时代的“理想社会”构想，都会提出理想社会的标准，提出理想社会的实现途径，提出理想社会的美好图景。在汉代，“太平”逐渐成为人们的政治理想，“太平”理想社会又深刻影响到现实政治，对政教关系产生了重要的影响。在构建汉代“太平”理想社会的过程中，董仲舒起到了重要作用。本文对董仲舒如何建构“太平”理想社会做出一点探索，请各位方家指正。

一、《春秋》之道与“太平”理想社会

（一）“太平”观念溯源

先秦是“太平”观念的萌芽时期。“太平”一词较早出现在道家典籍中。老子未明言“太平”，但《老子》一书中出现了“安平泰”的观念，“执大象，天下往。往而不害，安平泰”（《老子·第三十五章》）。“安平泰”可看作是“太平”观念的萌芽。《庄子·天道》篇记

① 本文为第63批中国博士后科学基金面上资助项目（2018M631516）。

载道："赏罚已明而愚知处宜，贵贱履位；仁贤不肖袭情，必分其能，必由其名。以此事上，以此畜下，以此治物，以此修身，知谋不用，必归其天。此之谓大平，治之至也。"《天道》篇用"治之至"来诠释"太平"，把"太平"看作是归于顺应天道的自然状态，与儒家强调"太平"是礼乐人伦秩序的和谐状态有着不同之处。

儒家对"太平"观念也做出了深入的探讨，对"平"观念做出了深入的诠释，发展出平天下、治平、均平和太平的思想。《孝经·圣治》篇云："上敬下欢，存安没享，人用和睦，以致太平。"《礼记·朝事》篇云："是故诸侯附于德，服于义，则天下太平。"《孔子家语·礼运》篇云："周公摄政致太平。"《孔子家语·问玉》篇云："是故天下太平，万民顺伏，百官承事，上下有礼也。"儒家主要是从人伦秩序、道德秩序、政治和谐和礼乐秩序等方面阐释"天下太平"，认为力行礼乐才能实现天下"太平"，与道家的"太平"观念有着不同之处。

先秦之时，儒道两家都有"太平"或"致太平"的理想，都把"天下太平"作为理想的政治目标。此时的"太平"观念还处于萌芽时期，"太平"思想主要还是一种"太平"观念，还没有提升为系统的"太平"理想。到了秦汉之时，"太平"观念开始与阴阳五行观念、天人感应思想相结合，形成了一套复杂的"太平"思想体系。

在汉代，"太平""致太平"和"兴太平"等范畴开始频繁出现，在《春秋繁露》一书中，"太平"一词一共出现了四次。"孔子明得失，差贵贱，反王道之本。讥天王以致太平。"（《春秋繁露·王道》，以下凡引《春秋繁露》文字，仅注篇名）孔子通过阐明得失，区别贵贱，返归王道的根本，讥刺天王以达致太平。"天道积聚众精以为光，圣人积聚众善以为功。故日月之明，非一精之光也；圣人致太平，非一善之功也。"（《考功名》）圣人"致太平"非一善之功，圣人通过积聚众善以为功。"能致贤，则德泽洽而国太平。"（《通国身》）董仲舒突出了贤者在国家治理中的重要作用，认为能致贤，国家才能"太平"。"无为致太平，若神气自通于渊也；致黄龙凤皇，若神明之致玉女芝英也。"（《天地之行》）在这里，董仲舒提出了"无为致太平"的观点，认为君为心，臣为体，“心所以全者，体之力也；君所以安者，臣之功也”。君需要依赖臣子之功，如此，君才能成就“无为致太平”。

（二）汉代“太平”理想社会产生的原因

“太平”社会理想是人们祈求天下太平，渴望建立理想政治秩序的美好诉求。秦汉之时开始慢慢形成了“太平”社会理想，这也反映了人们想摆脱乱世的一种渴望，期望太平盛世能够降临。汉儒吸收了先秦和秦汉之际的“太平”思想，并以春秋公羊学为基础，为“太平”思想注入了一些新的内涵，使“太平”观念提升为“太平”社会理想。

汉代儒生在建构理想社会的过程中面临着如何看待秦政这一问题。秦朝实行霸道政治导致政局不安，民不聊生。汉初推行黄老之术，与民休息，人民生活得到了改善。如何反思秦政之弊，提出一套新的理论体系和具有吸引力的政治理想，成为汉代儒生的责任。通过总结三代的历史经验，总结春秋战国和秦代的历史经验，提炼出新的政治智慧，成为汉代儒生的重要使命。汉代儒生深刻反思了良善社会秩序的基础，思考法家思想的弊端，思考如何走出秦政的严刑酷法，思考如何建立太平盛世。

董仲舒也深刻反思了汉朝如何“致太平”这个问题。汉承秦制，建立了一套从中央到地方的官僚制度和大一统体制。但秦政存在着很多问题，汉代如何避免秦政的问题，如何建立良善的社会秩序，如何“致太平”成了重大问题。汉初推行黄老之术，与民休息。汉武帝之时实行“复古更化”，改变了汉初清静无为的政治措施。“卓然罢黜百家，表章《六经》。”[①] 确立了儒家思想的主导地位，实现了思想文化的统一。同时，汉武帝改革博士制度，建元五年春，“置《五经》博士”[②]，其后又为博士设立弟子员。“自武帝立《五经》博士，开弟子员，设科射策，劝以官禄，讫于元始，百有余年，传业者浸盛，支叶

① 《汉书》卷六《武帝纪》，第1册，中华书局，1962年版，第212页。
② 同上，第159页。

蕃滋，一经说至百余万言，大师众至千余人，盖禄利之路然也。”①设置“五经博士”，为博士设立弟子员让经学得到了发展，也实现了思想的统一。同时推行学校教育，使“文学”成为重要的入仕之途，改变了汉初武人主政的局面，“自此以来，则公卿大夫士吏斌斌多文学之士矣”②。汉武帝通过“复古更化”，实行了一系列的改革，“罢黜百家，表章《六经》”，实现了思想文化的一统。“举其俊茂，与之立功”，使文学之士进入到朝廷之中。创建太学、乡学，设立举贤制度，形成了中国独特的文官制度。“修郊祀，改正朔，定历数，协音律，作诗乐”，实现了汉代礼制的创建。通过汉武帝的一系列改革和董仲舒等人的努力，使儒家思想成为主导思想。同时，“太平”理想也上升为官方的政治理想，影响到整个国家政治秩序的制度设计。

（三）《春秋》公羊学与“太平”理想社会

西汉初期，董仲舒系统阐发了大一统、通三统，以《春秋》作新王等命题，这些主张顺应了时代的需要，也满足了汉王朝秩序建构的需要。董仲舒以公羊学为基础，为汉帝国的神圣秩序和政治秩序做出总体设计。可以说，董仲舒是汉帝国政教秩序的立教者和设计者。

汉代儒生认为孔子作《春秋》为“为汉制法”。《春秋》是孔子本鲁国旧史而成，后儒都认为《春秋》经有“微言大义”，认为孔子曾寓其义于其中。孟子曰：“孔子成《春秋》而乱臣贼子惧”（《孟子·滕文公下》），《春秋》中的“微言”可以令乱臣贼子惧怕。《荀子·儒效》篇谓：“《诗》言是其志也；《书》言是其事也；《礼》言是其行也；《乐》言是其和也；《春秋》言是其微也。”荀子讲“《春秋》言是其微”，杨倞注：“微，谓儒之微旨，一字为褒贬，微其文，隐其义之类是也。”③ 《春秋》经有圣人之“微言”，一字见褒贬，圣人隐其“微言大义”于经书之中，正是为了建立一套价值规范。

《春秋》公羊学大盛于西汉，董仲舒通过阐释《春秋公羊传》的

---

① 《汉书》卷八八《儒林传》，第11册，中华书局，1962年版，第3620页。

② 《史记》卷一二一《儒林列传》，第10册，中华书局，2014年版，第3790页。

③ 王先谦撰：《荀子集解》，中华书局，2012年版，第133页。

“微言大义”，提出了天人感应、大一统、通三统和德刑并举的一套理论体系。董仲舒认为《春秋》是孔子“应天作新王之事”（《三代改制质文》），是为后世所立的大经大法。在董仲舒看来，《春秋》经是天下仪表，通过“贬天子，退诸侯，讨大夫”，为王道理想提供了一套准则。“《春秋》大一统者，天地之常经，古今之通谊。”① “《春秋》大一统”是天地间的普遍原则，也是指导国家政治的最高理论。

《春秋公羊传》中没有出现“太平”一词，但经过董仲舒、何休等公羊学家的重新诠释，发展出了“太平”思想。孔子作《春秋》绝笔于“哀公十四年”，《公羊传》记载道：“春，西狩获麟。何以书？记异也。何异尔？非中国之兽也。然则孰狩之？薪采者也。薪采者则微者也，曷为以狩言之？大之也。曷为大之？为获麟大之也。曷为为获麟大之？麟者，仁兽也。有王者则至，无王者则不至。有以告者曰：‘有麕而角者。’孔子曰：‘孰为来哉！孰为来哉！’反袂拭面涕沾袍。颜渊死，子曰：‘噫！天丧予。’子路死，子曰：‘噫！天祝予。’西狩获麟，孔子曰：‘吾道穷矣。’《春秋》何以始乎隐？祖之所逮闻也，所见异辞，所闻异辞，所传闻异辞。何以终乎哀十四年？曰：‘备矣！’君子曷为为《春秋》？拨乱世，反诸正，莫近诸《春秋》。则未知其为是与？其诸君子乐道尧、舜之道与？末不亦乐乎尧、舜么知君子也？制《春秋》之义，以俟后圣，以君子之为，亦有乐乎此也。”这段文字体现了“春秋之义”，也包含了汉代公羊学家的“太平”思想。《公羊传》中提到了“拨乱世，反诸正，莫近诸《春秋》”的观点。“拨乱反正”是两汉时期重要的政治观念，董仲舒认为“孔子明得失，差贵贱，反王道之本。讥天王以致太平”（《王道》）。这也是公羊学家“太平”理想的较早出处。在两汉儒生看来，孔子作《春秋》是为了“拨乱世”和“反诸正”。到了东汉之时，公羊学家做出了进一步的解释，在“拨乱世，反诸正”和“所传闻、所闻、所见”的基础上提出了“据乱、升平、太平”的理论，“所传闻、所闻、所见”

① 《汉书》卷五六《董仲舒传》，第8册，中华书局，1962年版，第2523页。

三个阶段所受君恩厚薄不同，采取的笔法也不同。在“所见之世”，孔子承受君主厚恩，不忍直言乱世之恶，“于所见，微其辞”；在“所闻之世”，孔子“痛其祸”；“传闻之世”距离孔子最远，故“杀其恩”。何休总结为：“与所传闻世，见全起于衰乱之中”；“于所闻之世，见治升平”；“至所见之世，著治太平”①。通过对《春秋公羊传》的重新解读，董仲舒为“太平”理想注入了一些新的内涵，同时也把“太平”观念提升为“太平”社会理想。

（四）太平祥瑞

汉儒不仅憧憬古代的太平盛世，还期待新圣人的出现，期待新的太平盛世。《公羊传》记载道：“十有四年春，西狩获麟。何以书？记异也。何异尔？非中国之兽也。然则孰狩之？薪采者也。薪采者则微者也，曷为以狩言之？大之也。曷为大之？为获麟大之也。曷为为获麟大之？麟者，仁兽也。有王者则至，无王者则不至。”（《公羊传·哀公十四年》）何休注云：“上有圣帝明王，天下太平，然后乃至。”②徐彦疏云：“麟者仁兽，太平之嘉瑞。”③汉代公羊学家将“麟”看作是象征“太平”社会的符瑞，也是圣明帝王到来的象征。“太平”符瑞也强化了公羊学树立“太平”社会理想的权威性，“有非力之所能致而致者，西狩获麟，受命之符是也”（《符瑞》）。“西狩获麟”不是人力所能致的，而是“受命之符”的表现，也是圣明帝王出现的象征。“获麟”是预示“太平”之兴的符瑞，预示了“新王”出现来治定“太平”。把“获麟”与太平盛世和圣明帝王联系起来，也就以“太平”符瑞的神秘性强化了“太平”理想社会的神圣性。

“符”与“瑞”原本都是信物，“符，信也。汉制以竹长六寸分而相合。”（《说文解字·竹部》）“瑞，以玉为信也。”（《说文解字·玉

① 何休解诂，徐彦疏：《春秋公羊传注疏·隐公元年》（上册），上海古籍出版社，2014年版，第38页。

② 何休解诂，徐彦疏：《春秋公羊传注疏·哀公十四年》（下册），上海古籍出版社，2014年版，第1190页。

③ 同上，第1188页。

部》）后来“符”与“瑞”也用于天子受命等事宜，成为统治者获取“天命”的重要政治象征。“太平符瑞”应王者而至，圣王出现之时，阴阳和谐，祥瑞之气充塞，于是“嘉禾”“甘露”“醴泉”“朱草”“景星”“凤麟龟龙”等符瑞逐渐产生，这些“太平符瑞”也成为天下太平的政治象征。

《王道》篇云：“五帝三王之治天下，不敢有君民之心。什一而税。教以爱，使以忠，敬长老，亲亲而尊尊，不夺民时，使民不过岁三日。民家给人足，无怨望忿怒之患，强弱之难，无谗贼妒疾之人。民修德而美好，被发衔哺而游，不慕富贵，耻恶不犯。父不哭子；兄不哭弟。毒虫不螫，猛兽不搏，抵虫不触。故天为之下甘露，朱草生，醴泉出，风雨时，嘉禾兴，凤凰麒麟游于郊。囹圄空虚，画衣裳而民不犯。四夷传译而朝，民情至朴而不文。”（《王道》）在董仲舒看来，古代圣王治理天下，不敢怀有君临民众的想法，只收取十分之一的税，凭着爱心去教化百姓，用忠诚之心役使他们，尊敬长者，亲近应该亲近的人，尊重应该尊重的人，不强占百姓的生产时间，役使百姓也不超过三天。此时百姓衣食富足，社会秩序和谐。于是“天为之下甘露，朱草生，醴泉出，风雨时，嘉禾兴，凤凰麒麟游于郊”，出现了太平祥瑞。在董仲舒看来，古代太平盛世，有各种太平祥瑞，太平祥瑞也是太平盛世的表现和象征。

当汉武帝在策问中提出“三代受命，其符安在？灾异之变，何缘而起？”董仲舒回答道：“臣闻天之所大奉使之王者，必有非人力所能致而自至者，此受命之符也。天下之人同心归之，若归父母，故天瑞应诚而至。《书》曰：‘白鱼入于王舟，有火复于王屋，流为乌’，此盖受命之符也。周公曰：‘复哉复哉’，孔子曰：‘德不孤，必有邻’，皆积善累德之效也。”① 董仲舒引用武王、周公、孔子以及后世得失的历史事实来说明受命与灾异，如果能积累德行，则天下归心，天会降下祥瑞符命；如果残贼良民，会导致上下不和，会招致灾异。“凡

① 《汉书》卷五六《董仲舒传》，第8册，中华书局，1962年版，第2500页。

灾异之本，尽生于国家之失。国家之失乃始萌芽，而天出灾异以谴告之；谴告之而不知变，乃见怪异以惊骇之，惊骇之尚不知畏恐，其殃咎乃至。以此见天意之仁而不欲害人也。”（《必仁且智》）灾异产生于国家的过失，国家刚出现过失，天就发出灾害加以谴责警告，如果谴责警告后还不知道改变的话，就会显现怪异使其惊慌害怕。上天使其惊慌害怕还不知道畏惧的话，那么灾祸就要降临了。顾颉刚先生认为：“灾异说的系统是建立于时令反常上的。”① 在董仲舒看来，灾异是天人感应的一个环节。天下太平之时，天也会降下祥瑞符命；而国家出现过失之时，天会降下灾害。董仲舒以《春秋》祥瑞和灾异说，形成了太平祥瑞、受命之符和灾异的理论。正是通过这些理论，达到警示统治者的目的。董仲舒试图劝说汉武帝效法尧舜禹文武周公这些圣王，以“兴仁谊之休德，明帝王之法制，建太平之道”②。

董仲舒是汉代“太平”理想社会的理论建构者，董仲舒继承了先秦对太平思想的诠释，同时，董仲舒又以公羊学为基础，融合了秦汉之时天人感应和阴阳五行的思想，建构了独特的“太平”理想社会体系，提出了天人感应学说、圣人受命的太平祥瑞说，阐发了大一统、通三统、以《春秋》作新王等命题，为汉帝国的神圣秩序和政治秩序做出了总体设计。

二、实现“太平”理想的路径

复兴圣王时代的“太平”盛世理想和实现“天下太平”的政治理想，成为汉代儒生的历史使命。董仲舒提出了“奉天法古”和“王道”等思想，以实现“致太平”的社会理想。

（一）奉天法古

“奉天而法古”是《春秋》公羊学的重要命题。“《春秋》之道，奉天而法古。是故虽有巧手，弗修规矩，不能正方员。虽有察耳，不

① 顾颉刚：《秦汉的方士与儒生》，北京出版社，2012年版，第32页。

② 《汉书》卷五六《董仲舒传》，第8册，中华书局，1962年版，第2519页。

吹六律，不能定五音。虽有知心，不览先王，不能平天下。”（《楚庄王》）《春秋》的原则就要奉天命、法先王。纵然很聪明，不阅览先王的言论和行事，也不可能平治天下。先王流传下来的治国法则，是天下的规矩和律法。因此，圣人要效法天，贤人要效法圣人，这是根本的法则。天代表了超越的层面和神圣性维度，法古则代表着《春秋》公羊学的历史维度，代表着圣王之治。《春秋》公羊学有着天道和历史的宏观视域，有着理想的政治图景。

天在董仲舒的思想体系中有着重要的地位和作用。“天者，万物之祖，万物非天不生。”（《顺命》）天生养万物，天为万物之祖。“天者，百神之君也，王者之所最尊也。”（《郊义》）天是万物的主宰，是万物最高的统治者。“天志仁，其道也义。”（《天地阴阳》）上天的心意是仁爱的，上天捍卫着人间的公平和正义。董仲舒的天即是自然之天，也是神灵之天、道德之天。人因天而生，人是天的衍生物，人从天处秉承了天的仁性。“人之受命于天也，取仁于天而仁也。”（《王道通三》）人从天那里接受天命，从天那里获取仁而表现为仁。“为生不能为人，为人者，天也。人之为人本于天，天亦人之曾祖父也，此人之所以乃上类天也。”（《为人者天》）人能生育而不能创造人，创造人的是天。人之所以为人的根据在天，天是人的始祖，这也是人与天相类似的原因。徐复观先生认为：“到了董仲舒，才在天的地方，追求实证的意义，有如四时、灾异。更以天贯通一切，构成一个庞大的体系。”① 董仲舒突出了天的超越性，还是想让人们能尊奉天命，顺从天意。

董仲舒也阐明了王与天的关系。王者是天之子，“王者亦天之子也”（《尧舜不擅移汤武不专杀》）。因此，天子需要以孝道事天，“号为天子者，宜视天为父，事天以孝道也”（《深察名号》）。天可以对王者作出赏罚，“王者，天之所予也。其所伐，皆天之所夺也”（《尧舜不擅移汤武不专杀》）。从王者与天的关系来看，王者为天之子，因

① 徐复观：《两汉思想史》（二），九州出版社，2014年版，第345页。

此，王也必须奉天行事，“为人君者，其法取象于天”（《天地之行》）。“王者承天意以从事，故任德教而不任刑。”[①] 君王受天之命来治理百姓，只有符合天意，才能承受天命，因此，王要像子承父意，臣受君命一样侍奉天。“实现对于君权的适当限制，让‘天’成为皇帝效法的榜样。在这个意义上，也就是说企图让‘天’成为一种无形的‘宪’法。”[②] 董仲舒突出了天的权威性和神圣性，强调天子要效法天，遵从天的意志，还是想借助“天”的权威来对君王行为有所限制和匡正。“《春秋》之法，以人随君，以君随天……故屈民而伸君，屈君而伸天，《春秋》之大义也。”（《玉杯》）《春秋》的原则是人要服从国君，国君要服从天。在董仲舒看来，屈抑民众而伸展国君，屈抑国君而伸展天是《春秋》的要义。

因此，王者要知天，要以德配天。“夫王者不可以不知天。”（《天地阴阳》）君王不可以不知天，君王需要搞清楚阴阳入与出，虚与实之所在，明辨五行的本末、顺逆、小大、广狭，用来观察天志和天道。“王者配天，谓其道。天有四时，王有四政，四政若四时，通类也，天人所同有也。”（《四时之副》）君王需要与上天相配合，天有春夏秋冬四季，君王有庆赏罚刑四政。“早期中国帝王的一个根本特征就是能够理解天道的节奏并保持人间事物与天道变化相一致。”[③] 董仲舒提出“奉天”的目的还是为了让王者知天、敬天、顺天命，为了实现“天下太平”的政治理想，为了对君主权力有所限制和匡正。

“法古”也是儒家的重要传统。“法古”突出先王之治的神圣性，为现实政治提供了一个政治典范。“汉儒一般意向，均重在本历史，言治道。”[④] 如何处理好“古今之变”，把古代圣王经验与现实政治结合起来，是汉儒面对的一个重要问题。“《春秋》之于世事也，善复

① 《汉书》卷五六《董仲舒传》，第8册，中华书局，1962年版，第2502页。

② 王怡：《“屈君伸天”与皇权专制——董仲舒法律思想新论》，《江苏行政学院学报》2001年第6期。

③ 孙英刚：《神文时代——谶纬、术数与中古代政治研究》，上海古籍出版社，2015年版，第9页。

④ 钱穆：《朱子学提纲》，生活·读书·新知三联书店，2002年版，第4-5页。

古，讥易常，欲其法先王也。”（《楚庄王》）《春秋》对于人间之事，提倡复古，反对变更常道，主张效法先王治国之道。“法古”是对“古代圣王”治世经验的推崇，“法古”也可以说是“法先王”，效法“先王之道”。董仲舒云：“虽有知心，不览先王，不能平天下。”（《楚庄王》）不学习先王治国之道，无法平治天下。董仲舒还提出“王者必改制”，“新王必改制者，非改其道，非变其理，受命于天，易姓更王，非继前王而王也。若一因前制，修故业，而无有所改，是与继前王而王者无别”（《楚庄王》）。所谓“新王必改制者”并不是改变根本的治国之道和治国法则，另一姓当了新王，遵循旧制，没有改革，就无法与先前的君王有所区别了，因此需要“改制”。“改制”也是“法古”，其实质依然是法“先王之道”。

“奉天而法古”是为了良善社会秩序的建立，是为了实现“太平”理想社会。“奉天”就要遵循天道，“法古”就要效法古圣王。可以说，只有“奉天而法古”才能实现王道政治和“太平”盛世的理想。

（二）“太平”礼制

儒家有“太平乃制礼作乐”的观点。“太平乃制礼作乐何？夫礼乐所以防奢淫。天下人民饥寒，何乐之乎？功成作乐，治定制礼。”（《白虎通·礼乐》）“王者功成作乐，治定制礼。”（《礼记·乐记》）王者功成之后作乐，治定之后制礼。一方面，天下太平乃制礼作乐，今天下未太平，不可制礼作乐，仍需遵从周代礼制；另一方面，新朝建立后需要“变古改制”，创立新制。新朝改制立法是儒家的主张，也是各个朝代一贯的做法。

文帝元年，贾谊上《论定制度兴礼乐疏》，建议汉文帝“兴礼乐”。“贾生以为汉兴至孝文二十余年，天下和洽，而固当改正朔，易服色，法制度，定官名，兴礼乐，乃悉草具其事仪法，色尚黄，数用五，为官名，悉更秦之法。孝文帝初即位，谦让未遑也。诸律令所更定，及列侯悉就国，其说皆自贾生发之。”① 贾谊认为汉兴至文帝二

① 《史记》卷八四《屈原贾生列传》，第8册，中华书局，2014年版，第3021页。

十多年，天下已经和平安定，于是建议汉文帝改订历法，变更车马服饰颜色，订立新的制度，确定官职名称，大兴礼乐，全部变更秦朝的仪法，崇尚黄色，数目用五，定官名，变更秦朝法度。孝文帝刚继位，谦让而没有实行。

董仲舒也建议汉武帝更化改制，重教育，兴太学，重视礼乐教化，希望汉武帝能“兴仁谊之休德，明帝王之法制，建太平之道”①。董仲舒谓：“臣闻制度文采玄黄之饰，所以明尊卑，异贵贱，而劝有德也。故《春秋》受命所先制者，改正朔，易服色，所以应天也。”②《春秋》受天之命，颁布新的历法，改变车马、祭牲、服饰的颜色，以顺应天命。董仲舒建议汉武帝改旧法、立新制，以应天命。董仲舒重视太学的作用。“故养士之大者，莫大乎太学；太学者，贤士之所关也，教化之本原也。”③ 董仲舒认为培养人才没有比太学更重要的了，太学是产生贤士的地方，也是教化的本源。建太平礼制就要重视礼乐教化，董仲舒认为实行礼乐教化才是国家长治久安之道。“古之王者明于此，是故南面而治天下，莫不以教化为大务。立大学以教于国，设痒序以化于邑，渐民以仁，摩民以谊，节民以礼，故其刑罚甚轻而禁不犯者，教化行而习俗美也。”④ 董仲舒认为教化关涉到万民的正与不正。教化没有建立，人民就无法纳入正道。因此古代的王者明白这个道理，都把教化当作首要任务。金春峰教授认为：“董仲舒的政治思想，吸收与发挥黄老的‘刑德’思想，主张两手并用，而以仁义教化为根本。”⑤ 通过一系列的更化改制，逐渐建立了一套礼乐教化制度，使儒家思想可以深入到政治体制中和社会生活中，使“太平”理想社会可以得到具体的落实。

董仲舒重视礼治，同时也肯定了刑法的意义，主张礼法并用。

---

① 《汉书》卷五六《董仲舒传》，第8册，中华书局，1962年版，第2519页。

② 同上，第2510页。

③ 同上，第2512页。

④ 同上，第2503—2504页。

⑤ 金春峰：《汉代思想史》，中国社会科学出版社，2006年版，第165页。

“太平”理想社会不能仅仅停留在理想状态，还需要落实到具体的社会制度中，落实到现实生活中。在具体的制度设计上，董仲舒讨论了官制、服制、爵国、考功名、度量制和田制等制度建设。董仲舒以“太平”理想社会为指导，来讨论具体制度建设，又通过具体制度建设来落实“太平”理想社会。

如何实现“太平”社会理想，如何参与到大一统帝国的政教建设中，为大一统帝国的政教秩序提供制度保障，就需要一套“太平”礼制，需要儒家思想的制度化，通过更化改制，设立五经博士，兴太学等措施，使儒学和经学成为指导思想。在这一过程中，儒家思想逐渐制度化、建制化、体制化。通过礼乐制度建设和变古创制，使儒家的思想进入到国家制度中，也为实现“太平”理想社会提供了制度保障。

（三）实行王道

王道是儒家的理想政治，也是儒家的社会理想和道德追求。“作为一个政治术语，王道这一概念本身便源自于‘先王之道’，在春秋战国时期人们的观念中，‘王道’也就是往古帝王的成王之道，王道的典型代表便是自尧舜以至文、武、周公的历代‘圣王’。”① 儒家推崇先王之道，向往王道政治。《尚书·洪范》篇云：“无偏无党，王道荡荡。”《礼记·乐记》篇云：“礼乐刑政，四达而不悖，则王道备矣。”与王道相对应的一个概念是霸道，秦朝实现霸道，统一了中国，但严刑酷法导致民不聊生，社会无序。面对秦政，董仲舒主张“拨乱反正”，重建王道政治。

董仲舒从字形的角度对“王”字作出了解释：“古之造文者，三画而连其中，谓之王。三画者，天地与人也，而连其中者，通其道也。取天地与人之中以为贯而参通之，非王者孰能当是？”（《王道通三》）董仲舒从字形角度对“王”字作出了解释，认为贯通天地人者为王。在《举贤良对策》中，董仲舒对“道”也有深入的阐释：“臣

① 孙晓春：《先秦儒家王道理想述论》，《政治学研究》2007年第4期。

闻夫乐而不乱复而不厌者谓之道；道者万世亡弊，弊者道之失也。……道之大原出于天，天不变，道亦不变，是以禹继舜，舜继尧，三圣相授而守一道，亡救弊之政也，故不言其所损益也。"[①] 在董仲舒看来，乐而不至于乱，反复实行而不厌倦的谓之"道"，"道"是"行之万世而无弊"的，道具有超越性和绝对性。这个"道"在天为"天道"，在人间为"王道"。"道之大原出于天"，道的根本来自于天，天不变，道也不变，"道"贯通于天地人，董仲舒用"天"的绝对性来担保"道"的超越性。

"臣谨案《春秋》之文，求王道之端，得之于正。正次王，王次春。春者，天之所为也；正者，王之所为也。其意曰，上承天之所为，而下以正其所为，正王道之端云尔。"[②] 董仲舒还阐述了王道的来源，王道是上承天之所为，"天"是王道政治终极依据。王道政治的核心价值是"正"。"政者，正也。子帅以正，孰敢不正?"（《论语·颜渊》）为政的根本在"正"，"正"是王道的开端，董仲舒也认为正是王的作为，君王向上奉承天的作为，向下用来端正自己的行为。"元"也是王道政治的哲学依据，"是故《春秋》之道，以元之深正天之端，以天之端，正王之政，以王之政正诸侯之即位，以诸侯之即位正竟内之治。五者俱正，而化大行"（《玉英》）。所以《春秋》的法则，是用"元"年来端正天的起始，用天的起始来端正王者的政治，用王者的政治来端正诸侯的职位，以诸侯的职位来端正境内治理。五个方面都端正了，教化就能顺利施行了。可以说，"元"也是王道政治的根据，王道政治要以"天"和"元"为终极依据，以"正"为核心价值原则，有了终极依据和价值原则，王道政治才能得以施行。

兴王道就要重视贤者。"气之清者为精，人之清者为贤，治身者以积精为宝，治国者以积贤为道……故治身者，务执虚静以致精；治

① 《汉书》卷五六《董仲舒传》，第8册，中华书局，1962年版，第2518—2519页。

② 同上，第2501—2502页。

国者，务尽卑谦以致贤；能致精，则合明而寿；能致贤，则德泽洽而国太平。”（《通国身》）在这里，董仲舒提出了“气之清者为精，人之清者为贤”观点，这与汉代气化生成的世界观有关系，董仲舒认为气中纯净之气为精气，人之中纯净的是贤人，治身以积蓄精气为宝贵的信条，治理国家以积蓄人才为根本之道。董仲舒突出了贤者在国家治理中的重要作用，如何能让更多贤者进入到国家治理中呢？为政者就要“务尽卑谦”，态度谦恭自卑才能致贤，能致贤，国家才能太平。

与孟子尊王道贱霸道不同，董仲舒尊崇王道，但在一定程度上又肯定了霸道。“春秋之道，大得之则以王，小得之则以霸。故曾子、子石盛美齐侯安诸侯，尊天子。霸王之道，皆本于仁。仁，天心，故次之以天心。”（《俞序》）《春秋》之道，得到多的，可以做君王，得到少的可以做霸主。因此，曾子、子石称赞齐侯，齐侯可以安抚诸侯，尊奉天子，这是霸王之道，霸王之道都本于仁。董仲舒提出了“霸王之道皆本于仁”的观点，也就肯定了霸道存在的价值，但霸道必须统摄于王道。“故对于在儒家的视域中与王道相对的霸道，董仲舒着眼于现实问题，并非一概斥逐之，而是王霸结合，认为王霸两道都是治国不可或缺的方略，霸道也是仁德的体现，这就从一定意义上纳霸道于王道，将法家的重法尚力有限度地纳入他的思想体系内。”①董仲舒提出王霸相结合的观点，并据此提倡德主刑辅、大德小刑，在一定程度上肯定了霸王道杂之的治道模式。

董仲舒还构建了一套包括三皇五帝系统、圣人感生受命的政治神话，也构建了三代圣王之治的理想图景。“德侔天地者，称皇帝，天佑而子之，号称天子。”（《三代改制质文》）德行与天地齐同的人就可以称皇、称帝了，上天保佑他并把他当作儿子，就可以称为天子了。天子应当德性高尚，应当为人表率，为道德的楷模。在董仲舒看来，五帝三王之世是理想的太平盛世，王道理想就体现在尧、舜、禹三代圣王的历史经验中，王道也是“圣王之道”。在这里，董仲舒通过诉

① 王心竹：《先秦儒家王道理想述论》，《河南社会科学》2012年第7期。

诸历史来论证王道的合理性。

董仲舒还根据亡秦的历史教训和汉初的治国经验，提出了一些具体的措施："限民名田，以澹不足，塞并兼之路。盐铁皆归于民。去奴婢，除专杀之威。薄赋敛，省徭役，以宽民力。"[①] 主张限制豪强对土地的兼并；盐铁等行业归于民，以还利于民；除去专杀奴婢的特权，减轻刑罚；实行"薄赋敛，省摇役"，以减轻人民的负担。在《度制》篇中，董仲舒还提出了"调均"思想。"大富则骄，大贫则忧。忧则为盗，骄则为暴，此众人之情也。圣者则于众人之情，见乱之所从生。故其制人道而差上下也，使富者足以示贵而不至于骄，贫者足以养生而不至于忧，以此为度而调均之，是以财不匮而上下相安，故易治也。"（《度制》）董仲舒还主张为政者不与民争利。"故明圣者象天所为，为制度，使诸有大奉禄，亦皆不得兼小利，与民争利业，乃天理也。"（《度制》）这些主张也彰显了董仲舒以民为本的思想主旨。

在董仲舒看来，"致太平"就要"兴王道"，"兴王道"方可"致太平"，"兴王道"与"致太平"都需要施行仁政，施行德政，重视礼乐教化，董仲舒把"天"作为王道政治的根据，以"正"作为王道政治的价值标准。董仲舒在一定程度上肯定了霸道，认为王道理想落实到具体治道层面时，需要把王道与霸道相结合起来。王道政治的指向是人民，要维护人民的利益。

三、"太平"理想社会的功能和意义

每个时代的学者都会提出自己时代的"理想社会"构想，都会提出理想社会的标准，提出理想社会的实现途径。理想社会是人们对未来理想秩序的整体构想，人们希望物质生活富足，希望社会关系和谐有序，希望政治秩序公平公正，希望人与人诚信友爱，希望社会安定

① 《汉书》卷二四《食货志上》，第4册，中华书局，1962年版，第1137页。

有序，希望人与自然和谐相处，希望社会没有罪恶、没有迫害。美好的社会理想对指引社会的发展，对匡正现实政治有着重要意义。在汉代，董仲舒提出了“太平”理想社会，“太平”理想社会的提出对汉代社会发展有着指引作用，同时“太平”理想社会也塑造着汉朝政权的合法性，对现实政治有着批判和矫正功能。

（一）引导现实政治的发展

汉代儒生认为孔子作《春秋》“为汉制法”。《公羊传·哀公十四年》云：“制《春秋》之义，以俟后圣。”“俟后圣”是垂法于后世，何休注云：“待圣汉之王为法”①，预言了后世是指汉朝，认为孔子作《春秋》是为汉朝制法。董仲舒立足于《春秋》公羊学，以天下“太平”为理想社会的标准，为汉朝的秩序建构提出了总体设计。董仲舒通过回溯历史，提出了“奉天法古”的主张，重建了三代圣王之治的理想图景，“法古”提高了儒家圣王之治的神圣性，也为指引现实政治的发展提供了一个标准。正如皮锡瑞所说：“虽《春秋》太平之义，《礼运》大同之象，尚有未逮；而三代后政教之盛，风化之美，无有如两汉者。”② 太平理想社会可以指引人们建构理想的政治秩序，对于汉代社会风气的改善和政治秩序的建构都有着重要的指引作用。

钱穆先生认为：“秦一天下，学术随政治而转移，乃亦有渐趋统一之倾向。”③ 秦朝统一天下之后，百家争鸣已不适用于统一王朝，先秦诸子学说渐趋融合。在这个过程中，儒家思想如何为大一统的政治体制提供理论指导成为了时代核心问题。董仲舒提出了“太平”理想社会和“奉天法古”的思想，以“太平”理想和天道王道来规约君主。“天道积聚众精以为光，圣人积聚众善以为功。故日月之明，非一精之光也；圣人致太平，非一善之功也。明所从生，不可为源；善所从出，不可为端。量势立权，因事制义。”（《考功名》）天道积蓄众

① 何休解诂，徐彦疏：《春秋公羊传注疏·哀公十四年》（下册），上海古籍出版社，2014年版，第1201页。

② 皮锡瑞：《经学历史》，中华书局，2011年版，第67页。

③ 钱穆：《国学概论》，九州出版社，2011年版，第65页。

多的精气产生光，圣人累积众多的善而建立功业。日月的光辉，不是一种精气所能发出的，圣人达致太平，不是某一善事所建立的功业。在董仲舒看来，圣人才可以“致太平”，但圣人“致太平”非一善之功，圣人通过积聚众善才建立功业。因此，当今的君主想达致太平，就要实行德政，不断的积聚众善，才可逐渐达致太平。“臣闻天者群物之祖也，故遍覆包函而无所殊，建日月风雨以和之，经阴阳寒暑以成之。故圣人法天而立道，亦博爱而亡私，布德施仁以厚之，设谊立礼以导之。”① 天为万物之祖，天道无私，养育万物，天造作日、月、风、雨来调和万物，通过阴、阳、寒、暑来成就万物。圣人通过效法天来立道施政，广施仁爱而无私，实行仁德以厚待百姓，设立礼义以引导人民。在董仲舒看来，古代“五帝三王治天下”之时为太平盛世，“天为之下甘露，朱草生，醴泉出，风雨时，嘉禾兴，凤凰麒麟游于郊”（《王道通三》）。在古代的太平盛世，天下太平安定，社会和谐有序。当今的君主要效法先王，遵从先王之道，以达致“太平”。

董仲舒提出太平社会理想，主张“奉天法古”，通过效法天道来立道施政，通过效法先王来达致太平。经过董仲舒和汉武帝的努力，“太平”理想社会逐渐上升为国家的政治理想，影响到整个国家的政治秩序建构，并影响到社会民众的思想。

（二）塑造汉王朝的政权合法性

汉高祖以布衣身份建立了汉朝，所以汉朝一直存在着政权合法性问题。汉朝作为一个平民王朝如何建构其合法性与正当性，就成了汉儒的重要使命。“太平”理想社会就起到了塑造汉王朝政治合法性的作用。秦朝实行霸道政治，导致民不聊生，汉取而代之。汉为什么可以取代秦呢？在汉儒看来，只有实行德政，才能获得天命，获得人民的支持。《春秋》公羊学主张“拨乱反正”，主张实行德政和王道政治，只有实行德政，才能获得天命和民心，汉朝的建立才是合理的。

在回应汉武帝征问的策论中，董仲舒分析了秦失天下的原因。

---

① 《汉书》卷五六《董仲舒传》，第8册，中华书局，1962年，第2515页。

“至周之末世，大为亡道，以失天下。秦继其后，独不能改，又益甚之，重禁文学，不得挟书，弃捐礼谊而恶闻之，其心欲尽灭先王之道，而颛为自恣苟简之治，故立为天子十四岁而国破亡矣。自古以来，未尝有以乱济乱，大败天下之民如秦者也。”① 董仲舒认为东周末期，天下失道，周失去了天下。秦继承了周的天下，但禁文学，弃礼谊，灭先王之道，实行苟且简略之政，结果立为天子十四年后就国破家亡了。汉获得天下，常常想实现善治，但都无法实现善治，董仲舒认为没有实现善治是因为没有“更化”。“故汉得天下以来，常欲善治，而至今不可善治者，失之于当更化而不更化也。”② 陈苏镇教授认为：“所谓‘更化’，就是抛弃承秦而来的法治政策，代之以儒家的‘任德教’。”③ 汉朝想实现善治，必须实行更化，革故鼎新，重建王道政治，以达致太平，这样才能建构汉代政权的合法性。

“太平”礼制也是一个塑造政权合法性的一个重要因素。在汉代，西周的政教体系已经解体，而秦朝的霸道政治又无法安顿人心，因此，汉代面临着秩序的重建和意义世界的重构。通过新的政教秩序来引导社会，构建一个价值世界和意义世界来安顿人心。“太平”理想社会塑造着意义世界，让人们对未来社会秩序有美好的憧憬和向往。“太平”理想社会落实到现实社会生活中，需要一套太平礼制，通过这套礼乐制度来教化百姓，来纯化社会风气。同时“太平”理想社会和太平礼制提升了汉朝的执政水平，也在塑造着汉朝政权的合法性。

（三）批判与匡正现实政治

“理想社会”可以指引人们建设理想的政治秩序。同时，儒家通过“理想社会”去批判现实政治，匡正现实政治，通过批判现实政治来实现儒家的政治理想。“孔子明得失，差贵贱，反王道之本。讥天王以致太平。刺恶讥微，不遗小大，善无细而不举，恶无细而不去，

① 《汉书》卷五六《董仲舒传》，第8册，中华书局，1962年版，第2504页。

② 同上，第2505页。

③ 陈苏镇：《〈春秋〉与“汉道”——两汉政治与政治文化研究》，中华书局，2011年版，第132页。

进善诛恶，绝诸本而已矣。”（《王道》）孔子通过阐明得失，区别贵贱，返归王道的根本，讥刺天王以达致太平，批判恶行，讥讽隐微，不论大小都不遗漏，善事不因为小而不举出，恶事不因为小就摒除，善事获得奖赏，恶事得到惩罚，使它从根本上杜绝。在董仲舒看来，孔子通过“笔削春秋”，把“微言大义”寓褒贬于记事之文字中，以达到惩恶扬善的目的。

“‘天下和平，则灾害不生。’今灾害生，见天下未和平也，天下所未和平者，天子之教化不行也。”（《郊语》）天下太平（和平）之时，是不会出现灾害的，现在出现了灾害，说明天下未太平，天下未太平是因为天子的教化没有施行。可以说，“太平”理想社会可以批判和矫正政治过失，当出现灾害时，说明君主失政，教化没有施行，君主应该反思自己的行为，并积极解决为政过程中存在的问题。

先秦之时，儒道两家都有“太平”或“致太平”的理想，都把实现天下太平作为理想的政治目标。但此时的“太平”观念还处于萌芽时期，“太平”思想主要还是一种太平观念，还没有提升为系统的“太平”社会理想。到了汉代，董仲舒以公羊学为基础，融合了秦汉之时的天人感应和阴阳五行思想，建构了独特的“太平”理想社会体系，阐发了大一统、通三统、以《春秋》作新王等命题，为汉帝国的神圣秩序和政治秩序做出了总体设计。经过董仲舒和汉武帝的努力，“太平”理想社会上升为官方的政治理想，“太平”理想社会深刻影响到现实政治，对政教关系产生了重要的影响。“太平”观念有着丰富的内涵，有着内在隐含的政治文化意义，有着“天人感应”与“圣人致太平”的复杂思想体系，后来“太平”理想社会与谶纬合流，赋予了“太平”理想社会超自然的神秘色彩。

本文为“2018 中国·衡水董仲舒与儒家思想国际学术研讨会”提交的论文。

盖立涛（1984—），山东垦利人，哲学博士，清华大学人文学院哲学系博士后。

理性的迷信——董仲舒灾异理论的“奇里斯玛”结构

曾暐杰

一、前言

董仲舒（前179—前104）是为汉代大儒，让儒学由一家之言转化为民族国家的意识型态，确立了儒学在中国千年政统中的重要地位①。《汉书》便将董仲舒与孟荀并举，称其能通达古今，开展孔子思想，“为儒者宗”②。然唐宋以降，孟学意识型态逐渐取代汉学，便开始贬抑董子。如明末学者黄道周（1585—1646）便直言：“孟子前头既有颜曾，后来不数韩董，居数甚近，独立难扶，看他无有。两叹如一结谶，断了五百路头，极是可怪。”③ 并批评汉代文史学者盛赞董生让人感到莫名。

---

① 参葛兆光：《中国思想史》第一卷，复旦大学出版社，2001年版，第259页。

② 《楚元王传》言：“自孔子后，缀文之士众矣，唯孟轲、孙况、董仲舒、司马迁、刘向、扬雄。此数公者，皆博物洽闻，通达古今，其言有补于世。”《五行志》则说：“董仲舒治公羊春秋、始推阴阳，为儒者宗。”见（唐）颜师古注：《新校汉书集注》，台北：世界书局，1972年版，第789页。

③ （明）黄道周：《榕坛问业》卷五，收入《中国哲学思想要籍丛编》第35册，台北：广文书局，1975年版，第231页。

当代治儒家之学者，便多如此“照着讲”[①]，以宋学道统去批驳董仲舒。如劳思光（1927－2012）便认为董仲舒此等汉代思想是为“违背心性论传统之混乱思想”的“为儒学”；且窃据了中国哲学正统之名号，非要到宋代二程出使得以将此等“荒谬思想”拨乱反正[②]。这样的批判不可谓不严厉，完全否定了董仲舒思想的地位与价值。究其原因，关键在于董子透过阴阳灾异开展儒学与《春秋》学[③]，建构出一套与先秦儒学“不同地”儒学系统[④]。

而董子的灾异论述指所以受到宋明以降多数学者严肃地批判，一方面在于此灾异之说被认为是荒诞不经的迷信，与哲学之理性形成一种绝对的悖反[⑤]；另一方面在于灾异之说被认为是为皇权服务之迂腐学说，使儒学之道义更加稀薄[⑥]。也因为如此，多数学者认为董仲舒是“儒学政治神学化”的罪魁祸首[⑦]，金春峰则疾呼应该看见董仲舒

① “照着讲”相对于“接着讲”而言，是冯友兰在《新理学》中的区分。前者是指在固有的范式中去论述与发展，没有超越固有的判准；后者则是以前人的范式为基础，更进一步开展出新的范式与系统。本文此处之分判并无优劣之义，仅指出宋学与汉学两种不同视野对于董仲舒诠释所可能带来的评价之差异。参冯友兰：《三松堂全集·第四卷》，河南人民出版社，2001年版，第4页。

② 参劳思光：《新编中国哲学史》（二），台北：三民书局，2005年版，第36－37页。

③ 同上，第33－34页。

④ 当代诠释学的脉络中，基本上可区分“不同地”与“较好地”两种诠释进路——前者以多元包容的态度去理解与还原各种学说的意义，并承认其合理性；后者在梳理出“不同的”诠释后，还强调必然要对各种诠释进行判教以定其优劣与存在的正当性。当代继承宋明道统之学者，便强调诠释出“较好的”儒学，而否定董仲舒此一“不同的”儒学型态。关于权势的两种进路请参张鼎国：《“较好地”还是“不同地”理解？从诠释学论争看经典注疏中的诠释定位与取向问题》，收入氏著，汪文圣、洪世谦编：《诠释与实践》，台北：政大出版社，2011年版，第113－114页。

⑤ 参金春峰：《汉代思想史》，中国社会科学院出版社，2006年版，第141页；路高学：《董仲舒神化自然观的逻辑进程》，《衡水学院学报》第15卷第6期（2013年12月），第21页。

⑥ 参［日］宇野精一著，洪顺隆译：《中国思想（一）儒家》，台北：幼狮文化事业公司，1977年版，第37页。

⑦ 参黄朴民：《董仲舒与新儒学》，台北：文津出版公司，1992年版，第116－117页；劳思光：《新编中国哲学史》（二），台北：三民书局，2005年版，第34页。

学说中的荒谬与谓统治阶级剥削人民的本质[①]；宇野精一更由此指出，董仲舒思想的灾异说与神秘主义史汉代成为儒学的“黑暗时代”[②]。

然而，假使能够跳脱孟学的意识型态与宋学的道统，不以“心性儒学”作为判准去检视董仲舒之思想；而以“经学时代”的视野去理解帝国儒学的抟成，不受制于“子学时代”的儒学系统[③]，那么便能够以客观的角度去诠释出董子“不同的”且具有时代意义的儒学型态。那如黄朴民所说是一种“新儒学”的开展，是为儒学在汉代的全面熟成[④]；而非儒学的异化与歧途。

二、源流——董仲舒灾异思想的时代背景与意义

首先必须厘清的是：灾异的强调并非董仲舒在儒学史上自作主张地植入，或是扭曲儒学的原意；相反地，在“天人感应”中体现灾异的思维，是先秦以来一直延续下来的传统[⑤]。这正如李威熊所说，天人感应与灾异思想在“中国古代早已有之”[⑥]。不仅《墨子》有着“天子为暴，天能罚之”（《天志中》）[⑦] 的思维，在《尚书》也有着“天降丧于殷，罔爱于殷，惟逸”（《酒诰》）[⑧] 的论述。那么，在上古时期灾异论述的长期发展，必有其时代背景及其必要性——正所谓凡

---

① 参金春峰：《汉代思想史》，中国社会科学院出版社，2006年版，第137页。

② 参［日］宇野精一著，洪顺隆译：《中国思想（一）儒家》，台北：幼狮文化事业公司，第37页。

③ 关于“经学时代”与“子学时代”的区分请参钱穆：《经学大要》，台北：素书楼文教基金会，2000年版，第58页。

④ 参黄朴民：《董仲舒与新儒学》，台北：文津出版公司，1992年版第97页。

⑤ 同上，第26页。

⑥ 李威熊：《董仲舒与西汉学术》，台北：文史哲出版社，1978年版，第80页。

⑦ （民国）张纯一撰：《墨子集解》，台北：文史哲出版社，1993年版，第248页。

⑧ （唐）孔颖达正义：《重刊宋本尚书注疏》，台北：艺文印书馆阮元校勘十三经注疏本，1981年版，第210页。

是现实存在的必然合乎理性，概括而言就是凡存在必合理[①]。是以灾异必然有其存在的必要性与合理性，将汉代因变质后的灾异所造成的混乱归诸董仲舒之罪，并不合理。[②]

（一）诚心感物通鬼神：董仲舒对先秦灾异思想的继承

推敲董仲舒灾异思想的来源，应可上溯自《春秋》，正如董仲舒所自言：

> 臣谨案《春秋》之中，视前世已行之事……国家将有失道之败，而天乃先出灾害以谴告之；不知自省，又出怪异以警惧之。[③]

可以见得，董子是有意识地发展《春秋》学，由此言灾异的重要性。而《春秋》正是孔子整理鲁史而成，虽意在透过微言大义评断国事，然其中多载日蚀、地震等天地异象[④]；那么假使言董仲舒之灾异是为思想的混乱与迷信，岂不也否定了孔子的思想与地位？

其实灾异的体现在古代并非一种迷信，从《春秋》对灾异的强调，可以看出古人将天地变化系于政治治乱的观念意识[⑤]；这是一种人文精神的显发，是古人透过灾异书写企图赋予存有（being）在历史的洪流中，去省思自身的不足并思索其超越的可能。如《春秋·成公五年》所载："梁山崩。""秋大水。"[⑥] 透过自然灾异而检视是否有"君道崩坏，臣子为乱"足以导致"山崩相应之征"[⑦]。

正如法国思想家布朗萧（Maurice Blanchot，1907—2003）所说：

---

① ［德］黑格尔著，范扬、张企泰译：《法哲学原理》，台北：里仁书局，1985年版，第134—142页。

② 参黄朴民：《董仲舒与新儒学》，台北：文津出版公司，1992年版第116—117页。

③ （唐）颜师古注：《新校汉书集注》，台北：世界书局，1972年版，第2498页。

④ 参崔涛：《董仲舒的儒家政治哲学》，光明日报出版社，2013年版，第147页。

⑤ 同上。

⑥ （唐）孔颖达正义：《重刊宋本春秋左传正义》，台北：艺文印书馆阮元校勘十三经注疏本，1981年版，第439页。

⑦ 参宋惠如：《〈汉书·五行志〉之董仲舒〈春秋〉灾异说——以论弑为中心》，《当代儒学研究》第19期（2015年12月），第80页。

“打断连续性，这是碎片化写作的目的。”《春秋》的碎片化记载，就是打破了历史的实践性与连续性，让灾异的当下成为片刻永恒，让每个存有能够在灾异的当下汲取教训，并走入超越性的未来。此即布朗萧所谓：“在那里死去就是生存，生活的被动性逃离出自身，和没有现在的时间的灾异混为一谈”[①] ——唯有让作为道德主体（moral subject）的精神存有在灾异的当下死去，作为“身体”[②] 的存有才能够在省思中超越灾异当下的自我，带着灾异的升华进入永恒的未来，以创建未来的秩序。

此诚如赵翼（1727－1814）所指出：“上古之时，人之视天甚近……《春秋》记人事，兼记天变，盖犹是三代以来记载之古法，非孔子所创也。”[③] 也就是说，灾异书写在先秦两汉是个有连续性的传统，对于鬼神灾异之事，并不视为一种迷信；相反地，那是一种人文精神体现的媒介与方式。

孔子即曰：“君子有三畏：畏天命，畏大人，畏圣人之言。”（《季氏》）[④] 显然其承认一作为超越力量之“天”的存在。且此“天”并非单纯的“自然天”，而是对于存有具有一定的道德宰制力，是以“君子”方才敬畏之，而非普遍的存有皆敬畏之。那么此中即蕴含着天赏与天罚的潜台词，只是孔子作为究竟的儒者，不如墨子般将儒学“庸俗化”地转向而明言“天志”[⑤]。

---

① ［法］莫里斯·布朗萧著，魏舒译：《灾异的书写》，南京大学出版社，2016 年版，第 28 页。

② 中国古代所谓的“身体”并不仅指涉肉身，乃是一统摄意识、形躯、自然与社会的更高层次之共名，是非生理亦非心理的、是即身体即心理的。参杨儒宾：《儒家身体观》，台北：中研院文哲所，2008 年版，第 16 页。

③ （清）赵翼撰：《廿二史札记》卷二，中国书店，1987 年版，第 23 页。

④ （宋）邢昺疏：《重刊宋本论语注疏》，台北：艺文印书馆阮元校勘十三经注疏本，1981 年版，第 149 页。

⑤ 此处“庸俗化”并非贬义，而是如金耀基所指出，相对于古代菁英与学院系统的儒家学者，儒学在庶民社会能够以通俗的概念转化为“庸俗化儒家（Vulgar Confucianism）”。参金耀基：《中国社会与文化》，香港：牛津大学出版社，1993 年版，第 165 页。

而从《论语》中孔子所言："祭如在，祭神如神在。"（《八佾》）"未能事人，焉能事鬼？"（《先进》）[1] 的论述，更可进一步确定，孔子并不否认鬼神等超越力量的存在——虽眼不得见，无法确知鬼神是不存在，但既然祭祀了，便在一定程度上相信此一超越力量，否则便不必祭祀，祭祀也无意义。而"焉能事鬼"之议，虽不欲与子路讨论鬼神之事，但此间岂非肯认了"鬼"的存在？是以不能以宋明以降的心性论作为判准，认为孔子不言鬼神之属的超越力量，而认为人文主义必然只谈心性、不言灾异[2]。假使真是如此，便与《春秋》之学成为扞格。

是以《中庸》里有言："至诚之道，可以前知。国家将兴，必有祯祥；国家将亡，必有妖孽。"[3] 这正是孔孟之道将心性之诚与灾异链接的系统，其重点在于反身而诚进而能见微知着——"诚"并非一味向内求，而是感于主体外之物的功夫[4]。正如韦伯（Maximilian Emil Weber，1864－1920）所指出，儒学将此一"能知未来的禀赋"作为一种"德行的完美"——也就是要求君子必须具有正确地解释预兆（Omina）的能力[5]。

（二）只为苍生问鬼神：董仲舒在两汉灾异思想的创建

是以可以说，透过灾异与鬼神的超越力量去呈显人文精神，是上古中国儒学传统中习以为常的一个进路。考察西汉时期的历史文献，至少有着四百则的灾异记载；而此类天地间的怪异现象与警示的纪

---

① （宋）邢昺疏：《重刊宋本论语注疏》，台北：艺文印书馆阮元校勘十三经注疏本，1981年版，第97页。

② 参劳思光：《新编中国哲学史》（二），台北：三民书局，2005年版，第34页。

③ （唐）孔颖达正义：《重刊宋本礼记正义》，台北：艺文印书馆阮元校勘十三经注疏本，1981年版，第895页。

④ 参余治平：《儒家成己成性的哲学追求——以〈中庸〉之"诚"为中心》，《哲学与文化》第36卷第11期（2009年11月），第7－8页。

⑤ 参［德］马克思·韦伯著，简惠美译：《儒教与道教》，台北：远流出版社，1996年版，第242页。

录，便成为汉代文书中的基本特征与内容①。但是如果将汉代文献中的此一现象视为董仲舒灾异论述的不良影响，那便是落入了错误的因果推论关系中——董子的灾异论述并非造成汉代灾异论述泛滥之“因”，而汉代儒学是延续着先秦灾异书写的一环，同样是先秦灾异论述影响下的“果”。

当代学者多有董仲舒的天人感应与灾异论述视为迷信与歧出，那是因为落入唐宋以降的孟学思维，而“以今非古”。这点可由李商隐（813—858）的《贾生》一诗所述得到印证：“可怜夜半虚前席，不问苍生问鬼神。”② 此处透过将“问苍生”与“问鬼神”对立起来，而后者意味着君王不关心国家治乱与民间疾苦，反而迷信而盲目地对鬼神之事感兴趣；“问鬼神”形成一种迷信而无知的象征。

然而此是以唐宋时期的心性论为范式去诠释汉代历史与思想所形成的谬误。如检视《史记·屈原贾生列传》中的记载，便能发现李商隐此一叙事的问题所在：

孝文帝……因感鬼神事，而问鬼神之本。贾生因具道所以然之状。至夜半，文帝前席。既罢，曰：“吾久不见贾生，自以为过之，今不及也。”居顷之，拜贾生为梁怀王太傅。③

由《史记》此段文字可知，在汉代“问鬼神”一事非但没有任何迷信之义，文帝也没有因此受到史书的褒贬，反而显示出君王好问深思的一面④。那么顺着先秦时代的灾异书写以及汉代的普遍的灾异文献，便可以了解到，“鬼神”在当时是作为一种不可否认的存在，而“问鬼神”正是修身自省与治国安邦的一环，也体现与延续了《中庸》

---

① 参［英］鲁惟一著，王浩译：《汉代的信仰、神话和理性》，北京大学出版社，2009 年版，第 92、97 页。

② （清）彭定求等编，中华书局编辑部点校：《全唐诗》第 16 册，中华书局，1999 年版，第 6208 页。

③ ［日］泷川龟太郎撰：《史记会注考证》，台北：万卷楼，1993 年版，第 342 页。

④ 参江国贞：《可怜夜半虚前席，不问苍生问鬼神——李义山对汉文帝的讥讽合理吗?》，《国文天地》第 194 期（2001 年 7 月），第 47—49 页。

"至诚之道，可以前知。国家将兴，必有祯祥；国家将亡，必有妖孽"的思维。

是以"鬼神"的存在与"通鬼神"作为一种修齐治平的功夫，对董仲舒而言是一种诠释的"前见"（Vorsicht）[1]，是其作为汉代诠释者所不能跳脱的固有知识框架，也是他能够且必须建构一套天人感应与灾异论述的关键。是以董仲舒在《春秋繁露》中说："天者，百神之大君也。事不天备，虽百神犹无益也。"（《郊语》）[2] 是其有意在鬼神之上整合出一超越的力量，这是其在经学时代开展《春秋》学与继承先秦鬼神观下"视域融合"（Horizontverschmelzung）[3] 的结果。

而董仲舒之灾异论，便是在这样的诠释场域中有意识地继承孔子《春秋》学之理路而来。正如其在《元光元年举贤良对策》中所言：

> 孔子作《春秋》，上揆之天道，下质诸人情，参文千古，考之于今，故《春秋》之所讥，灾害之所加也；《春秋》之所恶，怪异之所施也。书邦家之过，兼灾异之变，以此宅人之所为。乃与天地流通，而往来相应。此亦言天之一端也。[4]

此一灾异论述，正是要成就司马迁（前145—前86）所言："究天人之际，通古今之变，成一家之言。"[5] 透过内在修养之反思，以明晰灾异之征，由此建立一套修齐治平的系统与政治秩序的根源。也因为透过灾异透过"威胁的无限性已以某种方式摧毁了所有的界

---

① 参洪汉鼎：《当代哲学诠释学导论》，台北：五南图书公司，2008年版，第56页。

② （清）苏舆撰，钟哲点校：《春秋繁露义证》，中华书局，1992年版，第391页。

③ 参［德］汉斯·格奥尔格·加达默尔著，洪汉鼎译：《真理与方法》上卷，上海译文出版社，2004年版，第395—397页。

④ （唐）颜师古注：《新校汉书集注·董仲舒传》，台北：世界书局，1972年版，第2515页。

⑤ （汉）司马迁：《报任少卿书》，收入（唐）李善注：《昭明文选》卷四一，台北：文化图书，1979年版，第322页。

线”[1] ——时间的、空间的、物我的、身心的，是以能够借由灾异，树立一套具有普遍性意义的修养论与政治论系统。

三、证成——董仲舒灾异思想的理论根据与开展

董仲舒在汉帝国大一统的需要下，将先秦固有之原始天人感应与灾异论述传统进行系统化的建构，有其时代意义与需求的正当性[2]。然而，当代学者多认为以当代科学与理性的观点来看，董仲舒的灾异论述是荒谬、可笑的[3]。董仲舒之理论之所受到如此评价与批判，究其原因大部分学者皆如刘国民所指出：董子此种神学目的论的灾异理论，虽具有道德价值的意义，但从科学层次而论，没有知识上的意义[4]。也就是说，在今日，对于天有意欲能够降下灾异来谴告骇畏人们，这与当前的宇宙观不符[5]。然而，如果能够回到董仲舒灾异论述的脉络中去梳理，便能够发现，这样的评价恐有以今非古的危险。

（一）灾异的理性：三重证据的科学性证成

首先必须厘清的是，董仲舒的天人感应与灾异论述，并非仅仅是哲学理论上的空想与推导；相反地，他是有着极为严谨的求证态度与求真精神[6]，在现实中建构一套缜密而可信的宇宙论——便是那个时代的科学。可以说，董仲舒灾异理论的推演对其而言，有着“三重证

---

① 参［法］莫里斯·布朗萧著，魏舒译：《灾异的书写》，第1页。

② 参金春峰：《汉代思想史》，中国社会科学院出版社，2006年版，第146页。

③ 参刘又铭：《合中有分——荀子、董仲舒天人关系论新诠》，《台北大学中文学报》第2期（2007年3月），第43页；金春峰：《汉代思想史》，中国社会科学院出版社，2006年版，第136页。

④ 参刘国民：《董仲舒的经学诠释及天的哲学》，中国社会科学出版社，2007年版，第296页。

⑤ 参刘又铭：《合中有分——荀子、董仲舒天人关系论新诠》，《台北大学中文学报》第2期（2007年3月）第136页。

⑥ 参李威熊：《董仲舒与西汉学术》，台北：文史哲出版社，1978年版，第184页。

据法”的支撑与印证①。

在前文所引述之“天人三策”中，董仲舒即明言：其之所以言灾异之事，是透过“谨案《春秋》之中，视前世已行之事”归纳而来。亦即透过《春秋》中记载的灾异去探讨与考究，进行文字经典上的考古以印证史实，由此阐发灾异之事的真实性，此一重证据也。“视前世已行”者乃透过汉代各种史料与文书中所收录之灾异奇闻，以史证之，此二重证据也。

除此之外，董仲舒又言：

> 及至后世，淫佚衰微，不能统理群生，诸侯背畔，残贼良民以争壤土，废德教而任刑罚。刑罚不中，则生邪气；邪气积于下，怨恶畜于上。上下不和，则阴阳缪盭而妖孽生矣。此灾异所缘而起也。②

是为透过当世所见闻之事例中，的确有诸侯君王因为不能行道德仁义、残贼百姓，天因此而降下灾异；董仲舒便由此将政治混乱与天将灾异联系起来，形成因果论证。此是第三重证据也。

董仲舒此三重证据法，虽与今日严谨之科学观察与实验不可同日而语，但其所由史实与现实中去证成灾异与政治间的关系，其态度是相当严谨的；类似于福柯（Michel Foucault，1926－1984）所谓的“知识考古”的过程③。此一灾异的论证，并不比宋明儒以道德观“想象”的宇宙观更难以理解。如王船山（1619－1692）在《张子正蒙注》中所说：“百物之生，情动气兴，天命即授以成其形性，盖浑

---

① “三重证据法”本是饶宗颐根据王国维的“二重证据法”开展而来，指的是运用有文字的考古数据、没有文字的考古数据以及史书上的材料。董仲舒虽无明确的方法论意识，但其论述灾异的形成与原因时，大抵是符合这样的论证结构的。关于“三重证据法”请参陈韩曦：《饶宗颐：东方文化坐标》，香港：香港中和出版社，2016年版，第230－321页。

② （唐）颜师古注：《新校汉书集注·董仲舒传》，台北：世界书局，1972年版，第2500页。

③ 参［法］米歇尔·福柯著，谢强等译：《知识考古学》，生活·读书·新知三联书店，2003年版，第2－33页。

沦流动，有可受斯应之。”[①] 几乎采用“定言令式”[②] 之理所当然的论述；然其宇宙观大多让人摸不着头绪；如果此等宋明儒之宇宙图式之建构并非迷信、亦不荒谬，何以能言董子灾异之论证是为荒谬？

实则每个时代有每个时代的问题与需要，不必径自以自身的时代与知识去贬抑不同时代的范式；从上古的秦汉到宋明以降的近世乃至于当代，是一次再一次的范式转移（Paradigm shift）[③]，以此之范式讥彼之范式落后与迷信无有必要。如同美国哲学家罗蒂（Richard Rorty，1931—2007）所言：“一个世纪的‘迷信’，就是前一世纪的理性胜利。”[④] 现下的迷信，必定是建基于过往的理性；今日的理性，对未来而言就是另一种迷信。但这并非优劣之别，而是不同的时代有其不同的宇宙图式（schema）与思维的范式。

（二）灾异的信仰：儒家神学的正当性建构

再者，董仲舒的灾异论述即便由当代的视野观之，也未必就是无稽之谈或沦为迷信。也就是说，为何“天有意、欲，能突然地布下灾、异来谴告、骇畏人，这是今天许多人所不能接受的”呢[⑤]？为何具有“人格天”的色彩便是迷信的、荒谬的呢？

基督宗教中全知全能的上帝，有着绝对而鲜明的人格神特质，教徒们相信：“神说、要有光、就有了光。”（《创世纪》1.3）并言神有惩戒人们的权力：“要在众人身上行审判、证实那一切不敬虔的人、所妄行一切不敬虔的事、又证实不敬虔之罪人所说顶撞他的刚愎话。”（《犹大书》1.15）[⑥] 但为何全世界有三分之一的存有信仰祂，而大部

---

① （清）王夫之：《张子正蒙注》，中华书局，1975年版，第146页。

② ［德］康德著，李明辉译：《道德底形上学》，台北：联经出版社，2015年版，第30—34页。

③ ［德］孔恩（Thomas S. Kuhn）著，程树德等译：《科学革命的结构》，台北：远流图书公司，1994年版，第91—100页。

④ ［美］理查德·罗蒂著，李幼蒸译：《哲学和自然之境》，台北：桂冠图书，1990年版，第348页。

⑤ 参刘又铭：《合中有分——荀子、董仲舒天人关系论新诠》，《台北大学中文学报》第2期（2007年3月）第43页。

⑥ 香港圣经会编：《新旧约全书》，香港：圣经公会，1990年版，第35页。

分的存有也能尊重此一信仰，而不言其迷信、不非其荒谬呢？

关键即在于在不同的视野与思维下，让人产生了不同的评价。基督教作为宗教、作为神学，是一成功而伟大的范式；然而在儒学的脉络中，因着宋明以降的孟学意识型态，先入为主地认定儒学应该是心性之学，所要求的应为在“道德天”中自觉而达致天人合一的境界；主观地认定“人格天”的建立是儒学发展的倒退[1]。但为何中国古代不能发展出一套有系统的“儒家神学”呢？为何“儒家神学化”必定是荒唐的呢[2]？

虽然灾异思想的确在汉元帝后逐渐劣化为邪恶迂腐的权术，使得“儒家神学”快速崩解[3]，但这并不代表创建儒家神学系统的董仲舒本身是错误的、荒唐的、迂腐的。相反的，那是一种帝国儒学的型态，虽与“心性儒学”的范式不同，但确实是从先秦儒家之“诚”与《春秋》灾异思想的镕铸与转化开展出来的一种儒学型态。

因为宋明以降学者囿于宋明儒家所建构的范式，不能理解与接受有一种儒学型态能够透过“人格天”建构起来，便多指出董仲舒的体系既是神学的，又是自然的、道德的，使其思想体系混乱与矛盾[4]。然而，假使不以当代学术系统的分类，不以西方学门思维去检视董仲舒的思想，那么便能够理解到，其系统即是以“人格天”统括一切，而无所谓“天论”的混杂与矛盾的问题。

此从董仲舒所说在“天人三策”首先自问到：“三代受命，其福安在？灾异之变，何缘而起？”[5] 可以知晓其欲以“灾异”理论统括政治秩序与宇宙秩序；这样的思维如同布朗萧所指出的——“灾异安

① 参劳思光：《新编中国哲学史》（一），台北：三民书局，2005年版，第387－390页。

② 参金春峰：《汉代思想史》，中国社会科学院出版社，2006年版，第139页。

③ 参李威熊：《董仲舒与西汉学术》，台北：文史哲出版社，1978年版，第185－190页；黄朴民：《董仲舒与新儒学》，台北：文津出版公司，1992年版，第209页。

④ 参金春峰：《汉代思想史》，中国社会科学院出版社，2006年版，第129页。

⑤ （唐）颜师古注：《新校汉书集注·董仲舒传》，台北：世界书局，1972年版，第2496页。

排着一切”[①]。一切都由“灾异”为突破口去掌握忧患中的最高主权[②]；透过此一主权让宇宙生发与政治治乱迎刃而解。而究其根源，灾异之源始自于“天”——具有道德与赏罚意识之天——

> 天地之物有不常之变者，大者谓之异，小者谓之灾。灾常先至而异乃随之。灾者，天之谴也；异者，天之威也。谴之而不知，乃畏之以威……以此见天意之仁而不欲陷人也。谨案灾异以见天意。天意有欲也，有不欲也。（《必仁且知》）[③]

无论是灾是异，皆出之于“天谴”、出之于“天威”，是肇因于“天意”之好“仁”，更是取决于“有喜怒之气，哀乐之心”（《阴阳义》）[④] 的“人格天”。此一无形象的“人格天”虽不同于基督教有形象的“人格神”，但其作用与具有赏罚权威与喜怒之质性则一也。

那么所谓“世乱而民乖，志僻而气逆，则天地之化伤，气生灾害起”（《天地阴阳》）[⑤]。看似以“气”言自然之灾，与具有意识的“人格天”不同；“少阳因木而起，助春之生也；太阳因火而起，助夏之养也；少阴因金而起，助秋之成也；太阳因水而起，助冬之藏也”（《天辨在人》）[⑥]。看似是天自然属性规律的运行，无有“人格天”意志介入，实则此皆收在董仲舒“人格天”的“神化儒学”系统之内，否则灾异之论便收摄不住。此也正是董仲舒所言：“天常以爱利为意，以养长为事，春秋冬夏皆其用也”（《王道通三》）[⑦] 之义——皆天之意志。

---

① ［法］莫里斯·布朗萧著，魏舒译：《灾异的书写》，南京大学出版社，2016 年版，第 3 页。

② 同上，第 4 页。

③ （清）苏舆撰，钟哲点校：《春秋繁露义证》，中华书局，1992 年版，第 254 页。

④ 同上，第 333 页。

⑤ 同上，第 460 页。

⑥ 同上，第 327 页。

⑦ （清）苏舆撰，钟哲点校：《春秋繁露义证》，中华书局，1992 年版，第 322 页。

董仲舒的“天论”必须以“完型（Gestalt）”[①] 视之，亦即在“天”“地”“人”“鬼”的讯息互动中形成之“心物场”（psychophysical field），建构一统合宇宙时空的整体[②]；而不能将其“天”分解为各种相互矛盾的属性，使其拆碎下来，不成片段。此正如侯外庐（1903—1987）所说，当宇宙内的一切——自然、社会乃至存有皆被赋予天的意志与道德目的性，那么便在神学家手中成为神圣的外射[③]。

而董仲舒正是这样一个大汉帝国场域中的“儒门神学家”——以“灾异”为核心来生发一种没有破坏性的束缚限制[④]，借此创建政治秩序与宇宙时空。这也是为何董仲舒会选择《春秋》学为理论的核心，正在于其欲借由《春秋》中的灾异书写，利用“春秋大一统者，天地之常经，古今之通谊也”之优势，为帝国创制永恒的宇宙秩序[⑤]——而“不在六艺之科孔子之术者，皆绝其道，勿使并进。邪辟之说灭息，然后统纪可一而法度可明”[⑥] 也正体现了宗教的护教与排他特质。

---

① 参［德］库尔特·考夫卡（Kurt Koffka）著，黎炜译：《格式塔心理学原理》，台北：昭明出版社，2000年版，第9—27页。

② 参葛兆光：《中国思想史》第一卷，复旦大学出版社，2001年版，第225页。

③ 参侯外庐等：《中国思想通史》（第二卷），人民出版社，1957年版，第99—100页。

④ 参［法］莫里斯·布朗萧著，魏舒译：《灾异的书写》，南京大学出版社，2016年版，第9页。

⑤ 正如布朗萧所说，灾异让存有暴露于“统一性”，让存有了解到我并非不可替代，在灾异的危难中，让存有在当下失去自我，而能够进入永恒的替代性中；我不再仅只是我，而是秩序共同体的一环。此是大一统的汉帝国所需要的——这也是儒学由先秦时代百家争鸣的状态转向一家之言的时代趋势与背景。参［法］莫里斯·布朗萧著，魏舒译：《灾异的书写》，南京大学出版社，2016年版，第18页。

⑥ （唐）颜师古注：《新校汉书集注·董仲舒传》，台北：世界书局，1972年版，第2523页。

四、创发——董仲舒灾异思想的心理结构与符码

在确立了董仲舒天人感应雨灾异论述的合理性与积极性意义后，接着必须要厘清的是：为什么董仲舒要特别从《春秋》灾异书写中开展神化儒学，以灾异作为理论的核心？宋明以降学者多半指控董仲舒此一灾异论述，是为了替君王巩固权力；是以其天论治道，是以君王奉天命为中心去开展的[①]。

董仲舒的灾异论述以君王为中心开展，这点是正确的，如其在《春秋繁露》中即言："惟天子受命于天，天下受命于天子"（《为人者天》），"《春秋》之法，以人随君，以君随天"（《玉杯》）[②]。据此说董仲舒具有君权神授的思维是没有问题的[③]。但假使以此批判其透过灾异天道来树立君王的唯一治权[④]，甚至是以此责难中国未丌出民主思想则是不能成立的[⑤]。因为正如金春峰所说，天命观与君权神授是先秦以来的传统，并非董仲舒所独发[⑥]；况且难道在董仲舒天人感应与灾异论述建立前，中国的君王就不具有唯一治权吗？

（一）是为苍生不为君：灾异对君王权力的非权力化

事实上，董仲舒的灾异论述非但不是多数学者所指出为君权服务，相反地，其目的反而在于节制君权。虽然在董仲舒所建立的天人阶层结构有着严密的自上而下的（Top－down）[⑦] 的权威性与单向

① 参林明昌《〈春秋繁露〉的天道观与治道思想》，新北：淡江大学中国文学研究所硕士论文，1991 年 6 月，第 127 页。

② （清）苏舆撰，钟哲点校：《春秋繁露义证》，中华书局，1992 年版，第 311、29 页。

③ 参李威熊：《董仲舒与西汉学术》，台北：文史哲版社，1978 年版，第 83 页。

④ 参周德良：《论汉儒灾异论（下）——以董仲舒、〈白虎通〉为中心之考察》，《鹅湖月刊》第 294 期，第 45 页。

⑤ 参牟宗三：《政道与治道》，台北：台湾学生书局，1991 年版，第 428 页。

⑥ 金春峰：《汉代思想史》，中国社会科学院出版社，2006 年版，第 122 页。

⑦ 参吴定：《公共政策辞典》，台北：五南图书公司，2005 年版，第 349－350 页。

性——“天子受命于天，诸侯受命于天子，子受命于父，臣妾受命于君，妻受命于夫，诸所受命者，其尊皆天也，虽谓受命于天亦可”（《顺命》）①。但必须强调的是，此一阶层结构是在世俗的阶层中，加入了“天”作为最终的裁决者②，这避免如法家般赋予君王阶层组织最顶端的地位，使得君权之上再无约束的力量，而使得君王能够为所欲为③。

也就是说，假使董仲舒要的是巩固君权的绝对权力，使臣民不敢有异心，他没有必要费心创建一套儒家的神学体系，在“君”之上再建构一“人格天”作为对君王的约束；而仅须如法家那般赋予君王法术势的绝对权力即可。董仲舒正是有感于君权要是没有一更高的力量去制衡之，那么就无法保证国家政治的正义④；然而，在世俗的世界里，难道还有比统治者更高权力的可能吗？是以他仅能上推于天，建立一具有赏善罚恶、决定政权兴替的超越力量——“人格天”来对君权进行绝对的控制。

正因为在世俗的世界中没有足以约束君权的力量，而君王拥有权力，便成为世俗世界的掌控者；如同布朗萧所说：一但权力（macht）自我运作，便成为一台狂热而充满欲望的机器。唯有使“权力”转化为“非权力”才能使其在一味的狂热与欲望中走出来；唯有透过神性才能够让权力不使用权力，唯有“灾异”能够在权力的掌控之外，去避开权力，并且不断地重复“非权力”的运作⑤。这也是为何董仲舒赋予“人格天”降予“灾异”的绝对权力；其目的正是要使君王的权力“非权力化”。

---

① （清）苏舆撰，钟哲点校：《春秋繁露义证》，中华书局，1992年版，第406页。

② 参崔涛：《董仲舒的儒家政治哲学》，光明日报出版社，2013年版，第147页。

③ 参李泽厚：《中国古代思想史论》，台北：三民书局，1996年版，第157页。

④ 参崔涛：《董仲舒的儒家政治哲学》，光明日报出版社，2013年版，第147－148页。

⑤ 参［法］莫里斯·布朗萧著，魏舒译：《灾异的书写》，南京大学出版社，2016年版，第12页。

是以董仲舒特别强调君王与政权必须“应天”，使得君王与政治实体不是世界上的绝对权力，而是依附于更高超越力量的被管束者——这就达到了对君王权力的非权力化。这也就是其在“天人三策”中告诉君王“臣闻制度文采玄黄之饰，所以明尊卑，异贵贱，而劝有德也。故春秋受命所先制者，改正朔，易服色，所以应天也”[①]的原因。

如崔涛所言，在董仲舒要求君王与政权必须透过“应天”来成就其合法性时，便将君王转换为一种象征化的符号——权力受到“天”所约束的代言人[②]。君王不再是君王本身，而是被“非权力化”的“权力”。而这样的“非权力化”，即是透过灾异去弱化其欲望在无拘束的身体中奔驰之可能性，此即董仲舒在《深察名号》中所说：“天有阴阳禁，身有情欲，与天道一也……安得不损其欲而辍其情以应天。”[③] 诸如此等皆可看见，董仲舒企图利用神学的信仰模式来促成“天”之权力去节制君王的用心。

除此之外，从董仲舒赋予“人格天”道德意识来看，此一天绝非机械论式的自然天表述[④]，而是具有教化意义的“道德人格天”。如其在“天人三策”中所说：

> 天道之大者在阴阳。阳为德，阴为刑；刑主杀而德主生……以此见天之任德不任刑也。天使阳出布施于上而主岁功，使阴入伏于下而时出佐阳；阳不得阴之助，亦不能独成岁……王者承天意以从事，故任德教而不任刑。刑者不可任以治世，犹阴之不可

① （唐）颜师古注：《新校汉书集注·董仲舒传》，台北：世界书局，1972年版，第2510页。

② 参崔涛：《董仲舒的儒家政治哲学》，光明日报出版社，2013年版，第141页。

③ （清）苏舆撰，钟哲点校：《春秋繁露义证》，中华书局，1992年版，第288页。

④ 参刘国民：《董仲舒的经学诠释及天的哲学》，中国社会科学出版社，2007年版，第288页。

任以成岁也。①

即便言阴阳，也是具有道德意识的催显，而不是自然规律的运行而已；而此一观念亦同时在《春秋繁露·精华》中提点——“教，政之本也；狱，政之末也”②。可以见得董仲舒对此观念之重视。由此亦可以了解到，董仲舒的“人格天”与灾异论述的建构，绝非为了君王的霸权而设；而是为了约束与教化君王，使其权力“非权力化”而置。

（二）只为威吓制帝王：灾异对君王心理的再结构化

那么学者可能会进一步质疑，董仲舒自我认同为儒家，那么为何要透过建立“人格天”的超越力量来约束君权，而不循着儒家要求君王行道德修养以达到自觉行仁政的路向？关键即在于这是对于先秦儒学中心理结构的补强与修正。其实，“天的结构”即是“心理结构”的投射与显题化；此诚如徐复观（1904－1982）所说，“人格天”的属性与内涵，就是存有心理的价值观的外在投射③。亦即存有个体中未被心灵意识到或是心理结构中不完整的部分，会透过投射（project）的方式，将内在心灵的空缺或期待转移到“天”此一客体上④。

1. 失灵的良知：心性之学的结构缺陷

而先秦儒学中，孟学的心理结构与政治秩序的建构都建基在道德修养之上。那是一种“尽其心者，知其性也。知其性，则知天矣。存其心，养其性，所以事天也”（《尽心上》）⑤ 的进路。此处看似孟子也言“事天”，与董子之“天人感应”无异，事实上此间是差之千里。

① （唐）颜师古注：《新校汉书集注·董仲舒传》，台北：世界书局，1972 年版，第 2502 页。

② （清）苏舆撰，钟哲点校：《春秋繁露义证》，第 91 页。

③ 参徐复观：《两汉思想史》第二卷，香港：香港中文大学，1975 年版，第 245 页。

④ 参［瑞士］玛莉－路薏丝·冯·法兰兹（Marie－Louise von Franz）著，易之新译：《荣格心理治疗》，台北：心灵工坊，2011 年版，第 246 页。

⑤ （宋）孙奭疏：《重刊宋本孟子注疏》，台北：艺文印书馆阮元校勘十三经注疏本，1981 年版，第 228 页。

其关键的差别在于：孟学所谓的“天”是“道德天”，仅仅作为一种价值根源，然而其却没有使人为善的强制力。

亦即孟学中的存有被要求自觉地去修身为善，是即“人心也；义，人路也……学问之道无他，求其放心而已矣”（《告子上》）[①]。不仅仅是在个人修养上是如此，孟学的政治论亦寄托于修养论之上，没有具体的政治论结构。是孟子所说：

> 人皆有不忍人之心。先王有不忍人之心，斯有不忍人之政矣。以不忍人之心，行不忍人之政，治天下可运之掌上……人之有是四端也，犹其有四体也。有是四端而自谓不能者，自贼者也；谓其君不能者，贼其君者也。凡有四端于我者，知皆扩而充之矣，若火之始然，泉之始达。苟能充之，足以保四海。（《公孙丑上》）[②]

也就是说，孟子认为要建构家国秩序，便要从君王的德性根源处着手；只要君王自觉修身，显发仁心，自然而然能够实行仁政。仁心与仁政是相随而至，不假外求，但此处有一个心理结构上的关键问题在于：假使君王的良知之泉断流、良能之火灭馁之时应该如何？对此孟子并没有处理——或许对他而言也并没有意识到这个问题[③]。

那么便可以了解到，孟学的心理结构中缺少了一具有强制性的“奇里斯玛”（charisma）——原是基督宗教中“神圣的天赋”之意，也就是上帝的神圣性与权威性，能够使人信服与侍奉，而使具有原罪的性恶之人能够自我去忏悔与行善；本是外在的“人格神”得以转化为心理结构中的“奇里斯玛”，作为约束人行为的内在超越力量。

后韦伯在社会学意义上将此一概念转化为具有感召力量或非凡魅力的统治者，足以形成一种权威促使人受到感化而遵照统治者的法则

① （宋）孙奭疏：《重刊宋本孟子注疏》，台北：艺文印书馆阮元校勘十三经注疏本，1981年版，第202页。

② 同上，第65页。

③ 参曾暐杰：《打破性善的诱惑——重探荀子性恶论的意义与价值》，新北：花木兰文化，2014年版，第165—170页。

去行事与修为[①]。基本上荀子即欲修正孟子此一心理结构的空缺，而企图透过外在“礼法”权威的建构来补足儒学心理结构因过度重视心性自觉而空缺的“奇理斯玛”，是即荀子所言：

> 人生而有欲，欲而不得，则不能无求。求而无度量分界，则不能不争；争则乱，乱则穷。先王恶其乱也，故制礼义以分之，以养人之欲，给人之求。使欲必不穷乎物，物必不屈于欲。（《礼论》）[②]

但荀子在这方面并没有讨论君王之欲望如何节制？又如何让没有高于君王外在权威力量约束时，君王能行善修德而爱国爱民？是以就政治论而言，荀子理论的心理结构，在君王那里还是一个不完整的组成。

2. 超越的天威：儒家神学的奇理斯玛

是以董仲舒必须要在君王之上建立一个超越的力量“人格神”，作为儒家君王心理结构中的“奇理斯玛”，以填补先秦儒学政治论与心理结构上的缺陷。但董仲舒具有恪守道德作为价值判断之特质，其学说并未脱离儒学的范式，并非孟学意识型态者所批判——是将汉代哲学带入黑暗时代的迷信思想。

关于这点可由董仲舒所赋予“人格天”的内涵与特质来证明其作为儒家的正当性与合理性。正如前文所说，作为外在客体的“人格天”乃是内在心理结构的投射与外显，是以由董仲舒所言“人格天”可知其道德判准为何？《春秋繁露》中便多次提到：“仁之美者在于天，天仁也……人之受命于天也，取仁于天而仁也”（《王道通三》）；“仁，天心；故次以天心”（《俞序》）；“位尊而施仁，藏神而见光者，天之行也。故为人主者法天之行”（《离合根》）。可以见得，董仲舒并没有放弃君王“仁心”显发的可能，也没有弃置对于“仁政”的追求。

---

① 关于“奇理斯玛”请参 Max Weber，*Economy and Society：An Outline of Interpretive Sociology*. Berkeley：University of California Press，1987.

② （清）王先谦撰：《荀子集解》，中华书局，2010 年版，第 346 页。

但因为在孟学的心理结构中缺少了一能够约束君王的“奇理斯玛”，所以董仲舒势必要建立一个超越君王的权威力量，赋予君王实施仁政的动力。于是董子便透过“人格天”中天赏与天罚的权威，让君王有着不得不行仁政的压力并感到惧怕。是以“灾异”便是董仲舒植入君王心理结构争的“奇理斯玛”，作为制衡君王欲望的神圣权威——使君王随时有一“神圣他者的眼光”在监看之，诱使君王的良知显现。

是以相对于孟学中的没有意识与赏罚能力而仅作为价值根源的“道德天”而言，董仲舒的具有施予“灾异”能力与赏罚意识的“人格天”便能够成为一强而有力的“奇理斯玛”，使得君王即便盘踞万民之上，仍然能够受制于一权威系统之中[①]——只是人民的“奇理斯玛”是为君王，而君王的“奇理斯玛”是为“天”，此也体现了天人关系的阶层结构。

是以作为督促的超越力量，其关键即在于让人恐惧——恐惧灾异的降临、恐惧天的惩罚、恐惧权力为天所收回、恐惧政权为天所转移，因此便使君王有动力行仁政。是以董仲舒说：“天人相与之际甚可畏也。”[②] 并一再提醒君王：“天之不可不畏敬，犹主土之不可不谨事。不谨事主，其祸来至显，不畏敬天，其殃来至合。”（《郊语》）[③] 当天的意志具有警告与让人害怕的特质时，便能够有效地填补儒家心理结构中“奇理斯玛”的空缺；此与《孟子·尽心上》中所谓：“求则得之，舍则失之，是求有益于得也，求在我者也”[④] 毫无强制力的道德劝诫的力度是截然不同的。

---

① 参李泽厚：《中国古代思想史论》，台北：三民书局，1996年版，第157页。

② （唐）颜师古注：《新校汉书集注·董仲舒传》，台北：世界书局，1972年版，第2498页。

③ （清）苏舆撰，钟哲点校：《春秋繁露义证》，中华书局，1992年版，第390页。

④ （宋）孙奭疏：《重刊宋本孟子注疏》，1981年版，第229页。

五、结论

透过本文的梳理与分析，可以了解到灾异书写是先秦以来的传统，而非董仲舒所独发、错乱儒学体系的谬论。当代学者应该跳脱宋明以来以孟学意识型态去批判汉代儒学与董仲舒思想的窠臼，而应该接受“不同的”儒学型态——并非仅有“心性儒学”具有正当性；即便每个存有都能够有自我的认同与抉择，但至少应该“承认”① 其存在的必要性与合理性，才有理解与还原历史的可能。

可以说，董仲舒的天人感应与灾异论述，看似是一种对于超越力量的迷信，然而此是为了政治秩序之理性的迷信，有其时代的意义与价值。且当代学者不该由西方哲学范式中去要求“事实”与“价值”截然二分，而批判董仲舒“天论”的混乱②；在汉代儒学的范式中，那是一个天人一体的宇宙大化系统——天地鬼神一切是一个魂一体的系统。必须理解到，当代所谓的迷信，正是那个时代所谓的理性；这无关优劣，只是在范式移转中所呈显出不同的宇宙观与现实。

而董仲舒的灾异论述，正是建立在理性的思维上，企图弥补先秦儒学中过度强调心性自觉的系统中缺少“奇理斯玛”的心理结构，而透过建立一具有赏罚意识与赋予灾异能力“人格天”作为统治者之上的超越力量，使君王不会成为无所约束的泛滥权力主体而为所欲为。董仲舒此一灾异论述，可谓儒学史上最为理性的迷信力量，从“心理结构”上弥补了儒学的缺口，创建了中国儒学史上难能可贵的“儒家神学”。

其实，在“儒家神学”系统中，“灾异”并不是一种迷信，而是

---

① 必须在相互“承认”彼此的正当性中沟通与辩论，才能够真正进行交流，否则在意识型态中进行论述，永远无有对话的可能。参［德］霍耐特著，胡继华译：《为承认而斗争》，上海人民出版社，2005 年版，第 117—118 页。

② 刘国民：《董仲舒的经学诠释及天的哲学》，中国社会科学出版社，2007 年版，第 292 页。

使存有在历史的连续性中产生断裂，进而能够进入永恒的反思机制。正如布朗萧所说，灾异是一种馈赠，灾异并不是阴暗的，它将存有从现实中的关系与错误解放出来，以带人进入更美好的永恒与未来①。灾异论述有其积极意义，在心性自觉的儒学型态中，创建了另一套可能带给大一统帝国安定而繁荣的儒学体系，值得当代学者在孟学意识型态之外，重新理解与开展。

本文为“2018中国·衡水董仲舒与儒家思想国际学术研讨会”提交的论文。

曾暐杰（1986—），男，台湾台北人，台湾政治大学中国文学系博士，台湾师范大学国文学系助理教授。

① 参［法］莫里斯·布朗萧著，魏舒译：《灾异的书写》，南京大学出版社，2016年版，第5—7页。

“喜怒哀乐”与“春夏秋冬”合类说

——以董仲舒《春秋繁露》为中心

蔡 杰

董子对“喜怒哀乐”的诠释，在中国思想史上有着相对特殊的意义。他将人的“喜怒哀乐”与天的“春夏秋冬”比配合类，虽然这一学说只是董子天人架构下的一部分，为其政治哲学提供理论依据，但是合类说有一定的特殊性，并非随意比附。并且这一学说对后世有一定的影响，特别是明末刘蕺山对《中庸》“喜怒哀乐”的诠释，虽然蕺山不曾提及董子，但是二人的学说具有相通之处。本文拟对“喜怒哀乐”与“春夏秋冬”合类说的内涵与诸多面向，进行相应的申说，并探讨该学说背后的哲学思想。

一、“喜怒哀乐”与“春夏秋冬”合类的演绎展开

董子在《春秋繁露》中着重阐释了“喜怒哀乐”与“春夏秋冬”的合类，共有十余处分布，尤其集中在“王道通三第四十四”。董子说道：“人生有喜怒哀乐之答，春秋冬夏之类也。喜，春之答也；怒，秋之答也；乐，夏之答也；哀，冬之答也。”（《为人者天第四十

一》)[1] 意思是说人一出生就有了喜怒哀乐的应答能力，这喜、怒、哀、乐与四时是一个性质，分别是喜与春相类、怒与秋相类、乐与夏相类、哀与冬相类，同样的属性一一对应。这四种情绪或者说心态，并不是随意与一年四时相互比配的，而是具有固定的合类方式，譬如“喜”的心态就一定是和“春”相配的，原因是二者的性质相同。

那么所谓相同的性质又是什么呢？董子也作出了解释：“天有寒有暑，夫喜怒哀乐之发与清暖寒暑，其实一贯也。喜气为暖而当春，怒气为清而当秋，乐气为太阳而当夏，哀气为太阴而当冬。”（《王道通三第四十四》）也就是说，人的喜怒哀乐与春夏秋冬相比配，是因为二者共有清暖寒暑的性质。董子将喜气视为性暖，故与春相合类；将怒气视为性清，故与秋相合类；将乐气视为太阳，也就是暑的性质，故与夏相合类；将哀气视为太阴，也就是寒的性质，故与冬相合类。这是通过后天对四季温度以及对人的情绪的体验，做出的属性归类，从而将相同一类中的情绪与季节视为相通。也正是通过性质相通，将天和人结合在一起。

在这里，我们应该注意到一点，就是通过人的情绪与四时的比配，并非随意合类，其中是以具有相同属性作为基础的，也就是“暖清寒暑”这样的性质。所以我们也应该看到，董子并没有将人的“喜怒哀乐”随意拿来与四方、五行等相比配，而四方、五行在董子思想当中，都是与春夏秋冬四时相配，形成完整的一套体系的。这不能不说是董子对“喜怒哀乐”所作诠释的独特性。

有时候，董子对情绪心态的措辞，也不一定只作“喜怒哀乐”，也作“爱严哀乐”。譬如“春气爱，秋气严，夏气乐，冬气哀”（《王道通三第四十四》），在这里，爱、严、哀、乐实与喜、怒、哀、乐分别同一等价，分别与春、夏、秋、冬比配。有时候，董子对情绪心态的总体措辞，会直接用“好恶喜怒”代称，这时候指的是总体的情绪心态的概念，而无法与春夏秋冬分别对应。譬如“主之好恶喜怒，乃天之春夏秋冬也，其俱暖清寒暑而以变化成功也”（《王道通三第四十

---

① 本文参考的《春秋繁露》是清武英殿聚珍版丛书本，如非特别讨论，原文征引仅注出篇名。

四》），这里的“好恶喜怒”便只是一种人的情绪心态的整体代称，无法与四时比配。我们只有分清这一些概念，说清楚是整体概念的代称，还是可以进行一一分别比配的措辞，才能够更好地展开论述。

为了论证人的情绪心态与四时的合类，董子还从词义训释的角度，对“春”和“秋”进行阐释。董子写道：“春之为言，犹偆偆也；秋之为言，犹湫湫也。偆偆者，喜乐之貌也；湫湫者，忧悲之状也。是故春喜、夏乐、秋忧、冬悲。”（《王道通三第四十四》）在这里，董子采用了汉代学术擅长的训诂办法，解释“春”和“秋”。其中“之为言”就是典型的训诂学术语，也就是声训的术语。意思是说“春”和“偆”声音相近，词义相通，可以用“偆”来解释“春”，于是“春”的意思就是偆，就是“欣喜貌”[1]，也正是董子所进一步说明的“喜乐之貌”；同样的道理，“秋”和“湫”声音相近，词义相通，可以用“湫”来解释“秋”，于是“秋”的意思就是湫，就是“悲忧貌，‘湫’通‘愁’”[2]，也正是董子所进一步说明的“忧悲之状”。从而确定了春喜与秋忧的比配，由此再进一步推导出夏乐和冬悲，达到人的情绪心态与四时相合类的目的。

董子还从人们的生活生产经验中，对人的情绪心态与四时的关系进行阐发。“爱气以生物，严气以成功，乐气以养生，哀气以丧终，天之志也。是故春气暖者，天之所以爱而生之；秋气清者，天之所以严而成之；夏气温者，天之所以乐而养之；冬气寒者，天之所以哀而藏之。春主生，夏主养，秋主收，冬主藏。”（《王道通三第四十四》）爱气（喜气）即是春的主导，其性暖，可以化生万物，正是春天的特征，所以说“春主生”；接下来，乐气即是夏的主导，其性温（暑），可以养育万物，正是夏天的特征，所以说“夏主养”；接下来，严气（怒气）即是秋的主导，其性清，可以收成万物，正是秋天的特征，所以说“秋主收”；接下来，哀气即是冬的主导，其性寒，可以终结万物，正是冬天的特征，所以说“冬主藏”。董子从人们生产生活的经验角度，将“喜怒哀乐”四气通过“暖清寒暑”的性质，与春生、夏养、秋收、冬藏结合在一起。通过春夏秋冬的属性，对人的喜怒哀乐赋予了新的特征，说明了人的喜怒哀乐与春夏秋冬一样，是按照一定顺序不断变化的，体现了一个具有生命的生长过程。

在董子的天人架构当中，不仅体现了人的喜怒哀乐与四时相比配，反过来还道出了一点，就是天也有喜怒哀乐。“天亦有喜怒之气、哀乐之心，与人相副。以类合之，天人一也。春，喜气也，故生；秋，怒气也，故杀；夏，乐气也，故养；冬，哀气也，故藏。四者，天人同有之。”（《阴阳义第四十九》）这是从天的角度出发，说明天的四时分别体现出喜、怒、哀、乐的特质，从而指导人们进行生、养、杀、藏的生产活动。人的喜怒哀乐可与天的四时相比配，反过来天的四时也体现喜怒哀乐的特点，说明了天人之间的关系是相互的，所以董子说道：“人无春气，何以博爱而容众？人无秋气，何以立严而成功？人无夏气，何以盛养而乐生？人无冬气，何以哀死而恤丧？”并且“天无喜气，亦何以暖而春生育？天无怒气，亦何以清而秋杀就？天无乐气，亦何以疏阳而夏养长？天无哀气，亦何以激阴而冬闭藏？”我们可以看出，天有喜怒哀乐之心，人有春夏秋冬之气，人具有天的特点，天也具有人的特点。所以董子说“天乃有喜怒哀乐之行，人亦有春秋冬夏之气者，合类之谓也”（以上三句皆自《天辨在人第四十六》），所谓天行也就是天道①，此时，天道与人道是一致的。

从合类说的这一层面上讲，人即是天，天亦是人，人副天数，天副人数，这正是董子天人感应的基础。但事实上，董子并没说过“天副人数”，亦即他不强调天道同于人道这一向度。本来应该是天与人之间是相互的，但是董子最终只突出了人道应顺应天道，通过这一主张对人的主体性是进行消解的。这一点留在下文详细展开。

二、“喜怒哀乐”与“春夏秋冬”合类的诸多面向

董子“喜怒哀乐”与“春夏秋冬”合类说在基本内涵之外，有诸多较为特别的面向，也可视为其说的特质。

---

① 张岱年在《中国古代哲学中若干基本概念的起源与演变》中说道：“天道也叫作天行。荀子说过：‘天行有常。’”（《哲学研究》1957年第2期）

首先，“喜怒哀乐”与“春夏秋冬”合类说的前提是天人同构的理论。合类说在董子思想中的地位，正是董子天人哲学体系的比较突出的一部分。董子说道：“人之形体化天数而成，人之血气化天志而仁，人之德行化天理而义，人之好恶化天之暖清，人之喜怒化天之寒暑，人之受命化天之四时。”（《为人者天第四十一》）可以看出，董子认为人的喜怒哀乐禀受于天之四时，所以是人一出生就有的一种先天能力。这一种能力来源于天，故而能与天相仿。

在“上有耳目聪明，日月之象也；体有空穹进脉，川谷之象也；心有哀乐喜怒，神气之类也。喜怒之祸，哀乐之义，不独在人，亦在于天，而春夏之阳，秋冬之阴，不独在天，亦在于人。人生于天，而取化于天。喜气取诸春，乐气取诸夏，怒气取诸秋，哀气取诸冬，四气之心也”（《人副天数第五十六》）这一句说得更清楚，人的头上有眼睛耳朵，与天上的日月之象是相应的；人的身体有躯壳筋脉，与大地山川之象是相应的；人的心里有喜怒哀乐，与自然神气是相应的①。人生于天，人的一些属性也禀受于天，其中喜气是由春而化生，乐气由夏而化生，怒气由秋而化生，哀气由冬而化生。那么我们可以看出，天之四时是人的喜怒哀乐的根源，天人同构是董子四情与四时合类说的理论前提。

其次，“暖清寒暑”是人的“喜怒哀乐”的属性，但如果我们愿意看到更深入的层面，那么在董子视域中，其“喜怒哀乐”的本质是什么？一般来说，我们会将“喜怒哀乐”视为人的情感，但是在董子看来，他似乎不是很强调“喜怒哀乐”作为情感或情欲的这一意涵，而是更侧重于将“喜怒哀乐”视为心气，是一种变动的情绪或者说心态。他说道：“春，爱志也；夏，乐志也；秋，严志也；冬，哀志

① 翟奎凤教授在《〈春秋繁露〉中的“神”与修身为政之道》一文指出：“这里的‘神气’当指‘天气’或具体来说指春夏秋冬之气。”（《现代哲学》2016年第5期）按照翟教授对《春秋繁露》中“神”的三种概括（即作为祭祀对象的神［鬼神］、作为变化之道的神［化神］和作为生命主体的神［心神］），笔者认为此处出现的“神气”当指作为变化之道的神，即属于自然中无形的化神。

也。”（《天辨在人第四十六》）“喜气取诸春，乐气取诸夏，怒气取诸秋，哀气取诸冬，四气之心也。”（《王道通三第四十四》）这里的“志”就是心的意思，说的是四时体现为四种情绪心态。除了将“喜怒哀乐”视为人心所具，董子还将人的情绪视为一种处于客观意义上的气，气论在汉代学术思想中是十分流行的，所以董子常常将“喜怒哀乐”与“气”合起来说，比如“春，喜气也；秋，怒气也；夏，乐气也；冬，哀气也”（《阴阳义第四十九》），“春气爱，秋气严，夏气乐，冬气哀”（《王道通三第四十四》）。

因此，“喜怒哀乐”在董子看来实际上是一种心气，所以讲“天亦有喜怒之气、哀乐之心”，这里的“气”和“心”就可以等同混淆来看。而若对其进行分辨地说，将“喜怒哀乐”视为心，是从人的角度来说；将“喜怒哀乐”视为气，是从抽象意义或者说哲学意义上来说。所以讲“心有哀乐喜怒，神气之类也”（《人副天数第五十六》），就是这一层意思。但若从人的情绪心态禀受于天之四时的角度来说，董子则用了“情”字，他说道：“人生有喜怒哀乐之答，春秋冬夏之类也。……天之副在乎人，人之情性有由天者矣。故曰受，由天之号也。”（《为人者天第四十一》）在这里，他没有将“情”与“性”做细致的分别，而是都当作禀受于天。所以我们可以这么说，“喜怒哀乐”从人的角度上讲，是心；从禀受于天的来源上讲，是情；从哲学意义的本质上讲，是气。

董子实际上就将人的“喜怒哀乐”看作是阴阳之气，所以能有“暖清寒暑”的属性，所以能与同是阴阳之气的“春夏秋冬”相合类。所以说“阴阳之气，在上天，亦在人。在人者为好恶喜怒，在天者为暖清寒暑”（《如天之为第八十》）。这便是“喜怒哀乐”的实质。“阳气暖而阴气寒，阳气予而阴气夺，阳气仁而阴气戾，阳气宽而阴气急，阳气爱而阴气恶，阳气生而阴气杀”（《阳尊阴卑第四十三》），故而又以阴阳之气将“喜怒哀乐”“春夏秋冬”与“生养收藏”相合类。春时为阳气始出，故为喜气；夏时为太阳，故为乐气；秋时为阴气始出，故为怒气；冬时为太阴，故为哀气。“阳气出于东北，入于西北，发于孟春，毕于孟冬，而物莫不应是。阳始出，物亦始出；阳方盛，物亦方盛；阳初衰，物亦初衰”（《阳尊阴卑第四十三》），说的就是这个道理。

最末，我们顺着阴阳之气讲下去，阴阳之气的一大特点就是不断变化转换。阴阳之气有兴衰，春夏秋冬四时有流转，喜怒哀乐也是一个道理。“爱而有严，乐而有哀，四时之则也”（《天辨在人第四十六》），从春到冬，又从冬回到春，循环往复，人的情绪心态随着时间会不断地变化。同样是体现变化的，为什么董子不强调以人的“生老病死”来与“春夏秋冬”比配？因为唯有情绪心态的“喜怒哀乐”才能体现出流转的反复性。董子说道：“春喜、夏乐、秋忧、冬悲，悲死而乐生。以夏养春，以冬藏秋，大人之志也。是故先爱而后严，乐生而哀终，天之当也。”（《王道通三第四十四》）四时是不断流转进行的，人的情绪心态也一样，喜之后有怒生，哀之余有乐生。四时中，夏紧承着春，继承了春的功德而发展下去；冬紧承着秋，继承了秋的功德而运行下去。人的情绪心态也不断地流转运行，循环往复。

说到这里，董子的视角不止停留在个人的情绪心态上，还看到了更深广的人类代际之间。他说：“生溉其乐以养，死溉其哀以藏，为人子者也。故四时之行，父子之道也；天地之志，君臣之义也；阴阳之理，圣人之法也。”（《王道通三第四十四》）这里“溉”是尽其所能的意思①，为人子者在父母在世时，应该尽其喜乐去侍养父母；在父母去世之后，应该尽其悲哀为父母守孝。这里不像宗教上讲的人的生死只是轮回，而是一种由宗族血脉相传的代代延续、生生不息的道理。所以才说四时的运行，体现了父子之道，并由父子之道推广于君臣之道，这其中蕴含的正是循环流转的阴阳之理。

三、上古时间节律观与修身之道

董子没有讲出来的一点，就是阴阳之气其无形变动化生的依凭是什么？亦即所谓神气的变化之道其根据是什么？就是上古时期十分浓厚的时间节律观，这就是“喜怒哀乐”与“春夏秋冬”合类说背后的

① 俞樾在《诸子平议·春秋繁露二》将“溉”释为“既，尽也”。

哲学基础。

上古时期的人们对时间节律是敬畏的，是崇拜的，乃至是信仰的。时间节律可以指导以农为本的中国人进行春生、夏养、秋收、冬藏等农事活动，年复一年地生养万物，使人类安定地繁衍生存。这一类文献在上古时期很多，譬如《逸周书·时训》《夏小正》《礼记·月令》《吕氏春秋》《四民月令》等。上古之后，到宋儒那里就发明了“理”“心”一类更具本体意义的概念，从而本属自然界的时间节律观念逐渐削弱①。由于篇幅所限，这一点不再展开论述，这里回到董子合类说的哲学思想上。

董子认为：“天之道，有序而时，有度而节，变而有常。”（《天容第四十五》）强调了天道虽然流行变化，但并不是变化无端，而是有时有节，具有一定规律性的。所以既然人的“喜怒哀乐”如同“春夏秋冬”有时有节，那么董子主张人就应该把握其中的规律，什么样的时候就呈现出什么样的情绪心态，不可变幻无常，又不可闭塞迟滞。“圣人视天而行，是故其禁而审好恶喜怒之处也，欲合诸天之非其时不出暖清寒暑也”（《天容第四十五》），意思是说圣人当效法上天，就像天呈现出暖清寒暑都是具有固定的时节，春天表现为暖的属性，夏天表现为暑的属性，秋天表现为清的属性，冬天表现为寒的属性，这不是错乱无端的，人的情绪心态也一样，好恶喜怒须审时而发。如果君主的喜怒哀乐在不适当的时候呈现出来，就会引起社会混乱，“寒暑移易其处，谓之败岁；喜怒移易其处，谓之乱世。明王正喜以当

---

① 冯达文在《儒家系统的宇宙论及其变迁——董仲舒、张载、戴震之比较研究》一文曾提道：“我们看到张载一方面仍然把价值的源头上诉于‘天道四时行’，但另一方面却不谈及‘天道四时’如何‘行’，更不涉及‘天道四时行’的先后上下种种次序上的差别。张载是直接从‘天道四时行’对‘百物’均予同等的施生，即‘天体物不遗’的无私性，而引申出‘仁体事无不在’的大爱精神的。”（《社会科学战线》2016 年第 10 期）在这里，我们可以将张载视为宋儒的代表，认为中古时期，人们对时间节律的观念有所减弱。当然，时间节律观虽然有所减弱，但一直保存在中国人的血液中，直到现在，北方一些以农为本的地区的人们，仍然对时律抱有浓厚的敬畏之情，主要体现在农时上。

春，正怒以当秋，正乐以当夏，正哀以当冬”（《王道通三第四十四》），说的就是这个道理。

在这里，董子突出强调了人的喜怒哀乐之发出，要依凭时间节律。这一个时间节律，在天的层面叫“时”，在人的层面叫“义”；而所谓依凭时间节律，就叫作“当时”与“当义”。董子说道：“主之好恶喜怒，乃天之春夏秋冬也，其俱暖清寒暑而以变化成功也。天出此物者，时则岁美，不时则岁恶；人主出此四者，义则世治，不义则世乱。是故治世与美岁同数，乱世与恶岁同数，以此见人理之副天道也。”（《王道通三第四十四》）这里提到人道与天道相符，如果天出“春夏秋冬”与人出“喜怒哀乐”能够依凭时节、遵照时节，就会出现丰年治世、社会安定的局面；否则反之。

在此，董子提出在天当“时”，在人当“义”，也就是说“义”在这里也是“时”的意思。所以他说：“其内自省以是而外显，不可以不时，人主有喜怒，不可以不时。可亦为时，时亦为义，喜怒以类合，其理一也。故义不义者，时之合类也，而喜怒乃寒暑之别气也。”（《天容第四十五》）明确讲到了“可”即是“时”，“时”也正是“义”。也就是说“时”和“义”的意思是“可”，是适时当发。古人常将“义”解释为“宜也”，在这里恰好得到了一个完美的注解。宜也，就是恰到好处的意思，在时间节律的观念下，体现为因时制宜。所以董子特别强调君主在发出“喜怒哀乐”时，应当依凭时节，把握时机，“是故人主之大守，在于谨藏而禁内，使好恶喜怒必当义乃出，若暖清寒暑之必当其时乃发也。人主掌此而无失，使乃好恶喜怒未尝差也，如春秋冬夏之未尝过也，可谓参天矣。深藏此四者而勿使妄发，可谓天矣”（《王道通三第四十四》）。

所谓对“喜怒哀乐”的谨藏或深藏，是为了不让其毫无节制地妄发，但不是长久藏匿而不发，是需要当时而出、当义而发。于是通过对董子“喜怒哀乐”与“春夏秋冬”合类的探究，我们可以看到，在其背后时间节律观的基础上，隐藏着董子深刻的修身之道与为政之道。下面，我们就分别来说这两方面：

董子说道：“四气者，天与人所同有也，非人所能蓄也，故可节而不可止也。节之而顺，止之而乱。”（《王道通三第四十四》）意思是说人的情绪心态是无法长久积蓄的，应当适时疏通，使喜怒哀乐这四种心气循环流转；否则如果人的情绪长时间止滞，会导致人体内的功能混乱。关于对人的情绪及时疏导，董子做过详细的论说，“阴阳之气……出入上下、左右、前后，平行而不止，未尝有所稽留滞郁也。其在人者，亦宜行而无留，若四时之条条然也。夫喜怒哀乐之止动也，此天之所为人性命者。临其时而欲发其应，亦天应也，与暖清寒暑之至其时而欲发无异”（《如天之为第八十》），人的喜怒哀乐四种心气其实质是阴阳之气，在体内流行循环，无所滞留。这四种心气的静止或者运动[①]，都应像四时的流转一般条然不滞，到适当时节之处就及时显现发出，不应有所留待。

“若留德而待春夏，留刑而待秋冬也，此有顺四时之名，实逆于天地之经。在人者亦天也，奈何其久留天气，使之郁滞，不得以其正周行也?”（《如天之为第八十》）这里体现了董子思想中一个极为特殊的观点，就是与传统较为死板的“春夏行庆赏，秋冬行刑罚”略有不同，董子认为适时当行则行，不宜留待。“春修仁而求善，秋修义而求恶，冬修刑而致清，夏修德而致宽，此所以顺天地，体阴阳。然而方求善之时，见恶而不释；方求恶之时，见善亦立行；方致清之时，见大善亦立举之；方致宽之时，见大恶亦立去之。以效天地之方生之时有杀也，方杀之时有生也”（《如天之为第八十》），董子认为类似春夏庆赏、秋冬刑罚的道理，只是顺应天地规律而为罢了，但事实上，无论是庆赏时或者刑罚时，遇到有善行或恶行者，还是应该当机立断，做出相应的赏罚，就像初春之时也有死杀，入秋之际也有生育，所以说“天非以春生人，以秋杀人也”（《如天之为第八十》）。

把握董子这一独特的思想，我们再回过头来看董子对“喜怒哀乐”的处理。他说：“人之所治也，安取久留当行之理，而必待四时

---

① 凌曙《春秋繁露义证》将此处“止动”释为“或止或动”。

也?[①] 此之谓壅，非其中也。人有喜怒哀乐，犹天之有春夏秋冬也。喜怒哀乐之至其时而欲发也，若春夏秋冬之至其时而欲出也，皆天气之然也。其宜直行而无郁滞，一也。”（《如天之为第八十》）这里“壅”是堵塞的意思，《中庸》有句“喜怒哀乐未发谓之中，发而皆中节谓之和”，董子认为将人的喜怒哀乐这四种心气留滞于体内，不能称为未发之中，那反而是淤积堵塞。人的喜怒哀乐四种心气就像春夏秋冬，应该适时而发，及时疏通，使之流行通畅无阻。

从这一点上看，董子在《春秋繁露》写到临末处，在天人二者的关系上，是为作为人的一方争取到了一点主动权。他最后主张“人事之宜行者，无所郁滞，且恕于人，顺于天。天人之道兼举，此谓执其中”（《如天之为第八十》），也就是说无论是顺应天地或者体量人理，人事运行（包括喜怒哀乐四气）都应当流行无滞、畅通无阻，对天道与人道二者的把握，在此须兼顾并举，力求执中。

四、为政之道：“喜怒哀乐”与四时合类的旨归

在董子将“喜怒哀乐”与“春夏秋冬”合类的思想中，修身之道不是重点，为政之道才是其旨归，与《春秋繁露》的政治哲学之宗旨是相通的。稍有留意，我们可以看到董子所提“喜怒哀乐”一般都是指向“人主”“圣人”等，也就是君主。虽然“喜怒哀乐”与“春夏秋冬”合类说体现了深刻的时间节律观，但其所指绝非是指导老百姓根据农时种地，也不是教育普通大众如何疏通情绪。董子诠释“喜怒哀乐”与“春夏秋冬”的合类无非是想规劝君主，使君主效法天地规律以治世，由此阐发自己的政治哲学，开展自己的政治主张。

在古代，君主具有极高的权力，甚至掌控生杀之权，董子说道：“人主立于生杀之位，与天共持变化之势，物莫不应天化。天地之化如四时，所好之风出，则为暖气而有生于俗；所恶之风出，则为清气

① 此处标点当作问号，因为这是一个反问句。如今市面上许多《春秋繁露》的点校本，都作句号，误也。

而有杀于俗。喜则为暑气而有养长也，怒则为寒气而有闭塞也。人主以好恶喜怒变习俗，而天以暖清寒暑化草木。”（《王道通三第四十四》）意思是说君主以个人的好恶喜怒来治理生民，正如同上天以四时的暖清寒暑来生杀草木万物。由于君主位高权重，拥有最高的政治地位，掌握着生杀之权，所以其个人的喜怒哀乐不可随意发出，而需要有所依凭根据，于是董子接着说道：“为人主者，居至德之位，操杀生之势，以变化民。民之从主也，如草木之应四时也。喜怒当寒暑，威德当冬夏。冬夏者，威德之合也；寒暑者，喜怒之偶也。喜怒之有时而当发，寒暑亦有时而当出，其理一也。当喜而不喜，犹当暑而不暑；当怒而不怒，犹当寒而不寒也；当德而不德，犹当夏而不夏也；当威而不威，犹当冬而不冬也。喜怒威德之不可以不直处而发也，如寒暑冬夏之不可不当其时而出也。”（《威德所生第七十九》）意思是说君主治理与领导万民，如同四时生杀草木，所以君主的喜怒哀乐应当适时而发，不可有所留待。

从这一层面上看，君主和上天具有相同的功能。如果春夏秋冬都能按时节体现暖清寒暑，就能使人们顺利进行生养收藏的生产活动，产生丰美的年景；而与春夏秋冬同样性质的君主的喜怒哀乐，如果也能够适时而发，那么就能够使社会得到安治。所以董子说道：“喜怒时而当则岁美，不时而妄则岁恶。天地、人主一也。然则人主之好恶喜怒，乃天之暖清寒暑也，不可不审其处而出也。当暑而寒，当寒而暑，必为恶岁矣。人主当喜而怒，当怒而喜，必为乱世矣。”“主之好恶喜怒，乃天之春夏秋冬也，其俱暖清寒暑而以变化成功也。天出此物者，时则岁美，不时则岁恶。人主出此四者，义则世治，不义则世乱。是故治世与美岁同数，乱世与恶岁同数，以此见人理之副天道也。”（《王道通三第四十四》）政治只有一个目的，是治而不是乱。董子的目的就是要求君主处理好个人的喜怒哀乐，使君民关系达到一种和谐的状态，从而使整个社会长治久安。

但是君主究竟不是上天，也就是说君始终无法代替天。那么在“喜怒哀乐”与四时的合类说当中，君和天又是什么样的关系？董子认为：“喜怒之发，威德之处，无不皆中其应，可以参寒暑冬夏之不失其时已。故曰圣人配天。”（《威德所生第七十九》）“与天同者大治，与天异者大乱，故为人主之道，莫明于在身之与天同者而用之，使喜怒必当义而出，如寒暑之必当其时乃发也。”（《阴阳义第四十九》）在天与君的关系上，董子主张君主应该参照上天，也就是说天是君主的榜样。于是在这里，天具有绝对性，天的模式就是绝对的标准。天怎么样，君主就跟着怎么样做，与上天同则治，与上天不同则乱，虽然说天人关系理应是相互的，但是在这里，董子完全将标准规定在了天的一侧。

董子之所以这么认为，他的依据是“天之副在乎人，人之情性有由天者矣。故曰受，由天之号也。为人主也，道莫明省身之天，如天出之也，使其出也，答天之出，四时而必忠其受，则尧舜之治无以加，是可生可杀而不可使为乱”（《为人者天第四十一》），也就是说君主的“喜怒哀乐”是来源于天，是“受”于天，所以理应无条件地遵从天的规律。于是董子由此将“天”置于君主之上，这个绝对的“天”就是一部隐形的宪法，董子通过对“天”的解释，无形中限制了君主的无上权力。这种政治模式的权力架构可表达为“天一君一民”，于是君主如何治理生民，只需体会天行之道即可。

因此，董子提出“凡爱群生，不以喜怒赏罚，所以为仁也。故为人主者，以无为为道，以不私为宝。立无为之位而乘备具之官，足不自动而相者导进，口不自言而摈者赞辞，心不自虑而群臣效当，故莫见其为之而功成矣。此人主所以法天之行也”（《离合根第十八》），也就是说，有了天地运行的规律作为参照，作为行政法则，君主则可无为而治，并且将个人的“喜怒哀乐”处理转换为为政之道，而不是私人情感。这就是董子在合类说最后提出的一个十分特别的为政之道，即主张君主在喜怒哀乐上“不私”，在行政法则上“无为”。

五、余论

总而言之，董子不是将“喜怒哀乐”当作属于人的私有的情感，也不强调作为个人主体对外物的一种心理反应，而是将“喜怒哀乐”视为禀受于天的心气，认为应当适时而发，将人的情感进行客观化与理性化处理，而成为一种归属于化神的阴阳之气。从而剥夺了人在情感上的主体意识，规定上天才是“喜怒哀乐”的绝对主宰。就像《春秋繁露》凡是说到“喜怒哀乐”，大致都与人的情感活动没什么关系，反倒是和“暖清寒暑”这样的温度息息相关。所以在上文论述中，笔者力求将“喜怒哀乐”概述为情绪，而不是情感，毕竟使用“感”一词，多少总有一些主观性的意思，这就不太符合董子的思想。

明末刘宗周也将“喜怒哀乐”与“春夏秋冬”进行比配。刘宗周将“喜怒哀乐”视为心体的四德，与“春夏秋冬”四气交替一样自然。刘宗周认为“喜怒哀乐”四德有别于“喜怒哀惧爱恶欲”七情，四德具有性体、心体范畴的形上意义，而七情则是乱序的心理自然情感。关于蕺山对“喜怒哀乐”的诠释，已有学者做过不少相关论述[3—5]。蕺山对阳明后学“因情见性”而流于自然情感的弊病有所救治，区分了四德与七情，认为四德才是具有形而上的哲学意涵。那么我们在分析董子“喜怒哀乐”与“春夏秋冬”合类说之后，比较董子与蕺山对“喜怒哀乐”的诠释，可以发现董子突出强调了君主的“喜怒哀乐”受命于天，也就是说在“喜怒哀乐”之上有一个绝对的天；而蕺山区分四德与七情之后，指出人的自然情感的本源则在于四德，四德具有心体的意义。在心学一派中，可以说“心”即是“天”，或者说心学不强调这个绝对的“天”的地位，于是在蕺山思想中，四德这样的天情在天，也在人。也就是说，蕺山虽然对阳明后学的流弊有所救治，将四德从七情中抽离，拔高到心体的形上地位，以四德来限制任意流淌的七情，但是四德仍然在“心”的范畴，这时候作为人仍然具有一定的主体力量。所以从某种意义上说，在“喜怒哀乐”与“春夏秋冬”合类上，蕺山以心统摄天人，更能体现并举兼顾天道与人道。

究根结底，董子的合类说直指政治哲学，而蕺山的合类说仍是在情性论的范畴。关于董子与蕺山对“喜怒哀乐”与“春夏秋冬”合类的诠释比较，这个问题意义重大，有待进一步展开讨论。

原载于《衡水学院学报》2018 年第 6 期。

蔡杰（1992—），男，福建龙海人，山东大学儒学高等研究院在读硕士。

董仲舒仁论思想研究[①]

张新国

应当说，仁学是中国传统儒学的核心理念。"'仁'可以说是儒学价值理性的代表和实质性传统（substantive tradition）的集中体现。"[②] 从总体上看，对于求仁之方、仁体论以及仁的现代转化的思考，构成儒学自先秦至现当代的历史演进。其中，"仁体论"的阶段是儒学面对时代课题、运用时代资源对原始儒学做的新开展。同时，这一阶段对后来的尤其是近现代新儒学而言，不仅仅是传递了先秦儒学精神这一文化薪火，也对新儒学回应时代问题的方向和方式提供启示。以往研究将这一"仁体论"的阶段基本归于宋代理学时期。诚然，宋明理学，尤其是朱子学，对于儒学的仁体论的阐扬可以说功不可没。但细细寻绎不难发现，汉代儒学在诸多乃至主要论域中都发后来宋明仁学之先声。这样看来，汉儒与宋儒为解决相应时代问题而将传统儒学作形而上学的阐发路径相通。西汉董仲舒的仁学思想可以说是汉代儒学的典型和代表。对董子仁论的阐明有助于对汉代仁体论的把握。

---

① 本文得到2017年度江西省高校人文社会科学重点研究基地、江西高校哲学社会科学高水平创新团队研究项目"陈埴哲学研究"（JD17105）项目支持。

② 陈来：《仁学本体论》，生活·读书·新知三联书店，2014年版，第497页。

一、仁与元

朱子尝曰："汉儒最纯者莫如董仲舒，仲舒之文最纯者莫如三策。"（《朱子语类》卷八七）可见朱子对于董子尤其是董子天人之学的推崇。在《答陈正己》中，朱子说："董仲舒所立甚高，恐未易以世儒诋之。"又曰："仲舒本领纯正。"朱子认为董子的基本思想无疑是粹然儒学的，不同意时人以"世儒"加以抵弃。就董子的核心思想，苏舆尝说："仲舒学术尚仁，而有时主刑，所以为大儒也。"① 苏舆从学术思想上分析后认为，董子思想推重仁论，在此基础上主张以刑为辅。这样来看，苏舆实际上认为董子的思想可以概括为"仁主刑辅"。这可以看作周代以来"德主刑辅"政治理念的儒家表达。同时，这里也反映出，学者对于董子思想的把握主要是就其政治论述展开。作为董子思想要领的仁论也正是围绕其政治思想建构的。需要注意的是，与孔孟儒学不同，董子的仁论展现为一个具有形而上学特性的阐释模式。

董子曰："谓一元者，大始也。"② 殷商时王朝首年曰元，后世沿用此法。《尔雅》称："元，始也。"将元诠释为事物的开端。苏舆引"传曰：元，始也，首也，善之长也。故君道重焉。"③ 这是进一步将元由开端诠释为"善之长"即"好的开始"，相当于端正本源、正本清源的意思，即元彰显的是君道首善之义。同时，"元"本身有元气之意，用以指称的是万事万物的发生根源与发端。南宋王应麟云："《舜典》纪元日，商训称元祀，春秋书元年，人君之元，即乾坤之元也。元，即仁也。仁，人心也。"④ 王应麟说三代均以元称，是说人君之元与乾坤元亨利贞之元的内在相关。他进一步解释说元就相当于仁，他

① 苏舆撰：《春秋繁露义证》，钟哲点校，中华书局，1992年版，第481页。

② 同上，第67页。

③ 同上。

④ 同上。

又以孟子“仁，人心也”的训示诠释仁。这就无疑是将仁诠释为人心与乾坤即天地、宇宙相结合，主张人道与天道的融通为一。这主要是在朱子仁体论的思想上做的引申。不同之处在于董子的“元”主要还是一种特别的元气论，而王应麟的说法是在宋代理本论的基础上演绎的。总体上来看，以“仁”诠释董子的“元”的观念，是得其要旨的。实际上，董子“元”的思想蕴含气之极即万物本根的意思。董子还认为，只有儒家圣人才能把握和述说这一万事万物的本源。董仲舒又讲：

惟圣人能嘱万物于一，而系之元也。是以《春秋》变一谓之元。元，犹原也。其义以随天地终始也。故人唯有终始也，而生死必应四时之变。故元者为万物之本。而人之元在焉。安在乎？乃在乎天地之前。①

董子认为，只有圣人把握世间繁复冗杂的事物中蕴含的一致之处，并最终以“元”将其概括。元指的就是事物的究极根源。董子说，一部《春秋》旨在将“嘱万物于一”的“一”把握为“元”，元就是“源”，即万事万物的终极本源，其意义是说万物随着元生死起灭，这也就是天地的生死起灭。人是万物之一种，也应当随“元”而生、随“元”而终，具体表现就是人的生、长、老、死要顺应天的春、夏、秋、冬的变化。董子以此认为元就是万物的始基。这样来看，董子的“元”指的就不只是构成事物的质料，还包含此质料运行的内在法则。后一意义实质上就是后来理学的思维。董子进一步指出，主宰人的元存在于天地之前。这可能收到老子“有物混成，先天地生”思想的影响，而它指代的意义在于万物的本源先于万物的存在，万物生成之后寓于万物之中。后来朱子形容太极时说“在无物之前而未尝不立于有物之后”（《答陆子静》），可以说与董子的思路不是完全无涉。准此观之，董子选择“仁”作为联通人道与天道的中介，并将仁诠释为人与物乃至天地生生不已的根源。董仲舒认为：

《春秋》之道，以元之深正天之端，以天之端，正王之政，

① 苏舆撰：《春秋繁露义证》，钟哲点校，中华书局，1992年版，第69页。

以王之政正诸侯之即位，以诸侯之即位正境内之治。[①]

董子认为，《春秋》一书旨在挺立深微广大的元道，其用意在于以这样的诠释说明来端立天道，以天道的端正来纠正王道政治，再用王道政治来纠正诸侯即位，并继续用诸侯即位之正当来营建域内的长治久安。由此可见董子对于道之本、道之端的重视。实际上，董子是自上而下为人间政治预设合理性根源和尺度。董子也曾直言曰：

《春秋》何贵乎元而言之？元者，始也，言本正也。道，王道也。王者，人之始也。王正则元气和顺、风雨时、景星见、黄龙下。王不正则上变天、贼气并见。五帝三王之治天下，不敢有君民之心。[②]

在董子看来，《春秋》之所以重视“元”，在于元就是开始的意思，不仅如此，准确地说，是好的开始的意思，即“本正”。董子所说的道指的是王道，他认为君王是人道的开端和典范。君王言行恰当则有吉祥、和顺的天象自然效应；否则，天就会显出不好的现象。董子举例说，历史上赫赫有名的五帝三王治理天下，从来没有过在人民面前作威作福的念头。于此可见，董子标立元道，并在实际上将元与仁结合起来述说，直接意义上就是“儒家为约束绝对君权而提出的一种限制”[③]。这在当时是具有重大理论和现实意义的。既是对孔孟思想的传承，其对后世“格君心之非”思想也有重要影响。

二、仁与义

如果说对仁与元的探讨主要关涉形上学宇宙论，那么董子对于仁与义内涵及其关系的阐发则主要关涉伦理学、道德思想。当然，由于董子学问主旨使然，其伦理思想主要是政治伦理。

---

① 苏舆撰：《春秋繁露义证》，钟哲点校，中华书局，1992 年版，第 70 页。

② 同上，第 100 页。

③ 冯友兰：《中国哲学简史》，生活·读书·新知 三联书店，2013 年版，第 264 页。

苏舆在董子《仁义法第二十九》篇前指出："(《春秋繁露》)他篇言《春秋》要旨在仁，此恐施政者偏于治人而不知自治，故著其法。"① 他认为，董子其他篇章主旨是仁论，在董子学说体系中，仁是包括人在内的大地万物之源，其主要特性在于外向的"施"，这也是天和君的主要德行，而其《仁义法》主要讲的是施政者不可单向度地向外施治，施政者自身还要有自治之法则、规程。这既符合儒学仁义内在性的要义，也与董子自身重视端本、正源的思想相一致。在《仁义法》中，董子说：

> 《春秋》之所治，人与我也。所以治人与我者，仁与义也。以仁安人，以义正我，故仁之为言人也，义之为言我也，言名以别矣。仁之于人，义之于我者，不可不察也。众人不察，乃反以仁自裕，而以义设人。诡其处而逆其理，鲜不乱矣。是故人莫欲乱，而大抵常乱。凡以暗于人我之分，而不省仁义之所在也。是故《春秋》为仁义法。仁之法在爱人，不在爱我。义之法在正我，不在正人。我不自正，虽能正人，弗予为义。人不被其爱，虽厚自爱，不予为仁。②

董子说，《春秋》一书主要是要人学会治人与自治。在董子看来，仁与义是治人与自治之具。仁是用于安顿他人，义是用来校正自我的。这样看来，仁的对象在他人，义的对象在自身，这是仁与义名言的区别。董子一再强调仁人义我的区别。有些人对此没有认识不足，反而拿仁来厚待自己，以义去限制、约束他人。董子认为这是错乱悖理的。这正是国家想得到治理而未能的文化心理原因，即不明白仁人义我之分别。董子认为，这正是《春秋》立"仁义法"的根由。他指出，仁的法则在于爱他人，而不是爱自己；义的法则在于校正自我，而不在于约束他人。如果自己不能做到言行正当，即便懂得如何治理他人，也不能算是懂得义的道理。如果他人不能得到来自我们的恩

---

① 苏舆撰：《春秋繁露义证》，钟哲点校，北京：中华书局，1992年版，第248页。

② 同上，第249页。

泽，即便我们对自己厚爱有加，我们也不配称作仁。总体来看，不难发现，董子对于仁义的阐释主要是说给在位者尤其是君王的。从某种程度上说，他对于义的强调更为显要。董子继续说：

> 义在正我，不在正人，此其法也。夫我无之求助人，我有之而悱诸人，人之所不能受也。其理逆矣。何可谓义？义者，谓宜在我者。宜在我者，而后可以称义。故言义者，合我与宜，以为一言。以此操之，义之为言我也。故曰有为而得义者，谓之自得；有为而失义者，谓之自失。人好义者，谓之自好；人不好义者，谓之不自好。以此参之，义，我也，明矣。是义与仁殊。仁谓往，义谓来。仁大远，义大近。爱在人谓之仁，义在我谓之义。仁主人，义主我也。故曰仁者人也，义者我也，此之谓也。君子求仁义之别，义纪人我之间，然后辨乎内外之分，而著于顺逆之处也。是故内治反理以正身，据礼以劝福。外治推恩以广施，宽治以容众。①

董子首先概括道，义在于校正自我，而非校正他人，这是义的法则。如果自己没有却去要求他人有，自己有却不满于别人有，别人就难以接受，这是悖理的，又怎么能称得上义呢？董子对义做了新的阐发，说义说的是应当合理地施于自己的规范。这样来看，董子将“我”与“义”紧密结合在一起。这个“我”就是自我，主要指的是一个人内在的人格主体性，其“自得”“自失”“自好”“不自好”之说即导源于此，并以此证明义管束的对象应当是自己。最后董子总结道，仁在于外向的往，义在于内向的来；仁主博施济众，义主修身自律。所以说仁者人也、义者我也。董子主张，君子应当讲求仁义的区别，并由以纲纪人与我的分别，这样所谓仁义内外的要旨就不难掌握了，最后还要讲这一意义身体力行于日用常行之中。因此，董子认为，自律修身需要内求之本心之理，依据礼法自励劝勉；治理他者则是推广恩泽，宽缓规程悦纳大众。这里也不难发现，董子仁义法宣扬的对象主要在

---

① 苏舆撰：《春秋繁露义证》，钟哲点校，北京：中华书局，1992 年版，第 249 页。

于统治者，即仁义法是在推举仁作为天地本源的基础上，主张限制统治者。这与董子一贯强调统治者的德行是内在相通的。董子指出：

天高其位而下其施，藏其形而见其光。高其位，所以为尊也；下其施，所以为仁也；藏其形，所以为神；见其光，所以为明。故位尊而施仁，藏仁而见光者，天之行也。故为人主者，法天之行，是故内深藏，所以为神；外博观，所以为明也；任群贤，所以为受成；乃不自劳于事，所以为尊也；泛爱群生，不以喜怒赏罚，所以为仁也。①

董子认为，天居其高而以施受为德，虽外无形而显其光明。其位高，所以成尊之势；而其向下施与才体现其仁之德；不见其形，这正是天之神妙之处；显见其光，这正是天之明处。董子这里关于“势”的思想可能受到法家的影响，他关于“明”的说法可能显示他对于“智”的关注。他说天的德行在于处高位而思向下施仁，不自伐其功而隐默地显发光芒。而人主就应当效法天的德行，深藏其术，通过令他人不可捉摸显现其神妙；外面要泛观博览，以求明白事理；任用广大贤能之人，来成就其无为而治；自己垂拱而治而让百官听命，来达到其独尊；普遍地爱一切人，不以一己的喜好干扰治理之法度，这就是仁。这里董子以最具有仁爱施受品质的天开始，又以“泛爱群生”的说法作结，显示其对于仁的定位。苏舆指出：

实心爱民，不遗庶物，盖圣人之仁博矣！始于自爱，推于爱人，极于爱物，此《春秋》之志也。②

苏舆在此按语解释说，真心实意地爱民众，并将这一种爱普及于万物，这正是圣人仁爱之博得以成立的关键。苏舆提出《春秋》的旨意在于从自爱出发、推广到爱他人，然后进一步推广到爱一切事物。这里苏舆主要着眼于董子对于“仁”的强调，其“自爱”的提法与董子的思维路向具有一定差别，董子显然没有过多强调“自爱”，反而是强调不可厚爱自己，今儿突出其“义”的新诠释。如其曰“天德

① 苏舆撰：《春秋繁露义证》，钟哲点校，中华书局，1992年版，第164页。

② 同上，第251页。

施，地德化，人德义”[①]；又“天道施，地道化，人道义”[②]。《汉书》描述董仲舒的思想是：“明于天性，知自贵于物；知自贵于物，然后知仁谊；知仁谊，然后重礼节；重礼节，然后安处善；安处善，然后乐循理；乐循礼，然后谓之君子。”[③] 这里“天性”的说法，在董子学说里并不多见，但以之把握董子思想，大方向是无误的。实际上，董子论仁也对“天”有特别的关注。

三、仁与天

以往学界对于董仲舒天论多以简单类比思维来理解，这种说法陈陈相因，解释效力相当有限。应当说，董子主要是在政治伦理的根源角度来设置天在其学说体系中的地位的。换句话说，董子设定“天”为其政治伦理的形而上学基础。这一思想不仅是对先秦儒学朴素的道德理论的深化，也对后世儒学的发展提供了重要参考路标。这一点在其论天与仁的关系中显得尤为清楚。

> 古之造文者，三画而连其中，谓之王；三画者，天地与人也，而连其中者，通其道也，取天地与人之中以为贯，而参通之，非王者庸能当是。是故王者唯天之施，施其时而成之，法其命而循之诸人，法其数而以起事，治其道而以出法，治其志而归之于仁。仁之美者，在于天。天，仁也。天覆育万物，既化而生之，又养而成之。事功无已，终而复始。凡举归之以奉人，察于天之意，无穷极之仁也。人之受命于天也，取仁于天而仁也。是故人之受命、天之尊，父兄、子弟之亲，有忠信慈惠之心，有礼义廉让之行，有是非逆顺之治。文理灿然而厚，知广大有而博，

---

① 苏舆撰：《春秋繁露义证》，钟哲点校，中华书局，1992年版，第354页。
② 同上，第468页。
③ 班固撰：《汉书·董仲舒传》，中华书局，2000年版，第1913页。

唯人道为可以参天。[①]

董子说，古人造“王”字，意在表达王的德行在于贯通天、地、人三才之道。准此观之，王应当取法于天道以成其施政之道，天有其时，王之施亦当循其时而动，国之出政令、兴法度、教化人、起事业均应遵循天时天道。在董子看来，仁之所以独特，在于它与天是一体的。董子还提出“天，仁也”的著名论断。这是说天是一个体现仁的生生实体。他认为，天覆盖、养育万物，既化生其存在，又养护而成就之。这个过程周而复始，永不停歇，生出事功不已。人如果能将天的这种德性深自体察，实有诸己，并加以践行，则仁德常在。董子认为人之生有天之命，就应当将天之仁德施有诸己以成自己的德性。这是对《中庸》“天命之谓性”思想的继承。董子这里讲的“人之受命于天”即是“仁”，这个仁又该如何具体理解呢？董子尝曰：“人受命于天，有善善恶恶之性。”[②] 又：“仁义制度之数，尽取之天。”[③] 如此看来，董子这里对仁的解释主要是指人生而具有的善善恶恶的本性。正是由于人有这一仁之性，所以才会有父兄子弟之亲、忠信慈惠之心、礼义廉让之行、是非逆顺之治。董子也再次申述了儒家人道参赞天道的思想。此外，董子还从气的角度论证天人一致之处：

> 天有寒有暑，夫喜怒哀乐之发，与清暖寒暑其实一贯也，喜气为暖而当春，怒气为清而当秋，乐气为太阳而当夏，哀气为太阴而当冬，四气者，天与人所同有也，非人所能蓄也，故可节而不可止也，节之而顺，止之而乱。人生于天，而取化于天，喜气取诸春，乐气取诸夏，怒气取诸秋，哀气取诸冬，四气之心也。……明王正喜以当春，正怒以当秋，正乐以当夏，正哀以当冬，上下法此，以取天之道。[④]

---

① 苏舆撰：《春秋繁露义证》，钟哲点校，北京：中华书局，1992年版，第67页。

② 同上，第34页。

③ 同上，第74页。

④ 苏舆撰：《春秋繁露义证》，钟哲点校，中华书局，1992年版，第330页。

这里董子将人的喜怒哀乐之情与天的春夏秋冬之节气连接和对应起来，提出喜对春、乐对夏、怒对秋、哀对冬，即人之四情对应天之四气。董子以此认为，人之情与天之气一样，是自然生成的，也因此是可以节制而不可以去除的，如果节制有度，就会和顺；如果强行止去，就会紊乱。董子说，人的生命源于天，其化育、长养也应该遵循天道。他由此提出“四气之心”的说法，即人顺应春夏秋冬四气而显发其喜乐怒哀之情。这应当说也是儒学“天地之心”的一种诠释。这里董子如此讲说的对象无疑主要还是在位者，尤其是君王和法度大臣。另外除了将人之情与天之气结合起来，董子还进一步“四气之心”各自的功能，他说：

> 春气爱，秋气严，夏气乐，冬气哀；爱气以生物，严气以成功，乐气以养生，哀气以丧终，天之志也。是故春气暖者，天之所以爱而生之，秋气清者，天之所以严以成之，夏气温者，天之所以乐而养之，冬气寒者，天之所以哀而藏之；春主生，夏主养，秋主收，冬主藏；生溉其乐以养，死溉其哀以藏，为人子者也。故四时之行，父子之道也；天地之志，君臣之义也；阴阳之理，圣人之法也。阴，刑气也，阳，德气也，阴始于秋，阳始于春，春之为言犹偆偆也，秋之为言犹湫湫也，偆偆者，喜乐之貌也，湫湫者，忧悲之状也。是故春喜、夏乐、秋忧、冬悲，悲死而乐生，以夏养春，以冬藏秋，大人之志也。①

董子认为，于生物之春气、成功之秋气、养生之夏气、丧终之冬气可见“天之志”。“天之志”实际上也是天地之心。他讲四时之运行、天地之心志、阴阳之道理与父子之道、君臣之义和圣人治理国家的方法结合起来，并进一步用阴阳二气即刑气和德气将四气进一步概括，这也就有了夏养春、冬藏秋的说法，他认为这正是人应当效法天地的。后来宋代理学家进一步将人之仁义礼智四德与天之元亨利贞四德对应起来，将四德再提炼为阴阳，将阴阳提炼为太极之理，应当说

---

① 苏舆撰：《春秋繁露义证》，钟哲点校，中华书局，1992年版，第330页。

也是对董仲舒相关思想的推进和发挥。余治平说："宋代的儒学，越出唐代，上接孔孟，时间跨度竟达一千多年之久，干脆跳过了董仲舒，而没有看到董仲舒之于儒家乃至中国文化的关键性和转折性，这只能归咎于宋儒自身学说视野的狭隘。"① 应当说，余教授疏于发觉理学家对于董子思想的推重和阐扬。也有学者提出不同看法，如曾振宇认为："董仲舒从形而上之气学高度，为儒家仁义价值体系存在正当性论证。其后二程朱子受其影响，继而从天理高度为儒家仁义存在正当性辩护。"② 董子还进一步提出仁为天心的说法，来说明遵循仁之天心的后果：

> 《春秋》之道，大得之则以王，小得之则以霸。故曾子、子石盛美齐侯，安诸侯，尊天子。霸王之道，皆本于仁。仁，天心。故次以天心。爱人之大者，莫大于思患而豫防之，故蔡得意于吴，鲁得意于齐，而《春秋》皆不告。故次以言：怨人不可迩，敌国不可狎，攘窃之国不可使久亲，皆防患、为民除患之意也。不爱民之渐，乃至于死亡，故言楚灵王、晋厉公生弑于位，不仁之所致也。故善宋襄公不厄人。不由其道而胜，不如由其道而败。③

董子认为，仁是天心，这里董子说的天心并非真的认为天是会思维、能思索的精神，而毋宁说指的是宇宙本身具有的一种深微的趋势与动向。在董子看来，王道与霸道都是对仁道的不同体贴。为人主者应当行爱民之王道，如果视民如敝屣而加以凌辱，就是自取其殃咎灾害。晋国韩穆子曾释仁曰："恤民为德，正直为正，正曲为直，参和为仁。"④ 这里以"恤民"讲"德"可以说发董子爱民为仁说的先声。

董子也说道：

> 凡灾异之本，尽生于国家之失，国家之失乃始萌芽，而天出灾害以谴告之；谴告之，而不知变，乃见怪异以惊骇之；惊骇

---

① 魏彦红主编：《董仲舒研究文库》第一辑，巴蜀书社，2013 年版，第 141 页。

② 同上，第 411 页。

③ 苏舆撰：《春秋繁露义证》，钟哲点校，中华书局，1992 年版，第 36 页。

④ 《〈左传〉襄公七年》，上海古籍出版社，1988 年版，第 835 页。

之，尚不知畏恐，其殃咎乃至。以此见天意之仁，而不欲陷人也。谨案：灾异以见天意，天意有欲也、有不欲也，所欲、所不欲者，人内以自省，宜有惩于心，外以观其事，宜有验于国，故见天意者之于灾异也，畏之而不恶也，以为天欲振吾过，救吾失，故以此报我也。①

这里董子还提出“天意”的观念，指的是上天用来警示为人主者当灾异之时能自省其不仁之过并及时改正的意愿，即君王应当体察天意，始于警醒、中于践行天之仁道而终于取王道政治之福祉。从今天来看，董子此说已不可信，但这并不能说明此理论在当时没有文化效力。相反，我们认为，董子天人相类的思想对于汉代的实际政治运作还是起到了不可小觑的影响力。

总之，在董子看来，仁主要是指统治者泛爱民众的政治德行，这种德行乃是效法天之生生不已之仁道的流行显现。这种仁先于天地并作为天地万物的本源，在位者体察到此德行之后又要反躬自省、依道自律，遇到灾异天象应当切实实意改正以回复到天意、天心、天志。董子解仁时讲：“何谓仁？仁者，憯怛爱人，谨翕不争，好恶敦伦，无伤恶之心，无隐忌之志，无嫉妒之气，无感愁之欲，无险诐之事，无辟违之行。故其心舒，其志平，其气和，其欲节，其事易，其行道，故能平易和理而无争也，如此者，谓之仁。”② 这样来看，董子仁论就不光是讲给在位者的，也可视为我们修身自律的道德法则，这种道德法则以天道为其形而上学基础，修身实践的终极目标就是儒家一贯提倡的认清和把握人在天地间的地位和价值。这个思想可以说位于孔孟道统的核心论域。

本文为“2018 中国·衡水董仲舒与儒家思想国际学术研讨会”提交的论文。

张新国（1984—），男，河北邯郸人，南昌大学江右哲学研究中心讲师，赣江青年学者。

① 苏舆撰：《春秋繁露义证》，钟哲点校，中华书局，1992 年版，第 331 页。
② 同上，第 53 页。

董仲舒“大一统”思想对18世纪欧洲启蒙的影响

陆元祥

西汉武帝时期，董仲舒提出“大一统”思想，政治上强调“尊君”，加强中央集权，指出“王者，民之所往；君者，不失其群者也。故能使万民往之，而得天下之群者，无敌于天下”（《春秋繁露·天国》）。只有建立强大的王权，才能制止战争，维护统一，带来繁荣。在思想上，董仲舒强调“尊儒”，也就是“罢黜百家，独尊儒术”，提出“诸不在六艺之科、孔子之术者，皆绝其道，勿使并进”，主张只有思想归于一统，才能“统纪可一，而法度可明，民知所从矣”（《汉书·董仲舒传》），从而能统一步调，使一个大国能有稳定的政治局面，人民百姓得以安居乐业。董仲舒“尊儒”的主张被最高统治者采纳，儒家思想也就定于一尊，上升为统治思想，成为封建社会的主流思想。

董仲舒的“大一统”思想为儒学的长期传承、发展和传播奠定了坚实的理论基础，随着儒学西渐，对欧洲启蒙产生了深刻的影响。所谓启蒙，广义地讲，是指人类知识和思想的新的进步；狭义地讲，是指从中世纪走向近代的反专制、反蒙昧的思想解放运动，典型的有18世纪法国的启蒙运动。“历史将中国文化作为一份礼物赐给了法国的启蒙运动。从17世纪绵延到18世纪初的‘中国礼仪之争’，为启蒙学者们提供了丰富的中国思想资料，其中有先秦儒家思想，也有宋明理学。”[1]191 从18世纪欧洲启蒙思想家，主要是法国启蒙思想对中国历史、文化的研究，对儒学的研究、汲取和评价，我们可以看到董仲舒“大一统”思想和儒家智慧的贡献。

一、启蒙思想家理解的尊儒

法国启蒙思想家孟德斯鸠在《论法的精神》中写道：“中国皇帝是最高宗教领袖，可是，人人手中都有一些书，皇帝本人也要按照书中所说行事。曾有一位皇帝试图把这些书付之一炬，然而却徒劳无益，经书战胜了暴政。”[2]496 这里的“经书战胜了暴政”，是指汉武帝以独尊儒术替代了秦始皇的焚书坑儒。秦灭六国，实施郡县制，建立起一个强大的王朝，但是，秦王朝暴政，不行仁义，不得民心，不久就被推翻。汉武帝采纳董仲舒“大一统”思想，独尊儒术，儒学从此上升为统治思想。法国启蒙思想家把中国皇帝看作是最高宗教领袖，把儒家经典看作是宗教经书，就连皇帝行事也要照书上所说的去做。法国启蒙思想家魁奈在《中华帝国的专制制度》中写道：“中国的法律完全建立在伦理原则的基础上……没有凌驾于这些法律之上的权力，这些法律创立于经典著作中，而经典著作被认为是神圣不可侵犯的。就像犹太教徒尊奉《旧约全书》，基督教徒尊奉《新约全书》，土耳其的穆斯林尊奉《古兰经》一样，中国人也尊崇五经。”[3]72 可见，启蒙思想家所理解的儒家经典就是中国上下尊崇的圣书，有着十分重要的历史地位。

儒家经典主要指四书五经，关于儒家经典的内容，启蒙思想家也有深刻的理解。魁奈认为儒家经典中有几部在中国人心里享有很高的声誉，“第一部名为《大学》，或谓《伟大的学问》，其目的在于指导身居政府各部门要职的王公贵族。第二部叫作《中庸》，或谓《折中的学说》。在书中，孔子论证人们看待一切事物应当不偏不倚（或指在我们的情欲和需求之间的中间道路），而善德就存乎中庸之间。第三部叫作《论语》，或谓《语录》，其中的问题都围绕着德行、有益的工作和统治的艺术而发，这些论集充满了格言和道德原理，胜过希腊七圣之语。第四部是《孟子》，这部著作以对话的形式，讲的几乎全是政府的良好管理以及建立起这种良好管理的办法……”[1]250 法国启蒙思想家狄德罗也认为《大学》“教诲世间人主们治国兴邦”。主要之点有：“善于领悟并具有统治者应有的品质；善于自我控制；善于组织朝政；善于教养家庭成员。”[4] 对此，狄德罗颇为推崇，并将其作为否定基督教存在的理由[1]264。可见，启蒙思想家认为，儒家经典是国家管理者修身、齐家、治国、平天下的学问，重在要求管理者培养良好的品质，学习和掌握良好的管理艺术和管理办法，致力于治国兴邦。

启蒙思想家还深入研究了中国尊儒的历史作用。其一，尊儒对于中华民族形成统一的民族性格的重要作用。18 世纪英国启蒙思想家休谟认为，形成一个民族性格的原因有精神因和物质因。所谓精神因，“指的是对人们心灵起作用的一切因素，诸如动机和原因，它们形成了我们业已习惯的风俗”。所谓物质因，“指的是水土和气候的特质，据说这些会潜移默化地影响人们的性情，改变人们的音调和习性，形成特殊的体质”。不过“最肤浅的人都会看到，民族性更多取决于精神因。因为一个民族无非很多个体的集合，而个人的行为往往取决于精神因素”[5]112。休谟考察了中国历史，他说：“中国是个庞然大国，它讲一种语言，由一项法律统治，受着相同风俗的熏陶。像孔子这样的老师，其权威很容易从帝国的一个角落传播到另一个角落。后人不敢擅自怀疑他们从祖先那里获得的知识。”[5]86 从这里我们可以看到，休谟认为，作为统治思想的儒家思想，在中国历史上已经深入人心，具有绝对权威，儒家思想是国家形成统一的法律、民族形成相同风俗的主要原因。休谟说：“疆域辽阔之政府已建立数个世纪，它的民族性传遍整个帝国，每个地区风俗相似。如此可以想象中国人拥有最一致的性格，尽管这片疆域宽之地水土气候变化多端。”[5]117 不难看到，休谟认为儒家思想乃是形成中华民族最一致性格的精神因。

其二，尊儒“给专横权力划定范围”，具有防止暴虐专制的作用。孟德斯鸠认为，“在专制政体之下，确立某些思想是件好事。比如，中国人把君主视为人民的父亲；阿拉伯人在帝国初期把君主看作布道师；印度人的吠陀经以及中国人的经典古籍。宗教法规取代民事法典，并为专横权力划定范围”[2]223。这里的“中国人的经典古籍”是指儒家经典，孟德斯鸠认为中国尊儒把儒家思想确立为统治思想是件好事，例如，儒家把君主视作为人民的父亲，从家族制的原则引申出国家的原则，这就要求君主要像为家人谋利益一样，为全体人民谋利益，照顾好全体人民，这一个施政理念，对君权有一定的制约作用，乃是防止暴虐专制的智慧。

二、道德与政治制度相一致的治国之道

董仲舒为适应汉武帝加强中央集权的政治需要，提出独尊儒术，此后的中国，以伦理道德为主要内容的儒家思想成为统治思想，服务于中央集权政治制度，延绵两千年。法国启蒙思想家对这种道德与政治制度一致的治国理念给予了高度的关注和深入的研究。

法国启蒙思想家霍尔巴赫说：“中国可算是世界上所知唯一将政治的根本法与道德相结合的国家。而此历史悠久的帝国，无疑乎告诉支配者们，使知国家繁荣须依靠道德。在此广上里面，道德成为一切遵循理性生活的人们的唯一宗教。”[6]霍尔巴赫认为，中国以政治与道德相结合治理国家的悠久历史告诉人们，国家的繁荣需要依靠道德。霍尔巴赫主张道德与政治相结合，而反对西欧中世纪基督教与政治的结合[1]195。伏尔泰也主张以伦理道德为主要内容的哲学的宗教代替基督教。

魁奈认为要以中国为榜样，政治制度与道德相一致。魁奈认为，中国人重视自然法，他说：“人们只有依靠使他们区别于禽兽的理性之光，才能够掌握自然法则。因此一个繁荣和持久的政府应当按照中华帝国的榜样[1]253，把深刻研究和长期普遍地宣传在很大程度上构成了社会框架和自然法则，当作自己的政治工作的主要目的。”[3]122自然法以道德为主，皇帝常召集官吏宣谕道德思想，地方官吏也常向民众宣讲道德思想，其中第一条是教育年轻人对长上尽孝养义务。魁奈

说，孔子“他把子女的孝道看作是所有业务中最重要的一项，并且居于善德的第一位；不管怎样，他认为如果子女不孝顺他们的父母，则官吏们也就不会服从他们的统治者，从而有害于公正原则和礼仪”[3]56。

伏尔泰也曾赞扬中国“在伦理道德和治理国政方面堪称首屈一指”[7]。他认为中国政体体现着孔子哲学精神，主要有“孝”“仁爱”“任人唯贤”三大观念。“儿女孝敬父亲是国家的基础，在中国，父权从来没有削弱。……一省一县的文官称为父母官，而帝王则是一国的君父。这种思想在人们心中根深蒂固，把这个幅员广大的国家组成一个大家庭。”[8]伏尔泰看到，儒家伦理道德思想已经深深扎根于中国人的心中，它凝聚着人心，维护了国家的安宁和统一。

狄德罗推崇中国人把善意与道德的科学放在第一位。他曾写信给索菲·沃朗夫说：“啊，夫人！……你知道中国人靠什么把他们高贵的优越性一代代传承下去吗？靠的是使儿童尊崇他们的祖先，为祖先争光，而不是相反。在我看来这是最合理的，我们是大诗人，大哲学家，大演说家，大建筑家，大天文学家，大地理学家，胜过这善良的人民，但是他们比我们更懂得善意与道德的科学，如果有一天发现这种科学是居一切科学的第一位，那么他们将可以确定的说，他们有两只眼，我们只有一只眼，而全世界其余的人都是盲者了。”[1]271狄德罗肯定了中国人更懂得善意与道德的科学，这一见解是深刻而富有前瞻性的，他已经意识到西方哲学终将会认同中国人以善意与道德的科学为一切科学首位的原则。

孟德斯鸠虽然反对把中国传统政体理想化，但是，他在儒家思想中发现了“共和政体因素”，他说：“中国的政体是一个混合政体，因其君主的广泛权力而具有许多专制主义因素，因其监察制度和建立在父爱和敬老基础之上的美德而具有一些共和政体因素，因其固定不变的法律和规范有序的法庭，视坚忍不拔和冒险说真话的精神为荣耀，而具有君主政体因素。……如果说，因疆域之大而使中国是一个专制政体国家，那么，它或许就是所有专制政体国家中之最佳。”[9]孟德斯鸠认为，按通常的理解，监察制度只有在共和政体下才发挥作用，而专制政体的中国似乎是个例外，“中国的政府可能没有达到它所应有的腐败程度”[10]72。这也说明中国的监察制度多少起到了遏制腐败的作用，监察制度的设立与儒家思想亦不无关系。在孟德斯鸠看来，中国的“君为国父”，对君主也提出了道德要求，君主必须照顾全体人民的利益，显然也是共和政体的施政理念。

三、探究儒家治国的智慧

董仲舒为实现思想“大一统”提出“独尊儒术”主张，不过，独尊儒术又并非是灭绝其他思想。董仲舒是一代大儒，当时居群儒之首，他的儒家思想体系也是以孔子儒家思想为主，吸收黄老之学，阴阳、名、墨、法诸家思想构建而成。儒家思想成为官方统治思想后，道教、佛教思想还与儒家思想长期并存。两汉之际，佛教传入之初，为站稳脚跟和生存发展，很注重入乡随俗，主动依附和迎合黄老神仙方术；佛教初传中土，儒佛也有矛盾，佛教又主动依附和迎合儒家的纲常名教，吸收和融合儒家思想而使得佛教儒学化。儒佛道的相争相融，经成了漫长的年代，至宋代，宋儒在融合儒佛道思想的基础上建立了新的儒学思想体系，实现了以儒为主，佛道为辅的三教合一。考察儒家思想发展史，可以看到儒学是一个包容性很强的思想体系，为何包容性强？究其原因，大概在于儒家讲“和而不同”。西周史伯提出“和实生物，同则不继”（《国语·周语》）的和生思想，孔子有所继承和发展，提出“君子和而不同，小人同而不和”（《论语·子路》），作为管理者的君子，能够平衡不同事物的相互作用，使之处于和谐状态，从而获得新的生命力。这是儒家的大智慧。

法国启蒙思想家看到了儒家的这种智慧，给予了充分肯定。孟德斯鸠一方面看到，庞大的中国有众多民族，民族关系不容易处好，但是历史上多数时期民族关系却处理得比较好，这里体现了“伟大的天才”智慧，也就是孔子所说的“和而不同”。另一方面，孟德斯鸠也看到，伟大的人物有时也会沾染某些整齐划一的观念，查理曼大帝也未能幸免，他说：“知道在什么情况下应当整齐划一，什么情况下应当参差互异，这不是更表现伟大的天才么？在中国，汉人守汉人的礼节，鞑靼人守鞑靼人的礼节；但是中国是全世界最追求太平的国家啊！如果国民守法的话，守不守同样的法律又有什么重要呢？”[10]302 中国人以“和而不同”的智慧处理民族关系，维护国家的统一。

伏尔泰也称赞儒教是最好的宗教，他说：“中国的儒教是令人钦佩的。毫无迷信，毫无荒诞不经的传说，更没有蔑视理性的自然教条”，是“最好的宗教”[1]221。伏尔泰认为儒家哲学具有自然神论的性质，便称之为自然神教。他将中国的自然神教与基督教做了比较，认为中国的自然神教因为没有迷信因素，故不能引发基督教式的宗教狂热。伏尔泰主张以中国式的“理性宗教”，代替基督教式的“启示宗教”。宗教狂热甚至会对只因思想不同别无他罪的人判处死刑，中国的自然神教则没有宗教狂热。“启蒙学者们要求信仰自由，主张宗教宽容，亦常赞美中国传统文化形式上的三教并存。”[1]195 这里也体现了“和而不同”的智慧。

董仲舒的“大一统”思想，随着儒学西渐对欧洲启蒙产生了深刻的影响，其中“独尊儒术”的思想让启蒙学者注重对儒家思想的历史地位、主要内容和历史作用的研究，“道德与政治制度相一致”的思想，推进了启蒙学者对中国的道德与政治相结合治国理邦成功之道的研究；对独尊儒术和儒学智慧的研究，让启蒙学者看到儒家“和而不同”等思想的价值。这些研究让启蒙学者获得诸多经验借鉴，为启蒙运动提供了思想动力，难怪乎德国学者利奇温说：“孔子成了教育和守护 18 世纪启蒙运动的圣人。”[1]194

参考文献：

[1] 许苏民. 中西哲学比较研究史 [M]. 南京：南京大学出版社，2014.

[2] 孟德斯鸠. 论法的精神：下卷 [M]. 许明龙，译. 北京：商务印书馆，2009.

[3] 魁奈. 中华帝国的专制制度 [M]. 谈敏，译. 北京：商务印书馆，1992.

［4］狄德罗．中国人的哲学［M］//王光，译．中国哲学：第13辑．北京：人民出版社，1985：380．

［5］休谟．论政治与经济［M］．张正萍，译．杭州：浙江大学出版，2011．

［6］霍尔巴赫．社会之体系（1773）［M］//朱谦之．中国哲学对欧州的影响．石家庄：河北人民出版社，1990：274．

［7］伏尔泰．路易十四时代［M］．吴模信，译．北京：商务印书馆，1996：594．

［8］伏尔泰．风俗论：上册［M］．梁守锵，译．北京：商务印书馆，1994：249．

［9］孟德斯鸠．论法的精神：下册［M］．许明龙，译．北京：商务印书馆，2009：785．

［10］孟德斯鸠．论法的精神：上册［M］．张雁深，译．北京：商务印书馆，1982．

本文为“2018中国·衡水董仲舒与儒家思想国际学术研讨会”提交的论文。

陆元祥（1955—），男，江苏如皋人，历史学博士，中船澄西高级技工学校高级讲师、原副校长。

论董仲舒经济思想的政治性与层次性

朱云鹏

近年来，董仲舒研究成为一个热门话题，所发文章甚多。但是对于其经济思想，却鲜有人提及。自 20 世纪 80 年代至今近四十年，见诸报纸杂志的文章也不过十来篇，且大半是多年前的。何以如此呢？愚以为原因不外乎是：董子思想本就是“兼儒墨、合名法”，所涵盖的层面极广，包含的内容也极其复杂。经济思想在其整个思想体系中只像是汪洋大海中的一滴水，不易引起人们的重视。甚至有学者认为，董仲舒没有经济思想。其实可以这样说：董仲舒没有关于如何发展经济的思想，他的经济思想表现出了很大的特殊性，那就是他的经济思想不是为了发展生产、增加国民收入、改善国家财政状况，亦就是说，既不是为了富民，也不是为了强国。他的经济思想紧紧围绕一个主题：社会的安定。这也正是本文要说的董仲舒经济思想的政治性。换句话说，董仲舒所有的经济思想都是为了一个政治目的：大一统下社会的稳定。

同时，董仲舒的经济思想带有很大的层次性。总体来说，董仲舒的经济思想可划分为这样几个层次：第一个层次是他的义利观，这是他在宏观上对经济问题的总看法，把经济问题上升到哲学和道德层面来认识，属于“形而上”者；第二个层次是“调均”论，这是为实现社会稳定在经济方面进行改革的总方针；第三个层次就是为了实施这一总方针所采取的一些具体办法，如“限田”等。下面我们将从这三个层次对董仲舒的经济思想做一具体论述。

一、对经济问题的宏观认识——义利观

《春秋繁露·身之养重于义》：“天之生人也，使人生义与利。利以养其体，义以养其心。心不得义，不能乐；体不得利，不能安。义者，心之养也；利者，体之养也。体莫贵于心，故养莫重于义。义之养生人大于利。”[1]330 他认为，人生来就是义、利两存的，二者缺一不可，没有义，则心不得安乐；没有利，则无以养身体。故人生而求利也是上合天理、下合人情。但二者又是有分别、有轻重的。因为“体莫贵于心”，所以“养莫重于义”。董仲舒在回答胶西王问题时，进一步说明了这一思想，“仁人者，正其道不谋其利，修其理不急其功”[1]338。这句话在《汉书·董仲舒传》中则表述为“夫仁人者，正其谊不谋其利，明其道不计其功”。两段话好像意思差别不大，但仔细看来，体现的内容却相差甚远。后段话的意思好似只要合于“义”、合于“道”，“功”“利”意义不大，甚至可有可无；前一段话却非如此，只是强调二者的重要性不同，强调的以“义”“道”为主。因此，前段话更符合董仲舒在义利问题上的一贯认识。

“凡人之性，莫不善义，然而不能义者，利败之也。”[1]75 董仲舒认为，人生来都是喜欢义的，但有时却不能按照“义”的要求来行事，是因为过多地考虑了个人的私利，所以才做出害“义”之事。那怎么解决这个问题呢？那就是要加强个人的修养。董仲舒说：“故君子终日言不及利，欲以勿言愧之而已，愧之以塞其源也。夫处位动风化者，徒言利之名尔，犹恶之，况求利乎？”[1]75 君子说话时始终不提及“利”，为的是羞言名利而已，羞言名利来堵塞财利的来源。那些身处高位、主管道德风化的人，只要口头上说到“利”都感到羞愧，更何况去追求财利呢？

在董仲舒看来，义与利是一种辩证的关系。如果这个“利”是利天下，这时的“利”就成了“义”。这是作为统治者应该做好的。他说：“故圣人之为天下兴利也，其犹春气之生草也。”[1]210 圣人为天下

人谋取福利，就像是春天温暖之气促成草木生长一样。又说："生育养长，成而更生，终而复始，其事所以利活民者无已。天虽不言，其欲赡足之意可见也。古之圣人见天意之厚于人也，故南面而君天下，必以兼利之。"[1]392 也就是说，为天下百姓兴利，是作为统治者的本分，这样的利不是个人的私利，而是天下的公利。公利应该大力提倡与发展，并提出据此作为考察官吏的标准：兴公利做得好者有赏，做不好的有罚，"有功者赏，有罪者罚，功盛者赏显，罪多者罚重。不能致功，虽有贤名，不予之赏"[1]212。在这个意义上，"义"和"利"实现了完美的统一。

二、经济改革的总方针——"调均"

义利观是董仲舒对功利问题的宏观认识，也可以说是其经济思想的总体指导，属于"形而上"者。利既然在一定情况下可转变为义，统治者就要把这个利做好，使之对社会的稳定起到积极的促进作用。换句话说，要让经济因素成为稳定社会的正能量，应该采取什么样的经济政策才能达到这一目的呢？对此，董仲舒提出了按照一定的"度"进行"调均"的经济改革总方针。

董仲舒认为，社会的安定不在于国家有多么强盛，也不在于百姓有多么富足。秦朝可谓甲兵强大，终不免二世而亡。因此他重申了孔子的主张，"不患贫而患不均"。不担心贫穷，关键是不能出现严重的贫富两极分化。董仲舒指出："大富则骄，大贫则忧。忧则为盗，骄则为暴。此众人之情也。"[1]284 大富则易引起人们的骄奢之心，继而为富不仁，肆行暴虐。大贫则使其基本生活难以满足，每天都在为明天吃喝担忧，无奈之下，就会走向偷盗、抢劫从而干犯法纪。贫富之间应该保持怎样的"度"呢？"圣者则于众人之情，见乱之所从生，故其制人道而差上下也，使富者足以示贵而不至于骄，贫者足以养生而不至于忧，以此为度而调均之。是以财不匮而上下相安，故易治也。"[1]284 "度"已定出，统治者就要根据这个"度"随时进行调节，以避免"大富"与"大贫"的两极分化。"有时损少而益多，有时损多而益少。少而不至绝，多而不至溢。”[1]465 这样就不会出现“富者奢侈羡溢，贫者穷急愁苦”[2]569，如此则社会就会稳定，治安也会好转，天下也就会趋于太平。

三、“调均”方针指导下的具体措施

“调均”的方针已然定好，剩下的就是如何去实施了。董仲舒在给汉武帝的上书中提出了“限民名田，以澹不足，塞并兼之路。盐铁皆归于民。去奴婢，除专杀之威。薄赋敛，省徭役，以宽民力”[2]162。这几点涵盖了董仲舒“调均”方针的主要措施。

首先，“限民名田”。

董仲舒指出前朝秦时，废除了井田制，让百姓随便买卖田产，以至于酿成了严重的土地兼并，“富者田连阡陌，贫者无立锥之地”。汉承秦制，循而未改，西汉时期，土地兼并的情况依然严重，这是出现贫富两极分化的最主要原因。为了改变这种状况，董仲舒提出应该参考古代的井田制，对百姓最高占田数量做一个限制，以此“塞并兼之路”，尽量使小农保有一定数量的土地，使之能够养家糊口。防止“田连阡陌”和“无立锥之地”两种极端现象的出现。西汉末年师丹的限田和王莽改制都受董仲舒限田思想的影响。

其次，“不与民争利”。“不与民争利”包括了两个方面的内容：一个是官府的与民争利；一个是官僚的与民争利。

官府的与民争利是指当时的盐铁官营等政策。盐铁官营起于春秋时期管仲的“官山海”，但这并不是真正意义上的盐铁官营。管仲实行的政策是盐业专卖和铁业的国有民营。这种方式增加了国家收入，一直被历代统治者所重视。汉初，因战乱初定，统治者奉行黄老“无为而治”的思想，轻徭薄赋，与民休息，让民间恢复生产，盐铁也是由民间私营的。“汉兴，海内为一，开关梁，弛山泽之禁，是以富商大贾周流天下”[3]，由煮盐、冶铁产生了很多的大富豪。到汉武帝时，北征匈奴，西通西域，又通西南夷，外事四起，加之水旱灾荒，政府入不敷出，“而富商贾或滞财役贫，转毂百数，废居居邑，封君皆氏首仰给焉。冶铸煮盐，财或累万金，而不佐公家之急，黎民重困”[2]168。这种情况引起了汉武帝的极大不满。于是，御史大夫“（张）汤承上指，请造白金及五铢钱，笼天下盐铁”[2]594。其后，汉武帝以东郭咸阳、孔仅为大农丞，领盐铁事，实行盐铁官营。盐铁官营是“与民争利”的一种表现，但这里的“民”主要是工商业者。这些政策一时间打击了豪强，增加了国家的财政收入，但其弊端也随之出现。东郭咸阳以煮盐起家，孔仅以冶铁起家，他们“除故盐铁家富者为吏”[2]169，这些人虽熟悉盐铁业务，但多利用职权营私舞弊，他们的生产效率低、成本高，生产出来的产品质量低、价格高，造成百姓负担的加重和生活的困苦，从而加速了农民的破产，也加速了贫富的两极分化。对此，董仲舒提出了“盐铁皆归于民”。

官僚的与民争利是指官僚经营产业。他说这些官僚：“身宠而载高位，家温而食厚禄，因乘富贵之资力，以与民争利于下，民安能如之哉!”他们凭着高官厚禄，拥有强大的经济实力和政治势力，以此为资本，与平民百姓进行不公平的竞争，巧取豪夺，大肆进行土地兼并，使百姓“日削月浸，浸以大穷”[2]569，以至于最终破产。

这种与民争利的做法，在董仲舒看来，是不合天理的。“天不重与，有角不得有上齿，故已有大者，不得有小者，天数也。夫已有大者，又兼小者，天不能足之，况人乎？故明圣者象天所为为制度，使诸有大奉禄，亦皆不得兼小利、与民争利业，乃天理也。”[1]286他还说：“古之所予禄者，不食于力，不动于末，是亦受大者不得取小，与天同意者也。”[2]569与民争利违背了天意天理。

同时，与民争利下不合人情。与民争利妨害了人民的谋生之路，使其生活无着，生活无着，则会犯奸作科，无所不为。而在上位者肩负着以“义”化民的大责，却一味地忘义徇利，“众其奴婢，多其牛羊，广其田宅，博其产业，畜其积委，务此而亡已”[2]569，加剧了社会逐利之风，破坏了社会风气，加速了土地兼并，加快了贫富的两极分化。因此“受禄之家，食禄而已，不与民争业，然后利可均布，而民可家足。此上天之理，而亦太古之道，天子之所宜法以为制，大夫之所当循以为行也”[2]569。

第三，“薄赋敛，省徭役”。

董仲舒指出，秦朝时“一岁屯戍，一岁力役，三十倍于古；田租口赋，盐铁之利，二十倍于古。或耕豪民之田，见税什五。故贫民常衣牛马之衣，而食犬彘之食”，而“汉兴，循而未改”。然而，“古者税民不过什一，其求易共；使民不过三日，其力易足”[2]162。两相而较，可知汉代徭役、赋税之重。“事多发役，以夺民时，作谋增税，以夺民财。”[1]503 繁重的徭役与赋税，造成了人民的苦难、百姓的流离，从而影响了社会的稳定。他指出这种苛政导致“竭民财力，百姓散亡，不得从耕织之业，群盗并起”[2]566。有鉴于此，董仲舒明确提出恢复古代的赋税、徭役制度，“劝农事，无夺民时，使民岁不过三日，行什一之税”[1]503，以此作为解决这一问题的途径。

此外，董仲舒还提出了大力发展农业生产的主张。他说：“夫为国，其化莫大于崇本。”董仲舒在这里所说的“本”，与传统中所说“重本抑末”的“本”还不完全相同，但又有相通之处。传统的“重本抑末”的“本”单单指的是重视发展农业生产。董仲舒所说的“本”却有三个方面的内容：一是天本；一是人本；一是地本。“天生之，地养之，人成之；天生之以孝悌，地养之以衣食，人成之以礼乐，三者相为手足，合以成体，不可一无也。”他认为的“天本”是敬天尊祖；他认为的“人本”是建学校，推行礼义教化；他认为的“地本”就是“秉耒躬耕，采桑亲蚕，垦草殖谷，开辟以足衣食”[1]194，也就是发展农业生产。农业生产是一切生活资料的来源，也是推行礼义教化的基础。“孔子谓冉子曰：‘治民者，先富之而后加教。’……《诗》曰：‘饮之食之，教之诲之。’先饮食而后教诲，谓治人也。”[1]321 在这里，董仲提出了“先食后教”的思想，把基本的生活条件作为实施教化的基础与前提。他主张，为了表示对农业生产的重视，统治者应该“亲入南亩之中，观民垦草发淄，耕种五谷”[1]488，这充分体现了董仲舒对农业生产的重视。

通过以上论述，我们可以清楚地看到，董仲舒三个层面的经济思想都紧紧围绕一个中心：社会的安定。通过教化，使百姓重义轻利，减少纷争；通过一些具体措施，尽量使社会财富趋于平均，其思想对于当时大一统下人民生活的安定与社会的稳定起到了积极的作用。

参考文献：

[1] 张世亮，钟肇鹏，周桂钿．春秋繁露 [M]．北京：中华书局，2012.

[2] 班固．汉书 [M]．北京：中华书局，2007.

[3] 司马迁．史记 [M]．北京：中国文史出版社，2003：801.

原载于《衡水学院学报》2018 年第 6 期。

朱云鹏（1964－），男，河北故城人，历史学硕士，衡水学院继续教育学院副教授。

董仲舒天子思想及其与皇帝制度的关系

崔锁江

《尚书》开始只是称“帝尧”“帝舜”，直到《五子之歌》《商书》才开始使用“天子”一词。殷周之际的《洪范》提出“天子作民父母，以为天下王”，把“天子”与“王”等同起来。《诗经》里多次使用“天子”等说法。《论语》里两次使用“天子”说法。《春秋·公羊传》多次使用“上无天子，下无方伯，天下诸侯有相灭亡者”“僭天子不可言”等说法。《礼记·曲礼下》提出“君天下曰天子”的定义。《孟子》当中也多次出现“天子不仁，不保四海”“自天子达于庶人”“天子一位”“春秋，天子之事也”“得乎丘民而为天子”“天子能荐人于天”等说法。《墨子》《管子》《吕氏春秋》等作品中更是多称帝王为天子。“天子”成为中国古代学者们称呼帝王时最为方便的书面用语。学者们一般认为“天子”概念形成于西周。比如，宫长为就认为“天子”起源于“予一人”，周成王时形成了“周天子”的说法，与“王”并行[①]。郑惠生则认为“商人不称天子”[②]。在先秦儒学塑造天子理想的基础上，董仲舒形成了明确的天子思想，构建了以天子为核心的差异秩序，加深了“屈民而伸君、屈君而伸天”的理论力度，最

① 宫长为：《天子考论》，参见《周秦社会与文化研究——纪念中国先秦史学会成立20周年学术研讨会论文集》，陕西师范大学出版社，2002年版，第159页。

② 郑惠生：《“天子”考》，《历史教学》1982年第11期，第60页。

终实现了天子思想与皇帝制度的融合。

一、董仲舒天子思想的具体内容

董仲舒以“天子”指代皇帝，延续了先秦学术传统。秦始皇在中国历史上首创了皇帝名号与制度。《史记》记载秦始皇要大臣“议帝号”，并且说：“今名号不更，无以称成功，传后世。”丞相王绾、御史冯劫、廷尉李斯等人在提议中就有“天子自称曰‘朕’”等说辞。可见，“天子”一词也为秦朝人所惯用。雷晓鹏认为秦始皇“敬天又祭天”，但不迷信“天命”①。他进一步认为“皇帝”是名号，而“天子”则不是名号。他力图说明秦始皇尽管非常推崇“天子”称谓，但有意识地区分了皇帝与天子两个身份。他补充：刘邦在登基称皇帝之后强化了“天子”观念，他的一些重臣把汉朝的建立归结为“沛公殆天授”“此非人力，天之所建也”的“天命”。历代皇帝都未能对“天子”有所定义，未能把“天子”正式化、制度化。但这不妨碍历代儒者以天子指称皇帝。董仲舒对秦始皇评价道：“故立为天子十四岁而国破亡矣。”《仁义法》一篇提到：“独身者，虽立天子诸侯之位，一夫之人耳，无臣民之用矣。”② 董仲舒采用了“天子”与“独夫”这种“正名实”的办法解释了“天命转移”。董仲舒提出：“王者亦天之子也。”③ 这是根据以德而称王或天子，而非以位而称王或天子。由此可见，董仲舒沿承了先秦“以天子指代帝王”的书写传统。董仲舒的天子概念比起“皇帝”一词更具有德性内涵。董仲舒以“天子”为关键点建构起差等伦理秩序。《为人者天》提到：“传曰：惟天子受命于天，天下受命于天子，一国则受命于君。”④ 董仲舒以“天子”的核心地位来解释“一人有庆，兆民赖之”。他提到：“百姓不安，则力

① 雷晓鹏：《秦始皇为何不自称“天子”?》，《唐都学刊》2015 年第 4 期。
② 苏舆：《春秋繁露义证》，中华书局，1992 年版，第 252 页。
③ 同上，第 219 页。
④ 同上，第 319 页。

其孝悌。”[①] 这里的孝悌强调“虽天子必有尊也，教以孝也；必有先也，教以悌也”。“天子”必须学会尊敬父母、尊重年长者，进而以自己的孝悌之道作天下百姓的表率。《顺命》篇提出：“天子受命于天，诸侯受命于天子，子受命于父，臣妾受命于君，妻受命于夫。诸所受命者，其尊皆天也，虽谓受命于天亦可。”[②] 这种受命过程好比是一种授权过程。天子拥有治理天下的主权，然而却需要把治权分给百官与万民。百官与万民通过服从天子，进而实现了“受命于天”的正义性与合法性，从而建构起了一个以“天子”为核心、以天为极点的社会伦理网络，把天下所有人都纳入到“天道”之中。《奉本》提出：“人之得天得众者，莫如受命之天子。下至公侯伯子男，海内之心悬于天子。”[③] 董仲舒建构了一个“天—天子—百官—万民”的等级序列。《为人者天》有：“天亦人之曾祖父也。”[④] 我们从这个序列可以看出：百官可以看作民人之父母，天子可以看作民人之祖父，“天”就成了民人的曾祖父。这是以代际差别表达以天子为核心的差等伦理秩序。

董仲舒要求皇帝宜“视天为父”。《深察名号》提出：“故号为天子者，易谨视天为父，事天以孝道也。”这里的“视天为父”已经接近于“以天为父”。《郊语》：“以身度天，独何为不欲其子有子礼也。”[⑤] 董仲舒要求皇帝把天当作父亲一样，进而以子道事天。但这并不是直接把天与父相等同。夏朝开始了君主世袭制后，只有开国之君需要以天命转移、五德终始、受命于天等说法来说明自身的合法性。而后世帝王都清楚君权是依据血缘继承得自于父亲，并且已经获得了传统合法性。基督教文化则形成了“圣父、圣子、圣灵”三位一体的神学体系。相较而言，董仲舒提出的“视天为父”具有“天、

① 苏舆：《春秋繁露义证》，中华书局，1992 年版，第 319 页。

② 同上，第 412 页。

③ 同上，第 278 页。

④ 同上，第 318 页。

⑤ 同上，第 399 页。

子、道”三位一体的意蕴。但董仲舒思想中的“天”依然被看作是一种神秘的“天意”，而非人格化的具象。天虽然具有赏善惩恶、灾异谴告的功能，但其人格形象始终没有完成，这导致以孝道事天最终无法落实。《郊祀》中提出：“立为天子者，天予是家。”① 董仲舒强调皇帝祭天，以此增强皇室与天的联系。但是，“天子”与“天”之间缺乏了中间的生育环节，“视天为父”无法得到合理的解释。总之，“视天为父”更多地类似于一种想象与建构。皇帝在虚拟伦理与现实伦理的选择上更倾向于现实伦理。

“视天为父”必然推导出皇帝要以子道、孝道事天。董仲舒提出：“天子父母事天，而子孙蓄万民。”② 这是主张皇帝要把“天”作为父母，而把“万民”视作子孙。为了维护这种大一统的差等伦理秩序，皇帝最重要的任务就是“以子道事天”。他认为皇帝不祭天就好比是“无用食父母也”，进而引起整个伦理秩序的崩塌。皇帝因此要自觉降低高贵的身份以实现对天道的崇奉。董仲舒提出：“先贵而后贱，孰贵于天子？天子号天之子也。奈何受为天子之号，而无天子之礼？天子不可不祭天也，无异人之不可不食父。为人子而不事父者，天下莫能以为可。今为天子而不事天，何以异是？”③ 董仲舒这里的诘问语气非常强烈，在意识深处实际认为皇帝背离了天道，成为天的“逆子”。他以父子关系比拟天与皇帝的关系，意味着一种孝道的扩大化。然而后世皇帝只是接受了受命于天的概念，并未能接受“视天为父”的观念，更难以子道、孝道事天。

而且，董仲舒强调天子祭天的优先性。他指出：“今为其天子，而缺然无祭于天，天何必善之？”④ 天子不祭天所导致的后果就是“上天”无法善待帝王，进而可能降罪于天下，产生各种灾异。董仲舒认为：“天下所未和平者，天子之教化不行也。”他把事天作为皇帝

① 苏舆：《春秋繁露义证》，中华书局，1992年版，第409页。
② 同上，第404页。
③ 同上，第405页。
④ 同上，第399页。

最重要的责任。廷尉张汤向董仲舒请教“郊祭”，董仲舒说：“古者天子之礼，莫重于郊”，“天子祭天”，“周公，圣人也，有祭于天道”①。在他看来，郊祭是最尊贵的礼制，皇帝祭天的重要性高于皇帝居父母之丧，这是其“屈君而伸天”思想的自然反映。他重视“郊祭”“祭天”的思想被后世历代皇帝所认同与坚持。《郊义》提出：“天者，百神之君也，王者之所最尊也。”②

二、天子思想与皇帝制度相冲突

建元六年（前135），窦太后去世，汉武帝刚刚掌握实权。此年先后发生了“辽东高庙灾”与“高便殿灾”。《汉书·董仲舒传》记载：“仲舒居家推说其意，草稿未上，主父偃侯仲舒，私见，嫉之，窃其书而奏焉。……于是下仲舒吏，当死，诏赦之。仲舒遂不敢复言灾异。”③ 董仲舒结束外任王相的经历之后回到长安任“中大夫”，于是依据“天人感应”理论撰写了该草稿，想建议汉武帝惩罚不守法的“近臣”与“藩王”。这个对策也包含了董仲舒对藩王骄奢淫逸的深刻体察与不满。主父偃窃取这个草稿，上奏汉武帝。汉武帝让群臣讨论此对策。董仲舒的弟子吕步舒不知道是自己老师的草稿，而认为其中的观点属于“下愚”。于是就有“下仲舒吏”之事。董仲舒最后得到了汉武帝的赦免，但此后“竟不敢复言灾异”，严格遵循君臣之义。此事件是儒家与皇帝的一次典型冲突。

第一，此事件反映了汉武帝对“灾异谴告”的忌讳。皇帝们普遍地喜好祥瑞，而对灾异则缺乏兴趣，更缺乏接受的勇气。汉武帝只是欣赏“天命”赋予的特权，而不愿接受儒家通过解释天命对皇权形成的制约。这种责任与义务的不对等性是皇帝制度的重大缺陷。儒者更多地倾向于保持皇帝权力与天道约束之间的平衡。这必然造成皇权与

---

① 苏舆：《春秋繁露义证》，中华书局，1992年版，第414页。
② 同上，第402页。
③ 班固：《汉书》（第八册），中华书局，1962年版，第2524页。

儒者之间的冲突。汉武帝已经养成了“拒谏”的习气，在具体政事上倾向于独断，不喜欢儒者参议，更不喜欢被儒家诠释的天意所左右。

第二，汉武帝缺乏以天子身份“奉行天命”的自觉意识，而执念于皇权的无限性。董仲舒根据春秋公羊传的精神提出了相关的设想，但不经意间引发了皇帝制度与天子思想之间的激烈碰撞。根据天意来处罚不守规矩的近臣与藩王，不仅容易导致与法律讲证据的冲突，而且容易造成人人自危的一种局面。天意往往容易成为一种舆论借口。后世谶纬之学就遇到了这方面的难题。

第三，董仲舒的“天子思想”必然拉近皇帝与上天的距离，存在疏离皇帝与皇族宗室的倾向。董仲舒把天作为最高主宰，在某种程度上削弱了父、夫、君的崇高地位，因为他的对策实际上有干涉皇权乃至于皇族内部事务的嫌疑，构成了一种对皇权的制约与挑战。

因此，笔者认为董仲舒的天子思想也是此事件的一个潜在因素。董仲舒的天子思想受到了皇帝制度与政治权威的冲击。董仲舒所设想的天子崇天、以天道规约天子的思路轻易地被皇帝所搁置。尽管董仲舒刻意要把皇权纳入“天道”的伦理体系，但皇帝制度并不会无条件地服从这种设计。皇帝如果服从了这种“天子思想”，就会意味着中国古代社会走向教权高于皇权的政教二元模式。然而，皇帝制度是实在的具体的，而“天子”是一种美化皇权的说法，停留在理想与儒家话语体系之中。董仲舒以儒学思考问题，进而有了以经学干政经世的热情。

这对汉武帝的政治权威构成了严重挑战。汉武帝需要用儒学统一人们的思想，但其目的是让人们接受汉皇室“受命于天”的事实，并不是要制造一个高于皇权的教权。汉武帝不仅要通过“大一统”政策强化皇帝制度的政治权威，也要强化自身的精神权威属性。汉元帝当太子的时候，“柔仁好儒”，曾提过“陛下持刑太深，宜用儒生”的建议，汉宣帝就此批评道：“汉家自有制度，本以霸王道杂之，奈何纯任德教，用周政乎！且俗儒不达时宜，好是古非今，使人眩于名实，不知所守，何足委任!”这体现了皇帝出于现实政治的考虑而任用儒术收揽人心并不真心信奉儒道的实情。

三、天子思想与皇帝制度相融合

“下吏”事件发生后，汉武帝赦免董仲舒，之后依然信赖他。董仲舒也更加谨言慎行，表现了“忠君”的思想特质。儒家与皇帝之间产生了一种微妙的平衡。董仲舒的天子思想尽管不能得到全面贯彻，但却实现了与皇帝制度的协调与融合。东汉的《白虎通义》更使“天子”具有了“法典”性质。按照今文经学精神写成的《白虎通义》提到：“天子者，爵称也。爵所以称天子者何？王者父天母地，为天之子也。”① 东汉儒者继承董仲舒深察名号的思想，把“天子”安排在卷首，取其“王天下”之意。而东汉许慎在解“姓”字时提出：“古之神圣母，感天而生子，故称天子。”② 这就肯定了天子具有“天之子”的神圣寓意，是一种神圣性存在，不宜作为批评的对象。而真正需要被批评的是皇帝制度，皇帝占据了“天子”称号，从而也试图变成一种神圣存在。圣王与俗王的区别恰恰是“天子”理想与皇帝制度的区别。所以，古文经学与今文经学争论了“天子一爵”的观点，并注意到了“天子”与“帝王”的双重角色冲突。天子是儒家设定的政治理想。而皇帝制度则是现实政治的真正产物。后世君主利用人们不严格区分“皇帝”制度与儒家“天子”思想的思维混乱，不仅僭越了天道的神圣存在（“天子僭天”），乃至于僭越了儒家“圣人”的位格，最终把儒学作为加强自身合法性与精神权威的工具。笔者认为董仲舒天子思想实质性地改善并提升了秦始皇创立的皇帝制度。其对皇帝制度的贡献在于有利于合理地设定天道、皇帝、儒者、民众四者在政治权威与精神权威方面的伦理关系。但值得注意的是二者相融合却有着深刻的复杂性，二者是有条件的融合。

第一，“天子”意味着“天道”具有终极超越性，是最高的政治权威、精神权威的最终来源与依据。所谓“独尊儒术”是要求皇帝带

① 班固：《白虎通义》，中华书局，1994 年版，第 1 页。

② 许慎：《说文解字》，中华书局，1963 年版，第 258 页。

领民众一同独尊儒术，一同崇奉天道。历代皇帝都不得僭越天道的绝对权威。董仲舒以父子伦理的方式理解天与皇帝的关系，从而挺立了天道的超越性以及绝对权威。需要说明的是，天道的超越权威离不开“君父”的现实权威。“以君为天”“以父为天”就是把天道权威变为现实的中介。“父、君、夫”构成了儒家的现实权威。董仲舒在处理天与天子的伦理规范时候并不否认现实性权威，但更强调天道的超越性权威。老子直接强调王者要“法地”“法天”“法道”“法自然”。董仲舒的“奉天”就如同“法天”之意，包含了“以天正王”的思想。他多次评述“惟天为大，惟尧则之”中的尧作为圣王依然要以天为大，而不是替代天。强调超越性权威是原始儒家的基本立场，宋明理学提出的“天理”只是重构超越性权威。后世皇帝依然要通过祭天、奉天等说法获得自身的合法性。后世皇帝也绝不敢提出“反天、乱道、悖理、逆伦”的主张。董仲舒的天子思想极好地诠释了天道的超越性存在与绝对性权威。

第二，“天子”意味着“皇帝”只具有现实中最高的政治权威，而不具有最高的精神权威。“皇帝”与“天子”，分别代表着现实制度与理想人格。“皇帝”象征着政治权威。现实的皇帝制度作为政治权威的载体。“天子”则象征着“天道”是最高的精神权威，皇帝要像儿子一样受上天所命。这就使得后世君主具有“天子”与“皇帝”的身份二重性。天子相当于“圣王”，而皇帝则是“俗王”。俗王要效法圣王，皇帝要努力按照“天子”的规范行事。儒家的“大一统”是以天、元为极点。皇帝处于这个统一体的核心与关键的位置，但并不代表着制高点。制高点只能是“天命”。沈才彬从“天子思想”的兴起，讨论了孔子、墨子、孟子直到董仲舒的天子思想，并且把“天子思想”与改朝换代的革命论联系起来，解释了在经历了多次革命之后的皇帝制度为何依然具有宗教权威的现象。他指出：“中国的皇帝制始于秦始皇，及汉形成比较完备的封建体制。这一体制贯穿于中国封建社会的始终。皇帝制的核心是皇帝个人集宗教权威与世俗权力于一身，推行‘朕即国家’的封建专制统治。”① 这个判断较为允当。普通民众往往把历史上的皇帝制度看作是至高无上、不受制约的政治权威与精神权威的复合体。皇帝本人也往往以“圣”自居，圣旨、圣上、神圣更是为皇帝专用。而中国政治学者认为中国古代是政教合一的国家，其中的教是儒教，然而它却属于皇帝制度的一部分。皇帝是儒教当中的“天子”，尽管不具有理想中的精神权威，但事实上拥有着精神权威。

第三，“天子”是儒家对帝王的人格设定，体现着儒家制约皇权、主持教化的精神权威。儒家的大一统理论也被分为政治大一统与文化大一统。政治大一统主要维护以皇帝为核心的郡县制度，关注如何“削藩”等形而下的问题。而文化大一统则统一于“儒家”。儒家以天子指称皇帝，并不是剥夺皇帝的精神权威属性，而只是要求皇帝必须承认天道、天命的超越性存在，进而承认儒家在诠释天道、天命、天意方面所拥有的精神权威。儒家尽管不拥有受命于天的政治权威，但却拥有解释天命的精神权威。孔子说：“赐不受命，而货殖焉。”这是对儒者是否“受命”的说辞。但孔子也自信地宣称：“文王既没，文不在兹乎？天之将丧斯文也，后死者不得与于斯文也；天之未丧斯文也，匡人其如予何?”（《论语·子罕》）这里的“文”就是诠释天命的精神权威。《论语》中的“天将以夫子为木铎”，更是表达了儒家执掌精神权威的思想。《春秋》学所提倡的“素王”说精确表达了精神权威与政治权威的二分。儒家具有“以天正君”的精神权威，拥有解释天意的权力，从而以《经书》为依据，对皇帝的行为与政令提出指导性建议。董仲舒正是根据这一精神设计了这样的建议。他的天子思想必然要求皇帝“尊天法道”，对精神权威保持敬畏。皇帝需要通过祭天敬天、向天行孝道、服从天意，才能成为儒家所认同的天子。所以，天子思想在抬高皇帝相对于民众与诸侯藩王的精神权威与政治权威的同时，更抬升了儒家经学的精神权威地位。“屈君而伸天”的精

① 沈才彬：《日本天皇与中国皇帝的比较研究——以“天子思想”为中心》，《日本学刊》1992 年第 2 期。

神权威最终落实到儒家今文经学与师道上。圣人是表达儒家精神权威的实体。孔子被儒家看作是唯一的圣人，是最高的精神权威。孟子强调："自生民以来，未有盛于孔子也。"（《孟子·公孙丑上》）司马迁也认为："自天子王侯，中国言六艺者折中于夫子，可谓至圣矣!"（《史记孔子世家》）就此而言，儒家实际形成了"圣高于王"的一种共识。需要说明的是，公羊学家所言的"王道"不是帝王之道，而是"圣王"之道。康熙皇帝向孔子圣像行三跪九叩大礼，就表达了这种文化认同。但是，圣人已经作古，在世的儒家只能是以臣子的身份从属于皇帝制度。所以，这种精神权威只能用于敬奉，而无法演变为一种现实性的制衡。儒者只能以劝谏的方式施加影响，而不能真正有效地制约皇权。

第四，"天子"意味着民众必须服从皇帝的现实权威，是"屈民而伸君"的重要说辞。王灿认为："天子"在《尚书》中是"天的元子"的意思，不是"天唯一的儿子"之意。他还认为董仲舒提出的"天佑而子之，号称天子""天子者，则天之子也""天子号天之子也"等说法消除了"天之元子"的含义，是中国专制制度逐渐强化的反映①。笔者认为董仲舒同时提出了"人受命于天"与"天子受命于天"两个概念。按照普遍人性而言，人人皆可为尧舜，人人皆为天之子。而后世皇帝专享"天子"之称，排除了普通人作为"天之子"的"天赋"内含。皇帝拥有天命是"屈民而伸君"的真实写照。但是，笔者认为，天子思想的重心不在于"屈民而伸君"，而在于"屈君而伸天"。人们对"天子"的第一印象往往是"天子受命于天"。但对于儒者而言，"天子"首先要奉天法古，进而获得文化认同，才能最终形成至高的政治权威与一定的精神权威。

四、小结

董仲舒开创了皇帝"独尊儒术"的历史传统，实现了儒学与皇权

① 王灿：《天子新考》，《文化学刊》2011 年第 1 期。

的结合。这种结合体现为“天子思想”与“皇帝制度”既相冲突又相融合的关系二重性。第一，从儒家角度而言，皇帝要遵从天命、奉天法古，做儒家式样的“天子”。儒家则以皇帝为中心建构大一统伦理秩序并把“忠君”作为重要的教化任务。第二，从皇帝的角度而言，皇帝并不能完全按照儒家所设计的“天子”角色来“纯任德政”，后世皇帝依然是以皇帝制度为最主要的认同。而“天子”一说只是皇帝增加自身合法性与权威性的重要手段。第三，民众往往把“天子”与“皇帝”混淆起来。后世学者也往往不自觉地把儒学与皇帝制度简单等同起来，看不到天子思想与皇帝制度既相融合又相对立的二重性，这进而使得五四新文化运动时期的人们难以对此进行区分，而一并予以打倒。因此，研究董仲舒的天子思想是正确认识儒学与皇帝制度关系的重要环节与途径。

本文为“2018 中国·衡水董仲舒与儒家思想国际学术研讨会”提交的论文。

崔锁江（1977—），男，河北无极人，法学博士，衡水学院董子学院、马克思主义学院讲师。

董仲舒经学思想研究

董仲舒以经学为基础构建儒学思想体系

韩　星

当今无论是对历史上儒家、儒学的研究还是对儒学的创新，提出各种新儒学的观点或思想体系，大都站在今天学科划分的基础上以哲学史、思想史的范式来梳理儒学历史，构建儒学体系，再加上时代风气、政治意识形态的影响，大都忽视了儒学形成、发展和创新的经学基础，使得对儒学历史源流的把握时有不确，多有争议，对儒学的创新也有无源之水之虞。

一、孔子述而不作，道集大成

众所周知，孔子顺应“学在官府”向“学移民间”的历史潮流，创立私学，“以《诗》《书》《礼》《乐》教，弟子盖三千焉，身通六艺者七十有二人”（《史记·孔子世家》)。《诗》《书》《礼》《乐》本属于古代王官之学，其传授也限于贵族之间。至孔子之时，“周室微而礼乐废，《诗》《书》缺”（《史记·孔子世家》)，于是孔子对其进行了编定、整理，并运用于教学之中，使其由贵族垄断的学问一变而成为一般民众的知识修养，同时创立了儒家学派。熊十力说：“儒学以孔子为宗师，孔子哲学之根本大典，首推《易传》。而《易》则远绍羲皇。《诗》《书》执礼，皆所雅言，《论语》识之。《春秋》因鲁史而立义，孟子称之。《中庸》云仲尼祖述尧、舜，宪章文、武。孟子言孔子集尧、舜以来之大成。此皆实录。古代圣帝明王立身行己之至德要道，与其平治天下之大经大法，孔子皆融会贯穿之，以造成伟大之学派。孔子自言‘好古敏求’，又曰‘述而不作’，曰‘温故知新’。盖其所承接者既远且大，其所吸取者既厚且深。故其手定六经，悉因旧籍，而寓以一己之新意。名述而实创。是故儒学渊源，本远自历代圣明。而儒学完成，则又确始于孔子。”[1]孔子删述六经，集上古圣帝明王德业之大成，虽云“述而不作”，其实“名述实创”，即“以述为作，述中有作”，这样才创立了儒家学派。

孔子的学说创新不是标新立异，旁逸斜出的创新，而是集大成的创新，北宋理学家邵雍在《皇极经世书》说：“孔子赞《易》自羲、轩而下，序《书》自尧、舜而下，删《诗》自文、武而下，修《春秋》自桓、文而下。自羲、轩而下，祖三皇也；自尧、舜而下，宗五帝也；自文、武而下，子三王也；自桓、文而下，孙五伯也。”（《观物内篇》之五十六）这就是说，孔子删定“六经”，对三皇、五帝、三王、五伯以来的中国文化进行了全面整理和综合，所谓集大成也。王国维论孔子的集大成云：“孔子者，‘述而不作，信而好古’，实践躬行之学也。上至三皇五帝，下至夏殷周诸圣贤之学说，无不集合而组织之，以大成儒教；其圆满之智如海。又多才多艺，至其感化力之伟大，人格之完全，古今东西，未见其比。”[2]钱穆言：“孔子为中国历史上第一圣人。在孔子以前，中国历史文化当已有两千五百年以上之积累，而孔子集其大成。在孔子以后，中国历史文化又复有两千五百年以上之演进，而孔子开其新统。在此五千多年，中国历史进程之指示，中国文化理想之建立，具有最深影响最大贡献者，殆无人堪与孔子相比伦。”[3]“孔子者，中国文化之中心也。无孔子则无中国文化。自孔子以前数千年之文化，赖孔子而传；自孔子以后数千年之文化，赖孔子而开。”[4]孔子是在前人的基础上才创立儒学，对上古以来的中国文化创造性转化、创新性发展，竖立了一座中国文化由上古到近古承前启后、承上启下的高峰。

二、经学与儒学

冯友兰先生把中国哲学史分为子学时代和经学时代，认为先秦没有经学，其实孔子之前已经有各种典籍，这些典籍属于王官之学。《国语·楚语上》中楚国大夫申叔时谈论如何教育太子的一段话为我们提供了明确的信息："教之《春秋》，而为之耸善而抑恶焉，以戒劝其心；教之《世》，而为之昭明德而废幽昏焉，以休惧其动；教之《诗》，而为之导广显德，以耀明其志；教之《礼》，使知上下之则；教之《乐》，以疏其秽，而镇其浮；教之《令》，使访物官；教之《语》，使明其德，而知先王之务用明德于民也；教之《故志》，使知废兴者而戒惧焉；教之《训典》，使知族类，行比义焉。"这里提到的九种经典都是早期王官之学的典籍，不仅儒家，其他各家墨子、庄子、法家等都经常有引用。正如李学勤所说："我们看《左传》《国语》里面，当时的贵族都是在讲《诗》《书》《礼》《乐》的一些问题，将其作为一种经典来引用。《诗》《书》《礼》《乐》都是经典，人们可以对其引用、发挥，至于理解的对不对，那是学的问题，解释的问题。所以你能说当时没有经学吗？没有经学的位置吗？孔子'述而不作'，删定六经，他也是做经学的工作。所以说经学是从孔子开始的，在一定意义上是有道理的；可是你说当时就没有经学，孔子传播的六艺与其他学说是完全平等的，我看并不如此。事实上，当时所有人所受的教育，都是来自六艺，来自《诗》《书》《礼》《乐》，不管他赞成还是不赞成。比方说墨子，墨子也讲三代，也讲先王。这属于他们的传统文化，是他们都回避不了的。"[5]孔子在大量的古代典籍中经过删定而成"六经"，作为教材，教育弟子，形成了儒家经典和儒家学派。儒家"六经"之名至迟在战国中期就已经在社会上流行。《庄子·天运》："孔子谓老聃曰：'丘治《诗》《书》《礼》《乐》《易》《春秋》六经，自以为久矣，孰知起故矣。以奸者七十二君，论先王之道，而明周召之迹，一君无所钩用。甚矣，夫人之难说也。道之难明耶？'老子曰：'幸矣，子之不遇治世之君也！夫六经，先王之陈迹也，岂其所以迹哉！’”这里，孔子自称其所治《诗》《书》等为“六经”，对此老子也认同，不过老子认为六经只不过是先王遗留下来的嘉言懿行。这说明至少在战国中期，孔子所治六经已经普遍流行了。经孔子删定的儒家“六经”，是王官之学的核心与精华，同时也是儒家思想的学术基础。孔子以“述而不作”的方式发挥六经之中的微言大义，乃有儒家之学——儒学。皮锡瑞说：“经名自孔子，经学传于孔门。”“惟《诗》《书》《礼》《乐》《易》《春秋》六艺乃孔子所手定，得称为经。”[6]24孔门后学传承、传播六经，而有经学，“孔子所定谓之经，弟子所释谓之传，或谓之记；弟子展转相授谓之说”[6]39。孔子以后，儒学都是在经学的基础上更新发展的，于是经学为儒学的学术基础，儒学为经学的思想发挥。正如有学者所论：“儒学本来因六经而生，离开经学便无所谓儒学，从这个角度讲，儒学与经学是可以相互替代的两个概念。”[7]就是说，儒学是在经学的基础上形成的，没有经学也就没有儒学，因此在一定意义上可以互相替代。

汉人认为六艺（六经）是儒学的学术基础，《史记·太史公自序》说：“夫儒者以六艺为法。六艺经传以千万数，累世不能通其学，当年不能究其礼。……若夫列君臣父子之礼，序夫妇长幼之别，虽百家弗能易也。”班固《汉书·艺文志》袭承《七略》之说，从而分为《六艺略》和《诸子略》，而《诸子略》另有儒家，为九流之首，不列于六艺类，显然视之为“家言”（即新兴之平民学）而非“官学”（即传统之王官学）[8]187。《汉书·艺文志》说：“诸子十家，其可观者九家而已。……今异家者各推所长，穷知究虑，以明其指，虽有蔽短，合其要归，亦六经之支与流裔。”“儒家者流，盖出于司徒之官。助人君，顺阴阳，明教化者也。游文于六经之中，留意于仁义之际。祖述尧、舜，宪章文、武，宗师仲尼，以重其言，于道最为高。孔子曰：‘如有所誉，其有所试。’唐、虞之隆，殷、周之盛，仲尼之业，已试之效者也。然惑者既失精微，而辟者又随时抑扬，违离道本。苟以哗众取宠，后进循之，是以五经乖析，儒学寖衰。”显然，在班固眼中六经的地位高于诸子和儒学，六经是诸子包括儒学的本源。儒者本应涵咏于经典，以道为最高价值，但迷惑的人既已遗失了经典中精深微妙的道理，而邪僻的人又追随时俗任意曲解附会经书的道理，背离了圣道的根本，只知道哗众取宠，使后来的学者依循去做，就造成五经道理乖谬分离，儒学也渐趋衰微。《韩诗外传》卷五也云："儒者，儒也，儒之为言无也，不易之术也，千举万变，其道不穷，六经是也。"儒学千变万化，不能穷尽的道理，都是源于六经。这样，儒家产生之时是作为诸子之一，但由于对六艺（六经）情有独钟，全面传承，游文于六艺之中，体道于六经之典，就使得儒家有了超越其他诸子深广的学术文化基础，自然居于诸子之首。西晋荀勖的《晋中经簿》将六略改为四部，即甲部录经书（相当于六艺）、乙部录子书（包括诸子、兵书、数术、方技）、丙部录史书、丁部为诗赋等，这就奠定了四部分类的基础。至《隋书·经籍志》正式标注经、史、子、集四部的名称，并进一步细分为40个类目。从此，四部分类法为大多数史志、书目所沿用。四部分类以经学著作属经部，儒学著作属子部儒家，是传统经学与儒学关系的确切定位。

汉代自武帝时重视经学，实由于时代的需要，钱穆先生的解释是："汉之初兴，未脱疮痍。与民休息，则黄老之说为胜。及于文景，社会富庶，生气转苏。久痿者不忘起，何况壮士？与言休息，谁复乐之？而一时法度未立，纲纪未张。社会既蠢蠢欲动，不得不一切裁之以法。……文帝外取黄老阴柔，内主申韩刑名。其因应措施，皆有深思。及于景帝，既平七国之变，而高庙以来功臣亦尽。中朝威权一统，执申韩刑名之术，可以驱策天下，惟我所向。然申韩刑名，正为朝廷纲纪未立而设。若政治已上轨道，全国共遵法度，则申韩之学，亦复无所施。其时物力既盛，纲纪亦立，渐达太平盛世之境。而黄老申韩，其学皆起于战国晚世。其议卑近，主于应衰乱。惟经术儒生高谈唐虞三代，礼乐教化，独为盛世所憧憬。自衰世言之，则见为迂阔远于事情。衰象既去，元气渐复，则如人之病起，舍药剂而嗜膏粱，亦固其宜也。后人谓惟儒术利于专制，故为汉武所推尊，岂得当时之真相哉！"[8]199—200但武帝所重实经学，而非儒术，我们常常讲"罢黜百家，独尊儒术"，其实是后人的演绎，《汉书·董仲舒传》记载了董仲舒对策的原话为"推明孔氏，抑黜百家""百家殊方，指意不同。

臣愚以为诸不在六艺之科孔子之术者，皆绝其道”，可见，“仲舒之尊孔子，亦为其传六艺，不为其开儒术”[8]200，《汉书·武帝纪赞》记载汉武帝的做法是“罢黜百家，表章六经”，这说明当时真实的情况是抑黜百家之学而提高孔子的地位，提升六艺（六经）为官学。东汉赵岐《孟子题辞》云：“孝文皇帝欲广游学之路，《论语》《孝经》《孟子》《尔雅》皆置博士。后罢传记博士，独立五经而已。”阎若璩《四书释地·三续》“孟子置博士”条云：“愚谓《汉书》固有是说，但未见《儒林传》。不观刘歆《移书太常博士》乎？书云：‘孝文世《尚书》初出于屋壁，《诗》始萌牙。天下众书往往颇出，皆诸子传说，犹广立于学官，为置博士。’诸子传说即《孟子》等书也。后罢之则以董仲舒对策，专崇六艺云。”这说明，《论语》《孟子》等在汉文帝时曾立于学官，号为传记博士，后武帝取消了《论语》《孝经》《孟子》《尔雅》，只立五经博士，从此确立了经学而不是儒学的官学地位。所以钱穆先生说：“若就当时语说之，谓其尊六艺则然，谓其尊儒则未尽然也。……故《汉志》于六艺一略，末附《论语》《孝经》、小学三目，此亦以孔子附六艺，不以孔子冠儒家也。此在当时，判划秩然，特六艺多传于儒生，故后人遂混而勿辨耳。”其结论是“汉人之尊六艺，并不以其为儒家而尊。”[8]200 当然，由孔子所开创的儒家学派是以六经为学术基础的，当经学成为官学时儒学自然也成为统治学说。董仲舒就是在这样的学术思想背景下以经学为基础构建儒学思想体系的。

三、董仲舒以经学为基础建构思想体系

据史书记载，董仲舒从小研读五经，特别是“少治《春秋》”，而且所治为《公羊春秋》，特别刻苦专一。《汉书·董仲舒传》：“董仲舒，广川人也。少治《春秋》，孝景时为博士。下帷讲诵，弟子传以久次相授业，或莫见其面。盖三年不窥园，其精如此。进退容止，非礼不行，学士皆师尊之。”《汉书·儒林传》载：“仲舒通五经，能持论，善属文。”王充《论衡·儒增》载：“儒书言董仲舒读《春秋》，

专精一思，志不在他，三年不窥园菜。”《太平御览》卷八四〇引邹子云：“董仲舒三年不窥园，尝乘马不觉牝牡，志在经传也。”苏舆《董子年表》曰：“考其书所引，兼及《诗》《书》《礼》《易》《孝经》《论语》。是董子又兼通群经，而以《春秋》为归宿者。”[9]477 在秦王朝“焚书坑儒”之后，先秦六经损毁解体，而董仲舒发愤闭门苦修，专注于圣经贤传之中，学识渊博，成为经学大师，而且身体力行，言谈举止，中规中伦。桃李不言，下自成蹊，四方学士，“皆师尊之”。

苏舆《董子年表》还比较董仲舒与汉末经学大师郑玄道：“余以为汉儒经学，当首董次郑。”[9]490 郑玄被称为“经神”，而董仲舒在经学方面超过郑玄。尤其是在《春秋》公羊学方面，董仲舒是超越汉代其他诸儒的，郁楼在《春秋繁露序》中这样说：“‘六经’道大而难知，惟《春秋》圣人之志在焉。自孔子没，莫不有传。名于传者五家，用于世才三而止耳。其后传世学散，源迷而流分。盖公羊之学，后有胡毋子都。董仲舒治其说信勤矣，尝为武帝置对于篇，又自著书以传于后。其微言至要，盖深于《春秋》者也。然圣人之旨在经，经之失传，传之失学，故汉诸儒多病专门之见，各务高师之言，至穷智毕学，或不出圣人大中之道，使周公孔子之志，既晦而隐焉，董生之书，视诸儒尤博极闳深也。”[9]500 就是说，《春秋》最能体现圣人之志，董仲舒对《春秋》公羊学下的功夫极深，除了圆满回答了汉武帝的策问，还著书发挥其精义，流传后世，而后来汉代诸儒自陷于师法家法门户之见，背离本源，自小天地，使周公孔子之志既晦而隐，只有《春秋繁露》博大精深，真正传承发展了汉代经学。

董仲舒精通五经，尤致力于《春秋》公羊学的研究和传授，有《春秋》公羊学的多种著述，《汉书·董仲舒传》称“仲舒所著，皆明经术之意，及上疏条教，凡百二十二篇。而说《春秋》事得失，《闻举》《玉杯》《蕃露》《清明》《竹林》之属，复数十篇，十余万言，皆传于后世”，我们今天在《春秋繁露》一书中都能看到。四明楼大防《春秋繁露》跋曰：“汉承秦敝，旁求儒雅，士以经学专门者甚众，独仲舒以纯儒称。人但见其潜心大业，非礼不行，对策为古今第一。余窃谓惟仁人之对曰，‘仁人者，正其谊不谋其利，明其道不计其功’。

又有言曰，‘不由其道而胜，不如由其道而败’。此类非一，是皆真得吾夫子之心法，盖深于《春秋》者也。”[9]503 认为董仲舒是纯儒，真得孔子心法，对《春秋》有精深透彻的研究。根据学界研究，《春秋繁露》一书可能有后人添加润色的内容，但其主体内容和思想体系出自董仲舒毋庸置疑。桂思卓在《编年史到经典：董仲舒的春秋诠释学》一书中还把《春秋繁露》分为解经编、黄老编、阴阳编、五行编和礼制编五大板块。其中解经编从第一篇到第三十七篇，近一半的篇幅，充分说明春秋公羊学在董仲舒思想中的比重和地位。

《春秋》本是天人之学。《国语·楚语上》：“教之《春秋》，而为之耸善而抑恶焉，以戒劝其心。”韦昭《国语解》注云：“以天时纪人事，谓之春秋。”《国语·晋语七》：“羊舌肸习于《春秋》。”韦昭《国语解》注云：“春秋，纪人事之善而目以天时，谓之春秋。”赵翼《廿二史札记》卷二《汉儒言灾异》云：“《春秋》记人事，兼记天变。盖犹是三代以来记载之古法，非孔子所创也。”董仲舒认为孔子作《春秋》就是在天人关系的构架下以历史事实来传达天意，以之作为人类道德法则和政治理念的源泉。董仲舒在“天人三策”里论道：“孔子作《春秋》，上揆之天道，下质诸人情，参之于古，考之于今。故《春秋》之所讥，灾害之所加也；《春秋》之所恶，怪异之所施也。书邦家之过，兼灾异之变；以此见人之所为，其美恶之极，乃与天地流通而往来相应，此亦言天之一端也。”他强调《春秋》是孔子上探天意，下质人情，参古验今，认为人类的行为是与天地之道相应的，是属于天地之道的有机组成部分。孔子明了天意，通过作《春秋》向世人传达天意，“推天施而顺人理”（《春秋繁露·竹林》），以正是非，明得失，求王道之端，探大始之本。《春秋》终究还是将天道落实于人事，集中体现在王道政治上。

董仲舒认为《春秋》之义无所不包，“其辞体天之微，故难知也。弗能察，寂若无，能察之，无物不在。是故为春秋者，得一端而多连之，见一空而博贯之，则天下尽矣”（《春秋繁露·精华》），而主体内容则是王道政治。对于《春秋繁露·俞序》，苏舆说：“此篇说《春秋》大旨，盖亦自序之类。”徐复观说：“《俞序》即是‘总序’之意；

《俞序》第十七，乃是仲舒发明《春秋》之义的这一方面的总序。”[10]191 董仲舒在《俞序》中概括了孔子作《春秋》的意图：“仲尼之作《春秋》也，上探正天端，王公之位，万物民之所欲，下明得失，起贤才，以待后圣。故引史记，理往事，正是非，见王公。”但是因为《春秋》记载十二公都是衰世之事，所以门人感到疑惑，孔子解释说：“吾因其行事而加乎王心焉。”就是“假其位号以正人伦，因其成败以明顺逆，故其所善，则桓文行之而遂，其所恶，则乱国行之终以败”，借王者之行事表达其正人伦、明顺逆、分善恶的价值评判和事实警戒，这就是所谓的“《春秋》之法”。借《春秋》之法，进一步就能明王道政治。董仲舒认为孔子作《春秋》宗旨就是王道政治。《春秋繁露·玉杯》云：“《春秋》论十二世之事，人道浃而王道备。法布二百四十二年之中，相为左右，以成文采。其居参错，非袭古也。是故论《春秋》者，合而通之，缘而求之，五其比，偶其类，览其绪，屠其赘，是以人道浃而王法立。”《春秋》的宗旨在于明王道。《春秋》经以人道为本，完满地体现了王道政治，并确立了王道政治的大纲大法。董仲舒阐释《春秋》中“春，王正月”云：“上承天之所为，而下以正其所为，正王道之端。”“《春秋》之道，以元之深，正天之端，以天之端，正王之政，以王之政，正诸侯之即位，以诸侯之即位，正竟内之治，五者俱正，而化大行。”（《春秋繁露·玉英》）《春秋》所体现的王道政治本于“元”，其精义乃是“正”。“《春秋》深探其本，而反自贵者始。故为人君者，正心以正朝廷，正朝廷以正百官，正百官以正万民，正万民以正四方。四方正，远近莫敢不壹于正，而亡有邪气奸其间者。是以阴阳调而风雨时，群生和而万民殖，五谷孰而草木茂，天地之间被润泽而大丰美，四海之内闻盛德而皆徕臣，诸福之物，可致之祥，莫不毕至，而王道终矣。”（《汉书·董仲舒传》）是说《春秋》以王道本于元，匡于正。因此王者施政，应当正心为先，渐次以正万民，这样才能远近俱正，政通人和。

董仲舒以《春秋》公羊学为基础构建汉代仁义礼智信“五常”核心价值观。他说：“夫仁、谊、礼、知、信五常之道，王者所当修饬也。五者修饬，故受天之佑，而享鬼神之灵，德施于方外，延及群生也。”（《汉书·董仲舒传》）“五常之道”是君王治国理民的核心价值观，它不仅直接决定着生民百姓的命运，也决定着国家政治的兴衰，王者应该对它大力提倡、培养、整饬。

董仲舒认为，《春秋》的精义是仁、义。他给“仁”下定义说：“何谓仁？仁者，憯怛爱人。”（《春秋繁露·必仁且智》）“质于爱民，以下至于鸟兽昆虫莫不爱。不爱，奚足谓仁？仁者，爱人之名也。”（《春秋繁露·仁义法》）仁是发自内心对他人的同情爱怜，这种爱不仅仅对人，还有扩展到天地万物，具有了博爱的意识。《春秋繁露·仁义法》：“《春秋》为仁义法。”《春秋》这部书就是要建立仁义的法度，以此来治理社会。“仁之法，在爱人，不在爱我”“人不被其爱，虽厚自爱，不予为仁”（《春秋繁露·仁义法》），爱人主要是爱他人，不是爱自己；不被他人爱，厚自爱不能称为仁。“《春秋》之所治，人与我也；所以治人与我者，仁与义也；以仁安人，以义正我；故仁之为言人也，义之为言我也，言名以别矣”（《春秋繁露·仁义法》），《春秋》所治理的，是他人和自我；所用来治理他人和自我的，是仁和义；它用仁来安定别人，用义来纠正自我。

董仲舒以《春秋》中记载的司马子反的故事来诠释仁、礼。司马子反在交战中与敌方私自讲和撤兵，固然是出于仁爱之心，但在当时是违背礼制的。董仲舒解释说：“《春秋》之道，固有常有变，变用于变，常用于常，各止其科，非相妨也。……今子反往视宋，间人相食，大惊而哀之，不意之到于此也，是以心骇目动而违常礼。礼者，庶于仁、文，质而成体者也。今使人相食，大失其仁，安著其礼？方救其质，奚恤其文？”（《春秋繁露·竹林》）在董仲舒看来，按照当时礼制，司马子反是违反了常礼。从《春秋》常变观看，他有仁爱之心为常，其行为是变，他的作为是以变返常；从文质关系看，仁是质，礼是文，因仁而违礼不是无礼之意，正体现了质为文之体。这里董仲舒由《春秋》常变、文质关系来诠释仁礼关系，以仁为常、为质，礼为变、为文，是在孔孟的基础上对仁、礼关系阐释的深化。

董仲舒提倡必仁且智。《春秋繁露·必仁且智》云：“莫近于仁，莫急于智。不仁而有勇力材能，则狂而操利兵也；不智而辩慧獧给，则迷而乘良马也。故不仁不智而有材能，将以其材能以辅其邪狂之心，而赞其僻违之行，适足以大其非而甚其恶耳。其强足以覆过，其御足以犯诈，其慧足以其辨足以饰非，其坚足以断辟，其严足以拒谏。……仁而不智，则爱而不别也；智而不仁，则知而不为也。故仁者所以爱人类也，智者所以除其害也。”董仲舒认为不仁而有勇、力、才、能，就好像是狂悖的人还拿着锋利的武器，会干出坏事来；不智而辨、慧、狷、给，就好像迷路却骑着好马一般，达不到目的。如果是不仁不智而有材能，问题就更严重了，因为推荐既有邪狂之心，又有僻违之行，会做出许多坏事来。仁与智都同等重要，相辅相成，不可分割。仁是正面爱人，智是反面除害。正反两面合二为一，仁智统一，才能养成完美的人格。

董仲舒从《春秋》诸侯会盟讲“信”，“《春秋》之义，贵信而贱诈。诈人而胜之，虽有功，君子弗为也。是以仲尼之门，五尺童子，言羞称五伯，为其诈以成功，苟为而已矣”（《春秋繁露·对胶西王越大夫不得为仁》）。《春秋》大义讲信用，不诈伪。以诈伪取胜是君子不肖做到，孔门后学不愿意讲五霸的事迹，就是因为五霸是以诈伪取得成功的，是苟且行为。“《春秋》尊礼而重信，信重于地，礼尊于身”（《春秋繁露·楚庄王》），“为人臣者，比地贵信而悉见其情于主，主亦得而财之，故王道威而不失”（《春秋繁露·离合根》），正因为这样，他把“信”列入“五常”之中一起讨论。

在确立了“五常”核心价值观的基础上，董仲舒讨论王道政治。在仁义礼智信“五常”中，“仁”居于最核心的地位，也是《春秋》王道的内核。他说：“仁，天心，故次以天心。”苏舆注曰：“《春秋》之旨，以仁为归。仁者，天之心也。”[9]161 天之所以永不停歇地化生、养成天地万物，是因为天有“仁”，“仁”也就是“天心”。显然，在董仲舒这里，“天”的意义和本质就是“仁”，换句话说，“仁”乃是天最高的道德准则。在天地人三才构架中董仲舒对“王”的解释就归本于“仁”。《春秋繁露·王道通三》说：“古之造文者，三画而连其中，谓之王。三画者，天地与人也，而连其中者，通其道也。取天地与人之中以为贯而参通之，非王者孰能当是？是故王者惟天之施，施其时而成之，法其命如循之诸人，法其数而以起事，治其道而以出法，治其志而归之于仁。”这就是说，“王”字的三横是天地人的象征，贯穿其中心的一竖则表示出王者参通天地人，是沟通天地人的中介。王怎么沟通天地人？以“中”来“贯而参通之”，归本于“仁”。就是说，王者以中道行政，仁民爱物，才能治理好国家。古代三王就是因“仁”而成“圣”：“正其道不谋其利，修其理不急其功，致无为而习俗大化，可谓仁圣矣。三王是也。”（《春秋繁露·对胶西王越王大夫不得为仁》）因此，“仁”这一最高道德准则乃是王道政治的核心价值，“《春秋》之道，大得之则以王，小得之则以霸……霸王之道，皆本于仁”（《春秋繁露·俞序》）。董仲舒还通过《春秋》中的具体事实来说明孔子是如何表达以仁道为价值标准评判历史事件，褒贬历史人物的：“爱人之大者，莫大于思患而豫防之，故蔡得意于吴，鲁得意于齐，而《春秋》皆不告，故次以言怨人不可迩，敌国不可狎，攘窃之国不可使久亲，皆防患为民除患之意也。不爱民之渐乃至于死亡，故言楚灵王晋厉公生弑于位，不仁之所致也。故善宋襄公不厄人，不由其道而胜，不如由其道而败，《春秋》贵之，将以变习俗而成王化也。”苏舆注曰：“时严安辈皆习《春秋》，类以五伯功利为贵，惟董子勤勤于王化，刘向称为王佐者以此。”[9]162 这就说明董仲舒通过《春秋》传承和发展了孔子思想之核心——仁。康有为说：“以仁为天心，孔子疾时世之不仁，故作《春秋》，明王道，重仁而爱人，思患而豫防，反覆于仁不仁之间。此《春秋》全书之旨也。”[11] 说明《春秋》王道的内在精神是“仁”。董仲舒认为在《春秋》中上天以祥瑞或灾异的形式所体现的赏善罚恶就是以“仁”为标准的，“国家将有失道之败，而天乃先出灾害以谴告之；不知自省，又出怪异以警惧之；尚不知变，而伤败乃至。以此见天心之仁爱人君而欲止其乱也”（《汉书·董仲舒传》）。《春秋繁露·必仁且智》也说：“天地之物有不常之变者谓之异，小者谓之灾，灾常先至而异乃随之。灾者，天之谴也；异者，天之威也。谴之而不知，乃畏之以威。……凡灾异之本，尽生于国家之失，乃始萌芽，而天出灾异以谴告之。谴告之而不知变，乃见怪异以惊骇之。惊骇之尚不知畏恐，其殃咎乃至。以此见天意之仁而不欲害人也。”《春秋繁露·王道通三》亦云：“天常以爱利为意，以养长为事，春秋冬夏皆其用也；王者亦常以爱利天下为意，以安乐一世为事，好恶喜怒而备用也。”这就是说，天人之间是有感应的，天意仁。如果国家政治有所失误，不能体现天意之仁，一开始天就要通过灾异来谴告；对于天的谴告君王不能有所改变，接着就会以怪异现象惊吓；如果君王还仍然置若罔闻，不知敬畏，就必遭“殃咎”。所以，王者要以天的爱利为意，养长为事，多做爱人利民之事。

董仲舒在《春秋繁露》中大讲王道政治主要目的是以王道理想来批判现实、规范和匡正时君世主。《春秋繁露·王道》说：“孔子明得失，差贵贱，反王道之本。讥天王以致太平，刺恶讥微，不遗小大，善无细而不举，恶无细而不去，进善诛恶，绝诸本而已矣。”是说孔子作《春秋》所书不论得失、贵贱、大小、善恶之事，是在褒贬书法之中寓含着王道之本。司马迁《史记·太史公自序》云：“余闻董生曰：‘周道衰废，孔子为鲁司寇，诸侯害之，大夫壅之。孔子知言之不用，道之不行也，是非二百四十二年之中，以为天下仪表，贬天子，退诸侯，讨大夫，以达王事而已矣。’”董仲舒认为孔子在《春秋》中贬天子，退诸侯，讨大夫，目的是为了实现王道理想。“苟能述《春秋》之法，致行其道，岂徒除祸哉，乃尧舜之德也”（《春秋繁露·俞序》），君王如果能够以《春秋》之法行王道，就会跻身于圣王之列，具备尧舜之德。《春秋繁露·楚庄王》说：“《春秋》之道，奉天而法古。是故虽有巧手，弗修规矩，不能正方员。虽有察耳，不吹六律，不能定五音。虽有知心，不览先王，不能平天下。然则先王之遗道，亦天下之规矩六律已。故圣者法天，贤者法圣，此其大数也。得大数而治，失大数而乱，此治乱之分也。所闻天下无二道，故圣人异治同理也。”董仲舒以不修规矩不能成方圆，不吹六律不能定五音为比喻，引申说一个君王即使再有智谋思虑，如不熟悉先王之道，就不能平治天下。古代圣人就是效法天道，掌握了治国平天下的大道，把天下治理得很好。他说：“夫古之天下亦今之天下，今之天下亦古之天下，共是天下，古（以）大治，上下和睦，习俗美盛，不令而行，不禁而止，吏亡奸邪，民亡盗贼，囹圄空虚，德润草木，泽被四海，凤凰来集，麒麟来游，以古准今，壹何不相逮之远也！安所缪盭而陵夷若是？意者有所失于古之道与？有所诡于天之理与？试迹之于古，返之于天，党可得见乎。”（《汉书·董仲舒传》）古今同样是一个天下，古代圣王能够使天下大治，如果以他们为标准衡量今天，为什么如此不同且有这样大的差距呢！难道说朝廷的大政方针同国情悖缪不符而朝政日坏，以致出现了今天这种局面？或者出现这种过失是因为违背了古时圣王的治国之道？有逾越常理的地方？这说明董仲舒试图使汉武帝效法尧舜禹文武周公这些圣王，以“兴仁谊之林德，明帝王之法制，建太平之道也”（《汉书·董仲舒传》）。

在经学方面，除了《春秋》公羊学，董仲舒对其他经典有研究，成为其思想的基本来源。他的“天人感应”思想就与《诗经》《尚书》《左传》有渊源关系。《诗经·小雅·十月之交》：“下民之孽，匪降自天。”《诗经·小雅·雨无正》：“浩浩昊天，不骏其德。降丧饥馑，斩伐四国。”《尚书·大诰》：“殷小腆（指商纣王之子武庚）诞敢纪其叙。天降威，知我（周）国有疵，民不康。”《周易·咸卦·彖传》：“咸，感也。柔上而刚下，二气感应以相与，止而说，男下女，是以亨利贞，取女吉也。天地感而万物化生，圣人感人心而天下和平。”《左传·昭公二十三年》：“周之亡也，其三川震。今西王之大臣亦震，天弃之矣。”《左传·庄公十一年》：“孤实不敬，天降之灾，又以为君忧，拜命之辱。”这些经典中的“天人感应”思想应该都是董仲舒“天人感应”思想的直接来源。董仲舒“天人合德”思想显然是对《易传·文言》“与天地合其德，与日月合其明，与四时合其序，与鬼神合其吉凶”天人合德之说的发展[12]。“元”在董仲舒思想体系中是一个重要概念，《春秋繁露·重政》：“《春秋》变一谓之元，元犹原也，其义以随天地终始也。……故元者，为万物之本。”成中英先生认为，这种对元的重视，可能来源自于对《易传》“易有太极，是生两仪”之“太极”的认识[13]。

四、以儒为主，多元整合

作为一代大儒，董仲舒以儒为主，进行思想整合。钱穆论董仲舒思想的渊源时说："董仲舒在百家庞杂中独尊孔子，颇似荀卿，但他承袭邹衍，来讲天人相应。……荀卿是儒家之逆转。儒家所重在人之情性（孟子曰：'圣人先得我心之所同然耳。'），荀卿则抑低人性（性恶）来尊圣法王。邹衍是道家之逆转。道家所重在天地自然之法象（老子曰：'天法道，道法自然。'），邹衍则在自然法象之后面寻出五位有意志有人格之天帝（一切自然法象，皆由此五天帝发号施令）。荀卿、邹衍各走极端（荀卿主以人胜天，邹衍主以人随天），而董仲舒则想综合此两家。于是天并非自然，并非法象，而确然为有人格有意志的天帝（但天帝有五，他们亦遵循自然法象而更迭当令。于是后人又要在五天帝上增设一昊天上帝）。在地上代表此天帝的则为王者（受命之王）。此将转退到春秋以前之朴素观念。董仲舒又想抑低王者地位来让给圣人，于是孔子成为'素王'（无冕之王，无王者之位，而有王者之道），《春秋》成为'为汉制法'之书（李斯、韩非主张以吏为师，以时王法令为学。西汉儒者变其说，主张以儒为师，以春秋为法令，即以春秋为学）。把尊圣遵法来代替邹衍尊天帝尊人王的旧观念，此思想史上还是有挽救，有贡献。"[14]

董仲舒师尊孔子，传承和发展了先秦儒家思想，在儒家内部整合孟荀，在儒家以外以儒为主，整合道、法、阴阳、墨家等，构建了博大精深的儒学思想体系。

在儒家内部整合孟荀方面，对孟子学说的继承与发展，主要体现在他对仁义观的坚持与弘扬方面。而他对荀子思想的继承和发展，则集中表现为他对荀子"礼治"原则的强调与推崇上。当然，这种圆融与整合，是有其侧重点的，即以荀学为主导。还有在人性论方面，孟子主张人性本善，荀子经改造可以变善，董仲舒贯通孟荀，一方面肯定孟子性善论的合理性，另一方面又主张人性如同他的阴阳一样，有贪仁二气，不能简单地称为性善论。他在整合孟荀的基础上还提出了

“性三品”说，推进了古代人性论的研究[15]。

董仲舒对墨家的整合主要表现在天道观、伦理思想以及政治思想三个方面。如董仲舒在墨子“天志”“明鬼”天道观的影响下，确立起一个有意志、有道德，能生发万物，主宰人类命运的人格神天。董子之天有三重性质，即宗教性的神秘之天、人文性的义理之天和物质性的自然之天，多元一体，并构整合。这种整合思维显然是得益于墨家天道“借天言志”思维模式的启发，是对墨家天道观的改造与创新[16]。

董仲舒与道家。苏舆《董子年表》曰：“董子请统一儒术，而其初固亦兼习道家。书中《宝权位》《立元神》诸篇，有道家学。《循天之道》篇明引道家语，是其证矣。”[9]477 董仲舒吸收道家“无为”思想，主张君道无为。他说：“为人君者，谨本详始，敬小慎微，志如死灰，形如委衣，安精养神，寂寞无为，休形无见影，揜声无出响，虚心下士，观来察往，谋于众贤，考求众人。”（《春秋繁露·立元神》）君子无论从内在心性还是外在行为都能贯彻无为精神，那就是君人南面之术的精义。他还把黄老道家“刑德相养”的理论加以改造，成为他德主刑辅的理论[17]。

董仲舒吸收法家的思想。《春秋繁露》里有大量的法家思想，如《春秋繁露·保位权》也说：“圣人之治国也……务致民令有所好，有所好然后可得而劝也，故设赏以劝之。有所好必有所恶，有所恶然后可得而畏也，故设法以畏之。既有所劝，又有所畏，然后可得而制。”责名考质，以参其实。赏不空行，罚不虚出，是以群臣分职而治，各敬其事，争进其功，显广其名，而人君得载其中，此自然致力之术也。《春秋繁露·考功名》还说：“挈名责实，不得虚言，有功则赏，有罪则罚。……赏罚用于实，不用于名。”但他主张以儒家的“礼”来统摄法家的“法”。“礼者，继天地、体阴阳，而慎主客、序尊卑、贵贱、大小之位，而差外内、远近、新故之级者也。”（《春秋繁露·奉本》）实行礼乐教化，天下就会“甘于饴蜜，固于胶漆”（《春秋繁露·立元神》），同时，统治者还必须用法，“正法度之宜”（《汉书·董仲舒传》），他的《春秋》决狱是把儒家经义应用于法律实践的第一人和代表人物，通过引礼入法集中地体现了汉代礼法融合的趋势。《春秋》贯彻着“尊尊”“亲亲”的礼制精神，包含遏止礼崩乐坏，维护“君君、臣臣、父父、子子”的宗法等级秩序的微言大义，董仲舒认为可以用《春秋》的经义解释法律和指导司法实践，《汉书·艺文志》载有《公羊董仲舒决狱十六篇》，后来或称“春秋决狱”“春秋决事比”，皆为以《春秋》大义断狱的案例。春秋决狱将礼的精神与原则引入司法领域，成为断罪的根据，不仅仅是引礼入法，出现了儒家思想法律化、儒家经典法典化的现象。在司法实践中，首先是把有关维护君权、父权的“尊尊亲亲”原则作为刑律的补白。“君亲无将，将而诛焉”（《春秋公羊传》庄公三十一年），“亲亲相隐”“大义灭亲”等均被司法官吏奉为司法的指导原则。这些原则已被当时最高统治者承认，具有法律效力。在治国的总体模式上，董仲舒通过阐述《春秋》公羊学的“微言大义”来立其王道理论，然后再结合霸道，终极模式是王霸结合，以王道为主，统摄霸道。他以王道之正，解决当时社会面临的政治、经济问题，即正不正，反之王道之正。他总结《春秋》正不正的十条重要经验，提出“十指”，包括美贵贱、别嫌疑、异同类、别贤不肖、强干弱枝、大本小末、赏善诛恶、考灾异等，其基本精神就体现了王霸结合。然而董仲舒的王霸结合不是无条件的，是以仁德来统摄王霸的。他说：“春秋之道，大得之则以王，小得之则以霸。……霸王之道，皆本于仁。仁，天心，故次以天心。”苏舆注：“《春秋》之旨，以仁为归。仁者，天之心也。”[9]161这样看来，董仲舒的王霸结合是站在儒家立场上对法家有价值的东西的整合。

董仲舒将阴阳家的理论作为形上学，把阴阳与五行结合起来，成为其思想的基本形式。在整合阴阳家思想时首先讨论阴阳，重点落在人伦和德刑。他认为阴阳之道是天地运行的常道，“天地之常，一阴一阳”（《春秋繁露·阴阳义》），而天地之间的万物和人类社会的各种现象都受阴阳之道的支配，最基本的如上下、左右、寒暑、昼夜、君臣、父子、夫妻等。他提出“三纲”之说：“王者三纲，可求于天。”（《春秋繁露·基义》）但从他在该篇中表达的意思，似乎并非指“君为臣纲，父为子纲，夫为妻纲”。开篇他就说：“凡物必有合。……阴者阳之合，妻者夫之合，子者父之合，君者臣之合。物莫无合，而合各有阴阳。阳兼于阴，阴兼于阳；夫兼于妻，妻兼于夫；父兼于子，子兼于父；君兼于臣，臣兼于君。君臣、父子、夫妇之义，皆取诸阴阳之道。”这是根据阴阳相合的道理，认为阴阳相配，阳中有阴、阴中有阳，两者相涵相成，意味着夫妻、父子和君臣需要互相辅持、分工合作。他还说：“天为君而覆露之，地为臣而持载之。阳为夫而生之，阴为妇而助之。春为父而生之，夏为子而养之。”这里其实是说君臣、父子、夫妻要互相配合，各尽其职。他还说：“君为阳，臣为阴；父为阳，子为阴；夫为阳，妻为阴。阴道无所独行，其始也不得专起，其终也不得分功，有所兼之义。是故臣兼功于君，子兼功于父，妻兼功于夫。”在君臣、父子、夫妇的行动组合里，为君、为父、为夫者是表率和领导，臣、子、妇事前不能自作主张，事后不能划分出自己独有的一分成果，必须统属于前者。由于董仲舒对三者关系的定位是以自然界来进行比附的，所以不免有牵强附会之嫌，特别是在他的思想中有天尊地卑、阳尊阴卑、阳德阴刑、阳仁阴戾、阳宽阴急、阳爱阴恶、阳生阴杀等褒阳贬阴的意思，就使得阴阳关系出现了不平等、扭曲和对立，他又把这一切看成是固定不变的，使阴阳原来的相互转化含义没有了，这就埋下了僵化、扭曲的根子[18]。他把阴阳之道应用在治道的德与刑关系的讨论中，主张以德治为主，刑罚为辅。他说：“天道之大者在阴阳。阳为德，阴为刑；刑主杀而德主生。”“王者承天意以从事，故任德教而不任刑。”（《汉书·董仲舒传》）“阳为德，阴为刑；刑主杀而德主生。是故阳常居大夏，而以生育养长为事；阴常居大冬，而积于空虚不用之处。以此见天之任德不任刑也。”（《春秋繁露·基义》）天道的特点是“任德不任刑”，因此君主遵循天道治国就应该推行德治。董仲舒在强调道德教化的同时，并没有否定刑罚的作用，只是将刑罚置于次要和从属的地位，不可专而任之。“刑之不可任以成世也，犹阴不可任以成岁也”，否则谓之“逆天，非王道也”（《春秋繁露·阳尊阴卑》）。从阴阳之道而言，无阴不成阳，无刑不成德，“庆赏刑罚之不可不具也，如春夏秋冬不可不备也”（《春秋繁露·四时之副》），一阳一阴，德刑互为依赖，缺一不可，必须以德教为主，刑罚为辅，形成了“德主刑辅”的思想。

其次讨论五行，重点落在五常和官职。《春秋繁露·五行相生》曰：“东方者木，农之本。司农尚仁，进经术之士，道之以帝王之路，将顺其美，匡捄其恶。……本朝者火也，故曰木生火。南方者火也，本朝司马尚智，进贤圣之士，上知天文，其形兆未见，其萌芽未生，昭然独见存亡之机，得失之要，治乱之源。……司营者土也，故曰火生土。中央者土，君官也。司营尚信，卑身贱体，夙兴夜寐，称述往古，以厉主意。……司徒者金也，故曰土生金。西方者金，大理司徒也。司徒尚义，臣死君而众人死父。亲有尊卑，位有上下，各死其事，事不踰矩，执权而伐。……司寇者，水也，故曰金生水。北方者水，执法司寇也。司寇尚礼，君臣有位，长幼有序，朝廷有爵，乡党以齿。……司农者，田官也，田官者木，故曰水生木。”以木、火、土、金、水“五行”分别对应以配司农、司马、司营、司徒、司寇“五官”，五官为政分别以仁、义、礼、智、信“五常”为本，以五行相生为原理，顺之则治，逆之则乱。一方面，董仲舒论证了“五常”取法于天，符合天道之“五行”，使“五常”有了形而上的本源；另一方面，董仲舒再以“五常”道德价值为本，借用“五行”结构相生原理对政府机构之间互相协助进行制度设计，试图以伦理秩序为基础重建政治秩序[19]。

董仲舒多元整合可能与他从小生长在一个多元文化的氛围有关。董仲舒的老家——广川，东南两面邻近齐鲁，北靠燕代，西界三晋。自古齐鲁多儒生，燕代出方士，三晋产法家，仲舒自幼便在多种文化熏陶中成长，与其后来形成的多内涵的思想体系不无关系。不过，总的来看，他还是受齐鲁儒风影响最大，故有以儒为主，整合诸子的文化底蕴。

五、结语

通过以上论述可以看出，董仲舒以经学特别是《春秋》公羊学为基础，继承、发挥、改造先秦孔孟荀的思想，以儒为主，整合诸子，此时道（黄老）、法、阴阳、墨家的思想，构建起自己的新儒学思想体系，使得他成为一代大儒，“为群儒首”“为儒者宗”，实现了儒家思想在汉武帝时代与社会政治经济制度的结合，奠定了经学、儒学在汉代以后的主流和主导地位。

怎么评价董仲舒?《汉书·董仲舒传》说:“(董)仲舒遭汉承秦灭学之后，六经离析，下帷发愤，潜心大业，令后学者有所统一，为群儒首。”《汉书·叙传下》班固述董仲舒云:“谠言访对，为世纯儒。”刘向说:“董仲舒有王佐之才，虽伊（尹）吕（望）无以加！管（仲）晏（婴）之属，霸者之佐，殆不及也。”（《汉书·董仲舒传》）认为他才超管仲、晏婴，比方伊尹吕尚，可以辅佐帝王以致太平。王充把董仲舒与孔子相提并论，他说:“文王之文在孔子，孔子之文在仲舒。”（《论衡·超奇》）还说董仲舒论“君臣政治得失，言可采行，事美足观”，“虽古圣之言，不能过增”（《论衡·案书》）。王应麟论其事曰:“武帝虽因仲舒之对，兴学校之官，然而皇建有极，是彝是训，以尽君师之责者，帝未之知也。傥能以仲舒为三公，俾之师保万民；用申公辕因为太常，以明师道于朝廷，则四方风动，化行俗美，汉其三代矣。惜也，帝不用董仲舒之真儒，而劝学之议，乃发于公孙弘。帝之好儒，其叶公之好龙与?”（《通鉴答问》卷四）如果汉武帝能用董仲舒，其成就大概就不止于“盛世”，而是三代太平之治。《史记·董仲舒传》说:“董仲舒为人廉直。”董仲舒的不被见用，大概就是因为他是“纯儒”“真儒”。“纯儒”就是指“仁者正其义不谋其利，明其道不计其功”，以“明道”“行义”为人生追求；“真儒”就是指事君“廉直”[①]，“勿欺也而犯之”（《论语·宪问》），因此好大喜功的汉武帝自然不会欣赏他！这是汉武帝的遗憾，还是董仲舒的不幸，抑或是历史的无奈？而不幸则是大幸，董仲舒“终不治产业，以修学著书为事。故汉兴至于五世之间，惟董仲舒名为明于《春秋》，其传公羊氏也”（《史记·董仲舒传》）。他心无旁骛，惟精惟一，不治产业，修学著书，成为一代大儒。对此后儒多有认同，苏舆《董子年表》曰:“仲舒学术尚仁，而有时主

① 《汉书·董仲舒传》:“董仲舒为人廉直。是时方外攘四夷，公孙弘治春秋不如董仲舒，而弘希世用事，位至公卿。董仲舒以弘为从谀。弘疾之，乃言上曰独董仲舒可使相缪西王。”

刑，所以为大儒也。”[9]481 程颐说：“自汉以来，惟有三人近儒者气象：大毛公、董仲舒、扬雄。”“毛苌、董仲舒，最得圣贤之意。”[20] 朱熹说：“汉儒，惟董仲舒纯粹，其学甚正，非诸人比。”（《朱子语类》卷一三七）“仲舒识得本原，如云‘正心、修身可以治国平天下’，如说‘仁义礼乐皆其具’。此等说话皆好。”（《朱子语类》卷一〇一）“仲舒本领纯正。如说‘正心以正朝廷’，与‘命者天之令也’以下诸语，皆善。班固所谓‘纯儒’，极是。”（《朱子语类》卷一三七）《黄氏日钞》云：“自孟子没后，学圣人之学者惟仲舒。其天资纯美，用意肫笃，汉唐诸儒，鲜其比者。使幸而及门于孔氏，亲承圣训，庶几四科之流亚矣。其谓正其谊不谋其利，明其道不计其功，如许正论，前无古人。其后能见之发挥者，惟伊洛诸儒。尝见之行事者，惟诸葛孔明。所谓汉贼不两立，成败利钝不暇计者也。”[9]498 董仲舒开两千年封建社会奉经学为官学，以儒学为正统思想之先河，历代帝王称他为“阐道醇儒”①，世人称他为“董二圣”。周桂钿先生认为：“从历史和社会现实来看，董仲舒已经被奉为圣人。后期最突出的儒家是朱熹。孔子、董仲舒、朱熹在中华文明史中并列为大圣人，大约一千年出一个这样的大圣人。”[21] 这个评价是否过高，还有待大家的共识。

参考文献：

［1］熊十力．熊十力别集［M］．北京：中国人民大学出版社，2009：136.

［2］王国维．王国维文集：第三卷［M］．北京：中国文史出版社，1997：109.

［3］钱穆．孔子传［M］．北京：三联书店，2002：1.

［4］柳诒征．中国文化史：上卷［M］．上海：东方出版中心，1988：234－235.

［5］李学勤．国学的主流是儒学　儒学的核心是经学［J］．国学学刊，2010（4）：9.

① 康熙四十二年为景州广川书院御题匾额。

［6］皮锡瑞．经学历史［M］．北京：中华书局，2012．

［7］董恩林．从王官之学到经学儒学［J］．孔子研究，2012（6）：29－37．

［8］钱穆．两汉博士家法考［A］．两汉经学今古文平议［C］．北京：商务印书馆，2001．

［9］苏舆．春秋繁露义证［M］．北京：中华书局，1992．

［10］徐复观．两汉思想史：第二卷［M］．上海：华东师范大学出版社，2001：191．

［11］康有为．春秋董氏学［M］．北京：中华书局，1990：2－3．

［12］韩星．董仲舒天人关系的三维向度及其思想定位［J］．哲学研究，2015（9）：45－54．

［13］成中英．董仲舒政治思想与政治哲学［G］//魏彦红．董仲舒与儒学研究：第四辑，成都：巴蜀书社，2015：244－259．

［14］钱穆．中国思想史［M］．新校本．北京：九州出版社，2012：109－111．

［15］黄朴民．董仲舒学说的三个基本意识［J］．衡水学院学报，2016：（2）：8－15．

［16］李金山．论墨家思想对董仲舒新儒学体系的影响［J］．青海社会科学，2006（4）：74－77．

［17］吴光．德主刑辅：董仲舒的治国理政之道［G］//魏彦红．董仲舒与儒学研究：第四辑，巴蜀书社，2015：161－174．

［18］韩星．中国文化通论［M］．北京：北京师范大学出版社，2017：260．

［19］韩星．汉代经学与“五常”核心价值观的构建［J］．中国哲学史，2017（4）：23－28．

［20］程颐，程颢．二程集：上［M］．王孝鱼，点校．北京：中华书局，1981：232．

［21］周桂钿．今天来看董仲舒［N］．光明日报，2015－05－18（16）．

原文载于《衡水学院学报》2019年第2期。

韩星（1960－），男，陕西蓝田人，历史学博士，中国人民大学国学院教授，博士生导师。

源流互质视野下的董仲舒及汉代《春秋》观

刘洪强

《春秋》撰成后，孔子口授弟子，在流传过程中逐渐形成了解释《春秋》的传。《汉书·艺文志》著录了五家：《公羊传》《穀梁传》《左传》《邹氏传》《夹氏传》，其中，“邹氏无师，夹氏无书”[1]，两汉广泛流传的主要是《公羊传》《穀梁传》《左传》三传。据清代学者皮锡瑞观点，汉代是“经学昌盛时代”和“极盛时代”[2]，后世《春秋》学的解释范式大多在两汉有着对应形态。据宋代学者洪迈考证，《公羊传》盛于景帝以后，最先立于学官，公孙弘、董仲舒皆治《公羊》；《穀梁传》盛于宣帝时，刘向曾研习《穀梁》学；《左传》终西汉之世不显，虽得到河间献王、刘歆等重视，却为官学博士们反对，认为“左氏不传《春秋》”[3]；东汉章帝令贾逵为《左传》作训诂后，《左传》大兴，《公羊传》《穀梁》二传逐渐衰微[1]。

概括来说，西汉《春秋》学有以下几个特征：

第一，神话孔子作《春秋》，为汉代政治合法性服务。西汉开国皇帝刘邦起于庶民，在时人看来，其得国与夏、商、周等朝代为圣王之后且经过多代人积累不同，相比似乎不够根深叶茂，在尚处于封建制向郡县制转换适应期的人看来似乎有些合法性阙失，这也是西汉中后期“再受命”出现的一个原因。在此情况下，不断有人试图以符瑞谄媚、以纬书附会，通过神话孔子以论证刘氏之兴为受命于天，为非贵族出身之汉朝合法性辩护。姑且不论纬书中对“端门受命”等说法的铺张，即使在两汉《公羊》家阐释中也时有汉朝受命的说法。西汉《公羊学》家将孔子视为“素王”，将鲁哀公十四年“西狩获麟”视为孔子受天命制作的符瑞。董仲舒认为：

有非力之所能致而自致者，西狩获麟，受命之符是也。然后托乎春秋正不正之间，而明改制之义。一统乎天子，而加忧于天下之忧也，务除天下所患。而欲以上通五帝，下极三王，以通百王之道，而随天之终始。[4]157—158

赵岐在注解《孟子》“其义则丘窃取之矣”时，指出：

孔子自谓窃取之，以为素王也。孔子人臣，不受君命，私作之，故言窃，亦圣人之谦辞也。[5]

何休在解诂《公羊传》的“西狩获麟”时说得更为“环环相扣”：

夫子素案图录，知庶姓刘季当代周，见薪采者获麟，知为其出。何者？麟者，木精。薪采者，庶人燃火之意，此赤帝将代周居其位，故麟为薪采者所执。西狩获之者，从东方王于西也，东卯西金象也。言获者，兵戈文也，言汉姓卯金刀以兵得天下。不地者，天下异也。又先是螽虫冬踊彗，金精扫旦置新之象。夫子知其将有六国争强从横相灭之败，秦、项驱除积骨流血之虐，然后刘氏乃帝，深闵民之离害甚久，故豫泣也。[6]622

以何休为代表的《公羊》学家构建了一个关于汉代起源的政治神话，“西狩获麟”就是这个神话体系中重要一环。在何休看来，在象征君位的麒麟，被樵夫在西方获得后，孔子预言到了，周衰之后，将有庶民刘氏以兵戈取天下，且路线为自东向西。通过将“西狩获麟”与春秋以后时势变迁和刘邦逐鹿中原的历史的结合，何休赋予《春秋》一种政治性。何休认为，孔子不仅预见到秦亡汉兴，而且不满足于停留在“祖述尧舜、宪章文武”“述而不作”，无王者之位却行王者之事，“贬天子，退诸侯，讨大夫，以达王事而已矣”[7]3297，借助创制《春秋》“为汉帝制法”：

孔子见时衰政失，恐文、武之道绝，又见获麟，刘氏方兴，故顺天命，以制《春秋》授之。必知孔子制《春秋》以授汉者。[6]3

何休为东汉《公羊》学大师，此说当出于西汉纬书或《公羊》家师说。通过后儒对孔子作《春秋》的神化和附会，《春秋》在汉代具备了成为“帝王之学”最重要的功能，论证汉兴的合理性与正当性。

这种风气甚至影响到以纪实和文辞见长的《左传》，后儒出于政治需要，对于《左传》“奋其私笔，任意更改”[8]98。近人唐文治援引王祖畲《读左质疑》的看法指出：“西汉时，《公羊》先立于学官，缘饰谶纬，治《左氏》者效之，亦窜入符瑞之说。”[8]98 如《左传·文公十三年》记载：士会返晋，他有一支后嗣继续留在秦国，“其处者为刘氏”[9]，以之刘氏为尧帝之后。东汉古文经大师贾逵在《左氏长义》进一步解释，“在秦者为刘氏，乃汉室所宜推先”，他还以此论证《左传》之义长于《公羊》《穀梁》二传甚至于其他诸经：“五经皆无证图谶明刘氏为尧后者，而《左氏》独有明文。”[10]383 实际上，从修辞角度来说，这句话略显冗赘，后世有学者认为非《左传》原文，而是汉代儒者为论证刘氏得天下之正而羼入的，“自是之后，自托古帝王之胄裔，复成积习”[11]，代汉而立的王莽就自陈为舜帝之后。同样推崇《左传》的刘知几对贾逵此举颇不以为然，称之为“取悦当时，殊无足采”[10]380。

第二，以《春秋》经世，为汉代政治和改制提供蓝图和具体指导。《春秋》寄托了孔子拨乱反正的理想，司马迁评价为“拨乱世反之正，莫近于《春秋》”[7]3297，为君主和士人之政治实践提供了一种可能性。相对于父、祖，汉武帝好儒学，尤其“好《公羊》”[6]7—8，朝廷大政方针的出台和调整经常需要从《春秋》上找到依据，汉武帝出击匈奴理论依据即为《公羊传》“大复仇”之义；流风之下，张汤等政治嗅觉敏锐的司法官员在断案常常比附《春秋》经义，即所谓的“春秋决狱”。西汉末，刘向援引《春秋》经义“出境有可以安社稷、利国家者，则专之可也”为陈汤在西域矫诏屠灭北匈奴郅支单于的行为辩护[12]705—706。

汉武帝对《春秋》的推重与改制的时代需要密切相关。董仲舒在《天人三策》中向汉武帝明确提出了改制之主张与路径[12]563—570，徐彦征引《春秋说》指出“孔子作《春秋》以改乱制”[6]3，《公羊传》恰好契合了这一时代要求。因而当汉宣帝继位后，改变了武帝时开拓进取的内外政策后，转而支持相对而言略为守成的《穀梁传》。

董仲舒认为："《春秋》文成数万，其旨数千"[13]1，康有为在《春秋董氏学》中按照"春秋旨""春秋例""春秋礼""春秋口说""春秋改制""春秋微言大义"等条目对董仲舒之《春秋》学思想进行了梳理，就以"春秋旨"为例，其所列条目即有："奉天""天子诸侯等杀""立君书不书""讥赏罚不当""亲德亲亲""恶伐同姓""伤痛敦重""恶欲为君则从其志""诛细恶以止乱""刺上矜下""敬贤重民""恶战害民""战有恶有害""当仁不让""常变义""处变大义""知忧""得志宜慎""荣辱""讳大恶""慎所从事""得众""犹天下""讥不合群""重志""听狱本事援志""诛意""不畏强御""为善不法不取不弃" "察微"[13]1—22。董仲舒在《春秋繁露》中说得更明白："《春秋》之道，大得之则以王，小得之则以霸。"[4]8可见，所谓"《春秋》之义"就是政治原则、政治经验及在具体情势下辨别政治行为之是非善恶，并未对下一步的政治实践提供一套行为方式。正是在这个意义上，《春秋》成为"经世之学"。

何休认为孔子"志在《春秋》""行在《孝经》"，他"此二学者，圣人之极致，治世之要务也"[6]3。徐彦对此注解："凡诸经艺等皆治世所须，但或此经或是惩恶劝善，或是尊祖爱亲，有国家者最所急行，故云'治世之要务'，言治世之精要急务也。"[6]3

司马迁曾问学于《公羊》学大师董仲舒，在《太史公自序》中他系统阐述《史记》著述之义及对《春秋》一经的看法：

> 太史公曰："先人有言：'自周公卒五百岁而有孔子。孔子卒后至于今五百岁，有能绍明世、正《易传》，继《春秋》、本《诗》、《书》、《礼》、《乐》之际？'"意在斯乎！意在斯乎！小子何敢让焉！
>
> 上大夫壶遂曰："昔孔子何为而作《春秋》哉"？太史公曰："余闻董生曰：'周道衰废，孔子为鲁司寇，诸侯害子，大夫雍之。孔子知言之不用，道之不行也，是非二百四十二年之中，以为天下仪表，贬天子，退诸侯，讨大夫，以达王事而已矣。'子

曰：'我欲载之空言，不如见之于行事之深切著明也。'夫《春秋》，上明三王之道，下辨人事之纪，别嫌疑，明是非，定犹豫，善善恶恶，贤贤贱不肖，存亡国，继绝世，补弊起废，王道之大者也。《易》著天地阴阳四时五行，故长于变；《礼》经纪人伦，故长于行；《书》记先王之事，故长于政；《诗》记山川溪谷禽兽草木牝牡雌雄，故长于风；《乐》乐所以立，故长于和；《春秋》辨是非，故长于治人。是故《礼》以节人，《乐》以发和，《书》以道事，《诗》以达意，《易》以道化，《春秋》以道义。拨乱世反之正，莫近于《春秋》。《春秋》文成数万，其指数千。万物之散聚皆在《春秋》。《春秋》之中，弑君三十六，亡国五十二，诸侯奔走不得保其社稷者不可胜数。察其所以，皆失其本已。故《易》曰'失之毫厘，差之千里。'故曰'臣弑君，子弑父，非一旦一夕之故也，其渐久矣'。故有国者不可以不知《春秋》，前有谗而弗见，后有贼而不知。为人臣者不可以不知《春秋》，守经事而不知其宜，遭变事而不知其权。为人君父而不通于《春秋》之义者，必蒙首恶之名。为人臣子而不通于《春秋》之义者，必陷篡弑之诛，死罪之名。其实皆以为善，为之不知其义，被之空言而不敢辞。夫不通礼义之旨，至于君不君，臣不臣，父不父，子不子。夫君不君则犯，臣不臣则诛，父不父则无道，子不子则不孝。此四行者，天下之大过也。以天下之大过予之，则受而弗敢辞。故《春秋》者，礼义之大宗也。夫礼禁未然之前，法施已然之后；法之所为用者易见，而礼之所为禁者难知。"[7]3297—3298

由上可知，司马迁对《春秋》甚为推崇，"继《春秋》"是他的一个志向。他认同董仲舒的看法，周末王道废弛，孔子作《春秋》以寄托王道之意，为此，他在董仲舒的基础上提出了"《春秋》辨是非，故长于治人""《春秋》者，礼义之大宗"等对后世颇有影响的命题。在司马迁看来，《春秋》之长在于"治人"，在于防患于未然。从大的方面来说，《春秋》"上明三王之道"，确立了一套政治之原则，如"善善恶恶，贤贤贱不肖，存亡国，继绝世，补弊起废""拨乱反正"[7]3297；从小的方面说，《春秋》"下辨人事之纪"，在具体政治情势下可以起到在辨别嫌疑、明辨是非、消除犹豫的效果。《春秋》作为“礼仪之大宗”，相对于直接刑罚来说，是一种事前之规范，具有防微杜渐、曲突徙薪的意义，可将祸患消灭在萌芽状态，故而《春秋》既是君主的“帝王之学”，又是士人的“经世之学”，即所谓：

有国者不可以不知《春秋》，前有谗而弗见，后有贼而不知。为人臣者不可以不知《春秋》，守经事而不知其宜，遭变事而不知其权。为人君父而不通于《春秋》之义者，必蒙首恶之名。为人臣子而不通于《春秋》之义者，必陷篡弑之诛，死罪之名。[7]3297

司马迁在将《春秋》视为值得仿效的史学范例的同时，也注重《春秋》的经世价值和政治意义。

总之，以公孙弘、董仲舒、司马迁为代表的《公羊》家通过“理论的旅行”的方式，将孔子对于春秋时期社会变迁的思考，放置到汉代政治语境之中，以之汲取政治智慧。政治性是《春秋》学在汉代发挥重要方式，它为汉代提供合法性，为汉代君主和士人提供了一个理解近世历史历史变迁的尺度，并为政治实践提供了一个行动指南，有助于增强汉儒政治实践能力。但对于政治的过度比附，也造成了经学文本解释的随意性，进而导致儒者在言说《春秋》不免存在“倍经、任意、反传违戾”[6]4、令“说者疑惑”[6]4之处，这也是《公羊传》“多非常异义可怪之论”[6]3—4的重要原因。

第三，《春秋》流为史学，为后世的历史书写提供了较为成熟的范式、体例。司马迁仿照《春秋》之意著成《史记》。班固承继刘向父子之学，在《汉书·艺文志》中以“七略”整理古今著述，将史学附于六艺略中的“春秋”条目下，可谓卓见。《汉书·艺文志》对《春秋》之作及其史的意义有如下论述：

古之王者世有史官。君举必书，所以慎言行，昭法式也。左史记言，右史记事，事为《春秋》，言为《尚书》，帝王靡不同之。周室既微，载籍残缺，仲尼思存前圣之业，乃称曰：“夏礼吾能言之，杞不足征也；殷礼吾能言之，宋不足征也。文献不足故也，足则吾能征之矣。”以鲁周公之国，礼文备物，史官有法，故与左丘明观其史记，据行事，仍人道，因兴以立功，就败以成罚，假日月以定历数，借朝聘以正礼乐。有所褒讳贬损，不可书见，口授弟子，弟子退而异言。丘明恐弟子各安其意，以失其真，故论本事而作传，明夫子不以空言说经也。《春秋》所贬损大人当世君臣，有威权势力，其事实皆形于传，是以隐其书而不宣，所以免时难也。及末世口说流行，故有《公羊》、《穀梁》、《邹》、《夹》之《传》。四家之中，《公羊》、《穀梁》立于学官，邹氏无师，夹氏未有书。[12]681

可知，班固在《汉书·艺文志》中是讲《春秋》与史学勾连在一起，他在《春秋》目下罗列二十三年中，既有《春秋古经》《公羊传》《穀梁传》《邹氏传》《夹氏传》《公羊外传》《穀梁外传》《公羊章句》《穀梁章句》《公羊董仲舒治狱》等经或解经及就《春秋》经阐发治事之作，也有《奏议》《奏事》《世本》《国语》《战国策》《楚汉春秋》《汉大年纪》《续太史公》等政书和历史类著作。

如前所述，班固将史学归于在六艺之下《春秋》，将《春秋》《尚书》视为古史官对于君主言行之书写，并认为《尚书》为左史记言之作、《春秋》为右史记事之作。周朝衰微之后，典籍残缺，孔子借助周朝史记寄托“褒讳贬损”之义。班固强调《春秋》与史的关联。实际上，在七略书籍分类体系中，史学著作被归类于《春秋》类，在《春秋古经》之下，首列《左氏传》，在叙述中，也强调左丘明得孔子之“真”，而于《公羊》《穀梁》《邹》《夹》四传等孔门弟子口说之传则有“空言说经”之批评。在班固看来，《春秋》是“事”与“义”之集合。

通过分析章学诚相关文本可知，《周官》与刘向、刘歆父子为章学诚学术思想的重要源头，章氏以“推阐向、歆父子之业，以究悉其是非得失之所在”[14]945—946为志业，刘氏父子则称得上章氏所谓“辨章学术，考镜源流”[14]945—946学术方法的更早实践者。尽管刘氏父子《七略》《别录》等书已经散佚，但班固《艺文志》却保存了刘氏校雠目录之学，可以通过《艺文志》推究刘氏父子之学，正所谓：

刘向《洪范五行传》与《七略》、《别录》虽亡，而班固史学出刘歆（歆之《汉记》，《汉书》所本），今《五行》、《艺文》二志具存，而刘氏之学未亡也。[14]184

章学诚认为班固史学出自刘歆，其《汉记》等书虽散佚，但由于《汉书》的存在，仍可借此窥测刘氏学术之面貌。遍览章氏论著，他对刘氏父子的推崇随处可见，以此为其文史校雠之学的宗旨与评价学人学术成就的尺度。章学诚在《校雠通义》《信摭》中以此衡量《通志》作者郑樵：

> 《艺文》为校雠之所必究，而（郑）樵不能平气以求刘氏之微旨，则于古人大体，终似有所未窥。[14]945
>
> 校雠之书，自刘氏（向、歆）父子渊源流别，最为推见古人之大体，而校订字句，则其小者也。[14]949

《章氏遗书》的编者王宗炎曾复信章学诚也指出：

> 《春秋》为先生学术之所从出，必能探天人性命之原，以追阐董江都（仲舒）、刘中垒（向）之绪言，尤思早成而速睹之也。[15]927

章学诚在《清漳书院留别条别》中，在对《春秋》与其他诸经比较，在论事上较有长处：

> 此经文体，用论事之法，则出经入传，纵横树义，较他经文字，易于见长。[16]

显然，王宗炎认为《春秋》是章学诚学术的重要前提，其“探天人性命之原”“识古人之大体”可以追溯到董仲舒、刘向。作为章学诚著作的好友和整理者，王宗炎这个判断是值得注意的。实际上，董仲舒之成为章氏“探天人性命之原”所效法的对象，与司马迁就《春秋》问学董仲舒，尽管董仲舒专注经学，司马迁聚焦史学，然而在章学诚看来，“司马迁本董氏天人性命之说，而为经世之书”[15]67，因而两者在经世及“探天人性命之原”等思想却异曲同工，司马氏效法《春秋》、“究天人之际，通古今之变，成一家之言”的宗旨与董仲舒《天人三策》及《春秋繁露》相关旨趣是一致的。章学诚的对“事”与“义”的讨论在某种程度上可以说是董仲舒经学在史学领域的一种体现，正所谓“马、班著史，等于伏、孔传经”[17]221—222，章学诚也坚持史学同样存在类似于汉学般史学传授体系①，仿照经学传授体系，他探本溯源，构建了一个从《春秋》到《史记》再到后世官修和私家著述的一个史学的传授谱系。

汉儒与章学诚均注重“《春秋》经世”，不过两者对于这一范畴的理解有着鲜明的区别。在章学诚看来，史学源出于《春秋》，《春秋》是“事”“文”“义”的结合，而不单是史料的堆积和文辞的排比，而是有其义，即“通古今之变，成一家之言”，不拘于常例，“必有详人之所略，异人之所同，重人之所轻，而忽人之所谨，绳墨之所不可得而拘，类例之所不可得而泥，而后微茫杪忽之际，有以独断于一心”[17]151—152，史学区别于只对“君臣事迹，官司典章”进行编纂排比的“整齐故事”之类的史料汇集，而是专家之学、独断之学，专家之学，讲究变通、追求“别识心裁”，区别于“科举之程式，胥吏之文移”[17]151—152。章学诚曾多次提及东汉大儒马融师从班固之妹班昭的事例，以此论述“家学”的重要性。“《春秋》家学”聚焦的问题是如何以恰当的形式体现历史之“意”，所谓“古人重家学，盖意之所在，有非语言文字所能尽者……家学所存，他人莫能与也”[15]688。章学诚据此对后世史学之流变进行了评判，正是在这个意义上，他得出了“唐后史学绝而著作无专家”[15]170、缺乏“能推古人大体”的良史的结论②。在此基础上，他提出了昌明“《春秋》经世之学”的路径：“诚得如刘知几、曾巩、郑樵其人而与之，由识以进之学，由学而通乎法，庶几神明于古人之意焉。”[15]750实际上，这也正是《文史通义》一书的宗旨和章学诚参与地方志纂修的一个重要意图。

在章学诚看来，史学不是开馆汇集众人修史的笔削之学，而是一门专家之学。值得注意的是，专门之学、专家之学并非今天意义上的史学专门化，章氏是反对史学专门化，他对于考据学的批评正是从其

① 再如章氏喜欢用的“专家”“专门”等皆为西汉儒者治经的重要特色。

② 章学诚多次提到“至唐而史学绝矣”的观点，在他看来，唐以后除刘知几、曾巩、郑樵寥寥数人外，“余子则有似于史而非史，有似于学而非学尔”。章学诚著，仓修良编《文史通义新编》，上海古籍出版社，1993年版，第750页。

支离琐碎上入手的。他追求的是“通”，是“博而能约”。正是在这个意义上，章学诚疏离了公羊学意义上的春秋观，也对文人修史提出了批评。

在一定程度上，与汉儒对“《春秋》经世”的儒学政治化的理解不同，章学诚更关注“《春秋》经世”或“《春秋》家学”的史学意义，以之梳理史学的渊源和流变，“吾于史学，盖有天授，自信发凡起例，多为后世开山”[15]688。尽管章学诚对于《春秋》的政治性阐释较为审慎，但并不代表他不从经学中汲取政治资源，否则章学诚就不会刻意区分周、孔而视周公为集大成者了。章学诚更热衷于从《周官》《周易》中提炼“官师合一”范式和改制、变化思想。比如章氏对《春秋》“即器以明道”[17]151－152的定义，更像是对《周官》的佐证，而非对《春秋》之义的发明。他的改制、变化之义并非如董仲舒等汉儒以《春秋》“元年春王正月”阐发①，而是从《周易》“变易”之义引申而出，这当然与章学诚对《春秋》《周易》的不同理解，也与文字狱等清代文化政策对士人书写方式的规范有关②。

参考文献：

[1] 洪迈．容斋随笔·容斋四笔：卷二［M］．清修明崇祯马元调刻本．

[2] 皮锡瑞．经学历史［M］．周予同，注释．北京：中华书局，1959：69－140．

[3] 刘歆．移书让太常博士［M］//班固．汉书．北京：中华书局，2007：406－408．

[4] 苏舆．春秋繁露义证［M］．北京：中华书局，1992．

① 董仲舒《春秋繁露》中有《三代改制质文》一篇，借助《春秋》“王正月”阐发“王者必受命而后王，王者必改正朔，易服色，制礼乐，一统于天下，所以明易姓，非继人，乃所以受之于天也。王者受命而王，故制此月以应变，故作科以奉天地，故谓之王正月也”。苏舆：《春秋繁露义证》，中华书局，1992年版，第185页。

② 对《春秋》改制与《周易》变化的区分，体现出章学诚对于清代正统性的看法，也与文字狱对清代书写方式的影响有关。在章学诚看来，孔子以士人身份讨论改制、王鲁、《春秋》作新王等义，在清代危险性系数是颇高的。

［5］孟子．孟子注疏［M］．赵岐，注．孙奭，疏．北京：北京大学出版社，1999：226．

［6］李学勤．春秋公羊传注疏［M］．公羊寿，传．何休，解诂．徐彦，疏．北京：北京大学出版社，1999．

［7］司马迁．史记：卷一百三十［M］．北京：中华书局，1999．

［8］唐文治．十三经提纲［M］．上海：华东师范大学出版社，2015．

［9］左丘明．左传［M］．杜预，集解．上海：上海古籍出版社，2015：301．

［10］刘知几．史通：卷十四［M］．浦起龙，通释．上海：上海古籍出版社，2015：383．

［11］吕思勉．秦汉史（文明卷）［M］．武汉：华中科技大学出版社，2016：272．

［12］班固．汉书［M］．北京：中华书局，2007．

［13］康有为．春秋董氏学［M］．楼宇烈，整理．北京：中华书局，1992．

［14］章学诚．文史通义校注［M］．叶瑛，校注．北京：中华书局，1985．

［15］章学诚．文史通义新编［M］．仓修良，编．上海：上海古籍出版社，1993．

［16］章学诚．章学诚遗书［M］．北京：文物出版社，1985：677．

［17］章学诚．文史通义［M］．吕思勉，评．李永圻，张耕华，整理．上海：上海古籍出版社，2008．

本文为“2018中国·衡水董仲舒与儒家思想国际学术研讨会”提交的论文。

刘洪强（1986—），男，山东沂水人，清华大学马克思主义学院助理研究员、中国软件博士后科研工作站博士后。

董仲舒人性论研究

董仲舒人性论探究

陈福滨

人性论是中国哲学中一个十分突出而重要的问题，它一直吸引着哲学家们的关切与兴趣，争论热烈，异说纷繁。而这样的问题之所以受到关注，盖因“中国文化在开端处的着眼点是在生命，由于重视生命，关心自己的生命”[1]。因此，对于心与性的研究，亦从人的生命出发。再者，中国人认定人的价值乃源出于天，而实现则落在心性之中。因此，中国的人性论，不仅是从人本身来解释人的本质或存在和价值问题，亦同时探讨宇宙论以及人和自然界的关系问题。罗光先生云：“儒家的哲学思想以人为中心，上溯人的来源乃讲宇宙，旁究人的发展，乃讲人和万物一体。在这种人文哲学的思想中，作为枢纽的中心点，则是人性和人心。”[2]董仲舒的人性论，将“性”视为天生的性质，人天生的性质之中，有善的成分，亦有恶的成分；人天生有“仁、贪”，如天之有“阴、阳”，“仁”之性为“阳”、为“善”，“贪”之性为“阴”、为“恶”；因有善的成分，所以人能为善；有恶的成分，所以人性不是天生即善，必须透过后天的教化，以“心”来抑制天生的“情欲”，使之为善；故而，董仲舒论人性，非仅言“性善论”或“性恶论”所可涵摄。

一、董仲舒论人性

董仲舒之人性论，是自“人性本之于天”的观点，本阴阳之气以论人性；因阴阳之气有不同的组合，所以人性有阳气重，而更易趋于善者，亦有阴气重，而更易趋于恶者。因此，人性有了品级之差别，性有“圣人之性”“中民之性”与“斗筲之性”之分，这样的观点是来自孔子“性相近也，习相远也”与“惟上智与下愚不移”（《论语·阳货》）的说法，而董仲舒所谓的“圣人之性”就相当于孔子的“上智”，“斗筲之性”就相当于“下愚”，“中民之性”就是“性相近，习相远”，其云：“名性，不以上，不以下，以其中名之。”（《春秋繁露·深察名号》）① 这里说的“上”“中”“下”，实际上承认了性分上中下三品。董仲舒为了追求“性”之名实相符，故言：“圣人之性，不可以名性；斗筲之性，又不可以名性；名性者，中民之性。”（《实性》）所谓中民之性，既非善的圣人之性，亦非恶的斗筲之性，“德教”只能适用于中民之性，然其最终目的，是要达到至高之圣人之性。

董仲舒以为天道有阴阳，因此，他根据阴阳来解释人性；认为性善、性恶之说皆不中肯，所以提出“阳善阴恶的性情论”，他认为，人之有性有情，与天之有阴有阳相当，故云：“身之有性情也，若天之有阴阳也。言人之质而无其情，犹言天之阳而无其阴也。”（《深察名号》）天分阴阳，而人的资质也分性情，故云：“吾以心之名得人之诚，人之诚有贪有仁，仁贪之气两在于身，身之名取诸天，天两，有阴阳之施，身亦两，有贪仁之性。”依照董仲舒的解释，一方面，情和性都是人先天就具有的资质，所谓“如其生之自然之资，谓之性；性者，质也”“天地之所生，谓之性情，性情相与为一瞑，情亦性也”（《深察名号》）。另一方面，性和情又是人之“质”中的两个对立物，这个对立与天有阴阳对立相副。所以，董仲舒所谓的性有广义的性和狭义的性二义，广义的性包括狭义的性与情，狭义的性是与情对立的性[3]。董仲舒认为性乃由天生，是人之所以为人的本质，即天生之

---

① 本文采用之《春秋繁露》版本，系以中华书局据抱经堂本校刊《四部备要·经部》为据。以下所引《春秋繁露》部分，仅注篇名。董仲舒《春秋繁露》，台北：中华书局，1975 年版。

资，这是广义的性。依此论之，其中并未包含定“善”、定“恶”之义；天人既然相合，天有阴阳，性亦有阴阳；性中既有阴阳贪仁两气之质，便不可定言“善”，亦不可定言“恶”。因此，董仲舒的人性论，可以说是“有善有恶论”。他把人的性与情两者，来配合天地间阳与阴两气，这就是董仲舒论性的基本立场。

广义的性包括性情，而此性情他认为都是人生“自然之质”。“善”，可以从性出，但性的本身未必全为善，他引用禾与米的关系来做比喻。《实性》云：“善如米，性如禾。禾虽出米，而禾未可谓米也。性虽出善，而性未可谓善也。”性既然未可全为善，那么就不能直称性为善，因为性还有恶的一面，所以不能以“善”来概括整个人性。狭义的性，是与情对立的性，为人“质”中的阳，情为人之“质”中的阴，故云：“身之有性情也，若天之有阴阳也。”（《深察名号》）

人之性表现于外为“仁”，仁之情表现于外为“贪”。“仁贪之气，两在于身”，仁是阳气，贪是阴气。此种以阴阳之气论性之见解，是先观人是天地阴阳之气的和合所生的，所以人性亦有其阴阳之两面。天有阳以生，有阴以杀，而人亦有阳以仁，有阴以贪。天以生为本，即是扶阳而抑阴；其扶阳者为天之“仁”，其抑阴者为天之“义”。《深察名号》云：“衽众恶于内，弗使得发于外者，心也，故心之为名，衽也。人之受气苟无恶者，心何衽哉？吾以心之名得人之诚，人之诚有贪有仁，仁贪之气两在于身。身之名取诸天，天两，有阴阳之施，身亦两，有贪仁之性；天有阴阳禁，身有情欲衽，与天道一也。”这段话有三点含义：心有禁制众恶的作用；心与气是对立的，心是制者，气是被制者；气有善（仁）有恶（贪）。“人之受气苟无恶者”的“气”是人之气质，“心，气之君也”的气也是指气质，因为心是气的主宰，所以“衽众恶于内”的心，就不只是消极的禁制；对气而言，心是有主宰力量的，然此应具道德含义的心却须后天培养，故云：“必知天性不乘于教，终不能衽。”

人之性有阴阳，情性与善恶之两方面，这是董仲舒对天地间之观察。天地间之事物，原系相生相成，亦有相杀相克之性。凡物之生，必求自成其生。欲自成其生，本在自继其生，这就是阳，亦即是善。然人之求成其自己之生时，若只求自成其生、贪己之生而杀他生时，则是对他人为不善。因此，在自成其生中，亦有不善之性，是为阴。再者，如此阴杀之性克其阳生之性时，亦可见其善之未备，且可见人性始于阳而卒于阴。换句话说，就是原来虽善，后来却转出不善，此即唐君毅先生所谓辩证的现象。另一方面，如果善阳可转化为恶阴，而恶阴亦可以转化为善阳。此即董仲舒所谓性为气之性，气虽有阴阳之别，而阴阳之气恒可互相转化，因此阳善、阴恶之性也可互相转化了。“气”，自始涵具流行变化之义，所以董仲舒以气言性者，虽分气为阴阳，谓其一面向善一面向恶，仍恒重其可转化之义[4]。

人之性有“贪”有“仁”，而且可以互相转化，但不能说人性全善，《深察名号》言：“故性比于禾，善比于米，米出禾中，而禾未可全为米也。善出性中，而性未可全为善也。”性虽然未可全为善，但性却是可以待“德教”而后善的，“性如茧、如卵，卵待覆而为雏，茧待缫而为丝，性待教而为善”（《深察名号》）即是此理。然而董仲舒所言性命，即所谓“人受命于天，有善善恶恶之性”（《玉杯》）仍不能是自成之质，此性亦不足以见天命之真，必须“受成性之教于王”而后善。《深察名号》云：“人之所继天而成于外，非在天所为之内也。天之所为，有所至而止，止之内谓之天性，止之外谓人事，事在性外，而性不得不成德。……今万民之性，有其质而未能觉，譬如瞑者待觉，教之然后善。当其未觉，可谓有善质，而未可谓善，与目之瞑而觉，一概之比也。……天生民性有善质而未能善，于是为之立王以善之，此天意也。民受未能善之性于天，而退受成性之教于王，王承天意以成民之性为任者也。”

王之所以能成民之性，是靠“教”，所谓“退受成性之教于王”是也，又称“王教之化”，善即由王教之化而来，而王教之化与性的关系为：“性者，天质之朴也，善者，王教之化也；无其质，则王教不能化，无其王教，则质朴不能善。”（《实性》）人性有赖于王教教化，始能臻至于善。因此，董仲舒认为，以期万民之性要“善”，必须待“王教之化”方能克竟其功。

二、董仲舒对孟子性善论的批判与把握

董仲舒的人性论是对孟、荀等人的人性论进行批判，综合而形成的。韦政通先生言：“他（董仲舒）虽不满当时流传的种种对人性的看法，当他企图建立自己的人性论时，他仍不能不从传统出发，基于儒家的立场，孟子的性善说显然对仲舒形成最大的压力；因此，针对孟子而提出性非善的论证，遂成为仲舒人性论的重点之一。此外，仲舒对人性问题的积极主张，虽明显受荀子影响，但他并未认同荀子的性恶说。”[5]101 孟子是一位“性善论”的代表人物，他认为人性固有仁义礼智“四端”，即所谓“善端”，只要加以“扩而充之”，就可以成其善，因此，人人皆可以为尧舜；倘若不扩充善端，以致“陷溺其心”，则丧失本性。而董仲舒反复强调“性未善”，主要是在批驳孟子的性善论；董仲舒批判孟子的性善论之途径，有下列几个面向：

（一）就“名”而论

1.“性”之名

董仲舒认为“今世暗于性，言之者不同”（《深察名号》），所以对长期讨论人性所带来的分歧，提出自己的主张，以为众说皆不解“性”之意，因此，他主张首先要给“性”正名。“性之名，非生与？如其生之自然之质，谓之性。性者，质也。”性是“自然之质”，所以“性之名不得离质”，性与质是合一的，它本身之意义仅是“自然”“质朴”，就不能说质是善的，“诘性之质于善之名，能中之与？既不能中矣，而尚谓之质善，何哉？性之名不得离质，离质如毛，则非性已，不可不察也”（《深察名号》）。从善之名中找不到性之质，因此不能说“质善”，性又离不开质，否则不为性，没有“质善”，自然也就没有“性善”。“这里说的善，应该是指孟子本心之善，因如就气质而言，仲舒明明说‘仁贪之气两在于身’，气质是有善有恶的，这两个善如果没有不同，否认质善，就形成矛盾。”[5]105

董仲舒虽言“性有善端”符合孟子之义，然而接下来在《深察名号》却又说：“万民之性善于禽兽者许之，圣人之所谓善者弗许，吾

质之命性者，异孟子。孟子下质于禽兽之所为，故曰性已善；吾上质于圣人之所为，故谓性未善，善过性，圣人过善。”董仲舒认为人之所以“善”乃因王政、教化所使然，“天生民性有善质而未能善，于是为之立王以善之；民受未能善之性于天，而退受成性之教于王，王承天意以成民之性为任者也”。孟子言人性善，是具有道德内在自觉的普遍义，是先验的，并非善于禽兽而后才肯定人性的善，同时孟子亦认为人不可以“逸居而无教”，孟子也重视教化，但是所言人性的善是在根源义立说的，董仲舒显然不是从孟子所谓“善端”之意解。

另外，董仲舒又从“性”与“善”作名实之分析，而划清“性”与“善”之分界，在此意义之基础上，他还是用来反对孟子之性善说的，其言曰：“故性比于禾，善比于米；米出禾中，而禾未可全为米也。善出性中，而性未可全为善也。善与米，人之所继天而成于外，非在天所为之内也。天之所为，有所至而止，止之内谓之天性，止之外谓之人事，事在性外，而性不得不成德。”（《深察名号》）董仲舒所以区别性与善，是为了强调王政、教化，他认为善和米一样都是“人之所继天而成于外，非在天所为之内也”。天生民，性有善质而未能善。“性待教而为善，此之谓真天。”在此，董仲舒将天性和人事做了区分，自然之资是天性，经过人为的则是人事；既然承认善乃人继天而来，又说人的天性中不含有善，这是不同于儒家传统的。

2.“心”之名

董仲舒以“心”的名来论证人性不是完善的，其言曰：“衽众恶于内，弗使得发于外者，心也。”（《深察名号》）心有禁制众恶的作用，同时“凡气从心，心气之君也”（《循天之道》）。心是气的主宰，既然“心”能禁制众恶，则可推知性中是有“恶”的，并非全善，假使人性是全善，那么“心”还能闭什么呢？由此可知，董仲舒所谓的“心”具有节制情欲的作用，心既能节制众恶于内，故心兼具理智作用。“性”有善质，亦有恶质，故心之作用即在扬善抑恶。然而“心”是如何“扬善抑恶”的？此即在其能“觉”而成为善，能“衽”而制其恶。心既为身之本，则吾人当如何养心？董子以为：“天之生人也，使人生义与利，利以养其体，义以养其心，心不得义，不能乐；体不得利，不能安；义者，心之养也；利者，体之养也。体莫贵于心，故养莫重于义。”（《身之养重于义》）在此，董仲舒所谓“义以养其心”，虽是基于儒家立场，然又与孟子有所不同，盖因孟子排斥“义外”之说，孟子是从道德主体把握“心”，义是由心出，在本心之中，为心所固有，非外铄者也。而董仲舒所言“义以养其心”，则义在心外，正是孟子所排斥之“义外”之说。其中观念之不同，在于董子未能自觉地凸显此一心性道德主体，故言仁义而主张“以仁安人，以义正我”（《仁义法》），不知仁义皆由心所发。徐复观先生言：“董氏的心，没有从认知的方面显出来，也没有从道德方面显出来，较之孟、荀都缺乏主宰的力量。”[6]其言慎欤？

3.“民”之名

董仲舒言：“民之号，取之瞑也。使性而已善，则何故以瞑为号？以贯者言，弗扶将，则颠陷猖狂，安能善？性有似目，目卧幽而瞑，待觉而后见。当其未觉，可谓有见质，而不可谓见。今万民之性，有其质而未能觉，譬如瞑者待觉，教之然后善。当其未觉，可谓有善质，而未可谓善，与目之瞑而觉，一概之比也。静心徐察之，其言可见矣。性而瞑之未觉，天所为也；效天所为，为之起号，故谓之民。民之为言，固犹瞑也，随其名号，以入其理，则得之矣。”（《深察名号》）民是蒙昧的，未善的，之所以善乃由教化而来，此为天命，王者所以奉天命以教万民也。假使万民之性已善，何以会用蒙昧来称呼人呢？同时，万民之性已善也就没有必要进行教化了。董仲舒之观点是与孟子不同的，孟子肯定人有普遍的善性，而人性又是道德的本源，并非就经验或现实层面之“已善”而说的，说人性已善，是“设名不正”，因此，需要加以正名。

（二）就“善”之标准而论

董仲舒言：“性有善端，童之爱父母，善于禽兽，则谓之善。”孟子以四端言性善，亦言性有善端，而董子亦言“性有善端”，就此而言符合孟子之义，接着他提出一个原则：“圣人之所命，天下以为正。正朝夕者视北辰，正嫌疑者视圣人。”这句话是说圣人说的话才是是非的判准。然后他又说：“由是观之，圣人之所谓善，未易当也，非善于禽兽则谓之善也，使动其端善于禽兽则可谓之善，善奚为弗见也？夫善于禽兽之未得为善也，犹知于草木而不得名知。万民之性善于禽兽而不得名善，知之名乃取之圣。……圣人以为无王之世，不教之民，莫能当善。善之难当如此，而谓万民之性皆能当之，过矣。质于禽兽之性，则万民之性善矣；质于人道之善，则民性弗及也。万民之性善于禽兽者许之，圣人之所谓善者弗许。吾质之命性者，异孟子。孟子下质于禽兽之所为，故曰性已善；吾上质于圣人之所为，故谓性未善。善过性，圣人过善。”（《深察名号》）是见其论人性与孟子之不同处，乃衡量之标准不同。

董仲舒不同意孟子所谓的普遍善端，他认为“圣人之善”与“万民之善”是有分别的，万民之性虽有高于禽兽的善质，但是必须经过圣人的教化才是善，而人性有善质是教化的必要条件，人若能达到圣人所说的善才是善，圣人所谓的“善”为何？是“循三纲五纪，通八端之理，忠信而博爱，敦厚而好礼，乃可谓善”（《深察名号》）。唯其通过圣人之王政、教化才能是善。董仲舒此段话说“孟子下质于禽兽之所为，故曰性已善”，此乃对孟子思想之一大误解，因此，韦政通先生说：“说性已善或未善，已落到经验层次或心性的工夫层次说性，孟子由心善论证性善，除了上述为人伦教化提供理论根据的意义之外，还强调仁义内在，仁、义、礼、智根于心，非由外铄我之义，以说明作为人主体的心性，是自本自根不假外求的特性。”[5]108 正说明了董仲舒不同于孟子的立论。

三、董仲舒对荀子性恶论的修正与发展

董仲舒论人性的基本前提，在肯定人是受命于天者，故“人之形体，化天数而成；人之血气，化天志而仁；人之德行，化天理而义。人之好恶，化天之暖清；人之喜怒，化天之寒暑；人之受命，化天之四时。人生有喜怒哀乐之答，春秋冬夏之类也。喜，春之答也；怒，秋之答也；乐，夏之答也；哀，冬之答也；天之副在乎人。人之情性有由天者矣。故曰受，由天之号也。为人主也，道莫明省身之天，如

天出之也。使其出也，答天之出四时，而必忠其受也”（《为人者天》）。人的身体既是受之于天，那么人之性亦然。凡人之身与性，甚至一切人事皆不脱离天命所赋予的形式而发展。“人受命于天，有善善恶恶之性；可养而不可改，可豫而不可去，若形体之可肥臞而不可得革也。”（《玉杯》）荀子认为天是自然，主张自然之天。董仲舒一方面肯定了天有目的、有意志的含义，却又同时肯定天是自然之天。在天人关系问题上，他提出天人感应、天人相副、天人同类相应等观念；但在人性问题上，他却只从自然之天的层面上来论人性，他认为人性只是自然的资质：“性之名，非生与！如其生之自然之质，谓之性，性者，质也。”（《深察名号》）“性者，宜知名矣，无所待而起，生而所自有也。……性者，天质之朴也。”（《实性》）这种观点与荀子对人性的基本定义，在本质上是相同的。荀子所主张的人性论，其基础乃本于天道观的思想脉络相承而来的。他主要以天乃自然之天，故天并无意志、无目的性；至于天志与天道，不过是自然运行的法则而已。

荀子给人性下的定义是：“生之所以然者谓之性。”“不事而自然谓之性。”（《荀子・正名》）董仲舒于《深察名号》中讲了类似的思想：“生之自然之资谓之性。”荀子言：“凡性者，天之就也。”“不可学，不可事，而在人者谓之性。”（《荀子・性恶》）董仲舒说：“天生民性。”“民受未能善之性于天。”“天地之所生，谓之性情。”人性是天之所为，所以称“天性”（《深察名号》）。荀子认为“性”是相对于“伪”而言，性的实质内容并不包括所有天生的禀赋，而只以人天生的物质性欲求为主，唯有经过圣人的礼义法度之教化，人性才可以从恶变善；董仲舒亦认为“万民之性待外教然后能善”（《深察名号》）。荀子认为天是自然，面对自然之天，人应同时采取“不求知天”和“知天”的两种态度，“不求知天”是说要知道什么是自然而然、超乎人力之外的，对于它来源等不可穷诘的问题就不予理会；所谓“知天”，就是知道什么是天的职分，从而知道什么是人的职分，人的职分最重要的是建立人间之秩序，知道人之职分，克尽人之职分，就是“能参”，就是“知天”。董仲舒言：“天之所为有所至而止，止之内谓之天性，止之外谓之人事。”善是“人之所继天而成于外，非在天所为之内也”（《深察名号》）。此处之天性与人事之分，正是荀子之天人之分。荀子既本其自然之天以言人性，那么，荀子所谓的“性”乃指生而完成的性质或行为，所以说是“天之就”“生之所以然”“不事而自然”。生来即完具，完全无待于习之者，方谓之“性”，“性”不是仅仅一点点可能倾向。只有一点点萌芽，尚须扩充而后完成者，便不当名为“性”，生而完成者，才可谓之“性”；生而不论有萌芽与否，待习而后完成者都是“伪”。而性是天之就，情是性之质，欲是情之应，“夫好利而欲得者，此人之情性也”（《荀子·性恶》），是知荀子所谓的“性”，乃天所赋予的自然倾向，因而肯定“欲”的层次。虽然他就人的“欲望”而言“性”，但好利欲得之为“欲”未必即可证明人性之为恶，必欲而不当，方可谓之恶。“欲”既是先天就有的，则亦为人所共同有的情性，是以无欲则不足以显性。欲可为恶，但欲本身不可谓之恶[7]。只因“顺性”易，且常有不当而产生乱时，才谓之恶。另外，荀子又透过“苟无之中者，必求于外”（《荀子·性恶》）的原则，从反面来证明性恶。他见到人之求善乃一事实，此正可说明人之本性是不善的，所以才会欲求善。再者，荀子认为不分圣凡之人，其性皆是相同的。圣人既能成圣，人人亦皆有可能成圣，涂之人皆能为禹。而圣人之所以成为圣人，是由于累积“伪”，亦即人为的结果。因此，荀子所谓性恶，即表示人天生的现实状态，只是“天道”的一种表现，本身并没有礼义制度，并不是“人道”的实现，而所谓之“伪”，就是指人借人为的努力而创造出来的礼义制度，荀子就此而说人性为恶，用意正在于驱策和劝勉人必须克尽“人道”，透过人为的努力，使“涂之人皆可以为禹”。

荀子认为人皆能如同圣人一样“化性起伪”，则“涂之人可以为禹”。但是董仲舒却以为“中民之性，如茧如卵，卵待覆二十日，而后能为雏，茧待缫以涫汤，而后能为丝，性待渐于教训而后能为善”（《实性》）。唯有中民才是圣人遵循天意施行“教化”之主要对象，董仲舒只讨论“中民之性”，却对“圣人之性”“斗筲之性”避而不谈，就此而言，两者有其差异；另外，董仲舒对于“性”之基本意义的了解虽然与荀子相近，但是对于“善”的看法则有异。董仲舒不仅视“性”为天之所就，“善”亦是天之所生也；只是自然质朴之性是内在生而有的，伦理道德之善则是外在的，待人事（王教）而成。故强调说：“善与米，人之所继天而成于外，非在天所为之内也。天之所为，有所至而止，止之内，谓之天性；止之外，谓之人事，事在性外，而性不得不成德。”（《深察名号》）由以上可见，董仲舒同荀子一样重视道德价值的客观性，只是荀子较强调个人的认识累积和实践，董仲舒则较强调圣人、王教，即最高统治者的教化作用。荀子主张“化性起伪”，董仲舒主张“万民之性，待外教然后能善”，则此“化性起伪”与“待教而善”之方法为何，亦可看出两者不同之观点。荀子认为人性是恶的，人性之成善是人事造成的，但是如何“化性起伪”而成就善呢？于此，荀子则肯定“性”具有可化之质。他说：“性者，本始材朴也。伪者，文理隆盛也。无性，则伪无所加，无伪，则性不能自美。”（《荀子·礼论》）又指出：“今人之性恶，必将待师法然后正，得礼义然后治。”“凡礼义者，是生于圣人之伪，非故生于人之性也。”“故圣人化性而起伪，伪起而生礼义，礼义生而制法度，然则礼义法度者，是圣人之所生也。”（《荀子·性恶》）圣人之性无异于一般人之性，其所以成圣，乃积“伪”的结果。圣人以其所制定的客观礼义法度来教化人民，使之为善。但一般人如何去认同客观礼义来教化性？荀子提出改变人性的客观标准是“礼义”，而其主观条件则是“心”。虽然人性以欲为主要内容，但人有心，所以可能摆脱欲的宰制，心有认知、判断和主宰行动的功能，心之所以有认知的能力，乃由于它有“虚一而静”的特性，心若能恢复或维持“虚一而静”的特性，就可达到“大清明”的境界，而心的主要认知对象是道，故《荀子·解蔽》篇云：“心不可不知道，心不知道，则不可道，而可非道。……心知道，然后可道，可道然后能守道以禁非道。……心何以知？曰：虚一而静。”心若能达到大清明的境界，便不会有所偏僻，才会认识到所谓“道”，其实就是以礼义为其实质内容的“人道”，认识礼义之道，才会用它做标准来判断事物是否合于道，是否合于理，能判断什么事物合道，才会发之为行动，把“道”具体地实现出来，能够具体地把礼义实现出来，社会才会有秩序，资源的分配才会公平，那么欲求就有可能得到适当的调节。而董仲舒“教而善”的主要目的，不在于强调自我改造而实现理想人格，乃在于强化统者治的作用。为成全此政治目的，董仲舒把民与王者置于不对等的两极，因此，二者之性亦是不对等的，“民之号，取之瞑也。使性而已善，则何故以瞑为号”（《深察名号》）。中民生来就是要接受教育的，而统治者生来就是要教育中民的。人性之善或不善，全在于统治者之教与不教。王者“受命于天”，教民而善，以体现“天意”，而不是中民受命于天而为善。换言之，“民受未能善之性于天，而退受成性之教于王”，这正是董仲舒人性论的特点，其“天人合一”思想，体现在王者实行教化这一点上，而不是体现在“无待而有”的人性上。总而言之，董仲舒对荀子的性恶论做了若干修正，而开展出自己的观点，董仲舒肯定“性有善质”，就是对荀子性恶论修正之处，换言之，二人立论之不同，主要在于“性有善质”与“性恶”上，荀子认为人生是恶的，善之所以能成“是生于圣人之伪，非故生于人之性”，因此，欲成就善，就必须“化性”以改变自己的本性，才能“起伪”。反观董仲舒，他虽然承认人性是自然之质、质朴之性，但并不认为人性按其自然发展必然是恶，而是认为性有善质，故能“教化”而为“善”。相反地，若人性中无善质，则王教不能使“中民”进于善。由人们能接受教化这一观点上，可以推知质朴的人性中有能与善相应的成分；荀子的性恶论，就是忽视了人性内的善因素；因此，董仲舒“性未善论”，基本上是对性善论的否定，同时也是对性恶论的修正；此即为董仲舒之人性论的主要特点。

四、结语

总而言之，董仲舒所谓“如其之自然之资，谓之性”的人性论，是就告子“生之谓性”，荀子“天之就也，不可学，不可事”一系，所持之“自然人性论”而立说，强调人性如阴阳般的同时兼有善恶，善恶之归趋依后天修养以定向；与孟子将价值德性之源，安立于主体之自觉上的“心性”论不同，董仲舒论人性是有别于“心性”论一路的。劳思光先生言：“但由此一趋势，论‘性’之说亦有一变化，盖就‘自然之性’而言，则人之材质自有差异；于是，由汉至魏晋乃有喜谈‘才性’ 派人士；此种‘才性’问题，实为心性论问题分裂后之产物。”[8]也正因为如此，所以就把孔、孟儒学之“心性”论的思想，推向了“才性”的路径上了。

参考文献：

［1］牟宗三．中国哲学十九讲［M］．台北：台湾学生书局，1989：45.

［2］罗光．中国哲学的展望［M］．台北：台湾学生书局，1977：75.

［3］冯友兰．中国哲学史［M］．台北：台湾商务印书馆，1964：515－516.

［4］唐君毅．中国哲学原论［M］．香港：新亚书院研究所，1968：120－122.

［5］韦政通．董仲舒［M］．台北：东大图书公司，1986.

［6］徐复观．两汉思想史：卷二［M］．三版．台北：台湾学生书局，1985：400.

［7］魏元珪．荀子哲学思想［M］．台北：谷风出版社，1987：79－107.

［8］劳思光．中国哲学史：卷二［M］．香港：崇基书局，1971：11.

原载于《衡水学院学报》2018 年第 6 期。

陈福滨（1951－），男，台湾台北人，哲学博士，台湾辅仁大学哲学系教授，博士生导师。

董仲舒人性论浅析

——学习儒家人性论的几点体会

傅永吉

董仲舒是汉代综合创新新儒学的标志人物，其人性论在儒家伦理思想史上具承前启后位置。董仲舒继承发扬先秦原始儒家人性论思想（特别是孔孟荀人性论思想）中积极、合理因素，结合中国封建社会后期全新的历史条件经济、政治、文化新形势要求，以阴阳学说为重要的哲学方法论，提出著名的“性三品”说、“性有善质而情恶”说（或“性有贪仁”说）、“性待教而善”（或“中民可教”说）及“圣教与王教”说，对儒家人性论有所发展、有所创新，对汉唐儒家人性论有重大影响，对当代建设现代新文化、优化人文生态、再造新儒林以推动民族伟大复兴亦有深刻启示意义。

一、从“性三品”说起

《深察名号》《实性》，一方面前承孔孟荀讨论普遍的人性，另一方面又谈论分层次的人性，是董仲舒主要代表作《春秋繁露》中重点讨论人性的两篇。审视董仲舒人性论，分层次的“性三品”说虽然如惊鸿一瞥，并无浓墨重彩的叙述，但在逻辑上，实居于某种先导性地位，是他全部人性论的理论铺垫，对汉唐两代人性论思想也产生过深刻影响。

周公、孔子一脉相承的儒家道统，是典型的人文主义，与殷商时代的神文主义截然异趣。孔子将儒家道统学术化，高扬的是“人的发现”“人的解放”理念，因之，儒学即是人学；孔子说“里仁为美”[①]，孟子说“仁也者，人也”[②]，直指人的最根本特质即仁德，于是，作为人学的儒学，又可恰当地称之为“仁学”。人性论是探讨人类道德本质或特质的哲学（伦理学）；道德文化是人的最高类本质。当孔子探讨君子这一即现实即理想的人格时，当他明析“义”“利”、指斥“斗筲”而张扬君子“不器”[③]“怀德”“怀刑”[④]“喻于义”“志于道、据于德、依于仁、游于艺”“义以为质”[⑤]“见利思义、见危授命”[⑥]“温良恭俭让”[⑦]时，所发微、彰显的无非是人的善良根性以及开掘“仁义”为代表的人性善根的极大重要性。

另一方面，孔子所创立的儒家“仁学”，譬如《论语》文本中，也反复昭示、告诫人们，人性中存在着自发地趋于“耻恶衣恶食”[⑧]“喻于利”“怀土”“怀惠”[⑨]“怀居”[⑩]“好色”[⑪]即放纵于自然人欲的天然缺陷而趋恶的现实可能。虽然孔子并未如荀子般直斥这些自然人欲之趣向为“性恶”，但他的言论中也无疑蕴涵了对人性中的此一维度甚为了然且不无重视（相当警觉、警惕）。当他断定“性相近也，习相远也”时，则昭示了人性所内具的强烈可塑性与实施教化的绝大必须。总而言之，孔子重“仁”德，以“仁”为人性之核，又论及人

① 《论语·里仁》：子曰：“里仁为美。择不处仁，焉得知？”

② 《孟子·尽心》。

③ 《论语·为政》：子曰：“君子不器。”

④ 《论语·里仁》：子曰：“君子怀德，小人怀土；君子怀刑，小人怀惠。”

⑤ 《论语·卫灵公》：子曰：“君子义以为质，礼以行之，孙以出之，信以成之。君子哉！”

⑥ 《论语·宪问》。

⑦ 《论语·学而》。

⑧ 《论语·里仁》：子曰：“士志于道，而耻恶衣恶食者，未足与议也。”

⑨ 《论语·里仁》：子曰：“君子喻于义，小人喻于利。”

⑩ 《论语·宪问》。

⑪ 《论语·卫灵公》：子曰：“已矣乎！吾未见好德如好色者也。”

性中“喻利”“怀土”等“斗筲”类低劣之性，因而，一般地说，孔子思想是儒家人性论的总源头；特殊地说，孔子思想是孟子“性善”说、荀子“性恶”说、董子“性三品”“善质”“情恶”诸说的总源头。

孔子讲“性相近也，习相远也”①，孟子讲“仁义礼智根于心”②“非由外烁我也，我固有之也”③“养其小者为小人，养其大者为大人”④，荀子讲“人之性恶，其善者伪也”⑤，所强调的是人性的普遍性或一般性。董仲舒也承认人性有此普遍性、一般性或共同性，他说：“民之号，取之瞑也。使性而已善，则何故以瞑为号”⑥“性有善质，而未能为善也”⑦。显然，他是在否定的意义上如此谈论人性，也就是总体上或原则上并不简单认同孟子的“性善”说（儒家人性论流传最广、影响最大的流派），而只是认为人有“善质”。所谓善质，董仲舒又表述为“真质”“性之质”“生之自然之资”，是他以“生”解性的自由发挥。他认为：“今世暗于性，言之者不同，胡不试反性之名。性之名非生与？如其生之自然之资谓之性。性者质也。”⑧当时许多人对人性问题并未弄清楚，没有统一的概念，所指的对象也各不相同。那么，何不尝试一下回到“性”这个名词（的内涵与外延）呢？他认为，“性”这个名词难道不是如告子所断与“生”直接相关吗？比如说，把生下来就自然具备的那些资质（属性），称之为（理解为）“性”。那么，所谓“性”，也就是“质”了。他明确主张必须先弄清楚基本概念，从“质”入手：即厘清“生之自然之资”。此断似颇近于先秦告子“生之谓性”，但董仲舒未尝谈及告子其人及其著

① 《论语·阳货》。
② 《孟子·尽心》。
③ 《孟子·告子》。
④ 同上。
⑤ 《荀子·性恶》。
⑥ 《春秋繁露·深察名号》。
⑦ 《春秋繁露·实性》。
⑧ 《春秋繁露·深察名号》第三十五。

名的“食色性也”之论，不在如此偏颇的视野中谈论人性。告子认为人生来的性上无善无恶的一张白纸，他说：“性，犹杞柳也；义，犹桮棬也。”① 人性就像上杞柳，可以加工成桮棬。又说：“性犹湍水也，决诸东方则东流，决诸西方则西流。人性之无分于善不善也，犹水之无分于东西也。”② 人性就像是流水，顺势而流淌，人类可以引导其流向东方或西方。人性天生之本然状态本无分善与不善，正如水不分为东流西流一样。告子之论的关键点是“人性无分善与不善”，即性本无善恶，此断为董仲舒所不认同。但是，董仲舒确实认为，研究人性要从“生之自然之资”着眼、入手，他说：“性者，天质之朴也。”③ 汉书的记载也印证了这一点：“性者生之质也。”④ “质朴之谓性。”⑤ 董仲舒所理解的人性是未经教化（人为雕琢）的原生样态。但这个质朴的性，与告子所谓天生下来即“无分善与不善”的“性”却大有不同。质言之，董仲舒不赞同“人性本善”“人性本恶”或“性无善无不善”等流行说法。他主张谈论人“性”要注意“性”之主体的区分，而不主张做泛泛之论，即强调要在非普遍意义上而彰显特殊主体或群体之“人”性：“今万民之性，有其质而未能觉”，“天生民性有善质，而未能善”⑥。他认为，普通百姓（万民）的人性具有某种“质”（即天生的“善质”，却不是现实的“善”）但缺乏相应的自觉。本文以为，“善质”若理解为善的潜质，或大致确当。他一再发问：“使万民之性皆已能善，善人者何为不见也？”⑦ 如果说万民之性都已经具备现实的善（万民都能自觉地践行善良），那么“善人”怎么那么稀缺而难得一见（孔子曾大发感慨说善人难得一见）呢？其实，董仲舒虽然说万民之性或天生民性中有“未觉”的“善质”，但

① 《孟子·告子》。
② 同上。
③ 《春秋繁露·实性》第三十六。
④ 《汉书本传·贤良对策一》。
⑤ 《汉书本传·贤良对策三》。
⑥ 《春秋繁露·深察名号》第三十五。
⑦ 《春秋繁露·实性》第三十六。

所强调的重点或特别的指向却是中民之性。在《深察名号》中董仲舒说："名性，不以上，不以下，以其中名之"；这里说，谈论人之"性"，要避开上、下两极，而重点谈论"中"间人群。什么是"上、中、下"人群？内涵、外延各是什么？仍然很模糊，让人摸不着头脑。在《实性》中他的表述却是清清楚楚："圣人之性，不可以名性；斗筲之性，又不可以名性；名性者，中民之性。"不能以圣人之性为样板讨论人性，也不能以斗筲之性为样板讨论人性；讨论人性，最好的样板（模板）是中民之性。显然，董仲舒不太看重（不泛泛谈论）抽象的统一的或普遍的人性，而更着重现实生活中具体的人性，认为人有上、中、下三品，相应地，人性也自然区分为圣人之性、中民之性和斗筲之性。这样，他在中国哲学史上首次提出了"性三品"说，可谓这一说法的原创者。

圣人之性，或可对应于孔子所谓"生而知之者"。孔子强调学以"成仁"，仁德的养成的重要途径是"学而时习之"①，他强调要"志于道""志于仁""志于学"，即立志虔诚修炼仁道这门大学问，通过"博学于文，约之以礼"而成长为仁人——君子，他说："生而知之者上也，学而知之者次也；困而学之，又其次也；困而不学，民斯为下矣。"② 最厉害的那种人是不必学习的，靠天赋就能成就大事业。这应该基于古代传说，如仓颉造字、神农识药、有巢氏造房、女娲补天、精卫填海、吞卵生契③、践迹怀弃④等等神话传说。先民这方面的信仰，自然影响到孔子，于是承认有"生而知之"这种天生杰出

---

① 《论语·学而》。

② 《论语·季氏》。

③ 司马迁《史记·殷本纪》记："殷契，母曰简狄，有娀氏之女，为帝喾次妃。三人行浴，见玄鸟堕其卵，简狄取吞之，因孕生契。契长而佐禹治水有功……"

④ 司马迁《史记·周本纪》记："周后稷，名弃。其母有邰氏女，曰姜原。姜原为帝喾元妃。姜原出野，见巨人迹，心忻然说，欲践之，践之而身动如孕者。居期而生子，以为不祥，弃之隘巷，马牛过者皆辟不践；徙置之林中，适会山林多人，迁之；而弃渠中冰上，飞鸟以其翼覆荐之。姜原以为神，遂收养长之。初欲弃之，因名曰弃……"

（出类拔萃、不学而知）的人。其次是“学而知之者”，孔子自承属于这种勤勉“好学”的人，他说：“吾少也贱，故多能鄙事。”① 他说自己幼年时身份卑贱，做过不少粗陋的活计。他又说：“我非生而知之者，好古，敏以求之者也。”② 他坦承自己“好古”，对古籍有特别的钻研兴趣；又承认自己“敏”，有点小小的聪明，能无师自通。《论语》记载“子入太庙，每事问”③，他自己说过：“三人行，必有我师焉。”④ 还坦然承认自己其实很“无知”⑤。孔子说：“十室之邑，必有忠信如丘者焉，不如丘之好学也。”⑥ 质朴善良的人比比皆是（随便一个小村庄也能找出几个），但敏而好学的人却不多。他认为自己最大的优点就是“好学”。这其实大有“劝学”的味道。孔子认为，还有些人是“困而学之”者，这种人好奇心不那么强，欠缺主动学习的动力，但若碰到困难（问题）时也会临时抱佛脚，尝试探索、解决，急用先学，立竿见影；这种人既没有对学习的爱好，也不能在学习中获得乐趣，只是很被动地学点眼前急需的有限知识技能。此外，还有第四种人，就是“困而不学，民斯为下”者，是那种任何情况下都不能主动学习、也不能被动学习的角色，简直就是浑浑噩噩地活着。有人认为，孔子此处仅仅论及“智”“愚”之分，并非直指人格高下之分野。我们若仅关注文本即字面所表达的直接意象，确然如此；但孔子论“智”（或“知”）显然从来不是单纯谈论知性理性力，而是作为人格之重要维度析理之。孔子说：“知者不惑，仁者不忧，勇者不惧”⑦，智德修养有成，就会胸中有数而不再惶惑；仁德修养有成，

---

① 《论语·子罕》。

② 《论语·述而》。

③ 《论语·乡党》。

④ 《论语·述而》。

⑤ 《论语·子罕》：“子曰：吾有知乎哉？无知也。有鄙夫问于我，空空如也。我叩其两端而竭焉。”

⑥ 《论语·公冶长》。

⑦ 《论语·子罕》：子曰：“君子道者三，我无能焉：仁者不忧，知者不惑，勇者不惧。”子贡曰：“夫子自道也。”

就不会再有无谓的忧虑；勇德修养有成（有成熟、圆融仁义智慧支撑），就能勇往直前、勇猛担当。智、仁、勇“三达德”在孔子《论语》及原始儒学体中占据某种中心位置。“智”是德性的重要外显标志，也是修德、成德的重要手段。以“仁”统御“智”与“勇”，以智勇双全成就仁德为精神生命的主干（坚挺起精神之脊梁骨），这是儒家德性论的核心主张。智性发育（开发）不足，必缺乏对美德的足够（起码的或基本的）自觉，其人格发育必受极大制约、压抑，成长为士、君子的机率必大大降低，更遑论成为人格臻于完美的圣贤！因之，虽然孔子并不曾直接谈论“性三品”或“性四品”，但他的论述中隐含着认定实际生活中的人性（人格）存在着明显差别，则毫无疑义，而董仲舒由此而发挥出“性三品”说，也实可谓其来有自，说是直接受到孔子思想启迪也未尝不可。

这第四类人是不是“斗筲之人”呢？尚须斟酌。“斗筲之人”出自《论语·子路》篇，是指不具备“士”的最低境界的一些粗鄙之徒。子贡曾向孔子讨教“士”的标准问题：“子贡问曰：‘何如斯可谓之士矣？’子曰：‘行己有耻，使于四方，不辱君命，可谓士矣。’曰：‘敢问其次。’曰：‘宗族称孝焉，乡党称弟焉。’曰：‘敢问其次。’曰：‘言必信，行必果，硁硁然小人哉！抑亦可以为次矣。’曰：‘今之从政者何如？’子曰：‘噫！斗筲之人，何足算也？’”[①] 这里孔子谈到了“士”人格的三种情况或三个基本层次，第一种情况（层次），即是达到理想标准的“士”——“行己有耻，使于四方，不辱君命”，基本的道德人格确立起来了，知廉耻、有操守、能担当，能履行比较重大的使命，有坚强的毅力，勇于克服重重困难而千方百计地完成，是君上（领导）授予的任务的良好助手。这涉及入仕之德（为政及参政之德）的重要内涵即“忠”德，也即忠诚于君上所授予的庄严（道义）使命；又涉及孔子强调的“敬事”，或如孔子所言：“执事敬”[②]

① 《论语·子路》。

② 《论语·子路》：樊迟问仁。子曰：“居处恭，执事敬，与人忠。虽之夷狄，不可弃也。”

“行笃敬”① “事君，敬其事而后其食”②。孔子还说过：“志士仁人，有杀身以成仁。”③ 为不辱使命，可以做到杀身成仁，是为“志士”，即士的最高境界，又称“仁人”，其实精神境界已颇近乎君子，只在独立之精神方面有所欠缺而已。曾子曾经谈论自己的学习体会：“士不可以不弘毅，任重而道远。仁以为己任，不亦重乎？死而后已，不亦远乎？”④ 士是有宏大的志向与坚毅的品质那些人，他们能承担起重大的使命（任务）且能行高致远，其使命或任务就是呵护、践履仁德之道，这难道不是沉重无比？这样的使命须终生努力坚持，奋斗到最后一息，这样的人生之路难道还不够遥远？虽然绝大多数时候无须“杀身成仁”，但在庸常的日子里一如既往地坚持到底、至死不渝，也是非常之事业，非有大智大勇者不能承担。而真正的士是具备（完具）“洒热血抛头颅”、血染沙场、马革裹尸的精神准备的。这样的士其实已经初具君子人格之雏形了，只是其自由之精神、独立之人格尚不曾（不得机缘）彰显而已。此一境界突出“忠敬”之德。比这一（层次）最高境（或理想境）略低一些的是“宗族称孝、乡党称弟”，还没有机会出仕为国效命，但基本的精神修养已臻大成，能做到浑然自觉地践履孝悌等美德，在家族中邻里间闻名。此一境界突出孝悌之德。如果说士的最高境界所强调者在治国者的德修，那么此一境界若理解为齐家者德修的基本要求，也大致允当。《大学》尝言：“古之欲明明德于天下者，先治其国；欲治其国者，先齐其家，欲齐其家者，先修其身”，诚其谓也。这一境界的士，实可谓准君子、亚君子或近君子。再其次，更多的人能修养到“言必信行必果”境界，说话能算数，颇讲诚信，做事能善始善终，拒绝虎头蛇尾；这一境界也即士人格的入门（最低）层次，一方面还残留着小人品格的粗欲鄙陋的低级

---

① 《论语·卫灵公》：子张问行。子曰：“言忠信，行笃敬，虽蛮貊之邦，行矣。言不忠信，行不笃敬，虽州里，行乎哉？立则见其参于前也，在舆则见其倚于衡也，夫然后行。”子张书诸绅。

② 《论语·卫灵公》。

③ 同上。

④ 《论语·泰伯》。

趣味，另一方面也算初窥“士”人格境界之门径，虽不免勉为其难，却不是滥竽充数。孔子讲到“抑亦可以为次”的时候，已经是一退再退，标准一降再降，让子贡问得很不耐烦了，一忍再忍，眼见得就要大发脾气。不承想，子贡只顾抓住时机，不依不饶，又问到了“今之从政者何如”这个颇敏感的话题。猜想当时情境，应该是在自家的杏林，可以心扉开敞的相对私密之所，或即是在周游列国的路上，师徒在田野一隅畅聊，孔子于是口无遮拦了：“噫！斗筲之人，何足算也！”哎哟喂，子贡你也太煞风景了！那些家伙就是斗筲一类粗俗蠢物，鄙陋不堪之至啊，他们怎能算得上是“士”呢！这里出现了“斗筲之人”这个说法，一般解为“气量狭小，见识短浅”者，本文以为，此种常解或并不真确，只能算是泛泛之谈。欲理解“斗筲之人”的所指，须与以上孔子言及的“士”人格三境界相比较，方有机缘略见端倪。说他们“无足算也”，实际上等于指斥他们无主见、无操守、无担当，仁义这一精神脊梁骨（主心骨）还没有挺立起来；而且行止有悖于忠敬孝悌；最要命的是连言行及于诚信（“言必信，行必果”）都做不到。孔子认为当时鲁国从政者人格很低下，不忠不孝，无诚无信，连“硁硁然小人哉”这样的起码标准都达不到，根本不具备“为士”的起码标准（要求），不过是一帮小人中的小人（无耻市侩）而已。这是孔子言谈中“斗筲之人”的寓意。若与“困而不学，民斯为下矣”的感慨相关联，也足以构成对“斗筲之人”的一种注解。身居高位，却都是些超越性的道德心未唤醒、激活的粗陋的功利之徒，不学有术，卑鄙无耻，德位根本不相匹配，怎么可能“为政以德”？这是孔子所深为感慨（或悲哀）的。

董仲舒顺着孔子的致思理路进一步发挥出“斗筲之性”，归结为与圣人之性、中民之性对应的另一类型的人性，于是发明了“性三品”说，且影响绵远。

理解董仲舒“性三品”说，要害或难点在“中民”到底包括哪些人。“中民”是董仲舒关注的焦点，他又称为“万民”，与古代“四民”（即士、农、工、商）似乎相称，解为“四民的别称”或通俗地理解为普通百姓亦可。本文以为，董仲舒重视的是这个“学而知之”

及“困而学之”的“中民”人群之性。“斗筲”似乎只是个陪衬，轻轻一点而过，再无从提及。本文以上讨论，欲探本寻源，故铺陈繁复。董仲舒“性三品”说，在其论著中并无过多笔墨，然而在汉唐两代却颇有影响。王充、荀悦、韩愈均持此说，且均有较为详细的论述，亦可谓董仲舒所创“性三品”说的发扬。

王充说：“人性有善有恶，犹人才有高有下也，高不可下，下不可高。谓性无善恶，是谓人才无高下也。……余固以孟轲言人性善者，即中人以上也；孙卿言人性恶者，中人以下者也；扬雄言人性善恶混者，中人也。”① 王充认为人性有善有恶，就好比人才有高下之分，一点也不可以含糊处理——不必讳言。如果认为人性无善恶之分，那也就等于认为人品无高下之分了。他认为孟子说人性善，是指中人以上之性；而荀子所谈论的人性恶，则是指中人以下之性；至于扬雄所讨论的“善恶混”则只关注了“中人之性”。三者都不免失之偏而不全，若综合三种意见，才能接近真理。这就事实上将人性分为“中人以上”（相当于圣人）“中人”“中人以下”（相当于斗筲）三个品次，是王充版的“性三品”了。特别值得注意的是，王充认为“人性恶者，中人以下者也”，天生性恶的人是有的，就是那些“中人以下者”即“斗筲”“下愚”之属。这是明确认定中人以下者的人性邪恶，是与中人以上者的人性状况（性本善）相对称的另一极端。王充又说：“生而见兆，善恶可察。无分于善恶，可推移者，谓中人也。……夫中人之性，在所习焉”②，人生下来，是善是恶，是有明显的征兆的；若善恶含混难分而可推移、变化等情况，这就是“中人之性”了。“中人之性”的特点在于可通过“习”而有所改变甚至根本改变，“习善则为善，习恶则为恶”③。

东汉末年大儒荀悦也持“性三品”说。他说：“或问性命。曰：生之谓性也，形神是也。……或问天命人事。曰：有三品焉，上下不

① 王充《论衡·本性》。
② 同上。
③ 同上。

移，其中则人事存焉尔。命相近也，事相远也。”① 有人问到性命问题。我的理解是，杨朱所谓“生之谓性”这一判断是最靠谱的，性就是人生下来就具有“形”“神”这些禀赋。至于人们关心的天命人事的关系，我想说的是，性有三品，上品与下品都是不可改变的，这就是孔子所谓“上智下愚不移”的道理，在上品与下品之间有“中品”，即董仲舒所谓“中民之性”，是人的努力能发挥作用的地方。对于中民而言，生下来有形有神、有善有恶，大家都差不多；然而，因各人的实际生活环境、父母师长影响、自我努力等等各种不同之“人事”的综合造作，待到长大成人，人品德修就可能相差很远了。

中唐大儒韩愈也讲“性三品”，“性也者，与生俱生者也；情也者，接于物而生者也。……性之品有上中下三，上焉者，善焉而已矣；中焉者，可导而上下也；下焉者，恶焉而已矣”②。他认为，“性”是生来就具有的禀赋，而“情”则是应人接物而后发的。这与董仲舒、荀悦的立场都不相同。但他同意“性有三品”的判断，并且更为明确地断定上品是纯然的善；中品即可向上发展为纯善，也可向下堕落为纯恶；下品则是天然的纯恶。汉唐门阀氏族社会，强调社会等级划分，并试图固化之，“性三品”说是这种社会现实的某种反映。唐以后，随着门阀氏族社会的消亡，“性三品”说遂不传。

一般认为，董仲舒所谓“圣人之性”天生为全善，这可通过他所推崇的“圣教”“王教”理念中推导出来；而“斗筲之性”作为“圣人之性”的极性对称范畴，若理解为“天生为全恶”或如张岱年先生所断“推其意……斗筲之性则近乎全恶”③ 是否确当？由“善人”的臻乎至善的品格，或可推论出“斗筲”们作为对称的一极，应是极恶之属。但这只是一种逻辑推演的结论，而非董氏的原话，硬说是他的本意，也就相当（太过）勉强。本文倾向做如下解读：圣人是自发地达到“善质”自觉并善于自我开发的那些出类拔萃者（超级大智慧

① 荀悦《申鉴·杂言》。
② 韩愈《原性》。
③ 《中国哲学大纲》，中国社会科学出版社，1982 年版，第 205 页。

者），在向善问题上无师自通。而斗筲者则冥顽不灵，难以开发或根本不可能有效开发本有的“善质”，在古代教育极不发达的情形下，暂置之不论，或无为不可（情有可原）。这两种人性，要么太过完善（上智——生而知之者），要么太过粗鄙（下愚——困而不学者），都与教化（“圣教”“王教”）无关，唯有善恶兼具的“中民”——那些能主动学习的“学而知之”者及被动学习的“困而学之”者——之人性，才真正值得关注（其实，这一论判蕴涵着中民之性才是可资教化、有望成材的隐喻、伏笔），设庠序之教的目标不妨直指于此。这或正是董仲舒力主“性三品”说的意图所在。

二、“中民可教”论

当孔子说“性相近也，习相远也”时，昭示了人性所内具的强烈的可塑性。孟子则认为人只要能自觉呵护、存养良知良能，则“人人皆可为尧舜”[①]，荀子也认为，只要肯于学习、坚持学习（“学不可以已”[②]）则“涂之人可以为禹”[③]。每个人都具有成长为圣贤的潜力，这是孔孟荀等原始儒家圣人所表达的乐观主义。

就成贤成圣的路径而言，孔孟荀都肯定个体主体性这一主导性因素。孔子一再说自己并非圣人、仁人，甚至不是“生而知之”者[④]，唯一的长处就是“好学”：“十室之邑，必有中信强丘者，不如丘之好学也”[⑤]；所以，他“入太庙，每事问”[⑥]，甚至在日常生活中也不放过向他人学习的机会：“三人行，必有我师焉！”[⑦] 孔子认为，要成为

① 《孟子·告子》。
② 《荀子·劝学》。
③ 《荀子·性恶》。
④ 《论语·述而》。
⑤ 《论语·公治长》。
⑥ 《论语·八佾》。
⑦ 《论语·述而》。

君子（追求人性的完善）必须走“下学而上达”[1] 的道路。孔子也特别注重教育的人文化成价值，在官学日益衰落的春秋时代，他开风气之先，创办私塾，“博学于文，约之以礼”[2]，努力培养既贤且能的政治精英后备军，为优化社会人文生态并进而优化政治生态做人才准备。显然，在孔子心目中，教育这一外在条件是“习相远”的特别重要的因素。孟子立足于人本有的道德潜质即“仁义礼智”四端、四心，将道德修养看作人向内寻求心性本真支撑（源泉）的过程，是对人类文明进化中积淀的道德本能的理性自觉的人文凝结的发现与开掘；而将其他的倾向（如自发的食欲、性欲冲动等）视为“近于禽兽”之性。孟子以“吾养吾浩然之气”为志，强调对仁义礼智等良知良能的“存”“养”功夫的关键性，并主张以孝悌等美德教育百姓，敦化风俗，为脱离凡俗、造就士及君子、趋近圣贤境界而努力。孟子人性论的贡献或创造，首先就在彰显了人性向善所内具的客观依据（内置于人性深处的心性根据），复通过“谨谨庠序之教，申之以孝悌之义”“反求诸己”“寡欲养心”“求其放心”“养浩然之气”等修养功夫使“善端”得以“扩而充之”，发育、成长为健全的良知良能，人于是有“大心”，于是能（有机缘）成长为“大人”、君子、大丈夫。荀子继承发扬孔孟之基本精神，强调君子的特质是“博学而日参省”[3] 由是而“知仁义法正”[4]。他认为“好学”是个体脱凡入圣的首要条件（或根本条件之一），《劝学篇》是荀子重视个体主体性自觉修身养性理念的系统表达。虽然有“性恶”说广泛流传，然而荀子也认为人性本来是质朴的，他说过：“性者，本始材朴也；伪者文理隆胜也。”[5] 人性是原始状态，是某种质朴的材料；“伪”是对这种原材料的加工。荀子讲“立大学，设庠序，修六礼，明七教”[6]，主张诉诸

① 《论语·宪问》。
② 《论语·雍也》。
③ 《荀子·劝学》。
④ 《荀子·性恶》。
⑤ 《荀子·礼论》。
⑥ 《荀子·大略》。

"知性"能力而达到对德修的自觉意识，以"知仁义法正"[①]为基础进而达到理解礼法制度等规范的意义、价值进而自觉遵从之，强调"既有德修规范"的客观性也即综合社会人文环境（特别是礼法所代表的刚柔并济的规范体系）对个体德性养成的重大意义和价值。

董仲舒在排除了"圣人之性"再塑造的必要性以及"斗筲之性"塑造的可能性之后，集中精力探讨"中民"的模塑（王教）。他认为"天生民性有善质"[②]，"性有善质"[③]。这里所谓"善质"与孟子所谓"四端""四德"究竟有何异同，值得深究。本文以为，孟子讲"吾固有之"的仁义礼智四德，并非现成的美德，而是美德的潜质，即潜在而美好的品德素质，用今天的话说，也可以表述为道德文化基因。如果在这样一种意境中理解，那么董仲舒的"善质"或不失为一个颇恰当的名词（对等词汇或代词）。毋宁说，人性中的"善质"是人类的实践理性能力，即人特有的智慧力的指称，它引领人的言行趋向于善良。这样的一种能力的潜质（即潜能），进入文明时代的每一个正常人都具备，但是否能正常发挥出来，则需要主客观因素的综合造作。孔子主张"入则孝，出则悌，谨而信，泛爱从而亲仁"这样一套"习"得的功夫，与后世（后儒）所讲究的"洒扫应对、晨昏定省"等日用功夫相结合，系统地唤醒、激活并初步开掘开发个体的良知良能即以仁义礼智为代表的美德潜质，进而则要"博学于文、约之以礼"，于是"下学而上达"[④]，有机缘成长为日常生活听仁德化身——君子。孟子讲"谨庠序之教，申之以孝悌之义"，荀子讲"立大学，设庠序，修六礼，明七教"[⑤]，都指向这个基本方向。

较之孔子、孟子、荀子，董仲舒的致思路径，可能更趋于精微，他说："性有似目，目卧幽而瞑，待觉而后见。当其未觉，可谓有见

① 《荀子·性恶》。

② 《春秋繁露·深察名号》第三十五。

③ 《春秋繁露·实性》第三十六。

④ 《论语·宪问》。

⑤ 《荀子·大略》。

质，而不可谓见。”[①] 他这是类比法。把性中的“善质”与眼睛的视力做类比。一个睡着了的人，虽然两眼圆睁，却什么也看不见。只有清醒之后，睁开的眼睛才真正有了视物等能力。人的“善质”也是一样，唯有经过唤醒（激活）之后，才可能显现为现实的“善”，他称为“教之然后善”，他说：“今万民之性，有其质而未能觉，譬如瞑者待觉，教之然后善。……与目之瞑而觉，一概之比也。”[②] 此处“万民”或可理解为既非圣贤亦非斗筲的“中民”之性，这类有“善质”而没有被唤醒、激活因而没有向善的自觉的人，是人口中的绝大多数。就好像是闭着的眼睛，等睁开后才能看清事物；而人性中本然具有而未被唤醒、激活的“善质”，也必须通过教化才能转化为现实的善良品德。他特别强调：“当其未觉，可谓有善质，而不可谓善”[③]，当人的善良潜质还未被唤醒、激活时，只能说有这样的潜质，而不能已经具备了善良的品质。本文认为，董仲舒的“善质”大致等于孟子的“四端”，都指向人的善良根怀之潜质、潜能，只不过孟子讲得简约、笼统，失之“未清”；而董仲舒则条分、理析，思考、表述得更加清楚、明白了。因此，我们若将董仲舒人性论归结为对孟子人性论的扬弃，即辩证否定之发展，亦未为不可。

在肯定了人有“善质”之后，也就是一定程度上认同了孟子“四端”说之后，董仲舒接着说：“善出性中，而性未可全为善也。”[④] 人性中确实有“善质”，全并不是只有善质，因为“仁、贪之气，两在于身”，仁是善质的代表，贪是恶质的代表，人性中同时包含这两种质。他说：“人之诚，有贪有仁……天有阴阳之施，身亦两有贪仁之性。”[⑤] 用今天的话说，就是要对人性一分为二，要看正面，还要看反面。“仁、贪之气”就是仁、贪之“性”（质），这是人受天道影响

① 《春秋繁露·深察名号》第三十五。
② 同上。
③ 同上。
④ 同上。
⑤ 同上。

的自然禀赋。显然，我们可以理解为，董仲舒既受到孟学（思孟学派）的重大影响，又受与孟子同样广为传播的荀学的深刻影响，从而对人性的复杂性有更深刻的洞察。至少他明确主张，必须看到人性中兼具“仁”与“贪”这种两面性（两重性或两极性）潜质的现实。。

董仲舒似乎认为，孟子人性论更适合于表达圣人之性所代表的人性完美态——完全或完整的善，而荀子人性论则更适合于下民之性。这种理念（学术立场）在汉代颇流行，如前所述，大儒王充即持这种观点。王充说：“孟轲言人性善者，即中人以上也；孙卿言人性恶者，中人以下者也”[①]，王充认为孟子说人性善，是指中人以上之性；而荀子所谈论的人性恶，则是指中人以下之性。王充所断“人性恶者，中人以下者也”，明确认定中人以下者的人性邪恶，是与中人以上者的人性状况相对称的另一极端，特别值得注意。然而，董仲舒虽然力主“性三品”说，其现存著述中却没有发现明确判定“斗筲之性”缺乏“善质”的说法，其“情恶”说更宜理解为泛论人性，而既非特别指向“斗筲之性”，更非对人性总体性质的判断。结合其钟情的“阴阳说”，可推知董子不会否认斗筲之人具有“善质”，如果那样，就是（不可能存在的）纯阴而无阳之人了。董仲舒的意思（其思想的合理逻辑的结论应该）是，下民之斗筲之性根本没有起码的改造（教化）价值；在教化意义上，只有中民之性有“材料”（加工）价值。也就是说，董仲舒人性论所重点讨论的并不是一般人性，而是特别聚焦于特定人群即“中民”之既有“善质”而“未善”（待善）、又能经教化而“觉”（向善）这一类特殊“人性”。

董仲舒所重视的中民之性“有贪有仁”，仁的潜质即是所谓“善质”，贪（戾）的潜质则是所谓“恶质”，贪与仁呈二元对立之势，并对应于“阴”“阳”这两大天地间的根本力量：“独阴不生，独阳不生，阴阳与天地参然后生。”[②] 但他显然并不简单接纳道家以及《易传》有关“一阴一阳谓之道”的理念，反而认为应该强调、突出阴与

① 王充：《论衡·本性》。

② 《春秋繁露·顺命》第七十四。

阳的作用、地位、价值具不平等或不平衡性："推天地之精，运阴阳之类，以别顺逆之理。安所加不在？在上下，在大小，在强弱，在贤不肖，在善恶。恶之属尽为阴，善之属尽为阳。阳为德，阴为刑。……阳气仁而阴气戾，……天之好仁而近，恶戾之变而远。"①"天之亲阳而疏阴。"② 董氏这种论证思路，在刻意地强调、突出事物间的不平衡性，将阴阳与善恶（仁戾）做简单的比照、对应，他的立场是：褒阳而贬阴，褒仁而贬戾。他说："天之道亲阳而疏阴。"本文以为，如此将阴阳做简单的二元对立，未免太过粗陋、机械、僵硬，远离了辩证法而趋近了形而上学机械论。对此，王充曾评论说："董仲舒览孙、孟之书，作情性之说曰：'天之大经，一阴一阳。人之大经，一情一性。性生于阳，情生于阴。阴气鄙，阳气仁。'"③

由于引入了"阴""阳"这一对称概念，董仲舒又进而将人性细化，也为贪（戾）安置（安排）了一个内在的根据，这就是对"情"持某种颇消极的肯定立场。他说："天有阴阳禁，身有情欲栣，与天道一也。"苏舆曾谈阅读此段的心得体会："天道好阳而恶阴。此云'阴阳禁'，盖谓禁阴不使干阳，文便耳。栣情欲之恶，不使伤善，斯善胜矣。"④ 前文曾引"天之道亲阳而疏阴"，天道很是偏心，对阳与阴，绝不一视同仁，而是亲疏分明。此处又重申这一立场，认为天道弘扬"阳"而贬抑"阴"，并由此引申出人对自身的"性""情"二质的态度，要努力"与天道一"，也就是对待"情"（"欲"）的态度要与天对待"阴"的态度保持高度（完全）一致，既然天贬抑"阴"，人自然就得节制情欲："天之禁阴如此，安得不损其欲而辍其情以应天。"⑤

需要特别指明的是，董仲舒使用"情"（"情欲"）多数情况下是

---

① 《春秋繁露·阳尊阴卑》第四十三。
② 《春秋繁露·基义》第五十三。
③ 王充：《论衡·本性》。
④ 《春秋繁露义证》，中华书局，1992年版，第296页
⑤ 《春秋繁露·深察名号》第三十五。

与“性”是相对立，即“性”“情”是成对的范畴。这时的“性”作狭义解。在一些（较少）情况下，他又将“情”与“性”统统视为天地之所生：“天地之所生，谓之性情。性情相与为一瞑。情亦性也。”[①] 性情都是天地所生，原本一体的，即“情亦性也”，情也是性，或情是性的一维，于是“情”又归入“性”，此处董子使用“性”一范畴显然是广义的（即包容狭义之性与情为一体）。

当然，董氏更愿意以“阳”“阴”之理来分别性、情，认为性属于阳气（即“仁气”），是直接的善；“情”“欲”或“情欲”则属于阴气（“贪戾之气”），更易趋于恶（或可理解为间接的恶），他明确地说过：“恶之属尽为阴，善之属尽为阳”[②]“阳气仁而阴气戾”[③]。在性、情相分、性善情恶的视野中，他很自然地说：“谓性已善，奈其情何?!”[④] 有人声称人性本善，然而人性中天然就包含着情欲这些自发地趋于恶的因子，这就于理不通了吧！《汉书》亦如此记载：“性者，生之质也；情者，人之欲也。”[⑤] 这一论判一般认为系直指孟子“性善说”，同时也表明，董子有条件地接纳了荀子的“性恶论”。

荀子力证人性本恶，根本否认人性中本有“仁义礼智”这些善良的开端、萌芽即孟子式的“人性本善”说。这是儒家传统中唯一高扬人性恶大旗的支脉。荀子说：“人之性恶，其善者伪也。今人之性，生而有好利焉，顺是，故争夺生而辞让亡焉；生而有疾恶焉，顺是，故残贼生而忠信亡焉；生而有耳目之欲，有好声色焉，顺是，故淫乱生而礼义文理亡焉。然则从人之性，顺人之情，必出于争夺，合于犯分乱理，而归于暴。故必将有师法之化，礼义之道，然后出于辞让，合于文理，而归于治。用此观之，然则人之性恶明矣，其善者伪也。”[⑥] 荀子认为，人类的自然属性以及饮食男女等欲望本能都是人

① 《春秋繁露·深察名号》第三十五。
② 《春秋繁露·阳尊阴卑》第四十三。
③ 同上。
④ 《春秋繁露·深察名号》第三十五。
⑤ 《汉书本传·贤良对策一》。
⑥ 《荀子·性恶》。

性的组成部分，其本然状态趋于“恶”。荀子一再强调，君子小人都是后天练成的，与天赋无关。道德律是后起的，以约束人的性情——治身。同时，他也强调道德规范道德的外在的和有强约束（裁制）性；若无道德律的约束裁制，人之身心必紊乱，人人皆无道德（礼法）约束，则天下必大乱。他对知性理性倍加重视，强调以“智”之开启为德性之源泉。人性本恶，而善是对人性加以“矫饰”“扰化”从而“化”之“导”之（“师法之化，礼义之导”）的结果，即“出于辞让合于文理”。在荀子的文化视野中，人性如“饥而欲饱”“寒而欲暖”“劳而欲休”“目好色”“耳好声”“心好利”“骨体肌肤好愉佚”“生而有疾恶”，毋宁说只是“伪”即“人为”（心为）的某种原料、素材，知性的开启以明于“仁义礼正”，才是道德（意识）的真正源头。董仲舒传世著述中并无提及荀子，更未对“性恶说”有只字之评判，然而，董子“情恶”说若理解为对荀子人性论的批判改造，也有相当合理性。董仲舒当然不同意荀子力主“性恶论”而与孟子“性善论”截然对峙的立场，但又有条件地接受了荀子的观点，也就是将荀子所谓人性本来的原生态是总体（全体或全部）趋向邪恶，修改为人性中一部分或某一趋于邪恶或具有邪恶之趣味的维度，这就是董子所发明的“情恶”说。广义的人性中，即有仁之性，是为“善质”；又有“贪”（戾）之性，是为“情恶”。综合研判，董仲舒人性论的主体或核心理念，可归纳为“性有善质而情恶”说（或“性有关有恶”）。流行观点多有认为董仲舒持“性善情恶”说，其实有欠精准。

三、阴阳说——董仲舒人性论的哲学方法论

阴阳学说是董仲舒引进的哲学基础和颇具根本性的哲学方法（论）。人性中为什么会有性质截然相反的“贪仁之气”呢？董仲舒认为，这是天之阴阳之道在人性问题上的体现（显现）。原始儒家与阴阳家是保持着清晰的距离感的。战国后期诸子百家间经长期碰撞、日益呈交融之势，许多学人的学术立场变得日益复杂起来，“博而杂”是那个时期的一种普遍学问趋向。董仲舒算得“博而杂”的典型，在

某种意义上，甚至称他为杂家似乎更接近真实。但是，董仲舒毕竟自承“以儒为宗”，即以儒家思想为核心、主干而综合诸家之长。这是他努力的方向，总体也算得很成功。儒家传统政治化（深深介入政治管理生活并转型为政治法律思想即“政治儒学”）亦由此得以完成。

将阴阳家的哲学方法直接拿来应用，作为他自己主要的理论武器，是董仲舒治学的一大特点。他说“天道之大者在阴阳”①，又说：“凡物必有合。合，必有上，必有下，必有左，必有右，必有前，必有后，必有表，必有里。有美必有恶，有顺必有逆，有喜必有怒，有寒必有暑，有昼必有夜，此皆其合也。阴者阳之合，妻者夫之合，子者父之合，臣者君之合。物莫无合，而合各有阴阳。”②

董仲舒所谓“凡物必有合”“物莫无合”，其实是中国哲学“物必有两”或“物莫不有两”的一种另类（独特）表述。事物及其性质都是成对出现的，有一事物存在，必有另一与之相反相克相辅相成的另一事物相对应（对称）存在着；同样，事物的性质，总有与其相反相克相辅相成的另一性质对应或对称存在。值得特别重视的是，董仲舒所谓性质相反的事物或其相反相克的两方面性质，其功能、价值、地位、归宿亦截然不同，二者关系犹如阴与阳的关系——“合各有阴阳。”他甚至说：“为人者天也。人之（为）人本于天，天亦人之曾祖父也。此人之所以乃上类天也。……天之副在乎人。人之情性有由天者矣。”③ 这一说法再次回到完全人格化的“天”，哲学立场上一步倒退回到了商末周初。西周以来“人的发现”与“人的解放”的全部成果消解掉了。这种机械还原论的哲学立场，在战国晚期、秦汉之际直迄魏晋隋唐等代颇为流行，令人很是费解，似与董仲舒等大哲的身份甚难相称。因为，这种立场，就纯粹哲学而言绝说不上高明。当然，这样论证起来，对于缺乏思辨传统的中国人有某种特殊方便性，尤其是在两千年前的中古时期，很容易说服统治阶层，也更容易为普通百

---

① 《汉书本传·贤良对策一》。

② 《春秋繁露·基义》第五十三。

③ 《春秋繁露·为人者天》第四十一。

姓所接受。因为，闭着眼睛硬说辽远虚渺而不着边际的天道，玄而又玄，神乎其神，很能迷惑人，给人以高深莫测的感觉。比如说天道有什么内容因而人道也自然有什么内容，是古代社会一以贯之（至今仍绵延不绝）的“小传统”，天道、阴阳观念为社会大众普遍接受，说起来自然而然，听起来也“顺理成章”。然而，董仲舒竟然说“天亦人曾祖父”，我感觉天和人的同构性被夸张到离谱了：太通俗了，过分体谅没文化者的思维量级了，弄得董子自己也好像也很没有文化似的。道教所代表的本土民间信仰中有玉皇大帝这个神秘人物，天上的第一号大佬，每天坐在天上的龙庭——凌霄宝殿，算是董氏理论的神话版吧。“阴阳之气，在上天，亦在人。”[①] “天两有阴阳之施，身亦两有贪仁之性。”[②] 董仲舒借阴阳学说终于很自然很合理地建构起了人性论的基本框架。这种说明路径（论证方法），较之《易传》，显然又下降了一个量级。所谓“天有阴阳之施”，天道分解为阴阳二气，体现为世上万事万物的共性，自然这种共性也要体现在“天的副本”人类身上，因而，人性中必然（不能不）有阴阳二气，具体来讲就是“身亦两，有贪仁之性”。“恶之属尽为阴，善之属尽为阳。”[③] “阴”“贪”“戾”被董仲舒直接判定为“恶之属”而“阳”“仁”则是与之对应的“善之属”。本文以为，这是典型的（简单的）二元张力构架中对人性的解读。简单地对天道自然做价值判断，如此做法，远不若《易传》对阴阳的理解精致、高妙。在自然界，阴阳所代表的矛盾双方的对立面统一关系，并无善恶可言；只有人类社会中，才会从特定视角审视言行止等，而有善恶等等价值评判。天道无此善恶言判，只是自然而然而已。在这个问题上，道家“道法自然”的立场更接近于世界运化的真实。再者，人的言行的善恶评价，标准总是具体的。这要依据于价值体系（譬如阶级性的介入，譬如民族性的独特性的介入），既要上升到一般的价值标准，又要考虑不同群体等的具体标准，

---

① 《春秋繁露·如天之为》第八十。

② 《春秋繁露·深察名号》第三十五。

③ 《春秋繁露·阳尊阴卑》第四十三。

于是不能不正视善恶判断的相对性：一种标准下的善，在另一标准下，可能转化为恶。譬如个人主义价值观与整体主义价值观的分野；又譬如传统的中古社会价值体系与现代社会价值体系的分野，等等，都需要做具体的分析、研究，而不可简单地大而化之。不仅如此，在辩证法的视野中，阴与阳、善与恶，并非简单的表面的对立关系或矛盾关系，而是你中有我、我中有你，互为存在的前提并且双方在一定条件下相互转化（向各自对立面转化）的关系。纯阴固然远离良性的存在状态，纯阳同样如此。只有阴阳交泰、水火交济，才趋于良性的存在态。

暂且将辩证法的深度揭示放置在一边，回到董仲舒“天两有阴阳之施，身亦两有贪仁之性”之判，对之做某种抽象的把握、理解，可以体会到董氏对先秦诸子百家综合包容的人文态度，对人性的理解或解读总体而言更加全面、丰富了（就中古时代而言）。又，我们又必须看到董子较之孟荀二圣，在哲学方法论上，虽然综合了阴阳五行之说，却未能提升之，而仅仅满足于简单地取用之，并未有取得突破性进步。当然，必须承认的是，就其实用价值而言，董氏人性论更能适应那个时代的政治需求，也适应了上至帝王下至庶民的一般文化心理需求及理解、认知能力；我们也有意认可，所谓汉唐之治确有不俗成就，强汉而盛唐，中华文明最强大的时期，儒家功不可没，而董仲舒的直接贡献也绝不可轻忽。这是就历史功绩而言。当然，但若回到哲学本身，则事情就变得复杂许多，我们今天也许可以更多地审视董氏理念的遗憾（缺憾）之处，这就是董仲舒人性论及其政治哲学远未能发挥哲人（哲理）应有的提升、引领之功，反倒很有取媚于流俗即从俗媚众的意趣，难免令人扼腕慨叹，而又不得不认可这种必然的时代的即历史的局限性。我们今天的人，所要做的第一件事，恐怕就是不可尝试重新回到董仲舒式的从俗媚众，更不能做儒学的重新政治化的任何尝试。我们今天的文化自信，绝不是简单固守本土传统的文明定式，而必须以现代性文化视野为基本参考系、以主动吸纳人类各种不同文明之合理、积极成果特别是现代化生产和生活方式新成果，以更其博大、包容的人文姿态完成以中华民族现代化为基本指归的文化综合创新。必在这样的视域中，重新审视董仲舒所代表的儒家人性论，以现代社会为核心参照，以大工业生产和城镇化生活为主要物质基础，并以民主政治建构和人文中国再造的全新的三位一体的生活方式为标的，批判地讨论其可能的人文价值及现代转型、转化、诠释的可行路径。本文以为，这是我们今天所应秉持的正确的学术态度。

四、“圣教”与“王教”

“性三品”中的“中民”之性，既有趋仁之“善质”，又有趋贪（戾）的“恶质”，这就为民性的系统改造提供了可能。当然可能性还远非现实性。董仲舒说：“天生民性有善质，而未能善。”① 这是他在《春秋繁露》中反复申述的观点。“性有似目，目卧幽而瞑，待觉而后见。当其未觉，可谓有见质，而不可谓见。今万民之性，有其质而未能觉，譬如瞑者待觉，教之然后善。当其未觉，可谓有善质，而不可谓善……”②“名者性之实，实者性之质。质无教之时，何遽能善？……故曰性有善质，而未能为善也。岂敢美辞，其实然也。”③董仲舒反复告诫人们，有了善质还不是现实的或现成的善良，美德还没有显现出来，还需要一番细致的加工功夫。他接着说：“性比于禾，性比于米。米出禾中，而禾未可全为米也。善出性中，而性未可全为善也。善与米，人之所继天而成于外，非天所为之内也。天之所为，有所至而止。止之内谓之天性，止之外谓之人事。事在性外，而性不得不成。”④“性如茧如卵。卵待覆而成，茧待缫而为丝，性待教而为善。此之谓真天。”⑤“性待渐于教训而后能为善。善，教训之所然也，非质朴之所能至也，故不谓性。善所自有，则教训已非性也。”⑥

① 《春秋繁露·深察名号》第三十五。

② 同上。

③ 《春秋繁露·实性》第三十六。

④ 《春秋繁露·深察名号》第三十五。

⑤ 同上。

⑥ 《春秋繁露·实性》第三十六。

董仲舒如此反复重申“性者质也”，我们若做一般的理解，他自是努力把“自然之资”与人类实践活动的结果做严格区分。“自然之资”是自然而然，是天地自然综合作用的结果，在人类身上也就是“善质”这一道德潜能、潜质了。而人类及其中大大小小的群体直到个体们是否真的具备了或在生活中养成了美德（意识、感情、意志与践行能力的统一体），则是另外一回事了。

然而，需要追问的是：谁来承担这个“渐于教训”的神圣职责？在传统社会中，普通小民显然不具备这种能力，既不能自我教育，更不能去教育他人。怎么办？董氏的答案是现成的：“今万民之性，待外教然后能善”[①]“万民”就是普通百姓了，大致等于（相当于）“中民”。董仲舒说：“善当与教，不当与性”[②]，善良品德是教化后的结果，而不是本然的天性。“待外教然后能善”，需要一番细腻的教化功夫才转化为现实的善良。但行使教化的主体，显然不是“中民”（“万民”）们自己。董氏接下来说得很明白：“多累而不精，自成功而无贤圣，此世长者之所误出也，非《春秋》为辞之术也。”[③] 又说：“天之所为，止于茧麻与禾。以麻为布，以茧为丝，以米为饭，以性为善，此皆圣人所继天而进也，非情性质朴之能至也。”[④] 字面上看是“人之所为”，事实上却并非一切人皆有“为”的资格。董仲舒将此资格局限在极狭小的范围内：“贤圣”“圣人”，即“圣人继天而进”。“质善”这一相对普遍的天资后面的事，就交给那些大智慧者即圣人贤人了。反复阅读《春秋繁露》，感觉董氏的意思又并非如此。他说了贤圣、圣人之后，又说了更多的话，才真正亮出了底牌。他说：“天令之谓命，命非圣人不行；质朴之谓性，性非教化不成；人欲之谓情，情非制度不节。是故王者谨于天意，以顺命也；下务明教化民，以成

① 《春秋繁露·深察名号》第三十五。

② 同上。

③ 同上。

④ 《春秋繁露·实性》第三十六。

性也；正法度之宜，别上下之序，以防欲也。修此三者，而大本举矣。”[①] 好了，主角终于上场了。董仲舒讲“天令之谓命，命非圣人不行；质朴之谓性，性非教化不成”，先把圣人抬出来，虚晃一枪，接着亮出底牌：“王者谨于天意，以顺命也；下务明教化民，以成性也。”民众的人性既然有缺陷，又不能自我拯救，只能依赖圣明的“王者”之教了：“天生民性有善质，而未能善，于是为之立王以善之，此天意也。民受未能善之性于天，而退受成性之教于王。王成天意，以成民之性为任者也。”[②]“性者，天质之朴也；善者，王教之化也。无其质，则王教不能化；无其王教，则质朴不能善。”[③] 董仲舒认为“天质”只是王实施教化的对象。如果没有王教，即使“天质”再好，也不会自发转化为现实的善良品格。

如果不把教训简单地等同于“王教”，董仲舒这一论断，就具有相当高的真理性。生活中个体实然的善良（即表现出现的优良品行），大多数情况下，是经他人教化（点化）形成的，所以，光有质朴这类善良的潜质（潜能）还不能（不足以）确保一定成就善良（不能保证善良美德修养的成功），因而，“善”就不能称为（等同于）“性”；如果说善良是人性天然自有的，那么教化的对象就已经不再是“性”了（因为善良已经远离质朴了）。然而，令人无奈的是，董仲舒很自觉地过分强调或夸大了外在性的“教训”“教化”，即“圣教”尤其是“王教”的必须或必然。

我们既不可视董氏之论为绝对真理，亦不可简单斥之为绝对谬误。即使以今人之眼光审视，也可轻易发现其相对的正确性、合理性，即相对的真理性。因为众所周知，“人是环境的产物”。任何人的健康成长都离不开他人的引领。亲人、师长的教导、教训对幼年个体早期心智的健全的影响更具综合性与直接性。教化是社会人文环境所营造的一般的道德教育功能，因而，就人类社会的整体运化而言，并

---

① 《汉书本传·贤良对策三》。

② 《春秋繁露·实性》第三十六。

③ 同上。

不设定也不可能设定“贤圣”或“王者”为核心与必然的要件。而董仲舒所高扬的“圣教”“王教”则不然。必先有贤圣，方才可能有“圣教”；必先有王者，也才能有所谓“王教”。然而，“贤圣”“王者”在人类文明史上都属极度稀缺的资源。按照儒家理念，王者是道德修养臻至完美而有卓越政治管理才能的人，即“德位匹配”的超一流人才。孟子说：“五百年必有王者兴。”这对期待圣王的人们，是个不小的打击。五百年对于现实生活中的人们来说太久了，大约十五六代人才有机会必然地出现一次“王者”。个体如果身处其他时段，就很可能只得在教化低劣甚或全无教化的文化黑暗时代中痛苦摸索了，这种情境，想象起来就非常荒唐！此外，就现实生活或历史演进而言，身居王位者未必就是德位相配者，很有可能是桀、纣、秦皇、隋炀这类超一流的昏君、暴君。这当然并不妨碍帝王们自封为圣王，也不妨碍身边的阿谀之徒们高声颂“圣”的丑剧、闹剧一再上演，历史上“圣上”之名接二连三、不绝如缕，而事实上的圣王则如凤毛麟角。到底哪种可能性更大，实在说不准。若由桀纣们来行使“王教”，必黑白颠倒、是非混淆，人类又情何以堪？董氏此论将教化简单地置换为“圣教”“王教”，显而易见是将“王教”这一极度稀缺的资源，夸张为经常的、必然的与必不可少的教化手段，因而在逻辑上假定每位皇帝都必然是圣君明主，并且必须由他们来教化、教训百姓，如此才能造就普遍的“善”，这就流于赤裸裸的溜须拍马了。

董仲舒作为儒家传统向政治哲学转型的另一人物，对自己的使命（把儒家思想直接转化为汉初政治法律思想即政治哲学），时刻保持着清醒的头脑。于是在董仲舒，人性论不再仅仅是人生哲学的重要支撑，而且主要是政治哲学的核心的或基本的内涵与主要的理论凭依。也就是说，董仲舒之所以坚定虔信“生之谓性”，是因为他所承担的儒学政治化的特殊使命使然。汉承秦制，巩固新生的天下大一统的封建政权，要求相应的思想观念的高度统一。这是封建专制集权政治制度的内在必然性。神秘的上天、神秘的天意，在中古时代一直是封建统治者得心应手的愚民工具，借以论证“王教”的天然合法性（必然性与必要性）。皇帝们受命于天，是天的亲儿子、亲孙子，由他们施行王教上承天意，且符合于阴阳之道，具有最充分的合理性，谁敢不服？董仲舒力倡“王教”的绝对性，并以“天质”为所谓形而上依据，如今看来，其历史作用不免有鲜明的两面性。一方面，我们就历史演进实际看，要肯定儒家传统这一政治哲学的转型的完成，是汉唐盛世最为重要的人文环境之一，无此一维，也许中华文明的中古史就会黯然失色；另一方面，就现代人所生活的现代性理性与制度设计视域而言，董仲舒所谓“天质”，诉诸神秘的人格化“天”帝的意志，虽是中国传统哲学直迄近代（明清二代）的不二法宝，却与科学思维境界甚为隔膜，直有云泥之别，至今仍足以构成整个民族现代化的严重精神文化（人文）障碍。至今仍有所谓知名人士津津乐道于“神秘体验”，仿佛仍置身于中古时代甚至欲拖拽整个民族回到前现代甚至中古时代才算功德圆满。这也真是（实在是）现代中国哲学界的莫大悲哀了。阉割掉了人的主体性诉求，而单纯强调“王道教化”，在哲学上为“王教”（封建帝王专制）的必要性（甚至唯一性）做人性论的证明，就必然（必须）把个体视为纯粹的客体（草民、群氓），这种理论，事实上很快变身为封建专制的思想统御（牧民）工具——愚民政策的理论注解。

本文以为，“天质之朴”或“善质”所标志的是人类由猿类进化而来长期积淀而社会性遗传的道德文化本能，即道德潜质、潜能，或人特有的人文基因。它产生于远古时代的某一刻，是进化中自然选择（早期、中期）和社会选择（晚近期）的结果，而绝不是神秘的上天的恩赐。对于进入文明时代之后的人类个体而言，其道德文化潜质、潜能转化为实然的道德品行，并非必然（必须）依赖于“王教”，其中一个重要原因即王教本身具有不可依赖性。于是，人的道德自觉，从来主要依靠的只能是个体的主体性自觉，即“仁义礼智”为代表的良知良能的幡然觉悟——系统地唤醒、激活，而后复有系统的培植、滋育。所以，德性之修炼，主要不寄托于外在的圣王这种偶然性，而只能寄托于内在善良根性的幡然觉醒与悉心培植、虔诚坚守。而教化功能，一切具备君子人格者即皆能承担（担当），若更退而求其次，准君子（向君子）们也可在一定程度上承担相当的责任。社会的精英群体若能恪守君子信仰（仁义礼为主核的人文信仰），为大众提供正向的品德榜样，全社会的人文生态就可保持在总体优良状态。真正可怕之处却在于，精英群体的小人化、市侩化，厚黑主义、阴谋主义与泊来的功利主义、实用主义杂交成现代丛林主义（精致的功利主义），并公然被奉为主流价值观。祈望这样的精英群体中产生圣贤，无异于痴心妄想；相反，社会人文生态只会日益恶化而不可能逆转为优化。因而，再造人文中国，必自“再造君子人群”始。而当务之急，却是法制的完善，政治生态的率先优化。限于篇幅，在此姑不予讨论。

五、教化的起点与终点

孟子：“仁义礼智，非由外铄我也，我固有之也。”① 仁义礼智并不是硬塞（灌输）进我们心里的，而是我自己固有的。人的善良本质并不依赖于任何外在的权威上，例如上帝或天地、道之类；其来源是纯然内源性的，而不在任何意义上是外源性的。这种立场，如果用今天流行的进化论的科学观点来解读，也能通透，抵达一以贯之的觉解。他在另外地方讲，这些“我固有之”的能力就是“人之所不学而能者，其良能也；所不虑而知者，其良知也”②，即我们今天所熟知的、人类特有的良知良能，即实践理性所标识的慧力。这种智慧能力的激发，其由潜质转化为现实的契机，就在平庸而温馨的家庭日常生活中，自然而然地开始萌发（发芽）、生根，犹如那带给人以满满希望的幼苗。这类人天生所自具的实践理性慧力潜能（潜质），本文以为或亦可称为“道德文化本能”。孟子接着以幼童为例解说之：“孩提之童无不知爱其亲者，及其长也，无不知敬其兄也。”③ 儿童在家庭中，出生后就得到父兄等的关爱，并自发地投桃报李；年事稍长而稍明事理，就慢慢能自觉主动地敬爱父母兄长。不仅是纯然自发地

① 《孟子·告子》。
② 《孟子·尽心》。
③ 同上。

“能”为（能做到），而且有“知”——懵懂式的自觉，即有一定程度的自觉。这种“不学而能”“不虑而知”的实践理性慧力潜质潜能是最基本（最初步）的善，即文明时代人人生来本具的本然的善良根性（人类在漫长的原始社会中自然选择和社会选择中获得性地积淀生成的道德文化本质或本性）。后来《三字经》将之精练概括为“人之初，性本善”。孟子还说过：“人之所以异于禽兽者几希，庶民去之，君子存之。舜明于庶物，察于人伦，由仁义行。非行仁义也。”① 人与禽兽之属的根本区别（差别）很少很少，就“仁义礼智”那么几点，普通人没有觉察到这些人之为人的根本处，糊里糊涂地就遗失（埋藏于潜意识深处）了，以至于忘记了做人的道德本分了；而君子们则能体悟这一人生之根本、生命之关键，上升到对道德文化沛然自觉的生命境界，于是乎悉心呵护、存养、坚守、张扬这一最属人的精神特质。圣人大舜对日常生活中最普通的事物了悟于心，特别对人伦义理所代表的道德特质明察秋毫，对仁义礼智等实践理性的意识（自觉）抵至炉火纯青之境，其实，他早已修炼到仁义美德化身的境界，一言一行、一颦一笑莫非仁义礼智这一精神慧力的自然释放、挥洒。对于大舜这样的圣王而言，早已超越了刻意行仁仗义的境界啊（更不会装模作样地表演、做秀，不会搞假仁假义这套烂把戏）！

在董仲舒眼里，孟子把问题想得太简单了。他对孟子有批评说：“或曰性也善，或曰性未善，则所谓善者各异意也。性有善端，动之爱父母，善于禽兽，则谓之善。此孟子之善。”② 有人说人性本然的状态就是善良的，有人说人性本然状态是不包含善良的，其实大家说的“善”（善良）的含义恐怕并不相同吧。人天性中有“善端”，自发、自然地爱自己的父母，在这方面比禽兽强（与禽兽相比，人具备这样的爱父母兄长的善良），就说此人性中自然地具备了“善”。这就是孟子所谓“人性本善”啊。董仲舒认为，孟子是以禽兽为标准衡量人，所谓“人性善”是说人性比较禽兽之性更善良一些（一点）。这

① 《孟子·尽心》。

② 《春秋繁露·深察名号》第三十五。

里似乎有对孟子的误读。以本文理解，孟子所重点发明，在善根（善良本性或良知良能）的发动这一至为关键处，必从“明于人禽之分”开始，人类才能从道德懵懂混沌状态升华到道德意识即实践理性的自觉开启。也就是说，要解决做人问题，首先必须自觉与禽兽划清界限，不能浑浑噩噩地混同于禽兽，更不能禽兽不如。也就是说，要从人性的自觉入手解决“做人”问题。儒家认为，人生在世最大的生命课题是仁义礼智为代表的族类本质的幡然省悟、沛然自觉，即善良根性的系统地唤醒、激活这一人性启动工程，由本能（懵懂的潜意识）上升到清明的理性认识，并努力培植之、升华之，内化为坚韧不拔的善良意志、品节操守，又须毕其一生不断培养践行能力，保持具大智慧的强者态势，直面人生的种种非常挑战。

由此，我们能体会到在孟子的人文视野中，“仁义礼智”为道德文化本能是人之族类及其每一个体的共同的“几希”，是人性从禽兽性中脱颖而出后积攒起来的智慧钻石、人文珍珠，是现实生命中最宝贵的精神财富。换言之，“明于人禽之分”是个体精神生命的出发点或最原始的生长点，故谓之“四端”“四心”“四德”。有此“四端”的自觉，是人性觉醒的关键一步。没有“四端”的自觉，就等于人性未被唤醒、激活，还处在浑浑噩噩的自然状态，还只是个徒具人形的禽兽——在道德上还处在蒙昧状态的行尸走肉的“人”。冯友兰先生称此境界为“自然之境”。在此状态下，“人”即使表现出道德性，也只是偶然、碰巧，既不具自觉性，亦不具必然性。真正的人，必有道德性的自觉。自觉的对象，概而言之就是仁义礼智“四端”，或者说，自觉的标志就是“四端”所代表的人之为人的道德文化特质的系统性唤醒、激活，然后再自觉地呵护之、存养之，将道德心由潜意识状态激发为显意识，令（培植）其由幼芽茁壮成长为参天大树。孟子强调的就是这个至关键的出发点。由此出发，通过洒扫应对、晨昏定省，入则孝，出则悌，谨而信，泛爱众而亲仁，即良好日常生活习惯的系统养成——美德习得的过程，即走在了“成人”（成长为真正的人）的阳光大道上。这是孔子的谆谆教导。孟子将这一过程简化、浓缩了，特别强调仁义礼智的本能性，认为由本能地爱亲敬兄上升到自觉地“亲亲、仁民、爱物”，将爱父母敬兄长的本能转化为理性的自觉并培植为日常的习惯，这就是仁爱之心的最基本表现（内涵）。于是，孟学（思孟学派）以特别强调人的主体性自觉并倾全力唤醒良知良能为最显著的特色。甚于以上分析，本文认为，董仲舒批评孟子，其实是借力打力，即借批评孟子而阐发自家人性论理论。就他对孟子的批评而言，并未触及真谛，反颇有隔靴搔痒之嫌。

董仲舒接着谈论他对“善”的教化的理解：“循三纲五纪，通八端之理，忠信而博爱，敦厚而好礼，乃可谓善。此圣人之善也。是故孔子曰：‘善人吾不得而见之，得见有常者斯可矣。’由是观之，圣人之所谓善，未易当也，非善于禽兽则谓之善也。使动其端善于禽则可为之善，善（人）奚为弗见也?”[①] 董仲舒刚刚点名批评了孟子以“明于人禽之分”为善，认为这个标准未免太低，“非善于禽兽则谓之善也”！比禽兽好一点就算“善”？这样说怎么行呢！那么，怎么行呢？董仲舒请出孔子来护驾。孔子说过“圣人，吾不得而见之矣；得见君子者，斯可矣。……善人，吾不得而见之矣；得见有恒者，斯可矣”[②]。品行臻于完美的圣人、“善人”我没机会看到；如果能见到君子、见到道德自觉且有恒心、有操守的人，也大可心满意足了啊！这是孔子的感叹了。世风日下，善人或圣贤之类凤毛麟角，邂逅一把的机率太低太低，还是回归日常生活吧，如果身边能出现一些有道德心、有道义感、有节操能坚守的人，也是件很不错的事情吧。细细审读董仲舒的文字，感觉他对孔子的感慨的理解恐怕有误，他是将“善”（即有道德）与“善人”（美德修炼的完成态或完美态即圣人所抵达的天地之境）简单混同为一了。孔子说“圣人，吾不得而见之矣；得见君子者，斯可矣。……善人，吾不得而见之矣；得见有恒者，斯可矣”，是偶尔表露出的悲观情绪么？似乎又并非如此。他对

① 《春秋繁露·深察名号》第三十五。

② 《论语·述而》：子曰：“圣人，吾不得而见之矣；得见君子者，斯可矣。”子曰：“善人，吾不得而见之矣；得见有恒者，斯可矣。亡而为有，虚而为盈，约而为泰，难乎有恒矣。”

别人讥笑是“知之不可而为之者”的辛辣讽刺，采取的欣然笑纳的态度。尽管直接为政的努力并不成功，周游列国以说服诸侯接受自己的政见的努力也终是功亏一篑，但他并不轻言放弃。他的晚年，走的就是曲径通幽的路线：删文书、办私塾，为政治精英后备军做师资和教材的系统准备。其实，他三十多岁就开始办教育了，只不过晚年更集中精力、心无旁骛了。《论语》记载：“子以四教：文、行、忠、信。”① 这应该是对“行有余力，则以学文”② 即那些有相当基础的成年弟子的办法了，也是后来《大学》所谓“大学之道，在明明德，在新民，在止于至善”这套适用于成年弟子的教育模式。孔子自己和他的学生都曾谈到“博学于文，约之以礼”，孔子自己更明确地主张“贫而乐道，富而好礼”这一精神脊梁骨的建构或培植的重要性，所提供（指引）的是个体生命运化、“下学而上达”即精神生命不断升华的阳光路径。孔子说“得见有恒者，斯可矣”，说的就是这种向善努力的生命坚守吧。《论语》更重视人生这个中段，这个漫长的渐进的修炼过程。牟钟鉴先生曾将《论语》中出现的与道德修养相关的德目详为梳理，总结出二十八个细目，可谓从方方面面条分理析了君子所需具备的精神品质，远较“仁义礼智”这“四端”的粗线条勾勒为细腻、精微。这绝不是偶然的。说明“学以成人”（成仁）这个生命工程，确实是至精微的系统工程。孟子对此并无发挥，也许他认为孔子的谈论已经足够了，更要紧的是这一工程之如何开始（启动），即如何由可能转化为现实，才更为关键，孟子所做所为，就是为此做尽量充分的更超前的准备工作。

在孟子所处战国时代，虽然家族血缘关系仍然是社会凝结的基本纽带，然而篡、弑成风，王道湮灭而霸道盛行的现实，昭示着人们远离了基本的孝悌，讲究仁义道德被普遍视为“迂远而阔于事情”③，

① 《论语·述而》。

② 《论语·学而》：子曰：“弟子，入则孝，出则悌，谨而信，泛爱众，而亲仁。行有余力，则以学文。”

③ 《史记·孟子荀卿列传》。

迂腐儒生，世皆哂之，儒门不免飘零。急功近利的总体时代氛围诱使大多数统治者更倾向于法家（鼓吹耕战、强调专制集权）及纵横游说家（“一怒而诸侯惧，安居而天下息”[①]）等貌似能立竿见影（短平快）的激进方略。孟子拍案而起，横刀立马，承子思一脉，而致力于儒学中兴，可谓颇见成效。他的思路是基于孝悌而张扬重点“仁义礼智”即“四端”为儒家核心价值，为根治社会人文生态持续恶化开出一副刚柔并济的药方。从社会健康发育的深层蕴藉看，孟子直承孔子文脉，把握了中华精神文化健全的关键与核心，是毫无疑义的。就具体操作路径看，孟子仍然不惜屈尊游说梁惠王等拥有实权而又对儒家理念有所认同的诸侯王，而其所建内容，亦不过是孔子“富之”“教之”或“足食、足兵、民信之”的孟轲版而已。甚至，对于“足兵”一节，孟子也认为不必刻意，民心向背，才是唯一的关键[②]。他建议梁惠王“百为之田”“五亩之宅”[③]“制民恒产”[④]，其实就是孔子“富之”[⑤]“足食”[⑥]“博施于民而能济众”[⑦]的具体化。用我们今天的范畴，就是物质文明建设即发展经济生产。这一手一定要足够硬。另一手，就是精神文明建设，孔子强调“孝悌”的基本人伦情怀，又向往“贫而乐道”“富而好礼”[⑧]，即无论贫富贵贱都能追求道义礼乐为代

① 《孟子·滕文公》。

② 参见《孟子·齐宣王》。

③ 参见《孟子·梁惠王》。

④ 参见《孟子·滕文公》。

⑤ 《论语·子路》：子适卫，冉有仆。子曰：“庶矣哉！冉有曰：“既庶矣，又何加焉？”曰：“富之。”曰：“既富矣，又何加焉？”曰：“教之。”

⑥ 《论语·颜渊》：子贡问政。子曰：“足食，足兵，民信之矣。”子贡曰：“必不得已而去，于斯三者何先？”曰：“去兵。”子贡曰：“必不得已而去，于斯二者何先？”曰：“去食。自古皆有死，民无信不立。”

⑦ 《论语·雍也》：子贡曰：“如有博施于民而能济众，何如？可谓仁乎？”子曰：“何事于仁！必也圣乎？尧舜其犹病诸！夫仁者，己欲立而立人，己欲达而达人。能近取譬，可谓仁之方也已。”

⑧ 《论语·学而》：子贡曰：“贫而无谄，富而无骄，何如？”子曰：“可也。未若贫而乐，富而好礼者也。”子贡曰：“《诗》云：‘如切如磋，如琢如磨’，其斯之谓与？”子曰：“赐也，始可与言《诗》已矣，告诸往而知来者。”

表的超越性精神诉求的人文风景，反复申说“志于道、据于德、依于仁、游于艺”[1]，张扬仁义礼为主核的精神生命的主导性。这一方面是寄希望于精英人群的精神重建，另一方面也更寄希望由精英而为人众的精神健全做出示范而全面优化社会的人文生态。精神文明（道德文化）建设这一手要硬起来，孟子同样予以不遗余力地发扬光大。有关良知发动之后的人文教化这一系统工程，孟子说：“谨庠序之教，申之以孝悌之义”，“得天下英才而教育之”[2]。孟子主张普及学校教育，并通过学校（庠序）开展以孝悌等家庭美德为基本内容的“德育”，以系统地培植（开掘、开发）人们的善良本性，使之成长为个体精神生命的主导力量，于是人们就可以成为自觉存养“仁义礼智”等良知良能的君子（或准君子），则公序良俗就具备心性的坚强保障了。久而久之，则“人人皆可以为尧舜”这一至善理想就有机会兑现了。

以发生或操作顺序（程序）看，孔子、孟子、董子所讲论的是密切相关的人生三件事或“成人”三个环节。孔子讲“性相近也”、孟子讲“四端”、董仲舒讲“善质”，指向人生第一件大事，此处，孟子讲得最为透彻。孟子讲人类有“四端”（有道德潜质），是讲人的本质特征，更着重个体对此一为人（成人）特质的幡然自觉：仁义礼智等良知良能的自我唤醒、激活。孟子以爱敬父兄为例说明人皆有此人文本能（潜能），强调一旦将此潜能有效唤醒、激活，则个体就得机缘从与禽兽之属混为一谈的蒙昧状态中解脱出来，从禽兽中清晰地自我区分出来，而有“做人”的最起码觉悟（自觉），这是人生一等一的超级大事。人人皆有美德的潜质、潜能，有待系统地自我开掘、培植。这是儒家传统的核心要诣。孟子所突出强调的正是这一点。在此立场上，孟子并无过错，而应该说功莫大焉。

---

① 《论语·述而》。

② 《孟子·尽心》：孟子曰：“君子有三乐，而王天下不与存焉。父母俱存，兄弟无故，一乐也。仰不愧于天，俯不怍于人，二乐也。得天下英才而教育之，三乐也。君子有三乐，而王天下不与存焉。”

与之呈两极对应的是，董仲舒所特别引用的孔子所说的难得一见的“善人”，则是善良根性修炼到近乎完美态的圣贤（或准圣贤）们，是“人生三事”中的第三件，即“成人”三环节的最后或最高一节。董仲舒所谓“循三纲五纪，通八端之理，忠信而博爱，敦厚而好礼”这个“善人”标准，至少是准圣贤（或超君子）标准。对此，孔子孟子当然并不否认，孔子赞美尧舜禹文武周公，期待在现实中见到“善人”，孟子的人生理想也是“为尧舜”，而且认为“人人皆可”即大家（任何普通人）都有成长为圣贤的可能性——圣贤本无种，人人当自强。所以，董仲舒的“循三纲五纪，通八端之理，忠信而博爱，敦厚而好礼”，更宜理解为对孔孟思想的继承和发扬。因而，将孟子“明于人禽之分”理解为以禽兽标准衡量人，于是说孟子所谓人性善是以禽兽为标准，是过于低下的标准，本文以为，可断为董仲舒对孟子有相当程度的误解。而以“循三纲五纪，通八端之理，忠信而博爱，敦厚而好礼”作为“善”的唯一标准，则大可商榷。如此的“善”当然是道义之善，也可谓“至善”。儒家的理想是“明明德、新民、止于至善”[1]，这自然不错。但追求“循三纲八纪，通八端之理，忠信而博爱，敦厚而好礼”这一“至善”理想即修养美德的终点、极致、顶点，并不排斥“明于人禽之分”这一“知善”并“向善”即唤醒、激活善良根性这一人性激活的必要起点，因为，追求“止于至善”必须建立在现实生活根基上，而不能以否弃现实为前提。本文以为，孟子和董仲舒各执一端，恰恰是修持善德的两极——相互呼应的两端，至于两端之间，还有一整套修炼功夫，这就是人生的第二件大事或“成人”或“成仁”的第二个环节。这个环节才更有普遍意义，才更贴近每一个体的现实生活。以上引证孔子所谓“博学于文、约之以礼”，以及《大学》八条件的前五条即“格物、致知、诚意、正心、修身”，讲的都是善良根性系统培植的道理，也就是这第二件大事或第二环节铺陈、展开了，不必赘述。显然，在儒家的人文视野中，个体在明白

---

① 《礼记·大学》。

了人与禽兽的分野之后，还有很多事情要做，还要攀缘智慧生命自我完善的许多台阶，包括对“功利之境”这上庸常小人市侩性之必然性的容纳（接纳、包容）与超越，从而“志于道”“志于仁”“志于学”即志在“道德之境”这一即现实即理想的士君子人格境界的抵达这一生命主心骨（脊梁骨）的确立，“下学而上达”，长期地悉心追求，不断超越自我的局限性，追求卓越，最终才可能抵达圣人贤人所栖居的道德高地。因而，孟子所谓人必首先“明于人禽之分”并不是认为人的善良境界仅满足“善于禽兽”就可以了，他所强调的仅仅是人性修炼必由此起步，即使某人有一天修炼到了君子、圣贤境界，他也必定曾经有过从“人性善”那“四端”所代表的善良根基处肇始的经历。至圣孔子的自我评价是“吾非生而知之者”，这等于不承认自己是圣人。他只认为自己是“学而知之者”，最大的优点是“好学”，又自述成长经历：“十有五而志于学，三十而立，四十而不惑，五十而知天命”① 云云，显然是个慢慢成长不断淬炼的生命历程。

本文原意特别强调的是，孟子所谓“明于人禽之分”是在不遗余力地强化人性的自我认识、自我唤醒，以促使人性萌芽，或恰当地理解为人类及其个体道德文化性的唤醒、激活的原始瞬间的发轫，有此“第一推动力”，即开始了作为人的生命历程。也就是说，孟子所昭示的是人的族类本质，即道德文化本能之有，而此本能是人类的最高本质之“端”，因而，孟子其实抓住了人性的最关键处。此关键处，当将人类与其他动物相比较时，最清楚明白，也最易理解。在孟子所处的大国争霸、道义沦丧、人伦泯灭的战国时代，这一点可能极为突出，人性的自发堕落为人形禽兽甚至禽兽不如的冲动，因时代环境的刺激而意外地蓬勃、奔涌，于是逃离禽兽式丛林困境而有人性再觉醒的极大必须，是为该时代迫切的人文课题，为孟子所反复申述。孟子高调张扬了人性的始点：要想做人，必须从不做禽兽开始。至于由此出发，个体是否能修养到“善人”（臻于至善的圣贤）的境界，还需

① 《论语·为政》：子曰：“吾十有五而志于学，三十而立，四十而不惑，五十而知天命，六十而耳顺，七十而从心所欲，不逾矩。”

要许多复杂的步骤。其实，如上所述，儒家早已在原则或纲目上解决了这个问题。这就是向善的方向与修持善德的阶梯。由明于人与禽兽之分野（“四端”之自觉）开始一路向上，是生命演进方向的主体自觉与悉心追求、坚守。而能够不断地寻求对生命的自我超越，则须坚毅地攀缘德性修炼的阶梯，是个漫长甚至“痛苦”的生命历程，并（绝）非一蹴而就。许多人，能“爱父母敬兄长”，即有最起码的善良，但却不能向上攀缘，不能突破家族利己主义的藩篱，不能“以近取譬”、由近及远地将仁爱之心扩展开去，于是长期停留在类禽兽（准禽兽）状态，这就是市侩（小人、庸人、氓）的生存境界，功利心太强——功利意识异常发育、膨胀，而且仅具自私自利这种功利心（境界）的至低俗态——功利境的起步处。于是这些人，仅具备很少的善良，其善良根性仅仅开发、培植起很少的即最基本（初步）的内涵，也即更接近“恶”（离禽兽境并未太远），恰如孟子所断：“近乎禽兽。”这样的人甚至连孝悌心也与功利紧密、简单地勾连在一起，不能超脱出斤斤计较一己私利的市侩主义的庸人（庸人、低俗）境界。功利境的中阶，或可表述为“义利兼”——义利并重，有人说，这种状态下的个体若经商则能够秉持“以义谋利”的理念，将道义当做谋求功利、赚取实利的工具：有道义感了，却将道义当成了实现功利的工具，仍未抵达初步的超越境。功利境的高境界，或可表述为“以义驭利”，这已经接近士的精神境界了。日本明治维新时期著名商人涩泽荣一将儒家商业精神概括为“士魂商才”，可以作为功利境中的高境界的一种较精准的说明。由此，人性或人格则开始进入超越性精神诉求为主导的生命境界，初步迈上了人类的道德高地——精神高原。此前，功利境中、下境等等，当然都可理解为滞留在道德之低地。这个低地的最低处，直接与禽兽境衔接，还可一路下滑、直通（坠）地狱，那自然是禽兽不如者流的归宿了。由市侩庸人而升华为士，再升华为君子，即进入现实而理想的生命境界——道德境界（冯友兰）。君子人格的具备者，就是超越性精神居主导地位的精英人群。在一般情况下，仅仅极少数人能够现实地达到并能无条件秉持“大道之行，天下为公”的“善人”（圣贤）境界即“天地之境”。其实，连真正的君子也必是数量较少（相对稀缺）的社会精英，更何况“善人”与圣贤？所以，千万不能以“善人”或圣贤作为（当作）普通人（大众）“为善”的一般标准，因为这一标准未免“过高”；如果在非善即恶的语境中评价普通大众的道德状况，那么大多数人就被排挤到邪恶一群，打击面未免太大了，与教化的主观意图也必然南辕北辙了。然而，话又必须说回来，因为圣贤、善人的存在（或可能存在）一直是社会的希望所系，是人们道德修炼的目标、楷模；人类一直要解决的一大问题就是如何将大多数人提升为君子甚至圣贤这种人格圆满境。有人主张，儒家传统的现代化就是世俗化。如果世俗化这一指向成立，那么其合理的或可欲的内涵应该是儒学经典成为普通大众的日常精神食粮，从而逐渐将普通人提升为具备士君子（准君子、近君子）人格的准精英，即引领百姓以仁义礼为内核的道义精神统御、驾驭功利诉求，从庸人或市侩人格升华为有操守、有担当、能坚守的向君子、准君子直至真君子。

董仲舒人性论内涵亦颇为丰富，儒家传统与人性论相关的内容更为庞杂、丰盈，本文所及，至多是冰山之一角。比如，荀子人性论及其与董仲舒人性论关系，本文并未能有深入论及，而董仲舒之后儒家传统中的人性论，更是未能（未敢）正式提及的话题。继续认真学习、思考这一问题，是吾心愿，却只能留待今后了。

本文为“2018 中国·衡水董仲舒与儒家思想国际学术研讨会”提交的论文。

傅永吉（1956－），男，北京人，北京东方道德研究所研究员。

儒家人性论探微

邓立光

儒家人性论，其重点在“心”“性”“天”之体认，与乎道德实践之形上依据。此一进路又称之为内圣之学，而宋明理学乃内圣之学之极至，体认“心”“性”“天”乃理学家之重要课题。追本溯源，先秦儒家之言“性”已证成儒家人性论义理之宏规。子思云：

> 天命之谓性，率性之谓道，修道之谓教。道也者，不可须臾离也，可离非道也。（《中庸》）

上天所命令于人者称之为“性”，“性”属形而上者，与形躯不同质。“性”为德性之基，循“性”之条理而行则为“道”，复按此道修己化人则为“教”。“道”“天”“命”“性”同质而异位，故“道”与“天”“命”“性”相分而为孤离之存在，即失其彻上彻下，通形上形下之道德力量。此一体认，确认人性含一超越之道德本质，而人之内在道德要求与外界之道德秩序，乃道德本心一以贯之由内至外之展示。此一义理格局，孟子有相应之体认。孟子云：

> 仁也者，人也；合而言之，道也。（《孟子·尽心下》）

“仁”不虚说，而人之异于禽兽乃在于践仁。践仁当下之精神可谓之“道”。此不离人而抽象言道德之意，乃使儒家人性论具道德能量，而此人性论基调自孔子已然，故孔子云：“人能弘道，非道弘人”（《论语·卫灵公》），德性伟大，还须人之践行扩充。又《周易·系辞下》云：“苟非其人，道不虚行”，即言人之德性高下，影响道之彰著。如此人性论之格局，乃儒家人性伦之基本形态。孟子云：

> 尽其心者，知其性也。知其性，则知天矣。存其心，养其性，所以事天也。殀寿不贰，修身以俟之，所以立命也。（《孟子·尽心上》）

“尽心知性知天”与“存心养性事天”，乃儒家人性论之最明白者，直上直下，由践仁工夫所致。“尽心”乃谓心志充分展现道德之不容已之情，“尽”则无憾，而于“性”之内涵方能有悟，有悟于“性”即有知于“天”，其故在“心”“性”“天”，乃德性根源之同质异位而已。心之于性，除却求尽，还须存养，故云：“存其心，养其性，所以事天也”，存“心”之要在勿亡勿失，以使道德流露不入人伪，而“性”为生命之道德根柢，具感应之征，须养以护之，则感应如持镜照物，不增不减。故存心养性，乃使生命之感通真实无妄，当此道德之源无物不照而照无所遗，乃能对应“天”之道德内涵。尽而知之与存而养之，俱意志笃实与精神专一之效。修身恒持，与“天”道对参，即确立己之天命，此“修身以俟之”之意。“心”“性”“天”之义理，由存“心”养“性”以契合天道为始，以尽“心”知“性”而证成人天一体为终。

此一天道实体（道体、性体、心体、诚体、良知、天理）乃形而上之道德大本，不因言行善恶、身份贵贱而增损变易，故云：“君子所性，虽大行不加焉，虽穷居不损焉，分定故也。”（《孟子·尽心》）而“心”“性”对言，实指德性之体用对扬，以显德行之原出于天。《中庸》以外，《大戴礼·本命》之言性亦与儒家人性论之义理宏规相合：

> 分于道谓之命，形于一谓之性，化于阴阳，象形而发谓之生，化穷数尽谓之死。故命者，性之〔始也；死者生之〕①终也，则必有终矣。

“分于道谓之命”，所言“道”“命”，属同质而异位。“道”乃天

① 依《孔子家语》补入。

道，涵盖宇宙，无有遗漏。“命”乃天命，扣紧道德价值，与生命相应。“形于一谓之性”，“一”谓个体生命，天命凝聚于个体生命即谓之“性”。所谓“象形而发谓之生，化穷数尽谓之死”，就有生之类言之，阴阳消息，万物化生，亦死生相继，此相续即谓之“生”，至乎生机耗尽，变化停止，气数亦至此而穷，如此则谓之死。所言“命者性之始”，谓“命”为“性”存在之始；所谓“死者生之终，则必有终”，以万物言之，生必有死，无有例外。此《本命》所述之生命内在价值，已兼及道德之性与气质之性矣。

先秦儒家之心性观，宋明理学一脉相承。张横渠云：“尽性然后知生无所得，死无所丧”（《正蒙·诚明》），即生命价值之充分彰显在于道德价值之充分流露。人生数十载，非追求名誉财富，乃以有限之生命展现无限之道德价值，或由道德价值贞定生命，以成就宇宙之最高价值，如此则心性全幅彰显。横渠于“性”之根本体认，乃是“性者万物之一源，非有我之得私也”（《正蒙·诚明》）。“故性也者，虽乾坤亦在其中。”（《横渠易说·上经干》）“性”实即天道，存于生命，命终而“性”复其位而还归天道，此义由“尽心”而证成，《诚明》篇云：“性不知检其心”而“心能尽性”。“心”具能知能觉义，《太和》篇云：“合性与知觉，有心之名。”则“性”为本体，“心”为发用。此发用乃因性体之能知能觉而然，此感应之义也。

在与横渠同时之程明道处，“心”“性”更向内收聚，故云：

> 只心便是天，尽之便知性，知性便知天，当处便认取，更不可外求。（《二程遗书》第二·上）
>
> “穷理尽性以至于命”，三事一齐并了，元无次序。不可将穷理作知之事，若实穷得理，即性命亦可了。（《二程遗书》第二·上）

明道于“心”“性”“天”当下体认，一了全了。天道如《周易·乾·彖传》云：“大哉乾元，万物资始”，天道为形而上之宇宙根源，入于万物则为万物之性。就“心”之发用处体认“性”“天”，即所谓当处认取。故“性”“天”之真乃由“心”之发用体认而彰著，如此见地必由践仁与内省所至。若以概念为事，思入玄窍，则所知虽多，而无涉于道德生命之真。明道消解概念，遂呈体用一如，一多互摄之格局。明道理境高明，不必玄思为辅，直下从实践道德与生命价值之不一不二处默志深体，故明道云：

若不能存养，只是说话。（《近思录·存养》卷四）

圣贤千言万语，只是欲人将已放之心，约之使反复入身来，自能寻向上去，下学而上达也。（《近思录·存养》卷四）

此一存养工夫，如《识仁篇》所云："不须防检，不须穷索"，"以诚敬存之而已"。此所谓德性之知，由诚敬足以彰著。程伊川谓德性之知云：

闻见之知非德性之知。物交物，则知之非内也，今之所谓博物多能者是也。德性之知不假见闻。（《遗书》卷二五）

故知"德性之知"乃由内省慎独所悟知者，与博学多闻之"闻见之知"涂辙大异。朱元晦云"心统性情"，乃于"心""性"之下接之以"情"，故云：

性是未动，情是已动，心包得已动未动。盖心之未动则为性，已动则为情，所谓心统性情也。（《朱子语类》卷六）

心，主宰之谓也。动静皆主宰，非是静时无所用，及至动时方有主宰也。言主宰则混然体统自在其中，心统摄性情，非笼侗与性情为一物而不加分别也。（《朱子语类》卷六）

晦翁体会之"心"乃先天之性连合后天之情之关键。"性"发用即为"心"，"心"之未动则为"性"，未动之"心"乃"性"也，一动即为"心"，但言"心"言"性"俱属形而上之存在。"心"之动乃将发未发之际。"心"乃形上转形下之活子，故云"心统性情"。"心"与"性""情"之义，举例言之，"性"含孝之理，"性"之发用称为"心"，"心"之流露即下接形而下之行孝情实，情为可感可知者，而感动亦因可感可知之情实而然。孝之情由性体直接流露（心）为真，不然则落入计度，假情假义矣。

陆象山与王阳明之心性观不同于朱子，此不同正是唯心学与理学之分歧处。象山云：

孟子曰："尽其心者知其性，知其性则知天矣。"心只是一个心，某之心，吾友之心，上而千百载圣贤之心，下而千百载复有一圣贤，其心亦如此；心之体甚大，若能尽我之心，便与天同，为学只是理会此。（《象山先生全集·语录》卷三五）

宇宙便是吾心，吾心便是宇宙。千万世之前有圣人出焉，同此心，同此理也；千万世之后有圣人出焉，同此心，同此理也；东南西北海有圣人出焉，同此心，同此理也。（《象山先生全集·杂说》卷二二）

象山所言之“心”乃收摄“性”“天”而为一绝对普遍心。故“心”与宇宙通而为一，即天心、天理。象山之人性论不屑概念铺陈，而重当下体认，以消解名相之执，此近于程明道。象山云：

吾之学问，与诸处异者，只是在我全无杜撰，虽千言万语，只是觉得他底，在我不曾添一些。近有议吾者云：“除了先立乎其大者一句，全无技俩。”吾闻之，曰：“诚然。”（《象山先生全集·语录》卷三四）

“全无杜撰”“不曾添一些”乃当下体认之真实，此已下接明代王阳明之“知行合一”说。王阳明重道德之当下践行，故云：

我今说个知行合一，正要人晓得一念发动处便是行了，发动处有不善，就将这不善的的念克倒了，须要彻底不使那一念不善潜伏在胸中，此是我立言宗旨。（《传习录下·黄直问知行合一》）

阳明所云知行合一，其实义乃在念虑之微即作克己工夫，一念之起已是行，不待入于事为而后称行。一念不善即当下克倒此念谓之知行合一。起心动念之时作克己复礼工夫，即古所谓之“慎独”，知行合一说乃慎独之工夫论。道德实践乃儒家人性论之旨归，故说理而有助修德则可，反之则不可，故云：

今若知得宗旨时，即说两个亦不妨，亦只是一个；若不会宗旨，便说一个，亦济得甚事？只是闲说话！（《传习录上》）

儒家之人性论非止于谈玄说道，故理学家虽喜言“心”“性”“天”之玄义，然必紧扣道德实践以成就高尚人格，故不论心学理学义理之分歧若何，而皆重修身立德。举凡玩弄概念，搬弄知识，炫耀博学，说门面话，乃荀子所谓“口耳之学”、陆象山所讥之“儿童之学”与乎王阳明所评之“闲说话”，此衡诸儒门之人性论，远矣！鄙矣！

本文为“2018 中国·衡水董仲舒与儒家思想国际学术研讨会”提交的论文。

邓立光（1959—），男，广东三水人，文学博士，香港中文大学国学中心主任，北京师范大学文学院兼职教授。

三本论与董仲舒思想的历史地位

沈顺福

董仲舒是汉代最著名的思想家和哲学家。其主要哲学问题是什么？或者说，董仲舒解决了哪些重要的哲学性问题？董仲舒的哲学贡献究竟有哪些？等等。这是本文所要讨论的核心问题。本文将着重于人性论、本源论等两个方面，探讨董仲舒思想产生的历史意义，并最终指出：董仲舒学说的真正目的是为了崇人。弘扬人类的主体精神、推崇人类文明对于生存的意义是董仲舒学说的旨趣所在。董仲舒看似尊天，其实是崇人。

一、性朴还是善恶混

哲学追问本源。对于人的生存来说，其本源便是性，至少中国传统哲学这么看。那么董仲舒的人性内涵是什么呢？很多学者主张董仲舒的人性论为性朴论，如张立文教授曰："董仲舒不把人性看成是先天已固定的性本善、性本恶论，而认为是一种未经雕琢的自然的资质。……这段话有这样几层意思：其一，今世人搞不清人性是什么，人见人殊，须以正名。他认为生的自然资质、质料叫作性，故此讲性者质也，这是他对性的规定。这个对性之名的规定与告子的'生之谓性'及荀子的'生之所以然者谓之性'有相似之处。其二，他们都没有给性预设为善或恶，董仲舒只将其界定为'自然之资'，以性之质为善名则名不符实，所以不能说性的'质善'。其三，性之名不能离质，有细微离质，就不是性了。性作为人生而自然的资质，主要是指人的自然属性而言。"[1]周炽成教授亦曰："从总体上看，作为性朴论者，董仲舒和荀子一样都承认性在善恶方面是中性的。因此，他们不同于性善论者，也不同于性恶论者。"[2]他们以董仲舒的"自然之资"为说辞，以为董仲舒持性朴论。那么，董仲舒的人性论究竟是不是性朴呢？

董仲舒首先区别了三种人性，即"圣人之性，不可以名性；斗筲之性，又不可以名性；名性者，中民之性"[3]311－312。圣人和小人皆已定性或成才，不可改变。只有中民之性才算是人性。或者说，董仲舒所讨论的人性主要指中民之性。这意味着董仲舒所论述的性被限定在一定的范围内，而算不上现代逻辑所讲的通指。有学者称："从董仲舒的人性论处于儒学性同一说向性品级说转变的历史关节点上看，董仲舒人性论就既有性同一说的内容，也有性品级说的内容。所以，在董仲舒的人性论中的'性'概念就有两种含义：一是以人为整体的类的人性论述，所言之性就是人人同一之性，与先秦儒学所言人性是相同的，都是性同一说的性概念；二是将人分为圣人、中民、斗筲三类，而重点论述了其中的中民之性，此性非人人同一的品级之性。"[4]尤其是作者认为董仲舒的人性具有同一性内涵，便有失公允。事实上，董仲舒的人性显然没有包含所有人的人性。董仲舒的人性仅仅指部分人的人性。或者说，人性仅仅指中民之性。

和完美的圣人之性与不可救药的小人之性相比，董仲舒进而指出："如其生之自然之资，谓之性。性者，质也。诘性之质于善之名，能中之与？既不能中矣，而尚谓之质善，何哉？性之名不得离质，离质如毛，则非性已，不可不察也。"[3]291－296人性是天生之材质。也就是说，普通人天然地、内在地固有这些材质，这便是"内"。董仲舒曰："变谓之情，虽待异物，性亦然者，故曰内也，变变之变，谓之外。故虽以情，然不为性说，故曰外物之动性，若神之不守也。"[3]470性内在于人，即人性是固定的："人受命于天，有善善恶恶之性，可养而不可改，可豫而不可去，若形体之可肥臞，而不可得革也。是故虽有至贤，能为君亲含容其恶，不能为君亲令无恶。”[3]34 人天生固有某些属性。

这些天生材质善恶相混，既具有某些致善之性，也含有某些趋恶之性：“栣众恶于内，弗使得发于外者，心也。故心之为名栣也。人之受气苟无恶者，心何栣哉？吾以心之名，得人之诚。人之诚，有贪有仁。仁贪之气，两在于身。身之名，取诸天。天两有阴阳之施，身亦两有贪仁之性。”[3]293—296 在董仲舒看来，这种天生之性同时包含贪与仁两种材质即仁性与贪性。

董仲舒将仁性叫作“善质”：“且名者性之实，实者性之质，质无教之时，何遽能善？善如米，性如禾，禾虽出米，而禾未可谓米也。性虽出善，而性未可谓善也。米与善，人之继天而成于外也，非在天所为之内也。天所为，有所至而止。止之内谓之天，止之外谓之王教。王教在性外，而性不得不遂。故曰：性有善质，而未能为善也。岂敢美辞，其实然也。”[3]311 性是善质，是好的材质。由它经过后天的王道教化便可以成善。“天之所为，有所至而止。止之内谓之天性，止之外谓之人事。事在性外，而性不得不成德。民之号，取之瞑也。使性而已善，则何故以瞑为号？以殒者言，弗扶将，则颠陷猖狂，安能善？性有似目，目卧幽而瞑，待觉而后见。当其未觉，可谓有见质，而不可谓见。今万民之性，有其质而未能觉，譬如瞑者待觉，教之然后善。当其未觉，可谓有善质，而未可谓善，与目之瞑而觉，一概之比也。”[3]297—298 这种善质，不能说是一块白板一般。它包含了某些好的材质。

董仲舒不仅指出了人性（中民之性）中包含了善的材质，而且认为，人性中还有恶的材质即贪之性。这种贪性或恶的材质，董仲舒称之为“情”：“民之为言，固犹瞑也，随其名号以入其理，则得之矣。是正名号者于天地，天地之所生，谓之性情。性情相与为一瞑。情亦性也。谓性已善，奈其情何？故圣人莫谓性善，累其名也。身之有性情也，若天之有阴阳也。言人之质而无其情，犹言天之阳而无其阴也。穷论者，无时受也。”[3]298—299 性便是情。人天生有性情，如同天有阴阳一般。阴阳分别代表善恶，性情自然指称善恶，即善性恶情。

董仲舒曰："天有阴阳禁，身有情欲栣，与天道一也。是以阴之行不得干春夏，而月之魄常厌于日光，乍全乍伤。天之禁阴如此，安得不损其欲而辍其情以应天？天所禁，而身禁之，故曰身犹天也，禁天所禁，非禁天也。必知天性不乘于教，终不能栣。察实以为名，无教之时，性何遽若是？"[3]296 性情或情欲需要限制。这表明：这些先天材质不太好，需要限制、控制。"孔子曰：'不患贫而患不均。'故有所积重，则有所空虚矣。大富则骄，大贫则忧。忧则为盗，骄则为暴，此众人之情也。圣者则于众人之情，见乱之所从生，故其制人道而差上下也，使富者足以示贵而不至于骄，贫者足以养生而不至于忧。以此为度而调均之，是以财不匮而上下相安，故易治也。今世弃其度制，而各从其欲。欲无所穷，而俗得自恣，其势无极。大人病不足于上，而小民羸瘠于下，则富者愈贪利而不肯为义，贫者日犯禁而不可得止，是世之所以难治也。"[3]227—229 如果顺从情欲，便会混乱。情欲为恶。故，天生之性不仅有善端，而且有恶质。性是善恶混的。

董仲舒的善恶混人性说，是对先秦儒家人性论的继承与发展，尤其是对孟子的性善说和荀子的性恶论的综合继承。也就是说，董仲舒不仅接受了孟子的善性说，而且也赞同荀子的性恶论，认为人性中既有善的材质，也有恶的潜质。这便是善恶混的人性说。故，王充总结道："董仲舒览孙孟之书，作情性之说，曰：'天之大经，一阴一阳；人之大经，一情一性。性生于阳，情生于阴。阴气鄙，阳气仁。曰性善者，是见其阳也；谓恶者，是见其阴者也。'若仲舒之言，谓孟子见其阳，孙卿见其阴也。处二家各有见可也；不处人情性，情性有善有恶，未也。夫人情性，同生于阴阳。其生于阴阳，有渥有泊；玉生于石，有纯有驳。性情于阴阳，安能纯善？仲舒之言，未能得实。"[5]30 董仲舒的人性论，囊括了孟子的善性论和荀子的恶质说，属于一种性混善恶说。

关于性混善恶说，学界通常认为早已有之。其提出的证据有二。《孟子》一书记载曰："告子曰：'性无善无不善也。'或曰：'性可以为善，可以为不善。'是故，文、武兴，则民好善，幽、厉兴，则民好暴。或曰：'有性善，有性不善。'是故，以尧为君而有象，以瞽瞍为父而有舜，以纣为兄之子，且以为君，而有微子启、王子比干。今曰性善，然则彼皆非与?”[6]200 很多人据此提出先秦已经有性善恶混论。仔细阅读文本，我们发现这种解读存在着一些问题。“性可以为善，可以为不善”，指有些人可以为善，有些人则不能为善。比如文王和武王时代，百姓便好善，而幽王与厉王时代，百姓则好暴。这些都与善恶混性无关。“有性善，有性不善”，也同样说有的人天生性善，有些人天生性恶。总之，他引文的目的还是为了反驳孟子的性善论。这些引文资料并没有提到性善恶混之说。所以，简单地将其理解为性善恶混的资料，明显不妥[7]。

另一个证据是《论衡》:“周人世硕，以为人性有善有恶。举人之善性，养而致之则善长；性恶，养而致之则恶长。如此，则情性各有阴阳善恶，在所养焉。故世子作《养书》一篇。宓子贱、漆雕开、公孙尼子之徒，亦论情性，与世子相出入，皆言性有善有恶。”[5]28 尽管周代有世硕一人，但是并没有直接的文献资料记载其观点。或者说，世硕的性善恶混论仅仅保留在主张性善恶混的《论衡》书中，引文的原始真实性便值得怀疑了，尤其是这段引用发生在喜欢“冒名顶替”的汉代。至于有人说“孔子实质上是持善恶混存的人性观”[8]，更是混淆观念。孔子之性，善恶不分，而非混杂善恶。从以上材料来看，认为先秦时期便有了性善恶混说的观点证据不足。相反，从思想史和哲学史发展的逻辑来看，它出现于汉代则显得合情合理。其实，这一立场不少学者也曾经提出过①，笔者的观点并无多少新意。

二、天本与人本

董仲舒将人性分为三类，即圣人之性、中民之性和斗筲之性。而前后两类或置之不谈，或弃之不理。董仲舒主要关注中民之性。中民

① 参见施忠连《董仲舒主张性善情恶论》，《北方论丛》1986 年第 1 期；王琦、朱汉民《论董仲舒的人性论建构》，《北京大学学报》2014 年第 5 期；任蜜林《董仲舒王道视野下的人性善恶论》，《哲学动态》2015 年第 6 期。

之性为善恶杂混，即内含善恶之潜质。董仲舒曰：“中民之性如茧如卵。卵待覆二十日而后能为雏，茧待缫以涫汤而后能为丝，性待渐于教训而后能为善。善，教训之所然也，非质朴之所能至也，故不谓性。性者宜知名矣，无所待而起，生而所自有也。善所自有，则教训已非性也。是以米出于粟，而粟不可谓米；玉出于璞，而璞不可谓玉；善出于性，而性不可谓善。其比多在物者为然，在性者以为不然，何不通于类也？卵之性未能作雏也，茧之性未能作丝也，麻之性未能为缕也，粟之性未能为米也。……性者，天质之朴也；善者，王教之化也。无其质，则王教不能化；无其王教，则质朴不能善。”[3]312—313 圣贤的善是已成，中民之性是未成。人性仅仅是成善成仁的材质。材质、质朴之性经过教化和改造才可以致善。也就是说，如果经过了教化，中民便可以成人、成善，反之，任由性情放纵，便会堕落，成为邪恶之人。这意味着，在董仲舒看来，人性是成人、成善的重要条件，在成人过程中，人性具有重要的地位和作用。

人性在人的生存中具有重要的地位。董仲舒曰：“故性比于禾，善比于米。米出禾中，而禾未可全为米也。善出性中，而性未可全为善也。善与米，人之所继天而成于外，非在天所为之内也。天之所为，有所至而止。止之内谓之天性，止之外谓之人事。事在性外，而性不得不成德。民之号，取之瞑也。使性而已善，则何故以瞑为号？以殒者言，弗扶将，则颠陷猖狂，安能善？性有似目，目卧幽而瞑，待觉而后见。当其未觉，可谓有见质，而不可谓见。今万民之性，有其质而未能觉，譬如瞑者待觉，教之然后善。当其未觉，可谓有善质，而未可谓善，与目之瞑而觉，一概之比也。静心徐察之，其言可见矣。性而瞑之未觉，天所为也。效天所为，为之起号，故谓之民。”[3]297—298 人性如同禾苗与大米、眼睛与视觉。没有眼睛，哪来的视觉，眼睛是视觉的基础，具有基础性、本源性地位。这便是本。人性在人的生存中具有本源性、基础性地位。人性是本。

这个本源或基础同时具有善恶两种材质。董仲舒曰：“是正名号者于天地，天地之所生，谓之性情。性情相与为一瞑。情亦性也。谓性已善，奈其情何？故圣人莫谓性善，累其名也。身之有性情也，若天之有阴阳也。言人之质而无其情，犹言天之阳而无其阴也。穷论者，无时受也。名性，不以上，不以下，以其中名之。性如茧如卵。卵待覆而成雏，茧待缫而为丝，性待教而为善。此之谓真天。天生民性有善质而未能善，于是为之立王以善之，此天意也。民受未能善之性于天，而退受成性之教于王。王承天意，以成民之性为任者也。今案其真质，而谓民性已善者，是失天意而去王任也。万民之性苟已善，则王者受命尚何任也？其设名不正，故弃重任而违大命，非法言也。春秋之辞，内事之待外者，从外言之。今万民之性，待外教然后能善，善当与教，不当与性。与性，则多累而不精，自成功而无贤圣，此世长者之所误出也，非《春秋》为辞之术也。不法之言、无验之说，君子之所外，何以为哉？……天生民有六经，言性者不当异，然其或曰性也善，或曰性未善，则所谓善者，各异意也。性有善端，动之爱父母，善于禽兽，则谓之善。此孟子之善。”[3]298—303 人天生具有善恶混杂的材质。也正是这些有善有恶的材质，才使成人成为可能、教化成为必要。善质为成人提供基础保证。恶质也使教化成为必要。没有了善恶混杂的人性，成圣、教化便失去了意义。

善的人性或善质是成圣之本，这便是性本论。性本论的假说，至少在董仲舒那里，其实便是天本说。董仲舒曰：“为生不能为人，为人者天也。人之人本于天，天亦人之曾祖父也。此人之所以乃上类天也。人之形体，化天数而成；人之血气，化天志而仁；人之德行，化天理而义。人之好恶，化天之暖清；人之喜怒，化天之寒暑；人之受命，化天之四时。人生有喜怒哀乐之答，春秋冬夏之类也。喜，春之答也；怒，秋之答也；乐，夏之答也；哀，冬之答也。天之副在乎人。人之情性有由天者矣。故曰受，由天之号也。为人主也，道莫明省身之天，如天出之也。使其出也，答天之出四时而必忠其受也，则尧舜之治无以加。是可生可杀，而不可使为乱。故曰：‘非道不行，非法不言。’此之谓也。”[3]318—319 人来源于天，其形式便是人性。所以人性为本其实便是天为之本。这便是三本之一的天本论。

天本论并非董仲舒的独创，古已有之。“徐子以告夷子。夷子曰：‘儒者之道，古之人若保赤子，此言何谓也？之则以为爱无差等，施由亲始。'徐子以告孟子，孟子曰：'夫夷子信以为人之亲其兄之子，为若亲其邻之赤子乎？彼有取尔也。赤子匍匐将入井，非赤子之罪也。且天之生物也，使之一本；而夷子二本故也。'"[6]101 天生物，便为之本。荀子曰："礼有三本：天地者，生之本也；先祖者，类之本也；君师者，治之本也。无天地，恶生？无先祖，恶出？无君师，恶治？三者偏亡焉，无安人。故礼上事天、下事地、尊先祖而隆君师。是礼之三本也。"[9] 天生万物，故为万物之本。《礼记》曰："万物本乎天，人本乎祖，此所以配上帝也。郊之祭也，大报本反始也。"[10]1453 天为万物之本。本源又被叫作"心"："故人者，天地之心也，五行之端也，食味别声被色而生者也。故圣人作则，必以天地为本，以阴阳为端，以四时为柄，以日星为纪，月以为量，鬼神以为徒，五行以为质，礼义以为器，人情以为田，四灵以为畜。以天地为本，故物可举也；以阴阳为端，故情可睹也；以四时为柄，故事可劝也；以日星为纪，故事可列也；月以为量，故功有艺也；鬼神以为徒，故事有守也；五行以为质，故事可复也；礼义以为器，故事行有考也；人情以为田，故人以为奥也；四灵以为畜，故饮食有由也。"[10]1424 天地为万物之心，是万物的本源。或者说，天是本。

董仲舒继承了前人的思想或智慧，以为天是人类生存之本。这便是天本论。天本论的基础是人性论或性本论。只有善质之性才能够产生善行、出现善人。善质之性是成人的基础。与此同时，董仲舒的人性论不仅为天本论提供证据，而且直接引导出人本论的立场，即，中民之性仅仅具有成善、成恶的潜质，其本身并非已经为善或为恶。只有经过王道教化，才能够抑恶扬善，中民即平民才能够成为君子或圣贤。这种手段或方式便是王道教化。于是，董仲舒曰："性者，天质之朴也；善者，王教之化也。无其质，则王教不能化，无其王教，则质朴不能善。质而名以善性，其名不正，故不受也。"[3]313 性即天生的材质。经过王道教化才可以致善。性是天生之质，好比"茧""卵"："中民之性如茧如卵。卵待覆二十日而后能为雏，茧待缫以涫汤而后能为丝，性待渐于教训而后能为善。善，教训之所然也，非质朴之所能至也，故不谓性。性者宜知名矣，无所待而起，生而所自有也。善所自有，则教训已非性也。是以米出于粟，而粟不可谓米；玉出于璞，而璞不可谓玉；善出于性，而性不可谓善。其比多在物者为然，在性者以为不然，何不通于类也？卵之性未能作雏也，茧之性未能作丝也，麻之性未能为缕也，粟之性未能为米也。……性者，天质之朴也；善者，王教之化也。无其质，则王教不能化；无其王教，则质朴不能善。质而不以善性，其名不正，故不受也。”[3]311—313 善是米、丝、布、小鸡，属于已成之物，人性便是禾苗、蚕茧、麻、鸡蛋，属于成物的材料。只有经过加工、处理，才能够将这些材质改造成物。改造的手段便是教化：“天令之谓命，命非圣人不行；质朴之谓性，性非教化不成；人欲之谓情，情非度制不节。是故王者上谨于承天意，以顺命也；下务明教化民，以成性也；正法度之宜，别上下之序，以防欲也；修此三者，而大本举矣。”[11]2515 教化因此成为汉代儒学最强调的修道方式，并因此获得了基础性地位。

据此，董仲舒提出人本论：“天地人，万物之本也。天生之，地养之，人成之。天生之以孝悌，地养之以衣食，人成之以礼乐，三者相为手足，合以成体，不可一无也。无孝悌则亡其所以生，无衣食则亡其所以养，无礼乐，则亡其所以成也。三者皆亡，则民如麋鹿，各从其欲，家自为俗，父不能使子，君不能使臣，虽有城郭，名曰虚邑。如此，其君枕块而僵，莫之危而自危，莫之丧而自亡，是谓自然之罚。自然之罚至，裹袭石室，介障险阻，犹不能逃之也。明主贤君必于其信，是故肃慎三本。郊祀致敬，共事祖祢，举显孝悌，表异孝行，所以奉天本也。秉耒躬耕，采桑亲蚕，垦草殖谷，开辟以足衣食，所以奉地本也。立辟雍庠序，修孝悌敬让，明以教化，感以礼乐，所以奉人本也。”[3]168—169 天、地、人共为人类生存之本。其中，天生之，地养之，而孝悌、礼乐等人道便是“人”。它是确保人类存在的制度保障，和天地一样具有基础性地位，属于本。我们将这种立场叫作人本论，即人文教化是人类生存的必不可少的基础性条件。于是，在董仲舒看来，人类生存或成人需要三个基础，即天生之以神气、地养之以形质、人成之以教化。天、地、人因此成为做人的三个基础。这便是三本论。本即本源。它属于一种哲学式思维。从这个角度来看，董仲舒也在力图寻找生存的终极性本源。在董仲舒看来，生存至少有三个本源，即天、地、人。人文教化也是生存的本源。人道因此具有了基础性地位，甚至可以比肩于天地。人道或人文的地位被提升至空前的高度。

很多人看到董仲舒尊天，便突出了董仲舒的神学思维。其实这都是假象。董仲舒尊天是假，崇人（人类与人文）是真。他的真正用意在于倡导儒家的仁义之道。所以，有学者曰：“董仲舒的‘天’虽然有意志性、目的性之神性，但他的‘天人感应’论之所以没有走向宗教神学，他自己之所以不是一位神学家和神父而是一位儒家学者和一位哲学家，关键就在于这里的‘天’的伦理品性。‘天’的伦理性既消解和遏制了‘天’的神性膨胀和扩张，又保证了人的伦理道德性的人性方向和思想理路，故董仲舒在《春秋繁露》中谈‘天人感应’时尽管有不少臆测、预言性的神学语言，但这个理论并没有宗教化，它仍是一种哲学思想，它仍在解说和说明着人世的所作所为，在宣扬、巩固、强化、完善着人的伦理关系，在为中国封建社会的经济、政治服务着。所以，董仲舒的‘天人感应’论是一种新儒学，是一种哲学，是人文性的。”[12]董仲舒的真正目的不是为了弘扬天道、美化天神，而是在于推广人道。或者说，“董仲舒总的来讲还是一位大儒，因为他的天人关系是以人文理性为本质特征的，最终目标是欲重建道德理想和伦理秩序，于是就形成了‘中国式的道德精神’，影响了中国文化的基本精神”[13]。这和早期儒家如出一辙。提高人类的主体性、强调人类文明的作用是董仲舒的真正意图所在。这便是对传统儒家人文主义思想的继承和发展。

三、感应说与人事对天意的影响

人道不仅效法天道，而且还能够通过人事来影响天的活动。董仲舒认为，作为主宰的上天能够掌控人间万事。其意图称之为天意。其形式称之为谴告。董仲舒曰：“其大略之类，天地之物有不常之变者，谓之异，小者谓之灾。灾常先至而异乃随之。灾者，天之谴也；异者，天之威也。谴之而不知，乃畏之以威。《诗》云：‘畏天之威。’殆此谓也。凡灾异之本，尽生于国家之失。国家之失乃始萌芽，而天出灾害以谴告之；谴告之而不知变，乃见怪异以惊骇之，惊骇之尚不知畏恐，其殃咎乃至。以此见天意之仁而不欲陷人也。”[3]259 上天以灾、异和殃为手段，表达自己的意见或想法，实现自己对世界的控制。“臣谨案《春秋》之中，视前世已行之事，以观天人相与之际，甚可畏也。国家将有失道之败，而天乃先出灾害以谴告之，不知自省，又出怪异以警惧之，尚不知变，而伤败乃至。”[11]2498 比如周宣王之事，“宣王自以为不能乎后稷，不中乎上帝，故有此灾。有此灾，愈恐惧而谨事天。天若不予是家，是家者安得立为天子？立为天子者，天予是家。天予是家者，天使是家。天使是家者，是家天之所予也，天之所使也”[3]408—409。灾异之于人事便是天命。

那么，为什么会产生灾异呢？董仲舒曰：“天高其位而下其施，藏其形而见其光。高其位，所以为尊也；下其施，所以为仁也；藏其形，所以为神；见其光，所以为明。故位尊而施仁，藏神而见光者，天之行也。故为人主者，法天之行，是故内深藏，所以为神；外博观，所以为明也；任群贤，所以为受成；乃不自劳于事，所以为尊也；泛爱群生，不以喜怒赏罚，所以为仁也。”[3]164—165 天意为仁，其自身本来并无倾向或好恶。天之所以做出这些反应，都是人类自身行为招致的结果。人类自身的行为影响了天。天会因为人事而表达自己的情感。或者说，灾异的根本原因在于人类自身。

上天对人类事务的反应有两种。“酝去烟，鸱羽去眯，慈石取铁，颈金取火，蚕珥丝于室，而弦绝于堂，禾实于野，而粟缺于仓，芜荑生于燕，橘枳死于荆，此十物者，皆奇而可怪，非人所意也。夫非人所意而然，既已有之矣，或者吉凶祸福、利不利之所从生，无有奇怪，非人所意，如是者乎？此等可畏也。孔子曰：‘君子有三畏：畏天命，畏大人，畏圣人之言。’彼岂无伤害于人，如孔子徒畏之哉！以此见天之不可不畏敬，犹主上之不可不谨事。不谨事主，其祸来至显；不畏敬天，其殃来至暗。暗者不见其端，若自然也，故曰：堂堂如天殃。言不必立校，默而无声，潜而无形也。由是观之，天殃与主罚所以别者，暗与显耳，不然其来逮人，殆无以异，孔子同之，俱言可畏也。”[3]394—397 自然界的灾异等现象便属于天殃。这些都是上天对人事活动的一种意见或看法，尤其是不满与愤怒。这是上天对人类不好举动的消极性反应。这种反应形式便是灾异。董仲舒曰：“谨案灾异以见天意。天意有欲也，有不欲也。所欲所不欲者，人内以自省，宜有惩于心；外以观其事，宜有验于国。故见天意者之于灾异也，畏之而不恶也，以为天欲振吾过，救吾失，故以此报我也。”[3]260 董仲舒认为，灾、异等异常天相乃是上天对人类的一种警示、谴责与惩罚。它们表达了天意。

相反，如果人事合理，上天便会赐福于人类：“多福者，非谓人也，事功也，谓天之所福也。《传》曰：‘周国子多贤，蕃殖至于骈孕男者四，四产而得八男，皆君子俊雄也。’此天之所以兴周国也，非周国之所能为也。今秦与周俱得为天子，而所以事天者异于周。以郊为百神始，始入岁首，必以正月上辛日先享天，乃敢于地，先贵之义也。夫岁先之与岁弗行也，相去远矣。天下福若无可怪者，然所以久弗行者，非灼灼见其当而故弗行也，典礼之官常嫌疑，莫能昭昭明其当也。今切以为其当与不当，可内反于心而定也。尧谓舜曰：‘天之历数在尔躬。’言察身以知天也。今身有子，孰不欲其有子礼也。圣人正名，名不虚生。天子者，则天之子也。以身度天，独何为不欲其子之有子礼也。今为其天子，而阙然无祭于天，天何必善之？所闻曰：天下和平，则灾害不生。今灾害生，见天下未和平也。天下所未和平者，天子之教化不行也。”[3]398—401 政事和平，上天便不会发动灾害。虽然祸福来源于上天，但是它们终究还是人类自身招致的。上天所发动的赏罚，便是自然之行：“三者皆奉，则民如子弟，不敢自专，邦如父母，不待恩而爱，不须严而使，虽野居露宿，厚于宫室。如是者，其君安枕而卧，莫之助而自强，莫之绥而自安，是谓自然之赏。自然之赏至，虽退让委国而去，百姓襁负其子随而君之，君亦不得离也。故以德为国者，甘于饴蜜，固于胶漆，是以圣贤勉而崇本而不敢失也。君人者，国之证也，不可先倡，感而后应。故居倡之位而不行倡之势，不居和之职而以和为德，常尽其下，故能为之上也。”[3]168—170遵循礼法、政事合理，自然有福；政教不行、风俗背乱，自然有害。福或灾，虽然发自上天，其实还是由人。

董仲舒把这种关联叫作天人感应。天人感应的理论前提是同类相应。董仲舒曰：“今平地注水，去燥就湿，均薪施火，去湿就燥。百物去其所与异，而从其所与同，故气同则会，声比则应，其验皦然也。试调琴瑟而错之，鼓其宫则他宫应之，鼓其商而他商应之，五音比而自鸣，非有神，其数然也。美事召美类，恶事召恶类，类之相应而起也。如马鸣则马应之，牛鸣则牛应之。帝王之将兴也，其美祥亦先见；其将亡也，妖孽亦先见。物故以类相召也。……故琴瑟报弹其宫，他宫自鸣而应之，此物之以类动者也。其动以声而无形，人不见其动之形，则谓之自鸣也。又相动无形，则谓之自然，其实非自然也，有使之然者矣。物固有实使之，其使之无形。”[3]358—361同类之间存在着感应现象，即同类相动、动而无形。同类相动是自然现象。物理学可以解释它的原理。人类社会亦是如此，即美事召美类、恶事召恶类。这可以从道德哲学与美学的角度解释它的原理。天人同类、同类相应，故天人感应。善良的人类活动便会带来美满的自然景象，如风和日丽。反之，邪恶的举动便会招致异常的灾难。这既是上天的反应，也是天人感应的结果，即好事带来好运，坏行带来恶果。

董仲舒的天人学，似乎确立了天对于人类生活的绝对主宰者地位。但是，事实上，在天人感应理论体系中，董仲舒其实是想强调：人类能够通过自己的人事，影响到上天的意愿和行为，即，人不再是单纯地听从上天的命令和安排，它还可以通过自己的举止影响到上天从而影响到人类自己的命运。这便是随命论。从天人学的角度来看，这无疑是一个巨大的进步。人道不仅效法于天道，而且可以通过人事来影响天意、天行。

四、尊天与崇人

经过了一番动荡，如焚书坑儒等，儒学在汉代得到全面复兴。在“罢黜百家、独尊儒术”的政策支持下，儒学成为汉代思想与文化的主流。在这种繁荣局势的背后，儒学家们所面临的主要问题是：以仁义礼法制度为主体的儒学能否满足中国社会发展的思想或理论的需要？儒家礼义权威地位的合法性是什么？这便是汉代儒家所面临的主要理论问题，抑或为主要哲学问题。

以董仲舒为代表的汉代儒家们首先吸收了先秦儒家的人性论，包括孟子的性善论与荀子的性恶论。他们将孟荀人性理论结合起来，形成了一个普遍接受的性善恶混的人性观，即人的天生之性不仅具有成仁之材，而且包含致恶之质。只有经过王道教化，善恶之端的人性才能够得到扬善抑恶，最终走向成圣成贤。王道教化因此成为成仁的重要条件，甚至与天地一般，成为生存之本。这便是董仲舒的三本论。

王道教化的内容便是儒家的仁义之道。儒家的仁义之道为什么能够成为教化的主要手段呢？或者说，仁义之道的合法性何在呢？这便是董仲舒等汉儒力图回答的问题。董仲舒提出“天人一也”，即天地自然与人类社会具有相似性或一致性，即“人副天数”。从自然天道来看，天道主仁。同理，与天一致的人道是天道的副本。天道是仁，人道也是仁。以仁为核心的天道伟大，以仁义为主的人道自然也伟大。天道神秘，只有睿智的圣人才能够知晓天道。圣王能够承上启下，沟通天人。通过圣人，天道可以转换为人道，从而为人类立法。儒家的仁义之道因此获得了权威性与合法性证明。学术界通常认为董仲舒尊天。其实，在董仲舒的尊天旗帜下，弘扬人道、以人道为本才是其真正的目的。这便是儒家的以人文为本的人文主义。

董仲舒的人本论，在承认天地本源的同时，提出了人文教化也是生存之本。从哲学的角度来看，三本论体现了董仲舒的哲学式思维，即寻找存在的终极性本源。这种探讨难能可贵。但是，从哲学或形而上学的对象来看，存在的客观性本源只能够是单一的本源，而不可能是两个、三个甚至是多个本源。多本源显然还不是真正的本源。这表明，尽管董仲舒想寻找本源，但是，事实上，他并没有真正找到这个本源。这种多本论也给他处理生存各要素之间的关系带来了一定的障碍，比如人文教化与自然人性之间的关系究竟如何？如果以人文为本，它是否会导致人文对于人性的桎梏？等等。对此，董仲舒便手足无措了。这便是留给玄学家们的理论问题。

参考文献：

［1］张立文．中国哲学思潮发展史［M］．北京：人民出版社，2014：412.

［2］周炽成．儒家性朴论：以孔子、荀子、董仲舒为中心［J］．社会科学，2014（10）：122－132.

［3］苏舆．春秋繁露义证［M］．北京：中华书局，1992.

［4］黄开国．董仲舒的人性论是性朴论吗？［J］．哲学研究，2014（5）：34－38.

［5］王充．论衡［M］．上海：上海书店，1986.

［6］杨伯峻．孟子译注［M］．北京：中华书局，2008.

［7］丁四新．世硕与王充的人性论思想研究——兼论《孟子·告子上》公都子所述告子及两“或曰”的人性论问题［J］．文史哲，2006（5）：43－54.

［8］冯兵．论孔子善恶混存的人性观［J］．哲学研究，2008（1）：76－80.

［9］王先谦．荀子集解［M］．上海：上海书店，1986：233.

［10］孔颖达．礼记正义［M］．十三经注疏本．上海：上海古籍出版社，1997.

［11］班固．汉书［M］．北京：中华书局，1987.

［12］康中乾．董仲舒“天人感应”论的哲学意义［J］．吉林大学社会科学学报，2014（5）：106－115.

［13］韩星．董仲舒天人关系的三维向度及其思想定位［J］．哲学研究，2015（9）：45－54.

原载于《衡水学院学报》2018年第4期。

沈顺福（1967－），男，安徽安庆人，哲学博士，山东大学儒学高等研究院教授，博士生导师。

董学文本研究

《春秋繁露》"董仲舒真篇"新探

——以《对策》检索《春秋繁露》的尝试

邓　红

这里所谓《春秋繁露》"董仲舒真篇"，以历史事实为前提，建立在以下思维之上：《春秋繁露》不是董仲舒的原著，而是后人将一些失而复得的董仲舒的文章编成的书物，其中可能混入了一些和董仲舒无关的"伪篇"，但也不乏和董仲舒有关的"真篇"，笔者将这些可能存在的"真篇"称之为"董仲舒真篇"。针对以往的《春秋繁露》文献研究大都集中于寻找"伪篇"的倾向，笔者企图开创一种根据一些可靠的文献，采用文献研究的方式，确定这些"真篇"的具体存在位置（a position）的新研究方法。如果说到目前为止一些寻找"伪篇"的研究所用的是排除法的话，笔者寻找确定"真篇"的努力采取的是肯定性渐进思维，力图根据肯定性的理由来推导出答案。

为此，本文率先尝试以《汉书·董仲舒传》中的《贤良对策》检索《春秋繁露》，以《春秋繁露》中凡是和《对策》在文本上有互见关系，思想趋向上又基本一致而互不矛盾的文章，都是"董仲舒真篇"为前提。这种方法可能会引起一些争议，但希望本文提出的方法和所做的尝试能够引起学界对董仲舒文献研究的关注。

一、以思想理路论真伪——到目前为止《春秋繁露》研究的主要不足

《春秋繁露》是研究董仲舒思想的重要材料，至少是研究汉代思想的重要文献。但关于《春秋繁露》的文献真伪问题，一直缠绕着董仲舒研究者们。

众所周知，《汉书·董仲舒传》云："仲舒所著，皆明经术之意，及上疏条教，凡百二十三篇。而说《春秋》事得失，《闻举》《玉杯》《蕃露》《清明》《竹林》之属，复数十篇，十余万言，皆传于后世。"但在《汉书·艺文志》儒家类董仲舒名下，收录了《董仲舒》123篇，没有提到《春秋繁露》这一书名。《汉书·艺文志》又在"春秋"类中，著录了《公羊董仲舒治狱》16篇。《春秋繁露》这一书名最早出现于5世纪或6世纪初的《西京杂记》（卷二，《四部丛刊》本）中，在阮孝绪（479—536）的《七录》中，《春秋繁露》这一书名才与《汉书·艺文志》中为董仲舒所列的条目联系在一起，最后被载入《隋书·经籍志》。

由此可见，《春秋繁露》这一书名既没有和著者同步出现，成书也较晚，成书过程不明，和董仲舒的直接关系没有确证，所以关于该书的真伪，特别是和董仲舒的关系，自古以来众说纷纭，未能定夺。明代胡应麟综合各家观点，说：

> 余意，此八十二篇之文即《汉志》儒家一百二十三篇者。仲舒之学究极天人，且好明灾异，据诸篇见解，其为董居然，必东京而后，章次残缺，好事者因以《公羊治狱》十六篇合于此书，又妄取班所记《繁露》之名系之。而儒家之董子世遂无知者。后人既不察一百二十三篇之所以亡，又不深究八十二篇所从出，徒纷纷聚讼篇目间，故咸失之。当析其论春秋者，复其名曰《董子》可也。（《少室山房笔丛》丙部·《九流绪论》中）

认为是后人辑录董仲舒遗文而成书，书名为辑录者所加。换言之，《春秋繁露》以与董仲舒有关的"真篇"为主编辑而成，但也有

可能混入了一些和董仲舒无关的“伪篇”。

到了近现代，随着现代学术方法的确立，特别是海外《春秋繁露》研究成果传入中国，出现了各种各样的观点。综观中外学界争论的焦点，全盘肯定论[①]有之，全部否定论有之（中国的孙景坛、日本的福井重雅甚至提出班固《汉书·董仲舒传》捏造论[②]），五行诸篇否定论有之（如日本的庆松光雄[③]、台湾的戴君仁[④]），五行诸篇前四篇肯定、后五篇否定论有之（如日本的田中麻纱已[⑤]和近藤则之[⑥]），这种首尾两端的现象，堪称中国思想史文献研究上绝无仅有的奇观。

然而否定论者有一共同倾向，那就是“先认定《春秋繁露》肯定有伪作，然后再去寻找的先入为主法”[⑦]。殊不知“宣布《春秋繁露》有伪篇和宣布《春秋繁露》没有伪篇都属于同一问题的两个侧面，都必须要有严格的论证和可靠的材料”[⑧]。再就是否定论者们采取的寻找伪篇的方法，不是采取文献研究学的方法，而是，“先发明一种理论，认为董仲舒的思想应该是这样，然后对繁露的文章群进行考察，如果其中的某些文章符合这一假定理论，他们就宣布这些文章是董仲舒的；如另一部分文章不符合这一假定理论，他们就宣布这些文章是

---

① 全盘肯定论者大多是中文世界的思想史家，如徐复观（《两汉思想史》第二卷，华东师范大学出版社，2001年版）、李威熊（《董仲舒与西汉学术》，台北：文史哲出版社，1978年版）、王永祥（《董仲舒评传》，南京大学出版社，1995年版）等。

② 关于对二者的批判，可见拙文《日本的董仲舒否定论之批判》，《衡水学院学报》2014年第2期。

③ 庆松光雄：《春秋繁露五行诸篇伪作考》，《金泽大学法文学部论集（哲学文学）》第6号（1959），第25—46页。中文由笔者翻译，载《衡水学院学报》2015年第5期。

④ 戴君仁：《董仲舒不说五行考》，《“中央”图书馆馆刊》（台北）第2期（1968），第9—19页。

⑤ 田中麻纱已撰，秦祺、邓红译：《关于〈春秋繁露〉五行诸篇的考察》，1969年《集刊东洋学》22号。中文由笔者翻译，载《衡水师范学报》2015年第5期。

⑥ 近藤则之：《关于董仲舒五行的考察》，九州大学《中哲论集》第25集，1999年。

⑦ 拙著：《董仲舒的春秋公羊学》，工人出版社，1999年版，第52页。

⑧ 拙著：《董仲舒思想研究》，文津出版社，2008年版，第274页。

赝作”[1]。由于否定论者热衷于这样的“以思想理路论伪”的成见[2]去寻找《春秋繁露》的伪篇，从而犯有不同程度的以逻辑推断代替文本考证的研究方法上的谬误。

其实这种方法自古以来有之，如宋代的程大昌怀疑《春秋繁露》的理由之一便是“辞意浅薄”（《秘书省书繁露后》），黄震怀疑《春秋繁露》的理由也是“余多烦猥”（《黄氏日钞》卷五六中），便是典型的“以思想理路论伪”。而如庆松光雄和戴君仁所说董仲舒在《汉书》本传、特别是在《汉书·五行志》中只讲阴阳而不讲五行，所以《春秋繁露》中的五行诸篇都是伪篇的观点，便是典型的“以逻辑推断代替文本考证”[3]，庆松的论文甚至没有对他的“怀疑”进行过论证。

话又说回来，到目前为止的《春秋繁露》肯定论者则是大多“以思想理路论真”。前面引用王应麟所说“仲舒之学究极天人，且好明灾异，据诸篇见解，其为董居然”便是一个典型。《四库全书总目》所说“今观其文，虽未必全出仲舒，然中多根极理要之言，非后人所能依托也”，则可说是标准的“以逻辑推断代替文本考证”。人们也可以反问两句：“根极理要之言”很多，就是董仲舒的了？不是“根极理要之言”便不是董仲舒的吗？

正因为如此，最近发表的江新《〈春秋繁露〉五行诸篇真伪考》[4]和程苏东《〈春秋繁露〉“五行”诸篇形成过程新证》的两篇文章引人

① 拙著：《董仲舒思想研究》，文津出版社，2008年版，第271页。

② 程苏东总结语。程苏东：《〈春秋繁露〉“五行”诸篇形成过程新证》，《史学月刊》2016年第7期。

③ 庆松写道：“董仲舒在当时不仅是公羊学者的第一人，即精通阴阳说，对五行说也颇有造诣，堪称阴阳五行兼备的大家，开创了自己独自的学说。带着如此观念，再去翻阅《汉书》本传和《五行志》，人们都会有如下发现。那就是在本传或《五行志》中，他的阴阳说随处可见，然在那有名的答武帝对策，或在以五行为题的《五行志》里，却找不出片鳞半爪五行说来。以上是我对《春秋繁露》五行诸篇产生怀疑的主要理由。因为《汉书》是远比《春秋繁露》更值得信赖的资料，以之可以作为检验《春秋繁露》的证明。”

④ 江新：《〈春秋繁露〉五行诸篇真伪考》，《河北师范大学学报》（哲学社会科学版）2011年第4期。

注目。

两篇文章的共同特点，是将《春秋繁露》和《汉书·五行志》（江新）、《春秋繁露》和《管子》《淮南子》《汉书·五行志》《南齐书·五行志》《隋书·五行志》等（程苏东）进行文本互见比较，力图从文献学研究的方式，突破“以思想理路论真伪”的套路。

尽管两篇文章的大致主题还是在寻找董仲舒“伪篇”，但江新的文章在寻找完伪篇之后，还是来了个一百八十度的大转弯，寻找起《春秋繁露》的“董仲舒真篇”来。他说：

> 《五行对》第三十八是董仲舒针对河间献王“夫孝，天之经，地之义，何谓也?”的问题所作的策对。文章开头为“河间献王问于温臣（城）董君曰”。在我们已经证明了董仲舒是有五行思想的情况下，我认为此篇不可能出于伪造。《五行之义》的思想和《五行对》基本一致，都是用五行思想来论证儒家忠孝伦理。所以，如果《五行对》是董仲舒的作品，那么《五行之义》就肯定是董仲舒的作品。①

以五行来论证儒家忠孝思想的文字，都可以认作是董仲舒，这还是走上了“以思想理路论真伪”的老路。尽管如此，江、程两篇论文对笔者的启示在于：

既然文献学研究的方式可以寻找《春秋繁露》的伪篇，何尝不可以用同样方法寻找《春秋繁露》中的“董仲舒真篇”呢?

再就是《春秋繁露》中像《五行对第三十八》那样的明确标明“董君曰”之类的其他文章，可不可以都算作是“董仲舒真篇”?

二、以《对策》检索《春秋繁露》结果

要以文献互见关系来寻找《春秋繁露》“董仲舒真篇”的话，首先我们想到的是不必舍近求远，而是可以直接以《汉书·董仲舒传·

---

① 江新：《〈春秋繁露〉五行诸篇真伪考》，《河北师范大学学报》（哲学社会科学版）2011年第4期。

贤良对策》来检索《春秋繁露》。

为此，我们先从《贤良对策》中找出了一些和董仲舒思想密切相关的关键词，然后再以之来检索《春秋繁露》中类似的话语，得出了以下结果。和《对策》有互见关系的部分都打上下横线。

（一）“任德不任刑”

《对策》有：

天道之大者在阴阳。阳为德，阴为刑；刑主杀而德主生。是故阳常居大夏，而以生育养长为事；阴常居大冬，而积于空虚不用之处。以此见天之任德不任刑也。天使阳出布施于上而主岁功，使阴入伏于下而时出佐阳；阳不得阴之助，亦不能独成岁。终阳以成岁为名，此天意也。王者承天意以从事，故任德教而不任刑。刑者不可任以治世，犹阴之不可任以成岁也。为政而任刑，不顺于天，故先王莫之肯为也。

关键词为“任德”。用“任德”二字检索《春秋繁露》，得到以下五处。相同之处都用下横线加以注明，以下同。

1.《竹林第三》：

春秋之所恶者，不任德而任力，驱民而残贼之；其所好者，设而勿用，仁义以服之也。

2.《天辨在人第四十六》：

难者曰：“阴阳之会，一岁再遇，遇于南方者以中夏，遇于北方者以中冬，冬，丧物之气也，则其会于是何?”“如金木水火各奉其主，以从阴阳，相与一力而并功，其实非独阴阳也，然而阴阳因之以起，助其所主。故少阳因木而起，助春之生也；太阳因火而起，助夏之养也；少阴因金而起，助秋之成也；太阴因水而起，助冬之藏也。阴虽与水并气而合冬，其实不同，故水独有丧而阴不与焉，是以阴阳会于中冬者，非其丧也。春，爱志也，夏，乐志也，秋，严志也，冬，哀志也，故爱而有严，乐而有哀，四时之则也。喜怒之祸，哀乐之义，不独在人，亦在于天；而春夏之阳，秋冬之阴，不独在天，亦在于人。人无春气，何以博爱而容众；人无秋气，何以立严而成功；人无夏气，何以盛养而乐生；人无冬气，何以哀死而恤丧。天无喜气，亦何以暖而春生育；天无怒气，亦何以清而冬杀就；天无乐气，亦何以疏阳而夏养长；天无哀气，亦何以瞠阴而冬闭藏。故曰：天乃有喜怒哀乐之行，人亦有春秋冬夏之气者，合类之谓也。匹夫虽贱，而可以见德刑之用矣。是故阴阳之行，终各六月，远近同度，而所在异处。阴之行，春居东方，秋居西方，夏居空右，冬居空左，夏居空下，冬居空上，此阴之常处也；阳之行，春居上，冬居下，此阳之常处也。阴终岁四移，而阳常居实，非亲阳而疏阴，任德而远刑与！天之志，常置阴空处，稍取之以为助，故刑者，德之辅，阴者，阳之助也，阳者，岁之主也，天下之昆虫随阳而出入，天下之草木随阳而生落，天下之三王随阳而改正，天下之尊卑随阳而序位，幼者居阳之所少，老者居阳之所老，贵者居阳之所盛，贱者居阳之所衰，藏者言其不得当阳，不当阳者，臣子是也，当阳者，君父是也。故人主南面以阳为位也，阳贵而阴贱，天之制也。礼之尚右，非尚阴也，敬老阳而尊成功也。

3.《天道无二第五十一》：

天之常道，相反之物也，不得两起，故谓之一；一而不二者，天之行也。阴与阳，相反之物也，故或出或入，或右或左，春俱南，秋俱北，夏交于前，冬交于后，并行而不同路，交会而各代理，此其文与！天之道，有一出一入，一休一伏，其度一也，然而不同意。阳之出，常县于前，而任岁事；阴之出，常县于后，而守空虚；阳之休也，功已成于上，而伏于下；阴之伏也，不得近义，而远其处也。天之任阳不任阴，好德不好刑，如是。故阳出而前，阴出而后，尊德而卑刑之心见矣。阳出而积于夏，任德以岁事也；阴出而积于冬，错刑于空处也；必以此察之。

4.《基义第五十三》：

凡物必有合；合必有上，必有下，必有左，必有右，必有前，必有后，必有表，必有里，有美必有恶，有顺必有逆，有喜必有怒，有寒必有暑，有昼必有夜，此皆其合也。阴者，阳之合，妻者，夫之合，子者，父之合，臣者，君之合，物莫无合，而合各相阴阳。阳兼于阴，阴兼于阳，夫兼于妻，妻兼于夫，父兼于子，子兼于父，君兼于臣，臣兼于君，君臣、父子、夫妇之义，皆取诸阴阳之道。君为阳，臣为阴，父为阳，子为阴，夫为阳，妻为阴，阴阳无所独行，其始也不得专起，其终也不得分功，有所兼之义。是故臣兼功于君，子兼功于父，妻兼功于夫，阴兼功于阳，地兼功于天。举而上者，抑而下也，有屏而左也，有引而右也，有亲而任也，有疏而远也，有欲日益也，有欲日损也，益其用而损其妨，有时损少而益多，有时损多而益少，少而不至绝，多而不至溢。阴阳二物，终岁各壹出，壹其出，远近同度而不同意，阳之出也，常县于前而任事，阴之出也，常县于后而守空处，此见天之亲阳而疏阴，任德而不任刑也。是故仁义制度之数，尽取之天，天为君而覆露之，地为臣而持载之，阳为夫而生之，阴为妇而助之，春为父而生之，夏为子而养之，秋为死而棺之，冬为痛而丧之，王道之三纲，可求于天。

5.《天地阴阳第八十一》：

天、地、阴、阳、木、火、土、金、水、九，与人而十者，天之数毕也，故数者至十而止，书者以十为终，皆取之此。……

夫王者不可以不知天，知天，诗人之所难也，天意难见也，其道难理，是故明阳阴入出、实虚之处，所以观天之志；辨五行之本末、顺逆、小大、广狭，所以观天道也。天志仁，其道也义，为人主者，予夺生杀，各当其义，若四时；列官置吏，必以其能，若五行；好仁恶戾，任德远刑，若阴阳；此之谓能配天。

另外，《阳尊阴卑第四十三》还有“务德而不务刑”：

是故人主近天之所近，远天之所远，大天之所大，小天之所小。是故天数右阳而不右阴，务德而不务刑；刑之不可任以成世也，犹阴之不可任以成岁也；为政而任刑，谓之逆天，非王道也。

分析起来，《对策》的关键部分在于最后一句“为政而任刑，不顺于天，故先王莫之肯为也”。因为天道一阴一阳，阳主生而阴主杀。

天道的目的又是为了生养万物，所以为政者要“任德教而不任刑”。整个逻辑是先讲生养之天道，再讲治道。

再看上面这几篇《繁露》的文章，“任德而不任刑”（《阳尊阴卑第四十三》为“务德而不务刑”）的文字基本一致以外，且除《竹林第三》外讲述的逻辑和顺序也是一致的。

首先，讲天道阴阳的规律是阴阳配合、阳成阴辅，如《阳尊阴卑第四十三》的“天数右阳而不右阴”、《天地阴阳第八十一》，“故明阳阴入出、实虚之处，所以观天之志……天志仁，其道也义”，《基义第五十三》的“阳之出也，常县于前而任事，阴之出也，常县于后而守空处，此见天之亲阳而疏阴”。

其次，讲天道的目的是“生养”，和治道一致，所以为政者要“任德而不任刑”，这在《对策》是“顺天”的大问题，而在《天地阴阳第八十一》称之为“配天”，《基义第五十三》称之为“仁义制度之数，尽取之天”，《天辨在人第四十六》称之为“天之制，不然则叫“逆天”（《阳尊阴卑第四十三》）。总之，“任德而不任刑”是从阴阳秩序总结出来的天道。

（二）“灾异”与“天谴”

《对策》有：

> 臣谨案《春秋》之中，视前世已行之事，以观天人相与之际，甚可畏也。国家将有失道之败，而天乃先出灾害以谴告之，不知自省，又出怪异以警惧之，尚不知变，而伤败乃至。以此见天心之仁爱人君而欲止其乱也。

以“灾异”和“谴告”为关键词进行检索，得到以下结果。

《必仁且智第三十》：

> 凡灾异之本，尽生于国家之失，国家之失乃始萌芽，而天出灾害以谴告之；谴告之，而不知变，乃见怪异以惊骇之；惊骇之，尚不知畏恐，其殃咎乃至。以此见天意之仁，而不欲陷人也。

《二端第十五》：

> 是故春秋之道，以元之深，正天之端，以天之端，正王之

政，以王之政，正诸侯之即位，以诸侯之即位，正竟内之治，五者俱正，而化大行。故书日蚀，星陨，有蜮，山崩，地震，夏大雨水，冬大雨雹，陨霜不杀草，自正月不雨，至于秋七月，有鸜鹆来巢，春秋异之，以此见悖乱之征，是小者不得大，微者不得着，虽甚末，亦一端，孔子以此效之，吾所以贵微重始是也，因恶夫推灾异之象于前，然后图安危祸乱于后者，非春秋之所甚贵也，然而春秋举之以为一端者，亦欲其省天谴，而畏天威，内动于心志，外见于事情，修身审己，明善心以反道者也，岂非贵微重始、慎终推效者哉！

《必仁且智第三十》的文字和《对策》完全一致，堪称《对策》的底本。

而《二端第十五》的文字，则是对“天谴论”理论由来的阐述。首先说明灾异谴告的理论来自于《春秋》经传，“春秋异之，以此见悖乱之征”。其次将谴告上升到“天”的层面，讲“春秋举之以为一端者，亦欲其省天谴，而畏天威”，至此谴告已经变成了“天谴”“天威”。最后将避免“天谴”的渠道归结于君主行仁政，“明善心以反道”。这用《对策》的话说叫治乱“废兴在于己，非天降命不得可反，其所操持悖谬失其统也”。

（三）改正朔，易服色，以顺天命

《对策》有“改正朔，易服色，以顺天命而已；其余尽循尧道，何更为哉！故王者有改制之名，亡变道之实”。

以“改正朔，易服色”为关键词进行检索，得到以下结果：

《楚庄王第一》：

受命之君，天之所大显也；事父者承意，事君者仪志，事天亦然；今天大显已，物袭所代，而率与同，则不显不明，非天志，故必徒居处，更称号，改正朔，易服色者，无他焉，不敢不顺天志，而明自显也。若夫大纲，人伦道理，政治教化，习俗文义尽如故，亦何改哉！故王者有改制之名，无易道之实。

《二端第十五》：

故王者受命，改正朔，不顺数而往，必迎来而受之者，授受之义也。

《三代改制质文第二十三》：

> 春秋曰："王正月。"传曰：王者庸谓？谓文王也。曷为先言王而后言正月？王正月也。何以谓之王正月？曰：王者必受命而后王，王者必改正朔，易服色，制礼乐，一统于天下，所以明易姓非继人，通以己受之于天也。……改正之义，奉元而起，古之王者受命而王，改制称号正月，服色定，然后郊告天地及群神，远追祖祢，然后布天下，诸侯庙受，以告社稷宗庙山川，然后感应一其司。……

《对策》关于"改正朔，易服色"有两个层面的意思。

其一，"改正朔，易服色"为显示王者接受天命而王。《对策》叫"顺天命"，《楚庄王第一》叫"受命之君，天之所大显"，《二端第十五》叫"王者受命"，《三代改制质文第二十三》叫"王者必受命而后王"。所以在这一点上，《楚庄王第一》《二端第十五》和《三代改制质文第二十三》三篇文章不但词句和《对策》一致，意思也是相同的。

其二，《对策》说，"王者有改制之名，亡变道之实"。《楚庄王第一》说"王者有改制之名，无易道之实"。字句和思想完全一致。《二端第十五》和《三代改制质文第二十三》没有讲这一条，则是针对的事情不同。《二端第十五》主要从中引出灾异"天谴"论，而前面我们已经提到《二端第十五》的"天谴"论和《对策》是高度一致的。《三代改制质文第二十三》则是讲改制的历史渊源和程序。

（四）"元""正"

《对策》有：

> 臣谨案《春秋》谓一元之意，一者万物之所从始也，元者辞之所谓大也。谓一为元者，视大始而欲正本也。《春秋》深探其本，而反自贵者始。故为人君者，正心以正朝廷，正朝廷以正百官，正百官以正万民，正万民以正四方。四方正，远近莫敢不壹于正，而亡有邪气奸其间者。

以"元""正"为关键词进行检索，得到以下结果。

《玉英第四》：

谓一元者，大始也。知元年志者，大人之所重，小人之所轻。是故治国之端在正名，名之正，兴五世，五传之外，美恶乃形，可谓得其真矣，非子路之所能见。惟圣人能属万物于一，而系之元也，终不及本所从来而承之，不能遂其功。是以春秋变一谓之元，元犹原也，其义以随天地终始也。故人唯有终始也，而生不必应四时之变，故元者为万物之本。而人之元在焉，安在乎？乃在乎天地之前，故人虽生天气，及奉天气者，不得与天元、本天元命、而共违其所为也。故春正月者，承天地之所为也，继天之所为而终之也，其道相与共功持业，安容言乃天地之元？天地之元，奚为于此？恶施于人？大其贯承意之理矣。是故春秋之道，以元之深，正天之端，以天之端，正王之政，以王之政，正诸侯之即位，以诸侯之即位，正竟内之治，五者俱正，而化大行。

《王道第六》：

春秋何贵乎元而言之？元者，始也，言本正也；道，王道也；王者，人之始也。王正，则元气和顺，风雨时，景星见，黄龙下；王不正，则上变天，贼气并见。

《重政第十三》：

惟圣人能属万物于一，而系之元也，终不及本所从来而承之，不能遂其功，是以春秋变一谓之元，元犹原也，其义以随天地终始也，故人惟有终始也，而生不必应四时之变，故元者，为万物之本，而人之元在焉，安在乎，乃在乎天地之前。故人虽在天气及奉天气者，不得与天元，本天元命，而共违其所为也。故春正月者，承天地之所为也，继天之所为而终之也，其道相与共功持业，安容言乃天地之元，天地之元，奚为于此，恶施于人，大其贯承意之理矣。

《二端第十五》：

是故春秋之道，以元之深，正天之端，以天之端，正王之政，以王之政，正诸侯之即位，以诸侯之即位，正竟内之治，五者俱正，而化大行。

《深察名号第三十五》：

春秋大元，故谨于正名，名非所始，如之何谓未善已善也。

《对策》对“元”“正”的重视，来自于对春秋经传的解释。以“元”为时间的开始，延伸到万事万物的起源。以“元”的起源说发挥出“正”的重要性，“正”就从时间概念转换到了政治概念，从名词变成了动词。所谓“谓一为元者，视大始而欲正本也”（《对策》）。

上举几篇《繁露》的文章在解释“元”“正”时，也从阐明春秋经传的关于“元”“正”的微言大义开始，完成了两个转换。如《深察名号第三十五》说“春秋大元，故谨于正名”，便是从时间概念转换到了政治概念；《二端第十五》说“是故春秋之道，以元之深，正天之端，以天之端，正王之政”，便是从名词转换成了动词。

（五）春生夏长秋（霜）收（杀）

《对策》有：

春者天之所以生也，仁者君之所以爱也；夏者天之所以长也，德者君之所以养也；霜者天之所以杀也，刑者君之所以罚也。繇此言之，天人之征，古今之道也。

以“春生夏长秋（霜）收（杀）”为关键词进行检索，得到如下结果。

《王道通三第四十四》：

是故春气暖者，天之所以爱而生之，秋气清者，天之所以严以成之，夏气温者，天之所以乐而养之，冬气寒者，天之所以哀而藏之；春主生，夏主养，秋主收，冬主藏；生溉其乐以养，死溉其哀以藏。

《阴阳义第四十九》：

春，喜气也，故生；秋，怒气也，故杀；夏，乐气也，故养；冬，哀气也，故藏；四者，天人同有之，有其理而一用之。

《四时之副第五十五》：

天之道，春暖以生，夏暑以养，秋清以杀，冬寒以藏，暖暑清寒，异气而同功，皆天之所以成岁也

《人副天数第五十六》：

天德施，地德化，人德义。天气上，地气下，人气在其间。春生夏长，百物以兴，秋杀冬收，百物以藏。

《循天之道第七十七》：

是故东方生而西方成，东方和生，北方之所起；西方和成，南方之所养长；起之，不至于和之所不能生；养长之，不至于和之所不能成；成于和，生必和也；始于中，止必中也；中者，天地之所终始也，而和者，天地之所生成也。……故天地之化，春气生，而百物皆出，夏气养，而百物皆长，秋气杀，而百物皆死，冬气收，而百物皆藏。

《威德所生第七十九》：

天有和、有德、有平、有威、有相受之意、有为政之理，不可不审也。春者，天之和也，夏者，天之德也，秋者，天之平也，冬者，天之威也。天之序，必先和然后发德，必先平然后发威。……春者天之所以生也，仁者君之所以爱也；夏者天之所以长也，德者君之所以养也；霜者天之所以杀也，刑者君之所以罚也。繇此言之，天人之征，古今之道也。

《对策》讲春生夏长秋（霜）收（杀），少了一个冬，也许是有漏简，或者是上奏时大概觉得对策文不应太长，加以了省略。《威德所生第七十九》的这一段文字，除了“冬”系列以外，和《对策》完全一致。《繁露》的其他五篇文章在春夏秋三个方面的叙述也基本上和《对策》一致，只是没有省略“冬”而加以了详细的叙述。

在理论建构上，《对策》叙述四季的功能，是要阐明“天人之征，古今之道也”，也就是说，四季的功能是“天意”的显现，天不但以四季成岁，也以四季的功能体现人道，也和古今治理人世间的方法制度是同样的道理，拿《阴阳义第四十九》的话说，叫“四者，天人同有之，有其理而一用之”。《繁露》的几篇文章也在如此天意四季显示古今治道方面着意阐述，如《人副天数第五十六》说“天德施，地德化，人德义”；《威德所生第七十九》说“天有和、有德、有平、有威、有相受之意、有为政之理，不可不审也”。

（六）天者群物之祖

《对策》有：

臣闻天者群物之祖也。故遍覆包函而无所殊，建日月风雨以和之，经阴阳寒暑以成之。故圣人法天而立道，亦溥爱而亡私，布德施仁以厚之，设谊立礼以导之。

以“天者群物之祖”为关键词进行检索，得到如下结果。

《观德第三十三》：

天地者万物之本、先祖之所出也，广大无极，其德昭明，历年众多，永永无疆。……故受命而海内顺之，犹众星之共北辰，流水之宗沧海也。

《顺命第七十》：

天者万物之祖，万物非天不生，独阴不生，独阳不生，阴阳与天地参然后生。

“天者群物之祖”“天地者万物之本”“天者万物之祖”，三者在字面上只有微小的差别，而其后的文字，都是在阐述为什么天是群物之祖。《对策》和《观德第三十三》都是用天道自然来进行的表述，而《顺命第七十》则用阴阳与天地参合来解释的。

《对策》中16次提到“教化”，下面这一段专门讲王者之教化：

凡以教化不立而万民不正也。夫万民之从利也，如水之走下，不以教化堤防之，不能止也。是故教化立而奸邪皆止者，其堤防完也；教化废而奸邪并出，刑罚不能胜者，其堤防坏也。

古之王者明于此，是故南面而治天下，莫不以教化为大务。立太学以教于国，设庠序以化于邑，渐民以仁，摩民以谊，节民以礼，故其刑罚甚轻而禁不犯者，教化行而习俗美也。

圣王之继乱世也，扫除其迹而悉去之，复修教化而崇起之。教化已明，习俗已成，子孙循之，行五六百岁尚未败也。

以“教化”为关键词进行检索，得到如下结果。

《立元神第十九》：

是故肃慎三本，郊祀致敬，共事祖祢，举显孝悌，表异孝行，所以奉天本也；秉耒躬耕，采桑亲蚕，垦草殖谷，开辟以足衣食，所以奉地本也；立辟廱庠序，修孝悌敬让，明以教化，感以礼乐，所以奉人本也。

《为人者天第四十一》：

天地之数，不能独以寒暑成岁，必有春夏秋冬；圣人之道，不能独以威势成政，必有教化。故曰：先之以博爱，教以仁也；难得者，君子不贵，教以义也；虽天子必有尊也，教以孝也；必有先也，教以弟也。此威势之不足独恃，而教化之功不大乎！

不但强调“教化”的作用，而且都讲“教化”的内容为仁、宜（义）、礼、孝。

《对策》提出王者为了“教化”，需要“立太学以教于国，设庠序以化于邑”，也就是在地方上建立“太学”“庠序”那样进行专门从事教化的教育机关。这和《立元神第十九》所说“立辟廱庠序”是完全一致的。

（七）正其谊不谋其利

此句不在《对策》，而在对策后的《汉书·董仲舒传》：

对既毕，天子以仲舒为江都相，事易王。易王，帝兄，素骄，好勇。仲舒以礼谊匡正，王敬重焉。久之，王问仲舒曰：“粤王勾践与大夫泄庸、种、蠡谋伐吴，遂灭之。孔子称殷有三仁，寡人亦以为粤有三仁。桓公决疑于管仲，寡人决疑于君。”仲舒对曰：“臣愚不足以奉大对。闻昔者鲁君问柳下惠：‘吾欲伐齐，何如？’柳下惠曰：‘不可。’归而有忧色，曰：‘吾闻伐国不问仁人，此言何为至于我哉！’徒见问耳，且犹羞之，况设诈以伐吴乎？由此言之，粤本无一仁。夫仁人者，正其谊不谋其利，明其道不计其功。是以仲尼之门，五尺之童羞称五伯，为其先诈力而后仁谊也。苟为诈而已，故不足称于大君子之门也。五伯比于他诸侯为贤，其比三王，犹武夫之与美玉也。”王曰：“善。”

而上述本传和《春秋繁露》的《对胶西王越大夫不得为仁第三十二》的内容大同小异：

命令相曰：“大夫蠡、大夫种、大夫庸、大夫睪、大夫车成、越王与此五大夫谋伐吴，遂灭之，雪会稽之耻，卒为霸主，范蠡去之，种死之。寡人以此二大夫者为皆贤。孔子曰：'殷有三仁。'今以越王之贤，与蠡种之能，此三人者，寡人亦以为越有三仁，其于君何如？桓公决疑于管仲，寡人决疑于君。"仲舒伏地再拜，对曰："仲舒智褊而学浅，不足以决之，虽然，王有问于臣，臣不敢不悉以对，礼也。臣仲舒闻：昔者，鲁君问于柳下惠曰：'我欲攻齐，何如？'柳下惠对曰：'不可。'退而有忧色，曰：'吾闻之也：谋伐国者，不问于仁人也，此何为至于我？'但见问而尚羞之，而况乃与为轴以伐吴乎！其不宜明矣。以此观之，越本无一仁，而安得三仁！仁人者，正其道不谋其利，修其理不急其功，致无为而习俗大化，可谓仁圣矣，三王是也；春秋之义，贵信而贱轴，轴人而胜之，虽有功，君子弗为也，是以仲尼之门，五尺童子言羞称五伯，为其轴以成功，苟为而已也，故不足称于大君子之门，五伯者比于他诸侯为贤者，比于仁贤，何贤之有？譬犹？比于美玉也。臣仲舒伏地再拜以闻。"

或可认为本传是这一篇文章的缩写本，或者是间接引用文。

三、检索结果分析和结论

综合以上检索结果，作出以下表格：

文章名	涉及问题	内容关连
《竹林第三》	任德不任刑	基本一致
《阳尊阴卑第四十三》	务德而不务刑 （用字不一）	（用字不一）内容 基本一致
《天辨在人第四十六》	任德不任刑	基本一致
《天道无二第五十一》	任德不任刑	基本一致
《基义第五十三》	任德不任刑	基本一致
《天地阴阳第八十一》	任德不任刑	基本一致
《必仁且智第三十》	灾异、谴告	完全一致

续表

文章名	涉及问题	内容关连
《二端第十五》	灾异、谴告	展开解释
《楚庄王第一》	改正朔，易服色	基本一致
《二端第十五》	改正朔，易服色	基本一致
《三代改制质文第二十三》	改正朔，易服色	基本一致
《玉英第四》	元、正	基本一致
《王道第六》	元、正	基本一致
《重政第十三》	元、正	基本一致
《二端第十五》	元、正	基本一致
《深察名号第三十五》	元、正	基本一致
《王道通三第四十四》	春生夏长秋（霜）收（杀）	基本一致
《阴阳义第四十九》	春生夏长秋（霜）收（杀）	基本一致
《四时之副第五十五》	春生夏长秋（霜）收（杀）	基本一致
《人副天数第五十六》	春生夏长秋（霜）收（杀）	基本一致
《循天之道第七十七》	春生夏长秋（霜）收（杀）	基本一致
《威德所生第七十九》	春生夏长秋（霜）收（杀）	基本一致。部分文字完全一致
《观德第三十三》	天者群（万）物之祖	基本一致
《顺命第七十》	天者群（万）物之祖	基本一致
《立元神第十九》	教化	基本一致
《为人者天第四十一》	教化	基本一致

综上所述，可得出以下结论：

1. 和《对策》的文献与思想一致的文章，一共涉及 24 篇文章。而《二端第十五》出现了三次。由于这些文章和《对策》有高度的文字重合，内容也基本一致，所以都可将之看作是“董仲舒真篇”。

2.《对胶西王越大夫不得为仁第三十二》标明为董仲舒回答胶西王的策问，其内容又和《汉书·董仲舒传》大致相同，也可认为是“董仲舒真篇”。

3.《五行对第三十八》和《郊事对第七十一》也同样标明了是董仲舒的策对文的，是否也可以将之算进“董仲舒真篇”内？

4.《止雨第七十五》讲董仲舒如何教民众止雨法，其中有“二十一年八月甲申朔丙午，江都相仲舒告内史中尉”的字眼。二十一年为“江都易王二十一”，即元光二年，如果以董仲舒对策在元光元年的话，刚好符合《汉书·董仲舒传》所载“对既毕，天子以仲舒为江都相，事易王”的事迹。而在江都求雨之事，见于《史记·儒林列传·董仲舒传》：“今上即位，为江都相。以春秋灾异之变推阴阳所以错行，故求雨闭诸阳，纵诸阴，其止雨反是。行之一国，未尝不得所欲。”而《止雨第七十五》也有董仲舒所说止雨的原理为“止雨之礼，废阴起阳”。所以这一篇也可以看作“董仲舒真篇”。

综上所述，本文初步确定的“董仲舒真篇”为28篇。

最后想存疑的是：《春秋繁露》中有许多“曰”那样的似乎是董仲舒的直接引语的文章，特别是《繁露》前面所谓“春秋学部分”。而我们知道，《春秋繁露》的“春秋学部分”，各家大都以为是《春秋繁露》的《楚庄王第一》到《俞序第十七》[①] 发挥春秋微言大义的前面部分。而这17篇和本文确定“董仲舒真篇”有六篇重合。而属于“春秋学部分”但不在本文确定的“董仲舒真篇”之列的《玉杯第二》《精华第五》，和“董仲舒真篇”的《楚庄王第一》《竹林第三》《玉英第四》《王道第六》这四篇体例大致相同，都在“传曰”之后紧接着有“曰”的部分，直接对“传曰”部分进行了解释，所以可不可以都看作和董仲舒有关的呢？

---

① 如赖炎元《春秋繁露今注今译》（台北：台湾商务印书馆，1984年版）、韦政通《董仲舒》（台北：东大图书公司，1986年版），而徐复观的《两汉思想史》认为还应加上《三代改制质文第二十三》《爵国第二十四》《仁义法第二十九》《必仁且智第三十》《观德第三十三》《奉本第三十四》等篇。

何况《玉杯》之篇名和《竹林》同样，都在《汉书·董仲舒传》里面出现过①。

该文为“2018中国·衡水董仲舒与儒家思想国际学术研讨会”提交的论文。

邓红（1958—），男，重庆人，哲学博士，北九州市立大学教授，博士生导师，衡水学院客座教授。

① 《汉书·董仲舒传》云：“仲舒所著，皆明经术之意，及上疏条教，凡百二十三篇。而说《春秋》事得失，《闻举》《玉杯》《蕃露》《清明》《竹林》之属，复数十篇，十余万言，皆传于后世。”

“罢黜百家，独尊儒术”词语探源

秦进才

在当代人撰写的中国通史、秦汉史、思想史、哲学史、儒学史、政治史、教育史、法律史等著作中，在各种报刊登载的论文中，在诸多电视广播等媒体上，在各类学校的教科书里，在互联网的浩瀚资料中，评价“罢黜百家，独尊儒术”得失、论述其对中国历史影响的著作文章屡见不鲜，2016 年 7 月 20 日仅在读秀学术检索输入“罢黜百家，独尊儒术”，就会看到相关条目有 43648 条，2017 年 3 月 19 日检索有 45457 条，八个月增加了 1700 余条，平均每天增长七条多，增长的势头仍在持续。有人还计划把它收入中华成语千句文当中。对于这样一个频繁出现的词语，一般人多不会追溯其来龙去脉，就理所当然地成了一个研究、评论、讲授、谈论的话题。有些人对其来源有所考虑，有说“罢黜百家”最早语出卫绾者①，有说董仲舒为最早提出

① 陈新业：《“罢黜百家”语出何人》，《中国史研究》1998 年第 3 期。

者[①]，有说不知最早出自何人者[②]，有说是后儒的概括者[③]，有说出于《资治通鉴》者[④]，有说梁启超是“罢黜百家，独尊儒术”的始作俑者[⑤]。有说已经流传了数百年者，也有说《汉书·武帝纪·赞》“罢黜百家，表章《六经》”就是所谓“罢黜百家，独尊儒术”的由来者[⑥]，还有说“独尊儒术”这种表述方式，出现的相当晚，并不能准确地反映当时的历史真实[⑦]。有说“‘罢黜百家，独尊儒术’的提法源自新文化运动时期易白沙所作《孔子评议》”[⑧]。但未有详细的论述，等等。说法分歧多端，有些语焉不详。鉴于此，笔者撰写此文，试对“罢黜百家，独尊儒术”词语的形成追根探源，力求寻找到一个比较准确的时间坐标，以便今后讨论研究“罢黜百家，独尊儒术”时减少一些随意性。

---

① 李玲崧：《“罢黜百家，独尊儒术”语主考辨》认为：“罢黜百家，独尊儒术”最早应是由董仲舒提出来的，《学术研究》1999 年第 7 期。

② 陈静：《“罢黜百家”旨在“表章〈六经〉”而非“独尊儒术”》载：“‘独尊儒术’的说法，最早出自谁人，今已很难确考。遍寻《二十五史》无此语，盖非古人所言”（《洛阳师范学院学报》2004 年第 4 期）。郭龙《“独尊儒术，罢黜百家”与儒家经学的确立》载：“‘罢黜百家，独尊儒术’这个说法，最早出自谁人，今已很难确考。”（四川师范大学硕士学位论文，2010 年）

③ 谢谦：《儒学独尊的历史真相与儒家学者的精神蜕变》认为：后儒将董仲舒天人三策策三之末的精义归纳为“罢黜百家，独尊儒术”。《四川师范大学学报》2006 年第 6 期。

④ 王葆玹认为“‘罢黜百家，独尊儒术’这两句话始见于《资治通鉴》，是司马光根据《汉书·武帝纪·赞》而作出的推测”（《今古文经学新论》，中国社会科学出版社，1997 年版，第 197—198 页）。朱翔非《“罢黜百家，独尊儒术”考辨》认为：“罢黜百家，独尊儒术”始见于《资治通鉴》，其语意当由《汉书·武帝纪·赞》“孝武初立，卓然罢黜百家，表章六经”中化出（《江淮论坛》2006 年第 4 期）。

⑤ 牛秋实：《“罢黜百家、独尊儒术”说的形成及时人、后人之批判》，《衡水学院学报》2010 年第 6 期。

⑥ 赵克尧：《汉唐史论集·“罢黜百家，独尊儒术”辨》，复旦大学出版社，1993 年版，第 98 页。

⑦ 王子今：《汉武英雄时代·罢黜百家，表章〈六经〉》，中华书局，2005 年版，第 48 页。

⑧ 郑济洲：《董仲舒的“规约君权”理念：“推明孔氏，抑黜百家”新探》，《河北师范大学学报》（哲学社会科学版）2016 年第 5 期。

一、西汉罢、黜与罢黜的举例

战国时代，“诸侯异政，百家异说，则必或是或非，或治或乱”[①]。诸子蜂起，百家争鸣。诸子之间互相批判贬斥，“世之学老子者则绌儒学，儒学亦绌老子。‘道不同不相为谋’，其谓是也”[②]。同时，也互相汲取融合，“阴阳、儒、墨、名、法、道德，此务为治者也”。“一致而百虑，同归而殊途。”[③] 诸子百家都希望救世之弊，以本学派的理论重建社会秩序与政治秩序，对于其他诸子要禁其行，息其说，破其群，散其党。诸子百家内部亦分为不同的派别，“孔、墨之后，儒分为八，墨离为三，取舍相反、相反”[④]，独具特色，才会给人耳目一新的感觉，取舍不同，自然就难免发生争辩，百家争鸣也就成了顺理成章的事。

秦始皇统一六国，“车同轨，书同文，行同伦”[⑤]，焚烧《诗》《书》的行为，一时使百家争鸣暂归沉寂。汉朝初年，满目疮痍，经济凋敝，朝廷奉行无为而治的黄老之学，休养生息，诸子之学再次复兴，相互汲取融合。虽有陆贾提出“表定六艺，以重儒术”的建议[⑥]，实际上，“孝文帝本好刑名之言。及至孝景不任儒者，而窦太后又好黄老之术，故诸博士具官待问，未有进者”[⑦]。经过六十余年的经济恢复与制度建设，儒家学者也“进退与时变化”[⑧]，主动地寻

---

① （清）王先谦撰：《荀子集解》卷一五《解蔽篇》，中华书局，1988 年版，第 386 页。

② （汉）司马迁撰：《史记》卷六三《老子列传》，中华书局，2013 年版，第 2594 页。

③ 《史记》卷一三〇《太史公自序》，第 3288—3289 页。

④ （战国）韩非子著，陈奇猷校注：《韩非子新校注》卷一九《显学》，上海古籍出版社，2000 年版，第 1124 页。

⑤ （宋）朱熹撰：《四书章句集注·中庸章句》，中华书局，2012 年版，第 37 页。

⑥ 王利器撰：《新语校注·本行》，中华书局，1986 年版，第 142—143 页。

⑦ 《史记》卷一二一《儒林列传》，第 3761—3762 页。

⑧ 《史记》卷九九《叔孙通列传》，第 3283 页。

找发展机会，争取在朝廷上有更多的发言权，积极地汲取诸子的思想成果，兼容并包，汲取百家之说为其所用，构成博大精深的汉代新的儒家学说体系，以适应社会的需要。汉武帝初年，改革成为时代的潮流，选择统治思想提上了议事日程，选拔推行其政策的官吏成了当务之急，在选择治国思想和选拔官吏的过程中罢、黜等成为经常使用的字眼。

首先说罢字。

建元元年（前140）冬十月，汉武帝下诏命丞相、御史、列侯、中二千石、二千石、诸侯相举贤良方正直言极谏之士。丞相卫绾上奏议，主张："所举贤良，或治申、商、韩非、苏秦、张仪之言，乱国政，请皆罢。"汉武帝批准了卫绾的奏议①。这是朝廷不选取治法家、纵横家之学的贤良方正直言极谏之士为官。这条史料现代学者的解读纷繁，从多方面探求其意义。笔者曾撰文探讨其历史意义②，这里从此入手考察西汉时在选拔黜陟官吏中使用罢字的情况。

有时针对官员的升迁而言罢。如汉文帝时，有人言河东守季布贤，朝廷召欲以为御史大夫。又有人言其勇使酒难近。至京师，留郡邸一个月见罢。季布言："臣待罪河东，陛下无故召臣，此人必有以臣欺陛下者。今臣至，无所受事，罢去，此人必有毁臣者。"③ 罢去，即季布没有晋升为御史大夫，罢归河东守原职。汉宣帝时，诏书令公卿选可使匈奴者，路"温舒上书，愿给厮养，暴骨方外，以尽臣节。事下度辽将军范明友、太仆杜延年问状，罢归故官"。颜师古注曰："以其言无可取，故罢而遣归故官。"④ 张禹"有徒众，举为郡文学。甘露中，诸儒荐禹，有诏太子太傅萧望之问。禹对《易》及《论语》大义，望之善焉，奏禹经学精习，有师法，可试事。奏寝，罢归故

① （汉）班固撰：《汉书》卷六《武帝纪》，中华书局，1962年版，第156页。

② 秦进才：《卫绾奏请开启罢黜百家的先河》，《河北师范大学学报》（哲学社会科学版）2018年第1期。

③ 《汉书》卷三七《季布传》，第1977页。

④ 《汉书》卷五一《路温舒传》，第2371、2372页。

官”①。即张禹仍还归原郡文学之职。“颍川太守黄霸以治行第一入守京兆尹。霸视事数月，不称，罢归颍川。”② 外戚冯逡被“天子召见，欲以为侍中，逡请间言事。上闻逡言〔石〕显颛权，天子大怒，罢逡归郎官”③。上面所说的罢去、罢归等，均是针对官员升迁而言，或朝廷本欲晋升，或本人期望升迁，由于各种原因而未能晋升者，只得回归故官，这种行为称之为罢、罢去、罢归等。

有时针对欲取得官职者而言罢。如汉“武帝初即位，征天下举方正贤良文学材力之士，待以不次之位。四方士多上书言得失，自炫鬻者以千数，其不足采者辄报闻罢”。颜师古注曰：“报云天子已闻其所上之书，而罢之令归。”④ 汉武帝“初即位，复以贤良征〔辕〕固。诸谀儒多疾毁固，曰固老，罢归之。”⑤ 辕固因年老而罢归回乡。汉武帝时，复征贤良文学，菑川国再次推荐公孙弘。公孙弘推辞说：“臣已尝西应命，以不能罢归，愿更推选。”⑥ 公孙弘曾应征举贤良文学铩羽而归，故言罢归。汉武帝时，各郡诣太常受业如弟子者，“其不事学若下材及不能通一艺，辄罢之，而请诸不称者罚”⑦。辄罢之，是说不认真学习或才能不足及不能精通一经者遣归回家。汉宣帝“初即位，思进贤良，多上书言便宜，辄下望之问状，高者请丞相御史，次者中二千石试事，满岁以状闻，下者报闻，或罢归田里，所白处奏皆可”⑧。汉平帝时，举贤良方正对策，申屠刚言外戚王家专朝之弊，

---

① 《汉书》卷八一《张禹传》，第 3347 页。

② 《汉书》卷七六《张敞传》，第 3221 页。

③ 《汉书》卷九三《佞幸传·石显》，第 3728 页。

④ 《汉书》卷六五《东方朔传》，第 2841、2842 页。

⑤ 《史记》卷一二一《儒林列传·辕固》，第 3768 页。

⑥ 《史记》卷一一二《平津侯列传》，第 3549 页。《汉书》卷五八《公孙弘传》载：“前已尝西，用不能罢，愿更选”（第 2613 页）。与《史记》记载稍有不同，“以不能罢归”与“用不能罢”没有根本区别。

⑦ 《史记》卷一二一《儒林列传》，第 3763 页。

⑧ 《汉书》卷七八《萧望之传》，第 3273 页。

王莽令元后下诏曰："刚所言僻经妄说，违背大义。其罢归田里。"① 罢归田里，即因为本身才力不够或所言不符合政府需要者，不能仕宦而回归故里。上面所说的罢、罢去、罢之、罢归、报闻罢等，均是指在应征或选拔官吏中未能取得官职者而回归故里。

有时针对于罢免官吏或官职而言。如开封侯陶"青罢相"②，罢相，指罢免丞相之职。渤海"郡闻新太守至，发兵以迎，〔龚〕遂皆遣还，移书敕属县，悉罢逐捕盗贼吏"③。罢，即解散了由各县设立的逐捕盗贼的官吏。立国将军孙建奏请："臣请汉氏诸庙在京师者皆罢。诸刘为诸侯者，以户多少就五等之差；其为吏者皆罢，待除于家。"颜师古注曰："罢黜其职，各使退归，而言在家待迁除。"④ 罢，既指废除刘氏诸庙，又指罢免刘氏为吏者的官职。有时又作废罢，如汉成帝时，"丞相御史条奏〔石〕显旧恶，及其党牢梁、陈顺皆免官。显与妻子徙归故郡，忧满不食，道病死。诸所交结，以显为官，皆废罢"⑤。废罢，指免除其官职官位。又作罢官，如张家山汉墓竹简载："诸吏乘车以上及宦皇帝者，归休若罢官而有传者，县舍食人、马如令。"⑥ "卫良，字叔贤，拜尚书令。病，罢官还家。"⑦ 罢官，指辞官弃职，或免除官职。又作罢逐，"建元二年，御史大夫赵绾请无奏事东宫。窦太后大怒，乃罢逐赵绾、王臧等"⑧。亦作罢退，如翟"方进特立后起，十余年间至宰相，据法以弹〔陈〕咸等，皆罢退之"⑨。

---

① （宋）范晔撰：《后汉书》卷二九《申屠刚列传》，中华书局，1965年版，第1014页。

② 《史记》卷二二《汉兴以来将相名臣年表》，第1335页。

③ 《汉书》卷八九《循吏传·龚遂》，第3639页。

④ 《汉书》卷九九中《王莽传中》，第4119、4120页。

⑤ 《汉书》卷九三《佞幸传·石显》，第3730页。

⑥ 张家山二四七号汉墓竹简整理小组：《张家山汉墓竹简·二年律令·传食律》，237，文物出版社，2001年版，第165页。

⑦ 周天游辑注：《八家后汉书辑注·谢承后汉书》卷七《卫良传》，上海古籍出版社，1986年版，第249页。

⑧ 《史记》卷一〇七《魏其武安侯列传》，第3419页。

⑨ 《汉书》卷八四《翟方进传》，第3417页。

萧望之等“四人同心辅政，患苦外戚许、史在位放纵，而中书宦官弘恭、石显弄权。望之、堪、更生议，欲白罢退之”①。罢退，指罢官退职。还称为罢遣，汉宣帝“罢遣辛武贤归酒泉太守官”②。东汉山阳太守秦彭，对于“吏有过咎，罢遣而已，不加耻辱”③。罢遣，意指免去、遣散、放遣等。

综上所述，所说的罢、罢之、罢归、废罢、罢免、罢官、罢职、罢逐、罢遣、罢退、报闻罢等，均是西汉时代在选拔官吏、官吏晋升、罢免官吏时对于未能成功进入仕途为官、未能晋升官职或被罢免官职者所常用的字词，既有在多数情况下来说是未成功，亦有在有些情况下是一种惩罚的措施，并非只有一种解释。

其次说黜字。

“及窦太后崩，武安君田蚡为丞相，黜黄老、刑名百家之言，延文学儒者以百数，而公孙弘以治《春秋》为丞相封侯，天下学士靡然乡风矣。”④ 黜黄老、刑名百家之言，即是摈弃、罢退言黄老刑名之学者，不用他们为官。上述这条史料，也是学者们多方面解读的典型史料。下面不妨从“黜”字入手看西汉“黜”字的用法。

有时用于对官员的废黜。如“高后欲王诸吕，王陵廷争；孝景将侯王氏，脩侯犯色，卒用废黜”⑤。废黜，是说王陵、周亚夫因其主张与最高统治者心意不合，丢掉了原来的官职，王陵名义上晋升为太傅，实际上剥夺了丞相职权；周亚夫则免去了丞相之职，亦含有因周亚夫的坚持汉景帝封王信为侯事默然而止的意思。汉成帝时，“帝舅王凤为大将军，其后宣帝舅子王商为丞相，皆贵重任政。凤妬商，谮而罢之。商自杀，亲属皆废黜”⑥。王商死，其“子弟亲属驸马都尉、侍中、中常侍、诸曹大夫郎吏者，皆出补吏，莫得留给事宿卫者”。

---

① 《汉书》卷三六《楚元王传·刘向》，第1929—1930页。

② 《汉书》卷六九《赵充国传》，第2992页。

③ 《后汉书》卷七六《循吏列传·秦彭》，第2467页。

④ 《汉书》卷八八《儒林传》，第3593页。

⑤ 《汉书》卷一八《外戚恩泽侯表序》，第678页。

⑥ 《汉书》卷二六《天文志》，第1309页。

“王商有刚毅节，废黜以忧死，非其罪也。”[①] 废黜，指废免、罢黜其原有官职，由朝官贬为地方官等而言。卫青曰：“彼亲待士大夫，招贤黜不肖者，人主之柄也。”[②] “孝宣中兴，丙、魏有声。是时黜陟有序，众职修理，公卿多称其位，海内兴于礼让。”[③] 黜陟，是指官吏的升迁贬降。董仲舒言：“善者不赏，恶者不黜，不肖在位，贤者伏匿。”[④] 黜恶、不肖，指罢退恶、不肖者。“黜，贬下也。”[⑤] 上述的废黜、黜陟、黜退、黜不肖等，均用于对皇太子、官吏的贬降罢退行为而言。

有时用于对于诸侯王和外戚的处置。如“景遭七国之难，抑损诸侯，减黜其官”。颜师古注曰：“谓改丞相曰相，省御史大夫、廷尉、少府、宗正、博士，损大夫、谒者诸官长丞员等也。”[⑥] 减黜，意指裁减诸侯王国官员的数量。谏大夫王骏言：“故事，诸侯王获罪京师，罪恶轻重，纵不伏诛，必蒙迁削贬黜之罪，未有但已者也。”[⑦] 贬黜，指降职或免去官爵。“其后济东、胶西、江都王皆坐法削黜自杀。”[⑧] 削黜，指削减封地面积，贬降官爵等级。刘向建议：“黜远外戚，毋授以政，皆罢令就弟，以则效先帝之所行，厚安外戚，全其宗族，诚东宫之意，外家之福也。”颜师古注曰：“远，谓疏而离之也。”[⑨] 上述的减黜、贬黜、削黜、黜远等，均对于诸侯王与外戚而言，贬低、裁减其官吏等级与数量，皇帝斥逐、疏远他们。

有时用于对于学派、学者的处置。除上面所列举的“黜黄老、刑名之言”“世之学老子者则绌儒学，儒学亦绌老子”外，还有“公孙

---

① 《汉书》卷八二《王商传》，第 3375、3382 页。

② 《汉书》卷五五《卫青霍去病传赞》，第 3493 页。

③ 《汉书》卷七四《魏相丙吉传赞》，第 3151 页。

④ （清）苏舆撰《春秋繁露义证》卷一四《五行变救》，中华书局，1992 年版，第 385 页。

⑤ 《说文解字》卷一〇上《黑部》，中华书局，1963 年版，第 211 页。

⑥ 《汉书》卷一四《诸侯王表序》，第 395、396 页。

⑦ 《汉书》卷八〇《宣六王传·淮阳宪王刘钦》，第 3317 页。

⑧ 《汉书》卷二六《天文志》，第 1305 页。

⑨ 《汉书》卷三六《楚元王传·刘向》，第 1962 页。

龙善为坚白之辩，及邹衍过赵言至道，乃绌公孙龙”[1]。“天下并争于战国，儒术既黜焉，然齐鲁之间学者犹弗废，至于威、宣之际，孟子、孙卿之列咸遵夫子之业而润色之，以学显于当世。”[2] 汉武帝封禅泰山时，“群儒既已不能辩明封禅事，又拘于《诗》《书》古文而不敢骋。上为封祠器视群儒，群儒或曰‘不与古同’，徐偃又曰‘太常诸生行礼不如鲁善’，周霸属图封事，于是上黜偃、霸，而尽罢诸儒弗用”[3]。上述的黜黄老、绌老子、绌公孙龙、儒术既黜、黜偃、霸等，均是对于学派、学者的罢黜而言。区别在于绌儒学、绌老子、黜黄老刑名针对的是学派，黜徐偃、周霸针对的是学者个人。总起来说，黜是退，是疏远，并非是严厉的惩罚，只是不重用而已。

有时“黜”字，表示退而后之，或是位置有先后而已，如“论大道则先黄老而后六经”[4]，“学者以老庄为宗而黜《六经》，谈者以虚荡为辨而贱名检行身者”[5]。对于思想，统治者有选择，学者们有喜好偏爱，有先有后，并不是说禁绝。有时作自黜，如汉文帝十五年（前165）春，“黄龙见成纪，张苍自黜，所欲论著不成”[6]。这里的自黜，不是指官员的自我罢官，而是关于汉德而言。其前先言：“汉兴，高祖曰‘北畤待我而起’，亦自以为获水德之瑞。虽明习历及张苍等，咸以为然。是时天下初定，方纲纪大基，高后女主，皆未遑，故袭秦正朔服色。至孝文时，鲁人公孙臣以终始五德上书，言：‘汉德土德，宜更元，改正朔，易服色。当有瑞，瑞黄龙见。’事下丞相张苍，张苍亦学律历，以为非是，罢之。”[7] 因此，先罢他人，后又自黜，即

① 《史记》卷七六《平原君列传》，第2866页。

② 《汉书》卷八八《儒林传》，第3591页。

③ 《汉书》卷二五上《郊祀志上》，第1233页。

④ 《汉书》卷六二《司马迁传》，第2738页。

⑤ 《晋书》卷五《孝怀帝愍帝纪》史臣曰，中华书局，1974年版，第135—136页。

⑥ 《史记》卷二六《历书》，第1499页。

⑦ 同上。

自己贬废其汉水德之说①。

有时用于对于书籍文献的处置。如汉成帝时，征求能古文《尚书》者，张“霸以能为《百两》征，以中书校之，非是。霸辞受父，父有弟子尉氏樊并。时太中大夫平当、侍御史周敞劝上存之。后樊并谋反，乃黜其书”②。黜其书，即是摈弃、不用张霸所献的102篇的《尚书》。

综上所述，“黜”字应用于对官员、诸侯王、外戚、学派、书籍等各方面的处置，标明贬降、罢退、摈弃、抑黜等意。不仅西汉如此，后世也是这样。如“天下父兄师长虑子弟之文以驳杂见黜，禁其读书，非徒子史不观，而且正经不读”③。

其三说罢黜。

罢黜多是用于对于官吏的处理。如“会司隶奏〔杜〕业为太常选举不实，业坐免官，复就国。哀帝崩，王莽秉政，诸前议立庙尊号者皆免，徙合浦。业以前罢黜，故见阔略，忧恐，发病死”④。可见“坐免官”与“以前罢黜”含义相同，均是指罢免其官职而言。再如，大司马王“莽复乞骸骨，哀帝赐莽黄金五百斤，安车驷马，罢就

---

① 《汉书》卷四二《张苍传》载：“其后黄龙见成纪，于是文帝召公孙臣以为博士，草立土德时历制度，更元年。苍由此自绌，谢病称老。”（第2099页）“自绌”与“谢病称老”相连，此自绌所指是官员的自我贬退。《汉书·张苍传》与《史记·历书》所说不同，当以《史记·历书》所说为是。原因在于汉文帝十五年春，黄龙见于成纪，“文帝召公孙臣，拜为博士，与诸生申明土德，草改历服色事”（《汉书》卷二五上《郊祀志上》，第1212—1213页），更元年，在汉文帝十七年，后二年（前162）八月，张苍免相，申屠嘉为丞相（《史记》卷二二《汉兴以来将相名臣年表》，第1332页；《汉书》卷一九下《百官公卿表下》，第759页）。距离黄龙见成纪，前后历时四年。张苍自己罢官、主动致仕四年之后才免官，还叫自绌（黜）吗？所以说《史记·历书》自黜与《汉书·张苍传》自绌不同，当以《史记·历书》所记载为是。

② 《汉书》卷八八《儒林传·孔安国》，第2607页。

③ 梁启超：《饮冰室合集》文集之三《公车上书请变通科举折》，中华书局，1989年版，第22页。

④ 《汉书》卷六〇《杜周传·杜业》，第2682—2683页。

第"[①]。又作汉"哀帝罢黜王氏，故太后与莽怨丁、傅、董贤之党"[②]。罢就第、罢黜王氏，均是说罢免王莽等官职。由上述可知，在罢免官史的行为中"罢"与"罢黜"相通。至于用于废黜学派方面，以"罢黜百家"，表示废除排斥之意。

综上所述，罢、黜与罢黜及相关词语废黜等，在西汉多是用于官员的升迁、罢免，或是士人入仕等方面，有时也用于学派、学者的罢黜等。罢、黜与罢黜，主要表示是不用，而不是消灭。

实际上，从汉武帝时代开始，罢黜百家，表章六经，但诵读法家、道家、纵横家等的人依然存在，朝廷上有他们的身影，《史记》《汉书》《后汉书》等史书记录着他们的事迹。思想还在发展，《汉书·艺文志》记载着他们的著述。学者们融合礼法道墨等各家思想，促进了礼法融合、儒法交融、儒道融会、儒墨融合等，逐渐形成了"汉家自有制度，本以霸王道杂之"[③] 的治国方略。作为班固所言"罢黜百家"的汉武帝，"博开艺能之路，悉延百端之学，通一伎之士咸得自效，绝伦超奇者为右，无所阿私"[④]。"表章六经"，既没有采取秦始皇焚烧《诗》《书》的极端措施，又没有使用窦太后诛杀的血腥办法，而是运用"立五经博士，开弟子员，设科射策，劝以官禄"[⑤] 的方式诱导士人，官禄是很多士人攻读五经的动力，儒术是他们进入仕途的敲门砖，"讫于元始，百有余年，传业者寖盛，支叶蕃滋，一经说至百余万言，大师众至千余人，盖禄利之路然"[⑥]。由此开辟了中国经学的新时代，开辟了中国历史发展的新时代。

随着时间的推移，学术由诸子之学转化为经学占主导地位，传播经学者，既有郡县、朝廷开办的官学，又有家庭、学者设立的私学。经学思想转化为普及性的文化知识，儒庠、儒学、儒肆等变成唐宋元

① 《汉书》卷九九上《王莽传上》，第 4042 页。
② 《汉书》卷八一《孔光传》，第 3362 页。
③ 《汉书》卷九《元帝纪》，第 277 页。
④ 《史记》卷一二八《龟策列传》，第 3890 页。
⑤ 《汉书》卷八八《儒林传赞》，第 3620 页。
⑥ 同上。

明清在各府州县设立的供生员修业学校的称谓等。儒生、儒者等逐渐由尊崇儒学、通习儒家经书的儒士变成为一般读书人的泛指。儒宗，由儒者的宗师变成泛指为读书人所宗仰的学者。儒家，既指崇奉孔子思想的学派，又指读书人家。儒门，变为读书人家的泛称。儒户，是元明时代为读书人的户籍。“通天地人曰儒。”① 儒，“术士之称”②，“凡有道术皆为儒”③。不仅中国读书人称儒，而且欧美学者称西儒④，日本朝鲜韩国学者称东儒⑤，儒的称谓泛化了。诸子百家仍然在民间、学者、官员间流传，既从儒学中汲取营养，也以其成果补充儒学，构成了两汉以后的经学与诸子之学并存互动的格局。

二、董仲舒与“罢黜百家，独尊儒术”

李玲崧的《“罢黜百家，独尊儒术”语主考辨》认为：“罢黜百家，独尊儒术”最早应是由董仲舒提出来的。其说虽然持之有故，但这里牵涉到董仲舒对策的年代。而董仲舒贤良对策的年代，《史记》

① （汉）扬雄撰，汪荣宝义疏：《法言义疏》卷一八《君子篇》，中华书局，1987年版，第514页。

② （汉）许慎撰，（清）段玉裁注：《说文解字注》八篇上《人部》，上海古籍出版社，1980年版，第366页。

③ 《汉书》卷五七下《司马相如传下》颜师古注，第2592页。

④ 明天启六年（1626），传教士、比利时人人金尼阁撰《西儒耳目资》，其书流传至今，以西儒为名。（清）阮葵生撰《茶余客话》卷一五《耶稣教》载：利玛窦，“明神宗时，由广东入中国，入留都，高论惊人，出自鸣钟、千里镜诸器示人，咸大惊，号为西儒。”（上海古籍出版社，2012年版，第366页）叶德辉撰《书林清话》卷一《古今藏书家纪板本》载：“西儒如法人伯希和，得敦煌鸣沙山石室古书，乃能辨析卷数之异同，刊刻之时代。”（北京燕山出版社，1999年版，第18页）由上述可知，明清民国以来，称西方传教士、学者等为西儒者确有存在。

⑤ 况周颐撰，屈兴国辑注《蕙风词话辑注·赠东儒千秋岁词》载：甲寅（1914年）四月，日本涩泽青渊男爵来华，游沪上、杭州，北游京师，取道曲阜，谒孔林。况周颐赋《千秋岁词》赠之（江西人民出版社，2000年版，第536页）韩国人朴世采编《东儒师友录》，河谦镇编《东儒学案》，记述韩国儒学的学派与思想。由上述可见，可见日本、韩国学者称为东儒。与西儒不同，他们有些人学习、研究过儒学经典著作。

未有记载，《汉书》的《武帝纪》有记载而与《公孙弘传》有矛盾；《董仲舒传》记录天人三策而未明确其年代。从宋朝以来学者们多有探讨，形成了八种说法：宋司马光的建元元年（前140）说，清齐召南的建元五年（前136）说，宋王益之的元光元年（前134）二月说，宋洪迈的元光元年五月说，石冬煤的元光二年十月说，戴君仁的元光二年至四年说，刘国民的元光五年（前130）说，苏诚鉴的元朔五年（前124）说，诸说都以《史记》《汉书》为依据，而《史记》《汉书》两书记载不同相互矛盾，《史记》《汉书》本身纪、传记载相异自相矛盾，因而立论都有根据，又难免有牵强附会寻找理由、千方百计弥补漏洞的弊端。笔者另辟蹊径以《春秋繁露·止雨》中的“二十一年八月甲申朔，丙午，江都相仲舒告内史、中尉：阴雨太久，恐伤五谷，趣止雨”与《史记》《汉书》相互证明，认为元光元年说提供了有力的支撑，而否定或限制了其他说法①。如果按董仲舒元光元年对策来说，在此之前，汉高祖时，陆贾主张“表定六艺，以重儒术”②，可以视为尊崇六经的先声；建元元年（前140）十月汉武帝诏令丞相、御史、列侯、中二千石、二千石、诸侯相举贤良方正直言极谏之士。丞相卫绾上奏：“所举贤良，或治申、商、韩非、苏秦、张仪之言，乱国政，请皆罢。”③ 奏议被汉武帝批准，是具体实施罢黜百家措施的开端；建元五年置五经博士，也是尊崇经术的重要举措；建元六年，“及窦太后崩，武安君田蚡为丞相，黜黄老、刑名百家之言，延文学儒者以百数”④，标志着文学儒者已经进入了时来运转的年代。上述主张言论、政策措施，均比董仲舒对策要早。因此，不能说董仲

① 详见秦进才《〈春秋繁露·止雨〉“二十一年”探微》，《扬州大学学报》（人文社会科学版）2008年第5期。［日］福井重雄《儒教的国教化·董仲舒对策的上呈年代》归纳为十一种说法，除上文所列举者外，又有建元五年以前至元光元年说、建元四五年说、建元五六年说、建元六年说、元光以前说等，见［日］佐竹靖彦主编《殷周秦汉史学的基本问题》，中华书局，2008年版，第270—274页。

② 王利器著《新语校注·本行》，中华书局，1986年版，第142页。

③ 《汉书》卷六《武帝纪》，第155—156页。

④ 《汉书》卷八八《儒林传》，，3593页。

舒是最早提出罢黜百家、独尊儒术的建议。董仲舒的建议在后人看来有比较大的影响，原因在于陆贾只是提出了建议尚未引皇帝的高度重视，卫绾、田蚡是以丞相的身份推动罢黜百家尊崇儒术者，而从理论上、思想上系统论述者是董仲舒。“文章草草皆千古，仕宦匆匆只十年。”[①] 董仲舒的建议一直流传到现在，而卫绾、田蚡的罢黜百家举措早已是昨日黄花，人们记住了董仲舒，随之放大了董仲舒的建议效果。其实，班固在《汉书·武帝纪》言：“罢黜百家，表章六经”；在《汉书·董仲舒传》说：“推明孔氏，抑黜百家”，其说法很符合两人的身份，“罢黜百家表章六经”的决定权掌握在至高无上的皇帝之手，“推明孔氏抑黜百家”是儒宗董仲舒所能够自己办到的事情，把罢黜百家独尊儒术的功劳、罪恶不适当地都记在董仲舒的名下是不合适的，他最多具有提出罢黜百家、独尊儒术建议的权力，是否推行，那就不是董仲舒所能决定的事情了。

董仲舒言：“《春秋》大一统者，天地之常经，古今之通谊也。今师异道，人异论，百家殊方，指意不同，是以上亡以持一统；法制数变，下不知所守。”前一部分叙述了大一统的重要性，后一部分讲了当时社会的现实，又提出了解决问题的建议。

尊崇一，追求一统，是诸子百家的共同认识。老子说：“天得一以清，地得一以宁，神得一以灵，谷得一以盈，万物得一以生，侯王得一以为天下正。”[②] 墨子主张尚同以克服一人一义的局限，管子认为：“使天下两天子，天下不可理也。一国而两君，一国不可理也。一家而两父，一家不可理也。”[③] 庄子认为“圣有所生，王有所成，

① （清）黄景仁撰：《两当轩集》卷一〇《呈袁简斋太史》，上海古籍出版社，1983年版，第247页。

② 朱谦之撰：《老子校释·老子德经》三十九章，中华书局，1984年版，第154—155页。

③ 黎翔凤撰：《管子校注》卷九《霸言》，中华书局，2004年版，第472页。

皆原于一”[1]。孟子回答梁惠王问：“天下恶乎定。”曰：“定于一。”[2]荀子认为：“君者，国之隆也；父者，家之隆也。隆一而治，二而乱”[3]；“权出一者强，权出二者弱，是强弱之常也”[4]。《吕氏春秋》主张：“一则治，异则乱；一则安，异则危”[5]；“王者执一，而为万物正。军必有将，所以一之也；国必有君，所以一之也；天下必有天子，所以一之也；天子必执一，所以抟之也。一则治，两则乱”[6]。韩非认为：“道无双，故曰一。是故明君贵独道之容”；“一家二贵，事乃无功”[7]。《礼记》认为：“天无二日，土无二王，国无二君，家无二尊，以一治之也。”[8] 由上述言论看，可知诸子多向往一，主张一统，讲究一尊，不二执一，这是针对春秋战国列国割据纷争开出的药方，也是对于政治上中央集权君主专制、天下统一的呼唤。秦始皇集大一统思想的大成，兼并六国，建立起“海内为郡县，法令由一统”“皇帝并有天下，别黑白而定一尊”[9] 的中央集权君主专制大一统的多民族国家，把诸子政治统一的理想变成了现实。董仲舒“《春秋》大一统者，天地之常经，古今之通谊”的说法，正是对于诸子尊

---

① （清）郭庆藩撰：《庄子集释》卷一〇《杂篇·天下》，中华书局，1961年版，第1065页。

② （清）焦循撰：《孟子正义》卷三《梁惠王上》，中华书局，1987年版，第71页。

③ 《荀子集解》卷九《致士篇》，第263页。

④ 《荀子集解》卷一〇《议兵篇》，第271页。

⑤ 陈奇猷撰：《吕氏春秋校释》卷一七《不二》，学林出版社，1984年版，第1124页。

⑥ 《吕氏春秋校释》卷一七《执一》，第1132页。

⑦ 《韩非子新校注》卷二《扬权》，第152、170页。

⑧ （清）孙希旦撰《礼记集解》卷六一《丧服四制》（中华书局，1989年版，第1470页）。（清）孔广森撰《大戴礼记补注》卷一三《本命》载：“天无二日，国无二君，家无二尊，以治之也。”（中华书局，2013年版，第244页）附《校正孔氏大戴礼记补注》卷一三《本命》载：校正“以治之也”曰：“戴、汪校本‘以’下增‘一’字，今从之。”（第481页）由此看，大、小戴《礼记》两者文字有差异，含义基本相同。

⑨ 《史记》卷六《秦始皇本纪》，第300、321页。

崇一思想的继承与发展。

西汉政治上的大一统已经建立起来，而思想上的统一尚未形成，“师异道，人异论，百家殊方，指意不同，是以上亡以持一统；法制数变，下不知所守”，正是思想不统一的具体表现。这与李斯所言“私学而相与非法教，人闻令下，则各以其学议之，入则心非，出则巷议，夸主以为名，异取以为高，率群下以造谤。如此弗禁，则主势降乎上，党与成乎下”[①] 的情况，大同小异。李斯提出的建议是“禁之便。臣请史官非秦记皆烧之。非博士官所职，天下敢有藏《诗》《书》、百家语者，悉诣守、尉杂烧之。有敢偶语《诗》《书》弃市，以古非今者族，吏见知不举者与同罪。令下三十日不烧，黥为城旦。所不去者，医药卜筮种树之书。若欲有学法令，以吏为师”[②]，为秦始皇所采纳实行。然而，“竹帛烟销帝业虚，关河空锁祖龙居。坑灰未冷山东乱，刘项元来不读书”[③]。董仲舒鉴于秦朝的焚书与土崩瓦解的覆辙，而提出了“臣愚以为诸不在六艺之科孔子之术者，皆绝其道，勿使并进。邪辟之说灭息，然后统纪可一而法度可明，民知所从矣”的建议，表面与李斯的建议相反，实质则有相同之处。李斯焚烧《诗》《书》，董仲舒尊崇儒术；李斯建议以严刑酷法解决思想问题，董仲舒建议用绝其仕进之道的方法使“邪辟之说灭息”，都是要尊崇一种学说，达到思想统一。两者亦有相异之处，一是身份效果相异，李斯以丞相的身份提出建议并得到了秦始皇的批准，制定了挟书律，雷厉风行地推行开来；而董仲舒以贤良对策的方式提出了自己的建议，在此前已经有丞相卫绾、田蚡等已经实行罢治申韩苏张之言者和黜黄老、刑名百家之言的政策，而董仲舒的建议适逢“是时，上方征讨四夷，锐志武功，不暇留意礼文之事”[④]，并没有像李斯建议那样

① 《史记》卷六《秦始皇本纪》，第 321 页。

② 同上，第 321—322 页。

③ 中华书局编辑部点校：《全唐诗》（增补本）卷六六九章碣《焚书坑》，中华书局，1999 年版，第 7716 页。

④ 《汉书》卷二二《礼乐志》，第 1032 页。

马上转化为法律法令去推行。二是影响不同，李斯建议成为秦朝暴政的一部分，紧密与秦亡相联系；董仲舒建议被视为汉武帝尊崇儒学的组成部分，影响深远。三是后人评论不同，李斯的焚书建议千古为人谴责，董仲舒的建议赞颂与批判同在。

董仲舒提出的“诸不在六艺之科、孔子之术者，皆绝其道，勿使并进。邪辟之说灭息，然后统纪可一而法度可明，民知所从”的建议，从字面来看，似乎带有独尊儒术的意味，因此，很多人以此作为董仲舒提出“罢黜百家，独尊儒术”的证据。其说固然持之有故，但并非就一定言之成理。

首先，其实董仲舒建议的含义与盐铁会议上贤良所说的“贤者进用，不肖者简黜”[①] 相类似，贤者被选拔为官是进用，不肖者落选为简黜，进用与简黜相对而言。徐复观认为：“仲舒所说的‘勿使并进’，并不是勿使流通，勿使研究，而是指朝廷不为其立博士。”[②] 这是从宏观角度所作的一种解释，但与董仲舒上天人三策的语境不符，因为五经博士已经立了，再说不为其立博士，这样的建议还有意义吗？刘桂生指出：“‘皆绝其道’，这是最易理解为禁止、禁绝诸子的词语。有的学者直截地认为‘皆绝其道’，就是禁绝、灭绝儒学以外的各家学说。‘摧毁’说大概也是由此而来的。但是，这里的‘道’，其实不是指学术之‘道’，不是指道理、主张、而是指入学为官之道。所以下文说‘勿使并进’，也就是指不让儒学以外的诸家学说之人同儒家之徒一样讲学、入仕。合并起来讲，就是要堵绝非儒诸家的学途、仕途。”[③] 这种解释和当时的历史背景比较吻合，与董仲舒参加贤良对策的语境很贴切。滕福海认为：“绝字的含义很多，绝百家与孔学并进之道，即仅进孔学儒术，其他各家一概贬退之抑卑之，使居

---

① 王利器校注：《盐铁论校注（定本）》卷六《除狭》，中华书局，1992 年版，第 410 页。

② 徐复观：《两汉思想史》第二卷，华东师范大学出版社，2001 年版，第 263—264 页。

③ 刘桂生：《近代学人对“罢黜百家、独尊儒术”的误解及其成因》，《北京大学百年国学文粹·史学卷》，北京大学出版社，1998 年版，第 516 页。

于从属地位。‘绝’‘并进’不必等于绝并存。虽然他也要求‘邪辟之说灭息’，但‘邪辟之说’与‘诸不在六艺之科孔子之术者’究属两个概念。”① 这是从字词、概念着眼所作的解释。三个学者的解释各有重点，也有差异，相同的是都提出了新看法，自成一家之言，与流行的看法相异。

再则，董仲舒的绝其道，只是绝其不治儒学的贤良方正的仕进之道，这只是涉及很少的一部分人。因为，汉朝选举制度除了察举贤良方正之外，还有多种途径可以进入官吏行列。如征召制，征召有一定能力而又不肯出仕的人，由皇帝召见，确有才能，即授予官职；有上书言事制，也就是公车上书，天下吏民上书言事，如有可取者，即给予官职；还有入物者补官，入财者补郎，入谷者射官等；以及为军功多者封爵赐官等等，纷纭并存的仕宦途径，缩小了董仲舒绝其仕进之道建议的范围与效果，也就减少了董仲舒建议所带来的弊端。

其三，笔者认为六艺之科、孔子之术，与“独尊儒术”并不相等。从《汉书·艺文志》分类看有六艺略，有诸子略。诸子略中包括儒家孟子、荀子等人的著述，那些著述当时并没有取得经典地位，可知六艺略与诸子略中的儒家不能画等号。还有诸子略中的诸家当中，多数都有汉朝人的著述，也就是说汉朝并没有消灭诸子百家。其实不仅是《汉书·艺文志》有诸子略，《隋书·经籍志》等也是以经史子集分类，诸子为四部之一，直至《四库全书总目》尚且如此。也就是说，中国古代尊崇六经（也就是六艺），六经具有独特的地位，排列在六艺略或经部，位于图书分类之首，而包括儒家在内的诸子百家排列在子部，两者长期共存，相互影响，经部在逐渐扩大，五经、七经、九经、十二经，《孟子》在宋代由子部上升到经部，由此形成了十三经。由此可知，六艺之科、孔子之术与“独尊儒术”并不相等，董仲舒推崇的是六艺之科、孔子之术，并非是“独尊儒术”。

学者们的建议，并不都是急急如律令马上就在社会上推广实行，

① 滕福海：《董仲舒与“罢黜百家”》，《广西大学学报》（哲学社会科学版）2007年第5期。

即使有些学者的建议变成了律令，付诸于社会实践，与原来的设想也多数不能画等号。董仲舒的天人三策，可以说是董仲舒提交给汉武帝的答卷、建议，体现的是董仲舒的思想、追求。在皇权支配下的秦汉社会中，能否变成统治思想，能否付诸于实践，并不仅在于董仲舒建议本身，也不在于董仲舒自己如何说①，而与最高统治者汉武帝的理论选择联系在一起。汉武帝的主要角色是皇帝，而不是皓首读经的学者，理论选择原则，除了有利于其统治、维护其皇权外，更注重博采众家之长，“若能修六艺之术，而观此〔诸子〕九家之言，舍短取长，则可以通万方之略矣”②。因为“王者之治，于百家之道无不贯综”③。而不是采取一家之言。董仲舒带有学术思辨色彩的建议，不可能被汉武帝全盘接受。再则，汉武帝建元、元光初政以后，“上方征讨四夷，锐志武功，不暇留意礼文之事”④。注意力已经转移，也没有时间全盘接受、推行董仲舒的建议。为开疆拓土，权谲之谋进，奋击之士兴；为解决财政危机，兴利之臣起，磻溪熊罴之士隐；为平息社会矛盾，憯急之臣进，见知废格之法起。“其欲据仁义以道事君者寡，偷合取容者众。”⑤ 哪里还有董仲舒之类儒宗重用的机遇。

再则，董仲舒的建议变为皇帝的决策，推向社会实践，还需要加工修改。实际上，董仲舒“诸不在六艺之科孔子之术者，皆绝其道，勿使并进”的建议，保存在《汉书》等历史文献中为历代传颂，作为理想追求为儒者向往，在选拔贤良等领域内实现了，但全面落实到官员选拔制度中，不要说汉武帝时代做不到，两汉做不到，魏晋南北朝实行九品中正制，也不可能做到，唐朝除了以经学为主的明经科外，

---

① （南唐）静、筠二禅师编撰《祖堂集》卷一《释迦牟尼佛》载：释迦牟尼降生，作师子吼：“天上天下，唯我独尊”（中华书局2007年，第11页）；《祖堂集》卷一一《永福和尚》载：赵州云：“天上天下，唯我独尊”（第525页），我们能够据此说，他们就都能够“唯我独尊”了吗？

② 《汉书》卷三〇《艺文志》，第1746页。

③ 《汉书》卷三〇《艺文志》及颜师古注，第1742页。

④ 《汉书》卷二二《礼乐志》，第1032页。

⑤ 《盐铁论校注（定本）》卷二《刺复》，第132页。

还有以诗赋为主的进士科，以及道科、算科等。简单说来，两汉以来的中国古代社会，没有哪个朝代能够全面落实董仲舒的“诸不在六艺之科孔子之术者，皆绝其道，勿使并进”的建议，这是由于社会千差万别的复杂性、官僚体制设计的多层性，以及适应社会需要的选举制度多元性——既有正途的察举、科举取士等，也有军功赐爵拜官、任子荫袭，还有捐纳买官等多种途径并存，正是这诸多因素造成了董仲舒的建议，不会也不可能在官吏选拔制度上全部落实。

近年来，对于董仲舒与罢黜百家、独尊儒术的关系，学者们发表了很多篇论文，对于董仲舒所谓“罢黜百家、独尊儒术”的建议进行了实事求是的评价。董仲舒对策中的确含有大一统思想的内容，这是诸子百家追求一统思想的继续，但汉武帝实施“罢黜百家、表章六经”的策略不可能仅仅来源于董仲舒的对策，因为在之前已经陆续实施“罢黜百家、表章六经”的政策。董仲舒的建议，也没有原汁原味地得到贯彻实行。汉武帝时代，儒学未获得独尊的地位，两汉时代，百家也没有彻底罢黜。直至清朝末年皇权时代，君主专制条件下治国策略多是霸王道杂之、儒表法里、孔表荀里等，没有真正出现过实现“罢黜百家、独尊儒术”的朝代。这不是董仲舒不愿意实行自己的建议，也不是汉武帝没有能力去推行董仲舒建议的实施，更不是后来的帝王都没有实行“罢黜百家、独尊儒术”的积极性，而是千差万别的社会实际条件限制不允许如此去办，各阶层不同的文化需求不需要这样去办，各利益集团的相互制约不可能这样去办，统治思想选择的规则也不会支持如此去办。因此，董仲舒既不应当因为其建议，而成为“罢黜百家、独尊儒术”的功首元勋，也不应当因为其建议，而成为“罢黜百家、独尊儒术”的罪魁祸首，应当实事求是地给以说明与评价。

三、“罢黜百家，表章六经”的变迁

以上考察了罢、黜与罢黜字词的含义和董仲舒建议与“罢黜百家，独尊儒术”的关系。与“罢黜百家，独尊儒术”联系最密切的，当首推班固《汉书·武帝纪》的赞，曰：“孝武初立，卓然罢黜百家，表章六经。”“孝武初立”，说的是时间，即建元元年前后，汉武帝即位初期。“罢黜百家”，当是指建元元年（前140）冬十月，诏丞相、御史、列侯、中二千石、二千石、诸侯相举贤良方正直言极谏之士，丞相卫绾奏：“所举贤良，或治申、商、韩非、苏秦、张仪之言，乱国政，请皆罢”而言，虽然罢法家、纵横家与罢黜百家数量不相等，但无疑这是罢黜百家的开端。“表章六经”，是汉武帝即位初年一系列尊崇经学活动的概括。六经又称六艺，《周礼·地官·大司徒》曰：“六艺，礼、乐、射、御、书、数。”系指六种技艺而言。战国时代，六艺演变为诗、书、礼、乐、易、春秋六种典籍，又称六经、六籍等。六经是先秦时代华夏基本典籍，广泛传播，而非儒家所独有①。因此，章学诚认为：“六艺非孔子之书，乃周官之旧典也。《易》掌太卜，《书》藏外史，《礼》在宗伯，《乐》隶司乐，《诗》领于太师，《春秋》存乎国史。”② 春秋时代，孔子整理六经作为教学的课本，六经与儒家联系越来越密切，但并非只属于儒家，政治家、文学家、诸子百家等都会研读、引用，在日常生活中、外交场合里都有人引用。因为《乐经》失传，剩下了五部。汉武帝表章六经的重要举措，就是设立五经博士，专门研究传授五经。尊经与尊儒有区别，表章六经与独尊儒术并不相等。在《汉书·艺文志》中有六艺略、诸子略两类，五经归六艺，儒家归诸子，百家与六经在汉代人的观念中可并列而有先后，有区别而不敌对。再则，从前面列举的罢、黜与罢黜的例证来看，本来班固“罢黜百家，表章六经”对于百家、六经的概念运用得

① 《汉书》卷八八《儒林传序》载：“古之儒者，博学虖《六艺》之文。《六艺》者，王教之典籍，先圣所以明天道，正人伦，致至治之成法也。”（第3589页）儒家以六经作为教科书，墨家也经常说到六经，道家也提到过六经，诸子论述中也经常引用六经，六经是华夏民族的元典，王教的典籍，本来并非诸子某家的私有资产，当然也不是儒家所独有。只是随着汉武帝“表章六经”政策的实行，六经逐渐与儒家联系越来越密切，以致被视为儒家经典，实在是以偏概全。

② （清）章学诚：《校雠通义·原道》，《文史通义校注》，中华书局，1985年版，第951页。

不特别准确，但千百年来，在汗牛充栋的著述中，无数次被人引用。

“罢黜百家，表章六经”在引用中，被后人改为不同的表达方式，赋予不同的内容。宋朝范祖禹言：“汉武帝时，董仲舒对策以为诸不在六艺之科、孔子之术者，皆绝其道，勿使并进。武帝感其言遂罢黜百家，表章六经。”① 认为是先有董仲舒建议，然后有汉武帝罢黜百家，表章六经。这是沿袭了司马光《资治通鉴》的说法与事件先后的排列顺序。晁说之上奏曰：“是以明王罢斥百家，表章六经，大儒推明孔氏，抑黜百家。”② 把汉武帝罢黜百家、表章六经与董仲舒推明孔氏、抑黜百家相提并论，两人的作用区分得很清楚。元朝郝经称：“董仲舒出，而孝武方隆儒，乃请罢黜百家，表章六经，尊孔氏，明仁义，圣人之道复立。”③ 认为董仲舒因汉武帝隆儒而建议罢黜百家，表章六经。明代王祎认为：董仲舒“告时君罢黜百家表章六经，以隆孔子之教，使道术有统，异端息灭，民到于今赖之”④。归有光言：“至孝武，始兴文学，罢黜百家，表章六经，实自仲舒发之。故诸不在六艺之科，孔子之术者，皆绝其道，勿使并进。至于今学者守之。”⑤ 王祎、归有光认为罢黜百家，表章六经由董仲舒发之，沿用班固《汉书·董仲舒传》的说法。上述均是沿用班固《汉书·武帝纪》的赞语，而把汉武帝、董仲舒与罢黜百家、表章六经联在一起。元朝郝经则认为：“仲舒欲罢黜百家，而孝武不用。”⑥ 把董仲舒与汉

① （宋）范祖禹撰：《范太史集》卷二一《封还差道士陈景元校道书事状》，《景印文渊阁四库全书》，台北：台湾商务印书馆，1986年版，第1100册，第265页。

② （宋）晁以道撰：《景迂生集》卷三《奏审覆皇太子所读孝经论语尔雅札子》，《景印文渊阁四库全书》，第1118册，第66页。

③ （元）郝经撰：《陵川集》卷二六《去鲁记》，《景印文渊阁四库全书》，第1192册，第281页。

④ （明）王祎撰：《王忠文集》卷一五《孔子庙庭从祀议》，《景印文渊阁四库全书》，第1226册，第307页。又见《明文海》卷七四《孔子庙庭从祀议》，《景印文渊阁四库全书》，第1453册，第691页。

⑤ （明）归有光：《震川先生集·别集》卷二下《河南策问对二道》，上海古籍出版社，1981年版，第774页。

⑥ 《陵川集》卷一九《异端》，《景印文渊阁四库全书》，第1192册，第204页。

武帝区别开来。多数人因为天人三策影响大而把罢黜百家的元勋或罪魁的称号给了董仲舒，实际上是把隆儒丞相卫绾、田蚡之冠戴到了儒学大师董仲舒的头上。

有些人在说到与“罢黜百家，表章六经”相联系的词语时，在构成、表达方式等方面有所变化。荀悦称：“孝武之初立，卓然罢黜百家，表章六艺。”① 把“表章六经”改为“表章六艺”，两汉时代六艺与六经所指具体内容相同，荀悦在沿袭中稍有改进。宋朝晁公武说：“当武帝之世，表章儒术而罢黜百家。”② 把“表章六经”改成了“表章儒术”，并颠倒了“罢黜百家，表章六经”词语的位置顺序，实际上六经与儒术也不能画等号置换。刘行简曰：“其后罢斥百家，表章六经，制礼乐，易服色，典章文物灿然大备。”③ 把“罢黜百家”改为“罢斥百家”。元朝谢应芳言：汉武帝“罢黜百氏，表章六经，弥纶治道，网罗群英，信一代之英主”④。把“罢黜百家”说成是“罢黜百氏”，百氏与百家含义相同。明朝吴讷说：“惟董仲舒学识醇正，又遇孝武初政清明，策之再三，故克罄竭所蕴，帝因是罢黜百家、专崇孔氏，以表章六经，厥功茂焉。”⑤ 增加了“专崇孔氏”一句话。姚文然称：“广川以天人三策擢第一人，实始黜百家尊孔氏，为万世儒宗。”⑥ 简化了“罢黜百家”的说法，放大了董仲舒的作用。齐召南曰：汉武帝“嗣位之初，即慨然有意于唐虞三代之盛，崇重儒术，

---

① （汉）荀悦撰：《前汉纪》卷一五《孝武皇帝纪六》，《两汉纪》上册，中华书局，2002年版，第270页。

② （宋）晁公武撰、孙猛校证：《郡斋读书志校证》卷五《史记》，上海古籍出版社，1990年版，第176页。

③ （明）杨士奇等撰：《历代名臣奏议》卷四八《治道》，《景印文渊阁四库全书》，第434册第350页。

④ （元）谢应芳撰：《龟巢藁》卷一《承露盘赋》，《景印文渊阁四库全书》，第1218册，第8页。

⑤ （明）唐顺之编：《稗编》卷七五《文艺四》，吴讷《文章辨体序题》，《景印文渊阁四库全书》，第954册，第645页。

⑥ （清）姚文然：《姚端恪公集·文集》卷一三《顺天乡试录序》，《四库未收书辑刊》，北京出版社，2000年版，第7辑，第18册，第348页。

罢黜百家，将立明堂以宏制作，修礼乐以兴太平”[①]。不用“表章六经”而说“崇重儒术”，把两者等同起来了。朱轼言：“自武帝尊崇儒术，士之服儒衣冠称先王者，继踵登朝。”[②] 元朝杨维桢言：“董仲舒推明孔氏，力挽正学，清净之说方息，而贤良之科始盛，百氏之术既罢，而六经之学益彰，文章彬彬焕然有三代之风者，董氏之力也。”[③] 上述表达方式，内涵袭用班固精神，表述自己的看法，词句有所变化，多带着作者生活时代的影子，存在着放大董仲舒天人三策的作用，距离历史真实越来越远的弊端。

还有套用班固词语模式表达自己思想者。如元陆文圭言：皇帝“表章六艺，示至道之恢宏；罢诎百家，开正途之壅塞。”[④] 把“罢黜百家”改为“罢诎百家”，是把班固的词语拿来变为赞美皇帝的颂词，与汉武帝、董仲舒已经没有关系了。清人称：“若明成祖之命儒臣纂修五经四书性理大全，颁行两京六部及国子监天下郡县学，庶几于汉之武帝罢黜百家表章六经之功矣。”[⑤] 把明成祖命儒臣编纂五经四书注疏集成，与汉武帝“罢黜百家，表章六经”之功相媲美。清朝全祖望称：“圣祖仁皇帝纯心正学，表章儒术不遗余力。”[⑥] 王昶言：“昔圣祖仁皇帝表章六艺，兼综百家。”[⑦] 把“罢黜百家”改为“兼综百家”很有眼光，也符合实际，也是用班固的词句类型来歌颂清圣祖康

① 《御览经史讲义》卷二七《齐召南史》，《景印文渊阁四库全书》，第 723 册，第 668 页。

② （清）朱轼撰：《史传三编》卷一二《名臣传四·萧望之》，《景印文渊阁四库全书》，第 459 册，第 192 页。

③ （元）杨维桢撰：《东维子集》卷二七《与吴宗师书》，《景印文渊阁四库全书》，第 1221 册，第 673 页。

④ （元）陆文圭撰：《墙东类稿》卷一《拟谢赐进士及第表》，《景印文渊阁四库全书》，第 1194 册，第 534 页。

⑤ 《御定孝经衍义》卷五九《天子之孝·崇圣学》，《景印文渊阁四库全书》，第 718 册，第 649 页。

⑥ （清）全祖望撰，朱铸禹汇校集注：《全祖望集汇校集注·鲒琦亭集》卷一一《梨洲先生神道碑文》，上海古籍出版社，2000 年版，第 220 页。

⑦ （清）王昶撰：《春融堂集》卷四一《吴竹桥小湖田乐府序》，《续修四库全书》，上海古籍出版社，2002 年版，第 1438 册，第 89 页。

熙皇帝。

上述例证说明从东汉到清朝千余年间，在班固所言“罢黜百家，表章六经”的基础上，有的改变词语先后顺序，有的变更词语构成，有的增加词语，有的表达词句不同，形式多种多样。总的说来是宋元以来对汉武帝“罢黜百家，表章六经”的评价越来越高，认同班固说法的学者越来越多，并把董仲舒与“罢黜百家”联系起来，这与经学地位的日益巩固有着密切关系，其中表达了自己的想法，也难免有些误解。还有些不同的看法，如周必大认为：汉“武帝非表章六经，乃罢黜六经也”①。这是从另一个角度来说汉武帝和表章六经的关系问题。

实际上，“表章六经”“表章六艺”“表章儒术”“尊崇儒术”“崇重儒术”与“独尊儒术”含义并不完全相同。表章与表彰同义，指显扬、表扬，含有提倡、倡导之意。尊崇，指尊敬推崇，又指显贵。崇重，犹尊贵、高贵，又指尊重、重视。独，含有无与可比、孤单、唯一、绝对、单独、独自、专断、独裁、独特等多方面的含义。独尊，指独受尊重，独居首位。表章、尊崇、崇重等词语并不具有独尊的含义。

四、“推明孔氏，抑黜百家”的变化

班固又说：“自武帝初立，魏其、武安侯为相而隆儒矣。及仲舒对册，推明孔氏，抑黜百家。立学校之官，州郡举茂材孝廉，皆自仲舒发之。”② 这是对于董仲舒的评价。时间说的与《汉书·武帝纪》一样也是“武帝初立”，在“魏其、武安侯为相而隆儒矣”的背景下，董仲舒做出了他的贡献——“推明孔氏，抑黜百家”，也就是“文王

① （宋）周必大撰：《文忠集》卷一五五《承明集三·淳熙二年闰九月二十五日进》，《景印文渊阁四库全书》，第 1148 册，第 687 页。

② 《汉书》卷五六《董仲舒传》，第 2525 页。

之文在孔子，孔子之文在仲舒”[①]，并提出了一些具体建议。班固所言“推明孔氏，抑黜百家”，在不断被后人的引用中，发生了一些新的变化。

东汉荀悦说：“孝武皇帝时，董仲舒推崇孔氏，抑绌百家。”[②] 把“推明”改成“推崇”、“抑黜”改为“抑绌”，意思未变，表述有改动。宋朝范祖禹说：“董仲舒对册推明孔氏，帝遂罢黜百家，表章六经。”[③] 把董仲舒“推明孔氏”与汉武帝“罢黜百家，表章六经”联系起来，以此说明其因果关系。元代吴莱称：董“仲舒有以发之矣，然而推明孔氏，罢绌百家，使学者有所统一”[④]。把“推明孔氏”与“罢绌百家”揉合在一块。明朝张宁称：汉“武帝抑黜百家，表章六经，建立学校，举用贤良，大率皆仲舒推明正学之力”[⑤]。把“抑黜百家”归为汉武帝，与“表章六经”等相提并论，也就是把“抑黜百家”与“罢黜百家”等同起来。明朝丘濬曰：“秦汉而下，自武帝表章六经之后，世之所谓儒者咸知尊孔氏黜百家。”[⑥] 认为“尊孔氏黜百家”是儒者的共识。清朝朱彝尊曰：“董仲舒对策，独推明孔氏，令学者知所统一。”[⑦] 在“推明孔氏”前加上“独”字，以突出董仲舒的作用，与王充的“文王之文在孔子，孔子之文在仲舒”[⑧] 之言异曲同工。晚清李元度言：“董子知道之大原，能尊孔氏，斥百家，以

① 黄晖撰：《论衡校释》卷一三《超奇篇》，中华书局，1992年，第614页。

② 《前汉纪》卷二十五《孝成皇帝纪二》，《两汉纪》，上册第438页。

③ （宋）范祖禹撰：《帝学》卷二《世宗孝武皇帝》，《景印文渊阁四库全书》，第696册，第737页。

④ （元）吴莱撰：《渊颖集》卷八《春秋繁露后题》，《景印文渊阁四库全书》，第1209册，第143页。

⑤ （明）张宁撰：《方洲集》卷二九《读史录》，《景印文渊阁四库全书》，第1247册第607页。

⑥ （明）丘濬撰：《重编琼台藁》卷八《会试策问》，《景印文渊阁四库全书》，第1248册第164页。

⑦ （清）朱彝尊撰：《经义考》卷二七八《拟经十一·孔子集语》，《景印文渊阁四库全书》，第680册，第571页。

⑧ 《论衡校释》卷一三《超奇篇》，第614页。

正谊明道为鹄。”[①] 将“推明孔氏”演变为“尊孔氏”，把“抑黜百家”说成是“斥百家”，与班固说法内涵一致，表述有所改变。

上述例证，反映出从东汉到清代“推明孔氏，抑黜百家”的变化，有的融合了《汉书》的《武帝纪》与《董仲舒传》的说法，把“推明孔氏”与“罢黜百家，表章六经”融合起来，有的增加了“尊孔氏”等内容，把汉武帝与董仲舒联系起来看。抑黜百家、抑绌百家，均有贬废、排斥百家的含义；罢黜百家有废除排斥之意，两者有相通之处，可以互相替代。

“罢黜百家，表章六经”和“推明孔氏，抑黜百家”的变迁与演变，为后来“罢黜百家，独尊儒术”一词的形成奠定了基础。

五、“罢黜百家，独尊儒术”词语的出现

由上述来看，《汉书》的《武帝纪》的“罢黜百家，表章六经”，《董仲舒传》的“推明孔氏，抑黜百家”，分别是班固对于汉武帝、董仲舒生平的部分评价。评价依据的事件，是汉武帝初年的尊儒活动、董仲舒的对策等，其时间在建元元年（前 140）到元光元年（前 134）之间。

班固之所以这样划分，是有道理的。从汉武帝的生涯看，即位初年，尊崇黄老之学的窦太后尚在世，黄老之学占据统治思想的主导地位。现实需要改革，需要提供改革的理论，经学适应了这种需要，无论汉武帝的动机如何，确实采取了表章六经的措施，提高了文学（儒学）之士的地位。但汉武帝并非是儒家的忠实信徒，而是一个“内多欲而外施仁义”的皇帝，他需要用儒术来粉饰其政治。后来改变发展的方向，有人称为“外攘夷狄，内修法度”[②]，有人说是“外事四夷，

---

① （清）李元度撰：《天岳山馆文钞》卷一六《重修贾太傅祠记》，岳麓书社，2009 年版，第 373 页。

② 《史记》卷一三〇《太史公自序》，第 3981 页。

内兴功利，役费并兴，而民去本”①，又有人说是“外事胡越，内兴制度，国家多事”②，还有人说是“外攘四夷，内改法度”③，这些不同的说法，证明了一个问题，汉武帝追求的目标变了，施政的方针变了，相应的用人标准也变了，占主导地位的人物也在随之改变。实行“博开艺能之路，悉延百端之学”④ 的方针，不再是罢黜百家，而是悉延百端之学，不只是表章六经，而是博开艺能之路，广招人才，为其改革制度、开疆拓土的大业服务。

在盐铁会议上，文学回顾汉武帝的阶段性变化，指出：“当公孙弘之时，人主方设谋垂意于四夷，故权谲之谋进，荆、楚之士用，将帅或至封侯食邑，而勀获者咸蒙厚赏，是以奋击之士由此兴。其后，干戈不休，军旅相望，甲士糜弊，县官用不足，故设险兴利之臣起，磻溪熊罴之士隐。泾、渭造渠以通漕运，东郭咸阳、孔仅建盐、铁，策诸利，富者买爵贩官，免刑除罪，公用弥多而为者徇私，上下兼求，百姓不堪，抏弊而从法，故憯急之臣进，而见知、废格之法起。杜周、咸宣之属，以峻文决理贵，而王温舒之徒以鹰隼击杀显。其欲据仁义以道事君者寡，偷合取容者众。”⑤ 随着汉武帝事业的发展，所需要的奋击之士，兴利之臣，憯急之臣先后递进，相应的卫青、霍去病、桑弘羊、张汤、杜周等先后成为汉武帝尊宠的人物，“废仁义之术，而任刑名之徒”⑥，而儒者则成了这个时代无足轻重的配角，成了政治的装饰品。但历史犹如油画，随着时代的推移，远远看去似乎色彩艳丽，而不再是近处看到的模糊的色彩了。

因而从东汉以来，人们对班固所说的“罢黜百家，表章六经”“推明孔氏，抑黜百家”，丢掉了汉武帝初立、董仲舒对策的前提，逐步放大了这两句话，不仅当成了汉武帝、董仲舒一生的事业，而且当

① 《汉书》卷二四上《食货志上》，第 1137 页。

② 《汉书》卷六五《东方朔传》，第 2863 页。

③ 《汉书》卷八九《循吏传序》，第 3623 页。

④ 《史记》卷一二八《龟策列传》，第 3890 页。

⑤ 《盐铁论校注（定本）》卷二《刺复》，第 132 页。

⑥ 《盐铁论校注（定本）》卷一〇《刑德》，第 568 页。

成了中国古代社会一贯如此。引用这两句话者甚多，持续不断，有所改动，有所融合与概括，可以说这是经学地位逐步提升与日益巩固的反映，也是处于不同时代的人们对于“罢黜百家，表章六经”不同的看法，随之而来的有关尊崇儒学的言论也越来越多，对于儒术的评价也越来越高。如：东汉桓谭认为：汉武帝“兴起六艺，广进儒术，自开辟以来，惟汉家最为盛焉”[1]，是“广进儒术”而不是“独尊儒术”。《汉书》有“太子宽仁喜儒术”的记载[2]，《后汉纪》有“崇尚儒术学”的记述[3]，《后汉书》载汉章帝诏曰：“汉承暴秦，褒显儒术，建立《五经》，为置博士。”[4] 范晔言：“自武帝以后，崇尚儒学，怀经协术。”[5] 徐防说：“汉承乱秦，经典废绝，本文略存，或无章句。收拾缺遗，建立明经，博征儒术，开置太学。孔圣既远，微旨将绝，故立博士十有四家。”[6] 又称刘表“遂起立学校，博求儒术，綦母闿、宋忠等，撰立《五经》章句，谓之后定”[7]。《宋书》有主张“崇儒兴学，治致升平”的上书[8]，《梁书》有“尊重儒术”举措的记载[9]；有“贺玚、严植之之徒，遭梁之崇儒重道，咸至高官”的评价[10]。《魏书》有“为国家者，罔不崇儒尊道”的言论[11]，《晋书》有

① （汉）桓谭撰，朱谦之校辑：《新辑本桓谭新论》卷一〇《识通篇》，中华书局，2009年版，第43页。

② 《汉书》卷八〇《宣元六王传·淮阳宪王刘钦》，第3311页。

③ （晋）袁宏撰《后汉纪》卷一四《孝和皇帝纪下》载：“永平中，崇尚儒术学，自皇太子诸王侯及大臣子弟，莫不受经。”《两汉纪》，下册，第286—287页。

④ 《后汉书》卷三《章帝纪》，第137页。

⑤ 《后汉书》卷六七《党锢列传序》，第2184—2185页。

⑥ 《后汉书》卷四四《徐防列传》，第1500页。

⑦ 《后汉书》卷七四下《刘表列传》，第2421页。

⑧ （梁）沈约撰：《宋书》卷一四《礼志一》，中华书局，1974年，第360页。

⑨ （唐）姚思廉《梁书》卷四八《儒林传·何佟之》载：“高祖践祚，尊重儒术，以佟之为尚书左丞”，中华书局，1972年版，第664页。

⑩ 《梁书》卷四八《儒林传》姚察曰，第664页。

⑪ （北齐）魏收撰：《魏书》卷五五《刘芳传》，中华书局，2017年版，第1335页。

“敦崇儒学”[①] 的说法和“外修兵革，内崇儒学”[②] 的做法，《新唐书》有“唐兴，世崇儒学”[③] 的记载，《青厢杂记》有“尊崇儒术”的表述[④]，《孙先生春秋传序》有“熙宁之初，崇儒尊经，训迪多士”的记载[⑤]。《归田录》有“自太宗崇奖儒学，骤擢高科，至辅弼者多矣”的记述[⑥]。《榕村集》有“圣天子尊儒崇道之化”[⑦] 的记述。《齐乘》有“汉尚经术，光武、明、章益崇儒学”[⑧] 的看法，冯时行认为：“惟皇作极，贵儒尚德，百王之式。”[⑨] 汤斌颂扬“历代贤主，莫不褒崇儒学，优礼先圣”[⑩]。张之洞说：“宗尚儒术，以教为政。”[⑪] 尊孔崇儒。崇、尊、崇尚、内崇、敦崇、世崇、崇奖、尊崇、尊重、褒显、褒崇、博征、搏求等与儒、儒学、儒术等相联系，标志着对儒学、儒术认同、尊崇的程度越来越高。

宋孝宗淳熙五年至十年（1178－1182）时，曾任宰相的史浩说：“臣入侍清燕被遇恩礼出于望外，宣劝既多，天颜悦怿岂不欣荣感幸。

---

① 《晋书》卷一二四《慕容宝载记》，第3093页。

② 《晋书》卷一一四《苻坚载记下》，第2932页。

③ （宋）欧阳修、宋祁撰：《新唐书》卷四四《选举志》，中华书局，1975年版，第1169页。

④ （宋）吴处厚撰：《青箱杂记》卷六载：“近世释子多务吟咏，唯国初赞宁，独以著书立言尊崇儒术为佛事。”中华书局，1985年版，第61页。

⑤ （宋）杨时撰：《龟山集》卷二五《孙先生春秋传序》，《景印文渊阁四库全书》，第1125册，第348页。

⑥ （宋）欧阳修：《欧阳修全集》卷一二六《归田录》卷一，中华书局，2001年版，第1924页。

⑦ （清）李光地撰：《榕村全集》卷一二《杨宾实制义序》，《清代诗文集汇编》，上海古籍出版社，2010年版，第160册，第202页。

⑧ （元）于钦撰，刘敦愿等校释：《齐乘校释》卷六《人物》，中华书局，2012年版，第532页。

⑨ （宋）扈仲荣等编：《成都文类》卷三〇冯时行撰《修成都府府学记》，《景印文渊阁四库全书》，第1354册，第623页。

⑩ （清）汤斌撰：《汤子遗书》卷二《请录先贤后裔疏》，《清代诗文集汇编》，上海古籍出版社，2010年版，第102册，第297页。

⑪ 苑书义等主编：《张之洞全集》卷二七〇《劝学篇·同心》，河北人民出版社，1998年版，第9708页。

既而从游幸至损斋，获亲陛下止息之所，圣语谈道，下陋释老，独尊儒术，臣与群臣听闻开悟。”① “独尊儒术”，是针对宋孝宗谈经论道时，“下陋释老”而“独尊儒术”而言，与《汉书》的“罢黜百家，表章六经”没有直接的联系。这不仅是笔者目前所看到的比较早的关于“独尊儒术”的记载，而且数量也很少，在《景印文渊阁四库全书》3461种书籍与《中国基本古籍库》万种图书中，仅有此一处“独尊儒术”的记载。后来说与“独尊儒术”相类似话的人也不多，元朝有人说“独能尊圣经”者，如王恽诗称：董仲舒“三策冠汉庭”，“仁义我所重，功利我所轻。纷纷弘汤间，独能尊圣经”②。明清有人说“独尊孔氏”者，如明朝冯琦上奏：“臣窃惟国家以经术取士，自《五经》《四书》《二十一史》《通鉴》、性理诸书而外，不列于学官，而经书传注又以宋儒所订者为准，此即古人罢黜百家独尊孔氏之旨。”③ 把明朝的具体做法与汉代的“罢黜百家独尊孔氏之旨”措施相联系。清朝戴名世曰：“余以谓古人罢黜百家，独尊孔氏，今之尊朱子即所以尊孔氏也。”④ 李清馥言：“古人罢黜百家独尊孔氏之旨者，欲其道术之一也。”⑤ 三人均把“罢黜百家”与“独尊孔氏”或“独尊孔氏之旨”相提并论，表明“独尊”与“孔氏”联系在一起组成一词。据笔者目前所看到的资料，后来说“独尊儒术”者，有1916年浙江都督朱瑞去世后，徐时勉所送的挽联中有“图云台廿八

---

① （宋）史浩撰：《鄮峰真隐漫录》卷三〇《谢得旨就禁中排当札子》，《景印文渊阁四库全书》，台湾商务印书馆，1986年，第1141册第765页。

② （元）王恽著，杨亮、钟彦飞点校：《王恽全集汇校》卷三《董大夫庙》，中华书局，2013年版，第100页。

③ （清）顾炎武撰、黄汝成集解：《日知录集解》卷一八《科场禁约》（上海古籍出版社，1985年版，第1409页）。（清）孙承泽撰《春明梦余录》卷四〇《礼部二·正士习》作：“盖即古人罢黜百家独遵孔氏之旨，此所谓圣真，此所谓王制也。”（北京古籍出版社，1992年版，第744页）当是材料来源不同而有所区别。

④ （清）戴名世撰，王树民编校：《戴名世集》卷三《四书朱子大全序》，中华书局，1986年版，第76页。

⑤ （清）李清馥撰：《闽中理学渊源考》卷四七《隆万以后诸先生学派》，《景印文渊阁四库全书》，第460册，第520页。

人，安阳独尊儒术”[①]。以“为人质直，尚儒学”[②] 的安阳侯朱祐比拟朱瑞，为其歌功颂德。上述的“独尊儒术”“独尊孔氏”与“罢黜百家”没有直接的联系，但为“罢黜百家，独尊儒术”的形成提供了适宜的社会环境与语言基础。

晚清以来，面对千古未有之巨变，学者们睁开眼睛看世界，不仅看到了西方的船坚炮利，引进西方先进的科学技术，而且向西欧东洋学习进步的思想文化，反思中国的历史文化，张之洞言：“自汉武始屏斥百家，一以六艺之科为断。今欲通知学术流别，增益才智，针起瘖聋跛躄之陋儒，未尝不可兼读诸子，然当以经义权衡而节取之。”[③] 这是对于“一以六艺之科为断”的修正，反映了晚清诸子之学兴起的现实。严复指出：“四千年文物，九万里中原，所以至于斯极者，其教化学术非也。不徒嬴政、李斯千秋祸首，若充类至义言之，则六经五子亦皆责有难辞。嬴、李以小人而陵轹苍生，六经五子以君子而束缚天下，后世其用意虽有公私之分，而崇尚我法，劫持天下，使天下必从己而无或敢为异同者则均也。因其劫持，遂生作伪；以其作伪，而是非淆、廉耻丧，天下之敝乃至不可复振也。”[④] 锋芒直指至高无上的皇权与神圣的儒家经典与圣贤。

对于汉代的“罢黜百家，表章六经”从新的角度进行评价，皮锡瑞说：汉“武帝罢黜百家，表章六经，孔教已定于一尊矣”[⑤]，认为是儒学定于一尊。梁启超说：“中国政治之所以不进化，曰：惟共主一统故。中国学术所以不进化，曰：惟宗师一统故。而其运皆起于秦汉之交。”认为：“儒学统一者，非中国学界之幸，而实中国学术之大不幸也。”指出：“董仲舒对策贤良，请表章六艺，罢黜百家，凡非在

---

① 吴恭亨撰、喻岳衡点校：《对联话》卷九《哀挽四》，岳麓书社，1984 年版，第 232 页。

② 《后汉书》卷二二《朱祐列传》，第 770 页。

③ 《张之洞全集》卷二七〇《劝学篇·宗经》，第 9719 页。

④ 严复撰：《严复集·救亡决论》，中华书局，1986 年版，第 53—54 页。

⑤ （清）皮锡瑞著，周予同注释：《经学历史》四《经学极盛时代》，中华书局，2004 年版，第 67 页。

六艺之科者绝勿进，自兹以往，儒学之尊严，迥绝百流。”“一尊者，专制之别名也。”[①] 又说：“自汉武表章六艺，罢黜百家，凡非在六艺之科者绝勿进，尔后束缚驰骤，日甚一日。虎皮羊质，霸者假之以为护符；社鼠城狐，贱儒缘之以谋口腹；变本加厉，而全国之思想界消沈极矣！”[②] 梁启超这些饱含着感情的言论，声讨了儒学一尊所造成的严重危害，目的在于追求民主。刘师培指出：“自汉武表章《六经》，罢黜百家，托通经致用之名，在下者视为利禄之途，在上者视为挟持之具。”[③] 揭露了表章六经，罢黜百家，适应了上下不同需求的奥秘。章太炎称：“春秋以上，学说未兴，汉武以后，定一尊于孔子，虽欲放言高论，犹必以无碍孔氏为宗。强相援引，妄为皮傅，愈调和愈失其本真，愈附会者愈违其解固。故中国之学，其失不在支离，而在汗漫。”[④] 抨击了以孔子为是非标准牵强附会所造成的危害。何浩若言：“秦灰糟粕而六经彰，汉黜百家而学术绝，使天下后世沌沌然，昏昏然，不明于学术者，汉武帝罢黜百家之罪也。”“孔孟以德化，申韩以法治。以德化者不可少，以法治者亦自可多，又何必黜彼以尊此。”“必欲黜彼以尊此，天下少学术矣！必欲罢彼以存此，天下无学术矣！坑儒废学罢黜百家，且甚于坑儒焚书绝学，罢黜百家且埒于焚书。”[⑤] 论述了秦始皇焚书坑儒与汉武帝罢黜百家殊途同归的本质。

在康有为等尊孔复古、袁世凯复辟帝制的情况下，1916 年 2 月，在《青年杂志》第一卷第六号上，易白沙发表《孔子评议上篇》，指出孔学有适应、代表社会潮流的一面，亦有被君主利用的一面，“孔

---

① 《饮冰室合集》文集之七《论中国学术思想变迁之大势》，第 1 册，第 39、44、57 页。

② 《饮冰室合集》专集之四《新民说》第十一节《论进步》，第 6 册，第 59 页。

③ 刘师培撰：《国学发微》，《仪征刘申叔遗书》，广陵书社，2014 年版，第 4 册，第 1403 页。

④ 章炳麟著、汤志钧编：《章太炎政论选集·诸子学略说》，中华书局，1977 年版，上册，第 285 页。

⑤ 何浩若：《汉武罢黜百家论》，《清华周刊》1916 年第 89 期，第 11—12 页。

子尊君权漫无限制，易演成独夫专制之弊”[①]。“孔子讲学不许问难，易演成思想专制之弊。”[②] 分析评价孔学的价值与弊端，打响了新文化运动反孔的第一枪。认为：“汉武当国，扩充高祖之用心，改良始皇之法术，欲蔽塞天下之聪明才志，不如专崇一说，以灭他说，于是罢黜百家，独尊儒术，利用孔子为傀儡，垄断天下之思想，使失其自由。”[③] 1916 年 9 月，在《青年杂志》改名的《新青年》第二卷第一期上发表《孔子评议下篇》指出：“闭户时代之董仲舒，用强权手段，罢黜百家，独尊儒术；开关时代之董仲舒，用牢笼手段，附会百家，归宗孔氏。其悖于名实，摧沮学术之进化，则一而已矣。”[④]“孔子宏愿，诚欲统一学术，统一政治，不料为独夫民贼作百世之傀儡。惜哉!”[⑤] 其用意在于批判尊孔复辟，倡导道德革命。这是笔者目前所看到的比较早的“罢黜百家，独尊儒术”词语的完整表述。易白沙的“罢黜百家，独尊儒术”的概括，且不论是否全面、准确，是否符合历史事实，实际上，没有立刻被学者们所接受而发扬光大，有些人仍然在用废黜、独尊一类的词语。陈独秀认为：“孔学优点，仆未尝不服膺，惟自汉武以来，学尚一尊，百家废黜，吾族聪明，因之锢蔽，流毒至今，未之能解。”[⑥] 陈独秀指出学尚一尊百家废黜其影响深远。王逸塘说：“汉武帝罢黜百家，独尊孔氏，学术专制之毒，其结果烈于焚书。三千年来，文化消长，此为关键。”[⑦] 指出了罢黜百家是学术专制，是文化消长的关键所在。杨鸿烈认为中国法律思想史上有

---

① 陈先初编：《易白沙集·孔子评议上篇》，湖南人民出版社，2008 年版，第 87 页。

② 《易白沙集·孔子评议上篇》，第 88 页。

③ 同上，第 86 页。

④ 《易白沙集·孔子评议下篇》，第 91—92 页。

⑤ 《易白沙集·孔子评议上篇》，第 97 页。

⑥ 任建树等编：《陈独秀著作选集》第一卷《再答常乃惪（古文与孔教）》，上海人民出版社，1993 年版，第 265 页。原载《新青年》第 2 卷第 6 号，1917 年 2 月 1 日。

⑦ 王逸塘：《今传是楼诗话》，《近代中国史料丛刊》，文海出版社，1969 年版，第 678 册，第 97 页。

“儒学独霸时代”，自秦亡汉兴以至前清末季两千余年[①]。任时先认为：“董仲舒对策深得汉武帝之赞同，于是便下令尊孔重儒，罢黜百家，国民思想归于一统。”[②] 诸如上述言论，是立足于近代以来丧权辱国的现实，面对中学与西学此消彼长的情势，在反思中国历史文化的过程中，寻找落后挨打的原因，对于汉代“罢黜百家，表章六经”进行探讨，既有接受西学后的新眼光，引进了新观念，又有历史的评价、现实的批判，是时代思潮的反映，而不是严肃的史学研究的成果。所说的儒学一尊、一统、独尊、独霸等，带着时代的特色，已经成为许多学者的共识，使用比较普遍，虽然易白沙比较早地使用了“罢黜百家，独尊儒术”的词语，当时效仿者不多。

笔者目前所看到比较早的以“罢黜百家，独尊儒术”为题目的论文，是郭树人1939年11月在《新动向》杂志第三卷第五期上发表的《汉初“罢黜百家独尊儒术”的社会背景》一文。该文认为：“罢黜百家，独尊儒术”是“中国历史上一件大事，是中国学术思想上的一个桎梏”，探讨了独尊儒术的社会背景，指出“独尊儒术”与“罢黜百家”是互为表里的。但其说法亦未马上变为学术界的通用语言，1940年6月，范文澜在延安新哲学年会上做“中国经学史的演变”的讲演说：董仲舒“完成了儒家独尊的巨大事业”，汉武帝“毅然下诏罢斥诸子百家，独尊经学”[③]。中国历史研究会著《中国通史简编》载：“刘彻初年，罢斥诸子百家，独尊儒学。”“刘彻很慷慨地提高儒家独尊的地位。被称为汉朝唯一大儒的董仲舒，尽量发展这些学说，而且

---

① 杨鸿烈：《中国法律思想史》，《中国文化史丛书》，商务印书馆，1936年版，下册，第1页。

② 任时先：《中国教育思想史》，《中国文化史丛书》，商务印书馆，1937年版，第117页。

③ 范文澜：《中国经学史的演变——延安新哲学年会演讲提纲》，《中国文化》第2卷第2期，1940年版，第27页。此据《范文澜全集》第十卷《文集·中国经学史的演变》，河北教育出版社，2002年版，第57—58页。

归纳到《春秋公羊传》一部书里面，使儒家独尊的地位愈加巩固。”[①]前后虽有“儒家独尊”“独尊经学”与“独尊儒学”的变化，但还没有用“罢黜百家，独尊儒术”的词语。李达指出：“由于汉武帝罢黜百家，独尊儒术，精神文化，从此就始终停顿于儒家学说的范围，并没有新的成就了。”[②] 又说：“汉武帝运用政治的权力，罢黜百家，独尊儒家，从此学术界统于一尊。”[③] “独尊儒术”与“独尊儒家”没有根本的区别。1948 年 10 月 8 日，傅佩青（铜）在《大公报》发表《罢黜百家独尊儒术与打倒孔家店》一文，全文分为罢黜百家独尊儒术的解释我见、“打倒孔家店”的估价和今后应取的态度三部分，标志着“罢黜百家，独尊儒术”一词的进一步应用传播。这些认识，是在中国近代以来社会巨变的环境下，学者们使用进化论与马克思主义等理论，用新的视野，对现实社会的考察与对历史的考察，所得出的新的看法，主旨是批判传统文化，主流是反思中国历史，目的在于挽救中国所面临的被列强所瓜分的危机，以救国救民。

六、“罢黜百家，独尊儒术”的转化

“罢黜百家，独尊儒术”的广泛传播，是在新中国成立以后。侯外庐说：汉武帝“在文化思想上，就是罢黜百家，独尊儒术的思想学术的统一政策”[④]。范文澜说：“汉武帝时更进一步，形成了罢黜百家，独尊儒术的局面。”“武帝提出独尊儒家，罢黜诸子百家。从表面上看，

① 中国历史研究会范文澜等：《中国通史简编》，新知书店，1947 年版，上册，第 226 页。

② 李达：《中国社会发展迟滞的原因》，《文化杂志》第 1 卷第 2 号，1941 年 9 月，见《李达文集》第一卷，人民出版社，1980 年版，第 685 页。

③ 同上，第 699 页。

④ 侯外庐等：《中国思想通史》第二卷《两汉思想》，人民出版社，1957 年版，第 95 页。

好像是由于董仲舒上疏要独尊儒家，实际上，是由于当时政治上的要求。”① 翦伯赞在中华人民共和国前撰著的《中国史纲》称：“卓然罢黜百家，表彰儒术。”② 在中华人民共和国后主编的《中国史纲要》说：“建元六年（前135）窦太后死，武帝起用好儒术的田蚡为相。田蚡把不治儒家五经的太常博士一律罢黜，排斥黄老刑名百家之言于官学之外，并且优礼延揽儒生数百人。这就是有名的‘罢黜百家，独尊儒术’。”③ 从使用“表彰儒术”转化为“独尊儒术”。随着这些史学大师撰写的史学名著广泛传播，走入千家万户、机关学校、新闻媒体等，“罢黜百家，独尊儒术”逐渐为中国学术界所接受，逐渐由晚清民国年间的批判、反思占主导地位变得既有批判的含义，更多是具有肯定的成分。如果说民国年间有关“罢黜百家、独尊儒术”的论述屈指可数，那么到改革开放以后，随着学术研究的发展，已经是不胜枚举了。

改革开放以来，多数学者从清末民初用“罢黜百家，独尊儒术”来批判思想专制，转化为对于“罢黜百家，独尊儒术”的赞同，论述“罢黜百家，独尊儒术”是历史发展的必然性，多方面探讨“罢黜百家，独尊儒术”的积极的社会意义。

由在论述中叙述“罢黜百家，独尊儒术”，发展为在著述中设立专门章节，以此作为论文题目者数以百计，不胜枚举，主要集中在汉武帝是否实行过“罢黜百家，独尊儒术”的政策，也就是“罢黜百家，独尊儒术”的可信性问题；独尊儒术形成的原因、内涵和性质的解读、时间问题等；谁是“罢黜百家，独尊儒术”的首倡者；“罢黜百家，独尊儒术”的作用等问题上进行了深入探讨④。为“罢黜百

① 此为范文澜1963年在《红旗》杂志社等单位理论工作者讲演时所说，载《历史学》1979年第1期，《范文澜全集》第十卷《文集·经学史讲演录》，河北教育出版社，2002年版，第472页。

② 翦伯赞：《中国史纲》第二卷《秦汉史》，大孚出版公司，1946年版，第624页。

③ 翦伯赞主编：《中国史纲要》第一册，人民出版社，1979年版，第197页。

④ 郝建平《近30年来汉武帝“罢融百家，独尊儒术”问题研究综述》，《古籍整理研究学刊》2013年第4期；郭炳杰《近三十年“罢黜百家，独尊儒术”研究综述》，《史学月刊》2015年第8期。

家，独尊儒术”歌功颂德者屡见不鲜，义愤填膺批判者大有人在，从而形成为频繁地出现在著述、论文等载体中的专门词语、固定表达方式。

综上述所述，说董仲舒天人三策有“罢黜百家，独尊儒术”的因素尚还可以，说最早提出者则无根据；说是后儒的概括者，也未具体说明哪个后儒；说出于《资治通鉴》者，也查找不到记载；至于说已经流传了数百年者，也没有根据等。实际上，《汉书·武帝纪》中的“孝武初立，卓然罢黜百家，表章六经”和《汉书·董仲舒传》中“自武帝初立，魏其、武安侯为相而隆儒矣。及仲舒对册，推明孔氏，抑黜百家”，明确地标明了罢黜百家、抑黜百家的时间——武帝初立，比较准确地表达了汉武帝与董仲舒的不同地位与作用，并非是汉武帝时代，更不是两汉时期，但历经社会的沧桑巨变，走过思潮的风云变幻，随着经学的发展壮大，经过千百年的融合筛选，在1916年形成“罢黜百家，独尊儒术”的词语组合，成为一个固定的表达方式。到中华人民共和国成立后，传播甚为广泛，尤其到20世纪七八十年代以来，成为应用空前广泛的习用词语与表达方式，虽然有许多学者在批评“罢黜百家，独尊儒术”表达方式的不准确性，虽然在学术界内部取得了一些共识，但对于铺天盖地的传播媒介以及数以亿计的大众来说犹如杯水车薪无济于事。这种社会现实存在，促使我下笨功夫，对于“罢黜百家，独尊儒术”一词演变的进行粗略的考察。鉴于中国历史文献浩如烟海，虽然现在可以借助于电子版图书、网络图书，利用强大的搜索引擎，查找资料、进行检索，但深知凭自己无法做到竭泽而渔，遗漏在所难免，因此把考察的管窥蠡测之见，拿出来供感兴趣的朋友们参考，如果能起到点抛砖引玉的作用，也就如愿以偿了。

本文为“2018中国·衡水董仲舒与儒家思想国际学术研讨会”提交的论文。

秦进才（1953-），男，河北衡水人，历史学博士，河北师范大学历史文化学院教授，博士生导师，衡水学院特聘教授。

司马迁缘何回避记载董仲舒的“贤良对策”

季桂起

董仲舒上书汉武帝的“贤良对策”是西汉帝国政治生活中的一件大事，由此影响了汉武帝的执政理念及汉帝国的政治走向，对结束汉初实行的汉承秦制与以刑名、黄老之学治理国家的政策，转而以儒家学说作为治国理政的主导思想起到了关键作用，以至于后人将其总结为“罢黜百家，独尊儒术”。所以，班固在《汉书》中使用了重要篇幅，详细记载了董仲舒上书汉武帝的“贤良对策”。后世历史学家也都对这一事件给予了高度重视。但是，对这样一件深刻影响到汉帝国治国方略及政策的历史大事，奇怪的是司马迁在他的《史记》中几乎只字未提，似乎这件事在当时根本不存在一样。由于《史记》在中国历史著作中的显赫地位，这就引起了后人对这一现象的很多猜测。如有人认为董仲舒的“贤良对策”并没有对汉武帝产生那么重要的影响，只是由于《汉书》的夸大，才显得重要起来。还有人认为，董仲舒当时在儒家各学者中的地位很普通，并无特别显著之处，所以司马迁只是把他纳入《儒林列传》，与申公、王臧、辕固生、韩生、孔安国、伏生、胡毋生等一并叙述。

那么，司马迁在《史记》中没有记载董仲舒“贤良对策”的真正原因到底如何？在司马迁心中董仲舒到底有没有特殊地位？司马迁在记载这段历史时到底是一种什么样的思想状态？这种思想状态对他在史实的选择与表述上到底产生了什么样的影响？这些都是研究董仲舒上书汉武帝“贤良对策”一案的很值得深入探讨的问题。

首先要确定的一点是，汉武帝在窦太后去世后亲自执政，确实采纳了当时有儒学背景大臣的意见，曾下诏让各地举荐贤良文学之士，收集并听取他们对朝廷治国理政的意见。而董仲舒也确实参与了汉武帝的“举贤良对策”活动。这在《史记》和《汉书》中均有记载。《汉书》在《武帝纪》与《董仲舒传》中都提到了董仲舒的参与。元光元年五月，汉武帝下诏召贤良之士垂询，让他们针对国家的长治久安问题上书对策，诏曰：“今朕获奉祖庙，夙兴以求，夜寐以思，若涉渊水，未知所济。猗与伟与！何行而可以章先帝之洪业休德，上参尧舜，下配三王！朕之不敏，不能远德，此子大夫之所睹闻也。贤良明于古今王事之体，受策察问，咸以书对，著之于篇，朕亲览焉。”“于是董仲舒、公孙弘出焉。”[①] “武帝即位，举贤良文学之士前后百数，而仲舒以贤良对策焉。”[②] 这次汉武帝下诏“举贤良之士”对策，应该是他预定的长期施政措施的一个重要部分。在此之前的建元元年冬十月，汉武帝也曾下诏令各级官员与诸侯“举贤良方正直言极谏之士”，但那次丞相卫绾认为“所举贤良，或治申、商、韩非、苏秦、张仪之言，乱国政，请皆罢”[③]，没有达到他的预期目的。而这一次所举的贤良之士，大多为儒学的饱学之士，满足了他的愿望，成为他希望改弦更张、以儒学治国的一次重要活动。董仲舒也就是在这次活动中因建言献策而崭露头角。

司马迁并没有回避这件事，但他的记载极为简略，对武帝垂询的过程及所了解的问题，对贤良文学之士的参与情况及对策内容，都没有详细叙述。只是在《儒林列传》中用极为概括的一段话一带而过，也没有特别提到董仲舒的突出表现：“及今上即位，赵绾、王臧之属明儒学，而上亦向之，于是招方正贤良文学之士。自是之后，言《诗》于鲁则申培公，于齐则辕固生，于燕则韩太傅。言《尚书》自

① 《汉书》，《二十四史》，中华书局，1999年版，第115页。

② 同上，第1890页。

③ 《汉书·武帝纪》，《二十四史》，中华书局，1999年版，第111页。

济南伏生。言《礼》自鲁高堂生。言《易》自菑川田生。言《春秋》于齐鲁自胡毋生，于赵自董仲舒。”① 在这里，司马迁在说到“上亦向之，于是招方正贤良之士”后，并没有按常规接着叙述汉武帝为什么要招集天下的贤良文学之士，汉武帝招来这些人是要干什么，这些人又都为汉武帝做了什么，而是用一句“自是之后”轻轻带过。给人的印象是，似乎汉武帝招来这些天下的“贤良文学之士”只是为了让他们传承已经濒危的儒家学说，而没有更为直接的政治目的、现实诉求。这是颇为值得玩味的。作为一个朝廷史官，又是一个对朝廷大事不可能不了解的人，司马迁对汉武帝“举贤良对策”的目的、内容应是知悉的，即便当时他没有直接参与，但事后对宫廷档案的了解也足以让他知道事实的真相，然而《史记》的记述却如此简单草率，这似乎不太符合正常的记史逻辑。这说明司马迁从本心上对汉武帝的这一举措有故意回避之嫌，在《史记》撰写时并没有把这一活动作为一件非着重强调不可的历史大事来记载，也并不认为董仲舒在“举贤良对策”的活动中有什么特别之处。这就出现了一个问题，是汉武帝“举贤良对策”这件事真的不是一件大事，董仲舒真的没有突出表现，还是司马迁对此有他个人的特殊想法。

从司马迁与董仲舒的个人关系看，两人之间并无思想对立相悖之处，亦无是非恩怨或私人芥蒂，且相互之间还有较为密切的关系。在《儒林列传》中，司马迁曾这样评价董仲舒：“以治《春秋》，孝景时为博士。下帷讲诵，弟子传以久次相授业，或莫见其面，盖三年董仲舒不观于舍园，其精如此。进退容止，非礼不行，学士皆师尊之。……董仲舒为人廉直。是时方外攘四夷，公孙弘治《春秋》不如董仲舒，而弘希世用事，位至公卿。董仲舒以弘为从谀。弘疾之，乃言上曰：‘独董仲舒可使相胶西王。’胶西王素闻董仲舒有行，亦善待之。董仲舒恐久获罪，疾免居家。至卒，终不治产业，以修学著书为事。故汉兴至于五世之间，唯董仲舒名为明于《春秋》，其传公羊氏

① 《史记》，《二十四史》，中华书局，1999年版，第2371页。

也。”[1] 司马迁自述他还曾向董仲舒求教，以了解《春秋》之道，这就是他在《太史公自序》中所提到的：“余闻董生曰：‘周道衰废，孔子为鲁司寇，诸侯害之，大夫雍之。孔子知言之不用，道之不行也，是非二百四十二年之中，以为天下仪表，贬天子，退诸侯，讨大夫，以达王事而已矣。’”[2] 对董仲舒给他的辅导，司马迁也给予了正面回应：“故有国者不可以不知春秋，前有谗而弗见，后有贼而不知。为人臣者不可以不知春秋，守经事而不知其宜，遭变事而不知其权。为人君父而不通于春秋之义者，必蒙首恶之名。为人臣子而不通于春秋之义者，必陷篡弑之诛，死罪之名。其实皆以为善，为之不知其义，被之空言而不敢辞。夫不通礼义之旨，至于君不君，臣不臣，父不父，子不子。夫君不君则犯，臣不臣则诛，父不父则无道，子不子则不孝。此四行者，天下之大过也。以天下之大过予之，则受而弗敢辞。故春秋者，礼义之大宗也。”[3] 可见司马迁对董仲舒辅导的体会之深。有人据此还将他们定义为一种“师生关系”。尤其在《平津侯主父列传》《儒林列传》中，他对公孙弘、主父偃因嫉贤妒能而陷害董仲舒的行径，给予了贬责，表示了对董仲舒的同情。这些都说明，司马迁对董仲舒素有尊重之情，比较充分地肯定了董仲舒的人品、学问、声誉，其记载与评价都是正面的，但唯独没有明言他上书汉武帝的“贤良对策”。可见，司马迁回避记载董仲舒的“贤良对策”并不是他们之间的个人问题。

当然，也有人说，因司马迁对公羊春秋学的历史观点不甚赞同，对董仲舒的“天人感应”及灾异之说持怀疑与批判态度，故对其上武帝之策不予记载，这似乎也说不通。司马迁在《自序》中称“《春秋》上明三王之道，下辨人事之际，别嫌疑，明是非，定犹豫，善善恶恶，贤贤贱不肖，存亡国，继绝世，补弊起废，王道之大者也。……拨乱世反之正，莫近于《春秋》。《春秋》文成数万，其指数千。万物

① 《史记》，《二十四史》，中华书局，1999 年版，第 2377 页。
② 同上，第 2491 页。
③ 同上，第 2492 页。

之聚散皆在《春秋》。”[①] 这样的说法与董仲舒在《贤良对策》和《春秋繁露》中所阐发的公羊学观点并无二致，有的几乎就是董仲舒书中之原话的变相引用[②]。另外，司马迁在《滑稽列传》《日者列传》《龟策列传》中对那些流传于民间社会的神秘幽闻及荒诞不经之事也没有拒绝，而是同样给予了一定的记载，有些地方还表现出了津津乐道的笔墨。《高祖本纪》则记载了汉高祖刘邦的母亲刘媪“尝息大泽之陂，梦与神遇。是时雷电晦明，太公往视，则见蛟龙于其上。已而有身，遂产高祖”[③] 这样的天人感应现象，并没有认为其为荒诞、杜撰之虚言。况且，基于司马迁对汉武帝政治才能与治国成效的否定性认识，他如引用董仲舒的“灾异之说”，在批判汉武帝弊政上还可以成为一个不错的表述视角。这对司马迁应该是不会轻易错过的。

至于董仲舒在汉武帝举“贤良对策”中所起到的作用，虽然《史记》不予记载，但作为历史事实，应是不容怀疑的。其理由如下：一是班固著《汉书》不会凭空杜撰。《汉书》作于东汉，这期间虽然经过了两汉之间的政权交替，但东汉仍然奉西汉为正朔，对西汉王朝保持了应有的继承与尊重，这不像其他异姓王朝的皇权更替，后朝修史往往有所篡改、伪饰，东汉距西汉时间不长，官方档案文件应有相当程度的保存，班固修《汉书》肯定参考了这些档案文件。班固在《董仲舒传》中说：“及仲舒对策，推明孔氏，抑黜百家。立学校之官，州郡举茂材孝廉，皆自仲舒发之。”[④] 应该不是妄言。二是两汉在武帝之后的官方政策受董仲舒影响很大。西汉昭帝朝专论经济问题的“盐铁”会议所形成的官方文件《盐铁论》，其代表贤良文学一方的意见主要阐述的便是董仲舒对策中的观点，在辩论中他们有时还直接引用董仲舒的原话作为支持己方主张的权威依据。此后刘向著《说苑》，多方面引用董仲舒对策及其著作的思想，对董仲舒有很高的评价。刘

---

① 《史记》，《二十四史》，中华书局，1999 年版，第 2492 页。

② 此处可参见《春秋繁露》中的《楚庄王第一》《玉杯第二》等篇。

③ 《史记》，《二十四史》，中华书局，1999 年版，第 241 页。

④ 同上，第 1917 页。

向之子刘歆则称董仲舒“遭汉承秦灭学之后，六经离析，下帷发愤，潜心大业，令后学者有所统一，为群儒首”①。东汉官方的白虎观会议所形成的制度化文件《白虎通义》更在很大程度上延续了董仲舒对策中的思想，尤其是用“三纲六纪”专门表述了董氏“三纲五常”的观点。自汉代之后，历代学者也都基本认可董仲舒上书汉武帝的“贤良对策”是影响汉帝国政治政策的重要事件。

由此可见，司马迁回避记载董仲舒的“贤良对策”，既非两人之间的个人问题，亦非这件事情本不存在或不重要，而是另有原因。我认为，司马迁回避记载董仲舒“贤良对策”的根本原因是在于司马迁与汉武帝之间的恩怨以及他对汉武帝政治形象的个人评价。

众所周知，司马迁因李陵一案触怒武帝，因而受到腐刑的惩处，这对司马迁可谓人生的奇耻大辱。他在《太史公自序》中大发怨言，说：“七年而太史公遭李陵之祸，幽于缧绁，乃喟然而叹：‘是余之罪也夫？是余之罪也夫？’”② 虽然此一耻辱刺激了司马迁专注于《史记》撰述，写出了一部彪炳千古的伟大历史著作，但也在很大程度上造成了他的个人情绪，这些情绪进入到《史记》的撰述过程，对他的记史选择和历史判断产生了特定影响，尤其是对汉武帝本人的政治评价。比较《史记》和《汉书》对汉武帝的记载，其内容与评价相距之大可谓令人惊奇。一个是专注于追求长生不老、迷恋于神仙方士之术，不断以封禅祈求上天护佑，治国理政上无所作为的昏君；一个是具有雄才大略，能够选拔重用贤才能吏，治国理政屡有建树，在汉帝国的崛起中起到重要作用的有为君主。尽管司马迁在《史记》的其他部分也写到了武帝一朝的政治业绩，但他对此都做了基于个人选择的独特处理。他把这些业绩的账分别记到了那些大臣、将军身上，而丝毫不正面给予汉武帝本人。连汉武帝派遣张骞出使西域，重用卫青、霍去病北征匈奴这样的重大政治、军事决策，司马迁在《孝武本纪》中也避而不谈，可见他对汉武帝的个人成见之深。有人曾称赞司马迁

① 《汉书》，《二十四史》，中华书局，1999 年版，第 1920 页。
② 同上，第 2483 页。

这样做，表现出了他作为一个知识分子的气节与风骨，但笔者认为，从作为历史学家的社会公共责任而言，这也有失客观、公允。当然，对汉武帝治国理政方面的问题不是不可以批判，但批判的前提是不能有意回避他的这些关乎国家大政方针的活动，而应该是在止面表述这些活动的基础上，运用个人的历史眼光从正反两方面辨析其高下优劣、成败得失。在这一点上，《汉书》对司马迁有关武帝记述的纠正，是有特定史学价值的。

从《汉书》所载汉武帝向贤良文学之士垂询的问题看，武帝应该是一个具有远大政治抱负和敏慧政治头脑的政治家。武帝所垂询的问题集中于四点：第一，怎样才能保持汉帝国的长治久安以及刘姓皇室之皇权地位的不断传续，这需要奉行什么样的主导思想，并以此来制定什么样的政治政策；第二，对于汉代之前流传下来的政治遗产，在治国理政时应该如何进行选择，才能在实际的政治操作中起到应有的作用，这其中需要进行什么样的改革；第三，汉代之前诸朝代逐渐衰微的原因是什么，怎样才能从它们的失误中吸取历史经验，避免治国理政的弊端；第四，在治国理政时，通过什么样的方法能够获得较好的行政效果，如何做到保持官僚系统的有效运转，使得国家强大、民生安稳。如果司马迁像班固一样来如实记载汉武帝的这些垂询，那么出现在《史记》中的武帝就会是另外一种形象，这显然是司马迁在恩怨情感与历史认知上所不愿看到的。

再从董仲舒上汉武帝《贤良对策》的内容看，董仲舒的思想纯粹是处处在于为成就一个伟大帝王出主意，献计策，属于政治上典型的的“武帝帮”。第一，他推出德法（刑）并用，以德为主，而刑为辅的治理体系，纠正秦帝国酷法暴政的弊端，解决汉初以来奉行刑名、黄老之学所带来的社会混乱现象严重、中央政权政令难以统一的问题；第二，他提出以“正”为本，“君权天授”，主张综名核实，定皇权为一尊，巩固汉帝国皇权统治的合法性；第三，他主张社会与国家的治理应以统一思想为基础，提出以儒学为思想之宗，对民众实施教化，以聚合民心，达到思想与政治的一体化治理；第四，他重视教育对政治的作用，倡导设立国家管理的学校，为政权培养合适的支持者与从业者，同时制定了通过选贤任能，有效推举官吏、使用官吏及考核官吏的制度，强化帝国的行政运转；第五，他提出适时“更化”的观点，认为虽然以行仁义、尊德性为根本的治国理政之大道不可变动，但具体的政治政策、典章制度还应该根据社会实际情况而进行改革，以达到“善治”的目的；第六，他从历史发展的大势出发，提出“大一统”的思想，主张以皇权专制为核心，以儒家学说为主导，建立统一的国家政治、经济、文化体制，保持国家的长治久安。董仲舒的这些建议，表现了他对文、景之后国家政治形势的正确判断，以及他从公羊学的思想出发对如何巩固皇权统治、稳定社会秩序，使民众安居乐业、国家长治久安的深入思考。至于上策之后，董仲舒并未得到汉武帝重用，只是被授予了一个小小的江都相，原因应该是汉武帝对其上策中过度提及以“天人感应”与“灾异之说”限制皇权有关。

曾经有人以董仲舒未能得到汉武帝重用为由，认为董仲舒的“贤良对策”没有那么重要，因而司马迁没有予以详细记载。在我来看，这个理由也是站不住脚的。笔者认为，恰恰是因为董仲舒的“贤良对策”十分重要，汉武帝才只是采纳了其治国理政的方略，而没有重用董仲舒本人。应该说，这一点与汉武帝的性格有很大关系。汉武帝固然有雄才大略，但也是一个猜忌与防范之心很重的皇帝，这从他听信江充之言酿成“巫蛊之祸”与对待卫青的处置方式即可看出。以汉武帝之聪敏，不可能看不出董仲舒的才能，也不可能看不出董仲舒所上“贤良对策”中的深层含义。董仲舒的“贤良对策”一方面以“君权天授”为由，强调了皇权的合法性，对巩固皇权至高无上地位具有重要作用；而另一方面它又用“天人感应”与“灾异之说”为皇权制造了一个理论的笼子，让皇权的运行时时受到董氏学说的制约。这意味着如重用董仲舒那就要全面接受他的这套理论，这对汉武帝来说从内心深处却是不情愿的。“举贤良对策”后，汉武帝重用了公孙弘而没有重用董仲舒，是因为汉武帝深知二人的差别。公孙弘与董仲舒皆是当时以治公羊春秋学而著名的儒生，但二人无论是在学问还是在为人上都有很大不同。学问上，公孙弘远逊于董仲舒，其声望也远远不及董仲舒，故《史记》《汉书》皆用“嫉之”来表述他与董仲舒的关系；

为人上，《史记》《汉书》皆以“希世用事”“从谀”形容他的性格，而以“廉直”来评价董仲舒。汉武帝对这两个人的取舍显然与他对二人的了解有关。把董仲舒这样一个学问、声望很高，又以“廉直”性格著称的当世大儒重用在朝廷，无疑等于在身边埋下一颗定时炸弹。与其等到君臣之间因某些政见不同而产生矛盾，而自己又很难处理，闹出一些不愉快的事情，不如打发他到江都去做江都王之相，让他用自己的学问感化那位性格暴戾的哥哥。这对汉武帝与董仲舒都是一个两全的选择。对汉武帝而言，他是宁可容忍东方朔式的谏言，而不愿听从董仲舒式的诤语，当然他更喜欢的还是公孙弘式的顺从与阿谀。对此，《史记》中有一段话似乎可以让我们窥探到汉武帝当时“举贤良对策”后做出选择的一点真相：“元光五年，有诏征文学，……太常令所征儒士各对策，百余人，弘第居下。策奏，天子擢弘对第一。”① 在最初的对策中，公孙弘位居下游，是汉武帝将其擢拔为第一。公孙弘对策的内容《汉书》略有记载，这些内容与董仲舒对策相比多是老生常谈，缺乏政治上的真知灼见，只是契合了汉武帝的口味，大唱歌舞升平的赞歌，没有实际的政治改革的价值，其中所含有的儒家思想并无个人创见，否则他的对策不会让太常令不入法眼而拟定在下游。对公孙弘被汉武帝赏识的原因，司马迁是这样表述的：“上察其行敦厚，辩论有余，习文法吏事，而又缘饰以儒术。”② 这句“缘饰以儒术”的评价可谓道出了公孙弘只是一个平庸官僚而非儒学大师的真实身份。这里司马迁依然没有提到董仲舒，但却留下了一个疑问，那就是太常令最初拟定的对策第一位是谁呢？从《史记》所留下的蛛丝马迹看，这个位居第一的人应该是董仲舒。董仲舒后来屡屡受到公孙弘、主父偃嫉妒并陷害，这应该是主要原因。因为受到二人陷害时的董仲舒，在朝廷上并没有重要地位，如果不是“对策”的因素，他对公孙弘、主父偃构不成实质性的政治威胁。公孙弘、主父偃所怕的还是董仲舒“贤良对策”对汉武帝的影响，在他们看来这其实

---

① 《史记·平津侯主父列传》，《二十四史》，中华书局，1999 年版，第 2253 页。
② 同上。

是一种潜在的危险。事实证明，汉武帝在这次“举贤良对策”后对公孙弘的选择一点没有错，“（公孙弘）每朝会议，开陈其端，令人主自择，不肯面折廷争”。“弘奏事，有不可，不廷辩之。”① 而这种圆滑的处事方式，就汉武帝私心而言自然是比较欣赏的，也是他认为以“廉直”著称的董仲舒所难以做到的。

然而，董仲舒的“贤良对策”，包括汉武帝垂询的问题与董仲舒所提出的治国理政方略，在司马迁看来都应是为汉武帝脸上贴金之事，其与司马迁所要塑造的汉武帝形象格格不入。事实上，《汉书·武帝纪》所载汉武帝的很多执政措施，董仲舒的对策起到了很大作用。如元朔元年冬十一月，武帝下诏要求各级官吏要“广教化，美风俗”，“本仁祖义，褒德禄贤，劝善刑暴”，“旅耆老，复孝敬，选豪俊，讲文学，稽参政事，祈进民心，深诏执事，兴廉举孝”②。元朔五年夏六月，下诏要求“导民以礼，风之以乐”，“详延天下方闻之士，咸举诸朝。其令礼官劝学，讲议洽闻，举遗兴礼，以为天下先”③。元狩元年夏四月，赦天下，下诏曰：“嘉孝弟力田，哀老眊寡鳏独或匮于衣食。甚怜悯焉。其遣谒者巡行天下，存问致赐。”“赐县三老、孝者帛，人五匹；乡三老、弟者、力田帛，人三匹；年九十以上及鳏寡孤独帛，人二匹，絮三斤；八十以上米，人三石。有冤失职，使者以闻。”④ 元狩六年六月，因整顿市场，纠正“币轻多奸，农伤而末众”，富者凌贫，豪强兼并的现象，下诏“改币以约之”，为贫困者下发救济，“遣博士大（褚大，董仲舒之弟子）等六人分行天下，存问鳏寡废疾，无以自振业者贷与之”⑤。这些措施可与董仲舒的“贤良对策”互为对应，但在《史记》中均未见记载。司马迁选择性回避汉武帝这些政绩的原因，笔者想没有别的，大概就是出于他对

---

① 《史记·平津侯主父列传》，《二十四史》，中华书局，1999年版，第2253页。

② 《汉书·武帝纪》，《二十四史》，中华书局，1999年版，第119页。

③ 同上，第122页。

④ 同上，第124页。

⑤ 同上，第128页。

汉武帝政治品格与政治形象的个人看法。相反，对汉武帝因董仲舒著《灾异之记》而给予他的不公正待遇，司马迁却在《儒林列传》的有限篇幅中进行了大肆渲染，其中既有为董仲舒的不平之鸣，亦暗含着对汉武帝的微言讥刺。仔细品味，似乎还带有一丝不易察觉的幸灾乐祸的味道："（董仲舒）中废为中大夫，居舍，著《灾异之记》。是时辽东高庙灾，主父偃疾之，取其书奏之天子。天子召诸生示其书，有讥刺。董仲舒弟子吕步舒不知其师书，以为下愚。于是下董仲舒吏，当死，诏赦之。于是董仲舒竟不敢复言灾异。"① 一代大儒，又是曾为汉武帝出谋划策的重要人物，竟落得这种地步，可不悲哉！在这里，司马迁运用其高超的文字功夫，旁敲侧击，从一个侧面影射了汉武帝喜用谗佞小人、薄情寡义的形象。从以上内容可以看出，司马迁在涉及有关董仲舒记载时的选择，受着他对汉武帝个人态度的明显影响。当然，司马迁在这里不经意间还透露了一丝信息，即汉武帝终在《灾异之记》事件中赦免了董仲舒的死罪，以汉武帝杀伐决断的性格，这好像有点不好理解。以"灾异"之言触动高庙失火这一皇家的顶级忌讳，如无特殊功劳，怎能逃脱一死？恐怕还是汉武帝感念董仲舒当年"贤良对策"的旧情以及赏识他的学问才能，对其网开一面吧。

综上之述，司马迁在《史记》中回避董仲舒的"贤良对策"，主要原因在于他对汉武帝的政治成见，从个人情感上不愿意把武帝作为一个有作为的君主形象来塑造。

司马迁在《太史公自序》中说：《史记》是一部忍辱发奋之作："昔西伯拘羑里，演《周易》；孔子厄陈、蔡，作《春秋》；屈原放逐，著《离骚》；左丘失明，厥有《国语》；孙子膑脚，而论兵法；不韦迁蜀，世传《吕览》；韩非囚秦，《说难》《孤愤》；《诗》三百篇，大抵贤圣发愤之所为作也。此人皆意有所郁结，不得通其道也，故述往事，思来者。"② 他在《报任安书》中说得更为露骨："乃如左丘无目，孙子断足，终不可用，退而论策以舒其愤，思垂空文以自

---

① 《史记》，《二十四史》，中华书局，1999年版，第2377页。

② 同上，第2494页。

见。……亦欲以究天人之际，通古今之变，成一家之言。草创未就，会遭此祸，惜其未成，是以就极刑而无愠色。仆诚以著此书，藏之名山，传之其人，通邑大都，则仆偿前辱之责，虽万被戮，岂有悔哉!"[①] 也就是说，尽管司马迁有史官之职，但《史记》并不是官方的史书，而是一部个人著述，其对历史的记述有意与官方正史拉开一定的距离，尤其是不回避自己与当朝皇权的恩怨情仇。鲁迅曾称《史记》为"虽背《春秋》之义，固不失为史家之绝唱，无韵之离骚矣"[②]，不是没有道理的。《史记》从总体上虽说是理性的历史著作，但内里充溢着一种孤愤的感情激流，这与《离骚》颇为相像。这一点造就了《史记》很强的文学性，但在史学上也留下了一定的后人质疑之处。我想，鲁迅所指出的《史记》有"背《春秋》之义"，说的便是它作为史学著作的缺陷。

《史记》的伟大之处不容置疑，但作为个人著述也确有作者一定的随意性，如《史记》列有《游侠列传》《滑稽列传》《日者列传》《龟策列传》，记载了一些与国家政治生活关系不大的民间和宫廷的传闻逸事，这当然也不无意义，对了解西汉时期的民间和宫廷的细微社会生活有所补益，但毕竟与官修正史有很大区别。后者更强调对涉及国家政治、经济、文化等生活之关键大事的记载。《史记》对武帝一朝一些大事的有意回避，显然表现出的是一种个人化的记史追求。像其记载董仲舒这样一位当世大儒，仅在《儒林列传》有很小的篇幅，不如作为宫廷弄臣的东方朔，甚至不如司马迁自己评价不高的公孙弘（顺便说一句，《史记》之所以能给东方朔、公孙弘较大篇幅，恐怕是这样做有利于塑造汉武帝的负面形象），这如从官修正史之记史要求的角度来看，无论如何是说不过去的。笔者认为，个中原因即在于《史记》如给予董仲舒一定的记史地位，必然要涉及其上书汉武帝的《贤良对策》，而涉及"举贤良对策"这一影响武帝一朝的大事，则必然涉及对汉武帝政治才能与政治形象的历史评价，这对司马迁来说是

① 《古文观止》上册，中华书局，1959年版，第216页。

② 《汉文学史纲要》，人民文学出版社，1973年版，第59页。

很难处理的一件事情，也是他不情愿去做的一件事情。为了解决这个难题，他在撰写这段历史时便有意采取了“史实回避”的方式，使“举贤良对策”事件成了一个书写的空缺。因此，《史记》中有关董仲舒的记载也便保持了我们现在所看到的样子。应该说，这是《史记》的一个缺失，也是历史的一个遗憾。如果没有受辱一事对司马迁造成的个人伤害，他能够作为一个普通史官记载董仲舒“贤良对策”一事，相信其内容及细节一定会比《汉书》更为丰富，当然后人所看到的《史记》也会是另外一副面容。

本文为“2018中国·衡水董仲舒与儒家思想国际学术研讨会”提交的论文。

季桂起（1957—），男，河北南皮人，文学博士，德州学院文学与新闻传播学院教授。

修辞立其诚

——《春秋繁露》的语言现象举要

王传林

孔子作《春秋》，微言大义，隐讳之间，很有讲究。或曰，“孔子修《春秋》，主要是修其辞”[1]。绍承孔子之旨，董仲舒演绎《春秋》，其辞法运用近乎极致，他不仅梳理出“微辞”“婉辞”“温辞”“常辞”等语言范式，而且形成了独特的哲学语言现象与叙述风格。

在董子看来，人副天数，官制象天；天数以“同数”映现于身体与政制。在天数的统摄下身体与政制不再只是物理性的实存，而是成为有德性的存在。“人”通过身体之数将自我置入宇宙系统之中，天地人从而构成一个生生不息的动态平衡的大系统。“人”是完成天数到伦常之数与政制之数推演的关键，从天数演绎伦常之数与政制之数，“数”被从玄远引向现实——“数”被凝固于形态之中。诚然，在董子那里，“天数”本身蕴含理念数与数学数之向度，当他强调天之大数或天地之数时更多的是指向理念数——必然性与规律性之所在，当他强调天有十端或人副天数时更多的是指向数学数——量化直观之天，并使之呈现秩序化与具象化。从数至数字，尤其是理念数与数学数的出现，董子有效地解决了“语言如何联系自然”与“人之价值源于何方”的命题，“人”可以通过数字复归于数尤其是天数本身，并为“人”之存在与价值实现找到源头活水。

语言是思想的家。从数绎出数字，数字成为人追寻天数与回到本源的语言与路径；天数与天道寄居于数字中——数的语言中，并向世人展现其自身的魅力。因此，董仲舒视“数”为存在之定在，从天数中推衍出“十端”建构出他眼中的自然图景，从《春秋》中寻绎出大一统、三统三正论等思想建构出他眼中的历史图景，从五行、五官与五常相匹配的角度建构出他眼中的政治图景，从人之身体景象的数字化、情感化与道德化比类出天之景象，从而完成天数统摄人之身体与政之制度的哲学建构。

修辞立其诚。正是基于人副天数与天政同数，董子建构出独特的数哲学与修辞范式。特别是《春秋繁露》中的“同”“合”“喻”“通”“比”“副”“类”等可以说极大地丰富了传统儒家哲学的语言范式与叙述风格，也凸显了董子数哲学与众不同的理论特质。

一、同

亚里士多德认为“同”的含义有这样几项：“物质可以类为一，或以数为一，或因其怎是而为一者，凡事物之由此而为‘一’者亦即为‘同’。所以同就是多于一的事物之‘合一’，或是一事物而被当作多于一事物之合一。”[2]108 在董子那里，所谓“同”，即天、人“同数”，天、政“同数”，以及基于同数之上的同构、同象、同质与同情（天人同情）等。在“数”的基础上，董仲舒提出天人同数、同类相动、气同则会等（见《春秋繁露·同类相动》)。诚如，他在《人副天数》篇所云人有366个骨节，天有366天；人有四肢，天有四时；人有喜怒哀乐，天有清暖寒暑等等。可以说，正是在天人同数的基础上，董子得出了天人同构、同象、同质与同气的图景，完成了天志向现实人伦、社会与政治领域的下落及其价值延展。不言而喻，董子的天人同数之根本目的在于以“数”为桥梁打通经验理性与客观事实的分离，拓展“人”的认识领域，使天人感应与天人合一成为可能。

同时，在“数”的基础上，董子又提出天与政相同数。诚如他在《春秋繁露·官制象天》篇与《春秋繁露·爵国》篇所云：王者取天数以设计政治制度与官僚制度，其中，诸侯之数与公卿大夫之数等亦皆取于天数。也就是说，现实中的一切政治制度的设计皆有客观依据。其实，董子之所以强调天政同数，其目的在于以天政同数打通天、政与人之间的悬搁与阻碍，在肯定王者知天与治世的同时，为王者建构现实政治制度寻找具有合法性的至上依据。

二、合

在董子那里，所谓“合”是指“A”物与“B”物在类别、方位、性质、情感与功能等方面的相对、相应与契合。因此，我们可以从董子提出的“物必有合”与“天人相合”两个基本维度来诠释“合”之命义。

（一）物必有合

董子认为“凡物必有合”（《春秋繁露·基义》）。因此，他从相对与相合的角度指出上与下合、左与右合、前与后合、表与里合，并且强调有美必有恶、有顺必有逆、有喜必有怒、有寒必有暑、有昼必有夜、有阴必有阳，凡此皆是“合”之精神在万物中的体现。同时，循阴阳相合之逻辑，董子提出“妻者夫之合，子者父之合，臣者君之合”。由此观之，董子语境中的“合”是以“分”为前提的，既有相合相对之义，又有合而为一之义。继而，董子从阴阳合和的角度指出阴阳并不是矛盾，而是相合、相兼与相功的，并以此演绎“三纲”之关系；他认为君臣之义、父子之义与夫妇之义皆是取诸阴阳之道。这就是说，阴阳相分亦相合，相兼亦相功；合中有兼，合中有顺。然则，后世有些学者机械地用矛盾律来生搬硬套地解读传统哲学中的阴阳思想尤其是董子的阴阳论，并将阴阳看成不可调和的矛盾或斗争的双方，这是颇为错误的。

（二）天人相合

其实，“天人之际，合而为一”（《春秋繁露·深察名号》）的理论基础即人之身体是化天数而成，人之血气是化天志而为仁，人之德行是化天理而为义，人之好恶是化天之暖清而成，人之喜怒是化天之寒暑而成，人之性命与禀赋是化天之四时而成，人之喜怒哀乐和天之春秋冬夏相类。所以说，天人之际能够合而为一。不仅如此，董子认为人十月怀胎而生是“合于天数”，原因是“天道十月而成”（《春秋繁露·阳尊阴卑》），这是人“合于天道”的体现。这即是说，天人之间有了同气与同数的基本前提，所以人能够像天一样，并且与之相合。因此，天人之际可以合而为一，这是同而通理、动而相益，这种天人之间的顺合是天道的体现。虽然在董子看来，人之身体皆与天数相合，然若非圣人或王者则很难真正窥测天道，也很难真正实现天人相合，他认为能够尽人之变而合之于天的只有圣人，圣人是视天而行，不违天道而行事，能审好恶喜怒之所在，其欲与天相合，犹如暖清寒暑一样不到时候不会发作。圣人能够将政令告之于民，并于清微之处以行教化；圣人崇尚敦厚忠信，以内在浅陋而外在华丽为耻；圣人合天之默然，而且不言其功德；圣人不阿党偏私，而且赞美博爱、兼利天下；圣人合天之少霜而多雨露，而成物；圣人注重向内自省，而不以是显外；圣人凡事循时而动，顺天而行。因此，人主为政当法圣人，尤其是人主之喜怒不可以不依时而发（见《春秋繁露·天容》）。

统而言之，董子认为人之为人本于天，故基于同数可以与天相合；同时，人之道德源于化天志与天理而成，故在道德层面可以合于天、通于天；如此一来，圣人或王者便可实现“天人之际，合而为一”并从而获得天意，制定制度，以行王事。

三、喻

所谓“喻”，主要是指以“天”喻“人”与以“人”喻“政”，以及以心喻君与以民喻体。在天人互副的逻辑中，董仲舒从人之身体各个器官之间的关系与人之情感的变化来比喻政治秩序运行的关系，以及人君和百官、人君与民众的关系。

（一）天亦有心，其心为仁；君为民心，当行仁政

董子认为“仁，天心，故次以天心”（《春秋繁露·俞序》）。在此，董子将“天心”视为“仁”，而且认为其是圆满的，没有任何缺憾的。然则，“吾以心之名，得人之诚。人之诚，有贪有仁”（《春秋

繁露·深察名号》）。这即是说，尽管人之心源于天，但是人之心有贪有仁；其“心”若禾可为米、若茧可以丝，为米、为丝则仁性呈现，反之，则贪性横行。不仅如此，董子认为“身以心为本，国以君为主”（《春秋繁露·通国身》），由此他推论出人君与百官的关系。他说：人之血气能相互承受，其形体则无所苦，然后其身可得而安；君臣上下能相制使，则百官各得其所，然后其国家可得而守。基此，董子指出治身者能务虚静以致精，则其必能合于神明而长寿，治国者能务卑谦以招贤良之人，则必能实现德泽百姓而国家太平。在董子那里，理想化的君民关系犹如身心或心体关系，他说：“君者，民之心也；民者，君之体也”（《春秋繁露·为人者天》），并且强调“心之所好，体必安之；君之所好，民必从之”（《春秋繁露·为人者天》）。同时，董子认为“一国之君，其犹一体之心也”（《春秋繁露·天地之行》），所以心不可以不坚，故为人君者不可以不贤明；体不可以不顺，故为人臣者不可以不忠心；如是，心便会因体之力而得以保全，同理，人君之所以能够安定是因为得力于臣子的功劳。当然，无论是从阴阳合和还是从心体相应上论君臣关系，董子都承认君臣之间是各有边界的，同时二者之间又是讲究“礼”与规矩的。

（二）“喜怒哀乐”喻“清暖寒暑”，“春夏秋冬”喻“庆赏刑罚”

如前所论，董子认为人是生于天、取化于天的，人之喜气取诸春，人之乐气取诸夏，人之怒气取诸秋，人之哀气取诸冬（见《春秋繁露·王道通三》）。同时，董子指出天有四时，君有四政；四时不可相干、不可移处，故人君之四政当循四时而发，不可颠倒、不可错乱，否则，必导致四时失序、五行逆乱，以至发生相应的自然灾害。由是观之，董子将天、人与政之意象进行比譬，其意在把三者本身各自独立的情况或现象融合为一体，同时使得天数与德性成为可感知的意象和人与政的参照。

可以说，以人喻政与以身心关系比喻君国关系和君民关系所形成的意象比譬是董子数哲学的重要叙述范式之一。这种意象比喻早已突破先秦儒家的身心观，不仅丰富了汉代哲学的理论建构，而且将传统儒家的政治哲学推进到一个全新的领域与境界。

四、通

所谓“通”，即“一道通三”与治身通治国。在同数、同构与同质的基础上，董子在《春秋繁露·王道通三》篇中指出王者沟通天、地与人，并且强调“王道”作为理想的政治制度与政治生态是贯通天道、地道与人道的。《春秋繁露·王道通三》篇与《春秋繁露·通国身》篇不仅篇名画龙点睛式地点出“通”在天、地与人之间的意义所在，而且又以比喻的方式点出治身与治国之间的相通之要。具言之，无论是王道贯通天地人，还是治国与治身相通，其实董子意在强调天地精神与政治人文的内在关联，同时又借人之身体所呈现的内在与外在的和谐性、统一性与协调性以及身体器官的主次性与统属性来阐明复杂的政治关系。因此他提出了人副天数、官制象天、积精为宝、贵礼尊贤等核心范畴，意在为现实政治制度的合法性寻找形上依据，同时也将虚位化的天志落到现实中来。

尽管董子强调天人同数、同构、同质与相应，但是他并没有轻易地将天人感应的权力赋予人君，而是赋予了他心中的“圣人”——“宇宙的规范模式只能为某些拥有神性精神状态的人所感知”[3]；故而，董子指出“天地神明之心，与人事成败之真，固莫之能见也，唯圣人能见之”（《春秋繁露·郊语》）。董子之语的弦外之音是，即便贵为人间的皇帝，倘若不是圣人，也是无法感应天意与神谕的，更难参悟天数与大道，自然也不可能实现国泰民安与天下大治。以数与数字贯通天、人与政，董子将天、人与政有机地融合在一起，使得天数以其“通性”统摄人与政——自然法则及理性统摄人伦法则及理性和政治法则及理性，这是天、人与政相通、相合的真谛所在，也是董子数哲学的精华所在。正基于此，董子突破了前人的思维定式建构出系统的数哲学与诠释范式。

换言之，董子以数与数字来寻绎身体、政制与自然，并试图借助数字增减变化来演绎身体、政制与自然的内在关联，凡此使得数与数字成为打开身体世界、自然世界与政治世界的密码，进而使得数与数字成为自然精神的特定存在与必然部分。相较于先秦儒学，董子的创新与功绩就在于把自然、历史、身体、政制与精神（道德、伦理与政治）描写为一个不断发展的动态过程，即把它们视为处于不断运动、变化、协调与相互制衡的动态过程，并试图以同数与同构、感应与制衡等规律来揭示这个动态过程的内在联系。

五、和

董子重“和”，其言天和、人和、气和、时和、民和与乐和等；其论无不意在规劝人君要重视“和”、领悟“和”、施用“和”，唯有以“和”修身、以“和”行事、以“和”施政，方至“心”“体”相和，政通人和，天下安和。

（一）“和”之于养身与养心

天阳地阴，天地和合，阴阳和合，故有万物之养，故人“循天之道以养其身”。基此，董子认为天地有常道，春分时万物初生，秋分时万物成熟。一年有春生、夏养、秋收与冬藏四个次递过程，这种过程一定合乎“中”，一定趋向“和”，因为，“和者，天之正也，阴阳之平也，其气最良，物之所生也”。虽然天地之道亦有不和者，但是其最后一定必“归之于和，而所为有功”。进而，董子指出“中者天之用也，和者天之功也”（《春秋繁露·循天之道》），不仅如此，董子还引用了公孙尼子的养气要论：五藏太实则气不畅通，太虚则气不充足，太热则气燥，太寒则气缓[①]，太劳则气不能入，太安逸则气郁积，太怒则气高昂，太喜则气涣散，太忧则气狂浪，太惧则气丧失。凡此十者，气之疾害，皆是失于中和所致（见《春秋繁露·循天之道》）。何以不失中和，要在养于身心。董子认为凡气皆从心，心为气之君；无欲而静，养气致和；故曰，君子注重养而和之，节而行之。

---

① 笔者按：清人苏舆《春秋繁露义证》（中华书局，1992年版，第448页）载“热胜则气□，寒胜则气□”，其方格处各脱一字，为便于理解，试补字为“热胜则气燥，寒胜则气缓”。

董子甚至认为天气之于人是重于衣食的，所以人之养生大要在于爱气；君子止恶在于平意，平意有助于静神，静神有助于养气；气多而治，养身得之。总之，在董子看来，中正和平是君子养身与养心之要诀，这是得天地安泰之道，故生命长寿；反之，不能得天地安泰之道，则寿命必短。因此，董子强调君子行为中正、气意和平，中和常在于身是得乎天地之泰的体现。

（二）“和”之于为人与治国

董子认为“中”是天地之所终始，故道莫正于中；“和”是天地之所生成，故德莫大于和。“和”是天道的基本精神之一，现实中的人们应当循天之道以养其身，参悟“和”之义，以至于“和”之境。一个人能以“中”与“和”治理天下，则其德大盛；一个人能以“中”与“和”修养其身，则其寿极命。由天地之和、阴阳之和、四时之和引发“和”之大义，董子将“和”之精神从“天上”贯通到“人间”，并且落实到人自身，由此完成以“和”之精神统摄天人的理路建构。

在董子眼中，“和”的重要性主要还是体现在治国理政方面。董子认为天地自然本来为“和”、天人之际本来亦为“和”，只因人间诸事干扰与人君失德而导致天地失和、天人失和，甚至出现五行失序、天降灾异，如“淫雨太多，五谷不和”（《春秋繁露·止雨》）。由此，董子指出人君应当循天道以治民，他认为王者正，则元气和顺、风雨应时；若王者不正，则上天出现变化、“贼气并见”（《春秋繁露·王道》）。同时，董子认为世治则民和，志平则气正，天地呈现化精，因此万物之美产生；相反，世乱则民乖，志僻则气逆，天地出现化伤，因此灾害产生。针对现实之弊，董子指出天下若是和平，则灾害不生；今天灾害产生，可见天下未有和平；天下之所以未有和平，是因为“天子之教化不行也”（《春秋繁露·郊语》）。因此，董子认为人君当循天之道，以德修身，以德施政，如此方能使得百姓皆得其所，无为而致太平，招来凤凰与黄龙，这就好比人之血气和平其形体无所苦，又好比神气自通于水渊，又好比神明招致神草与神仙。进而，董子指出“天有和有德，有平有威，有相受之意，有为政之理”（《春秋繁露·威德所生》），人君当明察之。春夏秋冬，四时有序；春是天之和，夏是天之德，秋是天之平，冬是天之威，这是天然之序。先和而后发德，先平而后发威；不和不可以发庆赏之德，不平不可以发刑罚之威；德生于和，威生于平；不和无德，不平无威；这是天之道的体现，惟王者可以洞见。不难看出，董子意在规劝人君当循天道、行德政、致中和，刑罚循时，以庆赏立其德，以德教化百姓。

六、比

所谓“比”，其本义为“五家为比”（《周礼·地官·司徒》），即相邻、相连之义。董子认为《春秋》论12世之事，法布242年之史，因此治《春秋》者当合而通之，缘而求之，五其比，偶其类，览其绪，屠其赘，如是，才能深会其中所蕴大道与精义。细绎之，董子所言“五其比”实为解读《春秋》之法，即归类，或曰比而类之。诚如清人俞樾所言：“五当为伍，古字通；伍其比，偶其类，两意相近，伍犹偶也，比犹类也。”[4]然则，“《春秋》赴问数百，应问数千，同留经中”，如何“翻援比类，以发其端”，如何“能以比贯类、以辨付赘者，大得之矣”？在此，董子着重突出了“比”，并提出“以比贯类”。究而言之，董子之“比”，其义有三：其一，“比”之比邻义。犹如“A”与“B”相邻、相继之义，董子在《春秋繁露·王道》篇云：“民不能堪，使民比地为伍。”在《春秋繁露·五行相生》篇云：“五行者，五官也，比相生而间相胜也。”其二，“比”之比较义。犹如“A”与“B”相较（性质、大小、数量之区别），董子在《春秋繁露·天地阴阳》篇云：“水之比于气也，若泥之比于水也。”在《春秋繁露·对胶西王越大夫不得为仁》篇云：“五伯者，比于他诸侯为贤者，比于仁贤，何贤之有？譬犹珷玞比于美玉也。”其三，“比”之比喻义。犹如以“A”喻“B”，其义由深变浅或由浅变深。正是通过诸般比喻，董子完成了以“比”为诠释特色的哲理阐发。

（一）德之层面的“比”：比德

从“性”开始，董子“比德”而喻，他说：“性比于禾，善比于米。”（《春秋繁露·深察名号》）进而董子通过身边的动物与植物乃至山川大地来“比德”，在他看来，“羔食于其母，必跪而受之，类知礼者”“君子比之玉，玉润而不污，是仁而至清洁也”（《春秋繁露·执贽》）。比喻使得哲学叙述充满诗意，道德在比喻中得以彰明。所以，董子眼中的山水皆可“比德”，这是对孔子提出的仁者乐山与智者乐水的丰富与拓展，他说：“山则宠嵸嵳崔，摧嵬嶵巍，久不崩陁，似夫仁人志士。”（《春秋繁露·山川颂》）[①] 又云，水源源不断、昼夜不竭地涌出，像有毅力之人；盈科后行，像能持公平之人；……不清而入，洁清而出，像善化之人；赴千仞之壑，入而不疑，像勇敢之人；物皆困于火，而水独胜之，像威武之人；万物得水而生，失水而死，故水又像有德之人。凡此可见，董子以山水之物性比喻人之德性，在把自然山水人格化的同时，为君子之德找到客观而直观的寄托——山之不崩、水之不竭，前者尚静、后者尚动，人之志与德当如是也。在董子眼中，天生万物，万物以不同形式涌现天数与天德，这是人与诸物以及一切存在之间能够发生“比德”的基本前提。

值得指出的是，董子将“比德”刻意用在君与臣身上，更是突显了“比德”的不同意味。人君比元贵本（见《春秋繁露·深察名号》），德侔于天；人臣比地贵信（见《春秋繁露·离合根》），视地之事天。君意比元，动不失本；臣德比地，地之事天。

（二）数之层面的“比”：比数

董子认为“气同则会，声比则应”，并且指出“试调琴瑟而错之，鼓其宫则他宫应之，鼓其商而他商应之；五音比而自鸣，非有神，其数然也”（《春秋繁露·同类相动》）。这就是说，之所以出现“气同则会，声比则应”之现象并非因为“有神”而是因为“其数然也”——并不是有什么神秘的原因或神灵的操纵，而是因其中的数度之道使然的缘故。或曰，通过“气同则会，声比则应”的物理现象，董子看到

---

① 董子的《山川颂》将先秦儒家尤其是孔子的山水观予以拓展，同时将先秦时期的“祭祀诗颂”推向汉代的“解经文颂”，继而提升了“颂体”的文学地位，丰富了西汉的文学样式。

了其中的规律性与规定性，这种规律性与规定性非神所为，而是“数”之使然。于此而言，董子并不是所谓的神秘主义者，而是有相当见解的唯物论者。

其实，董子在诠释天人同数、同构与同质中也用到“比数”，他认为天以终岁之数成人之身，因此人身有小节366节、大节12节，这是副日、月之数；同时，五脏副五行数、四肢副四时数……心有计虑副度数，凡此可见天人之间是偶而合之，以数相中。故曰，天人相副。由是观之，“比”在天人同数、同构与同质的表述方式中有相合与相同之义。董子在《春秋繁露·官制象天》篇与《春秋繁露·爵国》篇提出王者制官法天之数与爵制秩禄比天之数，其实也是在强调“比数”之于政治制度建设的重要性。

由上观之，“数”在董子那里通过诸般修辞手法被诗意地转述出来，涌进“人”的世界，成为道德、伦理与政制的本根；或曰，天地氤氲，万物混杂，天数涌现为之安排，宇宙遂以秩序井然，人伦遂以秩序井然，政治遂以秩序井然。所以在董子眼中，天数是人与政、道德与伦常乃至一切存在的本源。反而言之，通过数与数字，“万物同归于终极而复于本善”[2]45。这即是说，“比数”所解决的不仅仅是天数、身体与政制的同构，更在于将天数的规定性与普遍性融入身体与政制，这是人与政得以合理展开、得以实现价值的根本。

七、副

何谓副？从语义上看，“副，判也。从刀畐声”（《说文解字·刀部》）。然则，此定义未能穷尽董子语境中的“副”之命义。董子不仅有《春秋繁露·四时之副》，而且有《春秋繁露·人副天数》，其中多言及“副”作为方法之命义。前者言“所副”，有名词之义；后者言“能副”，有动词之义。从方法论上看，董子之“副”关涉天之副、人之副、四时之副与阴阳之副。在此，我们主要从“天之副”与“人之副”两个层面来探讨“副”之命义。

（一）天之“副”

以往有个别学者只看到董子讲人副天数，未重视天人互副，其实董子不仅强调“人副天数”，而且也强调“天之副在乎人”（《春秋繁露·为人者天》）。基于天人同数，董子不仅将天视为人的曾祖父，而且认为“人之情性有由天者矣”。同时，董子还强调“天亦有喜怒之气、哀乐之心，与人相副”（《春秋繁露·阴阳义》）。由此可知，在董子的语境中，天人关系是“互副”的，即“人副天数”和“与人相副”是共存的。正是在“副”与“互副”之间，我们发现董子语境中的天与人的双向关系：在数度之道上，“天”是“人”的参照，“人”是“天”的投射——图景映现——从自然图景到身体图景；在情感与意志上，“人”是“天”的参照，“天”是“人”的神化或拟化——图景神化——从身体图景到自然图景。换言之，人在“数”与“构”的层面与天相副，天在情感与意志的层面与人相副。可以说，这就是董子建构天人哲学的双向互副之路径。因此，我们认为董子并不是“蔽于天而不知人”，其将“天”予以人格化的背后深蕴大义——推天意以明人事与政事。或曰，洞悉天数之中蕴藏的尘世的东西，与相对的东西（如身体之数、政制之数等）则使之成为天数所统摄的存在——具有德性与某种神性的存在，同时它们之间被合乎逻辑地联系起来，但是彼此之间又保持着各自规定的独立性。

顺便指出，董子将“天”予以人格化或曰他强调“天之副在乎人”的真正意图应当是刻意地强化“天”对“人”的影响力，尤其是对人君道德修养与治国理政的影响力。倘若只讲“天行有常，不为尧存，不为桀亡”（《荀子·天论》），那么“天”对“人”的影响力则势必会弱化，这与董子意在“屈君”的理论旨归相悖，所以他为了“限制君权”而隆升了“天”的地位，并使之成为有意识的能动的人格神去直接而有效地对人君形成道德规训与政策校正。当然，崇信天道鬼神的思潮在西汉前期是颇为浓郁的，不光是汉文帝“不问苍生问鬼神”，汉武帝更是“尤敬鬼神之祀”（《史记·孝武本纪》）。“亲见四世”的董子应是深知当时的时代精神与武帝之心，于是刻意地推升了“天”的地位、强化了“天”的影响力。换个角度看，“作书美荀卿”

的董子抛弃荀子的天人相分而大讲天人感应与天人合一，当是与西汉大一统格局的形成与君主集权专制的强化分不开的。西汉前期，“君权”日渐强化，“君权至上”的弊病日渐显现，如何限制君权（如何屈君）的时代命题被董子较早而敏锐地触及到了。尽管如此，身为一介儒生的董子却只能是冒着生命危险去借助“天”的力量——讽谏时政、妄议朝廷，根本无法限制君权，这一点从发生在他身上的“高庙灾异对”事件中可见一斑。

（二）人之“副”

循董子天人互副之理路，我们发现他的理论指归并没走向当时社会思潮中流行的个体求仙之路，而是走向个体成德与为政，即颇为注重个人价值实现之向度。也就是说，董子所强调的天人互副的背后是指向德性与政治的，因此他提出了王者循天制官与因时施政等论见。董子认为圣人副天之所行来为政，所以其庆副暖而当于春，其赏副暑而当于夏，其罚副清而当于秋，其刑副寒而当于冬（见《春秋繁露·四时之副》）。进而，董子指出治世与美岁是相同数的，乱世与恶岁是相同数的，这是“人理之副天道”（《春秋繁露·王道通三》）的体现。

值得指出的是，董子通过“副”对天人之间的“数”进行了无以复加的解读。在他看来，“人之形体，化天数而成”（《春秋繁露·为人者天》），“天地之符，阴阳之副，常设于身，身犹天也，数与之相参，故命与之相连也”。所以，人身有骨头小节 366 节与天之终岁之日数相副，人体有骨头大节 12 节是副月数；人内有五脏是副五行数，外有四肢是副四时数；人之乍视乍瞑是副昼夜之规律、乍刚乍柔是副冬夏之性理、乍哀乍乐是副阴阳之道，人之心有计虑是副度数之理，人行有伦理是副天地之道。凡此种种可谓是可数则副数，不可数则副类。在董子看来，“身体寓于空间与时间中”[5]185，并通过“副天数”获得生命本源与价值本源。进言之，“身体本身在世界中，就像心脏在机体中：身体不断地使可见的景象保持活力，内在地赋予它生命和供给它养料，与之一起形成一个系统”[5]261。因此，身体图景与天地图景通过相副统合了起来，此时天地图景完全映合于身体图景，并成为身体小系统得以合理运行的所在。换言之，人之身体是朝向天数敞开的，天数是人之身体得以存在的基石，身体在四时、五行与风霜雨雪等自然变化中感受天数与天道，并完成自身德行的提升与世俗价值的开显。

基此可见，正是"副"与"数"的出现使天地阴阳完成了由混沌化的时空概念向较为清晰化的数字概念及其建构的系统概念的转向，从而实现了天地阴阳与人的有机连接。可以说，这正是"陈其有形以著其无形者，拘其可数以著其不可数者"（《春秋繁露·人副天数》）的精义所在。或曰，"人副天数"所强调的是人——以身体与德性面向天数、副天之数，人通过身体将天数融入自我的精神（道德、伦理与理性等），从而使得自我存在与价值实现不再是无源之水、无本之木。可见，一个"副"字道尽天人之间的奥妙，弥合天人之间的鸿沟。

八、类

所谓"类"，大义是指"种类相似"（《说文解字·犬部》）。其实，物之共性就是"类"，"'类'在它排斥他物的个体性里，是自身同一的"[6]，其概念涌现的过程中，同一性随之涌现。因此，董子认为论《春秋》者当"五其比，偶其类"（《春秋繁露·玉杯》），能够以比贯类、以辨附赘，则能够得其大义。从诠释《春秋》入手，董子认为《春秋》"理百物，辨品类，别嫌微"（《春秋繁露·玉英》），正因其别嫌疑，异同类，所以"是非著矣"。细绎董子语境中的"类"，主要关涉两个层面：一是物有"类"，二是人有"类"。

（一）物有"类"

董子认为"物以类应""推物之类，以易见难者，其情可得"（《春秋繁露·天地阴阳》）。借此，他指出"美事召美类，恶事召恶类，类之相应而起"，比如马鸣则马应之，牛鸣则牛应之，进而他得出"物故以类相召"的原理。同时，董子指出"天有阴阳，人亦有阴阳""故琴瑟报弹其宫，他宫自鸣而应之，此物之以类动者也"（《春秋繁露·同类相动》）。正是从物有"类"中，董子不仅看到了同类相动、同音相应，而且领悟到“天所起一，动而再倍”是“以就同类，与之相报”（《春秋繁露·阴阳终始》）。颇有意思的是，董子通过物之“类”比出了物之“德”，在他眼中，大雁类于有德行的长者，羔羊有角而不用类于好仁者；羔羊被捉住时而不鸣叫，被杀时不会悲啼，这种表现类同于为正义而死的人。

援物类义，衍说道德；可以说，董子眼中的天地万物皆有德性，因此“人”作为生活在其间的生命个体理当“比类”而修身，循义而成德；尤其是人君更应该洞见天地万物之德，循之以修身，施之以理政。

（二）人有“类”

所谓人有“类”，其本义是指人的类本质。相比之下，“动物只是按照它所属的那个种的尺度和需要来构造，而人懂得按照任何一个种的尺度来进行生产，并且懂得处处都把内在的尺度运用于对象；因此，人也按照美的规律来构造”[7]58。循天之道，成德理政，“正是在改造对象世界中，人才真正地证明自己是类存在物”[7]58。然则，在董子看来，人不仅有“类”，而且“能类”，人“能类”则体现出人的能动性与主体性。他所说的“仁者，所以爱人类也”（《春秋繁露·必仁且智》）正是人“能类”的体现。“人”居于“天之十端”之中的重要一端，能够“下长万物，上参天地”，能够“明事物之故，而后不为事物所惑”[2]7；或曰，“人之超然万物之上，而最为天下贵”（《春秋繁露·天地阴阳》）与“天地之精所以生物者，莫贵于人”（《春秋繁露·人副天数》）的本质亦是在“能类”与“爱类”之中体现的。

从天人互副的角度，董子将“天”予以拟人化，并且指出天有喜怒哀乐之行，而人有春秋冬夏之气者，这是“合类”。继而，循着“天”好仁、近阳与任德的价值路向，他提出仁者爱人类、智者除其害与王者施德政的论见。他认为人君之庆赏罚刑与天之春夏秋冬是“以类相应”，犹如合符。天有四时，王有四政，四政若四时，这是“通类”，“通伦类以贯其理”[8]。同时，董子指出人主施政应当循天因时，人主之喜怒当合于天时，可以时则发，不可以时则不发，应当“喜怒以类合”（《春秋繁露·天容》）。不难看出，人“能类”主要体现在循天因时与成德施仁方面，这其中体现了人的主体性与能动性。可以说，正是在“通类”与“合类”中人君得以参悟天地之道，得以实现天下大治。

此外，董子认为“百物皆有合偶，偶之合之，仇之匹之，善矣”（《春秋繁露·楚庄王》。凡此表明，“偶”“仇”“匹”“合”和“类”有相近之义。限于篇幅，论证从略。

九、应

在董子眼中，人莫不应天时，“物莫不应天化”（《春秋繁露·王道通三》）。“人”作为天人感应的主体是“感而后应”（《春秋繁露·立元神》），其中，“应”分诸种，如应天、应时、应人、应事等。董子认为《春秋》应天作新王之事，同时他指出“制为应天改之，乐为应人作之”（《春秋繁露·楚庄王》），即王者因应天时而制礼作乐。这就是说，“人”所产生的一切行为皆当有所“应”，不可擅为，如是，“天人之际，合而为一”才会顺利实现。

人在完善德行与实现价值的过程中应当应天因时，“天所禁而身禁之，故曰身犹天也”（《春秋繁露·深察名号》）。显然，人之所禁是天之所禁，并不是人禁天；或曰，人应像天一样禁其所禁，而人本身对天却不禁之；或曰，天有所为、有所止，人应天而行，人亦有所为、有所止。因为人本身是天所化生，所以人对天并不禁止，而是像天一样禁天之所禁、为天之所为。推而言之，从君民关系层面看，君为民之主，民为君之从；“民之从主也，如草木之应四时也”（《春秋繁露·威德所生》）。基于“物以类应”（《春秋繁露·深察名号》），董子推出君之庆赏罚刑与天之春夏秋冬是“以类相应”。同时，董子认为王者的五事不仅与五行相应，而且与天之灾异和祥瑞也相应，他说：“王者与臣无礼，貌不肃敬，则木不曲直，而夏多暴风。”（《春秋繁露·五行五事》）进而，董子指出风是木之气、角音，所以暴风与之相应；闪电霹雳是金气、商音，所以疾雷与之相应。人君视不明，则秋多闪电；人君听不聪，则春夏多暴雨；人君心不能容，则稼穑不成，而且秋多雷。凡此皆是人君有失所致。所以说，身为人君当注重言、行、视、听等一切行为，而且要应天而行，依礼为事。

从天人关系层面看，正是在身与天的感应中，“我”的一切言行得到提醒与校正，并得以趋向于天数与至善。同时，尤其是身为人君者在身天感应中得以完成道德提升与超越，并对治国理政的理念与手段予以调整与修正。反之，若是人不应天（尤其是人君）则必招致天之警告，甚至惩罚。于此而言，董子的天人感应论与那些强调神秘体验或求仙祈福的理论有本质的不同，其思想主旨在于强调个体的德行完善与价值开显，尤其是人君的道德完善与政策校正。所以，我们认为董子的天人感应思想并不是所谓的神学目的论，亦非所谓的唯心主义。

其实，无论是天人关系还是天政关系，同数与同构是其彼此发生关系的根本性前提，合、和、通、比、类、应等诸般修辞只是方法、只是过程。同时，从“感应”与“合一”的关系看，“合一”的前提是“感应”，“感应”的指归是“合一”，或曰，“合一”是终极目标与价值向度。

纵观《春秋繁露》，“语言本身就是根本意义上的诗”[9]，修辞是诸般诗意化的道说，“人”通过诸般修辞切近真相与本源。诚然，董子通过诸般修辞并不是为了识得事物的表象，其表现出的更多的是对数与道的追寻，这是对自然之精神、规律与定在的期许，以及与之相随的对完美德性与圣王政治的期许。在董子眼中，当“人”直观身体与自然时，当身体之数与天地之数涌现时，“人”便看到了身与天的内在关联性与持存于关联性中的“数”。无独有偶，黑格尔认为有机体的一大方面是内在，另一大方面是外在，而内在与外在自身又各有一个内在方面与外在方面，“内在的内在方面是活动不已的抽象，亦即概念，而外在的内在方面则是持存不变的普遍性和这普遍性里的持存不变的规定性，亦即数”[10]。从数到数字，董子通过数理化与数量化使数字成为一种描述身体与自然的独特语言，这种独特语言将天数、身体与政制统合起来，为“人”在天地间找到位置。或曰，“因为人归属于语言，唯语言才首先向人开启世界并借此开启出人在世界中的栖居”[11]。所以，我们在很大程度上认为这应该就是数与数字成为董子哲学语言范式的根由所在。

参考文献：

[1] 余治平. 董子春秋义法辞考论 [M]. 上海：上海书店出版社，2013：232.

[2] 亚里士多德. 形而上学 [M]. 吴寿彭，译. 北京：商务印书馆，1959.

[3] 桂思卓. 从编年史到经典：董仲舒的春秋诠释学 [M]. 朱腾，译. 北京：中国政法大学出版社，2010：234.

[4] 俞樾. 诸子平议：下 [M]. 上海：上海书店，1988：508.

[5] 梅洛·庞蒂. 知觉现象学 [M]. 姜志辉，译. 北京：商务印书馆，2001.

[6] 黑格尔. 小逻辑 [M]. 贺麟，译. 北京：商务印书馆，1980：352.

[7] 马克思. 1844 年经济学哲学手稿 [M]. 北京：人民出版社，2000：58.

[8] 真德秀. 文章正宗：卷八 [G] //永瑢，纪昀，戴震，等. 文渊阁四库全书：第 1355 册. 台北：台湾商务印书馆，1986：212.

[9] 海德格尔. 林中路 [M]. 孙周兴，译. 上海：上海译文出版社，2014：57.

[10] 黑格尔. 精神现象学：上 [M]. 贺麟，译. 北京：商务印书馆，1979：214.

[11] 海德格尔. 路标 [M]. 孙周兴，译. 北京：商务印书馆，2000：82.

原载于《衡水学院学报》2018 年第 4 期。

王传林（1978—），男，安徽阜阳人，哲学博士，曲阜师范大学孔子文化研究院副教授。

董仲舒《春秋》书法论的诠释学意蕴

张树业

《春秋》书法是《春秋》学研究的基础课题之一，从一定意义上说，对《春秋》书法的理解是理解《春秋》的前提①。现代学界对《春秋》书法的研究习惯从史学和政治哲学等不同路向入手，但实际上，人们根本无从也不应在《春秋》研究中进行严格的历史和政治哲学划分。因为《春秋》书法本身就是借助特定的修辞体例传达对历史事件之特性与意义的评断。

---

① 近代以来，对《春秋》书法是否存在的疑问成为强劲思想潮流，这一疑问的前提是否认孔子作《春秋》或认定孔子只是修订旧史。但即便从史学角度看，也必然有书法问题。皮锡瑞云："凡修史皆有例，《史记》《汉书》自序，即其义例所在。后世修史，先定凡例，详略增损，分别合并，或著录，或不著录，必有一定之法。……惟日录笔记，随手纪载，乃无义例，再下则胥吏之档案，市井之簿录耳。圣人作经以教万世，乃谓其全无例义，同于档案簿录，比后儒之著书作文犹不逮焉，诚不知何说也！"（《春秋通论》）而在古人看来，《春秋》从来不是一部单纯的史书。自孟子起，即认为《春秋》乃孔子所作，而且有着重大而深远的政治意义："世衰道微，邪说暴行有作，臣弑其君者有之，子弑其父者有之。孔子惧，作《春秋》。《春秋》，天子之事也。是故孔子曰：'知我者，其惟《春秋》乎！罪我者，其惟《春秋》乎！'……孔子成《春秋》而乱臣贼子惧。"（《滕文公上》）准此，须将《春秋》视为义理之书即经书，而非普通意义上的史书。而且，从思想史角度看，可以肯定的是，古人的《春秋》研究，皆以《春秋》为孔子所作，乃圣人经世之大法。此下两千余年间，学界罕有异词者，盖以此说绝非"盲从权威"，而实有所授受。今人对《春秋》的怀疑，完全脱离了思想史语境，因而其考据也就没有了思想史价值。

对《春秋》书法即其条例和修辞的研究以《春秋》公羊学最为典型。公羊条例之学，盖始于西汉胡毋生，史载《公羊传》本师徒口授，至胡毋生时书于竹帛，又为之作《条例》，后汉何休《春秋公羊传解诂》的条例之学，即本于此。董仲舒作为西汉公羊学大帅，与胡毋生年辈相若，其《春秋》学亦以对《春秋》书法的探讨为本，而特重对其修辞特色与用心的探究，与单纯阐发条例的《春秋》书法研究又有不同，由此形成董子独特的《春秋》诠释风格，也奠定了汉代公羊学的基本义理规模。与过去研究侧重于对公羊义例本身的探讨不同，本文的目的并非阐发《春秋繁露》所揭示的书法条例，而意在考察董仲舒如何通过对《春秋》修辞特性的精细辩说而推究其立言之旨，并由此探讨修辞对《春秋》这样一部历史—政治哲学经典的特殊意义。

一、董仲舒的《春秋》书法观

公羊家认为，《春秋》乃是孔子“素王立法”之作。《春秋繁露·俞序》云：

> 仲尼之作《春秋》也，上探天端，正王公之位，万民之所欲；下明得失，起贤才，以待后圣。故引史记，理往事，正是非，见王心。史记十二公之间，皆衰世之事，故门人惑。孔子曰：“吾因其行事而加乎王心焉。”以为见之空言，不如行事博深切明。故子贡、闵子、公肩子言其切而为国家资也。

《春秋》之作，意在即事明义，这必须通过一定的“书法”即修辞性写作方能实现，对这种将义理精神贯注于历史书写的方式而言，修辞几乎是展现义理的唯一方式。而且，这种写作方式势必使其意图变得幽隐深微，文辞暗藏玄机。如董仲舒所言：“今《春秋》之为学也，道往而明来者也。然而其辞体天之微，故难知也，弗能察，寂若无；能察之，无物不在。是故为《春秋》者，得一端而多连之，见一空而博贯之，则天下尽矣。"[1] 理解《春秋》，必须以承认其微言大义之存在为前提。事实上，"隐微写作"也是古典哲人写作的突出特征之一[2]。这要求人们在阅读时，必须注意经典作品谋篇布局、遣词造句的细节，尤其是一些关键性表述的特殊方式和微妙差异，必须用心精微，方能领会其意旨。这也是历代《春秋》学者的共识。

对后人而言，理解《春秋》这样以隐微辞说为主要特色的经典，必须通过对《春秋》书法的精细考察来进行，但我们该如何进入这样一个"微言"的语境，并理解其基本特征。在董仲舒看来，首先人们要明白《春秋》"慎辞"之义。即是说，《春秋》的每段话，甚至每个字都是以极谨慎的态度，经过深思熟虑而写出。而且，"慎辞"的首要内涵是对事件的记述依循特定的辞例和义理。《精华》云：

> 《春秋》慎辞，谨于名伦等物者也。是故小夷言伐而不得言战，大夷言战而不得言获，中国言获而不得言执，各有辞也。有小夷避大夷而不得言战，大夷避中国而不得言获，中国避天子而不得言执，名伦弗予，嫌于相臣之辞也。是故大小不逾等，贵贱如其伦，义之正也。

正因《春秋》乃大义微言所在，故而其用辞至为谨慎。"慎辞"的理由可以是多样的，《春秋》辞有五等，曰正辞，曰婉辞，曰温辞，曰微辞，曰诡辞。所谓"谨于明伦等物"，乃从正辞立论。马一浮先生以为，董子此说即《论语》正名思想的引申，而"正名"乃《春秋》之根本要义。"约而言之，《春秋》之大用在于夷夏、进退、文质、损益、刑德、贵贱、经权、予夺，而其要则正名而已矣。"所谓"明伦等物"，马先生云："深察名号为名伦，因事立义为等物，名伦即属辞，等物即比事也。名伦等物，得其理则治，失其理则乱，故曰

---

① 《春秋繁露·精华第五》。

② 当然，这种方式难免会被无法认同此种写作方式的人视为故弄玄虚，古人论《春秋》学，即颇有"说《春秋》者如射覆"之讥。但这一问题的出现主要源于不信传和经传分离，离传解经，全然凭己意悬想揣摩。必须承认，今天理解《春秋》这样的经，只能通过传来进行，否则我们的解经将成为真正的"射覆"游戏。

《春秋》长于治人。”[①]《春秋》正辞之例繁多，不胜枚举，其最突出者如君臣之分、夷夏之别，都有固定的修辞体例。这也是各类《春秋》学著作中讨论最多的内容，本文不复赘述。

不过，在董仲舒看来，理解这类固定辞例固然重要，但《春秋》的重要特征便是并不拘泥于此类条例，而且同类事件的书法修辞中也存在微妙差异，如董子所言，“《春秋》无通辞”，因而对这类修辞细节的考察才是领会圣人之用心的根本途径。为此，董仲舒提出，治《春秋》者必须以对整个《春秋》的通盘观照和参伍比类为本。

> 《春秋》论十二世之事，人道浃而王道备。法布二百四十二年之中，相为左右，以成文采，其居参错，非袭古也。是故论《春秋》者合而通之，缘而求之，五起比，偶其类，览其绪，屠其赘，是以人道浃而王法立。

这一思路与前文所引“得一端而多连之，见一空而博贯之”实相呼应，也正是《春秋》之教“属辞比事”精神的体现。董仲舒认为，《春秋》的义理散布于对十二公二百四十二年史事的修辞性书写之中，彼此呼应，相互发明，而且并非“袭古”而来，而是圣人创制立法，所谓“以《春秋》当新王”。欲明其理，必须“合而通之”，将对各类史实的书写方式进行比类参伍的考察，方能有所获。

通过这样的参伍比类，董仲舒认为，我们可以发现《春秋》的一些重要义理线索，如《盟会要》中称：

> 至意虽难喻，盖圣人者，贵除天下之患。贵除天下之患，故《春秋》重，而书天下之患遍矣。以为本于见天下之所以致患，其意欲以除天下之患，何谓哉？天下者无患，然后性可善；性可善，然后清廉之化流；清廉之化流，然后王道举、礼乐兴，其心在此矣。

《春秋繁露》中又有“六科”“十指”等提法，鉴于本文的主题是考察董子对《春秋》书法修辞的诠释，对之不复赘论。

---

① 《马一浮全集》第一册（上），浙江古籍出版社，2013年版，第165页。

董仲舒对《春秋》的修辞有众多精彩考论，辨析入微，在《春秋》诠释史上堪称典范。本文试图将董子的《春秋》书法诠释分为三个主题，一曰隐微辞说，二曰《春秋》无通辞，三曰诡辞避讳。下面我们将结合《春秋繁露》对之进行考察。

二、董仲舒对《春秋》隐微辞说的诠解

对于《春秋》辞义隐微之特性，前文所引董子之说最善名状。所谓“体天之微”，天道至深远难见，《春秋》之微，不仅是效法天道。在古人看来，《春秋》才代表了天人之学的极致，因而其辞义之微，恰显示《春秋》与天道同体，深微难知。而恰是这一深微特征，使其“弗能察，寂若无；能察之，无物不在”。对天道而言，唯其“寂若无”，故能“无物不在”，《春秋》之用辞亦然。就《春秋》而言，其隐微特性，乃在于其表面不过是至为简约的历史事件记录，然而，恰恰是在这“大事年表”般的记录中，从史实间的排比关联，人便可以有所领悟。董子云：

> 《春秋》记天下之得失，而见所以然之故。甚幽而明，无传而著，不可不察也。夫泰山之为大，弗察弗见，而况微眇者乎？故案《春秋》而适往事，穷其端而视其故，得志之君子，有喜之人，不可不慎也。

而后举齐顷公之事为例，言其以骄奢傲慢，侵凌诸侯之故，被诸侯之军“大困于鞌”，以至于“大辱身，几亡国”。而后恐惧修省，“内爱百姓，问疾吊丧；外敬诸侯，从会于盟”，最终转危为安。由此可见，“福之本生于忧，而祸起于喜也”。正因此，董仲舒认为《春秋》的重要特征乃是“博而明，深而切”（《重政》第十三）。

当然，这还只是一个以史为鉴而知兴替的例子，并未涉及《春秋》书法隐微写作的重心。董仲舒指出，《春秋》的一个重要思想乃是“贵微重始”，《二端》云：

> 《春秋》至意有二端，不本二端之所从起，亦未可与论灾异也。小大微著之分也。夫览求微细于无端之处，诚知小之将为大

也，微之将为著也，吉凶未形，圣人所独立也。“虽欲从之，末由也已。”此之谓也。

是故《春秋》之道，以元之深正天之端，以天之端正王之政，以王之政正诸侯之即位，以诸侯之即位正竟内之治，五者俱正而化大行。故书日蚀……《春秋》异之，以此见悖乱之征，是小者不得大，微者不得著，虽甚末，亦一端。孔子以此效之，吾所以贵微重始是也。因恶夫推灾异之象于前，然后图安危祸乱于后者，非春秋之所甚贵也。然而《春秋》举之以为一端者，亦欲其省天谴而畏天威，内动于心志，外见于事情，修身审己，明善心以反道者也。岂非贵微重始，慎终推效者哉？

“二端”之说，与汉儒论阴阳灾异有密切关联，董仲舒认为，这恰也是《春秋》的根本精神之体现，即从事物之微细发端处入手，以防患于未然，除祸于未形。董仲舒由此阐发了《春秋》学史上著名的“五始”说，认为《春秋》所书“元年春，王正月，公即位”，即在修辞上蕴含了对事物之开端之重要性的关注，“以元之深正天之端，以天之端正王之政，以王之政正诸侯之即位，以诸侯之即位正竟内之治，五者俱正而化大行”。《春秋》对细小灾异也一一记录，如此郑重其事，亦是其“贵微重始”精神的体现，目的在于使人“省天谴而畏天威”，从而“修身审己，明善心以反道”。

《春秋》之修辞的隐微特性还体现在其“别嫌明微”，通过对用词和写作体例的调整而使人们对一些容易被忽视、混淆的事物和义理获得更明确的认知。《玉英》云：“《春秋》理百物，辨品类，别嫌疑，修本末者也。”“别嫌明微”从内涵上看意在使嫌疑之事分判清晰，使隐微之理显白明朗，似乎与隐微写作的修辞特性相反。但事实上，《春秋》的“别嫌明微”恰是通过非常深微巧妙的修辞来实现的。其典型例证即《春秋繁露》开篇对楚庄王杀夏征舒一事的辨析。

楚庄王杀陈夏征舒，《春秋》贬其文，不予专讨也。灵王杀齐庆封而直称“楚子”，何也？曰：庄王之行贤，而征舒之罪重；以贤君讨重罪，其于人心善；若不贬，孰知其非正经？《春秋》常于其嫌得者，见其不得也。是故齐桓不予专地而封，晋文不予致王而朝，楚庄弗予专杀而讨。三者不得，则诸侯之得殆此矣。此楚灵之所以称子而讨也。《春秋》之辞多所况，是文约而法明也。

《春秋》有褒贬义例，此公羊家法，如“不予诸侯专讨”，即为《春秋》大义之一，此盖公羊学所发挥的《春秋》尊王之大义。按楚庄王杀陈夏征舒，事在鲁宣公十一年冬十月，《春秋》经记之云：“楚人杀陈夏征舒。”《公羊传》云：“此楚子也，其称‘人’何？贬。曷为贬？不与外讨也。……诸侯之义，不得专讨也。”据《公羊传》，则此为典型的《春秋》书法正例，至于《公羊传》于此又引申的“实与而文不与”，可姑置毋论。这些都不构成董仲舒诠释的重点。真正的问题在于，《春秋》经中似乎存在着明显的反例，即灵王杀齐庆封而经中称之为“楚子”，既然《公羊传》以为称“人”乃是春秋修辞意义上的“贬”例，此处称“楚子”则非贬词，这显然与前述“不予诸侯专讨”之义相矛盾。对董仲舒而言，《公羊传》的义例已为人所熟知，不必再行申论，他所要着力探究阐发的，恰是《春秋》经传中此类疑难之处。如果我们将董仲舒的辨析理解为一种对于经传漏洞疏谬之处的弥缝和辩白，势必会以一种轻易随便的心态对待之，而恰恰错过董仲舒《春秋》学最为精彩的内容。

董仲舒指出，《春秋》一褒一贬，皆非泛泛而发。如诸侯专讨，于义固当贬，但在楚庄王杀夏征舒一事中，并非循例行文而已，实亦有微义存焉，即“《春秋》常于其嫌得者见其不得也”。因为“庄王之行贤而征舒之罪重，以贤君讨重罪，其于人心善，若不贬，孰知其非正经？”生活中，当一件事本身的是非曲直比较明确，或人们对此事的是非曲直形成某种共同意见时，自然会基于正义感和道德热情而支持被认为代表善和正义的一方，并倾向于宽容其在事件中的过失行为。这作为一种社会心理本身无可厚非，但不能因此而影响到对“正经”即正当性原则本身的判断。更不能因此而随意质疑和修改“正经”。“正经”的存在是基于更全面深远的制度考量而确立。《春秋》对楚庄王的贬，恰恰就是为了防止人们因为其行为之“嫌得”而忽略其“不得”，并通过“责备贤者”的方式而凸显“正经”之不可凌越。

同样的事例又有晋赵盾“弑君”一事。

问者曰：“人弑其君，重卿在而弗能讨者，非一国也。灵公弑，赵盾不在。不在之与在，恶有厚薄。《春秋》责在而不讨贼者，弗系臣子尔也。责不在而不讨贼者，乃加‘弑’焉。何其责厚恶之薄，薄恶之厚也？”曰：《春秋》之道，视人所惑，为立说以大明之。今赵盾贤而不遂于理，皆见其善，莫见其罪，故因其所贤而加之大恶，系之重责，使人湛思而自省悟以反道，曰：“吁！君臣之大义、父子之道，乃至乎此。”此所由恶薄而责之厚也。他国不讨贼者，诸斗筲之民，何足数哉！弗系人数而已。此所由恶厚而责薄也。《传》曰：“轻为重，重为轻”，其是之谓乎！故公子比嫌可以立，赵盾嫌无臣责，许止嫌无子罪。《春秋》为人不知恶，而恬行不备也，是故重累责之，以矫枉世而直之。矫者不过其正，弗能直，知此而义毕矣。（《玉杯》第二）

董仲舒由此指出《春秋》的一个修辞特征，“《春秋》之辞多所况，是文约而法明也”。“多所况”并非《春秋》经传自身明确宣示的修辞原则，而是暗含于经文中，通过深入阅读，人们可以发现其内在的关联，通过“引譬连类”的方式予以阐明。

对于楚灵王之称“楚子”，董子以为从《春秋》“辞多所况”“文约法明”的角度看，《春秋》此处绝非予其专讨，因此，这并不与前述原则矛盾，而是通过对灵王之褒揭示另外的重要政治原则。

问者曰：不予诸侯之专封，复见于陈、蔡之灭；不予诸侯之专讨，独不复见于庆封之杀，何也？曰：《春秋》之用辞，已明者去之，未明者著之。今诸侯之不得专讨，固已明矣，而庆封之罪未有所见也，故称“楚子”，以霸讨之。著其罪之宜死，以为天下大禁，曰：人臣之行，贬主之位，乱国之臣，虽不篡杀，其罪皆宜死，比于此其云尔也。

如果仅仅关注于“诸侯不得专讨”这一“正经”，对一切“专讨”行为都痛加贬抑，人们可能会仅关注“不得专讨”之义而忽略“专讨”对象之善恶是非。“不得专讨”固然是“正经”，惩处罪恶同样是“正经”。对楚庄王的贬，并不是“不得专讨”之义一定大于或高于惩处弑君者之义，而是借一个众人皆容易因情感倾向而忽视“不得专讨”之义的典型事例申明此义之重大。对楚灵王的褒，则是在“不得专讨”之义已明的情况下，申明其讨伐对象之罪不容赦。

董仲舒由此提出与前面所言《春秋》修辞特征相关的另一个修辞特性，“《春秋》之用辞，已明者去之，未明者著之”。由此可见，董仲舒对《春秋》书法的诠释，不是片段而孤立地阐发个别的义例，而是将《春秋》全文前后连贯，呼应，视为一个整体。

三、董仲舒“《春秋》无通辞”说释例

董仲舒《春秋》学的一个重要论断即是“《春秋》无通辞。”这一思想在《春秋繁露》中多次出现，《竹林》云：“《春秋》无通辞，从变而移。”《精华》云：“《诗》无达诂，《易》无达占，《春秋》无达辞，从变从义而一以奉人。”所谓“无通辞”，乃言《春秋》并无一成不变而绝对固定的修辞体例。董子此说在思想史上影响巨大，但同样也不免受到后世学者的质疑①。《春秋》必有义例，前文已述。董子作为《公羊学》大师，对公羊义例也必晓然于心。“《春秋》无达辞”之说并非否定义例的存在，而是强调义例的变通性。只有在变通中，《春秋》所体现的“王心”才是闳通阔达的。董仲舒曾如此分析《春秋》关于晋楚邲之战的记载中展现的修辞变化之原因：

> 《春秋》之常辞也，不予夷狄而与中国为礼。至于邲之战，偏然反之，何也？曰：《春秋》无通辞，从变而移。今晋变而为夷狄，楚变而为君子，故移其辞以从其事。……《春秋》之敬贤重民如是，是故战攻侵伐，虽数百起，必一二书，伤其害所重也。问者曰：“其书战伐甚谨，其恶战伐无辞，何也？”曰：会同之事，大者主小；战伐之事，后者主先。苟不恶，何为使起之者居下？是其恶战伐之辞已。且《春秋》之法，凶年不修旧，意在

---

① 如曾亦、郭晓东《春秋公羊学史》称：“观乎董书，有《春秋》无达辞之说，殆疏于条例之学耳。”

无苦民尔。苦民尚恶之，况伤民乎？伤民尚痛之，况杀民乎？故曰：凶年修旧则讥，造邑则讳。是害民之小者，恶之小也；害民之大者，恶之大也。今战伐之于民，其为害几何！考意而观指，则《春秋》之所恶者，不任德而任力，驱民而残贼之；其所好者，设而勿用，仁义以服之也。……不义之中有义，义之中有不义。辞不能及，皆在于指。非精心达思者，其孰能知之？……由是观之，见其指者不任其辞，不任其辞，然后可与适道矣。

重夷夏之辨，“内中国而外夷狄”，是《春秋》基本精神之一，董仲舒称之为“《春秋》之常辞”，常辞即通辞、达辞之意，足见董子首先承认“通辞”的存在。如果没有通辞，我们几乎无法理解《春秋》之大义所在。但《春秋》对邲之战的书写方式不合常例，这便应当引起格外的注意。案《春秋》宣公十二年夏，经云：“六月乙卯，晋荀林父帅师及楚子战于邲，晋师败绩。”《公羊传》：“大夫不敌君，此其称名氏以敌楚子何？不与晋而与楚子为礼也。”春秋前期的楚国，因为其文化和政治诸方面的原因，一直被中原华夏诸国视为蛮夷，《春秋》在修辞上一直予以贬抑，并对遏制其发展的齐桓、晋文极力称美褒扬。但邲之战中，情况发生了变化，“晋变而为夷狄，楚变而为君子”。楚庄王在郑国表示屈服之后，并未乘机灭郑，而是退军讲和，显示出礼义君子之风。《春秋》夷夏之辨的根据，不在种族之别而在礼义，故对楚庄王的行为表示赞许。而晋国虽本为援救郑国而来，但在楚、郑已经罢兵的情况下，再度挑起战争，表明晋国将帅“无善善之心而轻救民之意”，故而《春秋》通过书法上的贬抑，“贱之而不使得与贤者为礼”。

因此，董子“《春秋》无通辞”说意在提醒人关注辞例的变化与“反常”，书法的“反常”说明通例和通例背后的一些原则并非不可调整，甚至必须根据实际情况而变化，而这些变化是为了突出一些更为重要的义理原则。对邲之战而言，这一变化一方面是对楚变而为君子，践行礼义的肯定；另一方面则是出于对民众之生命的关注，即“敬贤重民”。董仲舒由此分析《春秋》在书法修辞中的反战即“恶战伐”思想。通过对《春秋》的考意观指，阐明了“《春秋》之所恶者，不任德而任力，驱民而残贼之；其所好者，设而勿用，仁义以服之也”。董子又进而认为，在复杂的历史事件中，“不义之中有义，义之中有不义”，我们对之很难做出简单而明确的道德判断。这时，人们更不能拘泥于辞例，而应专力发明《春秋》旨意，所谓“见其指者不任其辞”。董仲舒对《春秋》学的重大贡献在于，超越义例，而直探《春秋》修辞之用心。这不是否定义例，而是对拘执义例的破斥。春秋无通辞，却有常道。

《春秋》无常辞的意义在于“达变”，而历史本身就是事物变化的历程，因而书法和修辞便应随之变改。而且，因应于历史的变改历程，人与历史事件的关系也有一内在变改轨迹。董仲舒云：

> 《春秋》分十二世以为三等，有见，有闻，有传闻。有见三世，有闻四世，有传闻五世。故哀、定、昭，君子之所见也；襄、成、文、宣，君子之所闻也；僖、闵、庄、桓、隐，君子之所传闻也。所见六十一年，所闻八十五年，所传闻九十六年。于所见，微其辞；于所闻，痛其祸；于所传闻，杀其恩：与情俱也。是故逐季氏而言又雩，微其辞也；子赤杀，弗忍书日，痛其祸也；子般杀而书乙未，杀其恩也。屈伸之志、详略之文皆应之，吾有以见其近近而远远，亲亲而疏疏也；亦知其贵贵而贱贱，重重而轻轻也；有知其厚厚而薄薄，善善而恶恶也；有知其阳阳而阴阴，白白而黑黑也。百物皆有合偶，偶之合之，仇之匹之，善矣。……然则《春秋》，义之大者也。得一端而博达之，观其是非，可以得其正法；视其温辞，可以知其塞怨。是故于外道而不显，于内讳而不隐，于尊亦然，于贤亦然。此其别内外、差贤不肖而等尊卑也。义不讪上，智不危身，故远者以义讳，近者以智畏。畏与义兼，则世逾近而言逾谨矣，此定、哀之所以微其辞。以故用则天下平，不用则安其身，春秋之道也。

公羊三世说固然为人所熟知，我们这里感兴趣的是董仲舒所指出的相应于三世变改的《春秋》书法差异及其原因。即“于所见，微其辞；于所闻，痛其祸；于所传闻，杀其恩”。这意味着《春秋》的写作中——无论是哲学还是史学意义上的写作——内在包含了一种情感性原则。这与现代历史书写或理论研究中极力标榜“客观性”和“价值中立”截然不同，耐人寻味。在董仲舒看来，这体现出《春秋》明确的价值立场：近近而远远，亲亲而疏疏，贵贵而贱贱，重重而轻轻等等。对古人而言，情感性原则并不可怕，从某种程度上讲，现代人只是有意识地隐藏了自己写作中的情感和价值倾向。承认并肯定情感性原则，并不就意味着全凭主观和私意而动，情感也可以基于对事实之真实本然形态的确切把握和正当反应。在董仲舒看来，这恰构成正当面对历史的根本方式。

常与变、经与权的关系也是在《春秋》书法中得到全面揭示。《竹林》云：

> 司马子反为其君使，废君命，与敌情，从其所请，与宋平，是内专政而外擅名也。专政则轻君，擅名则不臣，而《春秋》大之，奚由哉？曰：为其有惨怛之恩，不忍饿一国之民，使之相食。推恩者远之而大，为仁者自然而美。今子反出己之心，矜宋之民，无计其间，故大之也。……《春秋》之道，固有常有变。变用于变，常用于常，各止其科，非相妨也。今诸子所称，皆天下之常，雷同之义也。子反之行，一曲之变，独修之意也。……《春秋》之辞，有所谓贱者，有贱乎贱者。夫有贱乎贱者，则亦有贵乎贵者矣。今让者，《春秋》之所贵，虽然，见人相食，惊人相爨，救之忘其让，君子之道，有贵于让者也。故说《春秋》者，无以平定之常，疑变故之大，则义几可谕矣。

虽然经权问题在伦理生活中也存在，且历史上对经权问题的讨论，往往以人之道德抉择为案例，但经权问题实更多地涉及政治领域。在伦理学中，经权问题并不具有特别的重要性，而在政治哲学中，经权问题则变得格外突出。这并不意味着经权问题与道德无关，而是在政治语境中，人的行为抉择之困境变得更为突出。最典型的例子是《春秋》对司马子反的褒扬。司马子反在未请命的情况下擅自与宋人讲和，显然属于越权行为，而且有独擅美名之嫌。而《春秋》并未因此指责子反，反而称美其行为，正是出于对更为重要的原则即仁德的关注。董仲舒指出，《春秋》有常有变，大夫无专政、不擅名美乃是普通情境中的一般性原则，是所谓“常”或“经”，而在司马子反一事中，其特殊情境使之无法虑及此类常法，因为宋国在围城中已经到了“易子而食，析骸而炊”的地步，这使子反“大惊而哀之”，因而“心骇目动而违常礼”。子反的行为乃因为“变故之大”已超出了“平定之常”。更重要的是，在董仲舒看来，子反的表现最真实地体现了仁的特性，即“自然而美”，仁必须完全发自内心而不受外在因素影响，较之其他制度意义上的“常”，仁是更高更根本的原则，是“贵乎贵”者。董仲舒曾指出，仁、义乃是整个《春秋》的义理内核：

> 圣人所欲说，在于说仁义而理之，知其分科条别，贯所附，明其义之所审，勿使嫌疑，是乃圣人之所贵而已矣。不然，传于众辞，观于众物，说不急之言，而以惑后进者，君子之所甚恶也，奚以为哉？圣人思虑不厌昼日，继之以夜，然后万物察者，仁义矣。由此言之，尚自为得之哉？故曰：於乎！为人师者，可无慎邪？

这意味着，《春秋》书法中的“反经”和“变常”式修辞，乃是为了体现更根本的价值。在日常生活的一般情境中，不同价值之间的冲突不甚显著，即或有，也很难确立一个绝对的价值秩序。正是在各种变故情境中，仁义的优先性才凸显出来。因此，《春秋》中的变例，并非对常经的否定，而是展示出生活中存在着不同层次和意义的常，当不同的原则和价值出现冲突时，人必须明确其价值选择的依据。董仲舒认为，《春秋》修辞条例正体现出这种深邃用意。仁、义也并非抽象的单一准则，因此必须“知其分科条别，贯所附，明其义之所审，勿使嫌疑”。《春秋》之修辞的微妙变化，并非为了制造理解困难，而恰是基于对义理的审慎考察，为的是避免人对事物做出各种表面疑似的评断。对《春秋》书法的深刻理解和精细梳理，正是“为人师”者即汉代经学家的根本任务。

四、董仲舒论《春秋》之诡辞避讳

值得注意的是与正辞相对而言的“诡辞”。董仲舒在《玉英》篇论纪季之事时对此种修辞的原因与用意进行了详细阐释。纪季事见《春秋》庄公三年，经曰：“秋，纪季以酅入于齐。”《公羊传》：“纪季者何？纪侯之弟也。何以不名，贤也。何贤乎纪季？服罪也。其服罪奈何？鲁子曰：请后五庙以存姑姊妹。”纪季之事也违反了《春秋》所设常法，故招致疑问。

难纪季曰：《春秋》之法，大夫不得用地。又曰：“公子无去国之义。”又曰：“君子不避外难。”纪季犯此三者，何以为贤？贤臣故盗地以下敌，弃君以避难乎？

曰：贤者不为是，是故托贤于纪季以见季之弗为也。纪季弗为，而纪侯使之可知矣。《春秋》之书事，时诡其实，以有避也；其书人，时易其名，以有讳也。故诡晋文得志之实，以代[①]讳，避致王也；诡莒子号，谓之人，避隐公也；易庆父之名，谓之仲孙，变盛谓之成，讳大恶也。然则说《春秋》者，入则诡辞，随其委曲而后得之。今纪季受命乎君而经书专，无善一名而文见贤，此皆诡辞，不可不察。《春秋》之于所贤也，固顺其志而一其辞，章其义而褒其美。今纪侯，《春秋》之所贵也，是以听其入齐之志，而诡其服罪之辞也，移之纪季。……《春秋》贤死义且得众心也，故为讳灭。以为之讳，见贤之也；以其贤之也，见其中仁义也。（《玉英》第四）

董仲舒指出，《春秋》中存在大量的“诡辞”。所谓诡辞，即有意改变对人物、地点和事件的正常或准确称谓，而代之以其他方式，这样做似乎偏离了事情的实际形态，但正是这种偏离或“扭曲”，使人注意到此类修辞的特殊意图。“诡辞”说的前提是事件真实情况的保

---

① 苏舆曰：“代，疑作‘狩’。”

存，这一方面凸显了传对经之解说的重要意义，如果没有传中对事件的详细解说，经的诡辞便不能为人所察觉，从而对其修辞意图进行推究。另一方面，诡辞的存在也证明《春秋》是一部以阐释义理为中心的经书而非以记载事件为中心的史书，因而可以改变对事件正常的叙述方式。董仲舒认为，纪季一事便属于《春秋》之诡辞。按照《春秋》常例，纪季的行为非但不应褒扬，反而应当贬绝，但《春秋》对纪季之事予以赞扬，通过对纪季之贤的肯定暗示作为贤者的纪季定然不会做出如此悖谬之事，从而使人注意到其行为乃纪侯授意。既属于受命于君，为何不称纪侯使之而诡称纪季专行？由此人们将发现，《春秋》此举是出于“贤纪侯”的立场。纪侯作为国君，在面对强大齐国以复仇为名的攻伐时，决心践行君主死社稷之大义，而又不忍祖先宗庙祭祀断绝，故命其弟纪季向齐国表达对历史上纪国先君谮杀齐哀公的“服罪”之意，以保存纪国五庙之祭，自己则与纪国同存亡，其行为合乎仁义之道，故为《春秋》所赞美。但向齐国“服罪”一事会对其行义之美有所损，出于为贤者讳的目的，《春秋》故意将此事仅称为纪季所为，使纪侯不受此辱，而同时又美纪季，既避免纪季受恶名，又可以使人注意到此处修辞的怪异而明了整个事件中的大义所在。

类似的例子还有关于晋文公践土之会，实召周天子，但直接如实书写不但会损害天子尊严和君臣之义，而且也会埋没晋文公保存诸夏，共尊天子的善举，故而称“天王狩于河阳”，以避讳“致王”这一违礼行为。在董仲舒，《春秋》之诡辞和避讳往往实为一事。无论是诡辞还是避讳，都基于特定的政治和道德义理动机，对此义理动机的考察，是董仲舒《春秋》诠释的主要内容之一。

本文为“2018 中国·衡水董仲舒与儒家思想国际学术研讨会”提交的论文。

张树业（1975—），男，河南辉县人，哲学博士，河南师范大学政治与公共管理学院副教授。

董仲舒对《论语》的引用与诠释

曹迎春

《论语》是儒家重要典籍之一，早在西汉文帝时期便与《孝经》《孟子》《尔雅》一道，皆置博士。作为儒家学者，董仲舒主张“推明孔氏”，十分重视《论语》，在著作中大量引用。《汉书·董仲舒传》所载“天人三策”，引用《论语》17条，而引用《诗》《书》《易》三部经典合计才7条[1]。据笔者统计，《春秋繁露》引《论语》43次，涉及今本《论语》中的19篇。在儒学尚未成为显学，《论语》也未入“经”的汉初，学者引用《论语》的频率并不高，因此董仲舒对《论语》的高频引用自然格外引人注目。

董仲舒在引用《论语》文句的同时，为了立论言事，会不可避免地融入自己的解释，“引用”与“诠释”同步发生。因此本文将首先对董仲舒引用《论语》情况进行全面的搜集整理，在此基础上分析其在引用、诠释方面的相关问题，以期客观准确地评价董仲舒对《论语》研究的贡献以及在《论语》研究史上的地位。

一、董仲舒引《论语》情况统计

董仲舒的主要著作是《春秋繁露》和保存在《汉书》本传中的“天人三策”。笔者对这两部著作中引用《论语》的情况进行了统计，为方便起见，列表如下。（下文涉及《春秋繁露》和《论语》之处，

只写篇目）

表1 “天人三策”引《论语》情况

序号	《论语》篇目	“天人三策”引文	《论语》原文
1	述而 7.14	是以孔子在齐而闻《韶》也。	子在齐闻《韶》，三月不知肉味。
2	卫灵公 15.29	孔子曰：“人能弘道，非道弘人”也。	子曰：“人能弘道，非道弘人。”
3	里仁 4.25	孔子曰：“德不孤，必有邻。”	子曰：“德不孤，必有邻。”
4	颜渊 12.19	孔子曰：“君子之德风，小人之德中，中上之风必偃。”	君子之德风，小人之德草。草上之风，必偃。
5	子张 19.25	“绥之斯徕，动之斯和”，此之谓也。	绥之斯来，动之斯和。
6	尧曰 20.2	孔子曰：“不教而诛谓之虐。”	子曰：“不教而杀谓之虐。”
7	子罕 9.9	孔子曰：“凤鸟不至，河不出图，吾已矣夫!”	子曰：“凤鸟不至，河不出图，吾已矣夫!”
8	公冶长 5.10	孔子曰：“腐朽之木不可雕也，粪土之墙不可圬也。”	子曰：“朽木不可雕也，粪土之墙不可杇也。”
9	子路 13.12	孔子曰：“如有王者，必世而后仁。”	子曰：“如有王者，必世而后仁。”
10	八佾 3.25	孔子曰：“《韶》尽美矣，又尽善矣。”	子谓韶，“尽美矣，又尽善也”。谓武，“尽美矣，未尽善也”。
11	八佾 3.25	孔子曰：“《武》尽美矣，未尽善也。”	子谓韶，“尽美矣，又尽善也。”谓武，“尽美矣，未尽善也”。
12	述而 7.36	孔子曰：“奢则不逊，俭则固。”	子曰：“奢则不孙，俭则固。与其不孙也，宁固。”

续表

序号	《论语》篇目	"天人三策"引文	《论语》原文
13	为政 2.3	孔子曰："导之以政，齐之以刑，民免而无耻。"	子曰："道之以政，齐之以刑，民免而无耻；道之以德，齐之以礼，有耻且格。"
14	子张 19.12	《论语》曰："有始有卒者，其唯圣人乎！"	有始有卒者，其惟圣人乎！
15	尧曰 20.3	孔子曰："不知命，亡以为君子。"	子曰："不知命，无以为君子也。"
16	卫灵公 15.5	孔子曰："亡为而治者，其舜乎！"	子曰："无为而治者其舜也与？"
17	为政 2.23	孔子曰："殷因于夏礼，所损益可知也；周因于殷礼，所损益可知也；其或继周者，虽百世可知也。"	子曰："殷因于夏礼，所损益，可知也；周因于殷礼，所损益，可知也；其或继周者，虽百世可知也。"

表 2 《春秋繁露》引《论语》情况

序号	《春秋繁露》篇目	《论语》篇目	《春秋繁露》引文	《论语》原文
1	楚庄王第一	颜渊 12.4	君子不耻，内省不疚，何忧于志。	子曰："内省不疚，夫何忧何惧？"
2	楚庄王第一	卫灵公 15.5	孔子曰："无为而治者，其舜乎！"	子曰："无为而治者其舜也与？
3	玉杯第二	阳货 17.11	礼云礼云，玉帛云乎哉！ 乐云乐云，钟鼓云乎哉！	子曰："礼云礼云，玉帛云乎哉？乐云乐云，钟鼓云乎哉？"
4	玉杯第二	季氏 16.3	孔子曰："政逮于大夫四世矣。"	孔子曰："禄之去公室五世矣；政逮于大夫四世矣；故夫三桓之子孙微矣。"

续表

序号	《春秋繁露》篇目	《论语》篇目	《春秋繁露》引文	《论语》原文
5	玉杯第二	子路 13.20	诸斗筲之民，何足数哉！	子曰：“噫！斗筲之人，何足算也?”
6	竹林第三	子罕 9.31	孔子曰：“未之思也，夫何远之有！”	子曰：“未之思也，夫何远之有?”
7	竹林第三	学而 1.5	孔子曰：“道千乘之国，敬事而信。”	子曰：“道千乘之国：敬事而信，节用而爱人，使民以时。”
8	竹林第三	季氏 16.2	政不在大夫	天下有道，则政不在大夫。
9	竹林第三	卫灵公 15.36	当仁不让	子曰：“当仁，不让于师。”
10	玉英第四	里仁 4.4	苟志于仁无恶	苟志于仁矣，无恶也。
11	玉英第四	子张 19.11	大德无逾闲者，谓正经。诸侯在可以然之域者，谓之小德，小德出入可也。	子夏曰：“大德不逾闲，小德出入可也。”
12	精华第五	八佾 3.22	管仲之器小哉	子曰：管仲之器小哉。
13	随本消息第九	先进 11.9	颜渊死，子曰：“天丧予。”	颜渊死。子曰：“噫！天丧予！天丧予！”
14	盟会要第十	季氏 16.1	亲近以来远	故远人不服，则修文德以来之。
15	服制象第十四	子张 19.9	故望之俨然者，亦已至矣。	子夏曰：“君子有三变：望之俨然。

续表

序号	《春秋繁露》篇目	《论语》篇目	《春秋繁露》引文	《论语》原文
16	俞序第十七	微子 18.10	求备于人	周公谓鲁公曰："君子不施其亲，不使大臣怨乎不以。故旧无大故，则不弃也。无求备于一人。"
17	立元神第十九	颜渊 12.8	驷不及追	子贡曰："惜乎，夫子之说君子也！驷不及舌。"
18	尧舜不擅移汤武不专杀第二十五	子路 13.18	礼，子为父隐恶。	父为子隐，子为父隐。
19	度制第二十七	季氏 16.1	孔子曰："不患贫而患不均。"	丘也闻有国有家者，不患寡而患不均，不患贫而患不安。
20	仁义法第二十九	子路 13.5	孔子谓冉子曰："治民者先富之，而后加教。"	子适卫，冉有仆。子曰："庶矣哉！"冉有曰："既庶矣，又何加焉？"曰："富之。"曰："既富矣，又何加焉？"曰："教之。"
21	仁义法第二十九	雍也 6.22	语樊迟曰："治身者，先难后获。"	问仁，曰："仁者先难而后获，可谓仁矣。"
22	仁义法第二十九	卫灵公 15.15	躬自厚而薄责于外	子曰："躬自厚而薄责于人，则远怨矣。"
23	仁义法第二十九	颜渊 12.21	且《论》已见之，而人不察，曰："君子攻其恶，不攻人之恶。"	攻其恶，无攻人之恶。

续表

序号	《春秋繁露》篇目	《论语》篇目	《春秋繁露》引文	《论语》原文
24	仁义法第二十九	八佾 3.26	是故以自治之节治人，是居上不宽也；以治人之度自治，是为礼不敬也。	子曰："居上不宽，为礼不敬，临丧不哀，吾何以观之哉？"
25	必仁且智第三十	尧曰 20.3	《论》之所谓"不知人"也者。	不知言，无以知人也。
26	身之养重于义第三十一	雍也 6.17	孔子曰："谁能出不由户，何莫由斯道也。"	子曰："谁能出不由户？何莫由斯道也？"
27	对胶西王越大夫不得为仁第三十二	微子 18.1	孔子曰："殷有三仁。"	微子去之，箕子为之奴，比干谏而死。孔子曰："殷有三仁焉。"
28	观德第三十三	泰伯 8.1	泰伯至德之侔天地也，上帝为之废适易姓而子之让，其至德海内怀归之，泰伯三让而不敢就位。	子曰："泰伯，其可谓至德也已矣！三以天下让，民无得而称焉。"
29	奉本第三十四	泰伯 8.19	孔子曰："唯天为大，唯尧则之。"则之者，大也。"巍巍乎其有成功也"，言其尊大以成功也。	子曰："大哉尧之为君也！巍巍乎！唯天为大，唯尧则之。荡荡乎！民无能名焉。巍巍乎其有成功也，焕乎其有文章！"
30	深察名号第三十五	子路 13.3	君子于其言，无所苟而已。	君子于其言，无所苟而已矣。
31	深察名号第三十五	述而 7.26	孔子曰："善人吾不得而见之，得见有常者斯可矣。"	子曰："善人，吾不得而见之矣；得见有恒者，斯可矣。"

续表

序号	《春秋繁露》篇目	《论语》篇目	《春秋繁露》引文	《论语》原文
32	实性第三十六	述而 7.26	今按圣人言中本无性善名，而有善人吾不得见之矣，使万民之性皆已能善，善人者何为不见也?	子曰："善人，吾不得而见之矣；得见有恒者，斯可矣。"
33	实性第三十六	子路 13.3	孔子曰："名不正则言不顺。"	名不正，则言不顺。
34	五行相胜第五十九	公冶长 5.25	足恭小谨，巧言令色	子曰："巧言、令色、足恭，左丘明耻之，丘亦耻之。"
35	郊语第六十五	季氏 16.8	孔子曰："君子有三畏：畏天命，畏大人，畏圣人之言。"	孔子曰："君子有三畏：畏天命，畏大人，畏圣人之言。
36	郊语第六十五	八佾 3.13	孔子曰："获罪于天，无所祷也。"	子曰："不然，获罪于天，无所祷也。"
37	郊语六十五	尧曰 20.1	尧谓舜曰："天之历数在尔躬。"	尧曰："咨！尔舜！天之历数在尔躬。"
38	顺命第七十	季氏 16.8	孔子曰："畏天命，畏大人，畏圣人之言。"	孔子曰："君子有三畏：畏天命，畏大人，畏圣人之言。"
39	郊事对七十一	八佾 3.15	臣闻孔子入太庙，每事问，慎之至也。	子入太庙，每事问。

续表

序号	《春秋繁露》篇目	《论语》篇目	《春秋繁露》引文	《论语》原文
40	执贽第七十二	卫灵公 15.16	子曰："人而不曰如之何、如之何者，吾末如之何也矣。"	子曰："不曰'如之何、如之何'者，吾末如之何也已矣。"
41	祭义第七十六	乡党 10.18	孔子受君赐则以祭。	君赐腥，必熟而荐之。
42	祭义第七十六	八佾 3.12	孔子曰："吾不与祭，如不祭。祭神如神在。"	祭如在，祭神如神在。子曰："吾不与祭，如不祭。"
43	天道施第八十二	颜渊 12.1	故君子非礼而不言，非礼而不动。	子曰："非礼勿视，非礼勿听，非礼勿言，非礼勿动。"

二、引用情况分析

（一）引用频次

董仲舒著作中引用《论语》的情况已做如上统计，那么汉初其他重要论著中对《论语》的引用情况如何呢？在此我们仅以陆贾的《新语》、贾谊的《新书》、刘安的《淮南子》为研究对象，做一番比对。

汉高祖时代陆贾的《新语》引用《论语》5次，分别如下：

1.《道基》："磨而不磷，涅而不淄。"[2]2（引自《阳货》）

2.《术事》："季孙贪颛臾之地，而变起萧墙之内。"[2]5（引自《季氏》）

3.《辨惑》："昔哀公问于有若曰：'年饥用不足，如之何？'有若对曰：'盍彻乎？'"[2]8（引自《颜渊》）

4.《慎微》：孔子曰："道之不行也，言人不能行之。故谓颜渊曰：'用之则行，舍之则藏。'唯我与尔有是夫。"[2]10（引自《述而》）

5.《思务》：孔子曰："行夏之时，乘殷之辂，服周之冕，乐则韶

舞，放郑声，远佞人。”[2]20 （引自《卫灵公》）

汉文帝时期贾谊引用《论语》两次，分别如下：

1.《新书·容经》：“质胜文则野，文胜质则史，文质彬彬，然后君子。”[3] （引自《雍也》）

2.《汉书·贾谊传》：“孔子曰：听讼，吾犹人也，必也是使毋讼乎！”[4]1729 （引自《颜渊》）

汉武帝时期刘安的《淮南子》引用《论语》的情况，有学者认为虽然书中有多处引“孔子曰”，但孔子的这些话只有两三处能在《论语》中找到根据[5]。也有学者对《淮南子》正文及其注释中征引《论语》情况都做了统计，发现引《论语》有五十余例，但引用孔子的话只有十多处能找到依据[6]。

通过与汉初这几部重要论著引用《论语》情况的比较，可以看出董仲舒比其他人更重视孔子之言。

（二）引用方式

董仲舒对《论语》的引用，大多采用直接引用的方式。直接引用中有30处是以“孔子曰”的形式出现的，有3处提到了《论语》的称谓和其简称《论》。在大量的直接引用中，既有整章引用，也有断句引用。

整章引用，如《天人三策》中的“德不孤，必有邻”[4]1902，即引用《里仁》第25章：“人能弘道，非道弘人。”[7]168 即引用《卫灵公》第29章。《执贽》中的“人而不曰如之何、如之何者，吾末如之何也矣”[8]414，即引用《卫灵公》第16章。这种整章引用的情况并不多，更多时候是断句引用。

断句引用，如《天道施》中的“非礼而不言，非礼而不动”[8]463，就是对《颜渊》中的“子曰：非礼勿视，非礼勿听，非礼勿言，非礼勿动”[7]123 的断句截引。有些断句引用只截取一个词，掇取辞华，灵活运用。如《服制象》中的“望之俨然”，《立元神》中的“驷不及追”，《五行相胜》中的“足恭”“巧言令色”，这些《论语》中的词语逐渐演变固定为人们的常用语或成语。

除直接引用外，间接引用在《春秋繁露》中也有使用。如《盟会要》中的“亲近以来远”[8]142，就是对《季氏》中的“故远人不服，则修文德以来之”[7]172的间接引用。《祭义》中的“孔子受君赐则以祭”[8]435，是对《乡党》中的“君赐腥，必熟而荐之”[7]105的间接引用。《俞序》中的“求备于人”，则是一种反意间接引用。董仲舒在这里批评国君奢侈、刑罚残酷，是因为心中没有恕道，对别人求全责备。而《微子》中记载的是周公教导他的儿子伯禽之言：“君子不施其亲，不使大臣怨乎不以。故旧无大故，则不弃也。无求备于一人!”[7]198意思是，君子不怠慢他的亲族，不让大臣抱怨没有被信用。老臣故人没有发生严重过失，就不要抛弃他，不要对某一人求全责备。本是正面教导，董仲舒取其反意进行批评，这也是一种间接引用。

（三）引文功能

首先，引文对于研究汉代《论语》传本问题十分重要。

虽然引文大部分与今本《论语》相同，但也有存在些许差异之处。例如：

“君子之德风，小人之德中，中上之风必偃。”[4]1903中，今本均作“草”。

“不教而诛谓之虐。”[4]1904诛，今本作“杀”。

“绥之斯徕，动之斯和。”[4]1903徕，今本作“来”。

“腐朽之木不可彫也，粪土之墙不可圬也。”[4]1905腐，今本作“无”；彫，今本作“雕”；圬，今本作“杇”。

“奢则不逊，俭则固。”[4]1909逊，今本作“孙”。

“导之以政，齐之以刑，民免而无耻。”[4]1910导，今本作“道”。

对于这些差别，不少学者认为这是因为董仲舒所引《论语》的传本不同。据《汉书·艺文志》记载，汉代有《古论》《齐论》《鲁论》三个《论语》传本。唐代陆德明在《经典释文·序录》中说：“《齐论语》齐人所传。”董仲舒，广川人，在景帝时任博士。他赖以起家的经典是公羊学派传授的《春秋》，而公羊学派属于今文齐学，因此他据以引证的版本当为《齐论》[9]。清代苏舆的《春秋繁露义证》中注释“苟志于仁无恶”一句时，认为“此当是《齐论语》说”[8]78。清代马国翰辑有《齐论语》一卷，将《汉书·董仲舒传》和《春秋繁露》

所引《论语》都归入《齐论》，认为董仲舒所引与《鲁》《古》不同，而与王吉所引有合，为《齐论语》之文[10]。

其次，有些引文能订正今本《论语》之误，并能间接证明《春秋繁露》一书的可信性。

《度制》引孔子曰："不患贫而患不均。"[8]222 此句在今本《论语》中的表述是："不患寡而患不均。"[7]172 虽然一为"贫"，一为"寡"，只是一字之差，但仍引起了研究者的重视。清代俞樾在《群经平议》中考证道："贫"以财言，"不均"亦以财言，财宜乎均，不均，则不如无财矣，故"不患贫而患不均"也。"寡"以人言，"不安"亦以人言，人宜乎安，不安，则不如无人矣，故"不患寡而患不安"也。并且联系下文中所说的"均无贫，和无寡，安无倾"，指出"均无贫"，此承上句言，"和无寡，安无倾"，此承下句言。因此得出结论《度制》引孔子曰："不患贫而患不均。"可据以订正今本《论语》之误。董氏尚在古注诸家之先，由此可以证明《春秋繁露》是可征信之书[11]。

三、诠释情况分析

董仲舒在引用《论语》的同时也在诠释《论语》。其诠释主要有三种形式："是什么"的解说式诠释，"为什么"的追问式诠释，以及引申式诠释。但无论采用哪种形式，都是为了更有力地阐述自己的观点主张。

（一）解说式诠释

《玉英》："故诸侯在不可以然之域者，谓之大德，大德无逾闲者，谓正经。诸侯在可以然之域者，谓之小德，小德出入可也。"[8]80 这段话就是对《子张》中"大德不逾闲，小德出入可也"[7]201 的诠释。什么是"大德"呢？董仲舒将其规定为"诸侯在不可以然之域者"。什么是"小德"呢？即"诸侯在可以然之域者"。董仲舒通过对《论语》的解说式诠释，阐明关于经权辩证关系的看法。权变的出发点仍然是本于制度的，行权有一定边界，在边界内出入可也。

《仁义法》："是故以自治之节治人，是居上不宽也；以治人之度自治，是为礼不敬也。"[8]256这段话是对《八佾》中"居上不宽，为礼不敬"[7]34的解说。什么是"居上不宽"？"以自治之节治人"，以自身修养的标准去治人，要求别人太严，就是在上者太不宽厚。什么是"为礼不敬"？"以治人之度自治"，以治人的法度来修身，是要求自己太不严格，就是为礼不敬。苏舆在《春秋繁露义证》中评价董仲舒对此语的解读，说："释《论语》极精，正我而归本于礼。可见董所得绝高。"[8]256

《必仁且智》："《论》之所谓'不知人'也者。"[8]257此语引《尧曰》："不知言，无以知人也。"[7]211不知什么样的"言"，不知什么样的"人"，《论语》中并没有具体说明，董仲舒在这里给出了自己的解读。不知什么样的"人"？"不仁不智而有材能"的人，也就是有才无德之人。董仲舒认为《论语》中所说的"不知人"，就是不懂得分辨这种人。不知什么样的"言"？董仲舒认为是掩盖过失的强辩之言，欺骗别人的应答之言，迷惑别人的巧慧之言，遮蔽错误的花言巧语。

《身之养重于义》引《雍也》孔子曰："谁能出不由户，何莫由斯道也。"[8]266出必由户，行必由道，那么"道"是什么？董仲舒将其解读"大治之道"，即"圣人天地动、四时化者，非有他也，其见义大，故能动，动故能化，化故能大行，化大行故法不犯，法不犯故刑不用，刑不用则尧舜之功德，此大治之道也"。

《奉本》："孔子曰：'唯天为大，唯尧则之。'则之者，天也。'巍巍乎其有成功也！'言其尊天以成功也。"[8]278这段话是对《泰伯》中"子曰：大哉尧之为君也！巍巍乎！唯天为大，唯尧则之。荡荡乎，民无能名焉。巍巍乎其有成功也，焕乎其有文章！"[7]83的解读。《论语》中虽然也提到了"唯天为大"，但侧重点是对尧的功德的赞颂，董仲舒通过诠释，将侧重点转化为突出天的至尊地位，强调"三代圣人不则天地，不能至王"。

《郊语》引《尧曰》中尧谓舜曰："天之历数在尔躬。"[8]399董仲舒解释："言察身以知天也。"省察自身可以知天，也就是"以身度天"。

刘宝楠在《论语正义》中引用了董仲舒的解说，认为："此董以在训察，躬训身也。在之为察，见《尔雅·释诂》。察身者，谓省察其身。当止至善以承天之事，受天之大福。故天垂象而人主法焉，天示异而人主惧焉。"可见，董仲舒对《论语》的解读对后世注者的影响是很大的[12]。

（二）追问式诠释

《精华》引《八佾》中孔子对管仲的评价："管仲之器小哉。"[8]91《论语》中只记载了这一结论，却并没有论证其原因，于是后世学者纷纷给出自己的诠释。司马迁说："管仲世所谓贤臣，然孔子小之，岂以为周道衰微，桓公既贤，而不勉之至王乃称伯哉?"[13]刘向说："桓公用管仲则小也，故至于伯而不能以王。"[14]二人都认为孔子之所以评价管仲器小，是因为管仲未能劝勉齐桓公实行王道。董仲舒也表明了他的观点，他认为孔子小管仲是因为"不修德"，没有了柯之盟时的"信"，没有了存邢救卫的"义"，"功未良成而志已满矣"，功业还没有完成就骄傲自满了。董仲舒所说的"功未良成"，和司马迁的"不勉之至王"，刘向的"不能以王"是一样的意思。清代董天工《春秋繁露笺注》云："齐桓无远略，由管仲不能以王道佐之也。"应该是借鉴了西汉学者的解释。

《深察名号》和《实性》两篇都引用了《述而》中"善人，吾不得而见之矣"[7]73一句，并在《实性》中对孔子为什么说没有见到过善人进行了原因分析。董仲舒说："今按圣人言中，本无性善名，而有善人吾不得见之矣。使万民之性皆已能善，善人者何为不见也?"[8]311他认为孔子之所以说"我还没有见到善人"，是因为"善"的境界很难达到，并以此为依据，认为孟子以为一切人的性都能称得上善事言过其实，从而提出自己的人性论观点

《郊语》和《顺命》两篇都引用了《季氏》中孔子所说的："君子有三畏：畏天命，畏大人，畏圣人之言。"[8]396董仲舒用一些奇怪的自然现象做例证，用《论语》之言做引证，首先解释了为什么要"畏天命，畏大人"。他说不敬畏上天和君主都会有灾祸降临，只不过不敬畏君主，灾祸会很明显，不敬畏上天，灾祸不明显。"天殃"与"主

罚”的区别就是“暗”与“显”，所以孔子“俱言可畏也”。至于为什么还要“畏圣人之言”，董仲舒也做了解读，是因为圣人能够看到一般人看不到的“天地神明之心”和“人事成败之真”。

《郊事对》：“臣闻孔子入太庙，每事问，慎之至也。”[8]417 这句话就是对《八佾》“子入太庙，每事问”[7]28 的诠释。为什么“每事问”呢？是因为“慎之至”。何晏《论语集解》引孔安国注曰：“虽知之，当复问，慎之至也。”正与董子意同[15]。

（三）引申式诠释

《尧舜不擅移汤武不专杀》引用《子路》中处理父子关系之“子为父隐恶”[8]221，由此引申出处理君臣关系也应该是“臣为君隐恶”。那么汤武伐桀纣、秦伐周、汉伐秦是不是违背这一原则呢？董仲舒认为像桀纣这样的人令不行、禁不止，根本不能臣服天下，因此汤武与桀纣的关系不是臣与君的关系，汤武伐桀纣并没有违背“臣为君隐恶”之礼。《子路》中讲的是父子之礼，董仲舒在这里将其引申为君臣之礼，将二者类比，进行引申式诠释。

《祭义》中“孔子受君赐则以祭”[8]441，引自《乡党》“君赐腥，必熟而荐之”[7]105，原本是说孔子接受了君主的赏赐后就拿来做祭祀用品，表达对君主的尊敬。董仲舒引用后紧接着用一个问句“况受天赐乎？”将此含义引申为对上天的尊重。一年之中，上天的赏赐有四次，每次接受后都要进呈宗庙，这就是宗庙每年要举行四次祭祀的原因。董仲舒在这里将“君一民”关系引申为“天一君”关系。

《仁义法》中先后引用了《子路》和《雍也》中的两句话。首先引用《子路》中孔子对冉有所说的：“治民者先富之，而后加教。”[8]254 随后引用《雍也》中孔子对樊迟所说的：“治身者，先难后获。”[8]254 两章连引，引申出结论：“以此之谓治身之与治民，所先后者不同焉矣。”即治身和治民的顺序是不同的，治身是先难后易，治民是先“富之”后“教之”，而“富之”较易，“教之”较难。

《仁义法》引《卫灵公》“躬自厚而薄责于人”为“躬自厚而薄责于外”[8]255。且不说引文差异是版本问题还是传抄讹误，单从上下文来看，前面提到“小恶在外弗举，在我书而诽之”，在别国的小过错就不指出来，在本国的就记载下来而加以批评，也就是《公羊传》所言“《春秋》录内而略外”。董仲舒在这里将《论语》中本是处理人与人关系的原则，引申解读为对待本国之事和别国之事的原则。由此看来，董仲舒在引用时将《论语》中的“人”故意改为了“外”也不是不可能的。

综上所述，董仲舒对《论语》的引用频次高、方式多样，有利于推动汉代《论语》的传播，而且其引文对于研究汉代《论语》传本，订正今本《论语》之误都有着重要的价值。董仲舒对《论语》的诠释，在为自己的政治哲学思想寻找理论支撑的同时，也影响了后世《论语》注家，是今人研究汉代《论语》学史重要的思想遗产。董仲舒在《论语》学史上的地位和影响应该引起足够的重视。

参考文献：

[1] 王文涛，秦奕.《天人三策》引孔子论说 [J]. 衡水学院学报，2017(2)：35－39.

[2] 陆贾. 新语 [M]. 北京：中华书局，1954.

[3] 阎振益. 新书校注 [M]. 北京：中华书局，2000：230.

[4] 班固. 汉书 [M]. 北京：中华书局，1999.

[5] 马庆洲. 淮南子考论 [M]. 北京：北京大学出版社，2009：114.

[6] 陈颖.《淮南子》引《论语》考 [J]. 淮南师范学院学报，2012(6)：56－59.

[7] 杨伯峻. 论语译注 [M]. 北京：中华书局，1980.

[8] 苏舆. 春秋繁露义证 [M]. 北京：中华书局，1992.

[9] 朱维铮.《论语》结集脞说 [J]. 孔子研究，1986 (1)：40－52.

[10] 陈东. 历代学者关于《齐论语》的探讨 [J]. 齐鲁学刊，2003(2)：31－36.

[11] 程树德. 论语集释 [M]. 北京：中华书局，1990：1137.

[12] 刘宝楠. 论语正义 [M]. 北京：中华书局，1954：411.

[13] 司马迁. 史记 [M]. 北京：中华书局，1999：1698.

[14] 石光瑛. 新序校释 [M]. 陈新，整理. 北京：中华书局，2009：283.

[15] 钟肇鹏. 春秋繁露校释 [M]. 石家庄：河北人民出版社，2005：962.

原载于《衡水学院学报》2018 年第 2 期。

曹迎春（1976－），女，河北景县人，历史学博士，衡水学院董子学院教授。

司马迁、班固历史创作的情感构建及其解读边际[①]

——《史记》《汉书》"董仲舒传"叙述方式异同的哲学分析

唐　艳

目前，从语言学、历史学、文化学、思想史等角度研探《史记》《汉书》中人物传记的叙述，考异同，论高低，议论迭出，董仲舒就是其中之一，相关研究包括文本分析、史学探寻、内容考辨等，甚至有关论赞序的比较研究也不在少数。司马迁、班固的创作情感[②]作为

① 本文为"2018 中国·衡水董仲舒与儒家思想国际学术研讨会"参会论文，在"董学青年论坛"上，衷心感谢西北大学张茂泽教授、上海交通大学余治平教授、中国人民大学韩星教授的精彩点评和热情鼓励。各位专家从选题视角和行文立意上予以了充分肯定，由此，韩星教授在论坛上还提出了中国古典文化研究中理性思辨与感性叙事之间的平衡机制问题，并倡导后辈学人对其积极关注和研究。

② 康德的道德哲学里追求纯粹的排除感性经验的"道德律"，但在中国人心中，情感是不可能丢掉的。李泽厚在《美学四讲》中提出"情感本体万岁，新感性万岁，人类万岁"的呼唤。(参见李泽厚:《美学四讲》，生活·读书·新知三联书店，1989 年版，第 251 页。) 情感是人之为人的本源和归宿。《史记》《汉书》分别是司马迁、班固倾注毕生心血的皇皇巨作，其中不自觉地渗透着司马迁、班固的理智感、道德感和美感等高级情感的实现，对历史事件、历史人物的论赞，毋宁是二者内心情感的积极投射，故从情感角度解读《史记》《汉书》，显得尤为真实、重要，反映中国古典文化的抒情与叙述特色。

重要的主体性话题，在《史记》《汉书》董仲舒比较研究中多有提及，如曾小霞在博士论文中用“史抒性情”与“含蓄内敛”来描述司马迁、班固的主观情感①。两人不同的背景、经历、个性及写作旨趣，不可能完全剥离政权与思想、理想与现实、个性与社会之间的关系，毋宁是以情感为纽带，寄情于史，融情于境，是主体人心与历史故事之间的有机融合过程。朴宰雨曰：“马、班写《史》《汉》时，若有与自己的经验较有关或足以引起联想的史实出现，就必定会产生或浓或淡的感情反映，而自然地移入感情于写作的对象之中。”② 故而《史记》《汉书》对董仲舒的叙述也是司马迁、班固的情感写照，必然自带体悟，各有所抒。尽管二人均以“不虚美，不隐恶，不激诡，不抑抗”的作史态度自居，但作者的性情涌动、褒贬鞭挞、意韵波澜，无不以文载之。司马迁感性、神韵又激昂，班固含蓄、中庸又博雅，在某种程度上诠释了情感与历史之间水乳交融的密切联系。

一、尽“私心”与崇“汉儒”的情感发生渊源

清代学者刘大櫆曰：“即物以明理，庄子之文也；即事以寓情，《史记》之文也。”③《史记》中大量的历史人物事件，都倾注着司马迁强烈的情感意旨，《汉书·司马迁传》曰：“恨私心有所不尽。”④ 李长之认为，正因为把“自见”或尽“私心”当作撰著目的，《史记》必然具有鲜活的“作者个人的色彩”，甚而成为作者的“一部绝好传记”⑤。

---

① 曾小霞：《〈史记〉〈汉书〉的叙述学及其研究史》，《苏州大学》，2012 年。

② 朴宰雨：《〈史记〉〈汉书〉比较研究》，中国人民文学出版社，1994 年版，第 62 页。

③ 刘大櫆、吴德旋等：《〈论文偶记〉〈初月楼古文绪论〉〈春觉斋论文〉》，人民文学出版社，1998 年版，第 12 页。

④ （汉）班固：《汉书》，中华书局，2012 年版，第 2273 页。

⑤ 李长之：《司马迁之风格与人格》，生活·读书·新知三联书店，1984 年版，第 220 页。

故常森也称司马迁把“自见”当成再现历史的根本目的之一[①]。司马迁身为“史学之父”，自称“少负不羁之才，长无乡曲之誉”[②]。这种犀利、风趣又脱俗的自我人格定位，反映出司马迁自为自见的性格特征。司马迁对学术思想的追求也豁达从心，颇有见地，《汉书·司马迁传》言：“成一家言，协六经异传，齐百家杂语，藏山之名，副在京师，以竢后圣君子。”[③] 司马迁看来，圣人君子并非归属某一学派，而是明是非、辨善恶、讲仁义的心理认知，是对人心内在正义感、道德感的追求，故而司马迁“先黄老而后六经”[④]的学术主张，也并非仅为政治所趋，而是他对主体“内本真”的青睐和向往。孟子曰：“居天下之广居，立天下之正位，行天下之大道。”[⑤] 这与司马迁“究天人之际，通古今之变”[⑥] 的胸襟和情怀如出一辙，司马迁秉持以史为鉴、总揽全局、高屋建瓴的变通史观，《太史公自序》言：“罔罗天下放失旧闻，王迹所兴，原始察终，见盛观衰。”[⑦] 甚至还为“废天下之史文”[⑧] 而忧虑。

司马谈去世时，迁俯首流涕曰：“小子不敏，请悉论先人所次旧闻，不敢阙。”[⑨] 遭李陵之祸，乃喟然而叹曰：“是余之罪夫！身亏不用。”[⑩] 司马迁感性多情、慷慨激昂、直抒胸臆的史官形象跃然纸上。倘若没有饱经耕牧、游历南北、官僚生活及仕途不畅、身陷囹圄的人生遭遇，没有兴衰荣辱、政治斗争、功过是非及生死无救的人生感

---

① 常森：《〈史记〉：那个时代的“文学”》，见《文史知识》编辑部编：《名家讲〈史记〉》，中华书局，2016 年版，第 52 页。

② 严可均：《全汉文》，商务印书馆，1999 年，第 269 页。

③ （汉）班固：《汉书》，中华书局，2012 年版，第 2365 页。

④ 同上，第 2377 页。

⑤ （清）焦循：《孟子正义·尽心上》，中华书局，1987 年，第 419 页。

⑥ （汉）司马迁：《史记》，中华书局，2011 年版，第 269 页。

⑦ 同上，第 2874 页。

⑧ （汉）司马迁：《史记》，中华书局，2011 年版，第 3295 页。

⑨ （汉）班固：《汉书》，中华书局，2012 年版，第 2385 页。

⑩ 同上，第 2362 页。

悟，也不会有“天下熙熙，皆为利来；天下攘攘，皆为利往”[①] 的义利情怀和“世态炎凉”“微言讥讽”“舒其愤心”的灵魂感慨。人生的曲折坎坷也激起司马迁对君主专制制度的怨愤和抗议，《伍子胥列传》言：“怨毒之于人甚矣哉！王者尚不能行之于臣下，况同列乎！向令伍子胥从奢俱死，何异蝼蚁。弃小义，雪大耻，名垂于后世，悲夫！方子胥窘于江上，道乞食，志岂尝须臾忘郢邪？故隐忍就功名，非烈丈夫孰能致此哉？”[②] 对伍子胥报仇雪耻之人生价值的诠释，也是司马迁忍辱负重、深受迫害的写真，《儒林列传》开篇曰：“余读功令，至于广厉学官之路，未尝不废书而叹也。”[③] 此句感叹也实在耐人寻味，蕴意无穷[④]。故《史记》不止于对过往历史之总结，对西汉之歌咏，更融入司马迁本人之恩怨情仇与身世感叹。梁启超在《读〈史记〉法一二》中说：“学者宜精读多次，或务成诵，自能契其神味，辞远鄙倍。”[⑤] 司马迁超凡避世的人生信仰，使他对人物的辨识饱含真性情、实体悟，较少受到客观政治文化的钳制，且极富平民精神和社会整体意识[⑥]，故而郭预衡才称：“二十四史当中，几乎没有一部

① （汉）司马迁：《史记》，中华书局，2011 年版，第 2821 页。

② （汉）司马迁：《史记》，中华书局，2011 年版，第 1935 页。

③ 同上，第 2705 页。

④ 司马迁这一“叹”，有学者认为有双层意味，亦褒亦贬。一方面，司马迁对儒学终于可以登上统治地位，广厉学官而感到欣慰。另一方面，司马迁对儒学虽兴、古道却亡的状况感到无奈和悲哀。（参见王展妮：《〈史记·儒林列传〉与〈汉书·儒林传〉比较研究》，《图书馆工作与研究》2015 年第 8 期。）

⑤ 梁启超：《读〈史记〉法一二》，见《文史知识》编辑部编：《名家讲〈史记〉》，中华书局，2016 年版，第 13 页。

⑥ 周振鹤高度赞扬司马迁在《货殖列传》中对人性的理解，认为“无岩处奇士之行，而长贫贱，好语仁义，亦足羞也”。这句话即使在现代也是超群的，是惊骇世俗的话，不是一般人讲的话。（参见周振鹤：《行不由径：周振鹤演讲访谈录》，东方出版社，2018 年版。）施章曰：“只要人间有特殊的生活现象，他（司马迁）都把它叙述出来，描写出来，而且分类地叙述或描写……而是以社会的整个生活为对象，用平等眼光来叙述，他以整个的社会人生为对象，给以平等的眼光而作价值的叙述和描写。所以《史记》一书可谓具有社会性的大众生活的历史。”（参见施章：《史记新论》，南京北新书局，1931 年版，第 2 页）

可同《史记》的‘实录’相比。”①

相比之下，班固显得温和而中庸，班彪、班固父子批评司马迁“是非颇謬于圣人。”② 清代浦起龙说：“迁多愤时嫉俗，感慨寄托之辞，而固则但取中正无疵而已。”③ 班固出自“家有赐书，内足有财”的富有家庭，与“后世中衰”司马迁家庭大有不同④，虽也有出征为官、避难生活、短期入狱、归隐家乡等经历，但未遭遇司马迁那样的残忍酷刑与曲折艰辛，加之班固不激诡、不抑抗的作史态度，情感较为含蓄内敛，蕴籍纯厚。《后汉书·班固传》描述其性格为：“性宽和容众，不以才能高人”，以“不激诡，不抑抗分，赡而不秽，详而有体，使读之者亹亹而不厌”⑤ 等溢美之词评价。此外，东汉时外戚干政，儒学盛行，维持社会稳定，彰显汉室功德，成为班固作史之动因，《汉书》将全著贯穿尊汉崇儒之精神。《高帝纪下》云：“汉承尧运，德炸已盛，断蛇著符，旗帜上赤，协于获德，自然之应，得天统矣。”⑥ 班固“帝王将相”之风极为浓厚，使汉与唐虞三代并驾齐驱，基于五德终始说颂述汉德。章帝时期，班固以史官兼任记录，整理的《白虎通义》中也渗透了诸多董仲舒的学术思想，《叙传》用“抑抑仲舒”“为世纯儒”⑦ 来形容董仲舒，且班彪《王命论》对儒家“天人感应”“君权神授”等学说大为尊崇，史书称其“唯圣人之道然后尽心焉”⑧。同样是继承父愿，班固作史则以“综其行事，旁贯五经，上下洽通”为原则，以“光扬大汉，轶声前代”⑨ 为宗旨。梁启超

① 郭预衡：《中国散文史·上》，上海古籍出版社，1986年版，第295—296页。

② （汉）班固：《汉书》，中华书局，2012年版，第2377页。

③ [清] 浦起龙：《清代诗文集汇编》，上海古籍出版社，2010年版，第246册，第26页。

④ 瞿林东：《〈史记〉〈汉书〉比较》，见《文史知识》编辑部编：《名家讲〈史记〉》，中华书局，2016年版，第107页。

⑤ （宋）范晔撰，（唐）李贤注：《后汉书》，中华书局，1965年版，第1336页。

⑥ （汉）班固：《汉书》，中华书局，2012年版，第70页。

⑦ 同上，第3635页。

⑧ 同上，第3593页。

⑨ 严可均：《全汉文》，商务印书馆，1999年版，第256页。

言："《史记》以社会全体为史的中枢，故不失为国民的历史。《汉书》以下则以帝室为史的中枢，自是而史乃变为帝王家谱矣。"[①] 故对社会伦理、道德及儒学的仰慕尊崇是班固重要的情感寄托。

二、创作主体的情感构建："褒善贬恶"与"敬仰钦慕"

董仲舒作为汉初儒学向经学转变的重量级人物，其身份地位的特殊性，为探求司马迁、班固的创作情感找到了合适的切入口，两人不同的感性基础，为后人解读董仲舒提供了视阈和可能。无论是客观的社会家世，抑或主观的真情思想，都离不开"观"。观者，看也，主体定是人，但凡发生便失去了真实的可能性。司马迁寥寥几笔勾勒董仲舒，而班固却煞费笔墨，但实际上董仲舒作为实体存在并未改变，毋宁是司马迁、班固对董仲舒历史故事的主观"异化"和"扭曲"，只有读懂司马迁、读懂班固，方能读懂董仲舒、读懂历史，否则犹如雾里看花、隔靴搔痒。从文化历史发展上看，除儒学之外，《史记》更多反映了丰富、充实而饱满的社会现状，不为帝王立家谱之精神实为可贵。而《汉书》除继承《史记》之外，对董仲舒等儒者的关注无法脱离维护汉德的核心立场，加之董仲舒掺和阴阳五行、灾异论等言辞论证，构建了帝国统一的指导思想，在形上层面为汉朝统治构建了理论根基，班固对董仲舒的敬仰钦慕也理所应当。

满怀悲剧精神[②]的司马迁，对董仲舒的态度辛辣直接，褒善贬恶。董仲舒虽为西汉大儒，但在司马迁看来，仅为研究《公羊春秋》的儒者之一，《史记·儒林列传》言："汉兴至于五世之间，唯董仲舒明于《春秋》，其传公羊氏也。"[③] 并且承认其才高于公孙弘等儒者，

---

① 梁启超：《中国历史研究法》，人民出版社，2008年版，第20页。

② 韩兆琦在《殉道与超越——论〈史记〉的悲剧精神》中提出，《史记》中的悲剧精神即它所记载的人物在回击或承受悲剧命运打击时所表现出的非同寻常的气质和高贵超拔的品性。（参见韩兆琦、王齐：《殉道与超越——论〈史记〉的悲剧精神》，见《文史知识》编辑部编：《名家讲〈史记〉》，中华书局，2016年版，第25页）

③ ［汉］班固：《汉书》，中华书局，2012年版，第2196页。

司马迁对儒学评述集中于治国之道，而非指思想本身，故叔孙通“希世度务制礼，进退与时变化”① 成为汉家儒宗，这与司马迁经世致用的治史官不无关联。此外，《史记》中也不乏对董仲舒的怨言。《儒林列传》曰：“以《春秋》灾异之变推阴阳所以错行……居舍，著《灾异之记》。是时辽东高庙灾，主父偃疾之，取其书奏之天子。天子召诸生示其书，有刺讥。董仲舒弟子吕步舒不知其师书，以为下愚。于是下董仲舒吏，当死，诏赦之。于是董仲舒竟不敢复言灾异。”② 董仲舒任胶西王相时，《儒林列传》又曰：“恐久获罪，疾免居家。”③ “竟”“恐”二字，突出董仲舒对诏赦死亡及残暴胶西王之恐惧、怯懦。“疾”“刺讥”等字眼突出主父偃的疾恶仇恨、卑鄙龌龊，《平津侯主父列传》曰：“主父偃者，齐临菑人也。学长短纵横之术，晚乃学易、春秋、百家言。游齐诸生间，莫能厚遇也。齐诸儒生，相与排摈，不容于齐……久留，诸公宾客多厌之，乃上书阙下。”④ 司马迁将主父偃处心积虑、阿谀奉承、品德败坏的形象刻画得惟妙惟肖，而董仲舒学养深厚、性情谦和，基于此情，愤世嫉俗的司马迁，视不平而怒，宣泄心中愤恚之情，同时对董仲舒弃道保身的鄙视、失望情绪猝然而至，这与《史记》所载的晋太史董狐、齐太史兄弟及南史氏舍生取义、杀生成仁之精神大相径庭。在文学情感上，司马迁挥笔留情，文下仲舒生动、感性又吸情。施章说：“若以现代文化以大众生活的眼光观之，史记在文化史上的地位更为重要。”⑤ 清代刘鹗曰：“《离骚》为屈大夫之哭泣，《史记》为太史公之哭泣。”⑥ 司马迁对董仲舒的褒贬也反映了他对整个时代的感受、期待和怨尤。

而班固对董仲舒则多以颂扬为主，尽显敬仰钦慕之情。《汉书·

① ［汉］司马迁：《史记》，中华书局，2011年版，第2384页。
② 同上，第2715页。
③ 同上，第2715页。
④ 同上，第2569页。
⑤ 施章：《史记新论》，南京北新书局，1931年版，第2页。
⑥ ［清］刘鹗：《老残游记》，人民文学出版社，1984年版，第87页。

董仲舒传》借刘歆、刘向之言誉董仲舒为“群儒首”“王佐之材”[1]，《五行志》曰：“董仲舒治《公羊春秋》，始推阴阳，为儒者宗。”[2] 在班固心中，董仲舒的雄才大略、博学多才无不让其奉若神明。《董仲舒传》曰：“朝廷如有大议，使使者及廷尉张汤就其家而问之。”[3]“朝廷”的出现，说明儒学在汉朝意识形态中存在形式的演化，董仲舒常为朝廷纳言献策，地位极高。此外，班固还十分瞻仰董仲舒宽容大度的学术情怀，所谓“儒者宗”并非“儒家宗”，而是对一种选择性、融合性新思想的赞扬，王永祥说：“董仲舒对儒学的改造虽然坚持了儒学以仁德为核心的民本观，但却以阴阳五行为构架广泛吸取了先秦诸子百家思想，构筑了一个服务于以皇帝为总代表的中央集权的封建专制制度的新儒学体系。”[4] 董仲舒向汉武帝言：“臣愚以为诸不在六艺之科孔子之术者，皆绝其道，勿使并进。邪辟之说灭息，然后纪统可一而法度可明，民知所从矣。”[5] 一方面突出儒学及董仲舒在班固心中的地位。另一方面也揭示了文化思想变迁的历史问题，“皆绝其道，勿使并进”是论先后、要次，而非存在与不存在，况且班固所言的“罢黜百家，独尊儒术”，“罢”并非禁绝、灭绝；“黜”并非赶尽杀绝[6]。《艺文志》中道、法、名、墨等诸子百家依旧活跃于整个文化思想领域，若将“罢黜百家，独尊儒术”直接归于董仲舒，是不符合历史规律和学理逻辑的。

儒家的中庸之德是班固人物审美的重要标准，孔子曰：“中庸之为德矣，其至矣乎！”中庸之德，为中庸之人所易具[7]。他对董仲舒

---

① ［汉］班固：《汉书》，中华书局，2012 年版，第 2196 页。

② （汉）班固：《汉书》，中华书局，2012 年版，第 1197 页。

③ 同上，第 2196 页。

④ 王永祥、霍艳霞：《董仲舒“独尊儒术”功过论》，《河北学刊》1998 年第 4 期。

⑤ （汉）班固：《汉书》，中华书局，2012 年版，第 2194 页。

⑥ 刘伟杰从词义上解释到，“罢黜百家”之“罢”意为“罢令之归”，“黜”“罢”义近，表斥令退归，针对人而非学。并认为董仲舒对策中的“皆绝其道”之“道”，非指学说，而指入学为官之道，与“勿使并进”相呼应。（参见刘伟杰：《汉武帝独尊儒术问题的研究现状与反思》，《南京社会科学》2007 年第 2 期）

⑦ 钱穆：《论语新解》，生活·读书·新知三联书店，2012 年版，第 148 页。

也不乏谦恭、安和、温良的中庸态度，论述灾异之说时，班固用“私见”“嫉”“窃”等词生动地展现主父偃的居心叵测，凸显对董仲舒的同情和宽容。此外，董仲舒称公孙弘为“从谀”，班固还引详实材料佐证，并增加江都易王和胶西王性情以及董仲舒任二王相的具体情况，如“尤纵恣，数害吏二千石”，表明胶西王的暴戾恣睢、性情卑劣，而董仲舒“善待之”“正身以率下”“教令国中”，彰显其博大胸襟、睿智从容、正身教化的鸿儒风范，这并非单纯的品性问题，而是董仲舒对“从道不从君”的儒学精神之坚守，“终不问产业”的治术精神，也是班固对董仲舒为学精专、轻视功名的儒学品质的认可①。

司马迁、班固结合历史事实，对董仲舒进行了某种程度的个性化、主体性的构建，前者启迪后人从百家争鸣、各有千秋的角度理解生动活泼的儒学，后者骈文布道，拥护汉朝，誉董仲舒为“儒宗”，但也非纯儒纯术，而是经时代变迁而催生的史学结局。如果司马迁代表酒神之精神，班固则更多代表日神之精神，尼采说：“日神不能离开酒神而存在。”② 司马迁、班固从不同侧面展现历史风貌，诠释历史人物，两者也缺一不可。解读董仲舒，实质上也在解读司马迁、班固，像理解董仲舒这样的历史人物，必须得煞费苦心，需在以情感为核心的历史场域中不断探寻路径。那么解读的规律何在？路径何在？

三、“历史情境”与“创作节奏”：历史解读的前提与核心

无论是董仲舒这样的儒学巨擘，还是郭解、朱家这样的游侠烈士，每个人物都印刻着一段历史，代表着一种文化。朱东润在《朱东润传记作品全集》一书中说：“传记是史，同时也是文学。因为是史，所以必须注意到史料的运用；因为是文学，所以也必须注意到人物形象的塑造。”而人物形象背后又混杂着史官自身的情感思绪，故而有

① （汉）班固：《汉书》，中华书局，2012 年版，第 2195 页。

② ［德］尼采：《悲剧的诞生》，周国平译，上海：生活·读书·新知三联出版社，1986 年，第 15 页。

关“史汉优劣论”“互有得失论”的问题也应得到更加包容性的诠释。清代钱谦益云：“宋人马、班异同之书，捃扯字句，此儿童学究之见耳。读马、班之书，辩论其同异，当知其大段落、大关键，来龙何处，结局何处，手中有手，眼中有眼，一字一句，龙脉历然……由二史而求之，千古之史法在焉，千古之文法在焉。”[①] 钱谦益对宋人斟文酌字研究马、班异同的反思，强调关注历史脉络，将人物置于历史情境中考量。司马迁、班固创作时一定依附于武帝或东汉时期的时代背景、历史遭遇和政治文化等历史情境而有所发挥的。

尤其是对董仲舒这样承上启下、融会贯通的人物，如果不以历史为纬，以人物为经，以情境聚焦，就无法正确的解读，甚至误读、错读。诸如有关“天人三策”“罢黜百家，独尊儒术”等问题的阐明，司马迁和董仲舒属同代人，且司马迁曾为特使屡次随武帝出游，对董仲舒与朝政之事，理应甚为熟知，且《太史公自序》曰：“余闻董生曰。”[②] 引服虔曰：“仲舒也。”[③] 说明司马迁很可能从师董仲舒，《史记》对董仲舒治学著述、两次政治迫害均有所记载，但为何对“天人三策”[④]“罢黜百家，独尊儒术”[⑤]两个敏感话题只字未提？时隔百余年，班固补充了董仲舒与武帝的“三策三答”，不仅突出董仲舒精深

---

① 杨燕起等编：《历代名家评史记》，北京师范大学出版社，1986年版，第264页。

② （汉）司马迁：《史记》，中华书局，2011年版，第2855页。

③ 同上，第2856页。

④ “天人三策”问题一直备受争议，冯友兰曾在《“过秦”与“恢汉”》一文中指出，武帝对董仲舒亲自发出策问，董仲舒做了回答，就是所谓《天人三策》。他们所问所答的，并不只是一些空话，确实是当时政治上、思想上的一些实际问题。武帝会问，董仲舒也会答。（参见冯友兰：《“过秦”与“恢汉”》，《学习与思考》1984年第5期）而孙景坛持相反观点，认为班固关于董仲舒《天人三策》的记载与司马迁严重不合，《天人三策》仅第三策才是董仲舒的作品，其余是班固在此基础上的伪作。（参见孙景坛：《董仲舒的〈天人三策〉是班固的伪作》，《南京社会科学》2000年第10期）

⑤ 王永祥从历史发展角度提出，百家争鸣虽是列国争霸的需要，但争霸和争鸣的结果，必然是走向融合和一尊；只是谁来统一和所尊者为谁，则完全依其国富兵强的程度及其学术思想满足国富兵强要求的程度而定。故董仲舒提出的“罢黜百家，独尊儒术”不是纯粹的偶然性，而是历史时代作出的必然性选择。（参见王永祥、霍艳霞：《董仲舒“独尊儒术”功过论》，《河北学刊》1998年第4期）

博洽、深厚融通的学养，还将其学术成就得以落实。余治平认为，在董仲舒之前，高祖建汉、文景之治，再到汉武帝，“罢黜百家，独尊儒术”的政治韬略远非一个醇儒学者能力所能及，而是由诸多好儒述、明事变又有远见的儒家学者和政治家们共铸的汗马功劳。董仲舒“天人三策”的影响，并非后人虚构的那么夸张，其意义在学术不在政治[1][2]。美国学者桂思卓（Sarah A. Queen）也提出，董仲舒运用宇宙哲学证明了儒家政治统治原理的正当性并构建帝国的意识形态，但他绝不是孤独的思想家，事实上，在汉代，儒学制度化是一个延续数世纪并牵涉众多学者的历史过程[3]。“罢黜百家，独尊儒术”只能称为政治主导意识的形成过程，而非某个政治决策或学术策略。

历史情境不同，司马迁、班固对董仲舒的理解和评价固然不同。东汉时期儒学已经历代汉帝的制度化推崇，成为封建主流思想，其成效可见。李泽厚言：“进‘教化’，立官制，重文士，轻武夫；建构一个由‘孝悌’、读书出身和经由推荐、考核而构成的文官制度，作为专制皇权的行政支柱。这个由董仲舒参与确立于汉代的政治—教育（士—官僚）系统是中国历史上的一件大事，也是了解自秦汉以来中国历史的重大关键之一。”[4] 这说明董仲舒的政治、思想及教育贡献在当时是清晰可见的，但西汉时期的司马迁无福观见，经百年酝酿，东汉时期高屋建瓴、大有作为，故班固对此敞扬讴歌，强化儒学在思想文化领域的绝对统治地位。黄朴民认为，《汉书》为董仲舒单独列传，说明以董仲舒为代表的儒学思潮完全战胜新道家之后的思想界基

---

① 余治平：《独尊儒术：并不因为董仲舒——纠正一种流传广泛而久远误解》，《湘潭大学学报》（哲学社会科学版）2004 年第 3 期。

② 邓红在《日本的董仲舒否定论之批判》中提出：“独尊儒术”的思想与其说是属于董仲舒一个人的思想，还不如说是儒家思潮中的一个波浪，一个标识“a mark”。（参见邓红：《日本的董仲舒否定论之批判》，《衡水学院学报》2014 年第 2 期）

③ ［美］桂思卓（Sarah A. Queen）：《从编年史到经典：董仲舒的春秋繁露诠释学》，朱腾译，中国政法大学出版社，2009 年版，第 2 页。

④ 李泽厚：《中国古代思想史论》，生活·读书·新知三联书店，2012 年版，第 2—3 页。

本面貌①。这也是儒家积极入世的时代产物，《史记》《汉书》之隔，董仲舒形象由隐入显，由弱到强，故而司马迁、班固对董仲舒的认识评价必然是基于历史情境的亲身所感而催生的不同产物罢了。

试想公元前 90 年与公元后 90 年，史学家和思想家所处环境日异月殊，司马迁、班固所面对的历史面貌是极其不同的，若从单一维度审视，必将以偏概全，主观臆断，所以王永祥提出："在研究董仲舒的方法论问题上，我赞成方法的多样化。以往的方法，'三论'的方法，范畴的方法，'分合论'的方法，只要能把董仲舒的研究推向前进，都不失为好的方法。"[9]黄仁宇说："从我个人的眼光看来，除非作者束发受教以来，就先培养了一段'常经'和'异道'的观念，决难如此只凭古书里一句一段的叙述即能将这么多的人物列表区分其品格，有如衡量其材之长短。"② 诚然，《史记》《汉书》之董仲舒，是人们历史认知域限中的董仲舒，历史性、情境性、个体性、相对性地洞察古今、通灵明变的历史思维，以及高瞻远瞩、登高博见、明月入怀的学术格局，是揭晓董仲舒在司马迁、班固笔下庐山真面目的关键，即使诸多问题有史料为证，但也要究其真伪，那些模糊话题的解决终究还是要靠历史、考古和文献资料的发掘。

今人面对董仲舒，面对历史，不是能不能读懂的问题，而是有没有掌握"节奏"的问题。日本学者宫崎市定解读《史记》时说："实际读书的时候，读者们是一边看文章一边基于某种节奏感来理解意思的。"③ 一是创始者的节奏，即司马迁、班固的创作节奏，司马迁爱好明快直抒，真情流露，对董仲舒褒贬不讳；班固热衷中庸翔实，崇德尚儒，对董仲舒爱戴恭敬，这是解读《史记》《汉书》的重要前提。二是读史者的节奏，读者的心境、思绪、修养与旨趣，欲与司马迁、

---

① 黄朴民：《天人合一——董仲舒与汉代儒学思想》，岳麓书社，1999 年版，第 37 页。

② 黄仁宇：《赫逊河畔谈中国历史》，生活·读书·新知三联书店，1997 年版，第 11 页。

③ ［日］宫崎市定：《宫崎市定解读〈史记〉》，马云超译，中信出版社，2018 年版，第 5 页。

班固保持一致的节奏，能通达彼此的唯属感情，子曰："知之者不如好之者，好之者不如乐之者。"（《论语·雍也》）由"知""好""乐"境界不断攀升，从知性认识阶段，经实践理性而渐趋于审美的领域，处于最高境界的"乐"，则必须是融知性、情感、意志于一体的综合体验[①]。这也是儒家乐感文化的重要体现，正因如此，司马迁以是非善恶、道德本心来感化人，而非用伦理政权来匡正人，人以类聚，物以群分，能同样热渴同节奏之人，定有自由、独立、浪漫的心性追求。班固理性涵德，弘扬伦理，要理解其对董仲舒的仰慕之情，也源于同样的伦理自发和德性气质。清代章学诚曰："马则近于圆而神，班则近于方以智也。"[②] 瞿林东认为，"神"与"智"则是从内容上看，主要是思想底蕴上的不同。"用神"，是传神，是对历史发展过程的洞察和揭示。"用智"，是善于储存和排比历史知识[③]。从情感上看，司马迁的"神"直而不过，悲而不愤，班固的"智"详而不赘，崇而不违，如周桂钿所说："一个时代有一个时代的基本倾向，一个思想家也有一个思想家的基本倾向，应由此来确定思想特征。"[④] 若从历史情境和解读"节奏"来衡量司马迁、班固的创作倾向，又如何交代历史的同一性和普遍性问题？是否存在情感式的历史解释路径呢？

四、同为"实"，异为"情"：历史解读的合理性边际

《史记》《汉书》虽出不同史官之手，但历史的连续性和绵延性，为二者的共同性创造了可能，清代崔适在《史记探源》中曰："凡史、

① 余治平：《中国的气质——发现活的哲学传统》，中国社会科学出版社，2004年版，第74—75页。

② （清）章学诚著，叶瑛校注：《文史通义·书教下》，中华书局，1985年版，第49页。

③ 瞿林东：《〈史记〉〈汉书〉比较》，见《文史知识》编辑部编：《名家讲〈史记〉》，中华书局，2016年版，第115—116页。

④ 张岱年、严北溟等：《董仲舒的地位及其研究方法》，《河北学刊》1987年第1期。

汉文同，有汉录史者，有窜汉入史者。”[①]《史记》三千多年之通史，而《汉书》230年之断代史，武帝前《史记》为主，司马迁对董仲舒叙述之阙略、隐晦之处，在《汉书》中经班固增删、润色，而更加清楚详明。诸如《史记·十二诸侯年表序》曰：“上大夫董仲舒推《春秋》义，颇著文焉。”[②]颇，指稍略，隐约朦胧，读完无感。而《汉书·董仲舒传》曰：“仲舒所著，皆明经术之意，及上疏条教，凡百二十三篇。而说《春秋》得失，闻举、玉杯、蕃露、清明、竹林之属，复数十篇，十余万言，皆传于后世。”[③]“《公羊董仲舒治狱》十六篇。”[④]满腹经纶、学富五车的董仲舒形象让人肃然起敬。朱自清说：“《史》《汉》二书，文质和繁省虽各有不同，而所采者博，所择者精，却是一样的，组织的弘大，描写的曲达，也同工异曲。”[⑤]《史记》有关董仲舒叙述有4处，而《汉书》有16次[⑥]。有同有异，有彰有隐，若非要从《史记》《汉书》中找到历史实迹，无外乎是司马迁、班固之同，同者为“实”，即历史事实，对董仲舒的生平、著作、思想及为政经历的叙述，虽言辞不整，详略不齐，但“下帷讲诵”“为人廉直”“灾异之记”“任胶西王相”“子孙学至大官”等内容使董仲舒形象得到了最起码的统一。

司马迁、班固对董仲舒叙述的差异之处，正是二者复杂的创作情感体现，故异者为“情”，即创作情感，这也是“天人三策”“独尊儒术，罢黜百家”等历史话题永久不衰的原因，情感的模糊性与主体性，拉伸了历史研究的深度和广度。如义利观上，董仲舒曰：“今世弃其度制而各从其欲，欲无所穷而俗得自态，其势无极。大人病不足

---

① （清）崔适著、张烈点校：《史记探源》，中华书局，1986年版，第15页。

② （汉）司马迁：《史记》，中华书局，2011年，第434页。

③ （汉）班固：《汉书》，中华书局，2012年，第2196页。

④ 同上，第1524页。

⑤ 朱自清：《史记和汉书》，见《文史知识》编辑部编：《名家讲〈史记〉》，中华书局，2016年版，第103页。

⑥ 张月、任树民：《〈史记〉〈汉书〉对董仲舒及其学说的评述》，《黄河科技大学学报》2014年第1期。

于上而小民羸瘠于下，则富者逾贪利而冒为义，贫者日犯禁而不可止，是世之所以难治也。”① “凡人之性，莫不善义。然当不能义者，利败之也。”② 董仲舒重义轻利，并将“利”视为社会动乱之因，这与《汉书·董仲舒传》中“正其谊不谋其利，明其道不计其功”③ 的思路相通。而《史记·货殖列传》曰：“故善者因之，其次利道之，其次教诲之，其次整齐之，最下者与之争。”④ 司马迁认为“利”先于“教”，重视人的本性私欲，在吸收继承董仲舒思想时，又融入自己的批判与创新，这对正统儒家思想而言，极具挑战。班固倾向承袭倾慕，司马迁善于己见直抒，两者创作的不同情感致使秉笔各有出入。

施丁说：“司马迁是用画家的彩笔写历史……班固是用工细的墨笔写历史，因而在班固笔下，历史的账单较为清楚，然少彩色，有格式化的倾向。”⑤ “少色彩”“格式化”的评价未免不足，班固的凭藉优于司马迁，自幼无经济之忧，尽心儒术，扎扎实实做学问。《汉书》中董仲舒为：“少治《春秋》，孝景时为博士。下帷讲诵，弟子传以久次相授业，或莫见其面。盖三年不窥园，其精如此。”⑥如此全心全意的知识追求和学术意志，正是班固活泼泼的为学楷模，正如司马光《读乐园记》曰：“吾爱仲舒，穷经守幽独，所居虽有园，三年不游目，邪说远去耳，圣言饱充腹，发策登汉庭，百家始消伏。”⑦ 班固心中之董仲舒也豪不逊于此。与司马迁不同，班固对董仲舒论无不详，功无不赞，情无不浓，虽少激昂犀利之辞，但敦朴纯厚，深藏委婉，细细体究也不失神于司马迁的感性浪漫、辛辣率真。而司马迁笔

① 钟肇鹏主编：《春秋繁露校释（上册）》，河北人民出版社，2005 年版，第 508 页。

② 同上，第 121 页。

③ （汉）司马迁：《史记》，中华书局，2011 年版，第 2194 页。

④ 同上，第 2819 页。

⑤ 施丁：《司马迁研究新论·马班异同三论》，河南人民出版社，1982 年版，第 362 页。

⑥ （汉）班固：《汉书》，中华书局，2012 年版，第 2196 页。

⑦ 江永红：《通鉴载道：司马光传》，作家出版社，2015 年版，第 290 页。

下雄心壮志的屈原，不畏牺牲的荆轲，勇猛果敢的项羽，舍己为国的晁错，刚正不阿的周亚夫，等等，也让无数正义之士心潮澎湃、号啕大哭，田居俭在评价《史记》时说："从专治文史的学者到其他行业的读者，不论是老年还是青年，只要展卷披览，就会爱不释手。"①

《史记》《汉书》有关董仲舒的记载，实际上是董仲舒与司马迁、班固三者间复杂的时代更替和情感交融所涂染的历史痕迹，其在获得感性诠释的同时，也失去了明确、清晰的合理性边际，正因如此，历史才显得独具魅惑，令人陶醉。情感与历史、真实与主观、时代与个性间如胶似漆、融为一体，倘若非要衡量，也只能交给文学、哲学，甚至宗教学去处理了，道家之"道"，儒家之"仁"，佛家之"涅槃"，基督教之"博爱"，这些被真、善、美所统领的不同形式，不断催促人们向往至圣至上，司马迁、班固又何曾逃避这样的心性思慕呢？无论是本纪、世家、列传，还是书、志或表，历史的创作情感，都应得到人性化的理解和包容。余治平认为，与柏拉图"引情入智，知大于情"不同，儒学是"化智入情，情高于知"，中国人常把思想、理性诉诸情感，理服从于情，情比理优先②。《史记》变化莫测，《汉书》循规蹈矩，犹如李白诗歌的独特奇稀、豪放洒脱，杜甫的沉郁顿挫、有章可循，并无可学与不可学之定论，可谓中国特有的历史解释学。

结　语

"情感"变量是解读《史记》《汉书》的核心，固執优孰劣的问题是循环逻辑，除董仲舒外，各儒者、朝臣、游侠、酷吏等人物的撰写均离不开司马迁、班固的创作情感，创史有情，读史有意，唯有情感能通达心灵、疏通联络，能在司马迁、班固毫不羞涩的文风和字迹下，寻近更珍贵的史乘奥秘。司马迁、班固用各自独特的曲风和节奏，弹

---

① 田居俭：《司马迁裁剪史料的匠心》，见《文史知识》编辑部编：《名家讲〈史记〉》，中华书局，2016年版，第62页。

② 余治平：《性情形而上学：儒学哲学的特有门径》，《哲学研究》2003年第8期。

奏同谱异调的董仲舒乐章，“道德”“思想”“理性”与“情感”的融入，一个都不能少，否则成曲也不完整、不动听。孟子曰：“人之所以异于禽兽者几希”知义与不知义之间耳[①]。故为人必有情，必有义，否则司马迁也不会对郭解、专诸、曹沫、荆苛、聂政等侠义之士及下层出生的陈涉、彭越、英布等英雄人物着墨较多，且描写地绘声绘色，评价颇高。班固也不会用“天人三策”和“罢黜百家，独尊儒术”来推许董仲舒的鸿儒硕学，毋宁是二人对董仲舒不同的感性认知和理性塑造。有人说司马迁更可信，因班固崇儒过重，必有伪作[②]。亦有人云班固更可信，因司马迁性情过重，感性虚幻。从史学角度来讲，我们必将致力于董仲舒在不同朝代、不同史著中的真实还原，仅仅关注司马迁、班固的创情感是远远不够的，但唯有情感是使历史上升为艺术的唯一路径。王锺陵认为，历史存在两重性：“首先，历史存在于过去的时空之中，这是历史的第一重存在，是它的客观的、原初的存在……第二重存在，即它存在于人们的理解之中。”[③] 故今人读《史记》《汉书》，是对司马迁、班固情感的二次解读，共同的性情基因，使人与人之间产生惊人的通灵，因而司马迁“死，或重于泰山，或轻于鸿毛”[④] 之视死如归的生命感慨，董仲舒“可以然之域”[⑤] 的存在限度才能在人心中互生互长、互情互理，正如朱光潜所说：“在我们意识中引起的运动的冲动愈丰富繁复，线形的美感的价值也愈高。”[⑥]

本文为“2018 中国·衡水董仲舒与儒家思想国际学术研讨会”提交的论文。

唐艳（1990-），女，陕西安康人，上海市震旦学院教育学院讲师。

---

① （清）焦循：《孟子正义》，中华书局，1987 年版，第 567 页。

② 孙景坛：《董仲舒的〈天人三策〉是班固的伪作》，《南京社会科学》2000 年第 10 期。

③ 王镣陵：《中国古诗歌史》，人民教育出版社，2005 年版，第 3 页。

④ （汉）班固：《汉书》，中华书局，2012 年版，第 2372 页。

⑤ 钟肇鹏主编：《春秋繁露校释（上册）》，河北人民出版社，2005 年版，第 143 页。

⑥ 朱光潜：《文艺心理学》，安徽教育出版社，1997 年版，第 58 页。

地域文化视角下的董学研究

儒学中兴从衡水走来

李奎良

在当今的世界，儒学是影响人类思想进程的三大思想体系之一，与基督教、伊斯兰教共同构成了人类的精神基石。然而儒学的发展史却是曲折多舛的。经历过五次严重的危机，分别是秦朝的焚书坑儒、北朝的鲜卑政权统治、隋唐时期的经书注疏混乱、唐宋时期的佛教冲击、近代的西学东渐。每次危机都使儒学受到很大伤害，但每次儒学都从低落中复兴，其中前三次走出危机的中兴旗手都是衡水籍人士。

第一次危机出现在孔子去世后直到汉武帝时期的历史时段。孔子总结整理了他那个时代中国文化的古典成果（为了叙述方便，从上古到孔子以前的文化成果我们在这里称之为古典文化），所谓祖述尧舜、宪章文武，从诗到乐，从尚书到三礼，从春秋到易，孔子都进行了系统整理。他针对春秋时期礼崩乐坏的社会局面，对古典文化进行整理、发挥、拓展，形成了六种经典文化成果，后人称之为“六经”，这就是儒家学说，简称儒学。他周游列国，试图用儒学理论说服诸侯国的国君，实行“仁义”之道，但结果是处处行不通，不得已，回到鲁国，专注于教授弟子。他的教学活动成绩斐然，所谓弟子三千，七十二贤人，形成了数量可观的儒学群体，使得儒学成为当时的显学。但是孔子去世后，儒学逐步走向危机。第一个表现是“儒分为八”。孔子的众多弟子根据自己的理解对儒学进行了各不相同的阐发，形成了异说纷纭的众多派别。荀子的弟子韩非子总结为八派，他说，孔子死后，儒分为八，即：子张之儒、子思之儒、颜氏之儒、孟氏之儒、漆雕氏之儒、仲良氏之儒、孙氏之儒、乐正氏之儒。韩非子评论这些派别“取舍相反不同，而皆自谓真孔”。《汉书·艺文志》概括儒家学说特征为“儒家者流，盖出于司徒之官，助人君顺阴阳明教化者也。游文于六经之中，留意于仁义之际，祖述尧舜，宪章文武，宗师仲尼，以重其言，于道最为高”。儒家各派都尊崇这些儒家的共同特征，但是对儒家理论概念的解说却各持己见，如孔子学说的最高理念是“仁”，而其弟子所传各派却有重大分歧。从最近这些年出土的一些竹简可以看到，他们有的把“孝”作为儒学最高理念，有的把“圣”作为儒学的统摄概念，这就使得儒家发生了严重内部分裂，有的派别甚至走向了另立门户的道路。经过战国和秦朝，直到汉代前期，儒家的八派只剩下两派，即孟子学说和荀子学说。孟子学说出于孔子嫡孙子思，他们坚持了孔子的基本学说和核心理念，但是也生发出外仁内圣之学；荀子学说源于孔子弟子子张和子夏，这个学派创立外王之学，崇尚权势和法术，到战国时期发展为法家。荀子学说是儒家八派之一，但是他的思想也开了法家先河，他有四大弟子：韩非子半是儒家半是法家，他的著作《韩非子》成为秦朝的指导思想。另一个弟子李斯是典型的法家，做了秦朝的丞相。张苍也是他的弟子，内法外儒，汉初做了丞相。浮丘伯是齐国大儒，但是他偏向道家，携鹤隐居，汉初颇有名声。荀子所师承的子夏，是孔子亲传弟子的七十二贤人之一，孔子殁后，子夏受邀讲学于魏国的西河，创立子夏学派，魏文侯、李悝、吴起等都是他的弟子，李悝做了魏文侯的相国，在魏国以法治取代礼治，率先变法，著有《法经》一书，成为法家始祖。商鞅虽不是子夏的弟子，但是他学习李悝的《法经》，且应用于秦国的变法，成为法家代表人物。由此可见，孔子殁后，儒家内部出现了严重危机，概念体系发生了混乱，核心理念也有所动摇，甚至有的走向完全背离仁义之道的方向，发展为法家。第二个表现是秦朝焚书坑儒。据《史记—秦始皇本纪》记载，博士齐人淳于越上书反对郡县制，李斯予以驳斥，建议秦始皇焚书，“臣请史官非秦记皆烧之。非博士官所职，天下敢有藏诗、书、百家语者，悉诣守、尉杂烧之。有敢偶语诗书者弃市。以古非今者族。吏见知不举者与同罪。令下三十日不烧，黥为城旦。所不去者，医药卜筮种树之书。若欲有学法令，以吏为师”。秦始皇采纳了李斯的建议，在全国实行了“焚书”。这是中国历史上的重大事件，其影响贯穿古今。在“焚书”的第二年又发生了“坑儒”事件，据《史记·秦始皇本纪》记载，秦始皇听到为他求仙药的方士候生和卢生逃跑以避祸，乃大怒曰，“吾前收天下书不中用者尽去之。悉招文学方术士甚众，欲以兴太平，方士欲练以求奇药。今闻韩众去不报，徐市等费以万计，终不得药。徒奸利相告日闻。卢生等吾尊赐之甚厚，今乃诽谤我，以重吾不德也。诸生在咸阳者，吾使人廉问，或为妖言以乱黔首”。于是使御史案问诸生，诸生传相告引，四百六十余人，皆坑之咸阳，使天下知之，以惩后。秦始皇长子扶苏谏曰，“天下初定，远方黔首未集，诸生皆诵法孔子，今上皆重法绳之，臣恐天下不安。唯上察之”秦始皇大怒，派遣扶苏到遥远的上郡去监军。司马迁在《史记·儒林列传》中评论说，秦朝，焚诗书，坑术士，六艺从此缺焉。“焚书坑儒”事件毁坏了儒家典籍，杀害了大批儒生，特别是焚书以后颁布的“挟书令”使得全社会噤若寒蝉，不敢谈论诗书，更不敢私藏儒家经典书籍，儒家处于异常落魄的状态。第三个表现是汉初七十年间，儒学不受朝廷重视，几乎被打入冷宫。汉朝开国皇帝刘邦看不起儒生，曾用儒生的帽子便溺。直到惠帝时，才废除了“挟书令”，对儒家思想传播的禁锢有所松动。但是由于典籍无存，只能由一些尚存的老儒生根据记忆，口头传经，教授弟子，弟子们用当时的隶书把老儒生记忆背诵的经文和解释记录下来，经文谓之“今文经”，解释谓之“传”。可以说，此时的儒学是一息尚存的状态，当时由于这些老儒生个人记忆不同，传授有异，形成了儒学理论的新的混乱。特别是当时的朝廷信奉“黄老之学”，儒学并未得到重视，文帝时的国策是“无为而治”，主流思想是“黄老之学”。文帝的皇后窦漪房更是笃信不疑。景帝时，窦太后权倾朝野，尊崇黄帝、老子之言，并要求景帝也必须读黄老之书，儒生辕固生说《老子》一书的言论很平常，窦太后大怒，竟逼迫辕固生赤手空拳到兽圈刺杀野猪，幸亏景帝出手相救才得以幸免。文帝、景帝时期，朝廷里虽有儒生，但只是文化顾问而已，从未得到重用。武帝时想启用儒生，但是被窦太后阻拦，直到武帝建元六年，窦太后崩，情况才有了转机。此时的汉武帝面临两大社会难题：其一是思想混乱，所谓“师异道，人异论，百家殊方，指意不同”；其二，各地诸侯王分裂势力日益膨胀，西汉时期，在京城之外，先后分封了 51 个诸侯国，分布在全国各地。初衷是让这些诸侯国拱卫京师，但事与愿违，这些诸侯国“地方千里，连城数十”，可自主任免官吏，可蓄养军队，反叛野心日益膨胀，“七国之乱”是一次集中叛乱，其他个别作乱行为时常发生。窦太后在世时，武帝不能有所作为，窦太后驾崩后，武帝才开始施展其抱负。元光元年，令郡国举孝廉、策贤良，问计于贤良文学之士，前后数百人，衡水籍人士董仲舒当时为博士，他的贤良对策深受汉武帝赏识，连续三次问计于董仲舒，董仲舒则从不同方面三次做出回答，这就是历史上著名的“天人三策”。在这些对策中，董仲舒为汉武帝提出了解决当时两大社会难题的方案，同时也使儒学由民间学问一跃而为国家主流思想。司马迁记载，董仲舒为西汉广川县人，此县在今衡水市境内。董仲舒的祖上为春秋时期著名史学家董狐，被孔子赞叹为“董狐，古之良史也，书法不隐”，董氏家族为晋国贵族，后代人才辈出，董仲舒是董狐的第十四世孙，年少时发奋读书，“三年不窥园”，治公羊春秋，成为今文经公羊春秋学的知名学者。据《汉书·董仲舒传》记载，董仲舒以公羊春秋学的“大一统”理论为思想武器，向汉武帝提出了一系列建议，为了叙述方便，这里只取其二。其一，“春秋大一统者，天地之常经，古今之通谊也”，主张强化中央政权，削弱诸侯王的权力，在全国兴办各级学校，培养人才，然后由朝廷选取优秀者为各地官吏，逐步实现全国管理统一；其二，针对“师异道，人异论，百家殊方，指意不同”的思想乱象，他建议“臣愚以为诸不在六艺之科，孔子之道者，皆绝其道，勿使并进”。他认为这样就可以解决“上亡以持一统，法制数变，下不知所守”的局面，从而实现“邪辟之说灭息，然后统纪可一而法度可明，民知所从矣”。汉武帝采纳了董仲舒的建议，在朝廷设儒学五经博士，为其招收弟子，兴办太学和地方学校，培养儒家知识分子，并从中选取各级官吏，逐步实现文官治国的格局。从此以后，儒学上升为国家主流思想，开启了儒学的新天地。应该指出的是，所谓“罢黜百家独尊儒术”是后人总结的，并非董仲舒原意。董仲舒的建议是树立儒学的主流地位，对其他道家等学问“勿使并进”，朝廷不用，民间可存，从历史实际看也是如此。

第二次危机出现在南北朝时期。两晋以后，北方大乱，“五胡乱华”，北方地区被从草原南下的少数民族政权相继割据称雄。公元439年，同样来自北方草原的鲜卑族拓跋部统一了北方，形成了南北朝对峙的格局。鲜卑族是游牧民族，其文化基本处于原始状态，信奉萨满教，盛行卜筮，官吏没有俸禄，靠肆意抢夺、贪污、盘剥为其收入，朝野思想混乱，道教、佛教时兴时灭，儒学处于无人问津的状态。所幸以后出现了“汉化改革”，儒学文化才没有在中国北方地区中断。拯救这次危机的关键人物是衡水籍人士冯太后。冯太后，汉族，信都人，即今衡水市冀州区人，北魏文成帝的皇后，献文帝的嫡母，孝文帝的嫡祖母。献文帝和孝文帝均是她所抚养成人。文成帝25岁驾崩后，她曾两度临朝听政，即使在其孙子孝文帝亲政后，她依然是北魏朝廷的实际主政者。冯太后出身于北燕国皇族，儒学文化造诣颇深，在她主政期间，逐步去除鲜卑旧俗，实行汉化改革。政治上实行“班俸禄”，按品级发给官吏俸禄，禁止抢夺、贪污等行为；经济上实行“均田制”，限制豪强；文化上尊崇儒学，启用汉族儒生在朝廷为官，兴办学校，培养儒学人才。尤其是用儒学理论悉心教育培养孝文帝，使其刻苦读书，手不释卷，对儒家经典谙熟于心，同时涉猎史传百家，成为颇有才学，儒学造诣深厚的皇帝。所以孝文帝在冯太后在世时积极配合汉化改革，在冯太后驾崩后，决意从边陲之地的平城（今大同）迁都中原地区的洛阳，继续汉化改革，兴文庙，尊孔子，用儒学治国。可以说，是冯太后拯救了北中国地区儒学中断的危局，使得儒学得以中兴。

第三次危机出现在隋唐时期。两汉时期，自董仲舒以后的儒学史称“汉学”，当时就有今文经学与古文经学（秦朝焚书时藏在房屋夹墙中，到汉代被发现的用篆书写成的经书被称为古文经）之争，东汉时期，郑玄等人整理经书的注疏，形成了不同的流派。其中郑玄注影响最大，是为“郑学”。三国两晋时期，王肃创立“王学”，与“郑学”为敌，论争激烈。南北朝时期，儒学分裂为“南学”与“北学”。到隋唐时期，儒学内部群经异说，诸师异论，纷纷攘攘，甚至互为水火，五经（原来六经中的《乐经》在秦朝焚书后丢失，以后也没能恢复）的注疏混乱，儒学成为越讲越糊涂的学问。儒学又一次遇到了危机。而隋朝建立科举制度后，需要标准版的“五经”作为科举考试的依据和学校教学的教材。这项工作隋朝未及完成就灭亡了，历史任务落在了唐朝。在唐朝完成这次儒学中兴的旗手人物是孔颖达。孔颖达，冀州衡水人，即今衡水市桃城区人，年轻时即为地方知名学者，曾在家乡一带讲学。精通五经，对当时的“南学”“北学”均造诣颇深，唐太宗时为十八学士之一（十八学士中，衡水人有其二，孔颖达、盖文达），官至国子祭酒（即中央大学校长），奉唐太宗旨意，与颜师古等知名学者共同整理五经，编写标准版的《五经正义》。孔颖达为主持人，义例的制定、是非的考论皆由其定夺。他们整理了汉代以来的各家注疏，选优汰劣，详加考证，编成了标准版儒学经典《五经正义》。这套典籍使得儒学内部师说各异、注疏不一的混乱局面得以终止，开启了儒学经典统一的时代，也使得科举考试和儒学教育有了标准教材，对中国文化乃至世界文化的发展具有重大影响。

古代衡水虽不是名城大邑，但是处在齐、鲁、赵、燕这四个文化发达区域之间，历来文风兴盛，儒学大家辈出，在儒学发展史上占有举足轻重的地位。

本文为“2018中国·衡水董仲舒与儒家思想国际学术研讨会”提交的论文。

李奎良（1957-），男，河北枣强人，衡水学院董子学院教授。

董子思想对其故里元明清书院的影响

——以董子书院、大原书院和敬义书院为例

魏彦红 张 铭

《史记》记载，董仲舒，广川人也。《史记》中记载的广川为当今衡水的枣强县和景县交界处。另外，此处与河北沧州界亦相距咫尺之遥。本文对董子故里不做考证，以景县和枣强县交界处及附近地区为董子故里。衡水的书院在元明清时期有了一定程度的发展，按照时间顺序，元代的衡水只有景县的董子书院一所①[1]27。明代衡水的书院主要有：武邑县的观津书院、饶阳县的近圣书院、深州的恒麓书院、枣强县的大原书院、冀州的□□书院②、衡水市的育贤书院、冀州的翘林书院等共 10 所[1]86—89,92。清代衡水的书院主要有：衡水市的右山书院、枣强县的丽泽书院③、景县的广川书院、故城县的甘陵书院、冀州的信都书院、武强县的萃升书院、深州的文瑞书院（博陵书院）、衡水市的桃城书院、枣强县的嘉会书院、武邑县的观津书院、枣强县的敬义书院、故城县的卫阳书院、冀州的翘林书院和滏阳书院等 14

① 吴洪成教授在其《河北书院史研究》一书中将该书院称为董子祠书院，是为了和沧州的董子书院有所区别。

② 《冀州志》卷三“公署志”载：“书院，在马神庙西，正厅三间，东西房各三间，后正厅三间，大门二门各一间。万历四年，知州赵宗建。天启五年，知县黄天胤重修，桌椅俱全。”

③ 《枣强县志》记作“砺泽书院”。

家，在河北排名第 6 位[1]234－241,245。作为董子故里的后世百姓，自然以董子为自豪，受董子思想影响极其深远。笔者以元明清时代衡水书院的代表作为切入口来管窥董子思想对后世家乡书院的影响。为纪念董仲舒而修建书院本身就是受董仲舒思想影响深远的表现。本文仅以衡水景县及沧州泊头元明时期的董子书院、衡水枣强县的明代大原书院和清代敬义书院为例进行探讨。

一、衡水景县的董子书院与沧州泊头的董子书院

董仲舒倡导“推明孔氏、抑黜百家”，自此儒家思想被汉武帝采纳成为官方意识形态。他还强调立学校之官，举孝廉之才等。其晚年著书立说，弟子众多，以“久次相授业”的方法转相传授。董仲舒兴太学、重选举、广教化的思想不仅对当时产生了重大影响，也对后世学术思想及文化教育均产生重大影响。董子家乡的广川及其附近地区特修建乡祠及书院以纪念董子，并以董子思想及其所推崇的儒家思想作为重要学习内容。广川作为大儒董仲舒故里，修建董子祠及董子书院以传承董子思想对于当地政府或乡绅百姓来说应是情理之中的事情。

据《中国书院词典》记载：“董子书院……即汉董仲舒乡祠。元至正中，总管王思诚奏建，今置学宫东隅。”[2]《河北省志》的“河北历代书院一览表”中也有该名称的书院。董子书院最初于元至正年间，由当时的总管王思诚于衡水景县广川镇大儒董仲舒乡祠基础上，专为纪念董仲舒而修建。明正德年间重建，“明嘉靖二十五年（1546）邑监生冯时选再建董子祠，并置书院田 17 亩，以资膏火”[1]49。清同治十三年重修，因经费无法落实，后名存实亡。

关于以“董子书院”命名的记载，相关的有沧州泊头的董子书院之说。沧州泊头董子书院位于原交河县李道湾村，即今泊头李冀北村，这里离董仲舒家乡不足百里。据相关记述称：

冯时雍，字子际，明弘治乙丑科（1505）进士，历任监察御史、海运副使，陕西苑马寺卿，湖广福建右布使等职，原交河县李道湾村

（今泊头李冀北村）人。……嘉靖年间冯时雍休养在家，时河间府方圆两三百里文人学子、故友旧交登门探望求教。……他苦于家乡学子没有静治之所，决心建书院。主动捐出税田十二亩，供建书院之用，史载“其地即李道湾”。书院选址在一片旷野上，“东濒漕（运）河，洪流襟带，西据高田垅，林木郁蓊，北近梵宇，南望农村，鸡犬不闻，人迹罕至”，正是治学居业理想之地。冯亲自上任督工，捐俸银采木，又动用家中木料家族壮丁和旧时佣人，义务筑修。从嘉靖十四年（1535）秋动工，至十六年（1537）完成，耗时一年半。竣工后，他与学子商议为书院命名时，想起自己久仰的“道谊两言传世教，天人三策致君才”的汉代大儒董仲舒。他建议：董仲舒为西汉儒学之宗，又是景州（今景县）人，与泊头“封壤相接”，距不足百里，“流风余响”至今不绝，宜命名为董子书院。书院占地十二亩，建筑规模恢宏，气派非凡，环境清幽。其中祠堂五间，以祭祀董子。讲堂三间，是院长的憩息之处。学舍六间，供诸生用。其次还有沐浴房、伙食房等东西厢房各四间。冯自为山长，另聘主讲数名，教授儒家经典外，还讲授唐宋诗词。书院提倡独立研讨，“次第请疑”，“问至即答”，有时师生共同讨论。制定学规十条，其中“精诚为学，以正其心，以广其才”，“敬师不傲，谨虚为人”，“勤功自励，博学穷理”等，已成为几百年来教书育人的典范。董子书院在清初塌圮，但冯时雍嘉惠后学的精神至今流芳[3]。

以上冯时雍所建董子书院和吴洪成先生在其《河北书院史研究》所记董子书院（董子祠书院）是否为同一书院，修建人冯时雍和冯时选是否为同一人，或者二人是什么关系等，均尚需考证。毋庸置疑的是，无论是衡水景县的董子书院，还是沧州泊头的董子书院，都是董子家乡人受董子思想影响、为纪念董子而修建，在书院中，其学规、教学内容和教学方法都明显受董仲舒思想的影响，直接体现了董子的教育思想。

二、衡水枣强县的大原书院

大原书院，建于明代嘉靖三十三年，由枣强知县罗廷唯在原社学的基础上修建而成。该书院是罗廷唯为纪念大儒董仲舒而建。罗廷唯，字会甫，别号贯溪，永川人，嘉靖三十一年（1552）举人，次年第进士。授枣强令，除盗寇，平冤案，重教化，建大原书院。在其《大原书院记》中，首先阐释了董仲舒家乡广川的历史变迁，驳斥了历史上关于董子家乡的种种说法，得出董仲舒乃枣强人的结论："汉广川废城，即今之故县村，而直书董子为枣强人物。质之史志，验之封疆，皆明确无可疑者。"故县村即为今枣强县旧县村，该村现有明代董子石像一座。罗廷唯之所以用长篇大论阐释董子家乡所在地，是为后续的大原书院的修建做铺垫，说明大原书院建立的直接原因即是纪念董子，纪念这位对中国思想和中国政治产生重要影响的家乡名人，并承担起传承弘扬其思想的重任，"以表章其遗迹"，用董子的思想影响家乡人民的思想意识和文化素养。作为地方官，这样的担当义不容辞。我们从《大原书院记》中不难看出，后世人对董子的敬仰无处不在，董子书院地址选在枣强县城稍偏西的地方，为治学安静之所。学习内容自然涵盖董子思想，"因取朱子白鹿洞学规揭诸堂上，以备朝夕省览焉。盖古人为已之学莫要乎此，而董子格言亦在其中"。白鹿洞书院学规（亦称教条、揭示）成为自朱熹之后书院的重要学规，是书院发展史上一个纲领性学规，对当时及后世书院教育起到了重要的引领作用。此处择录如下：

父子有亲。君臣有义。夫妇有别。长幼有序。朋友有信。

右五教之目。尧、舜使契为司徒，敬敷五教，即此是也。学者学此而已。而其所以学之之序，亦有五焉，其别如左：

博学之。审问之。慎思之。明辨之。笃行之。

右为学之序。学、问、思、辨四者，所以穷理也。

若夫笃行之事，则自修身以至于处事、接物，亦各有要，其别如左：

言忠信。行笃敬。惩忿窒欲。迁善改过。

右修身之要。

正其义不谋其利。明其道不计其功。

右处事之要。

己所不欲，勿施于人。行有不得，反求诸己。

右接物之要。

熹窃观古昔圣贤所以教人为学之意，莫非使之讲明义理，以修其身，然后推己及人，非徒欲其务记览，为词章，以钓声名，取利禄而已也。

今人之为学者，则既反是矣。然圣贤所以教人之法，具存于经，有志之士，固当熟读、深思而问、辨之。

苟知其理之当然，而责其身以必然，则夫规矩禁防之具，岂待他人设之而后有所持循哉？近世于学有规，其待学者为已浅矣。而其为法，又未必古人之意也。

故今不复以施于此堂，而特取凡圣贤所以教人为学之大端，条列如右，而揭之楣间。诸君其相与讲明遵守，而责之于身焉，则夫思虑云为之际，其所以戒谨而恐惧者，必有严于彼者矣。

其有不然，而或出于此言之所弃，则彼所谓规者，必将取之，固不得而略也。诸君其亦念之哉。[4]

由以上白鹿洞书院学规中看出董子思想“正其义不谋其利，明其道不计其功”赫然其中矣！这样的思想表明了作为君子的人生向度和价值取向，有此学规的引领，罗廷唯认为书院学习的结果应是非常理想的，道义日隆成为一种理想境界。“学者苟能由是而相与切磋，则优游渐渍，道义日隆，乡邦大儒有不难于企及者，岂特工文字逐功利而已耶。”他又针对那些对书院教育及董子思想持有错误认识的人进行了批评和引导：“或视此为嬉游之区，群居终日，言鲜及乎道义，则又董子之罪人，而余亦与有深辱矣，诗曰：高山仰止，景行行止，诸生其知所自勉乎哉！”

大原书院的院制处处体现了董仲舒的思想，堂三楹取名明道正义，两侧厢房取名明道书舍，东边书舍分别取名以道原、正心、求贤、更化、蕃露；西边书舍分别取名以教本、成德、养士、善治、玉英。堂后建有“三策”亭，亭后为董子祠。“有厨有斋有园，曰：不窥之圃。”“门外东西列义仓各二廒，余措处谷粟三千石有奇贮其中，每岁仲春以贷贫民之乏种者，秋则收之，不责以息事具别石，此亦董子限民名田，教种麦以赡不足之意也。”我们可以想象得出来，置身大原书院仿佛徜徉在董仲舒的《春秋繁露》的大花园中，仿佛在其“三年不窥园”的后花园中反思自己如何做到如董子般“不窥园”，仿佛聆听董子传经送道、谆谆阐释如何做到爱民敬天！

书院大门名为“大原书院”。“大原书院”之名出自《汉书·董仲舒传》“道之大原出于天，天不变，道亦不变”。这是董仲舒“天人三策”中所言。“道”是社会据以存在的根本原，在古代社会其核心是三纲五常。“天”主要是指自然界的最高主宰或天意。董仲舒认为，社会的最高原则是由天决定的，天是永恒不变的，因而按天意建立的“道”亦永恒不变。董仲舒以“天不变道亦不变”来论证社会的根本法则，为古代社会的合理性和稳定性创造了理论基础。大原书院正是取义董仲舒这一核心思想，其作为“乡邦大儒”的“高山仰止、景行行止”，警醒着后世学人不断孜孜以求。

今天的枣强县已经按照罗廷唯撰《大原书院记》记载的原貌重新设计、开始建造大原书院，不日新的大原书院即会展现在世人面前。

附（明）罗廷唯《大原书院记》如下：

枣强古棘津地，按《史记·游侠列传》曰：吕尚困于棘津。徐广注云：棘津在广川。后汉《地志》亦云：广川旧属信都，有棘津城，今县北十里许李仓口，即古之棘津。《春秋传》所谓，晋荀吴帅师涉自棘津者是也。在秦属巨鹿郡。汉高帝初置广川县于此，属信都国。景帝前元二年，始分广川，置枣强县，属清河郡。中元二年，复并枣强入广川县，属广川国。历武帝至宣帝甘露四年，广川国除，复广川为枣强，属信都国。而后汉则又复枣强为广川，属清河国。是则终两汉之世，广川枣强本为一也，离合废置有不同焉耳。其曰广川国信都国皆今冀州治，而清河则山东之恩县。董子仲舒生于文景之间，仕于武帝之时，实此邦之产，故汉儒序《董子集》曰：清河广川人。则董子所生之地，即属清河之广川，而未曾属他郡，尤为确证矣！若夫并枣强为广川移属渤海，渤海者古景州也（在东光），乃晋武时事。改广川为长河，移属平原，平原者今德州也，乃隋炀时事。已非两汉地理统辖之旧，然其与后燕之置广川郡于枣强，北齐之合广川县为枣强，则始终一地，犹未之有异也。后代信其委，而不考其源，乃使董子寓祀于景德二州，元学士曹元用记其祠曰：广川属冀都郡，今景州蓨县是也，此因广川镇分属景州而附会谬误，遂至于此。不知蓨县在汉自为条市，与广川并建，至晋始改条为蓨，至元始徙今景州于此，岂可以蓨县为广川而强以后世暂属平原渤海之广川为董子故里耶。或谓景州治东有广川台，即董子读书处，是又不知旧本为官僚游憩之所。元蓨尹吕思诚始移董祠于此，因名为广川台耳，况广川镇即晋所置。广川虽属景州，其去枣强尤为密迩，而枣强郭东二里许，在元为广川乡，有郑侯墓表岿然尚存，故真定冀州二志俱载，汉广川废城，即今之故县村，而直书董子为枣强人物。质之史志，验之封疆，皆明确无可疑者。《一统志》习见元事，遂误认为广川为景州属，而于沿革漫无所附，岂非杂于采获而略于考订耶？余尝着其说于邑乘，即乃，毁境内诸滛（同淫）祠，建书院于县治西偏，以表章其遗迹。选邑庠弟子员，俾肄业期间，自念寡陋，无足为诸生师帅者，因取朱子白鹿洞学规揭诸堂上，以备朝夕省览焉。盖古人为已之学莫要乎此，而董子格言亦在其中，学者苟能由是而相与切磋，则优游渐渍，道义日隆，乡邦大儒有不难于企及者，岂特工文字逐功利而已耶，或视此为嬉游之区，群居终日，言鲜及乎道义，则又董子之罪人，而余亦与有深辱矣，诗曰：高山仰止，景行行止，诸生其知所自勉乎哉！院制为堂三楹，曰：明道正义之堂。翼以两厢，东曰：明道书舍。西曰：正义书舍。各五楹，分十会。东曰：道原。曰：正心。曰：求贤。曰：更化。曰：蕃露。西曰：教本。曰：成德。曰：养士。曰：善治。曰：玉英。堂之后为“三策”亭，亭后为董子祠，有厨有斋有园，曰：不窥之圃。堂前为仪门三，匾曰：道义之门。门外东西列义仓各二廒，余措处谷粟 三千石有奇贮其中，每岁仲春以贷贫民之乏种者，秋则收之，不责以息事具别石，此亦董子限民名田，教种麦以赡不足之意也。总题其大门曰：大原书院，缭以周垣，围凡五十丈一尺，共集地六亩八厘二毫。夫易荒者学也，易弊者政也，振作而完辑之，以图永久，又不能无望于后之君也，是故记之。[5]

三、枣强县的敬义书院

敬义书院，是由枣强知县方宗诚于清同治十三年（1874）修建。方宗诚（1818－1888），清代学者，桐城派后期名家之一。字存之，号柏堂，安徽桐城人。官枣强知县，论学宗程、朱，建正谊讲舍、敬义书院，集诸生会讲，从游甚众，有《柏堂全集》《志学录》等。在其撰《创建敬义书院记》中首先对董仲舒家乡的历史沿革进行了阐述，结合对太公（姜子牙）与枣强历史渊源的记述，认为历史记载即使无法考证真伪都不影响人们对他们的仰慕，“刘邵《续汉志注补》则谓太公棘津琅琊海曲，非此城也。夫太公之果尝困于此，事远难稽。即董子之生果为今枣强境与否，亦未可定。然人心秉彝好德之良，与学者慕古希贤、希圣之怀，有非口舌所能夺者，是固可以置而不辩也”。这里是董仲舒的家乡，姜太公曾困于此地，说明姜太公和董仲舒与枣强有着极为密切的关系，他们均为古代先贤圣人，后人修建祠堂与书院以做纪念当为应然之举！且大原书院已于明万历年间檄毁并改为察院，并且察院也已经毁圮，无法找到大原书院确切的原址，太公祠亦久圮，重建一个书院以纪念二位先贤是非常必要的，为此敬义书院则在这样的背景下建成。“县固有大原书院，近董子祠。旧志载：明万历初，张江陵为相檄毁天下书院，遂改为北察院。今察院已毁，旧址无可证矣。惟董子祠如故。太公祠亦久圮。春秋有司设席棚城外致祭。书院旷废已三百年。学之不讲，盖亦久矣。”大原书院毁坏，而董子祠尚存，亦能说明董子故里百姓对董子的怀念和敬仰之情。据以上资料，敬义书院在一定程度上可以说是在大原书院遗址上修建的，是对大原书院的恢复。

方宗诚对姜太公也有着高度的评价，认为姜太公是早于孔子的圣人："考太公曾封武成王，盖以诗有'时维鹰扬'之语。又以世称《六韬》《阴符》为太公之书。予谓太公于古实闻道之圣人。""其后，孔子作《易传》曰：'敬以直内，义以方外。敬义立而德不孤。'其言与尧舜禹汤同揆，而实则太公已先发之矣。"孔子做《易传》所阐释之道，而姜太公却阐释在先。这样的先贤圣人与枣强有着密切的历史缘分，这是作为枣强人的自豪。"司马迁《史记·游侠列传》谓'吕尚困于棘津'。《集解》徐广曰：'在广川。'司马彪《续汉书·郡国志》于'冀州清河国'下称'广川故属信都，有棘津城'。"上记太公困于棘津，棘津即广川，广川即指枣强一带。

董仲舒作为本地历史上的思想家对汉代及后世政治哲学和思想意识形态产生了极其重要的影响，方宗诚认为董仲舒对汉武帝产生的影响和姜太公对武王产生的影响是没有区别的！"当汉武帝时，功利横流，学术淆杂。而董子独抱仁义礼乐道德为学。其对武帝策曰：'仁人者，正其谊不谋其利，明其道不计其功。'又以为诸不在六艺之科、孔子之术者，皆绝其道，勿使并进。其旨与太公所以告武王者无以异也！"至于书院的修建，其意义不仅仅在于引古人为州里之荣耀，更在于"求道"及"求道之要"，作为圣贤故里之书院，学古人，慕古人，诵古人之言，行古人之行，学做古人，学为圣贤，成为书院之要义和宗旨。"学不可不知道，而求道不可以不得其要也。且夫古之圣贤亦人也，予亦人也。所贵于慕古之人者，求其所以为古人者，而师之也。诵古人之言，行古人之行，则予亦古人而已矣，岂徒扳引古人以为州里之荣哉！"

同治十年（1871），在县衙署西侧，初设讲堂五间，并立有学规。同治十二年（1873）在枣强前知县张君购买的宅基地基础上，于董子祠前面，修建了敬义书院。书院之名取之于太公所述丹书之言，名为"敬义书院"。讲堂墙壁上书写董子"正其谊不谋其利，明其道不计其功"作为院训，以引导生徒经常反思自己。每年考核学业之时必先拜董子。对姜太公的祭祀也在讲堂进行。对生徒的要求，不要被科举所束缚，不要为科举而科举，而应该以董子和太公之所倡导为学习目标，“蕴之为德行，行之为事业”。

附（清）方宗诚《创建敬义书院记》如下：

枣强汉属清河郡，与广川邻。历代沿革分合迁徙不常，名屡更，遂与广川相杂。故今犹称古广川，云汉大儒董子盖生是郡。今县城中有董子祠三焉。又相传为古棘津地。司马迁《史记·游侠列传》谓“吕尚困于棘津”。《集解》徐广曰：“在广川。”司马彪《续汉书·郡国志》于“冀州清河国”下称“广川故属信都，有棘津城”。今县旧有太公祠，盖用《史记集解》之说。且棘与枣相类，故援引太公以为地重。而刘邵《续汉志注补》则谓“太公棘津琅琊海曲”，非此城也。夫太公之果尝困于此，事远难稽。即董子之生果为今枣强境与否，亦未可定。然人心秉彝好德之良，与学者慕古希贤、希圣之怀，有非口舌所能夺者，是固可以置而不辩也。

县固有大原书院，近董子祠。旧志载：明万历初，张江陵为相檄毁天下书院，遂改为北察院。今察院已毁，旧址无可证矣。惟董子祠如故。太公祠亦久圮。春秋有司设席棚城外致祭。书院旷废已三百年。学之不讲，盖亦久矣。考太公曾封武成王，盖以诗有“时维鹰扬”之语。又以世称《六韬》《阴符》为太公之书。予谓太公于古实闻道之圣人。其告武王以丹书之言曰：“敬胜怠者吉，怠胜敬者灭；义胜欲者从，欲胜义者凶”实与《虞书》危微精一之传“成汤以义制事，以礼制心”之论若合符契。其后，孔子作《易传》曰：“敬以直内，义以方外。敬义立而德不孤。”其言与尧舜禹汤同揆，而实则太公已先发之矣。是以孟子历叙道统于太公望，称为见而知之。推重如此，诚百世之师也。后世不考《六韬》《阴符》皆周末秦汉人所附托，而鹰扬之绩特太公功德之一端。封为武城，不亦陋乎？当汉武帝时，功利横流，学术淆杂。而董子独抱仁义礼乐道德为学。其对武帝策曰：“仁人者，正其谊不谋其利，明其道不计其功。”又以为诸不在六艺之科、孔子之术者，皆绝其道，勿使并进。其旨与太公所以告武王者无以异也！故刘向称其有王佐才，虽伊吕无以加。而刘歆独不然其父言，刘龚、班固附而和之，是皆未闻乎大道之要者也。夫为学而不知道求道，而不得其要。其论古固涉于偏陂。其所以致知与力行者，亦必散漫而无纪，杂陋而鲜。当其处困穷，既不能隐居求志，以期道集于阙躬，其用于世又何能行义达道以佐君而致治？况欲其或汗或见，立德立言，使百世之下闻风而兴起，不亦难乎甚矣。学不可不知道，而求道不可以不得其要也。且夫古之圣贤亦人也，予亦人也。所贵于慕古之人者，求其所以为古人者，而师之也。诵古人之言，行古人之行，则予亦古人而已矣，岂徒扳引古人以为州里之荣哉！

同治十年，予来宰枣强。构讲舍五间于署之西偏立学规以课士。又二年得前邑令张君所购宅基一区，在董子祠前。爰筹资创建书院讲堂。因取太公所述丹书之言，名之曰："敬义书院"。而讲堂则大书董子正义明道之训，以为诸生观感之资。诚以之数言也，乃大道之要。而学之所当法守者也。每岁课士时，率诸生拜董子之堂。而春秋太公之祀，亦即于讲堂设位行礼，以革除野祭之非。愿诸生肄业其中，无徒囿于世俗科举之陋习，而必以太公董子之所以教者为师，蕴之为德行，行之为事业。庶无负区区创建之意也夫。同治十三年冬。[6]

参考文献：

[1] 吴洪成、刘园园、王蓉等. 河北书院史研究［M］. 保定：河北大学出版社，2014.

[2] 季啸风. 中国书院词典［M］. 杭州：浙江教育出版社，1996：15.

[3] 冯时雍义建董子书院［EB/OL］. ［2018－03－09］. http:http://www.jxlalk.com/888/d6/2010－12－06/623.html.

[4] 孟宪承. 中国古代教育文选［M］. 孙培青注释. 北京：人民教育出版社，2003：261.

[5] 枣强县志·卷一八·艺文志·任衔蕙修，杨元锡纂. 明嘉靖八年本.

［6］陈谷嘉、邓洪波. 中国书院史资料：中册［M］. 杭州：浙江教育出版社，1998：948－949.

原载于《衡水学院学报》2018 年第 3 期。

魏彦红（1967－），女，河北博野人，历史学博士，衡水学院董子学院教授。

张铭（1972－），男，河北深州人，衡水学院董子学院实验师。

董仲舒与衡水地域文化

田卫冰

孔子是儒学创始人、董子是经学大师、朱子是理学大师，三人所创造的思想体系是儒学发展史上的三座里程碑。董仲舒学术思想内涵丰厚，他生活的时代与孔子、朱子有所不同，当时西汉社会正处在发展的上升阶段，也就是人们常说的盛世，其学术思想旨在解决盛世出现社会问题，既涉及政治，又涉及经济和文化教育等方面，所提出了一系列的解决方案，对于今天的我们仍有极其重要的借鉴意义。

董仲舒之前的衡水地区境内地形为古黄河冲积平原，荒古海退之地，川而不山、平而不坡之生态环境极利于人类生存，是先民开发的重点区域。先秦地理名著《禹贡》以古黄河为界，将衡水地区分属冀、兖二州，春秋时期属齐、鲁、晋、燕、鲜虞（中山）等国，战国时期又分属齐、魏、燕、赵、中山，各种文化于此交汇融合，形成了独特的地域文化。

汉惠帝四年三月甲子，皇帝冠，赦天下，省法令妨吏民者，除挟书律，按照周桂钿先生的考证，董仲舒“少年生活于高祖时期”[1]，当此之时正是读书做学问的黄金阶段，挟书律除，为董仲舒“少治《春秋》”[2]创造了基本的社会条件。据邓文华先生《董子先祖及董子后裔的迁播》考证，董仲舒先祖是晋董狐，董狐十世孙董安定居广川，至董仲舒已五世百年。董仲舒生活在衡水地区这种各种文化交汇的特殊地域文化环境当中，对他学术思想的产生至为重要。同时董仲舒的学术思想又对后世衡水地区地域文化的形成影响深远，以至于今。

一 先秦时期衡水地区分野

清胡渭《禹贡锥指》云："周定王五年，河徙自宿胥口"，禹河改道后，脩、饶、宁葭、东武城、棘津、扶柳、观津、武遂等衡水地区早期城邑不时出现在历史典籍当中，衡水地区逐渐成为黄河中下游政治、经济、文化中心地带之一。

《左传·定公四年》记载，祝佗对苌弘说："昔武王克商，成王定之，选建明德，以蕃屏周。故周公相王室以尹天下，于周为睦。分鲁公以大路、大旂，夏后氏之璜，封父之繁弱，殷民六族修氏、徐氏、萧氏、索氏、长勺氏、尾勺氏，使帅其宗氏，辑其分族，将其类丑，以法则周公，用即命于周。"殷民六族率领本宗氏族及其小宗和他们统治的奴隶，跟随伯禽来到鲁地。伯禽将六族安置鲁国边界，六族建筑城邑，以族为名，脩氏所建城邑故址在今景县县城南十余里胡庄一带，世称南脩城。

《全唐文》卷四五一收录了乔潭撰写的《饶阳县令厅壁记》一文，文中这样叙述饶阳的历史："自齐桓匡合，制我饶阳，历战国以还，遂美其城邑。西迩全赵，东拒河间，燕之南郊，冀之北土，其有吕尚之遗风乎？"也就是说饶阳很早就在齐国疆域内。司马迁《史记·齐太公世家》记载齐桓公"二十三年，山戎伐燕，燕告急于齐。齐桓公救燕，遂伐山戎，至于孤竹而还。燕庄公遂送桓公入齐境。桓公曰：非天子，诸侯相送不出境，吾不可以无礼于燕。于是分沟割燕君所至与燕"，也就是说在齐桓公二十三年（前663），饶邑以南为齐国，以北为燕国。

清康熙三十三年版《武邑县志》卷一的八景中说："义姑高台，在县东北五十里，即鲁义姑抱侄携男处。"义姑高台遗址在今武邑县马回台村，直到"文革"期间，才将与之相关的庙宇、牌坊、石桥等拆除。明武邑知县陈璧题义姑台诗一首：

抱侄携儿人去矣，遗台高插青云里。

当时义气出天真，动感齐师霸功止。

台上于今瑞草生，闲来登眺不胜情。

世间多少衣冠客，谁似佳姬有令名。

地方县志上把鲁国义姑“抱侄舍儿”的事件定在公元前659年，鲁闵公遇刺被害，齐桓公派上卿高傒率甲士三千去鲁国见机行事，并嘱之“可扶扶之，可并并之”，“至郊，见一妇人抱子携侄而行，军且及，妇人弃子抱侄而走”，此地为“回兵之地”，故名马回台。在山东其他地方也有类似传说，但其原始文字都出现在清中期以后，都是以战国时期鲁国疆域附会而成，没有考虑春秋时期齐鲁两国实力差距没有那么悬殊，都有向北积极拓展生存空间的需求。

另据清代阎若璩《四书释地》称“《史记》加‘南’于武城上者，别于鲁北有东武城也”，东武城邑在今故城县西半屯镇附近，这儿也是清河崔氏的发源地。也就是说在春秋的中早期，鲁国的北部在今天故城县境内还有一座东武城邑，以至于今天仍有学者把澹台灭明定为河北故城人，到司马迁著《史记》时，在费邑武城加一南字，以区别鲁国北部的东武城。以马回台在今武邑县东北，是鲁国的北部边境而论，则今武强县东部直至于海为齐国北境。

顾祖禹《读史方舆纪要》卷一四：“宁葭，在州（深州）东南，故赵邑。”吴汝纶编纂的《深州风土记》历代疆域篇记载：“深在春秋，鲜于地也。史记赵武灵王二十年（前306）略中山地，至宁葭。顾祖禹谓宁葭故城在今深州东南。战国中山即春秋鲜于地。如顾斯言，战国之初深属中山矣。呼沱在深州界中。深属中山，呼沱亦在中山。故战国策云，赵攻中山以擅呼沱也，而武灵王也称，我先王阻漳滏之险，立长城。然则漳滏以北赵不能有。中山已灭，燕赵以呼沱为界，是后深始属赵。”通过吴汝纶的考证，我们可以明晰鲜虞中山的宁葭故城，在今天深州市东南。《水经注》卷一〇：“长芦水，盖变列葭之名也”，《深州风土记》卷二列举了古来衡水名称繁多，“故曰禹大河，曰漳，曰绛，曰滏，曰长芦，曰列葭，曰胡卢河，皆衡水也”，宁葭取名，是先民祈愿以列葭水宁谧安定，不要泛滥的美好愿望。鲁国西部与鲜虞中山以禹河为界，宁葭以东为鲁境，今深州市东南可考的故城遗址只有康王城、大吕邑村两个村庄，都毗邻武邑县。

公元前376年，三家分晋，进入战国，《史记·乐毅列传》载："齐缗王强，南败楚相唐昧于重丘，西摧三晋于观津，遂与三晋击秦，助赵灭中山"，观津邑，今河北武邑县东二十五里审坡一带。"西摧三晋于观津"的具体时间是魏哀王二年（前317），《史记·魏世家》所云"齐败我观津"。至燕惠王（前279—前272年在位）时，乐毅"西降赵。赵封乐毅于观津，号曰望诸君"。由此观之，观津邑，春秋时属晋国，后期实际为魏所控制，三家分晋属魏国，约公元前278年时又属赵国。

综上所述，今衡水地区东部故城、景县、阜城、武邑、枣强几个县在春秋时期中早期在鲁国境内，且有少量城邑存在。宋代乐史撰《太平寰宇记》时，冀州领信都、南宫、阜城、武邑、堂阳、枣强、衡水、蓨县八县，大体与上述地域重合。《太平寰宇记》所引诸书今多已散佚，其中引用后汉卢植"《冀州风土记》云：黄帝以前未可备闻。唐虞以来，冀州乃圣贤之泉薮，帝王之旧地。又张彦贞记云：前有唐虞之化，后有孔圣之风"。当然卢植时代的冀州和乐史时代的冀州有很大的区别，不能混为一谈，但到宋代仍然征引"圣贤之泉薮""后有孔圣之风"等语记入风俗当中，也可看出这些地方受鲁国儒家学风的影响。

董仲舒生活广川一带，南距鲁国北境东武城邑不足百里，东距脩邑七十里，北距魏国的观津邑七十里，广川一带春秋中早期属于鲁国，后期至战国前期属魏国。春秋时"周礼尽在鲁"（《左传·昭公二年》），自魏文侯拜孔门十哲之一子夏为师，公羊高、谷梁赤、段干木、田子方等人到魏国讲学，创立了西河学派，文化中心转移到魏国，魏国由是而强，这也儒学行之一国的第一次实践。广川地接鲁北，沐孔圣遗风，后为魏境，受西河学派浸染，公羊学五传至董仲舒，且董氏世为史官，董仲舒学术思想能从衡水地区产生的文化底蕴尽在此中。

衡水地区春秋时期区划图

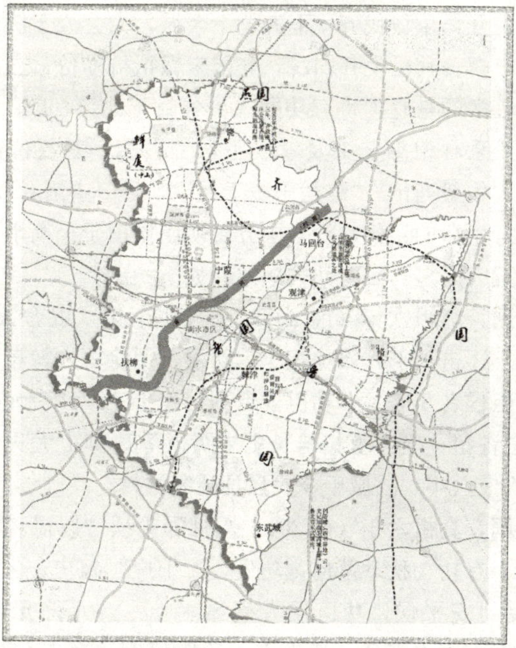

二　董仲舒生活时代衡水地区的区划

禹河改道（前 602）至汉兴（前 202）四百年间，中原腹心地区的国家，多为虞、夏、商、周之胤，由于“对于旧文化、旧制度的保存，尤为丰富和深厚”，而“受旧文化、旧制度束缚较深”，“传统变为包袱，反而成了前进中的后进者”[3]，纷纷成为大国的附庸。鲁国迟至春秋晚期，北部边境已经缩至今山东省西北地区。衡水地区处中原地区边缘，长期处于齐、鲁、燕、赵等国犬牙交错的边境地带，弑君亡国之事不得预闻，小规模的战争虽不绝于史，例如魏哀王二年（前 317）“齐败我观津”（《史记·魏世家》）；赵武灵王“二十年（前 306），王略中山，至宁葭”（《史记·赵世家》）；《战国策·赵策》载公元前 298 年“赵攻中山，取扶柳”；《史记·燕召公世家》载公元前

243 年燕王喜“十二年，赵使李牧攻燕，拔武隧”。但大的战争没有在衡水地区展开，乐毅伐齐，下齐七十余城，大会战于济西；韩信引兵东进击齐，郦食其已说齐归汉，齐国未做抵抗准备，主战场也不在此地。记载较多的是赵国将有功勋人员分封于此，《史记·平原君虞卿列传》“平原君相惠文王及孝成王，三去相，三复位，封于东武城”，《史记·乐毅列传》“赵封乐毅于观津，号曰望诸君”。

至董仲舒生活的年代，汉帝国分封功臣侯国于今衡水地区达到极盛，竟有十五人之多，按时间顺序绍介如下：

武强侯国，高祖六年（前 201）三月庄不识“以舍人从至霸上。以骑将入汉。还击项羽，属丞相宁。功侯，用将军击黥布，侯”（《史记·高祖功臣侯者年表》）。功臣侯者列第三十三。武帝元鼎二年（前 115）其孙庄青翟“坐为丞相与长史朱买臣等逮御史大夫汤不直，国除”。存国八十六年。故城于今武强县吴家城村。

安平侯国，高祖六年（前 201）八月鄂千秋“以谒者汉王三年初从，定诸侯，有功，秋举萧何，功侯，二千户”（《史记·高祖功臣侯者年表》）受封安平侯，功臣侯者列第六十一。元狩元年（前 122）鄂但“坐与淮南王女陵通，遗淮南书称臣尽力，弃市，国除”为县，历五世七十九年。故城于今安平县县城。

辟阳侯国，高祖六年（前 201）八月审食其“以舍人初起，侍吕后、孝惠沛三岁十月，吕后入楚，食其从一岁，侯”（《史记·高祖功臣侯者年表》）。受封辟阳侯，功臣侯者列第五十九。孝景三年审食其之子审平“坐反，国除”为县。辟阳县于今冀州市安兴一带。

复阳侯国，高祖七年（前 200）十月陈胥“以卒从起薛，以将军入汉，以右司马击项籍，侯千户”（《史记·高祖功臣侯者年表》）。受封复阳侯，功臣侯者列第四十九。元狩二年（前 121）侯陈强“坐父拾非嘉子，国除”为县，历四世七十九年。故城于今故城县饶阳店附近。

历侯国，高祖八年（前 199）十月程黑“以赵卫将军汉王三年从起卢奴，击项羽敖仓下，为将军，攻臧荼有功，侯，千户”（《史记·高祖功臣侯者年表》）。受封历侯，功臣侯者列第九十二。孝景中元年

（前149），侯程竈“有罪，国除”为县，历三世五十年。历县故城于今景县章村一带。

合阳侯国，高祖兄刘仲“兵初起，侍太公守丰，天下已平，以六年正月立仲为代王。高祖八年，匈奴攻代，王弃国亡，废为合阳侯”（《史记·高祖功臣侯者年表》）。刘仲子濞，为吴王。孝惠二年刘仲薨，“以子吴王故，尊仲谥为代顷侯”。《太平寰宇記》卷六三“合阳城，汉县。高帝时，以代王喜弃国，降为合阳侯。宣帝又封梁喜为侯。王莽改曰宜乡。后汉省，并入扶柳”。合阳故城在今冀州区西三十里左右。

堂阳侯国，高祖十一年（前196）正月孙赤“以中涓从起沛，以郎入汉，以将军击籍，为惠侯，坐守荥阳降楚免，后复来，以郎击籍，为上党守，击豨，侯八百户”（《史记·高祖功臣侯者年表》）。受封复阳侯，功臣侯者列第七十七。景帝中六年（前144）侯孙德“有罪，国除”为县，历二世五十二年。以县在堂水之阳，故称堂阳，故城于今冀州市南顾城村。

桃侯国，高祖十二年（前195）二月刘襄“以客从汉王二年从起定陶，以大谒者击布，侯，千户。为淮阴守。项氏亲也，赐姓”（《史记·高祖功臣侯者年表》）。受封桃侯，功臣侯者列第百三十五。刘襄本项羽族弟，高祖赐姓。元鼎五年（前112），侯刘自为“坐酎金，国除”为县。元帝初元元年（前48）封广川缪王子刘良为桃侯。故城于今深州市前么头村。

武隧，高祖九年（前198）置县。故城于今武强县沙洼村。《史记·郦生陆贾列传》“郦食其子疥数将兵，功未当侯，上以其父故，封疥为高梁侯。后更食武隧，嗣三世。元狩元年中，武隧侯平坐诈诏衡山王取百斤金，当弃市，病死，国除也”。《史记·高祖功臣侯者年表》记载高祖十二年（前195）郦疥以其父“食其，兵起以客从击破秦，以列侯入汉，还定诸侯，常使约和诸侯列卒兵聚，侯，功比平侯嘉；以死事，子疥袭食其功侯，九百户”。封高梁侯，功臣侯者列第六十六。

煮枣侯国，高祖十二年（前195）六月革朱（《汉书》作革朱，《史记》作赤）“以越连敖从起薛，别以越将入汉，击诸侯，以都尉侯，九百户”（《史记·高祖功臣侯者年表》）受封煮枣侯，功臣侯者列第七十五。孝景中四年（前142）侯昌“有罪，国除”。历二世存国四十九年。故城于今枣强县宅城一带，战国时每于此地煮枣油，至汉因之，故曰煮枣。

扶柳，高祖六年（前201）置县，以此地有扶泽，泽中多柳，故曰扶柳。故城在冀州冀州区小寨镇扶柳城村。高后元年（前187）四月吕昌平以“高后姊长姁子，侯”，封为扶柳侯，八年“吕氏事诛，国除”为县。

信都，秦置县治于今河北邢台西南。公元前206年项羽封张耳常山王，都信都，易名襄国，移信都县至今冀州城区，信都县是衡水境内首设之县。吕后八年（前180）四月封张耳之孙，张敖庶子张受为信都侯。第二年孝文元年，张受有罪，国除为县。

脩县，汉初设置。故城于今景县南约三十里胡庄村。文帝后元二年（前162），封绛侯周勃之次子周亚夫为脩侯以续绛后，治北脩城，即今景县县城。后国除复县。汉初绛侯周勃受封食邑八千一百户，功臣侯者列第四。至亚夫封侯于脩，亦可见脩县为汉初大县。

弓高，高祖九年（前198）置县，故城于今景县宫高村。文帝十六年（前164）韩颓当“以匈奴相国降，故韩王信孽子，侯，千二百三十七户”（《史记·惠景间以来侯者年表》）受封弓高侯，元朔五年（前124）侯韩则薨，无后，国除为县。

龙额侯国，武帝元朔五年（前124）韩说“以都尉从大将军青击匈奴得王功侯”（《史记·建元以来侯者年表》）受封龙额侯。韩说，弓高侯韩颓当庶孙。龙额侯国故城于今景县十王殿一带。

以上为功臣侯国，以下为王子侯国：

武帝元朔三年（前126）十月封广川惠王子刘宴为枣强侯，刘宴薨，无后，国除为县。故城于今枣强县东故县村一带。

广川，以城中有长河为流，故名，汉初置县，景帝二年前二年封子彭祖为广川王，置广川国，都信都。景帝前五年广川王彭祖徙赵，复信都郡。景帝中二年封子越为广川王，复置广川国，都信都。武帝元朔四年（前125）封中山靖王子刘颇为广川侯，元鼎五年（前

112)，国除复县。故城于今枣强县东三十里一带。

汉初序王、侯二等爵位，“诸侯王”食邑与郡级等，侯者分“功臣侯”“王子侯”二种，食邑与县级等。董仲舒生活时代，高、惠、文、景、武五世于衡水地区封诸侯王一，功臣侯十五，王子侯二。武帝以后又封王子侯七，分别是：

蒲领侯国，昭帝始元六年（前 81）五月封清河纲王子刘禄为蒲领侯。故城于今阜城县陈村。

东昌侯国，宣帝本始四年（前 70）四月封清河纲王子刘成为东昌侯。故城于今武邑县相城村。

脩市侯国，宣帝本始四年（前 70）四月封清河纲王子刘寅为脩市侯。故城于今景县温城一带。

乐乡侯国，宣帝地节二年（前 68）四月封河间献王子刘佟为乐乡侯。故城于今深州、饶阳边界一带。高祖十年（前 197）平陈豨前“过赵，问乐毅后，得其孙叔，封之乐乡，号曰华成君”（《汉书·高帝纪》）。刘佟为王子侯，食邑与县级等，华成君乐叔为乡侯，食邑不同。

平堤侯国，宣帝地节二年（前 68）四月封河间献王子刘招为平堤侯。故城于今深州东南。

昌成侯国，宣帝地节二年（前 68）四月封河间献王子刘佟为昌成侯。故城于今深州市孤城村。

元帝初元元年（前 48）封广川缪王子刘良为桃侯。

这些侯国，有的国除复县、有的国除为县，也有的国除并入周边县中，为乡为亭，有记载的如“龙额，侯国，莽曰清乡”[4]，合阳到王莽改曰宜乡，武强、煮枣干脆史册无载。

侯国以外，汉帝国于衡水地区设县情况如下：

冀州信都郡　下博县，汉初高祖所设，故城在于深州市康王城村附近；武邑县，汉高祖五年（前 202）设置，故城于今武邑县武邑镇；观津县，汉初设置，故城在今河北武邑县东南二十五里，初属清河郡，后改属信都；高堤县，汉初设置，故城于今景县王高堡村附近。

冀州河间郡　候井县，高祖九年（前 198）设置，故城于今阜城县前城子一带。

冀州清河郡东武城县，先秦称作武城邑；芯题县，汉初设置。陈直先生在《汉书新证》疑芯题为“莎堤’之假借。故城于今枣强县大营一带。

幽州涿郡　谷丘县，汉初设置，故城于今安平县角邱村；饶阳县，县南有饶河，故名饶阳，汉初高祖置县，故城于今饶阳县故城村。高祖十二年（前195），将谷丘、安平、饶阳自河间郡划入涿郡。

幽州勃海郡　阜城县，汉初置县，故城于今阜城县古城村。

汉承秦制“设县大率方百里，其民稠则减，稀则旷”[5]。按照汉制“方百里”计算今衡水境内设四县足够，而在汉初设置县、侯国十倍于此，以《汉书·地理志》所载户口粗略计算，前汉衡水地区人口最多之时，当在八十万左右，董仲舒生活的汉初应在三十万以上。人口稠密，物阜民丰，是董仲舒学术思想产生的物质基础。

衡水地区前汉时期区划图

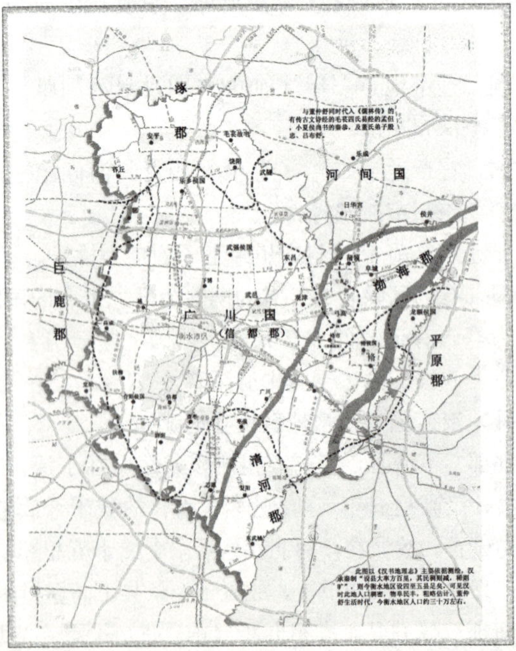

三　董仲舒同时代的衡水儒者

儒学形成初期，“天子失官，学在四夷”（《左传·昭公十七年》）。孔子 27 岁“见于郯子而学之”，《史记·孔子世家》记载，孔子曾“适周问礼，盖见老子”，“与齐太师语乐，闻《韶》音，学之”，“学鼓琴师襄子”。孔子学成开始授徒四方，周游列国传播儒学，《庄子·渔父》说孔子“游乎缁帷之林，休坐乎杏坛之上，弟子读书”，杏坛不必实有其地，但也说明儒学初期讲学不拘时地。孔子去世后，弟子们继承他讲学、著述、游历等传播方式，“子张居陈，澹台子羽居楚，子夏居西河，子贡终于齐”（《汉书·儒林传》），对儒学的宣扬不竭余力。其中又以子夏功绩最大，《后汉书·徐防传》说“《诗》《书》《礼》《乐》，定自孔子；发明章句，始自子夏。”洪迈《容斋随笔》说：“孔子弟子，惟子夏于诸经独有书……于《易》则有《传》，于《诗》则有《序》……于《礼》则有《仪礼·丧服》一篇……于《春秋》所云‘不能赞一辞’，盖亦尝从事于斯矣。公羊高实受之于子夏。毂梁赤者，《风俗通》亦云子夏门人。于《论语》，则郑康成以为仲弓。子夏所撰定也”，这些评论也基本符合历史史实。在子夏及其西河弟子的推动下，儒家所倡导的政治理想与魏国的政治实际相结合，使魏国成为战国前期的政治强国和儒学重心。魏国疆域呈东西葫芦状，西连河内，东接齐鲁，北抵燕赵，南临郑韩，处于中原地区的四争之处，这也为后来子夏一枝儒学的辐射性传播提供了区位优势。春秋战国时期各国疆域处于动态，随时发生变化，魏国也不例外，随着桂陵之败、马陵之败，百年霸主地位丧失。西河弟子继承先圣讲学精神，沿魏国旧境向外传播，其中北部向燕赵方有春秋、诗经数家，大量经师散落在沿途各个地区。《史记·儒林传》所说“言诗于燕则韩太傅”，“言春秋于赵自董仲舒”反证了这个传播路径。近年不少论文通过对出土平山三器铭文的研究，又考证出子夏弟子李克曾向北传诗至中山国一个新的传播路径。

汉初除挟书律，衡水地区讲学大儒除董子外，还有在饶阳的传古文毛诗的毛苌，毛苌是李克的五传弟子。《太平寰宇记》卷六三·河北道十二·深州·饶阳县有“毛苌宅，注诗，为河间王博士，是邑人，今有宅存”。《汉书·儒林传》载：“毛公，赵人，治诗，为河间献王博士。”后世按照“毛公，赵人”的记载，认为毛苌不是饶阳人，其实直到汉初赵分为六，才有了河间、广川、中山、常山、清河等郡国，战国后期这些地方都是赵国旧地，董仲舒、毛苌生活那个时期，史书都说他们是赵人。毛苌宅，在今饶阳县师钦村，村南有台，名诗经台，即为当年毛苌讲经之台。

毛苌所传古文诗经与董仲舒所传公羊春秋同出一门，他们都是西河学派卜商子夏的再传弟子。按照万斯同著《儒林宗派》诗经传承顺序是子夏—曾申（曾参子）—李克—孟仲子—根牟子—荀卿—毛亨—毛苌，万斯同认为毛苌为毛亨之子。《儒林宗派》认为公羊春秋的传承顺序是子夏—公羊高—公羊平—公羊地—公羊敢—公羊寿—胡毋子都—董仲舒。公羊四代是父子相传。《汉书》儒林传认为胡毋生“与董仲舒同业，仲舒著书称其德”，那么董仲舒又应该不是胡毋生门人，而是同学。《史记·董仲舒传》“公孙弘治春秋不如董仲舒，而弘希世用事，位至公卿”，公孙弘是胡毋生门人，司马迁曾问学于董仲舒，他也说董仲舒和胡毋生并为“孝景时为博士”，应该是同业关系，兼有师生之谊。

笔者认为董仲舒的师承上没有名师，“少治春秋”所问学者，应该多是西河学派北传散落沿途的经师，万斯同《儒林宗派》中的传承顺序不见得靠得住。西汉末期刘歆就说“考其师友渊源所渐，犹未及乎游、夏”，《汉书·儒林传》说“仲舒通《五经》”，汉武帝让他与穀梁派瑕丘江公辩论，公羊派占了上风，于是汉武帝下诏让太子学习公羊春秋。刘歆的父亲刘向是穀梁派学者，刘歆上述的话是针对父亲对董仲舒过高评价而言的，他作为古文经学的开创者，但也客观指出“仲舒遭汉承秦灭学之后，六经离析，下帷发愤，潜心大业，令后学者有所统壹，为群儒首”。司马迁说：“汉兴至于五世之间，唯董仲舒名为明于春秋，其传公羊氏也。”这些都说明董仲舒所学庞杂，所宗多家，经他“下帷发愤”，著述“凡百二十三篇。而说《春秋》事得失，《闻举》《玉杯》《蕃露》《清明》《竹林》之属，复数十篇，十余万言，皆传于后世"[6]，为后世儒家学者思想有所统一，开创了今文学派。

同样毛苌的师承上也不仅仅毛亨所传诗经，《宋书·志第九乐一》就说："河间献王与毛生等共采《周官》及诸子言乐事者，以著《乐记》"，可见毛苌学通乐经。董仲舒、毛苌之前的儒家传经讲学活动不是一时一地之事，而是一种经常性的范围较广的学术活动。从他们的师承授受来看，是西河经师沿着魏国故地向东折北而至边邑观津，也就是前汉信都郡（广川国）一带，然后定居传经讲学。同理当时在太学未建的情况下，董仲舒、毛苌的讲学活动也是不拘一时一地，早期遍传于今衡水地区一带，后期立为博士，讲学条件虽有所改善，但也没有后世太学或书院那样的环境。

毛苌被河间献王立为博士，传授古文诗经，世称"毛诗"，后来《齐诗》《鲁诗》《韩诗》三家消亡，独存"毛诗"。"毛诗"对中国思想、文化的影响极其巨大，而其之所以能够流传今日，毛苌起到了至关重要的作用。《毛诗》的传承脉络于前汉为毛公—贯长卿—解延年—徐敖—陈侠。董仲舒在今衡水地区传公羊学于广川殷忠、段仲温、吕步舒等人[7]，另有"为大夫、为郎、为谒者，掌故者以百数"（《史记·儒林传》）。董仲舒的另一个弟子嬴公传东海孟卿、鲁人眭孟。眭孟传庄彭祖、颜安乐。彭祖传琅邪王仲，王仲公孙文、东门云；颜安传淮阳冷丰次君、淄川任公。

立毛苌为博士的河间献王刘德，是以皇子在孝景帝前元二年（前155）所立，为河间王二十六年。刘德为人修学好古，实事求是，《西京杂记》卷四说他"筑日华宫，置客馆廿余区，以待学士，自奉养不逾宾客"。《春秋繁露·五行对》记录了刘德问《孝经》于"温城董君"，清季湖南平江苏舆在《春秋繁露义证》一书中说："仲舒为广川修县之修市城人，温城其俗称也。"笔者认为此处"温城"或为董仲舒封号，汉初封君号颇多，曹参为建成君、灌婴为昌文君，侯公为平国君、叔孙通为稷嗣君，一般认为汉武帝后只封外戚妇女为君，如王太后母臧儿为平原君，王太后前夫金氏女为修成君，但也例外，如武帝元鼎四年封成周之后姬嘉为“周子南君”。《日知录》卷二二云：“汉兴，列侯曰侯，关内侯曰君。孔霸以师赐爵关内侯，号褒成君。”关内侯有封邑无封国，其封邑在所属县的管辖下，关内侯只能收其封邑的租税，据董氏家谱记载，董仲舒有八子一女，而《史记》说他“终不治产业，以修学著书为事”，《汉书》也说：“及去位归居，终不问家产业，以修学著书为事”，估计是因为有“温城”食邑可以保证他的家庭生活，家谱中说他前三子留居广川，大概也是为了收取封邑租税方便。汉初诸侯国之相，号位丞相黄金之印，与天子之相等级相同，如齐王相曹参、赵王相周昌等功臣，景帝吴楚之乱后，改诸侯丞相名相，秩二千石，银印青绶，不得参与国政，仅辅王一个责任，但“诸侯王相在郡守上，秩真二千石，月得百五十斛，岁凡得千八百石”[8]。《汉书·董仲舒传》记载他在武帝初年，“对既毕，天子以仲舒为江都相”，元朔四年（前125），公孙弘又用计使董仲舒做了胶西王相，“凡相两国”。武帝时期诸侯王相，秩真二千石，在郡守之上，从董仲舒之前儒士叔孙通为稷嗣君，之后孔霸为褒成君，他“以言曰劳”[9]封爵关内侯或乡侯，号“温城董君”，食邑广川国脩市城一带更为符合当时历史实情。

河间献王问《孝经》于“温城董君”，当在景帝时代，董仲舒“下帷讲诵，弟子传以久次相授业”之时，河间国都乐成距董仲舒讲学的广川一带，百里有余，过从较便，《春秋繁露》成书于后世，所以冠以董仲舒封号。后来学者多附会这次问对是民间儒学与中央儒学两大儒学系统的冲突，实际当时汉帝国还是以黄老刑名治国，不存在后世的今古文经学之争，从问对内容更是看不出有丝毫争执。南宋大儒胡寅曾说“使河间献王为君，董仲舒为相，汲黯为御史，则汉之礼乐必兴”，朱熹叹道：“这三个差除，岂不甚盛！”这也后世儒家对汉代历史进程的一种假设，也是儒学在宋王朝积弱形势下为积极改造社会，寻求自身转型时需要大师出现的一种企盼。

董仲舒的公羊春秋学旨在通经致用，《后汉书·应劭传》说“故胶西相董仲舒老病致仕，朝廷每有政议，数遣廷尉张汤亲至陋巷，问其得失。于是作《春秋决狱》二百三十二事，动以经对，言之详矣”。

《汉书·艺文志》载，董仲舒就专门著《春秋决事比》十卷十六篇。他的弟子吕步舒官至长史，手持符节出使决断淮南王刘安谋反罪案，依据公羊春秋经义公正断案而不加请示，武帝皆以为是。吕步舒外，《史记》中记载不失师法的董门弟子有“兰陵褚大、广川殷忠、温吕步舒”，《汉书》记为“兰陵褚大、东平嬴公、广川段仲、温吕步舒”，康熙版《枣强县志》卷四“名贤篇”四五叶有“吕步舒广川人，与同郡段仲温、殷忠从董仲舒授春秋”，则《史记》《汉书》中“殷”“段”相异，或为木简残缺，衍字之误，原文似是“广川殷忠、段仲温、吕步舒”，三人皆董仲舒早期下帷讲诵所收弟子。

另外在《史记》《汉书》的《儒林传》中还记入了一位广川人孟但，孟但精通《易经》为太子门大夫，秩六百石，孟但师承田何。田何是今文易学的开创者，汉惠帝曾至其家跟他学习。《易经》为卜筮之书，秦朝不禁，传者多非儒家正宗，惟田何之易得自孔子，传承顺序为孔子—商瞿—桥庇—馯臂—周丑—孙虞—田何—孟但。

衡水地区战国时期区划图

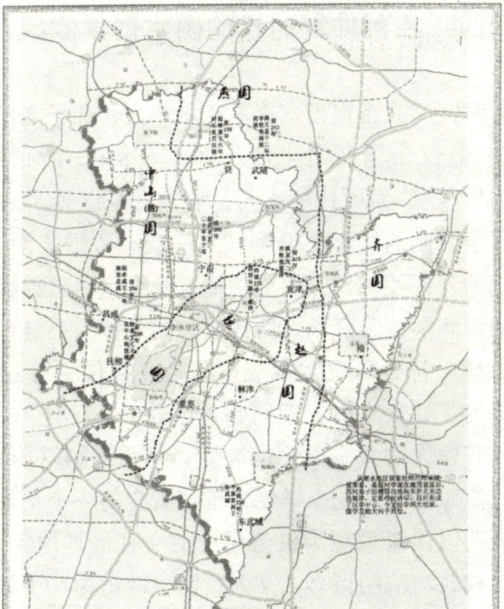

董仲舒时代稍后，《汉书·儒林传》有秦恭传小夏侯《尚书》记载，文云“恭增师法至百万言，为城阳内史”，秦恭开创了秦学尚书，秦恭，字延君，信都人。《册府元龟·学校部》中作了“言小夏侯本，所说之文不多，而秦恭又增益，故至百万言也”的解释。秦学尚书传承顺序为伏生—欧阳伯和—倪宽—夏侯始昌—夏侯胜—夏侯建—张山拊—秦恭—冯宾。

与董仲舒同时代的观津窦婴虽是外戚，但不以恩泽得侯，史书不载他师从何家。窦婴一生任侠知兵，主要因为观津是乐毅封地，遗风所尚。但史有明载，他“好儒术”，武帝继位，窦婴为相，“隆推儒术，贬道家言”，同时也说他“不知时变”，盖以无师不学，而遭诛身死。窦婴与董仲舒一个共同特点是“廉直”，都有自己对是非判断的信仰体系，笔者认为他也算得上一位儒者。至于窦太后信仰黄老，是因为她幼年入宫，直接触及汉帝国政治核心，在实际斗争中做出的选择。

四　后董仲舒时代的衡水儒学儒风

自董仲舒对策汉武帝提出“诸不在六艺之科孔子之术者，皆绝其道，勿使并进”，汉帝国开始“兴太学，修郊祀，改正朔，定历数，协音律，作诗乐”，并为历代所奉行。董仲舒是继孔子之后的一代大儒，是他将孔子开创的儒学上升到“大一统”帝国统治思想的层面，这是史无前例的开创性的伟大历史功绩。受衡水地区独特地域文化影响，董仲舒的新儒学博采众长，所构建的儒学体系更具包容性。他提出更化改制思想，符合历史发展规律，是儒家仁爱思想的体制性创新。董仲舒提出了“兴太学，置明师，以养天下之士”，这个由他倡导并积极参与其建设的文官制度的确立，在为帝国培养人才的同时，出现了一个以儒家思想、儒家学说为价值观念的一个文人集团。两千多年的历史证明以儒家思想为价值观念的文官治理国家，总比武将、宦官、外戚掌权政治清明得多，文人集团主政也为孔子的儒家思想用于实践，提供了政治舞台。

董仲舒去世后，温城食邑之民建董府君祠，行春秋二丁祭祀之礼。至北魏郦道元为《水经》作注时，已经过去六百年，在纪录浊漳水所过各处时，犹记云“窦氏青山南，侧堤东出，又东径董仲舒庙南。仲舒，广川人也，世犹谓之董府君祠，春秋祷祭不辍。旧沟又东径脩市县故城北。汉宣帝本始四年，封清河纲王子刘寅为侯国，王莽更之曰居宁也。俗谓之温城”。世代衡水人民尊崇董子，明清时冀州、景州、枣强等与董子有关州县都将他列入乡贤祠，春秋致祭。

受董子学术思想的影响，从察举到科举，再到现代新式教育，中国历史上的三次人才选拔制度的转型，都与衡水关联莫大、密不可分。

董仲舒的学术思想已经根植于衡水地区，由他开创的经学时代，遗风所尚，区域内人才辈出，史不绝书，传经之风大盛，名门望族皆出其里，以至于唐代五姓七家（博陵崔氏、清河崔氏、陇西李氏 、赵郡李氏、范阳卢氏、荥阳郑氏、太原王氏）中的两大望姓，清河崔氏、博陵崔氏都以好学通经从衡水走向统治核心。

清河崔氏的崔琰，《三国志》说他“读《论语》《韩诗》，至年二十九，乃结公孙方等就郑玄受学”。北魏时的崔光，《北史》其列传中说“家贫好学，昼耕夜诵”，北魏孝文帝评价他“孝伯才浩浩如黄河东注，固今日之文宗也”。他的侄子崔鸿“少好读书，博综经史”。

安平崔氏更以经学通透闻名，崔骃年十三能通《诗》《易》《春秋》，博学有伟才，尽通古今训诂百家之言。崔瑗身陷囹圄，在提讯时顺便还向主审官请教礼学，以至《后汉书》说“崔氏世有美才，兼以沉沦典籍，遂为儒家文林”。

另外勃海高氏的远祖高柴，是孔子弟子，字子羔，又称子皋、子高、季高、季皋、季子皋，在鲁、卫两国先后四次为官，历任鲁国费宰、郕宰、武城宰和卫国的士师，是孔门弟子中从政次数最多、时间最长的一个。至北齐太祖献武皇帝高欢的祖父高谧，在北魏献文帝出任秘书郎，《魏书·列传第二十》说他“以坟典残缺，奏请广访群书，大加缮写。由是代京图籍，莫不审正”。渤海高氏十四世孙高允，《魏书》其列传中说他“性好文学，担笈负书，千里就业。博通经史天文术数，尤好《春秋公羊》”。

渤海封氏中的封轨朴实稳重，勤奋好学，博通经传，《魏书》中记载，大儒武邑孙惠蔚评价封轨“封生之于经义，非但章句可奇，其标明纲格，统括大归，吾所弗如者多矣”云云。

长乐冯氏始祖冯参之父冯奉世，三十多岁开始学习《春秋》，习练兵法，威震西域。冯参长兄冯野王精通《诗经》，次兄冯逡精通《周易》，再次兄冯立精通《春秋》。冯参本人学通《尚书》，《汉书·冯奉世传》说他“为人矜严，好修容仪，进退恂恂，甚可观也”。

魏晋南北朝时国家处于分裂状态，官学衰微，经学传播不出郡国，衡水地区经学大师迭出，以至隋唐，始终处北方文化传播中心。著名的经学大师如熊安生、刘献之、孙惠蔚、刘轨思、刘智海、刘昼、刘焯、盖文达等人，他们大多能够专治一经的同时，学通五经。

唐初大儒衡水孔贤庄人孔颖达，奉太宗皇帝诏主持修纂的《五经正义》，解决了六朝以来的经学南北之争。南学大体上继承魏晋学风，重文辞，不重经术，学风比较虚浮；北学则继承东汉学风，拒斥老庄之玄虚，而崇尚儒道，学风比较朴实。学派不同，学风相异，致使诸经注讲多门，章句繁杂，南北经学之不同对科举取士上形成了诸多不便。孔颖达编纂的《五经正义》融合南北经学家的见解，是集魏晋南北朝以来经学大成的著作，使经义诠释定于一统，这是我国历史上最早的一部全国统一教材讲义。

隋唐时期虽然废选举改科举，但极不成熟。直到宋代理学体系的创立，才为明清科举鼎盛奠定了理论基础。其中就有流寓衡水，“生于冀方，长于冀方”的理学五子之一的邵雍参与其中。他编制的宇宙年谱，对道的概念中形而上理解超越了以往历代儒家，对于宋代理学的形成与发展起到了至关重要的作用。

明清时期的科举考试是中国科举史上的成熟期与鼎盛期。这一阶段衡水地区通过科举殿试，涌现出大量名臣廉吏。明代 90 科进士中式 124 名，清代 112 科进士中式 124 名，清代直隶一省中式进士 2483 名，除去顺天府、天津府将近一半左右，衡水地区各州县按人口比例中式进士人数很高，与董仲舒生活讲学范围联系紧密的故城、景州、枣强又在衡水地区高于其他州县。

近代桐城宗师吴汝纶主政深冀二州十余年，积极推动书院改制，他培养了武强贺涛、安平阎志廉、饶阳常堉璋、深州武锡钰、南宫李刚己、冀州赵衡、枣强步其诰、武邑吴镗等五十多名大师级弟子。吴汝纶离任冀州后主讲保定莲池书院，他的弟子贺涛主讲冀州信都书院、李谐韺主讲翘材书院、赵衡主讲深州文瑞书院、贺嘉枏主持衡水桃城书院、阎志廉主讲南宫书院、葛静轩主讲故城历亭书院，他们都贯彻吴汝纶“兼综中西”教学精神，在书院开设算学、法文、英文等新式教育课程。光绪二十七年（1901）八月，吴汝纶致函深冀二州士绅及门人弟子就新式小学堂的课程安排、学习时限做出了具体指导。后吴汝纶东渡考察日本学制后，其教育思想体系更为完善，编著《东游丛录》一书，清廷据此制定了现代教育意义的壬寅学制。光绪三十年吴汝纶的再传弟子康思恒、郭增廉、康汝耜、于邦华、方安墉、李谐韺等人留学归国后，在深州、冀州乡间遍开蒙学、小学堂，衡水地区是新式教育的发轫之地。到光绪三十四年，深州本境官立初等小学堂3所、公立114所、私立12所，在堂学生7120名（直隶一省在堂学生人数之最，当时每县平均数是1150名）；饶阳官立初等小学堂106所、私立19所，在堂学生2886名；安平公立初等小学堂87所、私立1所，在堂学生3092名；枣强县初等小学堂官立2所、公立238所、私立8所，在堂学生4896名；冀州本境初等小学堂公立129所、私立11所，在堂学生3138名；南宫县初等小学堂公立171所、私立11所，在堂学生3694名[10]。吴门衡水籍弟子借鉴先进教育经验变革中国传统教育，他们继承了董仲舒的更化改制思想，“事虽小，功必大”，为衡水地区培养了数以千计的优秀人才，为今天傲视华夏的衡水基础教育奠定了坚实基础。

董仲舒学术思想形成于衡水地区，通过他对儒家文化的整合，适应了历史发展需要，一改秦汉之际在历史大转折中，出现的“秦皇焚旧典，汉祖溺儒冠”发展逆境，董氏春秋公羊学从衡水走来，走向庙堂，使儒学成为了中华文化的主脉。

[1] 周桂钿. 今天来看董仲舒 [N]. 光明日报，2015-05-18，16 版.

[2] 汉书. 董仲舒传 [M]. 北京：中华书局，1962：2495-2528.

[3] 金景芳. 中国奴隶社会史 [M]. 上海：上海人民出版社，1993：262.

[4] 汉书. 地理志 [M]. 北京：中华书局，1962：1609.

[5] 汉书. 百官公卿表 [M]. 北京：中华书局，1962：721.

[6] 汉书. 董仲舒传 [M]. 北京：中华书局，1962：2495-2528.

[7] 康熙版《枣强县志》卷四“名贤”.

[8] 阎步克. 也谈“真二千石” [J]. 史学月刊，2003 (12)：15-21.

[9] 史记. 高祖功臣侯者年表序. [M]. 北京：中华书局，1962：877.

[10] 直隶学务公所. 光绪三十四年报告直隶教育统计表图 [M]. 天津：直隶学务公所，1909：161-185.

本文为“2018 中国·衡水董仲舒与儒家思想国际学术研讨会”提交的论文。

田卫冰（1975-），男，河北衡水人，衡水市规划设计院工程师，衡水地域文化研究会会长。

口述历史与董仲舒文化研究

高春菊

董仲舒，西汉时期著名的思想家、政治家，其思想体系博大精深。近年来，从经世致用的角度出发，学术界对董仲舒政治、伦理、教化、大一统、法律等思想的研究愈来愈多，各种新的观点亦是不断提出。综观近十年来的研究成果，学者们的研究视角多集中在宏观、中观层面，而在微观层面的研究相对较少、较浅。本文以田野调查和口述历史（口述历史分口述史学和口述史料，本文的口述历史侧重于口述史料）为视角，认为口述历史是董仲舒文化研究中值得推展的工作。

一、口述历史及其研究价值

“口述历史是针对以文献资料为主研究历史的方式来说，主要通过口头叙述或依靠口头叙述材料来展示历史的方式。”[1] 口述历史从古至今就一直存在，简单地说，它是一种搜集、传播口头史料，并以此进行历史研究和历史写作的方法。我国的口述历史研究起于 20 世纪 80 年代，作为一种史学研究方法，它不仅成为史学领域引人注目的新趋势和重要前沿，而且被广泛运用于民族学、社会学等各人文学科领域研究中。口述历史的涵盖范围包括人类社会实践所产生的，并具有保存价值的全部文件和材料，对史学研究者来说，重视口述史料的收集具有特别的意义和价值。

第一，相对主流史学而言，口述历史把更多的目光投向了基层与民间，能在一定意义上弥补官方文献记载的不足，重构往日曾被忽视的历史片段，具有“弥补历史断层”的功用。就像赵乃林主张的：“文献史料和实物史料固然重要，但如果缺少口述史料，仍不能如实地反映历史，尤其是重大的历史事件。”[2]也就是说，在历史研究中，口述历史具有档案文献无可替代的独特价值和学术功能。

第二，通过口述方法收集到的史料与档案文献史料有互证、核实和辨伪的作用。人类历史和社会发展进程中，人们从事的活动繁杂，对某一历史事件或某一历史人物的记录，即使再详细的文献、档案，也只能记录其中的一部分，并且还伴有记录人的个人主观倾向与选择。口述史料收集过程中记录更多的是普通民众的所闻、所见，因而能最大限度地实现历史研究过程中的多重观照，与档案文献史料有互相印证、区别真伪的作用。

二、口述历史对董仲舒文化研究的促进作用

目前，国内有关董仲舒文化研究已经由点到面，形成多层次、多角度的系列成果，在有关董仲舒哲学思想、政治思想、伦理思想、大一统思想、天人关系、法律思想、教化思想等方面不乏新视角、新观点。但观察自2000年以来近二十年的研究成果，《春秋繁露》《天人三策》和其他基本文献的考证、校勘则相对较少，也就是说，今后在董仲舒文化研究中，这一部分作为新的研究范畴有待开发，新的研究方法亦有待更新。作为研究方法，口述历史的收集对深化董仲舒文化研究内容、拓展董仲舒文化研究范畴均有积极的促进作用。

第一，口述历史具有考证史实的作用，有助于澄清历史事件真相，有助于实事求是地评价董仲舒在中国历史上的地位和作用。

董仲舒为西汉时期政治家、思想家，由于他的影响，儒学在西汉取得独尊的地位，并从此深深地影响了中国历史的发展。对这样一个历史人物的评价从时人到今天一直都是多种声音并存，再加上客观上

的档案缺失或主观人为故意曲解、遮蔽等因素的影响，导致我们今天在董仲舒文化研究中查阅和使用史料时，会出现对某一问题有不同的说法的现象。如何规避这种现象，一是要靠研究者本人对史料仔细研究、选择、比较，进而甄别使用；二就是要靠口述历史的佐证，因此，田野调查和口述访谈是深化董仲舒文化研究必不可少的史料搜集方法。

第二，通过口述历史史料的收集能深化董仲舒文化的微观研究。

从一般意义上来讲，微观研究是地方文化研究的重要方法。对专注地方文化，潜心于董仲舒文化的研究者，尤其是衡水当地的学者来说，除了查阅档案资料，认真研读文献外，最大的优势和主要的研究方法是深入地方基层，到景县、枣强、故城，甚至德州等地进行田野调查和口述历史的收集工作，把对董仲舒文化的微观研究做实、做精。举例说，董仲舒的出生地究竟是什么地方？目前有景县、枣强、故城三种说法。对这个问题，我们需要通过口述历史的收集进一步考证董仲舒出生地三种说法的缘起。历史上董仲舒和景县、枣强、故城有什么关联？董子祠为什么建在枣强的旧县村？实事求是地厘清这些问题，一方面要查阅档案文献，一方面采集民间有关传说乃至考古资料的搜集、整理也必不可少，只有这样，才能得出符合历史史实的正确结论。

第三，小众主题能吸引更多研究者的目光。

进入21世纪近二十年来，围绕董仲舒文化研究，政治、哲学、伦理、思想、文化等角度仍是研究的热点和焦点，但重复研究偏多，有新意、有创新的成果偏少，整体研究水平尚待提高，研究方法主要以文献查阅为主。未来研究中，从田野调查和口述历史的视角选题进行研究，会因为小众主题而更容易出成果，也就会吸引部分董仲舒文化研究者在这个方向用力，进而深化董仲舒文化研究。举例讲，在当前的研究中，《春秋繁露》是学者们主要参考的文献之一，但很多人忽略了董仲舒《春秋繁露》本身就是一部释《春秋》经义的作品，它自身的史料价值到底有多大至今挖掘尚浅。如果通过田野调查和口述历史的研究途径加深在这方面的研究并有所突破的话，必将推动董仲舒文化研究迈向一个新台阶。

三、董仲舒文化口述历史的采集

没有历史，民族就失去记忆，一个失去历史记忆的民族，是没有希望的民族。历史记忆的形成，不应该也不能全靠史学家，而应该是多元层次及众多个体经历的累积。口述历史就是潜藏在众多亲历者、亲见者、亲闻者个体头脑里的隐形的、不可再生的资源，它和文献记载等主流历史一样，具有“存史、资政、团结、增智、育人”的作用。在“讲好中国故事、提升文化自信”这个时代大主题下，做好口述历史的挖掘、整理工作是当代人的责任，也是我们对后代最宝贵的馈赠。具体到有关董仲舒口述历史的收集，我想应做好以下三方面的具体工作：

首先，通过访谈和田野调查，发掘各地董仲舒文化的资料蕴藏。

研究者可以按照研究专题深入基层访谈调研，收集并整理口头访谈资料、考古资料，并将资料系统化、数据化，在此基础上建立董仲舒文化资料信息库，为下一步更深入的研究打好基础。访谈调研过程中，尤其注意以下三部分资料的收集与整理：一是董氏后人中，家族或个人编写保存的文献资料，如家谱、文集、笔记、杂纂、碑铭等；二是活态传承下来的口头资料，包括有关董仲舒的传说、故事、歌谣等；三是史料价值极高的地下考古发现的文献资料。这三类资料各有其特定的文化功能与价值，是董仲舒文化研究的基础，访谈和田野调查中需要广泛收集，甄别真伪，细心整理。

其次，掌握必要的口述历史访谈的方法与技巧。

要保证田野调查和口述访谈的效果，掌握一定口述历史访谈的方法与技巧十分必要。第一，关于访谈对象的选择。对衡水本地研究者来说，目前来看，首选的访谈对象应该从枣强、景县、故城、德州四地寻找，以这四个地方曾经流传的有关董仲舒的传说为线索，追根溯源，考证传说的来源、真伪；同时，联络和依靠董氏后人，以他们为突破口，寻找与联络更多的散布在全国各地乃至海外的董氏后裔，通过家族史这一条线索收集更多有关董仲舒的文献资料。第二，关于访谈方式。田野调查和口述访谈中，建议最好采取一对一（一个访谈者、一个被访谈者）或二对一（两个访谈者、一个被访谈者）的形式，因为访谈对象为一个人的情况下，有利于相互间的信息交流，也便于被访谈者思考和理性地说出自己了解的信息。第三，在访谈的技巧方面，口述访谈前，访谈人要事先做好充分的准备，比如，访谈的主题和主要内容是什么，怎样开始访谈，访谈的重点、访谈内容的记录等都需要事前列好提纲，提前谋划好，这样能更好地保证访谈过程的顺利进行，达到访谈的目的。此外，调查访谈中，对文化程度不高、表述不够流畅的被访谈者，还需要访谈者凭借自己的历史学术功底对其技巧性地从旁提示，以便于被访谈者回忆起更多有价值的资料。

最后，在整理、使用口述资料时，务必把口述访谈资料与文献、图书资料加以比较印证，确保所获得的口述资料的真实性、正确性。

对董仲舒文化研究者来说，今天访谈所得到的口述资料一般都是访谈对象口口相传得来的，所以其中说法难免有与历史史实不符的内容。所以，把口述访谈资料与文献、图书资料加以比较印证，是将这些口述资料用于董仲舒研究中的必不可少的环节。遇到被访谈者所述内容与官方史料和历史史实不一致的情况，要及时摒弃并把正确的资料加进去，以保证所整理并公开的资料符合历史事实。另外，整理过程中，对于真实的、有价值的口述资料，撰写和使用时要尽量保持其口述访谈史料的语气和原貌，做到原汁原味地使用。

参考文献：

[1] 朱志敏. 现代口述史的产生及相关几个概念的辨析 [J]. 史学史研究，2007 (2)：68.

[2] 赵乃林. 让口述史料留下鲜活的历史记忆 [N]. 辽宁日报. 2005-06-27 (12).

原载于《衡水学院学报》2018 年第 5 期。

高春菊（1968-），女，河北故城人，衡水学院马克思主义学院教授。

董仲舒的地位和评价

董仲舒思想历史作用之我见

李宗桂

关于董仲舒思想的历史作用，学术界评价分歧很大。在深化包括儒家文化在内的中华优秀传统文化研究的当今，如何看待董仲舒思想，实际上涉及历史观和方法论的问题，也涉及如何看待中华优秀传统文化的问题，因而有进一步深入探讨的必要。笔者觉得，董仲舒思想的历史作用或者说他在中国政治史、中国思想文化史上的贡献，主要有如下方面：

第一，构建了以三纲五常为核心的价值体系，为封建社会的长期稳定发展创造条件。无论如何改朝换代，无论朝廷是谁家的，刘家的汉朝、李家的唐朝、赵家的宋朝、朱家的明朝，都得按照礼治的要求，都得按照仁义一体的价值准则来实行礼治，而这个是由董仲舒奠定的[1]。

第二，构建了礼法结合的治国方略及其思想传统。显然，就治国理政的基本方略而言，董仲舒思想的直接来源是荀子。先秦孔孟儒家倡导的治国方略是礼治追求下的道德仁义，所谓孔曰仁孟曰义，本质上都是仁礼结合而以思想感化和道德熏陶为路径的治理模式。荀子深刻阐释了他的礼论，创造性地转化了孔孟的仁义学说，创新性地发展了儒家的礼治思想，这就是引进了法的思想。所谓隆礼重法，所谓“礼者，法之大分，类之纲纪也”[2]12 “礼义生而制法度”[2]438，便是他的认识基点。荀子认为，礼法各有其功用，对士人以上者，要“以礼乐节之”；而对庶民百姓，则只能“以法数制之”[2]178。因此，荀子劝学，要化性起伪，就逻辑地要求人们学习的内容只能是礼法，他明确宣称：“故学也者，礼法也。”[2]34正是基于这些认识，荀子在治国方略上提倡礼法并重，这就与往昔的孔孟颇为不同。当然，从根本上讲，荀子是纳法于儒、以礼统法、以法辅礼、法为礼用，本质上他还是儒家，是创新性发展孔孟思想的儒家。在笔者看来，荀子开启了儒家“以礼为体、以法为用”的礼法结合的礼治模式。这个模式由董仲舒在西汉中期的新的历史条件下，创造性地继承发展为天人合一思维模式下的德主刑辅（阳德阴刑）的政治哲学模式，成为此后历代统治者治国理政的基本方略[3]。可以说，礼法结合的治国方略的创生，来自荀子。而礼法结合模式的系统构成及其完善，并最终具有实践的操作性，则归于董仲舒。董仲舒援引阴阳五行思想到儒家思想系统之中，把宇宙、人类以及社会政治生活乃至日常生活，都用阴阳加以类分，用五行相生相胜的原理阐释其运行机理和规则，所谓天阳地阴、君阳臣阴、男阳女阴、德阳刑阴，而阳尊阴卑、阳主阴次，故天尊地卑、君尊臣卑、男尊女卑等，都是为其德主刑辅、儒表法里的礼法合用的政治哲学服务，为新时期的治国方略贡献政治智慧[4]。汉宣帝自称的“汉家自有制度，本以霸王道杂之”[5]195，既是刘汉王朝的内心直白，也是对董仲舒构建礼法合用治国模式的肯定。从中国政治制度史和中国政治思想史的发展历程看，董仲舒构建的礼法合用的治国方略，不仅在西汉中期以后到清末成为历朝历代统治者前后相继的基本模式，而且演变为一种思想传统。

我们研究儒家必须结合中国社会历史的发展进程，国力的发展、人民生活的质量、社会的制度来谈。谭嗣同在其《仁学》中有一句很有名的话：“二千年来之政，秦政也，皆大盗也；二千年来之学，荀学也，皆乡愿也；惟大盗利用乡愿，惟乡愿工媚大盗，二者交相资，而罔不托之于孔。”[6]谭嗣同是从要变革中国社会的角度对传统文化进行批判性解构，揭示传统文化的弊端。但从历史发展文化继承的连续性看，从秦汉以后社会运行的体制机制看，我觉得可以从谭嗣同这话引申出新的看法：两千年之政，汉政；两千年之学，董学。道理很简单，一方面是汉承秦制，另一方面后世的儒家思想本是经过汉代新儒学改造孔孟儒学之后发展起来的。特别重要的是，礼法合用、德主刑辅的治国方略，是由董仲舒奠基的。当然，这样一讲以后，评价问题将会更加复杂，容当日后另文论说。

第三，完成了思想统一的历史重任。从春秋时期周王朝政治权威崩解而出现的思想解放，到战国时期的百家争鸣，再到西汉中期“罢黜百家，独尊儒术”的出现，及至东汉时期《白虎通义》的编订，中国社会的思想文化经历了由合到分、再由分到合的历程。其间，伴随着从战国到西汉武帝时期的由军事统一到政治统一再到思想统一的进程。董仲舒根据时代需求，创造性地构建了天人合一的思想体系，以先秦孔孟荀儒家的思想为主导，吸纳了道家、法家、阴阳家、名家、墨家诸家的思想，以性善情恶的人性论为基础，大力推行以三纲五常为核心的价值观教化，形成了适应当时国情民性的新型价值系统，完成了思想统一。思想统一的完成，促进了作为一个实体的多元一体的中华民族的发展，促成了多元一体的中华文化的发展。统一的国家，统一的民族，统一的文化，在西汉中期以后成为现实。

历史事实证明，思想家是推动历史前进的。在秦汉之际朝野上下要求思想统一的社会思潮推动下，董仲舒顺应社会政治、经济发展的历史要求，为巩固统一的封建王朝而完成了思想统一的历史重任，这是不可抹杀的历史功绩。董仲舒开创了有汉一代以来的思想文化面貌和新型的经世致用的学术风气。尽管思想统一的进程可以上溯得比较远，而且董仲舒一整套主张中的各种要素都在历史上有迹可循，不算他的发明创造，但是，正如著名人类学家狄克逊所说：“对于文化发展来说，传播的作用确实要比独立发明大得多。”[7]董仲舒的贡献在于，他把前人探讨过而没有实现的王霸之道和思想统一的理想，具体落实为社会制度和行为规范，完成了思想统一的最后乐章，真正实现了天下一统[8]。

需要特别指出的是，思想统一的完成，其标志性事件，是“罢黜百家，独尊儒术”的提出和实现。关于“罢黜百家，独尊儒术”的问题，学术界已有很多辨析，基本事实是董仲舒并没有使用这样八个字来表述，此乃后人的概括。不过笔者觉得，从董仲舒对汉武帝的策问中的建议来看，说他是要“罢黜百家，独尊儒术”也未尝不可，因为这在一定意义上应是比喻的说法，是要把儒家思想突出来、抬起来，其他各家的思想不能和它有同等地位。《汉书·董仲舒传》记载的原文是：“春秋大一统者，天地之常经，古今之通谊也。今师异道，人异论，百家殊方，指意不同，是以上亡以持一统；法制数变，下不知所守。臣愚以为诸不在六艺之科孔子之术者，皆绝其道，勿使并进。邪辟之说灭息，然后统纪可一而法度可明，民知所从矣。”[5]1918 显而易见，从原文来看，董仲舒提出这个建议是为了思想统一的完成，使国家社会在未来的发展中，指导思想明确，价值导向正确，使民知所守、所从。质言之，是要把儒家思想文化作为国家意识形态，而作为全社会指导思想的国家意识形态，只能一元，不能多元，否则就会上难以持一统，下不知所守、所从，导致思想混乱，行为失范。值得注意的是，这段话里并没有要罢黜其他诸家学说的提法，而只是说不能让其他学说与儒家思想一样发展，所谓“勿使并进”而已，存在是可以的，发展也行，但不能与儒家思想平起平坐。以大一统思想为指导，以大一统目标为追求，天经地义，统纪一，法度明，民知所守所从，天下太平，很好啊！因此，笔者认为，说董仲舒的建议是要独尊儒术，那是事实，就是只能让儒家思想成为官方思想，成为国家意识形态。但如果说是要消灭、摒弃其他诸家思想，那就不符合实际。罢黜百家，独尊儒术，只是为了思想统一，是为了新型文化价值体系的构建，而它本身并不是要消灭百家。过去不少人批判专制制度、思想独裁、霸道，往往借题发挥，有时随意引申。从历史事实来看，它是为了彰显那个时代的指导思想，也就是国家意识形态只能一元不能多元。在这个前提下百家并存，万物并育而不相害，道并行而不相悖。因此后世社会才有大家所看到的道家、法家、墨家、阴阳家、名家、杂家等诸子思想的继续存在。如果是要消灭，而且真正消灭了，那我们是看不到的。事实上，我们看到的是佛教在两汉之际传入中国，道教在东汉形成，玄学在魏晋产生，佛学在隋唐兴盛，甚至唐代还有基督教中的景教在中国流行，伊斯兰教在北宋都城遍地开花，及其后来儒释道三教合一而形成的宋明理学，这些都是“罢黜百家，独尊儒术”以后的事情，这些都证明了“罢黜百家，独尊儒术”并不是要消灭其他思想、其他流派。

第四，铸造了思想家与政治家合作的传统。董仲舒作为有汉一代伟大的思想家，秉承了先秦孔孟荀儒家救世济民的思想传统，以及努力与政治家合作的传统。但是，我们都知道，由于历史条件的客观限制和孔孟荀思想的某种局限，儒家匡时济世的理想并没有能够实现。儒家仅仅是百家争鸣中的一家，是与墨家并列的显学而已。董仲舒适应西汉中期的历史需求，与汉武帝这样的政治家合作，努力把儒家思想变成国家意识形态，成为全社会的指导思想，然后通过制度建设和核心价值观的构建，通过行政系统的中介，把儒家思想落到了实处，使先秦儒家孔孟荀的理想在汉代变成了现实。董仲舒三次对策汉武帝，其提出的以天人感应为核心的天人合一思想体系，特别是其极具创意的三纲五常一体的思想文化建设构想，以及德主刑辅礼法合用的治国方略，期盼建立“正心以正朝廷、正朝廷以正百官”的皇帝行为规范，以德化民以正风气以升境界的人文理想，最终实现天经地义的“大一统”理想，都与政治家的治国安邦宏愿相契合，与汉武帝“永惟万世之统”的理念相一致，从而使得儒家思想在社会政治实践中取得了空前的成效。这些，都彰显了那个时代的文化自信和文化自觉，形成了思想家与政治家的合作传统。诚然，思想家与政治家的政治合作传统，从源头看，并不起于董仲舒，但真正将其落到实处，并且锻铸为后世认可并践行的文化传统的，是董仲舒。西汉刘向之所以推崇董仲舒为“群儒首”，便是因为董仲舒在“遭汉承秦灭学之后，六经离析，下帷发愤，潜心大业，令后学者有所统一”[5]1920。宋代司马光对董仲舒对策朝廷也高度肯定，认为董仲舒“发策登汉庭，百家始消伏”[9]。

前文谈到，董仲舒完成了思想统一的历史重任。其实，董仲舒只是设计了一整套统一思想的方案及其实施路径，真正要落实到社会政治和经济发展的现实中，要变成治国安邦的实践方略，还需要政治家的认可和合作。西汉中期思想统一的完成，是依靠思想家董仲舒们和政治家汉武帝们的双方合作才实现的，缺少了任何一方，都不可能完成。正如汉代礼治的形成一样，从高祖立国到文景时期，是礼治孕育阶段；从武帝到昭帝宣帝时期，是礼治确立阶段；到东汉章帝时期，是礼治成熟阶段。这几个不同阶段，始终有着思想家和政治家的合作，而且并不仅仅是某一个思想家与某一个政治家的偶尔合作，而是思想家群体和政治家群体的长期合作，所以笔者使用“董仲舒之类的思想家们”和“汉武帝之类的政治家们”的提法，是用复数而不用单数，以彰显实现思想统一大任的艰巨漫长。据笔者对汉代礼治形成的研究，这个时期有着鲜明的思想文化特征，即：思想家（们）与政治家（们）合作；皇帝参与讨论并裁决是非；儒学独尊而又有文化包容；礼治的形成和儒学独尊的实现相一致；专制政治日益巩固和完善；天人合一思想贯穿始终；崇古、征圣、宗经的思维方式和价值取向分外强烈，成为影响后世的重要思想基因[10]。

董仲舒和汉武帝的合作问题，曾经长期有人给予激烈的批判。有人批判董仲舒为封建统治卖命，给封建帝王献策，钳制人民的思想。但也有人认为，董仲舒一生的所作所为，体现了中国传统知识分子的一个重要传统，这就是政治合作的传统。其实，在漫长的中国古代社会中，知识分子特别是思想家们既有政治批判的传统、精神独立的传统，也有政治合作的传统。此外，还有文化保守的传统，文化变革的传统。而政治合作的传统、文化保守的传统以及文化变革的传统要实现，要由思想方案转化为现实社会的力量和具体现实，就必须得到政治家的理解和支持，双方协同，方能完成[11]。而“董仲舒们”这些汉代思想家和“汉武帝们”这些汉代政治家，他们的合作形成了两汉时期的盛况。所以今天要比较开放地看合作，不能一讲最高统治者就是要对抗、要灭掉、要革命。既要有批判精神也要有合作精神，二者相互发明，相得益彰，不可偏废。多年前，针对学界有人宣称“新的时代呼唤新的孔子”的观点，笔者曾经提出，如果从系统的思想文化和制度文化建设的战略理论高度来考虑，笔者认为与其呼唤当代孔子，不如期盼当代董仲舒。如果有一个董仲舒似的思想家群体出现，与政治家群体有效合作，根据时代要求，统一思想，规范人心，建构新型文化价值体系，那应该是当代中华一大幸事！当然，在统一思想的同时要注意建构精神自我，更新自我，调适内在机制，避免僵化守旧，既要守成，又要创新，在守成中创新，用创新促进守成。知识分子的价值和地位，应该符合时代要求，与时俱进，成为社会发展和文化价值认同的重要标识[12]。

第五，董仲舒思想在历史上起的主要是正面作用。五千年的中华文明，有文字可考的大约是三千年，其中两千年是我们习惯上称为封建社会的时期，也就是秦汉到清末。而我们所讲的所谓灿烂的古代文明，主体是这个时期，如果我们承认中国古代有灿烂的文明，就必须承认董仲舒的历史贡献。

秦汉时期具体说主要是西汉时期，是我们作为一个独特形态的、整体的、多元一体的中华民族，多元一体的中华文化实体的形成、成熟时期。而董仲舒所做的统一思想、整合价值工作，对于国家统一的巩固、民族文化的认同及中华民族凝聚力的形成，具有不可否认的积极作用。

关于汉代封建社会、封建主义、专制政治、专制社会的问题，近些年有人主张重新界定、重新诠释封建制度的内涵。他们认为中国没有历史唯物论所讲的五种社会形态意义上的封建社会时期。他们认为只有西周才是真正的封建社会，而这个所谓“封建”是封邦建国。这个问题，从学术的层面当然可以讨论。但笔者觉得很多语言文字、概念范畴乃至思想观念都是约定俗成的，荀子就说过“约定俗成谓之宜”。数十年来，学界都把秦以后到清末这样一个中国古代社会的历史时期称作封建社会，在事实判断的层面，没有误解。经过改革开放四十年来的思想解放，拨乱反正，封建社会已经不是一个价值判断，而是对特定历史时期的一个现象表述，一个特定阶段的统称。当我们说到封建社会的时候，未必就是否定的。人所共知，封建社会产生了大量流传至今值得光大的灿烂文化，汉赋、唐诗、宋词、元曲、明清小说，《黄帝内经》《九章算术》《天工开物》《本草纲目》，无一不是在所谓的封建社会形成的。1935 年 1 月，王新命、陶希圣、黄文山、萨孟武等十教授联名发表的《中国本位的文化建设宣言》，明确宣布“反帝反封建”是民族文化创造性发展的“必然使命”。连本位文化宣言的倡议者们都使用了社会制度和观念形态意义上的“封建”一词，可见这个概念至少是“五四”以来约定俗成的。笔者觉得，反帝反封建意义上的“封建”，是指封建主义、专制主义、封建制度，是批判性质的，是价值评判。而我们这些年来所讲的封建社会，则是一个中性概念，是事实判断，二者不可混淆。有鉴于此，我们对于董仲舒思想在封建社会所起的历史作用，就应该平实地给予承认。

参考文献：

[1] 李宗桂．董仲舒道德论的文化剖析［J］．孔子研究，1991（3）：58－65.

[2] 王先谦．荀子集解［M］．北京：中华书局，1988.

[3] 李宗桂．荀子对中国文化的贡献［J］．中华文化论坛，2005（1）：91－94.

[4] 李宗桂．相似理论、协同学与董仲舒的哲学方法［J］．哲学研究，1986（9）：45－50.

[5] 班固．汉书［M］．北京：中华书局，1999.

[6] 谭嗣同．仁学：谭嗣同集［M］．沈阳：辽宁人民出版社，1994：70.

[7] 李约瑟．中国科学技术史：第2卷［M］．北京：科学出版社，1990：513.

[8] 李宗桂．董仲舒：秦汉思想的统一者［G］//《中国人文社会科学硕士博士文库》编委会．中国人文社会科学硕士博士文库：哲学卷（下）．杭州：浙江教育出版社，1998：1469－1514.

[9] 司马光．司马温公文集：第4册［M］．北京：中华书局，1985：283.

[10] 李宗桂．汉代礼治的形成及其思想特征［J］．哲学研究，2007（10）：46－53.

[11] 李宗桂．思想家与文化传统［J］．哲学研究，1993（8）：39－47.

[12] 李宗桂．由董仲舒谈思想家群体建设［J］．社会科学报，1993－11－04（04）.

原载于《衡水学院学报》2019年第2期。

李宗桂（1952－），男，四川眉山人，中山大学哲学系教授，博士生导师。

董仲舒入祀孔庙甚晚历史考

常会营

一、孔庙从祀制度之历史回顾

祭孔释奠礼，是指祭祀至圣先师孔子的典礼。释、奠都有陈设、呈献的意思，指的是在祭祀典仪中，陈设音乐、舞蹈，呈献牲、帛、酒等祭品，对孔子表示崇敬之意。释奠礼的形成和发展，应该说经历了一个很长的历史时期。

释奠仪这一仪式早在周朝已经产生了。那时的学校，春、秋、冬三时都要释奠于先师。根据孔颖达《礼记正义》："凡学者，谓《礼》《乐》《诗》《书》之学，于春夏之时，所教之官各释奠于其先师。秋冬之时，所教之官亦各释奠于其先师，故云'秋冬亦如之'。犹若教《书》之官，春时于虞庠之中释奠于先代明《书》之师，四时皆然。教礼之官，秋时于瞽宗之中释奠于其先代明《礼》之师，如此之类是也。"

但是，根据孙希旦《礼记集解》：

熊氏安生曰：释奠有六：始立学，一也；四时有四，五也；《王制》师还释奠，六也。释菜有三：春入学释菜，合舞，一也；兴器释菜，二也。《学记》"皮弁祭菜"，三也。秋颁学，合声，无"释菜"之文，则不释菜也。释币惟一，此兴器用币是也。愚谓夏不释奠，则释奠惟五。《学记》“大学始教，皮弁祭菜”，即始立学者兴器用币，然后释菜之事，则释菜惟二也。此言“兴器用币”，即上所言“释奠于先圣、先师，及行事必以币”，非二事也。盖始立学释奠，已见上文，此又重述之，以起下释菜傧宾之事耳。其曰“既”者，乃遥继前文之辞也。郑氏读兴为衅，谓“礼乐之器成，衅之，又用币告先圣、先师”，以始立学释奠与兴器用币为二事，故熊氏亦分释奠、释币为二，皆误也。衅器事小，何必告及先圣哉?①

由《礼记·文王世子》：“凡学，春，官释奠于其先师。秋冬亦如之，凡始立学者，必释奠于先圣先师”可知，孙希旦的理解应该是对的，即释奠有五次，始立学，一也；四时有三，四也；《王制》师还释奠，五也。而释菜也非三次，而是两次，即开始立学校之时以及每年仲春上丁日之释菜。

明代宋濂认为，“周有天下，立四代之学，其所为先圣者，虞庠则以舜，夏学则以禹，殷学则以汤，东胶则以文王，复各取当时左右四圣成其德业者为之先师以配享焉”②。由此我们可以看到周代四学各以各个朝代的开国之君作为主祀，同时还有当时辅佐他们成就德业的大臣作为先师配享。

凡是释奠，一定会有所合，也就是说一定会有与邻国所祭之人相合的。国家没有先圣先师的，所释奠者应当与邻国相合。国有先师先圣先师的则非如此。譬如唐虞有夔龙、伯夷，周有周公，鲁有孔子，是国故有此人，则不与邻国合祭也（另释奠还有合乐，大合乐一定以养老为终。大合乐，谓春入学舍菜合舞，秋颁学合声）。后来，由于孔子生前非常重视教育，在教育事业上成就很高，影响极为深远，所

① （清）孙希旦：《礼记集解》（中），中华书局，1989年版，第562—563页。

② 宋濂：《孔子庙堂议》，见《文宪集》卷二八。另可参《左传·哀公十六年》：夏四月己丑，孔丘卒。公诔之曰：“旻天不吊，不慭遗一老。俾屏余一人以在位，茕茕余在疚。呜呼哀哉！尼父，无自律。”子赣曰：“君其不没于鲁乎。夫子之言曰：‘礼失则昏，名失则愆。’失志为昏，失所为愆。生不能用，死而诔之，非礼也。称一人，非名也。君两失之。”《史记·孔子世家》所载相同。

以释奠的对象逐渐以孔子为主。

汉明帝永平十五年（72），明帝赴曲阜，（以太牢）祭祀先师孔子、先圣周公及七十二弟子。亲御讲堂，命太子、诸王说经。这是祭孔有配享的开始。

汉章帝刘炟也于元和二年（85）时值三月庚寅①，到曲阜祭祀孔子及七十二弟子，并演奏“六代之乐”②。他开创了封建帝王用乐祭孔之先河。据唐代杜佑《通典》注引《汉晋春秋》曰：“阙里者，仲尼之故宅也，在鲁城中。帝升庙，西面，群臣中庭，北面，皆再拜。帝进爵，而后坐。东观书云。祀礼毕，命儒者论难也。”又据清刘承泽《春明梦余录》：“帝升庙，西面，群臣中庭，北面，皆再拜。帝进爵，而后坐。大会孔氏男子六十三人，命儒者论难，赐褒成侯损等钱帛。”当然，如孔喆《孔子庙附享的历史演变》一文所言：“这些附享都是仅行于阙里孔子故宅庙宇，还没有奉祀在学校内。”③

东汉灵帝光和元年（178），始置鸿都门学，画孔子及七十二弟子像（《后汉书·蔡邕列传》）④。这很可能是目前已知孔子弟子在国立学校内奉祀的最早记载。

据孔德平先生主编之《曲阜孔庙祭祀通解》：“魏晋南北朝时期，有时以孔子为先圣，以颜回为先师奉祀。拜孔揖颜之礼更多是在国家太学举行，往往是国子监祭酒负责典礼。”⑤

魏正始中，齐王曹芳每讲经遍，就让太常释奠先圣先师于辟雍，不亲自行礼。等到了西晋惠帝、东晋明帝为太子，及西晋愍帝、怀帝太子讲经结束，亲释奠于太学，太子进爵于先师，中庶子进爵于颜回。东晋成帝、穆帝、孝武三帝，亦皆亲释奠。皇帝包括皇太子每于

---

① 据唐代杜佑《通典》为二月。

② 参见江帆艾春华《中国历代孔庙雅乐》，中国国际广播出版社，2001年版，第3页。

③ 孔喆：《孔子庙附享的历史演变》，《孔子研究》2011年第4期。

④ （清）孙承泽：《春明梦馀录》（上册），北京古籍出版社，1992年版，第294页。

⑤ 孔德平主编：《曲阜孔庙祭祀通解》，现代出版社，2007年版，第3页。

太学讲经通，亲自释奠孔子，这就更显示出晋代皇帝对孔子的尊崇程度。这一传统一直延续至清代，临雍讲学大典即由此而来。

据钟涛先生《魏晋南北朝的释奠礼与释奠诗》一文考证，“东汉时期祀周公为先圣，孔子为先师，但后代的释奠礼多数情况下都只祀孔子，不及周公。三国齐王芳正始时释奠礼停祀周公，专祭孔子于辟雍，以颜回配享。自此，整个六朝释奠均只祭孔子。其后，在唐高祖武德二年和唐高宗永徽中，曾短暂恢复祀周公为先圣、孔子为先师，但很快就停周公祀，只祀孔子为先圣，以孔门弟子和儒学经师配享”①。

晋武帝泰始二年（266）②，令太学及鲁国四时备三牲以祀孔子及七十二弟子。太始三年（267），改封孔子二十三代孙宗圣侯震为奉圣亭侯，太常卿、黄门侍郎。食邑二百户。又诏大学及鲁国四时备三牲以祀孔子③。七年，皇太子亲释奠于太学，讲孝经，通也。自是，咸宁三年，讲诗通；太康三年，讲礼记通，并亲释奠，以颜子配④。晋惠帝元康三年（293）春闰月，皇太子释奠于太学。舆驾亲次，宫臣毕从，主祀孔子，颜回配享。

通过上面所列资料可以看出，西晋惠帝、东晋明帝为太子，及西晋愍帝、怀帝太子讲经结束，亲释奠于太学，太子进爵于先师，中庶子进爵于颜回。东晋成帝、穆帝、孝武三帝，亦皆亲自释奠。

魏晋之释奠礼，在南北朝得到继承。据南朝齐礼制，新立学，必对先圣先师行释奠礼，每岁春秋二仲，常行其礼。每月旦，祭酒领博士以下及国子诸学生以上，太学、四门博士升堂，助教以下、太学诸生阶下，拜孔揖颜（《隋书·卷九·志第四·礼仪四》）。

据孔喆考察，东晋太元九年（384），国子学创建孔子庙，这是已

---

① 钟涛：《魏晋南北朝的释奠礼与释奠诗》，载《文史知识》2009年第4期。

② 按：唐杜佑《通典》“泰始”为“太始”，盖古“泰”“太”通假也。

③ 按：三年之事据唐杜佑《通典》，与上孙承泽《春明梦余录》所载二年之事有重复，待考。

④ （清）孙承泽：《春明梦余录》（上册），北京古籍出版社，1992年版，第297页。

知国立学校建造的第一所孔子庙。国子学“西有夫子堂，画孔子及十弟子像”。东西晋都是以颜回配享孔子的，宁康三年（375），孝武帝“释奠于中堂，祠孔子，以颜回配”（《晋书·孝武帝纪》），夫子堂图画的十弟子都应该像颜回一样被奉祀，这应该是四科十哲附享的最早记载①。

北魏主拓跋焘始光三年（426），起太学于城东祀孔子，以颜子配②。

东魏孝静帝兴和元年（539）兖州刺史李珽修建孔子及十弟子容像，立碑于庙庭。

北齐显祖天保元年（550），诏郡国各于坊内立孔颜庙。制：春、秋二仲，释奠于先圣先师；每月朔，祭酒领博士以下及国子诸学生、四门博士、升堂助教及太学诸生阶下拜孔圣，揖颜子；其郡学，则博士以下每月朔朝③。

隋开皇元年（581），文帝杨坚称孔子为“先师尼父”。史载：“隋文帝制：国子寺每岁以四仲月上丁释奠于先圣先师。州、县学以春秋仲月释奠。”④ 据《隋书·卷九·志第四·礼仪四》：“隋制，国子寺，每岁以四仲月上丁，释奠于先圣先师。年别一行乡饮酒礼。州郡学则以春秋仲月释奠。州郡县亦每年于学一行乡饮酒礼。学生皆乙日试书，丙日给假焉。”

据盖金伟先生考证，唐因隋制，使“释奠礼”最终定型，释奠成为学校教育中最主要的礼仪活动。集中记载唐代“释奠礼”的文献是《大唐开元礼》。

贞观二年（628），尚书左仆射房玄龄、国子博士朱子奢提出“周公”与“孔子”谁为先圣的问题：

---

① 参见孔喆《孔子庙附享的历史演变》，《孔子研究》2011年第4期。

② （清）孙承泽：《春明梦余录》（上册），北京古籍出版社，1992年版，第294页。

③ 同上，第298页

④ （唐）魏徵：《隋书》卷九《礼仪志四》，中华书局，1973年版，第181－182页。

武德中，诏释奠于太学，以周公为先圣，孔子配享。臣以周公、尼父，俱称圣人。庠序置奠，本缘夫子。故晋宋梁陈及隋大业故事，皆以孔子为先圣，颜回为先师，历代所行，古人通允。伏请停祭周公，升夫子为先圣，以颜回配享。诏从之。①

贞观二十一年（647），创建“释奠礼”中的影响最大的从祀制度，以二十二位儒家学者配享。《旧唐书·礼仪志》载：二十一年，诏曰：“左丘明、卜子夏、公羊高、穀梁赤、伏胜、高堂生、戴圣、毛苌、孔安国、刘向、郑众、杜子春、马融、卢植、郑玄、服虔、何休、王肃、王弼、杜预、范甯、贾逵总二十二座，春秋二仲，行释奠之礼。”同年，在许敬宗建议下，唐太宗建立了较为规范的太学、州县学等释奠礼仪的具体仪节，如祭主、礼器等：“请国学释奠，令国子祭酒为初献，祝辞称‘皇帝谨遣’，仍令司业为亚献，国子博士为终献。其州学，刺史为初献，上佐为亚献，博士为终献。县学，令为初献，丞为亚献，博士既无品秩，请主簿及尉通为终献。若有阙，并以次差摄。州县释奠，既请各刺史、县令亲献主祭，望准祭社，同给明衣。修附礼令，以为永则。”（《旧唐书·卷二十四·志第四·礼仪四》）“皇帝谨遣”可能即是后代皇帝祭祀孔子“遣官释奠”之由来。

根据刘承泽《春明梦余录》：“二十一年，制：先圣神位坐于庙堂内西楹间，东向；先师位于先圣东北，南向；余弟子及二十一贤以次，东陈，南向，西上。春、秋上丁行事前享一日，奉礼郎设三献位于东门之内道北，执事位为首设三献门外，位于东门之外道南，执事位于其后，每等异位，北向，西上，馆官、学生位于三献东南，北向，西上。释奠：令祭酒初献，司业亚献，博士终献。辞称皇帝谨遣某官行礼，以为永制。”②

“释奠礼”作为核心的学校教育礼仪制度，在唐高宗时期随着学

① 参盖金伟《论“释奠礼”与唐代学校教育》，《新疆师范大学学报》2007年12月第4期。

② （清）孙承泽：《春明梦余录》（上册），北京古籍出版社，1992年版，第299页。

校教育的衰落而出现反复，引发了一系列的礼仪之争，有人拟请恢复周公先圣地位，黜孔子为先师。唐高宗永徽中（653年左右），改周公为先圣，孔子为先师，颜回、左丘明从祀。

显庆二年（657），长孙无忌奏请延续《贞观礼》制度，才稳定孔子先圣地位。据《全唐文·先代帝王及先圣先师议》，显庆二年没有从高宗永徽年间令，而是改令从贞观二十一年诏，以孔子为先圣，周公则依照别礼，配享武王，不再祀于孔庙：

> 又准贞观二十一年诏，亦以孔子为先圣，更以左丘明等二十二人。与颜回俱配尼父于太学，并为先师。……今请改令从诏，于义为允。其周公仍依别礼，配享武王。①

据唐杜佑《通典》：高宗乾封元年正月，东巡，次兖州。邹县顿，祭宣父庙，赠"太师"。据《旧唐书·卷二十八·志第四·礼仪四》："乾封元年正月，高宗东封还，次邹县顿，祭宣父，赠太师。"总章元年（668）二月，皇太子诣学，赠颜回"太子少师"，曾参"太子少保"。据《旧唐书·卷二十八·志第四·礼仪四》："总章元年二月，皇太子弘幸国学，释奠，赠颜回太子少师，曾参太子少保。"

唐玄宗开元八年（720）初定十哲陪祀孔子庙，在先圣庙塑立孔子、颜回等十哲雕塑坐像，并在墙壁绘上七十位孔门弟子和二十二位贤人的画像②。在东西两京，用太牢牺牲，一起举行祭祀，音乐规格为宫悬，舞为六佾。这一切已是仅次于天子的规格了③。根据唐杜佑《通典》：开元八年，敕改颜生等十哲为坐像，悉应从祀。曾参大孝，德冠同列，特为塑像作于十哲之次，图画七十子及二十二贤于堂壁上。以颜子亚圣，亲为之赞，以书于石。闵损以下，令当朝文士分为之赞（时国子司业李元瓘奏称，先圣孔宣父庙先师颜子配坐，今其像立侍配享，合坐。十哲弟子虽复列像庙堂，不应享祀。谨检祠令，何休、范宁等二十二贤犹霑从祀，其十哲请春秋释奠，列享在二十二贤

① 《全唐文》卷一三六《先代帝王及先圣先师议》。

② 注：此时虽然在墙壁上绘上七十位孔门弟子画像，但七十子并未被祭祀。

③ 孔德平主编《曲阜孔庙祭祀通解》，现代出版社，2007年版，第2页。

之上。七十子请准都监庙堂，图形于壁，兼为立赞。又曾参孝道可崇，独受经于夫子，请准二十二贤应享）。据《旧唐书·卷二十八·志第四·礼仪四》：

初，开元八年，国子司业李元瓘奏称："先圣孔宣父庙，先师颜子配座，今其像立侍，配享合坐。十哲弟子，虽复列像庙堂，不预享祀。谨检祠令：何休、范甯等二十二贤，犹沾从祀，望请春秋释奠，列享在二十二贤之上。七十子，请准旧都监堂图形于壁，兼为立赞，庶敦劝儒风，光崇圣烈。曾参等道业可崇，独受经于夫子，望准二十二贤预飨。"敕改颜生等十哲为坐像，悉预从祀。曾参大孝，德冠同列，特为塑像，坐于十哲之次。图画七十子及二十二贤于庙壁上。以颜子亚圣，上亲为之赞，以书于石。闵损已下，令当朝文士分为之赞。

唐开元二十七年（739）八月，玄宗李隆基追谥孔子为"文宣王"。自今以后，两京国子监，夫子皆南面而坐，十哲等东西列侍。天下诸州亦准此。赠颜子为兖公、闵子骞等九人为侯，曾子、颛孙师等六十七人皆为伯①。自是始用宫悬之乐。春秋二仲上丁，令三公摄行事。二京之祭牲用太牢，舞八佾；州、县少牢。具体内容可参《旧唐书·卷二十八·志第四·礼仪四》：

二十七年八月，又下制曰：

弘我王化，在乎儒术。孰能发挥此道，启迪含灵，则生人已来，未有如夫子者也。……夫子既称先圣，可追谥为文宣王。宜令三公持节册命，应缘册及祭，所司速择日，并撰仪注进。其文宣陵并旧宅立庙，量加人洒扫，用展诚敬。其后嗣可封文宣公。至如辨方正位，著自礼经，苟非得所，何以示则？昔缘周公南面，夫子西坐，今位既有殊，坐岂如旧，宜补其坠典，永作成式。自今已后，两京国子监，夫子皆南面而坐，十哲等东西列侍。天下诸州亦准此。

---

① 注：直到此时，七十子才算正式受到奉祀。

……颜子渊既云亚圣，须优其秩，可赠兖公。闵子骞可赠费侯，冉伯牛可赠郓侯，冉仲弓可赠薛侯，冉子有可赠徐侯，仲子路可赠卫侯，宰子我可赠齐侯，端木子贡可赠黎侯，言子游可赠吴侯，卜子夏可赠魏侯。又夫子格言，参也称鲁，虽居七十之数，不载四科之目。顷虽异于十哲，终或殊于等伦，允稽先旨，俾循旧位。庶乎礼得其序，人焉式瞻，宗洙泗之丕烈，重胶庠之雅范。

又赠曾参、颛孙师等六十七人皆为伯。于是正宣父坐于南面，内出王者衮冕之服以衣之。遣尚书左丞相裴耀卿就国子庙册赠文宣王。册毕，所司奠祭，亦如释奠之仪，公卿已下预观礼。又遣太子少保崔琳就东都庙以行册礼，自是始用宫悬之乐。春秋二仲上丁，令三公摄行事。

开元二十八年（740）敕："文宣王庙，春秋释奠，宜令三公行礼。著之常式。"① 确立孔子释奠的最高等级的礼仪内容（又据唐杜佑《通典》：二十七年八月，制夫子，追赠谥为"文宣王"，宜令三公持节。敕命并撰仪注。昔缘周公南面，夫子西坐。今位既有殊，坐岂仍旧？宜补其陆典，永作常式。自今以后，夫子南面而坐，内出王者衮冕之服以衣之。十哲等东西列侍，颜子渊既云亚圣，须优其秩）。根据唐杜佑《通典·开元礼纂类一》："仲春、仲秋上丁释奠于太学，孔宣父为先圣，颜子为先师。凡九十五座，先圣先师笾豆各十，簠、簋各二，登、铏、俎各三。其七十二弟子及左丘明、公羊高、穀梁赤、伏胜、高堂生、戴圣、毛苌、孔安国、刘向、郑众、杜子春、马融、卢植、郑元、服虔、贾逵、何休、王肃、王弼、杜元凯、范宁等从祀诸座笾豆各三，簠、簋、俎各一。其七十二弟子新加。余依旧定，其名具太学篇中也。"

五代时期，战乱频仍，故祭孔释奠相对不受重视。虽然如此，我们还是能看到相关历史记载。这足以证明，即便在战乱年代，国家祭

① 《唐会要》卷三五《释奠》，第750页。

孔释奠依然在持续。

后唐明宗长兴二年（931），文、武二庙诏复并建[①]。诏文宣王庙四壁诸贤，每释奠，各设笾二，豆二，簠、簋各一，爵一。

关于从祀之事，据《宋史·志第五十八·礼八》：

> 至圣文宣王。唐开元末升为中祠，设从祀，礼令摄三公行事。朱梁丧乱，从祀遂废。后唐长兴二年，仍复从祀。周显德二年，别营国子监，置学舍。

由此可知，文宣王（孔子）从祀之事，唐开元末祀孔升为中祀，便开始设从祀之制。而907年，梁王朱温篡唐称帝，唐朝灭亡之后，从祀之礼遂废弛。后唐长兴二年（931）又恢复从祀制度。

自祀孔升为中祀后，祭孔活动逐代升格，宋代扶摇直上。根据《曲阜孔庙祭祀通解》所载：宋代是孔氏受朝廷恩宠较为兴盛的时期，宋太祖建隆元年（960）二月，视国子监，亲谒孔子庙，诏增修祠宇，亲制文宣王及兖公二赞，十哲以下分命宰臣两制撰；绘先圣先贤先儒像，释奠用永安之乐[②]。

后周显德二年（955），别营国子监，置学舍。宋因增修之，塑先圣、亚圣、十哲像，画七十二贤及先儒二十一人像于东西庑之木壁，太祖亲撰《先圣》《亚圣赞》，十哲以下命文臣分赞之。

《宋史·志第五十八·礼八》中详细记载了宋真宗大中祥符元年十一月一日，真宗封泰山后驾幸曲阜，拜谒文宣王庙并诏追谥孔子“玄圣文宣王”的情形：

> 真宗大中祥符元年，封泰山，诏以十一月一日幸曲阜，备礼谒文宣王庙。内外设黄麾仗，孔氏宗属并陪位，帝服靴袍，行酌献礼。又幸叔梁纥堂，命官分奠七十二弟子、先儒洎叔梁纥、颜氏。初，有司定仪肃揖，帝特展拜，以表严师崇儒之意，亲制赞，刻石庙中。复幸孔林，以树拥道，降舆乘马，至文宣王墓，

---

① （清）孙承泽：《春明梦余录》（上册），北京古籍出版社，1992年版，第295页。

② 孔德平主编：《曲阜孔庙祭祀通解》，现代出版社，2007年版，第4页。

设奠再拜，诏追谥曰玄圣文宣王，祝文进署，祭以太牢，修饰祠宇，给便近十户奉茔庙。仍追封叔梁纥为齐国公，颜氏鲁国太夫人，伯鱼母亓官氏，郓国夫人。

在拜谒曲阜文宣王庙的时候，孔氏宗属陪同，皇帝穿礼服靴袍，亲行酌献礼。又驾幸叔梁纥之堂，命官员分别奠祭孔子七十二弟子、先儒以及叔梁纥和颜氏夫人。本来有司定礼仪是肃揖，宋真宗特别用展拜之礼，以表示严师崇儒之意，并亲自制赞词，刻石于孔庙之中。又驾幸孔林，因为树木茂密，堵塞道路，于是特别降舆乘马，来至文宣王墓，设奠再拜，下诏追谥孔子曰"玄圣文宣王"，进献祝文，以太牢祭祀，并修饰祠庙，让近十户奉事坟茔祠庙。仍然追封叔梁纥为齐国公，颜氏为鲁国夫人，伯鱼母亲亓官氏，封为郓国夫人。

宋真宗大中祥符二年（1009）春二月，诏立孔子庙学舍；三月颁孔子庙桓圭一，加冕九旒，服九章，从上公制；夏五月诏追封孔子弟子；六月，颁诸州释奠仪注祭器图；秋七月加左丘明等十九人封爵。是年，就文宣王庙立像，养孔子子孙[①]。宋真宗大中祥符二年五月乙卯，诏追封十哲为公，七十二弟子为侯，先儒为伯或赠官。亲制《玄圣文宣王赞》，命宰相等撰颜子以下赞，留亲奠祭器于庙中，从官立石刻名。既以国讳，改谥至圣文宣王。

仁宗天圣元年（1023），视国子监，奠谒先圣。退，阅七十二贤赞，观东序及礼器。

宋神宗熙宁七年（1074），判国子监常秩等请立孟轲、扬雄像于庙廷，仍赐爵号，又请追尊孔子以帝号。下两制礼官详定，以为非是而止。

京兆府学教授蒋夔请以颜回为兖国公，毋称先师，而祭不读祝，仪物一切降杀，而进闵子骞九人亦在祀典。礼官以孔子、颜子称号，历代各有据依，难辄更改，仪物祝献，亦难降杀，所请九人，已在祀典。熙宁祀仪，十哲皆为从祀，唯州县释奠未载。请自今二京及诸州

---

① 孔德平主编：《曲阜孔庙祭祀通解》，现代出版社，2007 年版，第 4 页。

春秋释奠，并准熙宁祀仪。

诏封孟轲邹国公。晋州州学教授陆长愈请春秋释奠，孟子宜与颜子并配。议者以谓凡配享、从祀，皆孔子同时之人，今以孟轲并配，非是。礼官言：“唐贞观以汉伏胜、高堂生、晋杜预、范宁之徒与颜子俱配享，至今从祀，岂必同时？孟子于孔门当在颜子之列，至于荀况、扬雄、韩愈，皆发明先圣之道，有益学者，久未配飨，诚阙典也。请自今春秋释奠，以孟子配食，荀况、扬雄、韩愈并加封爵，以世次先后，从祀于左丘明二十一贤之间。自国子监及天下学庙，皆塑邹国公像，冠服同兖国公。仍绘荀况等像于从祀：荀况，左丘明下；扬雄，刘向下；韩愈，范宁下。冠服各从封爵。”诏如礼部议，荀况封兰陵伯，扬雄封成都伯，韩愈封昌黎伯，令学士院撰赞文。又诏太常寺修四孟释菜仪（《宋史·志第五十八·礼八》）。

宋徽宗崇宁初（1102年左右），封孔鲤为泗水侯，孔伋为沂水侯。诏：“古者，学必祭先师，况都城近郊，大辟黉舍，聚四方之士，多且数千，宜建文宣王庙，以便荐献。”又诏：“王安石可配享孔子庙，位于邹国公之次。”国子监丞赵子栎言：“唐封孔子为文宣王，其庙像，内出王者衮冕衣之。今乃循五代故制，服上公之服。七十二子皆周人，而衣冠率用汉制，非是。”诏孔子仍旧，七十二子易以周之冕服。又诏辟雍文宣王殿以“大成”为名。帝幸国子监，谒文宣王殿，皆再拜行酌献礼，遣官分奠兖国公而下。国子司业蒋静言：“先圣与门人通被冕服，无别。配享、从祀之人，当从所封之爵，服周之服，公之衮冕九章，侯、伯之冕七章。衮，公服也，达于上。郑氏谓公衮无升龙，误矣。考《周官》司服所掌，则公之冕与王同；弁师所掌，则公之冕与王异。今既考正配享、从祀之服，亦宜考正先圣之冕服。”于是增文宣王冕为十有二旒。

崇宁，议礼局言：“太学献官、太祝、奉礼，皆以法服，至于郡邑，则用常服。望命有司降祭服于州县，凡献官、祝、礼，各服其服，以尽事神之仪。”诏以衣服制度颁使州县自造焉（《宋史·志第五十八·礼八》）。

宋徽宗大观二年（1108），从通仕郎侯孟请，绘子思像，从祀于左丘明二十四贤之间。议礼局言："建隆三年，诏国子监庙门立戟十六，用正一品礼。大中祥符二年，赐曲阜庙桓圭，从上公之制。又《史记·弟子传》曰，受业身通六艺者七十有七人，自颜回至公孙龙三十五人颇有年名及受业见于书传，四十二人姓名仅存。《家语》曰，七十二弟子皆升堂入室者。按《唐会要》七十七人，而《开元礼》止七十二人，又复去取不一。本朝议臣，断以七十二子之说，取琴张等五人，而去公夏首等十人。今以《家语》《史记》参定，公夏首、后处、公肩定、颜祖、鄡单、罕父黑、秦商、原抗、乐欬、廉洁，《唐会要》《开元礼》亦互见之，皆有伯爵，载于祀典。请追赠侯爵，使预祭享。"诏封公夏首钜平侯，后处胶东侯，公肩定梁父侯，颜祖富阳侯，鄡单聊城侯，罕父黑祈乡侯，秦商冯翊侯，原抗乐平侯，乐欬建成侯，廉洁胙城侯。又诏改封曾参武城侯，颛孙师颍川侯，南宫纟舀汶阳侯，司马耕睢阳侯，琴张阳平侯，左丘明中都伯，穀梁赤睢陵伯，戴圣考城伯，以所封犯先圣讳也（《宋史·志第五十八·礼八》）。

宋徽宗大观三年（1109），大观三年，礼部、太常寺请以文宣王为先师，兖、邹、荆三国公配享，十哲从祀。自昔著名算数者画像两庑，请加赐五等爵，随所封以定其服。于是中书舍人张邦昌定算学：封风后上谷公，箕子辽东公，周大夫商高郁夷公，大挠涿鹿公，隶首阳周公，容成平都公，常仪原都公，鬼俞区宜都公，商巫咸河东公，晋史苏晋阳伯，秦卜徒父颍阳伯，晋卜偃平阳伯，鲁梓慎汝阳伯，晋史赵高都伯，鲁卜楚丘昌衍伯，郑裨灶荥阳伯，赵史墨易阳伯，周荣方美阳伯，齐甘德菑川伯，魏石申隆虑伯，汉鲜于妄人清泉伯，耿寿昌安定伯，夏侯胜任城伯，京房乐平伯，翼奉良成伯，李寻平陵伯，张衡西鄂伯，周兴慎阳伯，单飏湖陆伯，樊英鲁阳伯，晋郭璞闻喜伯，宋何承天昌卢伯，北齐宋景业广宗伯，隋萧吉临湘伯，临孝恭亲丰伯，张胄玄东光伯，周王朴东平伯，汉邓平新野子，刘洪蒙阴子，魏管辂平原子，吴赵逵谷城子，宋祖冲之范阳子，后魏商绍长乐子，北齐信都芳乐城子，北齐许遵高阳子，隋耿询湖熟子，刘焯昌亭子，刘炫景城子，唐傅仁均博平子，王孝通介休子，瞿昙罗居延子，李淳风昌乐子，王希明琅琊子，李鼎祚赞皇子，边冈成安子，汉郎颛观阳子，襄楷隰阴子，司马季主夏阳男，落下闳阆中男，严君平广都男，魏刘徽淄乡男，晋姜岌成纪男，张丘建信成男，夏侯阳平陆男，后周甄鸾无极男，隋卢大翼成平男。寻诏以黄帝为先师。

礼部员外郎吴时言：“书画之学，教养生徒，使知以孔子为师，此道德之所以一也。若每学建立殿宇，则配食、从祀，难于其人。请春秋释奠，止令书画博士量率职事生员，陪预执事，庶使知所宗师。医学亦准此。”诏皆从之（《宋史·志第五十八·礼八》）。

宋徽宗政和元年（1111），诏先圣庙用戟二十四，文宣王执镇圭，并用王者之制。徽宗政和六年五月，赐堂上正声大乐一部及礼器于阙里。政和三年（1113），诏封王安石舒王，配享；安石子雱临川伯，从祀。《新仪》成，以孟春元日释菜，仲春、仲秋上丁日释奠。以兖国公颜回、邹国公孟轲、舒王王安石配享殿上；琅邪公闵损、东平公冉耕、下邳公冉雍、临淄公宰予、黎阳公端木赐并西向，彭城公冉求、河内公仲由、丹阳公言偃、河东公卜商、武城侯曾参并东向；东庑。颍川侯颛孙师以下至成都伯扬雄四十九人并西向，西庑，长山侯林放以下至临川伯王雱四十八人并东向。颁辟雍大成殿名于诸路州学。

五年，太常寺言：“兖州邹县孟子庙，诏以乐正子配享，公孙丑以下从祀，皆拟定其封爵：乐正子克利国侯，公孙丑寿光伯，万章博兴伯，告子不害东阿伯，孟仲子新泰伯，陈臻蓬莱伯，充虞昌乐伯，屋庐连奉符伯，徐辟仙源伯，陈代沂水伯，彭更雷泽伯，公都子平阴伯，咸丘蒙须城伯，高子泗水伯，桃应胶水伯，盆成括莱阳伯，季孙丰城伯，子叔承阳伯。”大晟乐成，诏下国子学选诸生肄习，上丁释奠，奏于堂上，以祀先圣（《宋史·志第五十八·礼八》）。

据《宋史·志第五十八·礼八》：

> 靖康元年，右谏议大夫杨时言王安石学术之谬，请追夺王爵，明诏中外，毁去配享之像，使邪说淫辞不为学者之惑。诏降安石从祀庙廷。尚书傅墨卿言：“释奠礼馔，宜依元丰祀仪陈设，其《五礼新仪》勿复遵用。”

又据清人孙承泽《春明梦余录》：孝宗淳熙四年（1177）二月乙

卯，视太学，御崇化堂。[①] 据《宋史·志第五十八·礼八》：

淳熙四年，去王雱画像。淳祐元年正月，理宗幸太学，诏以周敦颐、张载、程颢、程颐、朱熹从祀，黜王安石。景定二年，皇太子诣学，请以张栻、吕祖谦从祀。从之。

由此可知，淳熙四年（1177），南宋孝宗命去除王安石之子王雱的画像。

南宋理宗淳祐元年（1241），理宗驾幸太学，下诏以周敦颐、张载、程颢、程颐、朱熹从祀，黜王安石。南宋理宗景定二年（1261），皇太子亲诣太学，请求以张栻、吕祖谦从祀，理宗同意了。

又据清人孙承泽《春明梦余录》：理宗淳祐元年（1241），祀太学，以所制伏羲、尧、舜、禹、汤、文、武、周、孔、颜、曾、思、孟十三赞就赐国子监，宣示诸生[②]。

宋度宗咸淳三年（1267），诏封曾参郕国公，孔伋沂国公，配享先圣。封颛孙师陈国公，升十哲位。复以邵雍、司马光列从祀。其序：兖国公、郕国公、沂国公、邹国公，居正位之东面，西向北上，为配位；费公闵损、薛公冉雍、黎公端木赐、卫公仲由、魏公卜商，居殿上东面，西向北上，郓公冉耕、齐公宰予、徐公冉求、吴公言偃、陈公颛孙师，居殿上西面，东向北上，为从祀；东庑，金乡侯澹台灭明、任城侯原宪、汝阳侯南宫适、莱芜侯曾点、须昌侯商瞿、平舆侯漆雕开、睢阳侯司马耕、平阴侯有若、东阿侯巫马施、阳谷侯颜辛、上蔡侯曹恤、枝江侯公孙龙、冯翊侯秦祖、雷泽侯颜高、上邽侯壤驷赤、成邑侯石作蜀、钜平侯公夏首、胶东侯后处、济阳侯奚容点、富阳侯颜祖、滏阳侯句井疆、鄄城侯秦商、即墨侯公祖句兹、武城侯县成、汧源侯燕伋俯句侯颜之仆、建成侯乐劾、堂邑侯颜何、林虑侯狄黑、郓城侯孔忠、徐城侯公西点、临濮侯施之常、华亭侯秦非、文登侯申枨、济阴侯颜哙、泗水侯孔鲤、兰陵伯荀况、睢陵伯谷

① （清）孙承泽：《春明梦余录》（上册），北京古籍出版社，1992年版，第295－301页。

② 同上。

梁赤、莱芜伯高堂生、乐寿伯毛苌、彭城伯刘向、中牟伯郑众、缑氏伯杜子春、良乡伯卢植、荥阳伯服虔、司空王肃、司徒杜预、昌黎伯韩愈、河南伯程颢、新安伯邵雍、温国公司马光、华阳伯张栻，凡五十二人，并西向；西庑，单父侯宓不齐、高密侯公冶长、北海侯公皙哀、曲阜侯颜无繇、共城侯高柴、寿张侯公伯寮、益都侯樊须、钜野侯公西赤、千乘侯梁鳣、临沂侯冉孺、沭阳侯伯虔、诸城侯冉季、濮阳侯漆雕哆、高苑侯漆雕徒父、邹平侯商泽、当阳侯任不齐、牟平侯公良孺、新息侯秦冉、梁父侯公肩定、聊城侯鄡单、祁乡侯罕父黑、淄川侯申党、厌次侯荣旂、南华侯左人郢、朐山侯郑国、乐平侯原亢、胙城侯廉洁、博平侯叔仲会、高堂侯邽巽、临朐侯公西舆如、内黄侯蘧瑗、长山侯林放、南顿侯陈亢、阳平侯琴张、博昌侯步叔乘、中都伯左丘明、临淄伯公羊高、乘氏伯伏胜、考城伯戴圣、曲阜伯孔安国、成都伯扬雄、歧阳伯贾逵、扶风伯马融、高密伯郑玄、任城伯何休、偃师伯王弼、新野伯范宁、汝南伯周敦颐、伊阳伯程颐、郿伯张载、徽国公朱熹、开封伯吕祖谦，凡五十二人，并东向（《宋史·志第五十八·礼八》）。

金熙宗皇统元年（1141）二月戊子，熙宗诣文宣王庙奠祭，北面再拜，顾儒臣曰："为善不可不勉。孔子虽无位，以其道可尊，使万世高仰如此。"（《金史卷三十五·志第十六·礼八·宣圣庙》）

金世宗大定十四年（1174），国子监言："岁春秋仲月上丁日，释奠于文宣王，用本监官房钱六十贯，止造茶食等物，以大小楪排设，用留守司乐，以乐工为礼生，率仓场等官陪位，于古礼未合也。伏睹国家承平日久，典章文物当粲然备具，以光万世。况京师为首善之地，四方之所观仰，拟释奠器物、行礼次序，合行下详定。兼兖国公亲承圣教者也，邹国公功扶圣教者也，当于宣圣像左右列之。今孟子以燕服在后堂，宣圣像侧还虚一位，礼宜迁孟子像于宣圣右，与颜子相对，改塑冠冕，妆饰法服，一遵旧制。"

礼官参酌唐《开元礼》，定拟释奠仪数：文宣王、兖国公、邹国公每位笾豆各十、牺尊一、象尊一、簠簋各二、俎二、祝板各一，皆设案。七十二贤、二十一先儒，每位各笾一、豆一、爵一，两庑各设象尊二。总用笾、豆各一百二十三，簠簋各六，俎六，牺尊三，象尊七，爵九十四。其尊皆有坫。罍二，洗二，篚勺各二，幂六。正位并从祀藉尊、罍、俎、豆席，约用三十幅，尊席用苇，俎、豆席用莞。牲用羊、豕各三，酒二十瓶。礼行三献，以祭酒、司业、博士充。分献官二，读祝官一，太官令一，捧祝官二，罍洗官一，爵洗官一，巾篚官二，礼直官十一，学生以儒服陪位。乐用登歌，大乐令一员，本署官充，乐工三十九人。

承安二年（1197），春丁，章宗亲祀，以亲王摄亚、终献，皇族陪祀，文武群臣助奠。上亲为赞文，旧封公者升为国公，侯者为国侯，郕伯以下皆封侯。宣宗迁汴，建庙会朝门内，岁祀如仪，宣圣、颜、孟各羊一、豕一，余同小祀，共用羊八，无豕。其诸州释奠并遵唐仪（《金史卷三十五·志第十六·礼八·宣圣庙》）。

如孔喆所言：在孔子庙大成殿附享人物中，孔子弟子在配享四人中有二人（颜回、曾参），从享十二哲中有十一人，从祀先贤七十九人中有六十六人，而在崇圣祠的附享中，配享六人中有四人（颜回之父颜无繇、曾参之父曾点、子思之父孔鲤、孔子之侄孔忠），是孔子庙附享的最大群体且占据了孔子庙附享的最重要位置。孔子弟子附享最早、最多，又是孔子庙附享的主体，所以不应该将他们排斥在附享历史之外①。

二、董仲舒缘何未于魏晋南北朝及唐宋时期入祀孔庙

元文宗至顺元年（1330），以汉儒董仲舒从祀孔庙（《元史·卷七十六·志第二十七·祭祀五·太社太稷·宣圣》）。

董仲舒作为汉代大儒，为何未能在魏晋南北朝特别是唐宋时期入祀孔庙？而是于一千余年后的元代，方得以入祀孔庙？这实在是值得今之学者好好思考的一个问题。因为这不仅仅是一个学术史、思想史

---

① 参见孔喆《孔子庙附享的历史演变》，载《孔子研究》2011年第4期。

的问题，也是政治史、文化史问题。因为，一般古代大儒入祀孔庙，皆要经过礼部或相关部门审议，最终由皇帝来钦定。我们皆知道自汉武帝采纳董仲舒建议“罢黜百家，独尊儒术”，然后儒家逐步取得了帝制社会独尊的历史地位。应该说，董仲舒为儒学（六经）后世独尊立下了汗马功劳。可是，且不说魏晋南北朝（主要是尊孔揖颜），为什么作为汉人的大唐、大宋的君主们都不予以重视，唐太宗审定的二十二位汉代大儒里面没有董仲舒，宋真宗、宋徽宗、宋度宗加封的古代大儒里面也依然没有董仲舒？而偏偏是少数民族入主中原的元代，却破例将董仲舒入祀孔庙，享受古代儒家知识分子梦寐以求的无上殊荣？笔者尝试从以下几方面做一解析。

首先，魏晋南北朝时期，主要停留在尊孔揖颜上，对于其他汉代大儒包括董仲舒，尚不够重视。

如孔德平先生所言：“魏晋南北朝时期，有时以孔子为先圣，以颜回为先师奉祀。拜孔揖颜之礼更多是在国家太学举行。”[①] 魏正始中，齐王曹芳每讲经遍，就让太常释奠先圣先师于辟雍，不亲自行礼。等到了西晋惠帝、东晋明帝为太子，及西晋愍帝、怀帝太子讲经结束，亲释奠于太学，太子晋爵于先师，中庶子晋爵于颜回。魏晋之释奠礼，在南北朝得到继承。据南朝齐礼制，新立学，必对先圣先师行释奠礼，每岁春秋二仲，常行其礼。每月旦，祭酒领博士以下及国子诸学生以上，太学、四门博士升堂，助教以下、太学诸生阶下，拜孔揖颜。因此，董仲舒等汉代大儒，甚至于孔子其他七十弟子，在魏晋南北朝时，似乎并未得到应有的重视。

其次，唐朝时期，董仲舒依然未能与其他汉儒入祀孔庙，应该与当时国家统治者对九经及其注疏者的选定有关。

贞观二十一年（647），唐太宗创建“释奠礼”中的影响最大的从祀制度，以二十二位儒家学者配享。《旧唐书·礼仪志》载：二十一年，诏曰：“左丘明、卜子夏、公羊高、穀梁赤、伏胜、高堂生、戴

① 孔德平主编：《曲阜孔庙祭祀通解》，现代出版社，2007年版，第3页。

圣、毛苌、孔安国、刘向、郑众、杜子春、马融、卢植、郑玄、服虔、何休、王肃、王弼、杜预、范宁、贾逵总二十二座，春秋二仲，行释奠之礼。”同年，在许敬宗建议下，唐太宗建立了较为规范的太学、州县学等释奠礼仪的具体仪节，如祭主、礼器等。从这些入祀孔庙、配享孔子的二十二位儒家学者名单里，我们可以看出，左丘明、卜子夏是比较早的与孔子同时代人，其他基本是西汉、东汉乃至魏晋时期的一代名儒、大儒，他们对于经学的发展传承，做出了巨大的历史贡献。

与董仲舒同处西汉的伏胜、高堂生、戴圣、毛苌、孔安国、刘向，他们都是一代儒宗，入祀孔庙也没有什么争议。而董仲舒缘何没有同时入祀孔庙呢？我们可以看到，因为在这些西汉大儒前面，还有几位是孔子同时代人、孔子弟子及其再传弟子。左丘明，左氏世为鲁国太史，至左丘明则约与孔子同时，而年辈稍晚。其作为当时著名史家、学者与思想家，著有《春秋左氏传》《国语》等。其高洁品行为孔子所推崇，子曰：“巧言、令色、足恭，左丘明耻之，丘亦耻之。匿怨而友其人，左丘明耻之，丘亦耻之。”（《论语·公冶长》）汉司马迁亦称其为“鲁君子”，赞其“左丘失明，厥有《国语》”（《报任安书》）。公羊高，《春秋公羊传》的作者，是战国时齐国人。相传是子夏（卜商）的弟子，治《春秋》，传于公羊平。如果从《春秋》传授谱系来看的话，其承继卜子夏，故位在子夏之后，也是可以理解的。榖梁赤，字子始，战国时期著名经学家，相传为子夏弟子。治《春秋》，至榖梁赤，为《春秋》残亡，多所遗失，乃为经作传，称《春秋榖梁传》。可以看出，这都是《春秋》学史上开山鼻祖式的重要代表人物。

根据《史记·儒林列传》：

自孔子卒后，七十子之徒散游诸侯，大者为师傅卿相，小者友教士大夫，或隐而不见。故子路居卫，子张居陈，澹台子羽居楚，子夏居西河，子贡终于齐。如田子方、段干木、吴起、禽滑厘之属，皆受业于子夏之伦，为王者师。是时独魏文侯好学。后陵迟以至于始皇，天下并争于战国，儒术既绌焉，然齐鲁之间，学者独不废也。于威、宣之际，孟子、荀卿之列，咸遵夫子之业而润色之，以学显于当世。

……

及今上即位，赵绾、王臧之属明儒学，而上亦乡之，于是招方正贤良文学之士。自是之后，言诗于鲁则申培公，于齐则辕固生，于燕则韩太傅。言尚书自济南伏生。言礼自鲁高堂生。言易自菑川田生。言春秋于齐鲁自胡毋生，于赵自董仲舒。及窦太后崩，武安侯田蚡为丞相，绌黄老、刑名百家之言，延文学儒者数百人，而公孙弘以春秋白衣为天子三公，封以平津侯。天下之学士靡然乡风矣。

由此可知，自孔子去世之后，孔子之七十弟子散游于诸侯，大的做了诸侯王的师傅卿相，小的与士大夫亦师亦友，也有的归隐不见于世。子夏居西河，授业弟子包括了田子方、段干木、吴起、禽滑厘等，成为魏文侯的“王者师”。后来战国时的孟子、荀子，都能遵循孔子的学术事业加以润色，以学问显赫于世。而到了汉武帝继位以后，赵绾、王臧等明儒学，皇上也倾向于儒学，于是开始招方正贤良文学之士。从此之后，言《诗》的于鲁国则是申培公，于齐国则是辕固生，于燕国则是韩太傅。言《尚书》来自济南伏生。言《礼》来自鲁国高堂生。言《易》来自菑川田生。言《春秋》于齐国、鲁国来自胡毋生，于赵国则来自董仲舒。这样，儒学六经自孔子至汉代的传承谱系基本就比较明晰了。

而董仲舒作为今文经学大师。汉景帝时任博士，讲授《公羊春秋》。汉武帝下诏征求治国方略，董仲舒在著名的《举贤良对策》中系统地提出了“天人感应”“大一统”学说和“诸不在六艺之科、孔子之术者，皆绝其道，勿使并进”“推明孔氏、抑黜百家”（《汉书·董仲舒传》）的主张为武帝所采纳，使儒学成为中国社会正统思想（经学），影响长达两千多年。在儒家《春秋》的传承谱系中，左丘明、卜子夏、公羊高、穀梁赤在董仲舒所处时代之前，他们入祀孔庙是无有争议的。同处西汉，言《尚书》的济南伏生、言《礼》的鲁国高堂生入选了，言《春秋》于齐国、鲁国的胡毋生，赵国的董仲舒，统统没有入选。是否因为当时唐太宗君臣认为《春秋》之学统已经有了开山鼻祖左丘明、卜子夏、公羊高、穀梁赤，而西汉言《春秋》的胡毋生、董仲舒只是继承了其《春秋》三传的思想，因而未将其列入呢？而且言《诗》的鲁国申培公、齐国辕固生、燕国韩太傅，言《易》的菑川田生，也都没有入选，是否也说明唐代君臣对于六经之《诗》《易》亦未有引起足够的重视？因而只是列了卜子夏及《春秋》三传之开山鼻祖，以及《尚书》和《礼》学传人。是否因为已经有了卜子夏和《春秋》三传之开山鼻祖，人数已然够多，故西汉之《春秋》学大儒胡毋生、董仲舒便未再列入？

孔喆《孔子庙附享的历史演变》一文对于附享从祀孔庙者做了传经之儒、传道之儒与行道之儒的划分，可以给我们以很大的启发。其将唐太宗于孔庙所增加的二十二位大儒列为“传经之儒”，并结合古代释奠先师之制，特别在文中指出：

> 以传经之儒附享的依据在《礼记》，该书《文王世子》篇说：“凡学，春，官释奠于其先师。”郑玄解释说：“官，谓礼乐诗书之官。《周礼》曰：‘凡有道者、有德者，使教焉，死则以为乐祖，祀于瞽宗。’此之谓先师之类也。若汉，《礼》有高堂生，《乐》有制氏，《诗》有毛公，《书》有伏生，億可以为之也。”
>
> 此次被准许配享的先儒或为经书做传，或为经书作注，或于秦火之后保存传授儒经，是对儒家经典和儒家思想的传播作出了重要贡献的学者。唐代明确规定，学校“凡教授之经，以《周易》《尚书》《周礼》《仪礼》《礼记》《毛诗》《春秋左氏传》《公羊传》《穀梁传》各为一经，《孝经》《论语》《老子》学者兼习之。”同时还规定了各经的注本：“《周易》郑玄、王弼注，《尚书》孔安国、郑玄注、三《礼》、《毛诗》郑玄注、《左传》服虔注、杜预注，《公羊》何休注，《谷梁》范宁注，《论语》郑玄、何晏注，《孝经》《老子》并开元御注，旧令《孝经》孔安国、郑玄注，《老子》河上公注。”（《唐六典》卷二十一）上述二十二人

附享孔子庙应该说还是允当的。①

由此来看，唐代《周易》《尚书》《周礼》《仪礼》《礼记》《毛诗》《春秋左氏传》《公羊传》《穀梁传》各为一经，共称“九经”，当时学校采用各经的注本分别是《周易》郑玄、王弼注，《尚书》孔安国、郑玄注，三《礼》、《毛诗》郑玄注，《左传》服虔注、杜预注，《公羊》何休注，《穀梁》范宁注。而结合古代释奠先师的定制，他们都要在一年中相应的季节予以释奠祭祀。故孔喆认为，上述二十二人附享孔子庙应该说还是允当的。大儒董仲舒当时未被列入传经之儒，故未入祀孔庙。很明显，这应该是与唐代唐太宗君臣对于九经及其注疏者的选定直接相关。例如，上面所述的唐朝选定九经注疏的郑玄、王弼、孔安国、服虔、杜预、何休、范宁等皆入祀孔庙，而其他汉代诸儒包括董仲舒在内因不是传经之儒，未对经书予以注疏，其著作亦未被国家选定为参考书，故皆未入祀。

第三，宋、金时期，因循唐制，多有褒奖封赠，董仲舒依然未能入祀孔庙。

宋代是孔氏受朝廷恩宠较为兴盛的时期，宋太祖亲自视察国子监，亲谒孔子庙，诏增修祠宇，亲制文宣王及兖公二赞，十哲以下分命宰臣两制撰；绘先圣先贤先儒像，释奠用永安之乐。宋因循后周国子监学舍增修，塑先圣、亚圣、十哲像，画七十二贤及先儒二十一人像于东西庑之木壁。

由此可知，宋承唐制，宋太祖、宋真宗、宋仁宗、宋徽宗等皆对孔子、颜回、十哲、七十二贤以及先儒二十一人予以极大的褒奖和封赠，例如增修祠宇、亲制文宣王及兖公二赞、十哲以下分命宰臣两制课、绘先圣先贤先儒像、释奠用永安之乐等。另如宋真宗拜谒文宣王庙并诏追谥孔子“玄圣文宣王”，命官员分别奠祭孔子七十二弟子、先儒以及叔梁纥和颜氏夫人；追封孔子弟子，加左丘明等十九人封爵；诏追封十哲为公，七十二弟子为侯，先儒为伯或赠官；亲制《玄

① 孔喆：《孔子庙附享的历史演变》，《孔子研究》2011 年第 4 期。

圣文宣王赞》，命宰相等撰颜子以下赞，留亲奠祭器于庙中，从官立石刻名。宋仁宗时，诏封孟轲邹国公；诏如礼部议，荀况封兰陵伯，扬雄封成都伯，韩愈封昌黎伯，令学士院撰赞文；又诏太常寺修四孟释菜仪。宋徽宗时，封孔鲤为泗水侯，孔伋为沂水侯；诏孔子仍旧，七十二子易以周之冕服。又诏辟雍文宣王殿以"大成"为名；增文宣王冕为十有二旒；从通仕郎侯孟请，绘子思像，从祀于左丘明二十四贤之间；诏封公夏首钜平侯，后处胶东侯，公肩定梁父侯，颜祖富阳候，鄡单聊城侯，罕父黑祈乡侯，秦商冯翊候，原抗乐平侯，乐欬建成侯，廉洁胙城侯。又诏改封曾参武城侯，颛孙师颍川侯，南宫绍汶阳侯，司马耕睢阳侯，琴张阳平侯，左丘明中都伯，穀梁赤睢陵伯，戴圣考城伯；以兖国公颜回、邹国公孟轲、舒王王安石配享殿上；琅邪公闵损、东平公冉耕、下邳公冉雍、临淄公宰予、黎阳公端木赐并西向，彭城公冉求、河内公仲由、丹阳公言偃、河东公卜商、武城侯曾参并东向；东庑，颍川侯颛孙师以下至成都伯扬雄四十九人并西向，西庑，长山侯林放以下至临川伯王雱四十八人并东向。颁辟雍大成殿名于诸路州学。宋钦宗时，诏降安石从祀庙廷。

但是，我们可以看出，宋代皇帝的关注点主要集中在孔子、颜回、十哲、七十二贤以及先儒二十一人上面，对于汉代其他大儒并未产生足够的重视，故其主要是因循唐制，同时增加了褒奖和封赠。宋徽宗时，甚至一度以舒王王安石配享殿上，其子临川伯王雱从祀西庑。但宋钦宗时，诏降安石从祀庙廷。南宋孝宗命去除王安石之子王雱的画像。这样，王安石父子便复失去了配享从祀孔庙的资格。南宋理宗驾幸太学，下诏以周敦颐、张载、程颢、程颐、朱熹从祀，黜王安石。后皇太子亲诣太学，请求以张栻、吕祖谦从祀，理宗同意了。宋度宗时，诏封曾参郕国公，孔伋沂国公，配享先圣。封颛孙师陈国公，升十哲位。复以邵雍、司马光列从祀。

我们通过学术史考察可知，南宋特别是宋理宗以后，理学备受皇帝及时贤的广泛推崇，从而一跃为庙堂之学，最终荣升为国家统治思想。元仁宗时，理学集大成者朱熹的《四书章句集注》被钦定为科举考试必读教材。因此，宋理宗时，理学家如北宋五子之周敦颐、张载、程颢、程颐（宋度宗时五子之一的邵雍亦从祀孔庙），以及南宋的朱熹、张栻、吕祖谦从祀孔庙，便也是顺理成章、水到渠成了。

金代皇帝亦颇重视祭祀孔子、四配、十哲、七十二贤及诸先贤先儒，礼官主要参酌唐《开元礼》，定拟释奠仪数，因而还是以承继唐制为主。因此，董仲舒依然未能入祀孔庙。

三、董仲舒缘何于元代入祀孔庙

关于董仲舒于元代入祀孔庙，参见《元史·卷七十六·志第二十七·祭祀五·太社太稷·宣圣》：

> 宣圣庙，太祖始置于燕京。至元十年三月，中书省命春秋释奠，执事官各公服如其品，陪位诸儒襕带唐巾行礼。成宗始命建宣圣庙于京师。大德十年秋，庙成。至大元年秋七月，诏加号先圣曰大成至圣文宣王。延祐三年秋七月，诏春秋释奠于先圣，以颜子、曾子、子思、孟子配享。封孟子父为邾国公，母为邾国宣献夫人。皇庆二年六月，以许衡从祀，又以先儒周惇颐、程灝、程颐、张载、邵雍、司马光、朱熹、张栻、吕祖谦从祀。至顺元年，以汉儒董仲舒从祀。齐国公叔梁纥加封启圣王，鲁国太夫人颜氏启圣王夫人；颜子，兖国复圣公；曾子，郕国宗圣公；子思，沂国述圣公；孟子，邹国亚圣公；河南伯程颢，豫国公；伊阳伯程颐，洛国公。

由此可知，元文宗至顺元年（1330），以汉儒董仲舒从祀孔庙。而在此之前，至大元年（1308）秋七月，元武宗孛儿只斤海山诏加号先圣孔子曰“大成至圣文宣王”。这是在唐玄宗加封孔子“文宣王”以及宋真宗加封孔子“至圣文宣王”之后的再次加封，也是先师孔子所获得的最高封号。延祐三年（1316）秋七月，元仁宗诏春秋释奠于先圣，以颜子、曾子、子思、孟子配享。元本循金旧制，京师与河北诸路府学，皆左颜右孟，与夫子并居南面。至此承宋制，但四配排列位置又有所不同（详见下文）。同时，他又封孟子父为邾国公，母为邾国宣献夫人。皇庆二年（1313）六月，元仁宗以许衡从祀，又以先儒周惇颐、程灏、程颐、张载、邵雍、司马光、朱熹、张栻、吕祖谦从祀。而到了元文宗至顺元年（1330），除了以汉儒董仲舒入祀孔庙之外，他还加封齐国公叔梁纥“启圣王”，鲁国太夫人颜氏“启圣王夫人”；颜子，“兖国复圣公”；曾子，“郕国宗圣公”；子思，“沂国述圣公”；孟子，“邹国亚圣公”；河南伯程颢，“豫国公”；伊阳伯程颐，“洛国公”。从此意义上说，元代在孔庙从祀制度上，进一步承继了宋制，并有所发展。

首先，董仲舒之所以能够于元文宗至顺元年（1330）最终成功入祀孔庙，应该与元代皇帝承继宋、金旧制，尊孔重儒，重视孔庙释奠和从祀制度密切相关。

元世祖至元十年（1273）三月，颁释奠文宣王祭器。又诏：外路提学教授官春、秋二丁不变常服，于礼未宜，自今执事官各依品序服公服，执手板。命中书省安排春秋释奠。据陶宗仪撰《南村辍耕录》卷二“丁祭”条：“内翰王文康公鹗……既达北庭，值秋丁，公奏行释奠礼。世祖说，即命举其事。公为祝文，行三献礼。礼毕，进胙于上。上既饮福，熟其胙，命左右均沾所赐。自是春秋二仲，岁以为常。盖上之所以尊师重道者，实公有以启之也。”① 至元三十一年（1294）七月，曾诏告中外崇奉孔子。忽必烈说：“元之入主中华也，尊崇孔子，典礼至隆。较诸前代，有加无已。故其版图日辟，远及欧洲，为我从来所未有。今者中外崇奉，虽异种遐方，皆沾圣泽。此西人所谓五百年后，孔教必普及全球也与。”元世祖的这番诏词是元代重孔教、兴礼乐的思想基础。

大德十年（1306）八月丁巳，京师文宣王庙成，行释奠礼。牲用太牢，乐用登歌。制法服三袭。（《元史·成宗纪》）

至大二年（1309）春正月丙午，大成至圣文宣王春、秋二丁释奠，用太牢。（《元史·武宗纪》）

延祐三年（1316）秋七月，诏：春、秋释奠于先圣，以颜

① 参见陈戍国《中国礼制史》（元明清卷），湖南教育出版社，2002 年版，第 48 页。

子、曾子、子思、孟子配享。（《元史·祭祀志》）

（谨案：《宋史》神宗元丰七年，陆长愈请以兖、邹二公并配飨圣庙，至度宗咸淳三年，始升曾子、子思并配。自后江南诸路学庙皆行之，是为四配之始。元循金旧，京师与河北诸路府学，皆左颜右孟，与夫子并居南面。至是诣南北异礼，乃依宋制，升曾子、子思为四配，并列夫子之左，而虚其右隅，以避古者神位之方。迨文宗至顺元年，复诣先师父叔梁公未加谥号，因褒封圣父为启圣王，并加称四子为复圣颜子、宗圣曾子、述圣子思子、亚圣孟子之号，称名允协，尤足见有元一代典章云。）

六年（1319）二月丁亥朔，日有食之，改释奠于中丁。（《元史·仁宗纪》）

天历二年（1329）秋七月辛巳，遣使以上尊腊羊钞十锭，至大都国子监，助中秋上丁释奠。（《元史·文宗纪》）①

元成宗大德十年（1306），京师文宣王庙成，行释奠礼。牲用太牢，乐用登歌。制法服三袭。皇帝指令新立宫廷雅乐。命浙江行省制宣圣庙乐。秋八月，用于庙祀。其乐歌，仍宋之旧。又令翰林新撰乐章，不果用。按《元史》记载的元代雅乐共分五类，其中有“郊祀乐章”“宗庙乐章”“社稷乐章”“先农乐章”和“宣圣乐章”（孔庙乐章）等②。

元大德十一年（1307），新即位的元武宗海山加封孔子为“大成至圣文宣王”，并差遣使者到曲阜孔庙，以“太牢”之礼施以大祭（据明代郭鎜撰《皇明太学志》：元大德十一年加封圣号诏曰：“盖闻先孔子而圣者，非孔子无以明；后孔子而圣者，非孔子无以法。所谓‘祖述尧舜，宪章文武，仪范百王，师表万世’者也。朕纂承丕绪，敬仰休风，循治古之良规，举追封之盛典，加号大成至圣文宣王，遣

① （清）文庆、李宗昉纂修，郭亚南等点校：《钦定国子监志》（上册），北京古籍出版社，2000年版，第411—412页。

② 参江帆艾、春华《中国历代孔庙雅乐》，中国国际广播出版社，2001年，第30—31页。

使阙里，祀以太牢。於戏！父子之亲，君臣之义，永惟圣教之尊；天地之大，日月之明，奚罄名言之妙。尚资神化，祚我皇元。”按：元武宗至大元年即元成宗大德十一年）。

至大二年（1309）春正月丙午，大成至圣文宣干春、秋二丁释奠，用太牢。

至大三年（1309），置曲阜宣圣庙登歌乐。

当元武宗在位之际（约1310年左右），曾以孟子关于“孔子之谓集大成，集大成也者，金声而玉振者也”的思想精华，为当代固政体，化风尚的精神命脉。

元仁宗延祐三年（1316）秋七月，诏：春、秋释奠于先圣，以颜子、曾子、子思、孟子配享。六年（1319）二月丁亥朔，日有食之，改释奠于中丁。

天历二年（1329）秋七月辛巳，遣使以上尊腊羊钞十锭，至大都国子监，助中秋上丁释奠。

董仲舒之入祀孔庙，与元代皇帝尊孔重儒、重视孔庙释奠的历史大背景必然密切相关。同时，董仲舒为何未能于元世祖、元成宗、元武宗、元仁宗年间入祀孔庙，而是在元文宗年间？我们知道，再有三十八年元朝便行将灭亡了。笔者推测，这与礼部官员的鼎力推荐以及元文宗对董仲舒的高度评价肯定，应该有着密不可分的历史关系。由于史料缺乏，我们只能暂时阙如之。

其次，董仲舒之所以于元代入祀孔庙，应该与自北宋开始迄于明清的“传经之儒”地位逐步动摇，人们更为重视“传道之儒”紧密相关。

根据孔喆《孔子庙附享的历史演变》一文，北宋开始，理学兴起并逐渐兴盛，国家教育虽仍然以儒家九经为主，但不再专用某一家的注疏，而是相继重新修订了《五经正义》《九经义疏》作为教材和科举考试的依据。到了南宋，新兴的理学逐渐确立了官学地位。到明代，传经之儒的附飨地位开始动摇。清代中期，考据学盛行，传经之儒再度受到重视①。据《孔子庙附享的历史演变》一文之考察：早在宋代，人们便不再满足于孔子庙仅仅以孔门弟子和传经之儒附飨，而将那些弘扬孔子思想的学者也作为了附飨人物。南宋是传道之儒从祀的发展时期。南宋不仅以理学家从祀，还提高了传道之儒的地位。元代真正增加的从祀只有两位——许衡和董仲舒。明代是传道之儒附飨的发展时期。一是增加了许多理学家从祀；二是提高了传道之儒的附飨等级。清代是传道之儒的大发展时期，其特征一是增加了众多学者从祀，二是提高了宋代理学家代表的附飨级别。民国初期，孔子庙仍然被重视，民国八年（1919）增加颜元、李塨从祀。传道之儒数量仅次于孔子弟子，是孔子庙附飨的大宗，配飨四配中有两人，从享十二哲中有一人，从祀先贤七十九人中有五人，从祀先儒七十七位中有五十五人，合计六十三人②。这相较于清末截止的传经之儒十五位，已经是四倍之多了，足见宋、元、明、清时期人们对于传道之儒的高度重视。

由此来看，大儒董仲舒在孔子庙的从祀先儒中，是被作为传道之儒而受到重视的。重视传道之儒从北宋开始，南宋发展，元代承继，明代又发展，清代大发展，民国亦承继下来。而从元代来看，真正从祀孔庙的只有许衡（曾任国子监祭酒）和董仲舒。作为学界一般认为对儒学重视不够的元代，能够将董仲舒列为仅有的两位入祀孔庙大儒之一，我们不能不看出，元代君臣特别是元文宗对于大儒董仲舒其人及学术思想的厚爱和推崇。

但是，明朝灭元之后，似乎并未将元代的这种从祀制度全盘继承下来。我们可以参看《明史·礼四（吉礼四）·至圣先师孔子庙祀》：

> （洪武）十五年，新建太学成。庙在学东，中大成殿，左右两庑，前大成门，门左右列戟二十四。门外东为牺牲厨，西为祭器库，又前为灵星门。自经始以来，驾数临视。至是落成，遣官致祭。帝既亲诣释奠，又诏天下通祀孔子，并颁释奠仪注。

① 参见孔喆《孔子庙附享的历史演变》，载《孔子研究》2011年第4期。

② 同上。

凡府州县学，笾豆以八，器物牲牢，皆杀于国学。三献礼同，十哲两庑一献。其祭，各以正官行之，有布政司则以布政司官，分献则以本学儒职及老成儒士充之。每岁春、秋仲月上丁日行事。初，国学主祭遣祭酒，后遣翰林院官，然祭酒初到官，必遣一祭。十七年，敕每月朔望，祭酒以下行释菜礼，郡县长以下诣学行香。二十六年，颁大成乐于天下。二十八年，以行人司副杨砥言，罢汉扬雄从祀，益以董仲舒。三十年，以国学孔子庙隘，命工部改作，其制皆帝所规画。大成殿门各六楹，灵星门三，东西庑七十六楹，神厨库皆八楹，宰牲所六楹。永乐初，建庙于太学之东。

由此可知，洪武二十八年（1395），明太祖朱元璋以行人司副杨砥言，罢汉扬雄从祀，益以董仲舒。如此看来，在明朝建立之后的二十七年间，孔庙从祀先儒之中并未有董仲舒。这也就说明了，明太祖朱元璋并未全盘继承元代之从祀制度，至少董仲舒未能入祀是确凿无疑的。联系到明太祖洪武五年（1372）曾一度欲罢配飨孟子之祀①，那么董仲舒之遭遇亦是可以理解的。而在董仲舒入祀孔庙一事上，行人司副杨砥之建言应该起到了决定性的作用。而且，大儒董仲舒之入祀孔庙，他所替代的是东汉大儒扬雄，其历史地位皆举足轻重。

四、董仲舒入祀孔庙之位次及历史变迁

汉儒董仲舒自元文宗至顺元年（1330）入祀孔庙，后在明代建国之初一度被排除于从祀先儒之列；后洪武二十八年（1395），明朝建立二十七年后再次入祀孔庙。其入祀孔庙之时也晚，其复从祀孔庙之路也艰！那么，在此之后，即明太祖朱元璋以行人司副杨砥言，罢汉扬雄从祀，再次以董仲舒入祀孔之后，董仲舒于孔庙之位次如何？又是否经历过一系列历史变迁呢？

---

① 参见徐振贵、孔祥林《孔尚任新阙里志校注》，吉林人民出版社，2004 年版，第 12 页。

宣德三年，以万县训导李译言，命礼部考正从祀先贤名位，颁示天下。十年，慈利教谕蒋明请祀元儒吴澄。大学士杨士奇等言当从祀，从之。正统二年，以宋儒胡安国、蔡沈、真德秀从祀。三年，禁天下祀孔子于释、老宫。孔、颜、孟三氏子孙教授裴侃言："天下文庙惟论传道，以列位次。阙里家庙，宜正父子，以叙彝伦。颜子、曾子、子思，子也，配享殿廷。无繇、子�、伯鱼，父也，从祀廊庑。非惟名分不正，抑恐神不自安。况叔梁纥元已追封启圣王，创殿于大成殿西崇祀，而颜、孟之父俱封公，惟伯鱼、子晳仍侯，乞追封公爵，偕颜、孟父俱配启圣王殿。"帝命礼部行之，仍议加伯鱼、子晳封号。成化二年，追封董仲舒广川伯，胡安国建宁伯，蔡沈崇安伯，真德秀浦城伯。十二年，从祭酒周洪谟言，增乐舞为八佾，笾豆各十二。弘治八年，追封杨时将乐伯。从祀，位司马光之次。九年，增乐舞为七十二人，如天子之制。十二年，阙里孔庙毁，敕有司重建。十七年，庙成，遣大学士李东阳祭告，并立御制碑文。正德十六年，诏有司改建孔氏家庙之在衢州者，官给钱，董其役。令博士孔承义奉祀。（《明史·礼四［吉礼四］·至圣先师孔子庙祀》）

由此可知，在元代和明代董仲舒从祀孔庙一番变迁之后，明代又增加了不少大儒，例如元儒吴澄，宋儒胡安国、蔡沈、真德秀等，而且对于孔子、四配之父亦加以追封，建启圣祠，并对其位次进行重新设置。成化二年（1466），明宪宗特别追封董仲舒"广川伯"，同时加封胡安国"建宁伯"、蔡沈"崇安伯"、真德秀"浦城伯"。相较之前，对大儒董仲舒给予了更高的礼遇。

明年（嘉靖十年），国子监建启圣公祠成。从尚书李时言，春秋祭祀，与文庙同日。笾豆牲帛视四配，东西配位视十哲，从祀先儒程晌、朱松、蔡元定视两庑。辅臣代祭文庙，则祭酒祭启圣祠。南京祭酒于文庙，司业于启圣祠。遂定制，殿中先师南向，四配东西向。稍后十哲：闵子损、冉子雍、端木子赐、仲子由、卜子商、冉子耕、宰子予、冉子求、言子偃、颛孙子师皆东西向。两庑从祀：先贤澹台灭明、宓不齐、原宪、公冶长、南宫适、高柴、漆雕开、樊须、司马耕、公西赤、有若、琴张、申枨、陈亢、巫马施、梁鳣、公晰哀、商瞿、冉孺、颜辛、伯虔、曹恤、冉季、公孙龙、漆雕哆、秦商、漆雕徒父、颜高、商泽、壤驷赤、任不齐、石作蜀、公良孺、公夏首、公肩定、后处、鄡单、奚容点、罕父黑、颜祖、荣旂、秦祖、左人郢、句井疆、郑国、公祖句兹、原亢、县成、廉洁、燕伋、叔仲会、颜之仆、邽巽、乐欬、公西舆如、狄黑、孔忠、公西点、步叔乘、施之常、秦非、颜哙，先儒左丘明、公羊高、榖梁赤、伏胜、高堂生、孔安国、毛苌、董仲舒、后苍、杜子春、王通、韩愈、胡瑗、周敦颐、程颢、欧阳修、邵雍、张载、司马光、程颐、杨时、胡安国、朱熹、张栻、陆九渊、吕祖谦、蔡沈、真德秀、许衡凡九十一人。(《明史·礼四［吉礼四］·至圣先师孔子庙祀》)

由此可知，根据嘉靖十年（1531）一系列定制之后，大成殿之四配、十二哲以及东西两庑先贤先儒之位次、朝向皆有了明确规定。董仲舒称先儒，位列两庑先儒之第八位，居于左丘明、公羊高、谷梁赤、伏胜、高堂生、孔安国、毛苌之后。可以说，嘉靖对于从祀先贤先儒之定制，是对元、明以来从祀制度的一种进一步纠正和完善，也是对唐宋时期以来孔庙从祀制度的一种纠正和完善。

顺治二年，定称大成至圣文宣先师孔子，春秋上丁，遣大学士一人行祭，翰林官二人分献，祭酒祭启圣祠，以先贤、先儒配飨从祀。有故，改用次丁或下丁。月朔，祭酒释菜，设酒、芹、枣、栗。先师四配三献，十哲两庑，监丞等分献。望日，司业上香。

正中祀先师孔子，南乡。四配：复圣颜子，宗圣曾子，述圣子思子，亚圣孟子。十哲：闵子损、冉子雍、端木子赐、仲子由、卜子商、冉子耕、宰子予、冉子求、言子偃、颛孙子师，俱东西乡。西庑从祀：先贤澹台灭明、宓不齐、原宪、公冶长、南宫适、公皙哀、商瞿、高柴、漆雕开、樊须、司马耕、商泽、有若、梁鳣、巫马施、冉孺、颜辛、伯虔、曹恤、冉季、公孙龙、漆雕徒文、秦商、漆雕哆、颜高、公西赤、壤驷赤、任不齐、石作蜀、公良孺、公夏首、公肩定、后处、鄡单、奚容点、罕父黑、颜祖、荣旗、句井疆、左人郢、秦祖、郑国、县成、原亢、公祖句兹、廉洁、燕伋、叔仲会、乐欬、公西舆如、狄黑、邽巽、孔忠、陈亢、公西点、琴张、颜之仆、步叔乘、施之常、秦非、申枨、颜哙、左丘明、周敦颐、张载、程颢、程颐、邵雍、朱熹，凡六十九人；先儒公羊高、穀梁赤、伏胜、孔安国、毛苌、后苍、高堂生、董仲舒、王通、杜子春、韩愈、司马光、欧阳修、胡安国、杨时、吕祖谦、罗从彦、蔡沈、李侗、陆九渊、张栻、许衡、真德秀、王守仁、陈献章、薛瑄、胡居仁，凡二十八人。（《清史稿·志第五十九·礼三［吉礼三］·先师孔子》）

由此可知，到了清代顺治二年（1645），清王朝正式建立并定都北京以后，对于先师孔子的封号以及释奠、释菜和从祀制度进行了进一步确认。相较明代嘉靖十年（1531）的定制，顺治二年（1645）的定制更为明确和清晰。相较于嘉靖时先贤先儒九十一人，顺治时先贤先儒有所增加，总数计九十七人。董仲舒称先儒，位居西庑先儒之第八位，位列先儒公羊高、穀梁赤、伏胜、孔安国、毛苌、后苍、高堂生之后。

（道光）十年，用礼臣言，从祀盛典，以阐圣学、传道统为断。余各视其所行，分入忠义、名宦、乡贤。至名臣硕辅，已配飨帝王庙者，毋再滋议。同治二年，御史刘毓楠以祔祀新章过严，如宋儒黄震辈均不得预，恐酿人心风俗之忧，帝责其迂谬。

是岁鲁人毛亨，明吕柟、方孝孺并侑飨。于是更订增祀位次，各按时代为序。乃定公羊高、伏胜、毛亨、孔安国、后苍、郑康成、范甯、陆贽、范仲淹、欧阳修、司马光、谢良佐、罗从彦、李纲、张栻、陆九渊、陈淳、真德秀、何基、文天祥、赵复、金履祥、陈澔、方孝孺、薛瑄、胡居仁、罗钦顺、吕柟、刘宗周、孙奇逢、陆陇其列东庑，穀梁赤、高堂生、董仲舒、毛苌、杜子春、诸葛亮、王通、韩愈、胡瑗、韩琦、杨时、尹焞、胡安国、李侗、吕祖谦、黄幹、蔡沈、魏了翁、王柏、陆秀夫、许衡、吴澄、许谦、曹端、陈献章、蔡清、王守仁、吕坤、黄道周、汤斌列西庑，并绘图颁各省。七年，以宋臣袁燮、先儒张履祥从祀。光绪初元，增入先儒陆世仪。自是汉儒许慎、河间献王刘德，先儒张伯行，宋儒辅广、游酢、吕大临并祀焉。（《清史稿·志第五十九·礼三［吉礼三］·先师孔子》）

由此可知，道光十年（1830），用礼臣之言，从祀盛典，以阐圣学、传道统为断。其余各视其所行，分入忠义、名宦、乡贤祠。该年鲁人毛亨，明吕枬、方孝孺一并入祀孔庙。于是，重新更订增祀位次，各按时代为序。董仲舒仍称先儒，位列西庑先儒第三位，位列穀梁赤、高堂生之后，居于毛苌、杜子春等之前，位次较之前有所提升。

而根据《钦定国子监志卷六·庙志六·祀位图说》：

先儒董仲舒：

元至顺元年从祀。明洪武二十九年，追封“江都伯”。成化二年，改封“广川伯”。嘉靖九年，改称先儒董子。国朝称先儒，不称子。①

由此可知，除了上面我们所考察的先儒董仲舒于元至顺元年（1330）入祀孔庙，以及后洪武二十八年（1395）明太祖朱元璋以行人司副杨砥言，罢汉扬雄从祀，再次以董仲舒入祀孔庙之外，明洪武二十九年（1396），追封董仲舒“江都伯”。成化二年（1466），改封“广川伯”。可知明朝对董仲舒的重视程度日益提高。而嘉靖九年（1530），改称“先儒董子”。因为这里面牵扯了嘉靖皇帝对于先师孔子封号以及四配十二哲及两庑先贤先儒封号的统一削减，故不单单针对董仲舒。而清朝称先儒董仲舒，不称子，这也是清朝对于孔庙两庑先贤先儒的统一封号，并不针对董仲舒。

① （清）文庆、李宗昉纂修，郭亚南等点校：《钦定国子监志》（上册），北京古籍出版社，2000年版，第85页。

结 语

根据《汉书·董仲舒传》：“董仲舒，广川人也。少治《春秋》，孝景时为博士。下帷讲诵，弟子传以久次相授业，或莫见其面。盖三年不窥园，其精如此。进退容止，非礼不行，学士皆师尊之。”①

司马迁《史记·孔子世家》评价孔子时说：“天下君王至于贤人众矣，当时则荣，没则已焉。孔子布衣，传十余世，学者宗之。自天子王侯，中国言《六艺》者折中于夫子，可谓至圣矣！”他又在《史记·儒林列传》中评价董仲舒曰：“董仲舒为人廉直……恐久获罪，疾免居家。至卒，终不治产业，以修学著书为事。故汉兴至于五世之间，惟董仲舒名为明于《春秋》，其传公羊氏也。”可知董仲舒无论在性格、经历，还是在重视《春秋》上，与孔子是非常相近的。

班固则在《汉书·董仲舒传》评价董仲舒说：

> 赞曰：刘向称：“董仲舒有王佐之材，虽伊、吕亡以加，管、晏之属，伯者之佐，殆不及也。”至向子歆以为：“伊、吕乃圣人之耦，王者不得则不兴。故颜渊死，孔子曰‘噫！天丧余。’惟此一人为能当之，自宰我、子赣、子游、子夏不与焉。仲舒遭汉承秦灭学之后，《六经》离析，下帷发愤，潜心大业，令后学者有所统壹，为群儒首。然考其师友渊源所渐，犹未及虖游、夏，而曰管、晏弗及，伊、吕不加，过矣。”至向曾孙龚，笃论君子也，以歆之言为然。

正如孔喆《孔子庙附享的历史演变》一文所总结的：孔子庙是列入国家祀典的礼制庙宇，建造在每一所国立学校中。由于各级国立学校的学生都是具有生员以上科举功名的士子，而孔子庙的奉祀人物就是为学生们提供学习的榜样，对他们进行成圣成贤的教育，因此国家对孔子庙附享人物的选择非常慎重，既重视附飨人物“羽翼圣教、扶

① 《史记·儒林列传》所载相同，基本可认为班固抄录《史记》，止“少治《春秋》”在《史记》为“以治《春秋》”，一字之差。

持名教之功”，也重视附享人物的个人品德，而且还重视社会共识，一般都要经过廷议然后由皇帝批准公布①。

“文王之文在孔子，孔子之文在仲舒”（《论衡·超奇》），正是由于汉武帝采纳了董仲舒的对策建议，“罢黜百家，独尊儒术”，才最终确立起儒家思想在中国古代社会的统治地位，从汉代开始，便被尊为“经学”，影响了中国两千年之久。董仲舒作为汉代大儒，其大一统思想，天人感应思想，阴阳五行思想，三统说，屈民伸君、屈君伸天思想，罢黜百家、独尊儒术思想，人性论思想，礼乐教化思想，至今为学者所研究推崇。

周桂钿先生评价曰：“我将董仲舒与孔子、朱熹并列为中国历史上对全社会影响最大的三大思想家。孔子是儒学创始人，董仲舒是经学大师、汉代新儒学的代表，朱熹是理学大师、宋代新儒学的代表。以后虽然也还有一些大师，如元代的吴澄，明代的王阳明、黄宗羲、王船山等，影响都不及前三者久远广大。孔子的影响是无与伦比的，朱熹的《四书集注》是科举考试的必读书，而董仲舒承前启后，起了关键的作用。”② 由是，我们认为，大儒董仲舒之最终入祀孔庙，与其渊博的学识、对孔子之道的传承、高尚的人格与历史影响的深远息息相关，而其人、其德业、其思想光辉也必将彪炳千秋万代！

附录：孔庙祀位图说

祀位图说是对孔庙大成殿正殿及两庑神位、崇圣祠正殿及两庑神位的图解和标示，以便于让人们对孔庙的祭祀人物及规制有一个相对清晰的了解和认识。

正殿神位图

正殿神位图是对孔庙大成殿正殿神位的图说和标示。其中，正位是至圣先师孔子神位，其次是四配神位，即复圣颜子、宗圣曾子、述圣子思子和亚圣孟子神位。再次是十二哲神位，即孔门十哲（孔子的十个高徒）神位，分别是闵子骞、冉雍（仲弓）、端木赐（子贡）、仲

① 孔喆：《孔子庙附享的历史演变》，《孔子研究》2011年第4期。

② 周桂钿：《董学探微》，北京师范大学出版社，2008年版，第5页。

由（子路）、卜商（子夏）、冉伯牛、宰予（宰我）、冉有（冉求）、言游（子游）、颛孙师（子张），另外加上康熙五十一年（1712）和乾隆三年（1738）分别升哲位的朱熹和孔子高徒有若的神位。

至
圣
先
师
孔
子
宗圣曾子复圣颜子
亚圣孟子述圣子思子

先贤冉子先贤闵子
先贤宰子先贤冉子、
先贤冉子先贤端木子
先贤言子先贤仲子
先贤颛孙子先贤卜子
先贤朱子先贤有子

正殿神位有至圣先师孔子、四配、十二哲神位，道光十三年（1833）后至清末，在位置、牌位尺寸等方面并无变化。详细情况参见《钦定国子监志·庙志三·祀位图说》。

东西庑先贤先儒位次图

东西庑先贤先儒位次图是指对孔庙东西两庑从祀的历代先贤、先儒的图解和标示。从祀的先贤、先儒或者为传经之儒，或者为传道之儒，或者为践行儒家伦理道德规范之大儒、鸿儒。为了表彰他们对孔子儒学的传承、发展和弘扬所做的卓越历史贡献，历朝历代的统治者不断将其中的优秀者从祀孔庙，位列两庑，受到当朝统治者、国子监师生及地方行政官员和府州县学师生的共同祭祀。

东西庑先贤位次图

（西庑）（东庑）

先贤蘧瑗先贤公孙侨
先贤澹台灭明先贤林放
先贤宓不齐先贤原宪
先贤公冶长先贤南宫适
先贤公皙哀先贤商瞿
先贤高柴先贤漆雕开
先贤樊须先贤司马耕
先贤商泽先贤梁鳣
先贤巫马施先贤冉孺
先贤颜辛先贤伯虔
先贤曹恤先贤冉季
先贤公孙龙先贤漆雕徒父
先贤秦商先贤漆雕哆
先贤颜高先贤公西赤
先贤壤驷赤先贤任不齐
先贤石作蜀先贤公良孺
先贤公夏首先贤公肩定
先贤后处先贤鄡单
先贤奚容蒧先贤罕父黑
先贤颜祖先贤荣旗
先贤句井疆先贤左人郢
先贤秦祖先贤郑国
先贤县成先贤原亢
先贤公祖句兹先贤廉洁
先贤燕伋先贤叔仲会
先贤乐欬先贤公西舆如
先贤狄黑先贤邦巽
先贤孔忠先贤陈亢
先贤公西蒧先贤琴张
先贤颜之仆先贤步叔乘

先贤施之常先贤秦非

先贤申枨先贤颜哙

先贤左丘明先贤颜何

先贤秦冉先贤县亶

先贤公明仪先贤牧皮

先贤公都子先贤乐正克

先贤公孙丑先贤万章

先贤张载先贤周敦颐

先贤程颐先贤程颢

先贤邵雍

东西庑先儒位次图

（西庑）（东庑）

先儒穀梁赤先儒公羊高

先儒高堂生先儒伏胜

先儒董仲舒先儒毛亨

先儒刘德先儒孔安国

先儒后苍先儒毛苌

先儒许慎先儒杜子春

先儒赵岐先儒郑玄

先儒范宁先儒诸葛亮

先儒陆贽先儒王通

先儒范仲淹先儒韩愈

先儒欧阳修先儒胡瑗

先儒司马光先儒韩琦

先儒游酢先儒杨时

先儒吕大临先儒谢良佐

先儒罗从彦先儒尹焞

先儒李纲先儒胡安国

先儒张栻先儒李侗

先儒陆九渊先儒吕祖谦

先儒陈淳先儒袁燮

先儒真德秀先儒黄干

先儒蔡沈先儒辅广

先儒魏了翁先儒何基

先儒赵复先儒义大祥

先儒金履祥先儒王柏

先儒陆秀夫先儒刘因

先儒许衡先儒陈澔

先儒吴澄先儒方孝孺

先儒许谦先儒薛瑄

先儒曹端先儒胡居仁

先儒陈献章先儒罗钦顺

先儒蔡清先儒吕柟

先儒王守仁先儒刘宗周

先儒吕坤先儒孙奇逢

先儒黄道周先儒黄宗羲

先儒王夫之先儒张履祥

先儒陆世仪先儒陆陇其

先儒顾炎武先儒张伯行

先儒李塨先儒汤斌

先儒颜元

根据以上位次图所示，截至民国（1919 年），西庑先贤 39 位，先儒 38 位，计 77 位；东庑先贤 40 位，先儒 39 位，计 79 位；东西庑先贤先儒共计 156 位。

崇圣祠神位图

崇圣祠神位图是对崇圣祠正殿孔子的五代祖先、四配及两庑陪祀六位先贤先儒父兄辈的图解和标示。

启诒肇裕昌

圣圣圣圣圣

王王王王王

叔防木祈伯
梁叔金父夏
公公公公公
先贤孔氏
先贤曾氏先贤颜氏
先贤孟孙氏先贤孔氏

先儒张氏先儒周氏
先儒朱氏先儒程氏
先儒蔡氏

明嘉靖九年（1530），张璁建议于学校内另建启圣祠奉祀孔子父亲，而以四配等人之父配祀，这个建议被朝廷采纳，于是全国各级学校一律单建启圣祠，主祀孔子父亲叔梁纥，以颜回之父颜无繇、曾参之父曾蒧、子思之父孔鲤和孟子之父孟孙激配飨，以程颢和程颐之父程珦、朱熹之父朱松、蔡沈之父蔡元定从祀。明万历二十三年（1595），增加周敦颐之父周辅成从祀。清雍正元年（1723），世宗追封孔子的五代先人为王，于是将启圣祠改称崇圣祠，主祀孔子五代先人，仍以四配之父等配飨从祀，雍正二年（1724）又增加张载之父张迪从祀。咸丰七年（1857）增加孟子之兄孟皮为配飨，位居四配之上，成为五配。

崇圣祠正面奉祀孔子的五代先人，五代祖肇圣王木金父居中，高祖裕圣王祈父和祖父昌圣王伯夏位于东侧，曾祖诒圣王防叔和父亲启圣王叔粱纥在西侧，五圣王前面东侧奉祀孔孟皮、颜回之父颜无繇和子思之父孔鲤，西侧奉祀曾子之父曾蒧和孟子之父孟孙激。从祀的先儒周辅成、程珦和蔡元定在东庑，先儒张迪和朱松在西庑[①]。

以上分别为东庑先贤位次图、东西庑先儒位次图以及崇圣祠神位图。

---

① 参见孔祥林、孔喆《世界孔子庙研究》（上），中央编译出版社，2011年版，第203—305页。

本文为“2018 中国·衡水董仲舒与儒家思想国际学术研讨会”提交的论文。

常会营（1980—），男，山东寿光人，哲学博士，孔庙和国子监博物馆研究部副研究员，衡水学院特聘教授。

论董仲舒在两汉经学中的地位

任蜜林

一

董仲舒生活的时代，正是汉代制度逐渐确立的时代。对于董仲舒的生卒，《史记》《汉书》都未有明确的记载。因此，历来研究者对此有着不同的看法，如苏舆《董子年表》认为董仲舒生于汉文帝元年（前179），卒于汉武帝太初元年（前104）[1]。周桂钿认为董仲舒生年当在公元前200年至前196年之间，卒年当在公元前107年至前104年之间，寿命90多岁[2]。美国学者桂思卓在中国学者研究的基础上，认为董仲舒生于公元前195年左右，卒于公元前105年左右[3]。这与周桂钿的看法接近。其实这些看法都是推测之辞，无论如何我们都不能得出董仲舒的确切生卒年月，除非有新的史料发现。不过这并不妨碍我们对董仲舒生活时代的了解。

《汉书·匈奴传》称董仲舒“亲见四世之事”，据此，董仲舒至少经历了惠、文、景、武四朝。根据《史记》《汉书》儒林传的记载，董仲舒在汉景帝的时候就已经成为博士了。《汉书·五行志上》说：“景、武之世，董仲舒治《公羊春秋》，始推阴阳，为儒者宗。”这说明董仲舒真正登上历史舞台是汉景帝时，而其对当时政治产生重要影响则在汉武帝对策之后。

汉武帝即位之后，先后发动了三次举贤良对策的活动，分别是建元元年、元光元年和元光五年。对于董仲舒对策的时间，学界尚有不同的看法[①]，其中以元光元年的说法最为可信。武帝之所以举贤良对策，其主要目的就是如何治理才能让国家达致天下太平。这一点可以从当时所发的举贤良诏书中看出。如元光元年五月诏书说："朕闻昔在唐虞，画象而民不犯，日月所烛，莫不率俾。周之成康，刑错不用，德及鸟兽，教通四海。海外肃眘，北发渠搜，氐羌徕服。星辰不孛，日月不蚀，山陵不崩，川谷不塞；麟凤在郊薮，河洛出图书。呜虖，何施而臻此与!"（《汉书·武帝纪》）在武帝看来，三代的尧舜、周代的成康当政时期都是历史上有名的盛世，都是他应效法的对象。他诏举贤良的目的就是为了达到唐、虞、成、康那样的盛世，"上参尧舜，下配三王"。在《汉书·董仲舒传》中也有类似的记载："盖闻五帝三王之道，改制作乐而天下洽和，百王同之。当虞氏之乐莫盛于《韶》，于周莫盛于《勺》。圣王已没，钟鼓筦弦之声未衰，而大道微缺，陵夷至虖桀纣之行，王道大坏矣。夫五百年之间，守文之君，当涂之士，欲则先王之法以戴翼其世者甚众，然犹不能反，日以仆灭，至后王而后止，岂其所持操或悖缪而失其统与?固天降命不可复反，必推之于大衰而后息与?"这同样以五帝三王为楷模，以桀纣为教训，欲实现古代盛世所谓的"王道"。

可以看出，在武帝看来，当时汉代立国虽然已经六七十年，但远没有达到尧、舜那样的太平盛世。这不仅是武帝的看法，董仲舒在对策中也表现了同样的看法：

> 今汉继秦之后，如朽木粪墙矣，虽欲善治之，亡可奈何。法出而奸生，令下而诈起，如以汤止沸，抱薪救火，愈甚亡益也。窃譬之琴瑟不调，甚者必解而更张之，乃可鼓也；为政而不行，

① 关于董仲舒对策之年的讨论，可以参考徐复观《两汉思想史》（华东师范大学出版社，2001年版）、周桂钿《董学探微》、王葆玹《今古文经学新论》（中国社会科学出版社，1997年版）、陈苏镇《〈春秋〉与"汉道"——两汉政治与政治文化研究》（中华书局，2011年版）等书，以及苏诚鉴《董仲舒对策在元朔五年议》（《中国史研究》1984年第3期）、岳庆平《董仲舒对策年代辨》（《北京大学学报》1986年第3期）等论文。

甚者必变而更化之，乃可理也。当更张而不更张，虽有良工不能善调也；当更化而不更化，虽有大贤不能善治也。故汉得天下以来，常欲善治而至今不可善治者，失之于当更化而不更化也。

汉代是在推翻秦代基础上建立起来的，而秦代是一个相当残暴混乱的朝代。汉代要想在这样一个满目疮痍、混乱不堪的基础上实现王道是相当困难的。在董仲舒看来，汉代如果想得到好的治理，必须改制、更化。所谓改制、更化，就是改变秦制，实现汉制。

对于武帝的策问，董仲舒用春秋公羊学的理论予以回答。他认为实现王道的关键在于知道天道，天道任德不任刑，因此，治理国家也应以德教为主，刑法为辅。这实际上就是改变以法为主的秦制，实现以德为主的汉制。在第二次对策中，董仲舒进一步申明了他的改制思想，认为"《春秋》受命所先制者，改正朔，易服色，所以应天也"。秦朝的灭亡在于"师申商之法，行韩非之说"，不以文德教化天下。董仲舒认为，汉武帝当时虽然并有天下，内外率服，有太平之致的景象。但一般老百姓并没有感受到这种太平景象，关键在于"王心未加"。如果加以"王心"，那么就会实现三代的王道。那么如何加以"王心"呢？董仲舒认为在于"兴太学，置明师"，以教养士人，然后就可以得到优秀的人才。任用这样的优秀人才就可以宣化君主的德教，使老百姓感受到君主的恩泽。在第三次对策中，改制思想仍然是董仲舒论述的重点。他说："道者万世亡弊，弊者道之失也。先王之道必有偏而不起之处，故政有眊而不行，举其偏者以补其弊而已矣。三王之道所祖不同，非其相反，将以捄溢扶衰，所遭之变然也。故孔子曰：'亡为而治者，其舜虖！'改正朔，易服色，以顺天命而已；其余尽循尧道，何更为哉！故王者有改制之名，亡变道之实。然夏上忠，殷上敬，周上文者，所继之捄，当用此也。"捄者，救也。在董仲舒看来，道是没有弊端的。弊端的出现只是道的偏失。因此，三王虽有不同，然皆是救弊扶衰的结果，都是顺应天命的表现。因此，王者的改制仅仅是名称上的变化，对于道的实际并没有改变。在董仲舒看来，当时汉代在大乱之后，应该"少损周之文致，用夏之忠者"。董仲舒认为忠、敬、文代表三种不同的政教方式，三者处于循环关系，前者如有弊端，就会用后者进行救治。汉代处于周、秦大乱之后，因此，要用夏代的“忠”来进行救治。

二

董仲舒通过《天人三策》得到汉武帝的欣赏，在最后一次对策中，董仲舒说：

> 《春秋》大一统者，天地之常经，古今之通谊也。今师异道，人异论，百家殊方，指意不同，是以上亡以持一统；法制数变，下不知所守。臣愚以为诸不在六艺之科孔子之术者，皆绝其道，勿使并进。邪辟之说灭息，然后统纪可一而法度可明，民知所从矣。（《汉书·董仲舒传》）

在董仲舒看来，春秋公羊学所提出的“大一统”思想是亘古不变的法则。他认为要改变当时思想纷杂、法制屡变的情况，就要以儒家思想作为指导，这样才能使政治一统、法制清明，从而让老百姓的思想和行为有所顺从。

在董仲舒之前，西汉的儒者就已经开始积极参与政治活动，争取正统地位，虽然得到一些上层阶级的青睐，但遭到了黄老道家、刑名法家等思想的排斥，最终都以失败告终。而董仲舒的对策则取得了一定的成效。《汉书·董仲舒传》说：“仲舒在家，朝廷如有大议，使使者及廷尉张汤就其家而问之，其对皆有明法。自武帝初立，魏其、武安侯为相而隆儒矣。及仲舒对册，推明孔氏，抑黜百家。立学校之官，州郡举茂材孝廉，皆自仲舒发之。”可以看出，当时朝廷对董仲舒是非常重视的，其所提倡的“推明孔氏，抑黜百家”思想在实践上也得到了一些落实，如设置学校之官、推举孝廉等。因此得到了刘向、刘歆的高度评价。刘向称赞董仲舒有“王佐之才”，即使与伊尹、姜子牙相比也毫不逊色，更别提管仲、晏子等人了。刘歆虽然不同意其父的评价，但也说：“仲舒遭汉承秦灭学之后，六经离析，下帷发愤，潜心大业，令后学者有所统一，为群儒首。”（《汉书·董仲舒传》）

从后来的影响来看，刘歆的评价更为公允，因为董仲舒的影响并不在于他的政治才能，而在于他的思想层面。论政治才能，他不如同为春秋公羊学出身的公孙弘更能得到汉武帝的青睐。公孙弘因为对策，被汉武帝擢为第一，拜为博士。后来还被任为丞相，封作平津侯。公孙弘的上位也促使了春秋公羊学的兴盛。《汉书·儒林传》说：

> 武帝时，江公与董仲舒并。仲舒通五经，能持论，善属文。江公呐于口，上使与仲舒议，不如仲舒。而丞相公孙弘本为公羊学，比辑其议，卒用董生。于是上因尊公羊家，诏太子受《公羊春秋》，由是《公羊》大兴。

这是穀梁学与公羊学的一次交锋。瑕丘江公是申公弟子，其所传为穀梁学，董仲舒则是当时公羊学的代表。董仲舒这次胜利虽然因为有着口才方面的因素，但更深层的因素是因为汉武帝更加倾向公羊学。这也是汉武帝当时提拔公孙弘的原因。而公孙弘也知道汉武帝的喜好，因此最终采用了董仲舒的公羊学，从而造成了公羊学兴盛的局面。据《史记·儒林列传》《汉书·儒林传》记载，董仲舒的弟子和后代很多都因公羊学而进入仕途，其中不乏位居高官者。《史记·儒林列传》说："仲舒弟子遂者：兰陵褚大，广川殷忠，温吕步舒。褚大至梁相。步舒至长史，持节使决淮南狱，于诸侯擅专断，不报，以《春秋》之义正之，天子皆以为是。弟子通者，至于命大夫；为郎、谒者、掌故者以百数。而董仲舒子及孙皆以学至大官。"根据《汉书·儒林传》的记载，除了上面所说，董仲舒的弟子还有嬴公，在汉昭帝为谏议大夫。嬴公又授孟卿、眭孟，眭孟的弟子当时多达百余人，著名的有严彭祖、颜安乐，二人皆居大官，又专门为学，当时位居朝廷的春秋公羊博士即是二人。到了光武中兴之时，所立春秋博士仍为严、颜二家，这种情况一直持续到东汉末年。博士一职，本沿袭秦制。然秦朝博士不限儒生，多杂百家之学。西汉博士之设，始于汉文帝，当时置一经博士，唯《诗》而已。景帝之时，复增《春秋》博士，胡毋生、董仲舒皆居其职。至武帝建元五年始置五经博士，当时《春秋》博士亦由胡、董二人掌管。但到了汉武帝之后，汉代的春秋学博士就成为董仲舒一系的春秋公羊学了。这说明董仲舒的公羊学对其以后的春秋学产生了重要影响。

不仅公羊学如此，自汉武帝任用公孙弘、董仲舒之后，整个经学都出现了繁荣兴盛的局面。《史记·儒林列传》说："公孙弘以《春秋》白衣为天子三公，封以平津侯。天下之学士靡然乡风矣。"从而造成了"自此以来，则公卿大夫士吏斌斌多文学之士矣"的局面。《汉书·儒林传》也说："自武帝立五经博士，开弟子员，设科射策，劝以官禄，讫于元始，百有余年，传业者寖盛，支叶蕃滋，一经说至百余万言，大师众至千余人，盖禄利之路然也。"博士弟子的数量也不断增加。汉代前期博士弟子仅数十人，不足百人。汉昭帝时则增至百人，其后也不断增加，多的时候达至三千人。《汉书·儒林传》说："昭帝时举贤良文学，增博士弟子员满百人，宣帝末增倍之。元帝好儒，能通一经者皆复。数年，以用度不足，更为设员千人，郡国置五经百石卒史。成帝末，或言孔子布衣养徒三千人，今天子太学弟子少，于是增弟子员三千人。"这些都反映了当时经学兴盛的局面。

三

当时经学的影响还反映在政治实践上。董仲舒本人就重视用春秋学处理现实问题，这一方面表现在他运用《春秋》思想来讨论政治，如汉武帝建元六年辽东高祖庙、高祖园发生火灾，董仲舒就根据春秋公羊学来加以解释并给汉武帝谏言。他说："《春秋》之道举往以明来，是故天下有物，视《春秋》所举与同比者，精微眇以存其意，通伦类以贯其理，天地之变，国家之事，粲然皆见，亡所疑矣。……今高庙不当居辽东，高园殿不当居陵旁，于礼亦不当立，与鲁所灾同。其不当立久矣，至于陛下时天乃灾之者，殆亦其时可也。昔秦受亡周之敝，而亡以化之；汉受亡秦之敝，又亡以化之。夫继二敝之后，承其下流，兼受其猥，难治甚矣。又多兄弟亲戚骨肉之连，骄扬奢侈恣睢者众，所谓重难之时者也。陛下正当大敝之后，又遭重难之时，甚可忧也。故天灾若语陛下：'当今之世，虽敝而重难，非以太平至公，不能治也。视亲戚贵属在诸侯远正最甚者，忍而诛之，如吾燔辽高庙乃可；视近臣在国中处旁仄及贵而不正者，忍而诛之，如吾燔高园殿乃可’云尔。在外而不正者，虽贵如高庙，犹灾燔之，况诸侯乎！在内不正者，虽贵如高园殿，犹燔灾之，况大臣乎！此天意也。罪在外者天灾外，罪在内者天灾内，燔甚罪当重，燔简罪当轻，承天意之道也。”汉武帝当时虽然没有听取董仲舒的建议，但后来发生了淮南王、衡山王谋反的事情还是让汉武帝采纳了董仲舒的建议，让董仲舒的弟子吕步舒治淮南狱，可以根据《春秋》之义决断，不必向上汇报。

除了运用《春秋》讨论政治外，董仲舒还运用《春秋》处理诉讼案件。在《春秋繁露》中，董仲舒就此有所论述：“《春秋》之听狱也，必本其事而原其志。志邪者不待成，首恶者罪特重，本直者其论轻。是故逄丑父当，而辕涛涂不宜执，鲁季子追庆父，而吴季子释阖庐。此四者罪同异论，其本殊也。俱欺三军，或死或不死；俱弑君，或诛或不诛。听讼折狱，可无审耶！故折狱而是也，理益明，教益行。折狱而非也，暗理迷众，与教相妨。教，政之本也。狱，政之末也。其事异域，其用一也，不可不以相顺，故君子重之也。”（《精华》）这是说，《春秋》治狱主要根据所发生的事情来考察其犯罪的动机。很多事情表面看来相似，但其背后的动机却不同。因此要根据动机来断定其犯罪的轻重。如果断案公正则能使道理更加明白，从而有助于教化。反之，如果断案不公正，则使道理更加昏暗，这样老百姓就会更加迷惑，同时也无助于教化。对于“《春秋》决狱”如何操作，董仲舒还写了《公羊董仲舒治狱》一书，但此书已经佚失。从现存的材料来看，其治理案件的依据即是《春秋公羊学》。如杜佑《通典》六九卷记载：“时有疑狱曰：‘甲无子，拾道旁弃儿乙养之以为子。及乙长，有罪杀人，以状语甲，甲藏匿乙。甲当何论？’仲舒断曰：‘甲无子，振活养乙，虽非所生，谁与易之！《诗》云“螟蛉有子，蜾蠃负之。”《春秋》之义，父为子隐，甲宜匿乙。’诏不当坐。”

董仲舒这种通过《春秋》议政、决狱的思想对两汉的政治产生了重要影响。当时遇到很多政治问题，都根据《春秋》来断定是非。如汉昭帝时发生了冒充卫太子的事情，当时城中很多人观看，丞相、御史等大官不知如何处置。京兆尹隽不疑到了后让人把其抓起来。当时有人说，是非还没有弄清楚，先不要处置吧！隽不疑回答说：“诸君何患于卫太子！昔蒯聩违命出奔，辄距而不纳，《春秋》是之。卫太子得罪先帝，亡不即死，今来自诣，此罪人也。”于是就把冒充卫太子的人送到监狱了①。当时官僚士大夫在议论政治时在很多时候都引用《春秋》以作为根据，如：

臣闻《春秋》止即位，大一统而慎始也。(《汉书·路温舒传》)

博士徐偃使行风俗。偃矫制，使胶东、鲁国鼓铸盐铁。还，奏事，徙为太常丞。御史大夫张汤劾偃矫制大害，法至死。偃以为《春秋》之义，大夫出疆，有可以安社稷，存万民，颛之可也。汤以致其法，不能诎其义。有诏下军问状，军诘偃曰：“古者诸侯国异俗分，百里不通，时有聘会之事，安危之势，呼吸成变，故有不受辞造命颛己之宜；今天下为一，万里同风，故《春秋》‘王者无外’。偃巡封域之中，称以出疆何也？且盐铁，郡有余臧，正二国废，国家不足以为利害，而以安社稷存万民为辞，何也？”(《汉书·终军传》)

时匡衡议，以为“王者存二王后，所以尊其先王而通三统也。其犯诛绝之罪者绝，而更封他亲为始封君，上承其王者之始祖。《春秋》之义，诸侯不能守其社稷者绝”。(《汉书·梅福传》)

御史大夫贡禹、博士匡衡以为《春秋》之义“许夷狄者不一而足”。(《汉书·陈汤传》)

(严)助侍燕从容……上问所欲，对愿为会稽太守。于是拜为会稽太守。数年，不闻问。赐书曰：“制诏会稽太守：君厌承明之庐，劳侍从之事，怀故土，出为郡吏。会稽东接于海，南近诸越，北枕大江。间者，阔焉久不闻问，具以《春秋》对，毋以苏秦从横。”助恐，上书谢称：“《春秋》天王出居于郑，不能事母，故绝之。臣事君，犹子事父母也，臣助当伏诛。陛下不忍加诛，愿奉三年计最。”诏许，因留侍中。(《汉书·严助传》)

以上所引《春秋》多为《公羊》之说。路温舒所说“大一统”显

① 《汉书·隽不疑传》。

为《公羊传》。徐偃所说“大夫出疆，有可以安社稷，存万民，颛之可也”，本于《公羊传》庄公十九年“大夫受命不受辞，出竟有可以安社稷、利国家者，则专之可也”。终军《春秋》“王者无外”之说则出自《公羊传》隐公元年、桓公八年、僖公二十四年、成公十二年。匡衡所说“诸侯不能守其社稷者绝”中的“绝”也是《公羊传》常用的笔法，如桓公六年说：“陈君则曷为谓之陈佗？绝也。曷为绝之？贱也。”桓公十六年说：“卫侯朔何以名？绝。曷为绝之？得罪于天子也。”等等。“许夷狄者不一而足”则出自《公羊传》文公九年。严助所说“《春秋》天王出居于郑，不能事母，故绝之”则本于僖公二十四年“天王出居于郑。王者无外，此其言出何？不能乎母也”。这只是当时引用《春秋》议论政治的一部分，从中我们可以看到春秋公羊学在当时的影响。非独春秋学如此，其余诸经也有着类似的功用。正如皮锡瑞所说：“以《禹贡》治河，以《洪范》察变，以《春秋》决狱，以三百五篇当谏书，治一经得一经之益也。”[4]

董仲舒的春秋学还对两汉经学产生了深远的影响。他把阴阳五行思想引入到儒家经学之中，不但对春秋学本身产生了重要的影响，而且对易学、诗学、尚书学、礼学等都有着深远的影响。从董仲舒之后，儒家经学真正成为国家的正统思想，儒家学者也有了通往国家权力机构的正当途径，从而对国家政治产生了重要的影响。

参考文献：

[1] 苏舆. 春秋繁露义证 [M]. 北京：中华书局，1992：475－491 .

[2] 周桂钿. 董学探微 [M]. 北京：北京师范大学出版社，2008：7－11.

[3] 桂思卓. 从编年史到经典：董仲舒的春秋诠释学 [M]. 朱腾，译. 北京：中国政法大学出版社，2010：266－273.

[4] 皮锡瑞. 经学历史 [M]. 北京：中华书局，2008：90.

本文为“2018 中国·衡水董仲舒与儒家思想国际学术研讨会”提交的论文。

任蜜林（1980－），男，山西曲沃人，哲学博士，中国社会科学院哲学研究所副研究员。

董仲舒思想是对孔子思想的继承和发展

王即之

自从董仲舒向汉武帝建议“罢黜百家，独尊儒术”两千多年来，虽然董仲舒也受到相当一部分人的批判和打击，但他的思想和主张，对当时以及后来的历朝历代恢复封建道统、维护国家稳定、和谐人伦关系等诸多方面都发挥了巨大的作用，而且也受到了两千多年来绝大多数人的好评。本文拟从董仲舒思想是对孔子思想的继承和发展方面作以论证。

一、从《春秋》到《春秋繁露》

在我国历史上，“大一统”① 概念的正式提出，始见于《春秋公羊传·隐公元年》：“何言乎王正月？大一统也。”徐彦疏：“王者受命，制正月以统天下，令万物无不一一皆奉之以为始，故言大一统也。”② 自此，后世称封建王朝统治全国为“大一统”。“大一统”提出之时强调受命改制的根基，重视重建国家政统和法统的根本，也就是说，“大一统”一词最早主要是解释王朝更替的理论，是对新王朝因以建立的理论基础所做的说明，是中国早期国家建立之正统理念。

① 刘尚慈：《春秋公羊传译注》，中华书局，2010年版，第1页。
② 同上，第2页。

后来才引申为国家在政治和文化上的高度统一。刘尚慈《春秋公羊传译注》则注释为："尊崇周氏的一统天下。大，崇尚、重视、强调。一，纯一，不杂。一统，指天下总系于一，统摄于一。"① "一统"是根治于孔子世界大同理想的一个社会意识形态，即普天之下，土地人民，定于一尊之王，王室诸侯、上下内外、政治支柱、礼仪教化，始于一、终于一的王道政治。

《春秋》一书用于记事的语言极为简练，然而几乎每个句子都暗含褒贬之意，被后人称为"春秋笔法""微言大义"。后来出现了很多对《春秋》所记载的历史进行补充、解释、阐发的书，被称为"传"。代表作品是被称为"春秋三传"的《左传》《公羊传》《穀梁传》。

自西周起，就有太史记载国家大事的先例了，在每一季的开始，一般要写"春"到"冬"四季的季节。由于古人特别重视春季和秋季，因此把国史记载叫作《春秋》，这可能是"春秋"作为史书名的主要原因吧。现存《春秋》，不过一万六千多字，从鲁隐公记述到鲁哀公，历十二代君主，计二百四十四年。依《公羊传》和《穀梁传》载至哀公十四年止，为二百四十二年，而《左传》多两年，所以是二百四十四年。

《春秋》一书出于孔子之手，语出《孟子》："世衰道微，邪说暴行有作，臣弑其君者有之，子弑其父者有之。孔子惧，作《春秋》。《春秋》，天子之事也。是故孔子曰：'知我者其惟《春秋》乎！罪我者其惟春秋乎！"'②

司马迁对《春秋》极为推崇："夫春秋，上明三王之道，下辨人事之纪，别嫌疑，明是非，定犹豫，善善恶恶，贤贤贱不肖，存亡国，继绝世，补敝起废，王道之大者也。……故春秋者，礼义之大宗也。夫礼禁未然之前，法施已然之后；法之所为用者易见，而礼之所为禁者难知。"③

① 刘尚慈：《春秋公羊传译注》，中华书局，2010年版，第3页。

② 蒋伯潜注释：《四书读本》，新世界出版社，2010年版，第421页。

③ 司马迁撰：《史记》，中华书局，2011年版，第2845页。

孔子在《春秋公羊传·隐公元年》中提出“大一统”思想的同时，又在《礼记·礼运》中提出了互为补充和遥相呼应的“天下为公”思想：“大道之行也，天下为公，选贤与能，讲信修睦。故人不独亲其亲，不独子其子，使老有所终，壮有所用，幼有所长，矜、寡、孤、独、废疾者皆有所养，男有分，女有归。货恶其弃于地也，不必藏于己；力恶其不出于身也，不必为己。是故谋闭而不兴，盗窃乱贼而不作，故外户而不闭，是谓大同。”[①] 可以说，这段话深刻体现了孔子的人生理想和民本主义思想，他颠簸一生，到底为的是什么？说到底实现“大同世界”才是他的终极目标，而德礼政刑、仁爱忠恕等等只不过是为了达到这个大同理想社会而采取的手段而已。

孔子生活于春秋末礼崩乐坏之时，那时周天子大权旁落，政权在不断下移，由天子下移到诸侯，由诸侯下移到大夫，由大夫又下移到陪臣。孔子对此颇为不满，他说：“天下有道，则礼乐征伐自天子出；天下无道，则礼乐征伐自诸侯出。自诸侯出，盖十世希不失矣。天下有道，则政不在大夫；天下有道，则庶人不议。”[②]

由此可以看出，孔子主张由周天子作为天下的首领，回到天下有道的时代去，也就是说如果对犯上作乱的诸侯国进行讨伐，也必须由周天子统一指挥，这才是“天下有道”的社会。而孔子所处的春秋末期，实在是“天下无道”的社会，在这个社会里，“礼乐征伐”不是自天子出，而是自诸侯出。对于政权层层下移，他很不满意，这样才有了如是说。这里虽然也有孔子保守的一面，但也完完全全地反映了孔子所要建立的理想社会的明显特征，其积极意义无疑要大得多。

孔子对古代先王、传说中的圣君尧极为崇拜，他说：“大哉尧之为君也！巍巍乎，惟天为大，惟尧则之。荡荡乎，民无能名焉。巍巍乎其有成功也，焕乎其有文章！”[③] 这里的“文章”显然指的是他制定的礼仪制度，也就是则之于天的大一统制度。

---

① 宋元人注：《四书五经》，中华书局，1985 年版，第 121 页。

② 陈小芬、徐儒宗译注：《论语大学中庸》，中华书局，2011 年版，第 199 页。

③ 同上，第 95 页。

如前所述，在孔子作的《春秋》中，他在中国历史上第一次发明和使用了“春秋笔法”，以期达到尊崇周天子的目的，从而达到维护天下“大一统”的局面。然而却遭到那些既得利益者们的强烈不满，一如孟子所说：“孔子成《春秋》而乱臣贼子惧。”（《孟子·滕文公下》）①

由于孔子不遗余力的宣扬，“大一统”思想在七十二贤人和后代儒家学者中也得到不断的传承与发扬光大。在《论语·颜渊》中，子夏曰：“四海之内皆兄弟也。”② 可以看出这段话已经有明确的“大一统”思想了。

三百多年后，董仲舒在回答汉武帝策问时，借助于可以自由阐发的“春秋公羊学”，主要继承孔子思想，也汲取道家精华、融会阴阳观念、收纳墨法因素，建构起一个集天地、阴阳、道统、规则、纲常等百家学说高度融合的“大一统”理论体系。

董仲舒在回答汉武帝策问时说：“孔子曰：‘人能弘道，非道弘人’也。故治乱废兴在于己，非天降命不可得反，其所操持悖谬失其统也……臣谨案《春秋》之文，求王道之端，得之于正。”③ “《春秋》大一统者，天地之常经，古今之通谊也。臣愚以为诸不在六艺之科，孔子之术者，皆绝其道，勿使并进。邪辟之说灭息，然后统纪可一而法度可明，民知所从矣。”④

在这里，董仲舒接二连三地建议皇上要按孔子说的“弘道”来做，“求王道之端，得之于正”，并明确提出孔子的《春秋》大一统思想是天地万物永远不变的道理，是自古到今永远适宜的法宝。可惜今天人们追求的路径不一样，说的不一样，各家有各家的说法，指意完全不同，所以使国家高层已经丢失了大一统能力，国家政权屡屡易位；而中低层就更不知道该干什么了。社会如此混乱，价值观如此不

① 宋元人注：《四书五经》，中华书局，1985 年版，第 49 页。

② 班固：《汉书·董仲舒传》，线装书局，2010 年版，第 932 页。

③ 同上。

④ 同上，第 937 页。

同，当然得有一个办法了。于是他提出“臣愚以为诸不在六艺之科，孔子之术者，皆绝其道，勿使并进。邪辟之说灭息，然后统纪可一而法度可明，民知所从矣”。在这里，他说得很明确：“不在六艺之科，孔子之术者，皆绝其道。”这显然是罢黜百家，使之皆绝其道，唯独对孔子的思想大力倡导和全面继承了。可喜的是从此以后，孔子所创立的儒家学说便意想不到地高调走进了庙堂之中，成为中华民族的核心价值观，而且两千多年金刚不倒，这实在是民众的福分，民族的幸运也。

从中华民族发展历史来看，中华民族久合比分，久分比合，然大部分时间是合，因为孔子的“大同世界”思想奠定了中国“大一统”坚实的思想基础。

我们经常会自豪地说，我国是一个统一的多民族的国家，五十六个民族五十六朵花，其实都是对孔子“大同世界”理想、董仲舒继承弘扬“大一统”思想和对现当代伟人们的礼赞。

二、从“三纲”到“三纲五常”

“三纲”一词出自孔子。齐景公曾问孔子如何治理国家。孔子回答说：“做君主的要像君的样子，做臣子的要像臣的样子，做父亲的要像父亲的样子，做儿子的要像儿子的样子。”似乎这句话很合齐景公的意，齐景公不无高兴地说：“讲得好呀！如果君不像君，臣不像臣，父不像父，子不像子，虽然有粮食，我能吃得上吗？”语出《论语·颜渊篇第十二》第十一章：齐景公问政于孔子。孔子对曰：“君君、臣臣、父父、子子。”公曰：“善哉！信如君不君，臣不臣，父不父，子不子，虽有粟，吾得而食诸？”①

另据《论语·子路篇第十三》第三章记载：子路曰：“卫君待子为政，子将奚先？”子曰：“必也正名乎！”子路曰：“有是哉，子之迂

① 邓启铜注释：《论语》，东南大学出版社，2010年版，第125页。

也！奚其正?”子曰：“野哉，由也！君子于其所不知，盖阙如也。名不正则言不顺，言不顺则事不成，事不成则礼乐不兴，礼乐不兴则刑罚不中，刑罚不中，则民无所措手足。故君子名之必可言也，言之必可行也。君子于其言，无所苟而已矣。”①

孔子首先提出“必须正名分”，因为名分不正，说起话来就不顺当合理，说话不顺当合理，事情就办不成。事情办不成，礼乐也就不能兴盛。礼乐不能兴盛，刑罚的执行就不会得当。刑罚不得当，百姓就不知怎么办好。所以，君子一定要定下一个名分，必须能够说得明白，说出来一定能够行得通。君子对于自己的言行，是从不马马虎虎对待的。

以上两章所讲的中心问题都是孔子回答提问者如何从政的问题。前一章讲君王、父亲应当以身作则，积极地起到模范带头作用，像一个君王、父亲的样子。同时臣子、儿子也要积极地服从君王和父亲，积极完成君王、父亲交给自己的工作任务。这样就能做到国泰民安，盛世长安。

后一章讲的是“正名”问题，为了把这个问题说清楚，孔子还举了一个“卫君”的例子来加一说明。卫君即卫出公，名辄，卫灵公之孙。其父蒯聩被卫灵公驱逐出国，卫灵公死后，蒯辄继位。蒯聩要回国争夺君位，遭到蒯辄拒绝。这里，孔子对此事提出了自己的看法“必正名乎!”“名不正则言不顺，言不顺则事不成。”相比较而言，这三章中讲得最重要的问题是“正名”。“正名”是孔子“礼”思想的重要组成部分。正名的具体内容就是“君君、臣臣、父父、子子”，只有“名正”才能“言顺”，“名正”是因，“言顺”是果。有正当的原因，就有合理的结果，大道至简，实不谬也。这里，孔子所谓的“正名”，实际上就是用礼的等级名分来把春秋末期由于社会变动所破坏了的“名”与“实”的关系再度恢复起来，以建立一种正常的社会秩序，其实也就是“君君、臣臣、父父、子子”的社会秩序。

① 邓启铜注释：《论语》，东南大学出版社，2010年版，第133页。

这几章对话的时代背景是春秋时期正处于社会大变动之时，当时的等级名分制度受到大的破坏，弑君弑父之事时有发生，这无疑是国家动乱的主要原因。所以孔子告诉齐景公，“君君、臣臣、父父、子子”，只要恢复这样的等级秩序，国家就可以长治久安。

对于“君君，臣臣，父父，子子”八个字的理解历来众说纷纭，莫衷一是。而更多的人则理解为重叠的两个字是并列关系：君要像君，臣要像臣，父亲要像父亲，儿子要像儿子。也有人认为是因果关系：只有君像君的样子了，臣才会像臣的样子。同样只有父亲像父亲的样子了，儿子才会像儿子的样子。我自己更赞同后者。因为在《论语》中还有相同的例子。比如《论语·八佾篇第三》第十九章所载：定公问：“君使臣，臣事君，如之何?”孔子对曰：“君使臣以礼，臣事君以忠。”[①] 在这里孔子回答鲁定公的提问“君主怎样使唤臣下，臣子怎样事奉君主呢?”时很干脆：“君主应该按照礼的要求去使唤臣子，臣子应该以忠来事奉君主。”

我觉得孔子的这段话“君使臣以礼，臣事君以忠”；君臣也是因果关系，而不是并列关系。也就是说国君对臣下要依礼而行，那么臣下就会忠于国君。君臣的关系和谐的前提是国君先首先要做好，臣子才能做好，其责任主要在国君。“君使臣以礼，臣事君以忠”，这是孔子君臣之礼的主要内容。只要做到这一点，君臣之间就会和谐相处。从本章的语言环境来看，孔子还是侧重于对君的要求，强调君应依礼待臣，绝对不是后儒表述的和世人理解的那样：“即使君主无礼，臣下也应尽忠。”以至于发展到“不问是非而尽愚忠”的份上。

对于孔子所表达的这种“君君，臣臣，父父，子子”关系，《孟子·离娄篇下》在承袭孔子思想的基础上，又加一深化：“孟子告齐宣王曰：君之视臣如手足，则臣视君如腹心；君之视臣如犬马，则臣视君如国人；君之视臣如土芥，则臣视君如寇仇。”[②] 从孔孟二位圣人的初心来看，他们当时说得多么到位呀！丝毫没有奴颜媚骨，取悦

---

① 邓启铜注释：《论语》，东南大学出版社，2010 年版，第 23 页。
② 宋元人注：《四书五经》，中华书局，1985 年版，第 60 页。

于君王的意味。那么这种因果关系到底怎样被人们所误解和歪曲，以至于彻底变了味呢！

我以为从韩非子开始就变了一点味。韩非子认为：“臣事君，子事父，妻事夫，三者顺则天下治，三者逆则天下乱，此天下之常道也，明王贤臣而弗易也。”（《韩非子·忠孝》[①]在这里他已经把孔子所说的“君使臣以礼，臣事君以忠”的因果关系颠倒过来了。还有人认为是宋儒歪曲了孔子的本意，增加了后缀：“君叫臣死，臣不得不死；夫叫子亡，子不得不亡；夫叫妻离，妻不得不离。”这样问题就复杂化了，一下子使得淳朴自然的夫子之道，蒙上了政治奴性的意味，成为后世诽谤儒学诟病的有力借口。

那么这种为迎合君王而偷梁换柱后的理论，自然落不到董仲舒的头上。在对孔子的“三纲”思想做了必要的陈述和铺垫之后，再来看董仲舒的“天人三策”。他在向汉武帝指明了宏观方向的同时，还提出了具有极强操作性的微观方法即“三纲”原理和“五常”之道，这就是著名的“三纲五常”。

董仲舒对孔子的“三纲”加以继承和升化，提出：“凡物必有合。合，必有上，必有下，必有左，必有右，必有前，必有后，必有表，必有里……物莫无合，而合各有阴阳……君臣、父子、夫妇之义，皆取诸阴阳之道。君为阳，臣为阴；父为阳，子为阴；夫为阳，妻为阴。……是故仁义制度之数，尽取之天。天为君而覆露之，地为臣而持载之，阳为夫而生之，阴为妇而助之，春为父而生之，夏为子而养之……王道之三纲，可求于天。”[②] 董仲舒在这里说得很明确，在人伦关系中，君臣、父子、夫妻三种关系是最主要的关系，而且这三种关系是有主次、上下和先后顺序的，具体表现在：“君为主、臣为从；父为主，子为从；夫为主，妻为从。”我体味这里边绝对没有抑制臣、子、妻的意思，只是一种社会分工不同而已，有权利就有义务。按《周易》“一阴一阳之谓道，继之者善也，诚之者性也。仁者见之谓之

① （清）王先慎撰：《韩非子集解》，中华书局，1998年版，第510页。

② 苏舆撰：《春秋繁露义证》，中华书局，1992年版，第350—351页。

仁，知者见之谓之知。百姓日用而不知，故君子之道鲜矣”① 的命题来解释，君、父、夫体现了天的“阳”面，臣、子、妻体现了天的“阴”面；阳永远处于主宰、主动的地位，阴永远处于服从、被动的地位。它要求为臣、为子、为妻的要分别服从于君、父、夫。但从董仲舒的思想和他尊崇的孔孟思想来综合考量，董仲舒在这里同时也要求君、父、夫要为臣、子、妻起到顶天立地的作用，“父授之，子受之，天之道也”②。

在这里他说得简单明了，父亲授予儿子，儿子受赠，这是天经地义的。我以为这就是天道，类似于天、太阳、晴、高、大、上、龙、虎、豹等等阳的一面，而作为阳的一面，就要勇于担当责任，做力挽狂澜的君王、顶天立地的父亲和永远是靠山的丈夫。如果君、父、夫尽不到应有的责任甚至走向其反面——胡作非为，那么臣、子、妻就可以不服从君、父、夫甚至推翻他们。说到底这种关系是封建社会中君臣、父子、夫妇之间的一种平等的、庸常的伦理关系。

就这样董仲舒以此确立了君权、父权、夫权的统治地位，把人伦等级和政治秩序神圣化为宇宙的根本法则。平心而论，这应该是一种理论的提升，社会的进步。

在明确提出“三纲”的基础上，董仲舒又配套提出“五常”——“仁、义、礼、智、信”。他认为“五常”之道是处理君臣、父子、夫妻、上下、尊卑关系的基本法则，治国者应该给予足够的重视。在他看来，人不同于其他生物的一个重要特点，就在于人类具有与生俱来的五常之道。坚持五常之道，就能维持社会的稳定和人际关系的和谐。

从以上孔子“三纲”和董仲舒“三纲五常”比较来看，董仲舒显然是在学习、研究、继承孔子“三纲”思想的基础上，进一步深化了孔子的“三纲”思想，并且给它找了一个可以密切联合的词组“五常”。随之董仲舒巧借汉武帝之力，把“三纲五常”推广到无以复加

① 宋元人注：《四书五经》，中华书局，1985 年版，第 58 页。
② 苏舆撰：《春秋繁露义证》，中华书局，1992 年版，第 315 页。

的高度，其经世致用之功令后辈儒家学者们望尘莫及。

三、从“五十而知天命”到“天人感应”

孔子虽然是一个面对现实，脚踏实地，“不语怪力乱神”“罕言命”的人，但他却也是一个相信天命、敬畏神灵的人。比如他的“未能事人，焉能事鬼？”“唯天为大，唯尧则之”等等言论，足以证之。还有从《论语》497 章里就有 12 章涉及“天”、5 章涉及“命”这一点也可见一斑。

在《论语·为政篇第二》第四章中：子曰：“吾十有五而志于学，三十而立，四十而不惑，五十而知天命，六十而耳顺，七十而从心所欲，不逾矩。”① 在这里孔子说自己五十岁就知道天命了，也就是知道天的命令、旨意了。

对孔子来说，“五十而知天命”绝对不是听天由命、无所作为，而是知晓了“谋事在人，成事在天”的道理，从而更加虔诚地尊崇大自然的规律，努力作为但不苛求结果，一如他整理的《诗经》所云“虽不能至，然心向往之”。纵览他的一生，过了五十岁之后，他仍然在“发愤忘食”“乐以忘忧”，但对荣辱得失已经泰然处之、淡然从之了。

五十岁，是人生的一个坎，在民间素有“五十肩”之说。民间把“肩周炎”又称为“五十肩”。因为此病的好发年龄一般在五十岁左右，患此病的人可预先知道天阴下雨，也就是知道上天的命令。有先贤解读说此章是“孔子隐圣同凡，劝人勤学之意”也。贾平凹在五十岁的时候写了一篇美文《五十大话》，又隆重地为自己过了一个“五十大寿”，而且他母亲也参加了。别人不解。他说“自己从小体弱多病，医生说自己活不到五十岁，现在总算活到五十岁了，所以就隆重庆贺了一下”！这和孔子的“五十而知天命”有异曲同工之妙。

---

① 邓启铜注释：《论语》，东南大学出版社，2010 年版，第 9 页。

孔子对命运是深信不疑的，伯牛病了，他前去探望，从窗户外面握着伯牛的手说："丧失了这个人，这是命里注定的吧！这样的人竟会得这样的病啊！这样的人竟会得这样的病啊！"语出《论语·雍也篇第六》第十章：伯牛有疾，子问之，自牖执其手，曰："亡之，命矣夫，斯人也而有斯疾也！斯人也而有斯疾也！"①

孔子还自信自己是上天派来传承周代的礼乐文化的。当他周游列国被匡地的人们所围困的时候，他自信地说："周文王死了以后，周代的礼乐文化不都体现在我的身上吗？上天如果想要消灭这种文化，那我就不可能掌握这种文化了；上天如果不消灭这种文化，那么匡人又能把我怎么样呢？"语出《论语·子罕篇第九》第五章：子畏于匡，曰："文王既没，文不在兹乎？天之将丧斯文也，后死者不得与于斯文也；天之未丧斯文也，匡人其如予何？"②

孔子还站在天人合一的角度，进一步认为，自己的品德是上天给予的，他桓魁能把自己怎么样？孔子说这句话当然是事出有因的，公元前 492 年，孔子从卫国去陈国时经过宋国，桓魁听说以后带兵要去害孔子。当时孔子与弟子们正在大树底下演习周礼的仪式，桓魁砍倒大树，还要杀孔子。孔子在学生的保护下，离开了宋国，在撤离途中，他说了这句话。他认为自己是有仁德的人，而且这种仁德是上天给的，上天一定会保护自己的。

那么一个人怎样才能提高自己的品德修养呢？孔子在回答弟子樊迟的提问时说："问得好呀！先努力做好该做的事，不计较后来得到的收获，不就是提高品德了吗？"语出《论语·颜渊篇第十二》第二十一章：樊迟从游于舞雩之下，曰："敢问崇德、修慝、辨惑。"子曰："善哉问，先事后得，非崇德与？攻其恶，无攻人之恶，非修慝与？一朝之忿，忘其身，以及其亲，非惑与？"③

这实在是孔子教给樊迟的方法论"先努力致力于做事，然后才有

---

① 邓启铜注释：《论语》，东南大学出版社，2010 年版，第 52 页。

② 同上，第 85 页。

③ 邓启铜注释：《论语》，东南大学出版社，2010 年版，第 128 页。

所收获，不就是提高品德了吗?”

孔子还说过“没有人了解我啊，了解我的只有天吧!”语出《论语·宪问篇第十四》第三十五章：子曰：“莫我知也夫!”子贡曰：“何为其莫知子也?”子曰：“不怨天，不尤人。下学而上达，知我者其天乎!”① 在这里他还提出“下学学人事，上达达天命”的命题，由此不难看出他对“天命”的高度认可了。

因为孔子相信天命，所以他对天帝神灵祭祀也很虔诚。他曾说：祭谁就如谁在，祭神时就如神在一样。我不亲自参加祭祀，而以我的名义去祭祀还不如不祭祀。语出《论语·八佾篇第三》第十二章：祭如在，祭神如神在。子曰：“吾不与祭，如不祭。”②

孔子还认为君子必须认知天命，敬畏天命。语出（《论语·尧曰篇第二十》第三章：孔子曰：“不知命，无以为君子也。不知礼，无以立也。不知言，无以知人也。”③

在另外的篇章中孔子提及过自己并不看好没有道德前提的勇敢。那么在这里他顺承这个意思，又明确地提出：“君子有三件敬畏的事情：“敬畏天命，敬畏大人，敬畏圣人之言。而小人由于不知道天命，所以不敬畏天命；同时也不尊重地位高的人；还轻侮圣人之言。”语出《论语·季氏篇第十六》第八章中，孔子曰：“君子有三畏：畏天命，畏大人，畏圣人之言。小人不知天命而不畏也，狎大人，侮圣人之言。”④

应当指出，孔子并不将天视为一种无情无义、随心所欲的神灵。而是有判断力、能够辨别真伪善恶、能够对人的思想言行形成约束和教化的主宰。他说：“如果得罪了天，就没有祷告的地方了。”语出《论语·八佾第三》第十三章：王孙贾问曰：“与其媚于奥。宁媚于

① 邓启铜注释：《论语》，东南大学出版社，2010 年版，第 157 页。

② 同上，第 21 页。

③ 同上，第 223 页。

④ 同上，第 182 页。

灶。何谓也?”子曰:“不然,获罪于天,无所祷也。”[①] 由此不难看出,孔子直指的是人的行为,也就是说人的行为要符合天的要求,形成天人合一,而不是怀着不可告人的目的,一味地取媚于天。苍天在上,人在做,天在看,天之于人更多在于约束人,而不是纵容和满足人的私欲。

先贤曾经说过“天不言自高,地不语自厚,愈是丰满的谷穗愈是向下低着头”。孔子就是天地和丰满的谷穗的做派,他倡导“君子欲讷于言而敏于行”,并且从自身做起“予欲无言”。子贡不解地问“您如果不想说话,那我们用什么来记述呢?”孔子回答说:“上天他又说过些什么呢?只是放纵四季周而复始,任由百物蓬勃生长。上天又说过些什么呢?”语出《论语·阳货篇第十七》第十九章:子曰:“予欲无言。”子贡曰:“子如不言,则小子何述焉?”子曰:“天何言哉?四时行焉,百物生焉,天何言哉?”[②] 由此不难看出,孔子这个具体的人和天是多么的“天人合一”呀!

孔子天命观的本质内容在于天人关系的处理,他认为天虽为主宰,但无需人们谄媚讨好,因为天是最公道最无私的。人只需自克内心,自修其行,天自然知道,天命自有其公正的审判。天人之间,要达到和谐合一,对人来说是要有所约束的。如果失去约束,一任自由,则天人就不会合一,天就会对人进行必要的惩罚。由此可以看出,孔子的天命观看起来是一种宗教信仰,但其实更多的是一种道德渗透与引导。孔子畏天命,敬畏的不是天之神力,而是他所认为天的至善至仁。一个人的所作所为,只要符合天道,则为有情有义。孔子以天的仁德来约束人的行为,实在是高明之举。

再来看看董仲舒的“天人感应”。在他最主要的著作《春秋繁露》中,他大肆宣扬“天人合一”“天人感应”论,他认为天是有意志的、至高无上的神,是宇宙万物的主宰。他把自然现象和社会现象进行神秘化的比附,认为天按照自己的形体制造了人,人是天的副本,人类

---

① 邓启铜注释:《论语》,东南大学出版社,2010年版,第21页。

② 同上,第195页。

的一切都是天的复制品："天子受命于天，天下受命于天子，一国则受命于君……圣人之道，不能独以威势成政，必有教化"①，"善言天者必徵于人，善言古者必验于今。臣闻天者群物之祖也，故遍覆包含而无所殊，建日月风雨以和之，今阴阳寒暑以成之，故圣人法天而立道，亦溥爱而忘私，布德施仁以厚之，设谊立礼以导之"②。

在《春秋繁露·阴阳义》中，他提出"天人同类"的概念，并明确指出"与天同者大治，与天异者大乱"："天亦有喜怒之气、哀乐之心，与人相副。以类合一，天人一也……与天同者大治，与天异者大乱。"③

在《春秋繁露·人副天数》中，董仲舒提出："天地之精所以生物者，莫贵于人。人受命于天也，故超然有倚。"④ 董仲舒还认为天和人是同类的，人有什么，天早就有什么；天有什么，人也有什么："天地之符，阴阳之副，常设于身，身犹天也……天以终岁之数成人之身，故小节三百六十六，副日数也。大节十二分，副月数也。内有五藏，副五行数也。外有四肢，副四时数也。乍视乍瞑，副昼夜也。乍刚乍柔，副冬夏也。乍哀乍乐，副阴阳也……于其可数也，副数；不可数者，副类。皆当同而副天，一也。"⑤ 这是从人的身体的构造方面讲天人同类。在《春秋繁露·为人者天》中，他又说："人之德行，化天理而义。人之好恶，化天之暖清。人之喜怒，化天之寒暑……人之性情有由天者矣。"⑥ 这是从人的情感意识方面讲天人同类。

他认为对一个国家来说，天人感应实为"天子"与"天"的感应，祥瑞或灾异的出现主要取决于统治阶级的政治是否修明。上天虽不像人一样会说话，但上天的意志可通过某种"祥瑞"或"灾异"的

---

① 苏舆撰：《春秋繁露·为人者天》，中华书局，1992 年版，第 319 页。
② 同上，第 935 页。
③ 同上，第 341 页。
④ 同上，第 354 页。
⑤ 同上，第 356—357 页。
⑥ 同上，第 318 页。

现象显现出来。这就是天人感应的表现形式。如果君主政治清明，社会太平，上天就会降下嘉禾、醴泉、甘露、麒麟、白鹿等祥瑞之物以资表扬。如果君主逆天，不行德政，就会激起天的震怒，出现各种灾异现象，例如水旱灾、火灾、地震等等，以示对君主的警告和惩罚。他在回答汉武帝的策问时说："臣谨案《春秋》之中，视前世已行之事，以观天人相遇之际，甚可畏也。国家将有失道之败，而天乃先出灾害以谴告之；不知自省，又出怪异疑以警惧之；尚不知变，而伤败乃至。以此见天心之仁爱人君而欲止其乱也。"①

此外，董仲舒还特别提出了"物类相召，同类相动，同类相感"的概念。在承继了孔子和《周易》以来的"同声相应，同气相求"思想的基础上，他指出："故同气则会，声比则应，其验然也。试调琴瑟而错之，鼓其宫则他宫应之，鼓其商而他商应之；五音比而子鸣，非有神，其数然也。美事召美类，恶事召恶类，类之相应而起也。如马鸣则马应之，牛鸣则牛应之。"②

"天人同类"的观念是董仲舒所宣扬的天人感应论的一个理论基础。他说："天地之常，一阴一阳。阳者天之德也，阴者天之刑也……以类合之，天人一也。"③

他又说："人之形体，化天数而成。人之血气，化天志而仁。人之德行，化天理而义。人之好恶，化天之暖清。人之喜怒，化天之寒暑。人之受命，化天之四时。人生有喜、怒、哀、乐之答，春秋冬夏之类也。……天之副在乎人，人之性情有由天者矣。"④ 这是从人的情感意识方面讲天人同类。

不难看出，董仲舒所讲的天，一方面具有自然的形貌，即日月星辰四时风雨等自然现象；但另一方面天却也是有意识的，天能够监督人尤其是天子的行为，根据人的所作所为降下灾异或祥瑞。窃以为，

① （东汉）班固：《汉书·董仲舒传》，线装书局，2010年版，第931页。
② 苏舆撰：《春秋繁露·为人者天》，中华书局，1992年版，第358页。
③ 苏舆撰：《春秋繁露·阴阳义》，中华书局，1992年版，第341页。
④ 苏舆撰：《春秋繁露·人副天数》，中华书局，1992年版，第318页。

他论证天人互感，不仅是出于哲学上的考虑，更是为了服务于政治，服务于社会。既然天与人可以相互感应，那么人的所有行为均应顺天意、合天道。作为天之子的帝王就更遵循天人合一的原则，顺天、法天，依天意而行，这看起来有一些封建迷信色彩，但从心理诱导、人伦教化角度讲，也有其应积极的现实意义。

平心而论，和孔子的“天命”思想相比较，董仲舒的“天人感应”论，似乎和社会秩序、政治制度、人伦风化联系得更紧密一些。

他把《春秋》中所记载的自然现象，很巧妙地借用过来解释当时社会政治衰败的症结。他通过对秦末农民起义深入的研究，深刻认识到农民阶级的政治力量是可决定一个王朝的生死存亡的。并以秦始皇权力不受制约，引发农民起义，快速亡国的惨痛教训，来限制皇帝的权力。他把秦末农民起义视为天意，他要借用这一象征农民阶级政治力量的“天意”，用来戒惧皇帝，使之自敛。他认为，人君为政应“法天”行“德政”，“为政而宜于民”。否则，“天”就会降下种种“灾异”以“谴告”人君。如果这时人君仍不知悔改，“天”就会使人君失去天下。这对人君的自我改造、自我修炼无疑会起到积极的引领作用。

那么当时董仲舒为什么要采用“天人感应”的形式来戒惧皇帝呢？原因是西汉时期社会科学水平还比较低，天命论在人们思想中的影响极深。董仲舒就采用了“天”来限制皇帝个人的私欲，制约他至高无上的权力。

有一个生动的案例，最能说明这个问题。汉武帝建元六年（前135），在皇帝祭祖的地方长陵高园殿、辽东高庙发生了大火，董仲舒认为这是宣扬天人感应的好机会，于是带病坚持起草了一份奏章，以两次火灾说明上天已经对武帝发怒。他本想好好地说服汉武帝，并没想到节外生枝，但奏章还没呈上，正巧主父偃到董仲舒家做客，他看见奏章，因嫉妒董仲舒之才，就把奏章草稿偷走，添盐加醋地交给了汉武帝。武帝看后大怒，决定将董仲舒斩首。后怜其才，又下诏赦免，但江都王相却被罢免，从此，董仲舒不敢再说灾异之事。他辞职回家，干起了教书育人的老本行，一不小心又教了十年的《公羊春秋》。

总的来说，董仲舒在他的职业生涯中，以他的渊博和良知，使他对皇帝的规劝达到了游刃有余的程度，也使儒学关注社会的初心达到空前绝后的高度，对两千多年来中国封建社会的长治久安做出了无与伦比的贡献，应该说至今我们还享受着他的红利。基于此，我曾在2016年12月由中华孔子学会董仲舒研究会和西北大学现代学院主办，衡水学院董子学院和西北大学现代学院国学院承办的“董仲舒与儒家经学国际研讨会”上，提交了一篇论文《董仲舒是孔子之后最大的儒家》，引起了轩然大波，民间学者多数人看好，精英学者大部分反对。畏于一些人传统认知的压力，我在西安某刊物发表这篇论文时，把题目改成了《论董仲舒的经世致用之功》，但心里多有不情愿。

四、从“有耻且格”到“以德治国”

孔子干了一辈子的事业，就是“克己复礼”，复的这个“礼”当然是“周礼”了。周礼的主要标志是维护秩序、维护道统，以文化人，以德育人。“路不拾遗，夜不闭户”“画地为牢”便是那个时代的缩影。可惜孔子生活在乱世，因而他“克己复礼”的美梦最终化为泡影。但由于他的不懈努力和他的弟子、再传弟子们的辛勤推广，他的思想还是传播下来了。

他的思想博大精深，而“德治思想”便是其中一个重要的方面，他主张以道德教化为治国的基本原则，因为道德教化，在政治生活中起着决定性的作用，只有为政以德，方可众星共之。语出《论语·为政篇第二》第一章：子曰：“为政以德，譬如北辰，居其所而众星共之。”①

在《论语·为政篇第二》第三章中，他指出：“道之以政，齐之以刑，民免而无耻；道之以德，齐之以礼，有耻且格。”② 在这里，他说得很清楚，如果统治者仅仅是用行政命令去引导百姓，用严刑峻

① 邓启铜注释：《论语》，东南大学出版社，2010年版，第8页。
② 邓启铜注释：《论语》，东南大学出版社，2010年版，第8页。

法去治理天下，那么百姓可能畏于法律的惩罚而免除犯罪，但却没有了羞耻之心；而如果能够用道德教化来引导百姓，用礼仪规则来维持社会秩序，那么百姓既有了礼仪廉耻之心，又会自觉地遵守道德法令，营造一个良好的社会氛围。

为了使道德教化得到更好的落实，孔子以道德为标准，对君子和小人加以区分。他明确指出君子关心的是道德教化，小人关心的是乡土宅田。语出自《论语·里仁篇第四》第十一章：子曰："君子怀德，小人怀土，君子怀刑，小人怀惠。"[①] 在这里，他把君子与小人这两个不同类型的人格形态，划分得一清二楚。无疑，君子有高尚的道德，他们胸怀远大，事业开阔，考虑的只是国家和社会的利益；而小人则自私自利，鼠目寸光，他们考虑的只是小恩小惠和眼前利益，因而小人总是被社会所不齿，而君子广受欢迎，被人尊重。

在此基础上，孔子又明确指出勇敢仅仅是仁德的一个方面，只有勇敢这一个方面，不见得就好，因为有勇不见得就有德。他的言外之意很明了，没有道德的勇敢，有时候可能会办成错事甚至坏事。这是孔子典型的道德哲学观。他还十分鄙视武力和权术，认为羿、奡以力而不得其终，而禹、稷以德而有天下。同时他十分崇尚朴素和道德，并表扬南宫适很有道德，是个君子。语出《论语·宪问篇第十四》第五章：南宫适问于孔子曰："羿善射，奡荡舟，俱不得其死然。禹稷躬稼而有天下。"夫子不答。南宫适出。子曰："君子哉若人！尚德哉若人!"[②] 在孔子这个思想的基础上，后代儒家又发展了这一思想，提出"恃德者昌，恃力者亡"的主张，要求统治者以德治天下，而不要以武力得天下，否则，最终是没有好下场的。

虽然当时是礼崩乐坏的时代，弑君者有之，弑父者亦有之，但孔子还是乐观地说"有道德的人是不会孤立的，一定有更多的同类人与他相处"。语出《论语·里仁篇第四》第二十五章："德不孤，必有

① 邓启铜注释：《论语》，东南大学出版社，2010 年版，第 31 页。
② 同上，第 147 页。

邻。”① 我以为这句话既是一种高度的概括和总结，也是一种积极的引导和感化。现在人们经常说的“世上还是好人多”应该说就是他这种思想的延续。

在不遗余力地为道德鼓与呼的同时，孔子还为道德设定了更高的标准和境界，这就是“至德”。语出《论语·泰伯篇第八》第一章：子曰：“泰伯其可谓至德也已矣。三以天下让，民无得而称焉。”② 他把泰伯这个人说成是品德最高尚的人了，因为他三次把天下让给季历，老百姓都找不到合适的词句来赞扬他了。

“至德”，说得近乎于不可能，孔子为什么要说得这么绝对呢？自有他的道理。事情的来源大概是这样：传说古公亶父知道三子季历的儿子姬昌有圣德，就想传位给季历，当泰伯知道这件事后，便于二弟仲雍一起避居到吴，直到古公亶父死了泰伯都不回去奔丧，而且还断发纹身，表示终身不返，终于把君位传给了季历，季历又传给了姬昌即周文王，周文王又传位给周武王，周武王时灭了殷商，统一了天下。孔子对这件事情总是津津乐道，他认为三让天下的泰伯是道德最高尚的人。并且明确指出，只有把天下让给贤者圣者，天下才有可能得到治理，而让位者是要有宽阔的心胸境界和道德情操的，泰伯就是这样的人。

孔子不光赞同有道德的人，也赞同有道德的家畜。他说：“千里马值得称赞的不是它的气力，而是它的品德。语出自《论语·宪问篇第十四》第三十三章：子曰：“骥不称其力，称其德也。”③

从以上孔子的论述来看，其核心思想是以道德治理天下，做人既要有勇更要有德。那么无独有偶，在三百多年后，董仲舒全面继承了孔子这一思想，对汉武帝提出了中肯的建议——“以德治国”。

在西汉王朝的初期，仍因袭秦制，以严刑峻法统治人民。尤其是武帝好法术、刑名，重用酷吏，更是有过之而无不及，使天下苍生毫

① 邓启铜注释：《论语》，东南大学出版社，2010年版，第34页。

② 同上，第74页。

③ 同上，第931页。

无幸福可言，有的只是痛苦。

董仲舒吸取秦灭亡教训，为了缓和地主阶级和农民的矛盾，提倡德治，革除秦时的弊政，进行“更化”。他的“更化”思想，就是以儒家的礼义仁德来限制国家对人民剥削，维持和巩固汉王朝统治阶级专政。他认为，严刑峻法，只能带来社会的不稳定因素，不可能从根本上维持和巩固天下太平。他提出行礼义，施仁政，以德治为主，重视“教化”，用仁德代替严刑。他视“德治”主张为巩固封建统治的基本治国原则。在回答汉武帝策问时他说：“盖闻五帝三王之道，改制作乐而天下洽和，百王同之。”①

董仲舒认为，“天”具有阴阳两种属性。在政治生活中，阳表现为德，阴表现为刑。“天”是欲生不欲杀的，“天道”是尚德不尚刑的。故君主治理天下应上法于天，为政也应以“德化”为主。对百姓应施“仁政”。董仲舒还将道德教化喻之为“堤防”。只要“堤防”完备，就可将百姓反抗社会、不利于社会平安的思想念头消灭于“萌然之际”，起到防患于未然的作用。他说：“凡以教化不立而万民不正也。夫万民之从利也，如水之走下，不以教化堤防之，不能止也。是故教化立而奸邪皆止者，其堤防完也；教化废而奸邪并出，刑罚不能胜者，其堤防坏也。古之王者明于此，是故南面而治天下，莫不以教化为大务。立太学以教于国，设痒序以化于邑，渐民以仁，摩民以谊，节民以礼，故其刑罚甚轻而禁不犯者，教化行而习俗美也。”②

董仲舒还建议君王要以身作则，从正心开始。他一针见血地对汉武帝说，“德教”能否收到“教化行而习俗美”的社会效果，这与最高统治者能否以身作则，为民表率有着密切的关系。并要求武帝首先从自己的“正心”开始，由己及人，“正心以正朝廷，正朝廷以正百官，正百官以正万民，正万民以正四方”。这样就可收到“四海之内闻盛德而皆来臣，诸福之物，可致之祥，莫不毕至”的天下大治效果。

汉武帝自然是一代明君，他完全接受了董仲舒的“德政”策略，

---

① （东汉）班固：《汉书·董仲舒传》，线装书局，2010年版，第937页。

② 同上，第933页。

有力地维护和巩固了中央集权制，很好地缓和了当时尖锐复杂的社会矛盾，促进了西汉王朝的社会经济发展，使天下出现了难得的安定团结的大好局面。

本文为“2018中国·衡水董仲舒与儒家思想国际学术研讨会”提交的论文。

王即之（1958－），男，陕西西安人，西北大学现代学院国学院研究员。

题写董子联及解析

卫立冬

董仲舒是我国西汉时期著名思想家、哲学家、教育家，也是中国儒学史上一位极其重要的人物，为奠定中华民族的传统精神做出了决定性的贡献[1]。

有感于董仲舒的伟大贡献和事迹，撰联两幅，还请方家指教。

一

衡漳故郡　一代醇儒施教化　春秋繁露传经义

丰镐帝都　三策文章铸正统　阴阳五行道天人

衡漳——指衡水。董仲舒即西汉广川（今衡水）人。“衡水”一词始见于北魏文成帝拓跋浚的《文成帝南巡碑》，文成帝曾在信都（今冀州市）“衡水之滨”举行过规模盛大的“禊礼”（古代春秋两季在水边举行的清除不祥的祭祀）。“衡水之滨”中的“衡水”，为当时穿越今冀州市境内的漳水后一段的别称，又名“横漳”或“衡漳”。隋朝开皇十六年（596），由河北大使郎蔚之，分下博、信都和武邑三县地，新置衡水县，治所在今衡水市旧城村。县之名称，取“漳水横流”“漳河流经、水陆通达、风水恒存”之意。因漳水从衡水县西南入境后，不是东流入海，而是折向北流，然后入海，古人亦把这一段漳河水称为“衡水”，此后，衡水县名称历代沿用[2]。

故郡——衡水历史悠久。上古时代因地跨黄河，今辖区分属冀、兖二州。饶、昌、武城、武罗均系境内主要封邑方国。春秋时期多归晋国。战国时代为燕、赵之地。公元前221年秦始皇统一中国后属钜鹿郡。汉代属冀州刺史部，先后设有广川国、信都国和安平国，今辖县市区多为此时建置。三国时系魏国冀州域，冀州治自邺始移信都，境内分属安平、博陵、渤海三郡。晋代仍为冀州所辖。隋时，南部属冀州，北部属公元596年所置深州。唐代属河北道。宋初冀州属河北东路，深州属河北西路。元初，观州治所移至县城（今景县城），并于公元1265年复称景州。此后直至明、清，先后为中书省、京师、直隶省所辖，境内仍由冀、深、景三州分领[3]。

醇儒——学识精粹纯正的儒者。《汉书·五行志》："景武之世，董仲舒治《公羊春秋》。始推阴阳，为儒者宗。""为群儒首。"《康有为全集》第二集："董子醇儒，岂能诞谬。"《论衡·超奇》："文王之文在孔子，孔子之文在仲舒。"清查慎行（康熙癸未进士，官翰林院编修）《景州董子祠》诗："西风残照广川城，董相祠边感慨生。官秩稍增秦博士，文章独辟汉西京。醇儒岂以科名重，英主无如经术轻。却笑武皇亲制策，牧羊牧豕尽公卿。"

施——施行、推行。

教化——讲学授徒。《史记·儒林列传》："以治《春秋》，孝景时为博士。下帷讲诵，弟子传以久次相受，或莫见其面，盖三年董仲舒不观于舍园，其精如此。进退容止，非礼不行，学士皆师尊之。"弟子众多，且有出息。"仲舒弟子遂者：兰陵褚大，广川殷忠，温吕步舒。褚大至梁相。步舒至长史，持节使决淮南狱，于诸侯擅专断，不报，以《春秋》之义正之，天子皆以为是。弟子通者，至于命大夫，为郎、谒者、掌故者以百数。而董仲舒子及孙皆以学至大官。"《太平御览》卷八九七说："邹子曰：董仲舒三年不窥园圃，乘马不知牝牡。"

春秋繁露——董仲舒的代表作，也是研究董仲舒思想的主要资料。由后人汇编而成，汉代时称《董仲舒书》，后来称《春秋繁露》。《汉书·董仲舒传》："仲舒所著，皆明经术之意，及上疏条教，凡百二十三篇。而说《春秋》事得失，《闻举》《玉杯》《蕃露》《清明》《竹林》之属，复数十篇，十余万言，皆传于后世也。”

《春秋繁露》推崇公羊学，发挥“春秋大一统”之旨，阐述了以阴阳、五行为骨架，以天人感应为核心的哲学－神学理论，宣扬“性三品”的人性论、“王道之三纲可求于天”的伦理思想及赤黑白三统循环的历史观，为汉代中央集团的政治制度，奠定了理论基础。

传——传授，推广，传递，传送。

经义——经书的义理。指儒家经典的义理，儒家思想。西汉景帝时期，立治《春秋》“公羊学”的博士胡毋生、董仲舒（当时的博士还不是专经的博士）。汉武帝立五经博士，其中的《春秋》博士就是公羊学派，而传授系统就是胡毋生和董仲舒两条线索。《春秋》是周朝时期鲁国的国史，现存版本由孔子修订而成。《春秋》用于记事的语言极为简练，然而几乎每个句子都暗含褒贬之意，被后人称为“春秋笔法”“微言大义”（微言：精当而含义深远的话；大义：本指经书的要义，后指大道理。包含在精微语言里的深刻的道理）。后来出现了很多对《春秋》所记载的历史进行补充、解释、阐发的书，被称为“传”。代表作品是称为“春秋三传”的《左传》《公羊传》《穀梁传》。《公羊传》侧重阐发《春秋》中的“微言大义”。

丰镐——西安。在西周时称为“丰镐”，是周文王和周武王分别修建的丰京和镐京的合称。西周伯姬昌（周文王）在今西安城西南营建丰京，将臣民从岐山周原迁于此。又命子姬发（周武王）在沣水东岸营建镐京。为西安建城之始。武王灭商建立周王朝后，以丰镐为都，为西安作为都城之始。“孝景时为博士”，故，景帝时期，董仲舒就迁居西安了。武帝时在西安对三策，然后出任江都王相、胶西王相，辞职后，专心做学问，修学著书，期间皇帝经常派使者咨询请教重大问题。寿终正寝于家，葬于长安胭脂坡，即下马陵。

帝都——西安自古帝王都，其先后有西周、秦、西汉、新莽、东汉、西晋、前赵、前秦、后秦、西魏、北周、隋、唐 13 个王朝在此建都。

三策文章——“武帝即位，举贤良文学之士，前后百数，而仲舒以贤良对策焉”（《汉书·董仲舒传》）。董仲舒的《举贤良对策》又称《天人三策》，是汉武帝在下诏举贤良问对时，董仲舒与其关于治国根本方略的三次问对的记录，全文被班固收录于《汉书·董仲舒传》。

董仲舒的三篇对策，对如何治理国家做了理论性的阐述，从思想上为国家各项制度的确立奠定了基础，中国传统的治国之道也由此逐步确立。班固在《汉书·董仲舒传》中评价道：“及仲舒对册，推明孔氏，抑黜百家。立学校之官，州郡举茂才孝廉，皆自仲舒发之。”

汉武帝提出的问题，归纳起来主要有三个：一是天命与人为的关系；二是性情之中包含什么道理；三是如何治理好天下[1]12。

董仲舒的解答。《春秋繁露》在《天人三策》的基础上，继续展开、丰富、发展，形成完整的政治哲学思想体系。这个体系主要有三大要素：大一统论、天人感应、独尊儒术。在三对策中都有。注重天人感应，则成此为“天人三策”[1]16。

影响深远：董仲舒提出的“天人感应，君权神授”几乎影响了整个封建社会。为了巩固统治，历朝历代都贯彻这一思想，直到辛亥革命结束帝制。董仲舒提出的“罢黜百家，独尊儒术”对中国文化的影响尤其深远，儒家思想为代表的文化思想，一直是中国的主流文化，直到新文化运动。“大一统”思想则到现在还影响着整个中华民族，而且还将一代代长期影响下去，因为它是中华民族团结巩固的纽带。

铸——铸就，造就。

正统——儒家正统。董仲舒对曰：“《春秋》大一统者，天地之常经，古今之通谊也。本师异道，人异论，百家殊方，指意不同，是以上亡以持一统，法制数变，下不知所守。臣愚以为诸不在六艺之科孔子之术者，皆绝其道，勿使并进。邪辟之说灭息，然后统纪可一而法度可明，民知所从矣。”（《汉书·董仲舒传》）即后世讲的“罢黜百家，独尊儒术”。董仲舒的主张，得到武帝的采纳。建元五年（前136），武帝罢黜百家，专立五经博士。此后，儒家思想成为中华民族的统治思想，成为中华民族传统精神的主干。儒家文化后来发展成为中国古代正统文化。

阴阳五行——阴阳意大，五行道深。阴阳五行几乎涵盖着整个中国人实在化的生活世界和精神性的意义世界。儒门之内，能够公开、明确地议论阴阳五行之学，始于董仲舒。儒家对阴阳五行之学的吸收、改造与消化，也盛于董仲舒。这需要一定理论勇气，非大儒而不敢为，非鸿儒而不能为[4]。

目前所能看到的秦汉以前的文献中，董仲舒《春秋繁露》对阴阳五行学说的论述应该是自春秋战国以来最为系统、最为详尽的，这是董仲舒在阴阳五行学说史上的第一大贡献。对于古文献中所记载的阴阳五行思想，董仲舒有承继、衔接，但更有突破、创新，有完全属于他自己的独特发明。正是董仲舒，通过宇宙观、世界观的建构，通过对阴、阳、五行及其与天、人关系的充分论证，才第一次把阴阳五行予以了哲学的提升。走出了发源、初始状态的阴阳五行，在这里拥有了自己的理论形式，经过董仲舒的“形而上学化”改造、发展之后，又一次地夯实了其在中国哲学发展历史过程中的地位。从此，阴阳的观念、五行的思想也被根植于中国人心灵深处，成为中国民族人文精神的一道独特、绚丽的风景线[4]。

董仲舒认为，“天有十端”即“天为一端，地为一端，阴为一端，阳为一端，火为一端，金为一端，木为一端，水为一端，土为一端，人为一端，凡十端而毕，天之数也”（《官制象天》）。“十端”之中，除却天、地、人三者，剩下的就是阴阳、五行，十居其七，可见“阴阳五行”在董仲舒学说中的重要地位。《汉书·五行志》说：“汉兴，承秦灭学之后，景、武之世，董仲舒治《公羊春秋》，始推阴阳，为儒者宗。”足见“推阴阳”应该是董仲舒思想一大重要特色。正是通过对阴阳五行的创新与发明，天，才会有性情，才可以与人感应交通，才会有人世伦常生活的依托和帝国政治执行的根据，最终才实现了对原始儒学的改造与重构。

道——阐明。《史记·太史公自序》：“《书》以道事，《诗》以达意，《易》以道化，《春秋》以道义。”

天人——天人感应、天人合一。

董仲舒的哲学是名副其实的天的哲学。天是董仲舒哲学的最高范畴[5]。

在儒家诸子中，董仲舒的天论最为清晰和简明。其基本理路是，人由天生——天人同类——同类相动——天人感应[6]。

孔子有“知天命”之说：“小人不知天命而不畏也。”“不知命，无以为君子也。”（《论语尧曰》）他对“天命”的把握，一方面有对西周以来“天佑有德”的天命观念的确信；另一方面也含有一种类似“天定”的宿命论内容。董仲舒的政治哲学在继承孔子的“天命观”上，不但没有抛弃孔子继西周文化而来的带有神性特征的“天命”意识，反而有意强化此种“天命”意识上源自“天”的神圣性[7]。

在董仲舒思想中，天人感应是其神学目的论体系的核心。天人感应主要有两个方面的内容：(1) 灾异谴告说，认为自然灾害和统治者的错误有因果联系。“凡灾异之本，尽生于国家之失。”天子违背了天意，不行仁义，天就出现灾异，进行谴责。若“谴之而不知，乃畏之以威”。(2)“天人同类”说，认为“天有阴阳，人亦有阴阳，天地之阴气起，而人之阴气应之而起；人之阴气起，而天之阴气亦宜应之而起。其道一也”。这种说法，以气为中介，认为气具有刑德的作用，“阳为德，阴为刑”。同时，人的道德行为也可以引起气的变化而相互感应，说“世治而民和，志平而气正，则天地之化精而万物之美起；世乱而民乖，志癖而气逆，则天地之化伤，气生灾害起”。董仲舒把“天”塑造成至上神，以“天人感应”说来限制无限的君权，同时也给君父的尊位及其统治找到了理论根据。在董仲舒著作中，上述两种说法是相互结合交替发生的。

董仲舒的政治哲学、核心思想是“大一统”。“大一统”分两个方面：一是政治上的统一，统一于皇帝；二是思想上的统一，统一于儒家思想。儒家思想一天的形式，凌驾于政权之上。董仲舒讲的天人感应，形式上是神学目的论，而实质上还是儒家的政治哲学。他讲的“屈民而伸君，屈君而伸天”，实质上是等级社会的均衡和谐，均衡就是要相互制约，相互制约才能和谐。

在董子眼中，人莫不应天时，“物莫不应天化”（《春秋繁露·王道通三》）。“人”作为天人感应的主体是“感而后应”（《春秋繁露·立元神》），其中，“应”分诸种，如应天、应时、应人、应事等。董子认为《春秋》应天作新王之事，同时他指出“制为应天改之，乐为应人作之”（《春秋繁露·楚庄王》），即王者因应天时而制礼作乐。这就是说，“人”所产生的一切行为皆当有所“应”，不可擅为，如是，“天人之际，合而为一”才会顺利实现。

从天人关系层面看，正是在身与天的感应中，“我”的一切言行得到提醒与校正，并得以趋向于天数与至善。同时，尤其是身为人君者在身天感应中得以完成道德提升与超越，并对治国理政的理念与手段予以调整与修正。反之，若是人不应天（尤其是人君）则必招致天之警告，甚至惩罚。于此而言，董子的天人感应论与那些强调神秘体验或求仙祈福的理论有本质的不同，其思想主旨在于强调个体的德行完善与价值开显，尤其是人君的道德完善与政策校正。所以，我们认为董子的天人感应思想并不是所谓的神学目的论，亦非所谓的唯心主义[8]。

从“感应”与“合一”的关系看，“合一”的前提是“感应”，“感应”的指归是“合一”，或曰，“合一”是终极目标与价值向度。

统而言之，董子认为人之为人本于天，故基于同数可以与天相合；同时，人之道德源于化天志与天理而成，故在道德层面可以合于天、通于天；如此一来，圣人或王者便可实现“天人之际，合而为一”并从而获得天意，制订制度，以行王事[8]。

二

董子继绝学　天人三策尊　儒家正统

春秋明大义　阴阳五行阐　经世治平

继——继承，继往开来。

绝学——为往圣继绝学。“往圣”者，孔子、孟子所代表的先儒也；“绝学”者，孔孟先儒所弘扬之道学也。

尊——推崇。

明——阐明、表明；使懂得、了解。

大义——春秋之微言大义。春秋大义是中华文化中的一种基本精神，旨在明辨是非、邪正、善恶、褒贬。

中国儒家思想中其哲学思想的价值取向，儒家思想在社会价值、伦理道德和社会礼仪等方面的看法、取舍和褒贬，其本质就是个人在群体的社会生活中，在与其他人、周围的环境等产生作用时，在个人行为选择上所遵循的一套行为规范和其背后的思想原则。

阐——本意指打开、开启，又指开辟，引申为通过说理的方式使人明白。

经世——指治理国事的意思。是指称儒家极其关心社会、参与政治，以祈求达到天下治平的一种观念。

治平——治国平天下。儒家的“治平”，就是盛世之状，国家大治而天下太平。《大学》：“身修而后家齐，家齐而后国治，国治而后天下平。”

参考文献：

[1] 周桂钿. 董仲舒研究 [M]. 北京：人民出版社，2012.

[2] 衡水 [EB/OL]. [2018－03－20]. https://baike.baidu.com/item/%E8%A1%A1%E6%B0%B4/215147?fr=Aladdin.

[3] 衡水历史沿革 [EB/OL]. [2018－03－20]. http://www.hengshui.gov.cn/LJHS/KSGK/LSYG/index.shtml.

[4] 余治平. 董仲舒阴阳思想论 [J]. 衡水学院学报，2009 (3)：16－21.

[5] 刘国民. 董仲舒的经学诠释及天的哲学 [M]. 北京：中国社会科学出版社，2007：270.

[6] 石磊. 先秦汉代儒教天伦研究 [M]. 北京：中华书局，2015：145.

[7] 崔涛. 董仲舒的儒家政治哲学 [M]. 北京：光明日报出版社，2013：93－96.

[8] 王传林. 修辞立其诚——《春秋繁露》的语言现象举要 [J]. 衡水学院学报，2018 (4)：55－63.

本文为“2018中国·衡水董仲舒与儒家思想国际学术研讨会”提交的论文。

卫立冬（1968－），男，河北衡水人，衡水学院学报编辑部教授。

董学研究综述及书评

走向西方学术界的董仲舒

——西文董仲舒研究述评

刘炜华

自清季春秋公羊学复兴以来，中华大地上研究董仲舒的学者代不乏人，出现了廖平、康有为、苏舆、钟肇鹏、周桂钿等学术大家，他们前赴后继，为董学的存续和复兴做出了不可磨灭的贡献。除了这些大师的作品外，也出现了大量的文章和专著从不同的角度研究董仲舒及其思想。

回顾前人的研究成果，可以为以后的研究提供镜鉴。对于博大精深、体量宏富的董学研究更是如此，因此学界有必要对以往研究进行梳理。吴龙灿梳理了一百年以来的董学研究。他总结道："清民之际内忧外患、民族存亡而引发文化自信危机，董仲舒哲学研究因儒家传统成反思和批判的对象而成为热点。新中国董仲舒哲学研究更具戏剧性变迁。在中华民族伟大复兴中国梦的感召下，曾发挥关键历史作用的董仲舒尤其令人瞩目。"[1]李宗桂将中华人民共和国成立后到 1984 年的董学研究分为 20 世纪 50 年代、20 世纪 60 年代和从粉碎"四人帮"到 1984 年三个阶段，并总结道这些研究论及"董仲舒的哲学思想、美学思想、逻辑思想外，还论及他的政治思想、教育思想、心理思想、经济思想和法律思想"[2]。林昱冰从基础研究、研究亮点、研究深度及研究新视角等方面回顾了 1995—2015 年二十年间中国大陆学术界对董仲舒《春秋繁露》的研究，并分析了研究得失，认为这些研究广泛涉及了文学、文献学、语言学、哲学、历史学、政治学、社会学、医药学等多领域，研究内容也呈现出多元化、多视角的趋势[3]。高春菊（2010）则回顾了2000—2009年的董仲舒研究，她认为这十年的研究“呈现出理论观点愈加具有创见性、视角愈加新颖独特、选题愈加精细具体、领域愈加宽广的特点，研究者在注重研究历史问题的同时更加关注现实问题，不断推动董仲舒研究取得新的进展、实现新的突破”[4]。郝建平（2010）则对1997—2009年的董仲舒思想研究分为政治思想、哲学思想、法律思想、伦理思想、教育思想、社会思想等方面进行了综述，发现“研究的深度”“在进一步拓宽”[5]。此外，曹迎春（2014）[6]、王文书（2015）[7]、王文书（2016）[8]和郝建平（2016）[9]、王文书（2017）[10]分别对2013年、2014年、2015年和2016年的董仲舒研究进行了综述。以上的学术回顾，除了吴龙灿的作品涉及了一些海外的董学研究外，基本只涵盖了中国内地的董仲舒研究。

西方最早对董仲舒研究进行梳理的可能是捷克汉学家鲍格洛（Timoteus Pokora）。早在1965年，他就在捷克斯洛伐克东方研究所发行的《东方学文献》（*Archiv Orientalni*）上发表文章梳理当时中国、日本和西方对董仲舒较新的研究。鲍格洛说：“虽然董仲舒的著作中只有一小部分被翻译为西方语言，但人们不能抱怨这位前汉时期的哲学家不被经常研究。”[11]

桂思卓（Sarah A. Queen）的《董仲舒研究：欧洲北美新趋势》将20世纪中叶到20世纪90年代欧洲北美的董学研究分成两个阶段。第一个阶段是从20世纪中叶到20世纪80年代中期，欧美出版了几部中国哲学史，其中包含有对董仲舒及其著作的介绍和评价；到七八十年代，董学研究也“由一般性评述发展到了专题研究”。第二阶段是从20世纪80年代中期到90年代，西方学者“开始重新对传统上归于董仲舒的史料”进行细致评估，辨其真伪，“也着手于修正董仲舒在汉代思想形成中所起作用的长期旧有的解释范式”[12]。但这篇文章很难说是一篇真正的学术述评，它更主要的目的是介绍其著作《从编年史到经典：董仲舒的春秋诠释学》。

如今，距离桂思卓的文章已经过去了二十年。这二十年中，西方世界又出现了一些研究董仲舒的著作。桂思卓当年的文章也没有涵盖西方所有的董学研究著作，有的也只是提到了标题，并没有对这些著作的内容和观点进行详尽的介绍。为了帮助国内学界更好地了解西方世界董学研究的现状，本文将对以西文出版的董学著作进行介绍。

一、董仲舒著作的翻译

董仲舒及其著作对中国历史产生了深远的影响。周桂钿将董仲舒与孔子、朱熹并列为中国历史上对全社会影响最大的三大思想家[13]。然而董仲舒逝世两千年后，其著作才被逐渐翻译为西文。

曾在华传教二十年，后在牛津大学任中国哲学和宗教教授（Reader）的汉学家修中诚（Ernest Richard Hughes）在1942年编译了《中国古代哲学》（*Chinese Philosophy in Classical Times*）。在这本书中，修中诚摘译了《春秋繁露》的第四十二章《五行之义》、第二十三章《三代改制质文》、第三十五章《深察名号》、第五十七章《同类相动》和第六十四章《五行五事》[14]。

西方世界最流行的中国哲学文献选编是由汉学家狄百瑞（DeBary）、陈荣捷（Wing-Tsit Chan）和华兹生（Burton Watson）编写，1960年由哥伦比亚大学出版社出版的《中学原典》（*Sources of Chinese Tradition*）和由陈荣捷（Wing-Tsit Chan）编译，1969年普林斯顿大学出版社出版的《中国哲学诸源》（*A Source Book in Chinese Philosophy*）。在前一本书中，汉学家和翻译家华兹生（Burton Watson）负责的是与董仲舒相关的第二部分《帝国时代：秦与汉》。其中，第八章《帝国秩序》（*The Imperial Order*）中“皇帝的道德领导”（the Moral Leadership of the Emperor）一节摘译了《春秋繁露》中第十九章《立元神》、第四十三章《阳尊阴卑》、第四十四章《王道通三》、第三十五章《深察名号》的部分内容；第九章《宇宙秩序》（*The Universal Order*）中“中国历史的重构”（the Reconstruction of Chinese History）一节摘译了《春秋繁露》中第五十八章《五行相生》和第五十九章《五行相胜》；第十章《经济秩序》（*the Economic Order*）摘译了《汉书》中董仲舒对汉武帝关于土地改革的上疏[15]。

在《中国哲学诸源》（*A Source Book in Chinese Philosophy*）中，陈荣捷将董仲舒的学说称作“带有阴阳家特色的儒学”（Yin Yang Confucianism），并且翻译了《春秋繁露》中第三十五章《深察名号》、第四十二章《五行之义》、第五十六章《人副天数》和第五十七章《同类相动》等内容[16]。

从这三部西方比较流行的中国哲学读本对董仲舒著作的选编可以看出，这些学者最重视的是《春秋繁露》的第三十五章《深察名号》，其次是第四十二章《五行之义》和第五十七章《同类相动》。可见西方学者当时比较重视的是董仲舒的政治伦理和宇宙观，对于集中体现董仲舒公羊学思想的《春秋繁露》前十七章尚未被翻译成西方语言。

到了1988年，瑞士苏黎世大学古汉语专家高思曼（Robert H. Gassmann）才将《春秋繁露》的前六章翻译成德文在伯尔尼出版[17]。这是西方世界第一次正式而专门地翻译董仲舒的著作。此书得到了Michel[18]和Arbuckle[19, 20]的评论。可能是由于翻译者自身的知识结构的问题，这个译本的译注出现了一些在哲学、史学上的错误，某些词汇翻译得也不准确。然而由于高思曼的筚路蓝缕之功，这个节译本在西方董学研究的历史上还是占有显耀的位置。

《春秋繁露》的第一个西方语言的全译本直到2015年才出现。这个全译本由康涅狄格学院历史学教授桂思卓（Sarah A. Queen）和达特茅斯学院东亚史教授John S. Major合作编译完成，由纽约的哥伦比亚大学出版社出版[21]。两位译者均是著作等身的学者，他们对于中国先秦两汉哲学都有很深的研究，John S. Major还翻译过《韩非子》一书。英国汉学家鲁惟一（Michael Loewe）曾发表对这个译本的书评[22]。这个译本对书籍作者的标注比较严谨。虽然大部分学者认为《春秋繁露》是董仲舒逝世后逐渐编纂完成的著作，其中有的章节并非董仲舒所作，或认为没有充分的证据证明本书全部是董仲舒的作品，但市面上的大部分书籍还是将“董仲舒”标为作者，或者封面上只写译注者的名字，根本不提“董仲舒”。而正如桂思卓（Queen）所言，“这个文本可能是从与历史上的董仲舒有不同程度关系的各种各样的材料汇编而成。那种认为此书完全出自这位汉代大师之手的说法不应该被接受”[23]。因此，翻译者既认为本书与董仲舒渊源颇深，又不可能完全由其完成，就采用了一个折中而严谨的提法“归于董仲舒”（Attributed to Dong Zhongshu），类似于汉语中经常说的“相传作者为某某”。这个译本的另一个特点是，它将文章按照主题分成了八个部分：解经编（Exegetical Principles）、人君编（Monarchical Principles）、政制编（Regulatory Principles）、伦理编（Ethical Principles）、阴阳编（Yin-Yang Principles）、五行编（Five-Phase Principles）、礼制编（Ritual Principles）、天道编（Heavenly Principles）。因此，严格意义上说，这是一个编译本。

二、关于董仲舒的研究

（一）哲学百科全书中董仲舒的辞条

西方对于董仲舒的研究出现在介绍哲学或中国哲学的一些著作中，但这些介绍一般比较粗略。德国汉堡大学的汉学家佛尔克（Alfred Forke）在1934年出版了《中国中古哲学》（*Geschichte der Mittelalterlichen Chinesischen Philosophie*）一书，并对董仲舒的哲学进行了论述[24]。

在1960年出版的《中学原典》中，华兹生（Burton Watson）认为董仲舒是儒家的领袖，是使儒家经典成为官学主体的关键人物。汉帝国之所以接受儒家为主流政治学说，是因为董仲舒能够博采众长，发展出一套更加适合帝国政府官僚系统的学说[15]。

西方第一部大部头的哲学百科全书是1967年由Paul Edwards主编，麦克米兰公司出版的《哲学百科全书》（*Encyclopedia of Philosophy*）。此书收入了由柳亚子先生的哲嗣，时任印第安纳大学东亚语文系创系主任的柳无忌（Liu Wu-Chi）撰写的“董仲舒”（Dong Zhongshu）辞条，该辞条中提到了董仲舒的“奉天法古”和“天人感应”思想，认为董仲舒的学说有利于控制统治者的执政不当。2006年，此书再版时，柳无忌（Liu Wu-Chi）撰写的内容还一如旧貌[25]。西方另外一部比较重要的哲学百科全书是Edward Craig主编，1998年出版的

《劳特利奇哲学百科全书》（*Routledge Encyclopedia of Philosophy*）。这部百科全书收入了加州大学伯克利分校历史系汉学家戴梅可（Michael Nylan）教授撰写的“董仲舒”（Dong Zhongshu）辞条[26]。

更专门的 McGreal 主编的《东方大思想家》（*Great Thinkers of the Eastern World*）中收录了佐治亚大学宗教系柯克兰（Russell Kirkland）撰写的“董仲舒”（Tung Chung-shu）条目。柯氏认为“董仲舒的思想来自于某些经典文本概念（scriptural notions）；从某种意义上说，董可以被看作是一位宗教理论家”[27]。

另一部更有影响力的是由美国天主教大学哲学家柯雄文（Antonio S. Cua）主编，劳特利奇出版社（Routledge）于 2003 年出版的《中国哲学百科全书》（*Encyclopedia of Chinese Philosophy*）。该书收录了由汉学家安乐哲（Roger T. Ames）撰写的“董仲舒”（Dong Zhongshu，Tung Chung-shu）辞条。安乐哲认为董仲舒的学说其实是以儒学为主干博采众长形成的。董仲舒主张的“独尊儒术”其实是从战国就开始直到秦汉才完成的政治统一（政权）、经济统一（货币、度、量、衡）的历史大背景之下实现的文化统一。根据董仲舒的观点，天、地和人三者是一种共生（symbiotic）关系，因而才有了“天人感应”。“王道通三”，君王效法天道才能实现天地人的和谐，否则上天就会降下灾异示警。儒家通过对这些自然现象的解释可以部分实现对皇权的制约[28]。

（二）研究董仲舒的专著

西文中较早出版专门著作介绍董仲舒思想的有德国汉学大师傅兰克（Otto Franke）1920 年在汉堡出版的《儒家学说和中国国家宗教的历史研究：〈春秋〉和董仲舒的〈春秋繁露〉中的问题》。这是西方研究董仲舒的第一部专著，几乎涉及关于董仲舒和《春秋繁露》的所有重要问题，受到了学界的关注和高度赞赏。他认为《春秋公羊传》是董仲舒思想的主要来源。董仲舒的著作在长安和洛阳的动乱中散佚了，可能有非董仲舒的文字后来掺入了《春秋繁露》[29]。

1932 年，时任中山大学文学院院长吴康（Kang Woo）的法文著作《春秋政治学说》（*Les trois théories politiques du Tch'ouen ts'ieou*， *interprétées par Tong Tchong-chou d'après les principes de l'école de Kong-yang*）在巴黎出版。此书是吴氏于20世纪20年代后期在巴黎大学完成的博士论文，内容分为两部分：第一部分讲述董仲舒的身世、著作及《天人三策》中的政治思想；第二部分讨论《春秋繁露》中发挥的春秋公羊政治学说，主要是“三世”“王鲁”和“三统”三个理论。作者认为儒家的政治思想以公羊学为大宗，于治道有利；“天人感应”是董仲舒政治学说的基础，但是与公羊学说没什么关系。吴康还认为至少到东汉末年，《春秋繁露》尚未成书。康有为知道《春秋繁露》的个别章节在流传中存在着真伪问题，但是某些章节尤其是关于《春秋公羊传》的阐释是反应董仲舒思想的重要证据[30]。政治学家萧公权（1932）曾在《清华大学学报》上评论此书，认为“天人感应”也体现在公羊传的政治学说里，但不认可董仲舒的学说中含有“王鲁”的思想[31]。鲁惟一（Michael Loewe）也没有在董仲舒的对策和其他著作中发现使用此理论解释历史[32]。

西方学术界经过长时间的积淀之后，在世纪之交出版了两部研究董仲舒的力作。其一是1996年，美国桂思卓教授（Sarah A. Queen）在剑桥大学出版社出版的《从编年史到经典：董仲舒的春秋诠释学》（*From Chronicle to Canon: The Hermeneutics of the Spring and Autumn, according to Tung Chung-shu*）[23]。2010年，朱腾对此书的译本在中国政法大学出版社出版了，这本书也成为海外董学研究作品中为数不多的被翻译为汉语的著作[33]。此书原是桂思卓在哈佛大学历史与东亚研究所的博士论文，其写作得到了史华兹（Benjamin Schwartz）、杜维明（Tu Wei-ming）和葛培理（William Graham）三位大师的指导。作者指出“董仲舒既是一名学者，又是一位官僚。对其理论体系的解读应当与他所遵循的诠释性传统——包含的诸种理想和伦理观——联系起来，也应当与某种政治人格和政治策略（这种政治人格和政治策略界定了他意欲影响的政治世界）联系起来”[23]。该书一出版就得到了奥尔冈大学历史系教授杜润德（Stephen Durrant）[34]、威斯康星大学中国思想史教授齐思敏（Mark Csikszentmihalyi）[35]、法兰西学院中国思想史教授程艾兰（Anne Cheng）[36]、法国远东学院汉学家吕敏（Marianne Bujard）[37]等著名学者的关注和评论。

该书分为两部分。在第一部分，作者从董仲舒的生平、董仲舒的著作流传和《春秋繁露》的作者三个视角审视《春秋繁露》的可靠性。为了梳理董仲舒的著作，桂思卓不仅用了使用比较多的《春秋繁露》《史记》《汉书》等材料，而且从《艺文类聚》《北堂书钞》《古文苑》《太平御览》等文献中寻找相关的只言片语，然后将这些资料条分缕析，相互质证。为了更好地展开研究，她还将每一章每一段落进行编码、统计字数，计算了重要术语出现的次数。在此基础上，桂打破了《春秋繁露》的传统章节次序，将其分为“解经”“黄老”“阴阳”“五行”和“礼制”五编。作者认为，“《春秋繁露》是一部涵盖多种论调的汇编性著作。第一种论调展示了董仲舒的学说……第二种论调来自于董仲舒的后学……第三种论调最为轻微，它对董仲舒思想的批判回荡在《春秋繁露》所收入的诸种驳斥中”。具体而言，“黄老编”中有很多特殊词汇，这些词汇很少在其余各编中出现。即使再现，意义也往往不同。比如此编中的“德”多指道家的能力（potency）概念，而非儒家的道德（moral virtue）概念。并且这部分文本多赞成无为而治，反对积极有为。不过，正如杜润德（Durrant）[34]、齐思敏（Csikszentmihalyi）[35]、程艾兰（Cheng）[36]的评论中提到的，作者判断有关文本是否真为董仲舒著作和将各章化分到各编的根据并没有给予充分的阐释。

在本书第二部分，桂思卓探讨了对春秋公羊传的诠释和经典化问题。桂思卓不同意西方认为“儒家是缺乏宗教特性的人文传统”这一观点，认为儒家的主张是“天人之间存在着本质上的本体统一性”。而“经典本身必须被当作一种宗教现象来理解。……神圣的经典只能在它与某个特定人类群体的关系中存续，而这个特定群体则依托具体的历史背景赋予经典以特定的角色和理念”。《春秋》是比较简要的作品，但读者“几乎拥有无限的权力和创造力”去解释它。君主应当遵循天道，但天道只能通过经典和灾异示现。而儒家士大夫就可以通过对经典的阐释而对君主实现一定的制约。《春秋繁露》中说：“天之生民，非为王也，而天立王以为民也。故其德足以安乐民者，天予之；

其恶足以贼害民者，天夺之。”“董仲舒将天的宗教权威、《春秋》的经典权威、公羊学的经学权威与当时的政治问题联系起来，并试图以此改造秦时已泛滥开来的帝国权力的无节制行使。”因此作者认为中文的“经”翻译为英文的“scripture”（圣典）比翻译为“classics”（经典）更为合适。

2011年，剑桥大学著名汉学家鲁惟一（Michael Loewe）在荷兰的博睿（Brill）出版社出版了《董仲舒：“儒家”遗产与〈春秋繁露〉》一书[32]。2017年9月，香港中华书局出版了戚轩铭、王珏和陈颢哲的译本[38]。此书出版后，得到了《春秋繁露》的英译者之一John S. Major[39]、美国西肯塔基大学哲学宗教学教授方破（Paul Fischer)[40]、美国俄克拉荷马州立大学教授Garret Olberding[41]等学者的评论和赞扬。Major预言“将来任何对汉代思想生活的研究都不得不引用此书”[39]。本书包括两大部分：第一部分是董仲舒的历史背景、生平，和董仲舒的著作及其主题；第二部分是介绍了《春秋繁露》的流传、各章的内容、著作的主题和问题，并对《春秋繁露》的第二十三章《三代改制质文》进行了深入探讨。

学术界一般认为，董仲舒是西汉最重要的思想家，汉武帝就是因为听了他的建议，才采取“罢黜百家，独尊儒术”的政策。但是鲁惟一经过历史事实考据、文献文本梳理和概念命题分析等方法研究董仲舒的生平及其著述，提出了具有颠覆性的观点。作者认为，《春秋繁露》囊括了不同的思想，有的出自董仲舒，有的出自后世学者。“从研究古代文献的普遍标准来看，现在很难再承认董仲舒是整部今本《春秋繁露》的作者”。《太平御览》等唐代及后世丛书在征引时区分了董仲舒之言和《春秋繁露》之言，从征引情况看，不足以证明董仲舒是整部书的作者。刘向、刘歆父子都没有提到过《春秋繁露》。但此书中，涉及《春秋公羊传》的部分很可能出自董仲舒之手，或记录了他的思想。

另外，鲁惟一认为没有证据显示董仲舒是一位足以左右朝廷决策的高官重臣，也很难证明他的思想被时人所接受。“一直到清代，将董仲舒誉为思想领袖的论调都是极少的。从文献中很难看出人们已经普遍承认董仲舒具有这样的学术地位，他只是一个学者，提出了一些观点而已”，“罢黜百家，独尊儒术”不太可能是汉武帝接受董仲舒的建议实行的封建统治政策，儒家也没有被官方用来削弱其他学派的影响。一直要到东汉时，这样的较完整的国家儒学系统才逐渐建立起来，而儒家学说真正发挥效力至少要等到唐代。至少在西汉的历史文献中并不能找到证据证明在董仲舒的时代，“儒学”已经成为一种治理百姓的理想或方式，或是压倒其他各家而取得了“胜利”。

除了这几部已经公开出版的专著外，西方高校还有若干尚未正式出版的研究董仲舒的博士论文。

田则岳（Tain Tzey-yueh）于1974年在美国加利福尼亚州立大学洛杉矶分校完成了题为“董仲舒的思想体系：来源和对汉代的影响”（*Tung Chung-shu's System of Thought*：*Its Sources and its Influence on Han*）的博士论文。该文研究了董仲舒思想的来源和对汉代的政治影响[42]。

现在美国西南大学任教的戴伟生教授（Steven Craig Davidson）在著名学者林毓生的指导下，于1982年在美国威斯康星大学麦迪逊分校完成了题为《董仲舒和帝国儒学的起源》（*Tung Chung-shu and the Origins of Imperial Confucianism*）。该文主要论述了帝国儒学的形而上学和认识论，及儒家政治道德哲学，认为帝国儒学要将自然机理的新观念与前儒家的目的论，法家的功利主义与儒家的道义建立联系。作者认为作为帝国儒学发言人的董仲舒虽然对这几种观点已经被证明的相容性有信心，但这几者之间存在一种脆弱的紧张关系，要想达到和谐，并不容易[43]。

曾任台湾美国商会会长和香港美国商会会长的魏理庭（Richard R. Vuylsteke）于1982年在夏威夷大学获得博士学位的论文是《董仲舒（公元前179—前104年）的政治哲学：一个批判性论述》（*The Political Philosophy of Tung Chung-Shu* (179 — 104 *BC*)：*a Critical Exposition*）。该研究认为，董仲舒的哲学主张一个由有限君主统治的稳定社会秩序，但也要给个人行为保留自由的空间，使其可以自主而精致地参与社会而获得个人创造力[44]。

1991 年在加拿大英属哥伦比亚大学获得博士学位的 Gary Arbuckle 所作的题为《还原董仲舒（公元前 195—前 115 年）：一个历史和哲学的重构实验》（*Restoring Dong Zhongshu*（*BC*195 — *BC*115）：*an Experiment in Historical and Philosophical Reconstruction*）的论文虽然尚没有正式出版，但已经被很多人引用，并获得了较好的口碑。该文分为四部分：在第一部分，作者尽可能详尽地探讨了董仲舒的生平，通过确定三次对策的时间来确定董仲舒生平时间表上大部分的时间。在第二部分，作者尽量使用真实可靠的材料，探讨了董仲舒的思想。作者发现，董仲舒的历史循环理论可能对汉朝的统治未必全是好事，因为他预示着汉朝必然灭亡的将来。在第三部分，作者追述了何休和董仲舒两大公羊学传统，并且证明这两支传统是相互关联的，并且这些思想都影响了后来的王莽及东汉朝廷。在第四部分，作者探讨了《春秋繁露》的历史、结构和理念等，认为不是所有的内容都是董仲舒的作品，但有关阴阳、郊祭的部分内容很可能来自于董仲舒。Arbuckle 还为拓展董仲舒研究提供了几个有意思的建议，比如研究董仲舒与主父偃和公孙弘的关系，研究王充对董仲舒的态度，研究公羊思想与尚书和纬书思想的关系等[45]。

（三）研究董仲舒的论文

除了以上专著和对这些专著的评论外，西方学术界还有几篇研究董仲舒的专题论文。

吕敏（Marianne Bujard）的《董仲舒的人生：谜题与假说》（*La vie de Dong Zhongshu*：*Énigmes et hypothèses*）根据《史记》《汉书》和《资治通鉴》等史籍，考证出董仲舒生于公元前 198 年，这时间早于中国大部分《中国哲学史》教材中认定的公元前 179 年；董仲舒在公元前 134 年对策，在公元前 128—前 126 年间被判死罪，但尚没有充分证据证明董仲舒逝于公元前 104 年[46]。

关于《春秋繁露》是否为董仲舒所作历来有很多争议。即使是苏舆也不认为每一章都是真实的[47]。Arbuckle 的《关于〈春秋繁露〉真实性的一个注解：〈春秋繁露〉第七十三篇〈山川颂〉的时间问题》（*A Note on the Authenticity of the Chunqiu Fanlu* 春秋繁露：*The Date of Chunqiu Fanlu Chapter* 73 "*Shan Chuan Song* 山川颂"）虽然坚持《春秋繁露》是汇集了不同作者的文章的大杂烩，但通过对《春秋繁露》中《山川颂》与刘向《说苑》中有关文字进行比较，证明了《山川颂》很大可能出自董仲舒之手[48]。

庆松光雄[49]和戴君仁[50]都不认为《春秋繁露》中关于五行的各篇文章是董仲舒所做。1993年，Arbuckle在《五帝还是一皇帝？董仲舒材料中一个有问题的段落》（*Five Divine Lords or One*（*Human*）*Emperor? A Problematic Passage in the Material on Dong Zhongshu*）一文中通过对《汉旧仪》中一个关于"求雨"的段落与其他古籍的对比分析，证明这段话存在文字错误，与"五帝"无关，也在一定程度上证明了庆松光雄和戴君仁的观点，当然这段话也证明了董仲舒在他逝世后仍然存在巨大影响力[51]。

阴阳思想是中国哲学的重要思想。美国罗耀拉·玛丽蒙特大学（Loyola Marymount University）的哲学教授王蓉蓉（Robin R. Wang）在《董仲舒对"阴阳"理论的转型与性别认同的论争》（*Dong Zhongshu's Transformation of "Yin-Yang" Theory and Contesting of Gender Identity*）一文中认为，董仲舒是第一个将阴阳理论整合入儒学的重要思想家。董仲舒将中国传统哲学中阴阳的"和"（harmony）关系转型成了"合"（unity）的关系，这也造成了阴阳之间对"序"（order）的需要。同时，董仲舒也是第一个将人性与阴阳结合起来的哲学家。人的"性"（human nature）和"仁"（benevolence）属于"阳"，而人的"情"（emotion）和"贪"（greed）则属于"阴"。对阴阳这种本体论的解释，也就要求阴阳不可能有平等的地位，也就决定了女性要服从于男性[52]。

Arbuckle的《不可避免的背叛：董仲舒的历史循环理论和使汉朝天命失效的早期尝试》（*Inevitable Treason*：*Dong Zhongshu's Theory of Historical Cycles and Early Attempts to Invalidate the Han Mandate*）一文认为董仲舒试图通过援引上天的力量来限制汉朝的统治者。作者将董仲舒的"三统"（黑、白、赤）、"三教"（忠、敬、文）和"四法"（文、质、夏、商）整合成一个两阶段、六部分的历史周期论。根据这个理论，汉朝能代替前朝，也一定会被后朝所代替[53]。

董仲舒对中国法制思想的重要贡献是其春秋决狱的思想，但不幸的是有关著作已经散佚了。鲁惟一（Loewe）在《作为顾问的董仲舒》（*Dong Zhongshu as a Consultant*）一文中对这些佚文及其在法律文件中的地位等问题进行了梳理。作者除了梳理了有关历史文献外，还梳理了新近考古中发现的法律文书，并详细探讨了九条法律意见是否出自董仲舒[54]。田纳西大学历史系教授陈立强（Charles Sanft）的《反思董仲舒的春秋决狱：论作为更早实践发展的主观状态下的法律利益和亲亲相隐的特权》（*Dong Zhongshu's Chunqiu Jueyu Reconsidered：On the Legal Interest in Subjective States and the Privilege of Hiding Family Members'Crimes as Developments from Earlier Practice*）一文则考察了汉代法律决定的主观因素和对亲亲相隐特权的尊重。作者认为这两条其实是从秦代的法律实践继承而来，并非出自董仲舒的影响[55]。

三、东西方董学研究的不同特点与学术交流

通过阅读东西方的董学著作可以发现，东西方的学术研究存在着明显不同的特点。不同特点的存在使得东西方的董学研究有相互交流的必要。

学术研究基本可以分为学问和思想两块。西方学者往往比较重视学问，不会轻易提出思想，而中国学者则存在重思想轻学问的明显偏好。西方学者做学问，往往是从古到今、上天入地，只要是有关的材料都要搜集到。著作之后往往列出长长的参考文献，页脚有很多注释。在坚实的材料基础上，再条分缕析，一步步得出自己的结论。在分析材料的时候，还往往采用编码、计数等比较科学的方法。这种踏实研究得出的结果往往比较可靠。而很多中国学者做学问往往提出一大堆的思想观点，却常常缺乏材料支持和逻辑论证。结果就是，我们出的文章世界第一，但很多文章写完了就死了，发表后基本没有人引用。而西方学者写的著作，至少是已经发表的研究董仲舒的著作都被

引用过。

影响学术研究的还有社会现实。董仲舒的学说首先是为了应对汉初的社会政治问题。他最重要的学问春秋公羊学之所以在清末民初复兴，最重要的因素是中国面临着“三千年未有之大变局”，中国知识分子希望能在传统智慧中寻找救国之道。这种关注现实的精神是中国学者的优良品质。而西方学者则往往是为学问而学问，很少关注社会现实。公羊学和儒学对于他们来讲也就成了客观的研究对象，跟用福尔马林泡的尸体没有区别。等他们走出书斋，董仲舒也就跟没存在过一样。

西方学者如此不问世事的确不好，但研究太受社会现实和个人情感影响也未必是好事。

虽然做学术研究，对研究对象有一定的情感是不可避免的，但这种情感不能泛滥。在当前这个“国学”大盛的新时代，有的学者对所谓的“圣贤”或“圣贤”的话已经失去了客观分析的能力。王蓉蓉(Wang)[52]、陈立强（Sanft)[55]、鲁惟一（Loewe)[32]的著作虽然尚有可探讨之处，但当代学人能有如此清醒、理性头脑之人却没有多少。

因为不同学者的背景不同，看问题的视角就会不同。为了形成对研究对象的全面认识，就需要进行交流。学术交流分成三个层次。其一，学者个人层面的交流。学者之间的交流主要靠书评、文献综述和评论来进行。西方关于董仲舒的专著出版后都有很多书评跟着刊出。书评的作者往往并非等闲之辈，比如程艾兰（Cheng)[36]、许敏（Bujard)[37]、鲁惟一（Loewe)[22]等。学者交流贵在以诚相待。这些评论往往很细很深，甚至一些翻译错误也会提出，比如鲍格洛（Pokora)[11]、Arbuckle[19,20]、程艾兰（Cheng)[36]、鲁惟一（Loewe)[22]等。这些深入而客观的批评探讨在中文的书评中并不多见。相当一部分中文书评跟广告差不多，内容往往一大半是歌功颂德的词句。这种风气不利于中国学术水平的提升。

学术交流的第二个层次是学科之间的交流。研究董仲舒的西方学者往往是汉学系、东方语言系、哲学系、历史系的教授，基本没有研究西方主流现实问题的学者参与，学科的界限可能会限制研究的广度。而中国的董学研究者则来自四面八方，不仅有传统的文史哲的学者，还有政治学、行政学、经济学、管理学、教育学、医学等不同学科的学者参与进来。虽然我们研究的深度可能需要提高，但我们研究的广度值得赞赏，因为研究广度和跨学科研究可能蕴含新的学术增长点。

学术交流的第三个层次是跨国交流。我们可以看到海外研究董仲舒的学者虽然不多，但广泛分布在日本、法国、德国、瑞士、英国、美国、加拿大等国家，可以说董学研究已经成为一门“跨国学科”。但时至目前，尚未见过一篇文章对西方的董仲舒研究进行广泛而深入的元研究，这恰恰说明东西方董学研究跨国交流的缺乏。西方学者对中国董学研究著作的引用集中于那几位大师身上。西方学者中除了桂思卓（Queen）的作品[16]在中国有十几次引用外，基本没有被关注过。但我们可以看出，傅兰克（Franke）[29]、吴康（Woo）[30]、田则岳（Tain）[42]、戴伟生（Davidson）[43]和 Arbuckle[45]的作品都至少达到了中国当前的出版标准。我们完全可以做一个《海外董学丛书》将这些著作翻译成汉语以西中文对照的方式，或以纯汉语出版。当然桂思卓（Queen）[23]和鲁惟一（Loewe）[32]的作品已经有了汉译本，如果收入这个丛书还需要联系汉语版权的问题。而本文中所列的关于董仲舒的西文论文也可以翻译成汉语，结集成《海外董学丛书》的一册《西方董学研究文汇》出版。当然，这套丛书也可以收入一些日文、朝鲜文和越南文等文字的董学著作。

参考文献：

［1］吴龙灿. 董仲舒哲学研究百年［J］. 衡水学院学报，2015，17（5）：27－33.

［2］李宗桂. 董仲舒哲学思想研究三十年［J］. 哲学动态，1986（8）：40－44.

［3］林昱冰. 中国大陆《春秋繁露》研究二十年［J］. 成都大学学报（社会科学版），2016（4）：72－77.

［4］高春菊. 近十年来董仲舒研究述论［J］. 河北师范大学学报（哲学

社会科学版），2010，33（2）：125—130.

［5］郝建平．近十年来董仲舒思想研究综述［J］．天水师范学院学报，2010，30（3）：52—56.

［6］曹迎春．2013年董仲舒研究综述［J］．衡水学院学报，2014，16（2）：34—37.

［7］王文书．2014年董仲舒研究综述［J］．衡水学院学报，2015，17（2）：28—33.

［8］王文书．2015年董仲舒研究综述［J］．衡水学院学报，2016，18（2）：53—60.

［9］郝建平．2015年董仲舒研究综述［J］．天水师范学院学报，2016，36（4）：104—108.

［10］王文书．2016年中国大陆地区董仲舒研究综述［J］．衡水学院学报，2017，19（2）：61—68.

［11］Timoteus Poora. *Notes on New Studies on Tung Chung-shu*［J］. Archiv Orientalni，1965（33）：256—271.

［12］桂思卓．董仲舒研究：欧洲北美新趋势［J］．曹智频，夏英林，译．中国哲学史，1998（1）：120—126.

［13］周桂钿．董仲舒研究［M］．北京：人民出版社，2012.

［14］Hughes E. R. *Chinese Philosophy in Classical Times*［M］. London：J. M. Dent & Sons Ltd，1942.

［15］De Bary，Chan W. T. Watson Burton. *Sources of Chinese tradition*［M］. Columbia：Columbia University Pres，1960.

［16］Chan W. T. *A Source Book in Chinese Philosophy*［M］. Princeton：Princeton University Press，1969.

［17］Tung Chung-shu. *Ch'un-Ch'iu Fan-Lu：Üppiger Tau des Frühling-und-Herbst-Klassikers，Übersetzung und Annotation der Kapitel Eins bis Sechs*［M］. Roberth H. Gassmann，Translated. Bern：Peter Lang，1988.

［18］Michel S. *Tung Chung-shu Ch'un-Ch'iu Fan Lu. Üppiger Tau des Frühling-und-Herbst-Klassikers*. Schweizer Asiatische Studien：Monographien 8 by Robert H. Gassmann［J］. Monumenta Serica，1988—1989（38）：

289－292.

［19］ Arbuckle Gary. *Some Remarks on a New Translation of the Chunqiufanlu-Robert H. Gassmann, Tung Chung-shu, Ch'un-ch'iu Fan-lu. Üppiger Tau des Frühling-und-Herbst-Klassikers, Übersetzung und Annotation der Kapitel eins bis sechs.* Schweizer Asiatische Studien Monograph ［J］. Early China，1992 (8)：215－238.

［20］ Arbuckle Gary. *Tung Chung-shu, Ch'un-ch'iu fan-lu*：Üppiger Tau des Frühling-und-Herbst-Klassikers；Übersetzung und Annotation der Kapiteleinsbissechs ［J］. Journal of the American Oriental Society，1993，113 (1)：97－100.

［21］ Dong Zhongshu. *Luxuriant Gems of the Spring and Autumn* ［M］. Sarah A Queen，John S. Major，Edited and Translated. New York：Columbia University Press，2015.

［22］ Michael Loewe. *Luxuriant Gems of the Spring and Autumn* ［M］. Journal of Chinese Studies，2017，64：321－329.

［23］ Queen S A. *From Chronicle to Canon*：*The Hermeneutics of the Spring and Autumn, according to Tung Chung-shu* ［M］. Cambridge：Cambridge University Press，1996.

［24］ Alfred Forke. *Geschichte der Mittelalterlichen Chinesischen Philosophie* ［M］. Hamburg：Hamburg：Friederichsen，1934.

［25］ Paul Edwards. *Encyclopedia of Philosophy* ［M］. Farmington Hills：Thomson Gale，1967：98.

［26］ Edward Craig. *Routledge Encyclopedia of Philosophy* ［M］. London：Taylor and Francis，1998：111－112.

［27］ Mcgreal. *Great Thinkers of the Eastern World* ［M］. New York：HarperCollins，1995：67－70.

［28］ Antonio Scua. *Encyclopedia of Chinese Philosophy* ［M］. New York：Routledge，2003：238－240.

［29］ Otto Franke. *Studien zur Geschichte des konfuzianischen Dogmas und der chinesischen Staatsreligion*：*Das Problem des Tsch'un-ts'iu und Tung Tschung-schu's Tsch'un-ts'iu fan lu* ［M］. Hamburg：Friederichsen &

co. 1920.

［30］Kang Woo. *Les trois théories politiques du Tch'ouen ts'ieou, interprétées par Tong Tchong-chou d'après les principes de l'école de Kong-yang* [M]. Paris: E. Leroux, 1932.

［31］萧公权. 书籍评论——春秋政治学说［J]. 清华大学学报（自然科学版），1932（S1）：459－464.

［32］Michael Loewe. *Dong Zhongshu, a 'Confucian' heritage and the Chunqiufanlu* [M]. Leiden: Brill, 2011.

［33］桂思卓. 从编年史到经典：董仲舒的春秋诠释学［M]. 朱腾，译. 北京：中国政法大学出版社，2010.

［34］Stephen Durrant. *Review of From chronicle to canon: the hermeneutics of the Spring and Autumn according to Tung Chung-shu. By Queen Sarah A* [J]. Journal of the Royal Asiatic Society, 1997, 7 (3): 287－494.

［35］Mark Csikszentmihalyi. *Cosmology and Politics* [J]. Review of Politics, 1998, 60 (3): 614－616.

［36］Anne Cheng. *Review of Sarah A. Queen, From Chronicle to Canon: The Hermeneutics of the Spring and Autumn, According to Tung Chung-shu* [J]. Early China, 1998－1999, 23－24: 353－366.

［37］Marianne Bujard. *Review of Sarah A. Queen, From Chronicle to Canon. The Hermeneutics of the Spring and Autumn according to Tung Chung-shu* [J]. Annales Histoire Sciences Sociales, 1999, 54: 757－761.

［38］鲁惟一. 董仲舒："儒家"遗产与《春秋繁露》［M]. 戚轩铭，王珏，陈颢哲，译. 香港：中华书局（香港）有限公司，2017.

［39］John S. Major. *Review of Michael Loewe. Dong Zhongshu, a "Confucian" Heritage and the Chunqiu Fanlu* [J]. China Review International, 2012, 19 (2): 302－305.

［40］Paul Fischer. *Review of Dong Zhongshu: A 'Confucian' Heritage and the Chunqiu Fanlu by Michael Loewe (review)* [J]. Philosophy East & West, 2013, 63 (2): 306－308.

［41］Garret Olberding. *Review of Dong Zhongshu, a "Confucian" Heritage and the Chunqiu Fanlu. By Michael Loewe* [J]. Journal of Chinese

Philosophy, 2015, 41 (1—2): 207 - 210.

[42] Tain Tzey-yueh. *Tung Chung-shu's System of Thought: Its Sources and its Influence on Han* [D]. Los Angeles: University of California-Los Angeles, 1974.

[43] Steven Craig Davidson. *Tung Chung-shu and the origins of imperial Confucianism* [D]. Madison: University of Wisconsin-Madison, 1982.

[44] Richard R. Vuylsteke. *The Political Philosophy of Tung Chung-Shu* (179—104 *B. C.*): *a Critical Exposition* [D]. Mānoa: Hawaii University, 1982.

[45] Gary Arbuchle. *Restoring Dong Zhongshu* (*BC*195—115): *an Experiment in Historical and Philosophical Reconstruction* [D]. Vancouver: the University of British Columbia, 1991.

[46] Marianne Bujard. *La vie de Dong Zhongshu: Énigmes et hypothèses* [J]. Journal Asiatique, 1992, 280 (1—1): 145—217.

[47] 苏舆. 春秋繁露义证 [M]. 钟哲, 点校. 北京: 中华书局, 1992.

[48] Gary Arbuckle. *A Note on the Authenticity of the Chunqiu Fanlu* 春秋繁露: *The Date of Chunqiu Fanlu Chapter* 73 "*Shan Chuan Song* 山川頌" ("*Praise-ode to Mountains and Rivers*") [J]. T'oung Pao, 1989, 75 (4/5): 226—234.

[49] 慶松光雄. 春秋繁露五行諸篇偽作考——董仲舒の陰陽・五行説との関連に於て [J]. 金沢大学法文学部論集哲学史学編, 1959 (6): 29—46.

[50] 戴君仁. 董仲舒不说五行考 [J]. "国立"中央图书馆馆刊, 1968 (10): 9—19.

[51] Gary Arbuckle. *Five Divine Lords or One* (*Human*) *Emperor? A Problematic Passage in the Material on Dong Zhongshu* [J]. Journal of the American Oriental Society, 1993, 113 (2): 277—280.

[52] Robin R. Wang. *Dong Zhongshu's Transformation of "Yin-Yang" Theory and Contesting of Gender Identity* [J]. Philosophy East & West, 2005, 55 (2): 209—231.

[53] Gary Arbuckle. *Inevitable Treason: Dong Zhongshu's Theory of*

Historical Cycles and Early Attempts to Invalidate the Han Mandate [J]. Journal of the American Oriental Society，1995，115 (4)：585－597.

[54] Michael Loewe. *Dong Zhongshu as a Consultant* [J]. Asia Major，2009，22 (1)：163－182.

[55] Charles Sanft. *Dong Zhongshu's Chunqiu Jueyu Reconsidered：On the Legal Interest in Subjective States and the Privilege of Hiding Family Members' Crimes as Developments from Earlier Practice* [J]. Early China，2010 (33－34)：2010－2011.

[56] 河北景县董故庄大队党支部. 林彪和董仲舒是一个窝里的蝎子 [J]. 红旗，1974 (2)：50－51.

原载于《衡水学院学报》2019 年第 2 期。

刘炜华（1981—），男，河北饶阳人，哲学博士，澳门科技大学助理教授。

“2018 中国·衡水董仲舒与儒家思想国际学术研讨会”综述

曹迎春　卫立冬

2018 年 6 月 23—24 日，“2018 中国·衡水董仲舒与儒家思想国际学术研讨会”在衡水隆重召开。本次会议由政协衡水市委员会、中华孔子学会董仲舒研究会、河北省董仲舒研究会主办，衡水学院承办。本次学术研讨会收到论文 100 多篇，出席会议的学者共计 90 余人，分别来自美国、日本、韩国、中国大陆以及中国的台湾、香港、澳门等地区，代表了当今董仲舒思想研究领域最高的学术水准。研讨会论文围绕“董仲舒与儒家思想”进行了多方面的精深辨析，成果丰硕，新说凸显。现将主要观点分类进行总结。

一、儒学研究

（一）汉代儒学研究

人民出版社金春峰编审以《再论汉代今古文经学——三家诗与毛诗》为题发表主题演讲。他认为与“今文经学”对立的“古文经学”是不存在的。《毛诗传》的文本和指导思想亦非与今文三家《诗》相对立，而是与三家基本一致的。在三家诗学中，《诗》和《春秋》一样，是以明王道，正风俗，讥刺褒贬政治得失为宗旨的。《诗》是

“谏书”，是经学。

浙江省社科院吴光教授以《从王充评论董仲舒看东汉实学思潮》为题发表主题演讲，他认为王充学说的根本宗旨是“实事疾妄”。王充用“实事疾妄”的态度和方法评论董仲舒，一方面批评董仲舒“天人感应”目的论的虚妄不实，另一方面赞扬与肯定董仲舒的道德论与政治论，既不因批评而全盘否定其说，也不因赞扬其说而一味吹捧。

中国社会科学院李存山教授以《汉初的尊儒——从陆贾到董仲舒》为题发表主题演讲。他指出，秦汉之际，儒学由先秦原始儒学转而成为官方意识形态，在这一转变中具有创始之功的是秦后第一儒——陆贾。陆贾促成了汉初君臣对儒学态度的转变，为后来的董仲舒提出“独尊儒术”奠定了基础。

吴龙灿的《汉代政治与儒学的互动及其启示》认为，汉代政治出于长治久安的需要而尊崇儒学，又在政治制度安排上客观上促进了儒学的繁荣发展。而儒学对汉代政治乃至中国两千年的政治制度的塑造是非常深刻的，在政治意识形态儒家化、法律儒家化、政治制度儒家化表现尤为突出。当前儒学复兴的根本措施在于做好政府推动、学者转化和社会落地等三个方面。

梁国楹的《田蚡与“独尊儒术”》认为，在汉初治国思想由“黄老无为”向“独尊儒术”的转变过程中，作为皇帝的汉武帝、作为丞相的田蚡和作为“群儒首”的董仲舒，各自都发挥了应有的关键作用。田蚡的“绌黄老、刑名、百家之言”和董仲舒的“抑黜百家，独尊儒术”，言虽不同，意实一致。

左康华的《从“文质论”到“文德论”——刘向对西汉礼学的充实与纠偏》认为，在“文”“质”问题上，以孔子为首的儒家提出文质彬彬的价值原则，以董仲舒为首的汉代儒者以“文质相救”的动态平衡取代“文质彬彬”的静态平衡。刘向则继承了先秦儒学的文质立场，同时以礼的“文德论”代替“文质论”，以质限文、文德一体，使二者的结合更为紧密，同时突出强调了修文的理政功能。

曹婉丰的《先秦秦汉儒家禅让的理论变迁与政治实践》认为，尧舜禹的禅让传说，在秦汉之后与五德终始说、符瑞灾异说、天人感应论以及谶纬神学等多种元素相结合而形成独特的面貌，并最终在王莽那里成功演绎。王莽在演绎中所做的损益，也是先秦至秦汉儒家禅让理论嬗变中的重要一环。

（二）儒家核心价值观研究

《哲学研究》罗传芳编审以《道德的现代视域及“五常”新解》为题发表主题演讲，她指出，现代社会与传统社会不同，不能仅仅靠道德维系，而必须要靠法治配合才能落实道德。对于董仲舒构建起来的儒家核心价值观“五常”，应该认真反思，做出具有现代价值的借鉴和阐释。

李祥俊的《儒家核心价值观的思想内涵、系统结构及其现代意义》一文对儒家的核心价值观三纲五常进行了深入研究。他认为三纲侧重伦理、政治关系上的价值秩序、价值规范，五常侧重普遍性的价值观念，两者相互支撑、相互补充。儒家核心价值观念系统从形式构成、具体内容两方面对于我们今天建设社会主义核心价值观都具有重要的借鉴意义，但需要实现其创造性转化与创新性发展。

苗泽华、赵现锋的《论“五行”与“五常”之管理精神》一文，深入研究并挖掘“五行”与“五常”之内涵与精神，指出五行反映的是天道，五常反映的是人道，人道要合于天道，并从中汲取大智慧，应用于现代管理。

孙君恒的《儒家君子“五常”的当今价值审视》认为，由董仲舒概括的儒家君子“五常”美德，作为为人处世道德规范要领的普遍总结，一方面有阶级性，为统治阶级服务；另一方面也为非统治阶级、广大仁人志士和普通老百姓所认同和遵守，很多地方仍然具有不可忽视的价值。

（三）儒学发展、转型问题研究

李宗桂的《儒学发展态势和前景展望——以2004年以来为范围》认为，应该在民族复兴中实现儒学复兴。但儒学复兴不是罢黜百家独尊儒术，不是儒学成为垄断性的国家意识形态，不是儒学成为儒教，更不是儒教立国，而是经过创造性转化、创新性发展，承载着以爱国主义为核心的中华民族精神，充溢着以改革创新为核心的时代精神。

安徽大学钱耕森、沈素珍教授以《儒家从“百家争鸣”到“一家独尊”之反思——思想的辩证法是既要解放，又要统一》为题发表主题演讲。他认为以孔孟为首的儒家，之所以能从“争鸣”的“百家”到“独尊”的“一家”，是时代的召唤，人们的向往，历史的选择。反思儒家从“百家争鸣”到“一家独尊”，对启迪我们信奉并践行既解放思想，又以马克思主义为指导，必将有所裨益。

韩国成均馆大学金圣基教授以《孔子的复活与儒教的未来》为题发表主题演讲。他认为当今实现儒学复兴过程中的一个重要任务就是重新找回儒学的神圣价值，而要实现儒学的“再圣化”，我们需要重温儒家经典，反复思考与体悟儒家核心价值，树立自身对儒家文化的崇高信仰，以儒家所追求的“成己成物”的圣人境界为指向，时时刻刻激励自我、涵养省察、严于律己。

杜运辉的《张岱年与中国传统儒学的现代转型》认为，张岱年先生是儒学转型的中国化马克思主义路径的最重要代表之一，他既反对宣扬文化虚无主义和历史虚无主义的“儒学否定论”，也反对罔顾历史事实和基本国情的“儒学复兴论”，倡导在中国化马克思主义指导下扬弃儒学“深层奥义”的综合创新之路。

王宏海的《文化情境视域中的百年儒学》一文通过对近百年中国儒学的回顾，分析了段正元、刘师培、张立文、陈明等不同时代的学者对儒家的阐释，认为理论的问题意识、现实指向、理论内容与实践的价值导向必须适应个体与社会的发展。今天的儒学复兴不仅是对自身文化建设的反思，更是新时代中华文化的自觉。

二、董仲舒思想研究

（一）哲学思想

美国夏威夷大学成中英教授以《董仲舒的易学与灾异之说》为题发表主题演讲。他认为董仲舒把《易传》之天地、乾坤、阴阳集中地表述为天，明白地标举出天的独特性、统一性、规范性与权威性。成教授特别讨论了董仲舒把阴阳五行伦理道德化以及把伦理道德阴阳五行化，并由此分析了事实与价值之关联这一哲学本体论问题。

金周昌的《董仲舒科学阴阳动态相对平衡价值论》认为，董仲舒的哲学体系的根据是科学阴阳，并且通过此科学理性而建立天地人三才通贯的哲学体系。这是在哲学思想方面的里程碑和灯塔，并且从此形成中国主流文化。

黄朴民的《董仲舒学说的三个基本意识》认为，董仲舒构建的儒学理论体系蕴含着鲜明的文化特征：首先，董仲舒“更化”儒学，反映出其理论上的创新意识；其次，董仲舒对诸子百家学说的兼容并包，呈示了其学术上的包容意识；再次，其学说始终保持对现实政治的关怀，这展现为其观念上的经世意识。

刘国民的《论董仲舒之天的思想》认为，董仲舒之天，是人格神之天与自然之天的统一。人格神之天支配自然之天，自然之天体现了人格神之天的意志和目的。人格神之天与自然之天的基本特征是道德理性。天之道德理性包含仁义礼智信基本内容，遵循善有善报、恶有恶报的法则。

沈顺福的《董仲舒：神学还是人学?》认为，董仲舒的学说看似尊天，其实是崇人。董仲舒的人本论，在承认天地本源的同时，提出了人文教化也是生存之本。从哲学的角度来看，三本论体现了董仲舒的哲学式思维，即寻找存在的终极性本源。

魏义霞的《董仲舒对儒家哲学的新开展》认为，在“人副天数”的名义下，董仲舒对儒家思想在西汉乃至后续的发展中做出了巨大贡献：一是加固天人合一的道德主义模式，一是对宗法等级的强化。

解光宇的《罢黜百家独风流——“独尊儒术”与董仲舒哲学思想》指出，董仲舒的“天人感应”学说以神权论证君权，又以神权限制君权；认为“道”是治天下的至上原则，是论证封建纲常伦理的永恒性。尤其是“罢黜百家，独尊儒术”，使儒家思想定于一尊，独占国家意识形态的宝座，为巩固中央政权和中国的“大一统”提供了强有力的思想理论支撑，并对西汉以降的中国社会产生深远的影响。

余治平的《天人感应的发生机理与运行过程——以〈春秋繁露〉、“天人三策”为文本依据的研究》认为，董仲舒是中国古代感应思想的集大成者，他提出了“天道类动”“阴阳性情”“人副天数”“因五行而用事”系列的概念、观念，论述了感应的一般性原则，既有诸多命题的逻辑推演，也有“求雨”“止雨”的实际应用，因而为天人感应的观念与信仰建构出一套完整的认知系统，将感应思想推向了成熟的形态。

张靖杰的《形式如何生成意义——董仲舒阴阳五行说及其现代困厄》以“形式”这一概念作为工具重新审视董仲舒的阴阳五行说，认为董子的阴阳五行理论具有一套完备而自洽的意义生成机制，而这一机制的基础则是由“形式”奠定的。然而，伴随着天的信仰在现代社会的丧失，阴阳五行说失去了其原有的“形式”效力，退居到中国人的文化与思维的隐幽之处。

周金昌、白立强的《董仲舒“天人感应”思想之意象思维视角浅析》认为，董仲舒“天人感应”思想是意象思维的鲜明体现，其价值和意义包括：人为天代言、立心；重视和强调人的主体性和能动性；表达了人天一体、大道和合的生命自由之境。

张耀南、钱爽的《中华早期哲学批评格式效用款两式考》认为，中华哲学批评之格式有三：一是强化效用，二是强化学理，三是兼顾效用与学理。董仲舒以阴阳五行说重释《春秋公羊传》，开创今文经学，以孔子为始祖，以“效用”为目标，其阐发经文之“微言”“大义”，完全是出于现实政治之需要，完全是为了论证“大一统”政治格局之合理性。

（二）政治思想

北京师范大学周桂钿教授以《董仲舒盛世治理的四个原则》为题发表主题演讲，明确指出董仲舒是汉代盛世儒学的代表，其政治哲学就是汉武帝那个盛世时代精神的精华。董仲舒盛世治理有四个原则，即大一统论、经济调均、德主刑辅、更化。这些对于现在也具有重要的借鉴意义。

韩国安东大学李润和教授以《董仲舒的“王道”》为题发表主题演讲。他认为，董仲舒对儒学进行了创造性转换，他纵贯百家学说，积极接收阴阳五行说，将以人为中心的道德儒学扩大到“自然

(天)”。同时，董仲舒洞悉并把握了汉帝国统治者的政治愿望和文化趋势，将儒家的仁义扩展至政治领域，确立了王道论这一政治理念。

复旦大学谢遐龄教授以《董仲舒给儒家的定位：宗教，还是神学?》为题发表主题演讲。他认为孔孟的活动是阐释国家宗教，而董仲舒确立儒家独尊的地位，其意义是确定儒学为国家宗教的唯一阐释者。董仲舒的工作是吸收各学派精华发展儒学，论证、阐释国家宗教。董仲舒关于天道的论述是为国家宗教建设神学体系，并非借机把自己转化为宗教。

清华大学丁四新教授以《“罢黜百家，独尊儒术”辨与汉代儒家思想文化专制说驳论》为题发表主题演讲。他指出“罢黜百家，独尊儒术”是近代易白沙在《孔子平议上》中提出的，指的是学术、文化、思想上的专制政策。这一提法严重误导了人们对于汉代的文化政策和儒家的历史作用的认识。董仲舒在思想、文化上持“一统”而不是“一尊”的观点，是表章六经，而不是独尊儒术。

清华大学方朝晖教授以《“王道”小考》为题发表主题演讲。他指出，王道是董仲舒政治思想的核心。“王道”一词最早见于《尚书·洪范》，在先秦及两汉文献中时常出现。从历史演变的角度看，该词本义是指先王治天下之道，后引申为指理想的、典范的治理方式，其内容在外的方面与霸道相对，在内的方面包括推行公道、仁爱百姓、整齐人伦、实现太平、治官有方等。

吴光的《董仲舒的思想命题及其当代价值辨析》认为，董仲舒的政治观，是强调“变革”的辩证发展观，而非强调“不变”的形而上学政治观。董仲舒的政治思想，是在“天人感应目的论”外衣掩盖下的儒家“德治”“爱民”的王道政治传统。这体现在其政改、爱民、德治、伐无道、义利之辨等诸多方面。

胡发贵的《董仲舒“独尊儒术”思想史意义三题》认为，董子“独尊儒术”的建议包含了丰富的历史文化内涵：其一，终止“道术久于一偏”；其二，致力“尚同”；其三，奠定“万事之统”的精神取舍。

李祥俊的《董仲舒与秦汉时期君臣关系新范式的确立》认为，在君臣地位问题上，董仲舒既继承传统儒学“从道不从君”的理念，又主张天人感应下的君主“强勉行道”以维护天命不改，他还进一步把君臣关系本身作为一个永恒性原则确定下来。在君臣之间的相互对待关系上，董仲舒的观点折中于差异与等级之间。在君道、臣道问题上，董仲舒立足儒学又吸收法家、黄老之学的思想营养，提出了符合时代发展的政治统治方式。

陈寒鸣的《“天人三策”：武帝对儒学的选择》认为，董仲舒融援诸子百家，极大地丰富和发展了儒家学说，推动了儒学的政治化和意识形态化，促进了儒学向经学形态的转化，并且开启了汉代儒学神学化的道路。经过董仲舒的发展和改造，儒学在适应汉代社会“大一统”统治的需要方面具有其他任何学派所没有的优势，它之被统治者选择为官方学说思想绝不是偶然的。

盖立涛的《董仲舒“太平”理想社会的理论建构》认为，董仲舒以公羊学为基础，融合了秦汉之时的天人感应和阴阳五行思想，建构了独特的“太平”社会理想体系。董仲舒还提出通过“奉天法古”和实行王道政治来达致“太平”。经过董仲舒和汉武帝的努力，“太平”社会理想上升为官方的政治理想。“太平”社会理想的提出对汉代社会发展有着指引作用，同时“太平”社会理想也塑造着汉朝政权的合法性，对现实政治有着批判和矫正功能。

何大海的《试论董仲舒“无为”思想的四个维度》认为，董仲舒的“无为”思想包含四个维度：董仲舒在景帝朝任博士时，吸收黄老“无为”，寻求儒道整合；景武之际则吸纳诸子“治道”思想，继续完善“君无为而臣有为”的君臣政治分工模式，并以阴阳学作为理论基础；武帝朝对策时，提出“改制无易道”的思想主张，传承儒家天命观与礼乐制度的因袭和损益之道；针对武帝时代统治阶层奢侈多欲等过度有为情况，提出“调均”“致无为”等“无为而治”主张，希冀以“无为”促“善治”。不同时期的“无为”含义变迁反映了董仲舒思想的复杂性与整合性，凸显其现实关怀与担当意识。

孙占卿的《天道无为，治道崇本——从〈春秋繁露〉看儒家的“无为之治”》认为，董仲舒的“无为”主要是指君德。君主对天道负责，官僚体系对君主负责。尽管君权借助官僚体系运行，但董仲舒强调君权必须是“隐形的”。董仲舒将政治秩序的来源归结为天、地、人三个方面。伦理纲常是天道所命；衣食安居是地之所产；礼乐制度是人之所设。董仲舒指出君主治理不能依靠“峻刑重诛”，而应回到政治秩序的来源处求解。

蔡杰、翟奎凤的《“喜怒哀乐”与“春夏秋冬”合类说——以董仲舒〈春秋繁露〉为中心》认为，董子将“喜怒哀乐”与“春夏秋冬”比配合类，因为二者具有相同的属性“暖清寒暑”。而二者的合类，是在天人同构理论的前提下进行的，“喜怒哀乐”四种情绪的实质是阴阳二气。阴阳之气有兴衰，故而“喜怒哀乐”同四时一样有循环流转，其背后的依凭是时间节律观。在此基础上，可以归纳出董子的修身之道与为政之道。一方面，董子认为人的四种心气应适时而发，不可滞留；另一方面，董子认为君主应效法天地的绝对准则执政，甚至提出君主应当“不私”“无为”的政治主张。

崔锁江的《董仲舒的天子思想及其历史境遇》认为，董仲舒深察名号，明确提出了“天子者，天之子也”的判断，要求皇帝以天为父，向天行孝道。董仲舒的“天子思想”意味着对皇帝制度的制约。后代皇帝尽管没有使有关“天子”的思想实现制度化、正式化，但是都注意加强自我修养与自我约束，以期符合儒家设定的“天子”理想人格，实现君道君德。

韩星的《董仲舒以经学为基础构建儒学思想体系》认为，董仲舒儒学思想体系的基本结构是：以多元的天论为形而上的依据，天地人三才为基本构架，“元”为终极本源，阴阳五行为基本形式，“三纲五常”为核心价值，王道政治为主体，礼乐道德教化为实践。这一思想体系奠定了经学、儒学在汉代以后的主流和主导地位。

何善蒙的《董仲舒论“和”：以〈循天之道〉为中心的考察》认为，董仲舒用“两和”与“二中”两个基本概念形成了对于天道自然过程的直接描述，并完成了一种理论的自觉构建。在揭示出天道实为中和之道之后，董仲舒指出，无论是对于个体来说，还是对于整个社会来说，中和都应当成为最根本的价值原则而得到落实，这才是最佳的人事行为方式的表现。

刘百淞的《董仲舒社会治理思想的时代价值》认为，董仲舒的社会治理思想，其实是仁政在重建社会、推进社会治理方面的有益尝试。它在君主、官吏和民众之间建立了互动机制，使儒家士大夫成为社会治理主体，为“王霸杂用之”的国家治理格局的形成奠定了稳固的基础。在“强国家”的框架中推进社会治理，既能改善民生，又能维护君主的权威，更能为儒生经世致用搭建广阔平台。

董卫国的《孝道作为基本政治伦理原则何以可能》认为，传统儒家政治哲学认识到，政治伦理原则必须在个体生命与政治共同体之间找到“中道”。政治之学必须以生命修养之学为根基，否则，必将导向功利性的事功主义。政治伦理的核心价值观念必须做到：向内，与个体生命、日常生活相关联；向外，足以引领整个社会政治风尚。这个核心价值就是儒家极力倡导的孝道。在传统儒家看来，孝道并非一种外在的社会伦理规范，而是本源于人的生命意识之自觉。孝道向内足以激发一种生命责任感，要求修身立德；向外，作为一种具有兴发性和创造性的道德情感，可以作为伦理教化的情感基础。这样，儒家的教化精神，就能弥合日常生活与社会政治的鸿沟，就能打通超越性价值诉求与世俗伦理的隔膜，同时，也保证了个体人格与世俗政治之间的适度张力。

聂春华的《从董仲舒思想看汉代儒家礼乐及其社会控制》认为，董仲舒的礼乐思想有一个很重要的特点，就是他特别强调把礼乐作为汉帝国的国家制度确定下来。因此，在董仲舒的思想中，礼乐的权威化不仅通过礼乐的神圣化而实现，也是通过礼乐的制度化来实现。

王刚的《“谊主”说与“推明孔氏”：董仲舒在“独尊儒术”中的理论贡献及相关问题探微》围绕“天人三策”中的一个重要的概念——谊主展开分析，认为在董仲舒之前，所谓的“谊主”有“霸主”与“王者”两种类型，董氏所取当为后者。董氏在孟、荀的整合中，建构出了具有董氏特点的“谊主”之说，明确树立“谊主”的正当性，对“谊主”的责任与使命做了适应时代的新阐释。回答了西汉政权及君王的合法性问题，为汉王朝在政治上由一时权衡，向长治久安的思想转换，提供了理论武器。

杨柳新的《董仲舒“大一统”王道政治思想的文化诠释》认为，董仲舒儒学的主体和核心是“大一统”王道政治思想。董仲舒“大一统”王道政治思想具有突出的德性文明传统特色，蕴含哲学上“一元”统率阴阳、五行、万物的观点，实质是天地人三才贯通之道。董仲舒的“大一统”说，可谓一“究天人之际”的道德政治思想体系，是合“三才”与“五伦”而立体展开的“王道”观，并非“尊王”而已。

张新国的《董仲舒仁论思想研究》认为，在董子看来，仁主要是指统治者泛爱民众的政治德行，这种德行乃是效法天之生生不已之仁道的流行显现。这种仁先于天地并作为天地万物的本源，在位者体察到此德行之后又要反躬自省、依道自律，遇到灾异天象应当切实实意改正以回复到天意、天心、天志。董子仁论也不只是讲给在位者的，也可视为常人修身自律的道德法则，这种道德法则以天道为其形而上学基础，修身实践的终极目标就是儒家一贯提倡的认清和把握人在天地间的地位和价值。这个思想可以说位于孔孟道统的核心论域。

郑济洲的《“素王”孔子的成立：基于董仲舒〈天人三策〉的研究》认为，透过《天人三策》，可以发掘孔子成为“素王”源于其生前的立德、立功和立言。孔子生前学礼以知天，被人称为“圣人”，是为“立德”；他晚年专行教化，弟子多达三千，在鲁国民间形成了一个以他为中心的“德性共同体”，是为“立功”；他制作《春秋》，在董仲舒的继承下，为汉立法，是为“立言”。孔子成为“素王”对汉代政治具有重要的意义。

朱康有的《论传统社会的意识形态基础构建——董子〈春秋繁露〉发微》认为，董仲舒建立了一个以儒学为主、包容多家思想的意识形态体系。他融合儒道法阴阳五行，形成比较完备的天人观，以此为意识形态奠基“形而上”的基础；通过分析《春秋》笔法的微言大义，根据“褒贬”两字以显“善恶”两端，引导整个社会从上到下树立“大义”。董仲舒的论述渗透并涵盖了传统社会生活的方方面面，各个阶层、各个领域都能从中找到对应的普遍与特殊规则。

曾暐杰的《理性的迷信——董仲舒灾异理论的“奇里斯玛”结构》认为，儒家心性之学缺少具有强制性的“权威结构”，即基督宗教中所谓的“奇里斯玛”（charisma）。董仲舒之灾异论，正是要在君王的心理结构中置入一超越君王的绝对权威，亦即赋予其“奇里斯玛”，帮助帝王为善行正道。

（三）教化思想

常会营的《董仲舒礼乐教化思想及现代价值》一文分析了董仲舒推重礼乐教化的原因以及其礼乐教化的内容和现代价值，认为董仲舒的礼乐教化思想，值得我们在新的时代和社会条件下，充分予以参照和借鉴，从而更好地进行社会治理、社会教育教化，提高国家民族整体道德水平，进一步促进国家繁荣稳定、社会和谐、人民幸福。

代春敏的《董仲舒教化思想初探》认为，教化思想是董仲舒思想理论中的重要部分。探讨了董仲舒基于“天不变，道亦不变”的天道自然观和“待教而善”的人性论的教化思想理论基础；以及一系列的教化内容和举措。董仲舒作为一代儒学之宗，从其教化思想中体现出的一种文化自知和文化自信，具有现实意义和价值。

罗容海的《董仲舒与汉代教育的神圣化》认为，董仲舒以及之后的汉代儒生，通过太学体系的形成、学习系统的构建，将原本因政教分离而导致日渐学科化和专业化，但地位有所下降的教育地位，重新神圣化。通过教学作用的神化、教师的圣化、学生的官化，汉代教育完成了中国人对教育的信仰之形成，以教学和学问为主的教育，在继承诸子百家以来科学化、逻辑化趋势的同时披上了神圣的外衣，树立起“建国君民，教学为先”的文教传统，教师事实上跻身至“天地君亲师”的地位。

张茂泽的《论董仲舒的儒教思想》认为，董仲舒用有宗教性能的天人观为三纲说提供理论说明，是董仲舒儒教思想的核心内容；它为西汉人提供了精神家园，为经学教化提供了具体内容，为礼法制度提供了基本的理论说明，也为后来几千年中华民族文化的大一统提供了核心价值指导和规范。董子推动儒学进入了新时代。

（四）人性论

台湾辅仁大学陈福滨教授以《董仲舒人性论之探究》为题发表主题演讲。他认为董仲舒的人性论，是就告子“生之谓性”，荀子“天之就也，不可学，不可事”一系，所持之“自然人性论”而立说，强调人性如阴阳般的同时兼有善恶，善恶之归趋依后天修养以定向；与孟子将价值德性之源，安立于主体之自觉上的“心性”论不同，董仲舒论人性是有别于“心性”论一路的。因为董仲舒是就“自然之性”而言，则人之材质自有差异，所以就把孔孟儒学之“心性”论的思想，推向了“才性”的路径。

北京东方道德研究所傅永吉教授以《董仲舒人性论浅析——学习儒家人性论的几点体会》为题发表主题演讲。他认为，董仲舒是汉代综合创新新儒学的标志人物，其人性论在儒家伦理思想史上具有承前启后的位置。董仲舒继承发扬先秦原始儒家人性论思想中合理的优秀因素，结合中国封建社会后期全新的历史条件，经济、政治、文化新形势要求，以阴阳家学说为重要的哲学方法论，提出著名的“性三品”说、“中民可教”说、“性善情恶”说或“性有贪仁”说及“性待教而善”说，对儒家人性论有所发展、有所创新，董仲舒人性论对汉唐儒家及宋明新儒家的人性论都有重大影响。

邓立光的《儒家人性论探微》一文，以理学之心性观开展儒家生命学问之论述，以确立人之主体价值。先秦儒家之言“性”已证成儒家人性论义理之宏规，宋明理学一脉相承，乃内圣之学之极致，体认“心”“性”“天”乃理学家之重要课题。然而儒家之人性论非止于谈玄说道，故理学家虽喜言“心”“性”“天”之玄义，然必紧扣道德实践以成就高尚人格，故不论心学理学义理之分歧若何，而皆重修身立德。

此外，还有从经学、美学、伦理学、法学等角度对董仲舒思想进行研究的文章。

刘洪强的《源流互质视野下的董仲舒及汉代〈春秋〉观》一文指出，董仲舒专注经学，司马迁聚焦史学，然而在章学诚看来，两者在经世及“探天人性命之原”等思想却异曲同工。章学诚对“事”与

“义”的讨论在某种程度上可以说是董仲舒经学在史学领域的一种体现。

黄应根的《董仲舒论美：基于〈春秋繁露〉〈贤良对策〉例文的分析》认为，在关于董仲舒的经典文本中，“美”以不同的形态呈现：或直接以“恶”的对立面出现；或言道德、仁义之美；或言天地之美。这些不同形态的“美”，都与“善”存在一定程度的叠合，甚至等同。这对中华民族特殊的审美观及道德文章并重的文学传统的形成有一定影响。

王涵青的《以〈春秋繁露〉中之“同类相动”为核心，反思环境伦理脉络中的天人关系与生活智慧》认为，《春秋繁露》透过“同类相动”的律则建构的人与自然的关系（天人关系），将人类的“参天”形塑为与天同感共应的一致节律，又确定了人类于天地间的责任与地位。

杨济襄的《儒家道德思想的实践——董仲舒“仁义法”的人我内外之别》认为，董仲舒提出“仁义法”的主张，以《春秋》褒贬所陈之事迹，淬炼出道德仁义之范式，试图仰赖“道德典范”的建立，具象呈现“仁义”道德的实践样貌。董仲舒从经典所彰显的“道德仁义”去肯定其价值，并进一步倡论道德仁义“致用于世”的主张和功效。董仲舒对于儒学“仁义观”的实践，首重在“人我之别”：“以义正己”“以仁安人”。

赵星的《董子“不与民争利”思想的当代刑法启示》认为，董子“不与民争利”思想具有深刻的内涵。我国现行刑法应当贯彻民本政治法律思想，真正做到一切以民众的利益为核心。

三、董仲舒文本文化研究

中国人民大学黄朴民教授以《〈春秋繁露〉的四个特点》为题发表主题演讲，指出董仲舒的著作《春秋繁露》具有四个特点：其一，充分体现了“儒”的原始义；其二，充分体现了文化变迁的时代性；其三，肯定了秦朝的历史进步性；其四，思想的混杂性。

日本北九州大学邓红教授以《〈春秋繁露〉“董仲舒真篇”新探——以〈对策〉检索〈春秋繁露〉的尝试》为题发表主题演讲，他以《汉书·董仲舒传》中的《贤良对策》检索《春秋繁露》之后，发现《春秋繁露》有28篇文章和《对策》文字基本相同，思想指向也一致，可初步认定为“董仲舒真篇”。

秦进才的《“罢黜百家，独尊儒术”词语探源》从西汉罢、黜与罢黜字词的举例入手，分析董仲舒与“罢黜百家，独尊儒术”的关系，考察“罢黜百家，表章六经”的变迁，探寻“推明孔氏，抑黜百家”的变化，探讨“罢黜百家，独尊儒术”的出现与传播，指出“罢黜百家，独尊儒术”一词，目前所见在1916年问世，20世纪80年代以来成为应用广泛的习用词语与固定表达方式，至今已有百年，其变迁与社会思潮的起伏变动联系在一起。

王传林的《“修辞立其诚”——〈春秋繁露〉的语言现象举要》认为，基于“同数”，董仲舒通过“人副天数”与“官制象天”将天、人与政有机地联系起来，建构出系统的数哲学。正是数与数字的出现与运用使得其不仅建构了独特的哲学体系，而且也形成了独特的哲学语言范式与叙述风格。因此，《春秋繁露》涌现出同、合、喻、通、和、比、类等修辞范式，诸般修辞手法的大量出现形成了《春秋繁露》的语言现象与语言特色。

张树业的《董仲舒〈春秋〉书法论的诠释学意蕴》认为，董仲舒对《春秋》书法的探讨是其《春秋》学建构的基础。与公羊学史上历代学者重点关注《春秋》条例不同，董仲舒对《春秋》书法的阐释以对其修辞特性和意图的阐发为主。《春秋繁露》通过《春秋》之隐微修辞进行考察，明确了这一写作形式对传达《春秋》义理的关键作用。董仲舒又提出“春秋无达辞”的著名论断，以突显政治哲学中的常变、经权之义。对《春秋》诡辞避讳的书法特征的考察则意在揭示其“不遗善”的苦心。董仲舒通过其《春秋》书法论展示了公羊家政治哲学意义上的诠释风格和理论特色。

季桂起的《司马迁缘何回避记载董仲舒的“贤良对策”》认为，司马迁在《史记》中回避董仲舒的“贤良对策”，主要原因在于他对汉武帝的政治成见，从个人情感上不愿意把武帝作为一个有作为的君主形象来塑造。这导致了《史记》对汉武帝一朝这一重大历史事件记载的缺失。

唐艳的《司马迁、班固历史创作的情感构建及其解读边际》认为，《史记》《汉书》有关董仲舒的记载，实际上是董仲舒与司马迁、班固三者间复杂的时代更替和情感交融所涂染的历史痕迹，其在获得感性诠释的同时，也失去了明确、清晰的合理性边际，二者有同有异，有彰有隐，“同”为历史事实，“异”为创作情感，恰恰是情感的模糊性与主体性，拉伸了《史记》《汉书》研究的深度和广度。

曹迎春的《董仲舒对〈论语〉的引用与诠释》指出，董仲舒十分重视儒家典籍《论语》，在著作中大量引用。在引用方式上大多采用直接引用，也有少数间接引用。这些引文对于研究汉代《论语》传本，订正今本《论语》之误，都有着重要的价值。董仲舒对《论语》的诠释，在为自己的政治哲学思想寻找理论支撑的同时，也影响了后世《论语》注家，是今人研究汉代《论语》学史重要的思想遗产。

四、董学史研究

姜淑红的《晚清汉宋调和派与董子学》认为，汉宋调和论是晚清咸同时期的流行思潮。汉宋调和派的代表人物陈澧、朱一新、黄以周等都对董子学有所涉猎。陈澧特别注重挖掘、采录汉儒之微言大义，尤重董仲舒之学说；朱一新在与康有为学术论战中，反对康有为主张的董子公羊改制说，极力维护董仲舒“敬天保民”之形象；黄以周遍治群经，高扬顾亭林“经学即理学”之旗帜，阐释董子“性”“命”“道”等大义，会通汉宋之学。他们对董子学的研究和阐释，是知识分子对时局和学界变化的应对态度和解决方案。

李有梁的《〈春秋繁露〉要旨与清代董学的尊显》认为，《春秋繁露》是西汉今文经学最重要的经典，但是随着今文经学日渐衰颓，董学沉寂将近两千余年，至清代得以复兴。清代的《春秋繁露》诠释路径有二：其一历董天工、凌曙、俞樾，至苏舆而集其大成，其治学求真务实，“为学问而学问”；其二自魏源以至康有为，高扬《春秋繁露》里的变革精神，且以之作为改制变法的理论基础，影响特大。

徐公喜的《朱熹将董仲舒排除于道统之外的理论因素》分析了董学在宋明时期的发展，他认为朱熹虽然继承了董仲舒的“春秋大一统”观念和正君心的思想，但却将董仲舒、韩愈排除在道统外主要有以下几个方面因素：一是为论证道统与政统的差异、“王道”与“霸道”的区分，必须摧毁汉唐政统的理论基础。二是程朱理学新皇权理论对董仲舒皇权理论改造的需要。三是宋明理学“天人合一”对董仲舒“天人感应”进行改造的需要。

孟祥才的《古代学人评董仲舒述论》认为，董仲舒在中国思想史上有举足轻重的地位，在后世学者众多的评论中也屡屡凸现。特别涉及儒家经典的注释，几乎将其著作作为一种权威的释经佐证，置于不容置疑的尊位，对其事功文章也多有溢美之辞。这种情况愈演愈烈，与历史的前进成正比。如此越来越出格的颂扬，一方面显示他在两汉经学巅峰的尊位是无可替代的；另一方面透出的是中国古代社会接近终结时找不到出路的悲情和无奈。

五、国际视野下的董学研究

邓红的《“废黜百家”与“儒教国教化”——日本学术界关于“儒教国教化”的争论》指出，在日本，“废黜百家”这一历史事件被高度概括为“儒教国教化”这样一个日语复合词组，被写进了各种历史课本和中国思想史、中国哲学史的教科书，也发生了一些学术上的争论。笔者对“儒教国教化”的各家论著和观点进行梳理，并对产生争论的原因、焦点、方法论做出适当的评价，认为这是一场“虚拟争论”。不过在探讨、论争中取得了许多学术成果，值得借鉴。

刘炜华的《走向西方学术界的董仲舒——西文董仲舒研究综述》一文介绍了董仲舒著作在西方的几个译本、西方哲学百科全书中对董仲舒的介绍、西方研究董仲舒的专著和论文。最后归纳出东西方董学研究的不同特点，认为西方的董学研究更加重视学术本身的价值、更加踏实，而中国的董学研究则更重视思想的阐发，更易受到社会政治现实的影响。

陆元祥的《董仲舒“大一统”思想对十八世纪欧洲启蒙的影响》指出，董仲舒的“大一统”思想，随着儒学西渐对欧洲启蒙产生了深刻的影响，推进了启蒙学者对中国的道德与政治相结合的治国理邦成功之道的研究，让启蒙学者看到儒家“和而不同”等思想的价值。这些研究让启蒙学者获得诸多经验借鉴，为启蒙运动提供了思想动力。

王文书的《鲁惟一〈董仲舒儒家遗产与《春秋繁露》〉述评》对英国汉学家鲁惟一的专著《董仲舒儒家遗产与〈春秋繁露〉》进行分析，认为该书采用的方法是统计加实证的方法。虽然该书的一些结论还有待进一步考证，但它无疑是我们可以看到的欧洲董学研究的最高水平的著作。

董仲舒不仅是中国的，也是世界的。这些国际视野下的董仲舒研究，让我们更多地了解了董学研究的国际学术动态。在这次会议上，成立了衡水学院“董仲舒思想国际研究院”，今后的董仲舒研究将以世界的眼光，一方面借鉴国内外已有的学术成果，一方面用中国的学术话语，向国际学术界奉献出显示中国学术水平的董学研究最新成果。

六、地域文化视角下的董学研究

衡水本地学者立足地域文化的董学研究，也格外引人注目。衡水学院董子学院李奎良教授的《儒学中兴从衡水走来》，从儒学发展史的角度进行观察，发现儒学的发展经历过五次严重的危机，但每次儒学都从低落中复兴，其中前三次走出危机的中兴旗手都是衡水籍人士。他们分别是董仲舒、冯太后、孔颖达。衡水在儒学发展史上占有举足轻重的地位，可以说，儒学中兴从衡水走来。这一论断，得到了与会学者的一致认同。

田卫冰的《董仲舒与衡水地域文化》阐述了董仲舒学术思想形成与衡水地域文化的关系。他指出，董仲舒对儒家文化的整合，适应了历史发展需要，使得儒学从衡水走来，走向庙堂，成为中华文化的主脉。

七、董仲舒的地位和评价

周桂钿的《董仲舒是儒家大圣人》认为，西汉的社会制度是当时全世界最先进的，董仲舒哲学是西汉时代精神的精华，为这种制度服务，是先进文化的代表。董子理论的出发点和归宿都是现实社会，体现了唯物论精神，是求善的政治哲学。董仲舒提出独尊儒术，承上启下，奠定了中华民族魂。史家称董子“为群儒首”“为儒者宗”，代表了汉唐时期儒家最高水平。董子讲的很多盛世的社会问题，对于现在都特别有借鉴意义。所以说董仲舒是儒家大圣人！

中山大学李宗桂教授以《董仲舒和汉代思想文化研究若干问题的思考》为题发表了主题演讲。他谈到了五个问题：关于董仲舒思想的历史作用问题；关于“罢黜百家，独尊儒术”的问题；关于董仲舒与汉武帝合作的问题；关于封建主义、封建专制的问题；汉代政治儒学的地位和评价问题。他认为董仲舒统一思想、构建三纲五常为核心的价值体系，为封建社会的长期稳定发展创造了条件。我们通常所讲的灿烂的古代文化，其主体就是两千年封建社会时期，如果承认中国古代的灿烂文明，就必须承认董仲舒的历史贡献。西汉时期是多元一体的中华民族、中华文化形成的时期，而董仲舒所做的统一思想、整合价值的工作对于国家统一的巩固，民族文化的认同，以及中华民族凝聚力的形成具有不可否认的积极作用。

钱耕森的《董仲舒：儒学发展史上的一座丰碑》认为，董仲舒向汉武帝所提“罢黜百家，独尊儒术”，具有很大的价值与意义，影响深远：“为往圣继绝学”，使孔孟所开创的儒学复活；使儒家直线上升到“独尊”的地位，使儒学经学化；使儒学在我国此后的两千年封建社会中一直处于正统的主导地位；使儒学具有强大的生命力；使儒家成为我国传统文化的三大主流；使孔子与老子成为东方文化的杰出代表。大力弘扬儒学的优秀传统，对建设中国和全人类的新文化可做出新贡献。董仲舒的功绩与贡献，足以成为儒学发展史上的一座丰碑。董仲舒与汉儒，当是儒学发展史上的第二阶段。

任蜜林的《论董仲舒在两汉经学中的地位》认为，董仲舒的春秋学对两汉经学产生了深远的影响。他把阴阳五行思想引入到儒家经学之中，不但对春秋学本身产生了重要的影响，而且对易学、诗学、尚书学、礼学等都有着深远的影响。从董仲舒之后，儒家经学真正成为国家的正统思想，儒家学者也有了通往国家权力机构的正当途径，从而对国家的统治产生了重要的影响。

常会营的《董仲舒入祀孔庙甚晚历史考》一文，从董仲舒入祀孔庙的角度谈了董仲舒的地位，认为大儒董仲舒之最终入祀孔庙，与其渊博的学识、对孔子之道的传承、高尚的人格与历史影响的深远息息相关，而其人、其德业、其思想光辉也必将彪炳千秋。

王即之的《董仲舒思想是对孔子思想的继承和发展》认为，从孔子的《春秋》到董仲舒的《春秋繁露》、从孔子的“三纲”到董仲舒的“三纲五常”、从孔子的“五十而知天命”到董仲舒的“天人感应”、从孔子的“有耻且格”到董仲舒的“以德治国”，无不窥探出董仲舒思想是对孔子思想的继承和发展。

董仲舒与儒家思想国际研讨会拟连年举办，每年一个主题，力求通过对董仲舒暨董仲舒儒家思想的历史地位和历史贡献、董仲舒儒家思想的现代意义、董仲舒儒家思想与衡水等一系列课题的深入探讨，以“挖掘梳理、研究求真、传承发展、创新致用”为脉络，赋予“儒乡衡水”新的符号和内涵，让“儒乡衡水”展现新的时代魅力。

原载于《衡水学院学报》2018 年第 5 期。

曹迎春（1976-），女，河北景县人，历史学博士，衡水学院学报编辑部教授。

卫立冬（1968-），男，河北衡水人，衡水学院学报编辑部教授。

2017 年董学研究综述

王文书　崔明稳

2017 年度中国内地董仲舒及董学的研究，继续保持了较为强劲的发展势头。通过知网调研可知，2017 年度中国内地公开发表的以董仲舒研究为主题的成果主要有：专著 1 部，即曾亦、黄铭的《董仲舒与春秋公羊学》（另文专门介绍），文章 119 篇，其中期刊论文 107 篇、博士硕士论文 6 篇、报纸文章 6 篇，内容涉及董学研究的诸多领域。下面撮要概述如下：

一、"独尊儒术""大一统"研究

"罢黜百家，独尊儒术"研究一直以来都是董仲舒研究的必谈话题，如何准确概括董子的这一历史贡献成为学界关注的重点之一，目前普遍的观点是否认董仲舒提过或汉武帝采纳过"罢黜百家，独尊儒术"。今年宋志坚的《汉武帝是否"独尊儒术"》[1]重提此观点。而王宏海的《"罢黜百家，独尊儒术"的价值导向》分析了为什么"罢黜百家，独尊儒术"会引起学术界的广泛争论，其给出的解释是，"罢黜百家，独尊儒术"是一种文化隐喻，它的价值和意义取决于特定历史时代、特定的主体[2]。

张宏斌的长文《"大一统者，天地之常经，古今之通义"——论董仲舒的大一统学说》尤其值得注意。该文以平实的语言从纵横两个角度，全面系统地阐述了董仲舒的核心思想“大一统”的来龙去脉和逻辑系统。文章以时间为轴，详细地叙述了董仲舒大一统理论提出的儒学走向正统的时代背景和历史过程。文章较为详细地阐述了大一统理论的逻辑体系，董仲舒承继五德终始说，提出三统说，辅之以文质论，论证了新王朝和新皇帝的合法性，也赋予“新帝国政治文化制度的范式以及革新的边界”，同时以《春秋》作为承载道统的历史文化典籍的代表来言说，“假经设义”，在现实框架之中勾画出了自己的理想蓝图[3]。霍韬晦的《“经”与经学》梳理了古代六艺向六经发展的历史脉络、孔子开辟的“为己之学”的理路，奠定了中国学问的根基。包括董仲舒在内的汉代学者沿着此路建立起国家所支持的经学[4]。任蜜林的《汉初改制与春秋学的兴起》认为，秦以法家治国二世而亡引起汉初的统治者和知识分子震动和思考，导致了儒学被提升到意识形态地位[5]。王元、侯天保的《儒学意识形态化的理论切入点和实践展开路径》提出，汉初的王国问题促使时人开始思索“黄老无为”的可持续性、合理性，为儒学实现意识形态转化提供了契机。儒学自身通过“以制说经”的制度安排和科举制的创制，实现了对思想领域、行政权力和基层社会的影响和控制[6]。刘运果的《组织传播视域下西汉“独尊儒术”成因研究》从组织传播的角度分析董仲舒为何得到汉武帝的赏识及汉武帝推行“罢黜百家，独尊儒术”的原因[7]。王壮壮的《“天人关系”视域下董仲舒儒学思想的理论转向》对比先秦，发现董仲舒从终极理论支撑“天人关系”出发，比较完整地论证了大一统政权的合法性，完成理论转型[8]。此外，李斌的《独尊儒术》[9]和孙凯的《董仲舒政治遭遇考辨》[10]也论述此问题。

二、“德主刑辅”“春秋决狱”研究

“德主刑辅”是中国几千年来最重要的治国理政经验之一，也是古代儒家对中国政治哲学的重要贡献，学界一般认为“德主刑辅”思想源于董仲舒。李德嘉对“德主刑辅”思想进行了系统检讨，2017年出版了专著《“德主刑辅”说之检讨》[11]并发表了三篇论文《“德主刑辅”说之驳正：董仲舒德刑关系思想新诠》[12]《董仲舒“任德不任刑”的思想辨正》[13]以及《儒家德刑关系思想辨正及其治理创新价值启示》[14]均涉及此论题。他的核心观点是“德主刑辅”不如“德本刑用”更能准确概括董仲舒的德刑关系思想。他认为，董仲舒“任德不任刑”的主张是在社会管理模式的层面要求施行儒家的“德治”，德与刑的关系是本与用，而非主与辅。儒家“德礼为本、政刑为用”的思想成为大一统时期社会治理模式。陈镇苏在《秦汉时代社会治理模式的演进》一文中提出，在解决东西文化差异问题上，董仲舒的“德治”方案较贾谊方案复杂，在汉武帝中期以后逐渐得到认可，并且影响了西汉中期的内外政策，但武帝坚持“霸王道杂之”，没有全面采纳董仲舒的方案[15]。王立仁的《传统“德治”的意蕴——兼论德治与法治的关系》认为，董仲舒提出的“德主刑辅”是要发挥道德教化引导民众的主导作用，倡导“前德后刑”，以法治为保障，以法治为标准和目标[16]。

董仲舒的“德主刑辅”并不否认法律的作用，他提出“德主刑辅”的主张后，进一步援儒入法，“春秋决狱”改变秦朝法家严苛的法律制度，树立了法律儒家化的原则。2017 年对董子“春秋决狱”思想的研究是一部重头戏。武树臣的《法家的师承：出乎儒而返乎儒》一文系统梳理法家的师承关系，提出法家的师承是法家思想的沿革史，又是儒家思想的演化史。在其中，董仲舒和荀子共同完成了法家思想融入新儒家思想体系的涅槃，儒法两家共同缔造了古代正宗学术[17]。高山林的《董仲舒春秋决狱案例考》则从法律史的角度，一一分析了保存下来的董仲舒决狱案例，强调董子春秋决狱用道德哲学之原则去引导某些僵化的司法判决，尽管个别案例存在推理的疏漏，但判案的本事原志、罪同异论、明理行教等原则值得肯定[18]。肖庚奇的《汉初至盛唐时期中国封建法中“亲亲相隐”制度的思想变迁》系统论述了“亲亲相隐”法律容隐制度的演化过程，提出汉宣帝时期正式进入法律条文的“亲亲得以相匿”制度是受董仲舒的影响，制度的起源应从董仲舒三纲五常思想寻找根源[19]。张文波的《董仲舒法律思想中的超验之维》在把握董子思想整体基础上提出，董仲舒法律思想具神秘主义色彩的超验性价值，为皇权体制设定了约束[20]。郭宏的《论汉代春秋决狱及其影响》认为，董仲舒的“春秋决狱”作为中华法律儒家化的标志，协调了情与法的冲突，应当得到认可和积极评价[21]。岳蕾阳的《我国法制传统的本土生成——以“春秋决狱”为视角》[22]和尤娇娇《论春秋决狱对我国刑事审判制度的启示》[23]两文更看重董子创设的“春秋决狱”传统法律原则对当前法治建设的借鉴意义。

三、“性三品”研究

董仲舒的人性论是传统讨论的热点，2017 年热度依旧。从研究方法上，对比方法的运用成为今年的特征。王冰杰的《董仲舒与柏拉图人性论思想的比较》[24]将董仲舒与柏拉图人性论思想进行了比较，通过对“天赋善恶论”“性三品说”与“善”的理念进行阐释解读，发现二者教育观、用人观、政治观的相似性。张文渊的《〈吕氏春秋〉与董仲舒的人性论之异同》[25]对比了董仲舒和《吕氏春秋》因论述角度差异造成的人性论不同，董仲舒关注人性的形而上层面，“教化节制情欲”是董子人性论的主要目标。

气论引入人性论是董仲舒对人性论开创性的阐释，并从“阴阳二气”出发得出性朴论的观点。沈顺福的《性即气：略论汉代儒家人性之内涵》比较了董仲舒、扬雄、王充等汉代儒家的人性论，指出汉代儒家认为人性是天生之质，其材质是气，气分为贪、仁，性混善恶[26]。任蜜林的《从本体论到工夫论：董仲舒的气论思想》系统地阐述了董仲舒的气论，他总结董子“气”的概念分三个层次：宇宙本原的元气，阴阳五行的天气，与人性相关的性情之气。人通过修养功夫可达到“中和”状态，实际是讲外在教化和内在反省的重要[27]。

与周炽成引入“性朴论”的概念相同，从性善论和性恶论中间开辟一条不同的道路。周炽成的《儒家性朴论思想史发微：从先秦到西汉》一文再次论及董仲舒主张“性者，天质之朴”，是西汉性朴论的最重要代表[28]。何善蒙的《情性与教化：以董仲舒为中心的考察》

认为董仲舒以其天人相副的观念为前提，以阴阳来阐释性情，强调社会教化可以引导人性中善端的彰显，祛除恶端的发展[29]。段宇祥的《董仲舒人性论思想探析》也认为董仲舒将阴阳学说纳入人性论体系，提出性情二元、性分三等的理论，开创了以阴阳之气论人性的新阶段[30]。涉及董子人性性情论的还有孙易君、孟庆雷的《“性”“情”之辨与魏晋尚“情”观念的崛起》[31]。

四、“三纲五常”研究

“三纲五常”是中国儒家伦理文化中的重要思想，对维护封建社会的秩序起到了非常重要的作用，但是对“三纲五常”的理解长期以来存在偏差，封建统治者用于奴化人民，五四运动以后从一个极端走向另一个极端，“三纲五常”被完全抛弃，随着社会的发展，人们认识到了自由和秩序的辩证关系，越来越理性地、全面地审视传统伦理的意义。2017年对“三纲五常”的研究就体现了人们的这一倾向。

（一）关于三纲五常的提出。安启杰的《“三纲”的首创者探析》考证了“三纲”的源流，提出“三纲”来源于法家韩非子，董仲舒所讲“君为阳，臣为阴；父为阳，子为阴；夫为阳，妻为阴”与“三纲”有很大区别，东汉班固将纬书里的“君为臣纲，父为子纲，夫为妻纲”搬进《白虎通》[32]。董仲舒明确提出了五常的概念。韩星的《汉代经学与“五常”核心价值观的构建》探讨汉代儒者如何以经学为基础构建“五常”核心价值观，提出“五常”的提法被董仲舒固定下来，并初步形成了以“仁”为核心，仁与义、礼、智纵向展开的内在思想结构，已经初步构建起了汉代社会的核心价值观[33]。

（二）关于“三纲五常”与“三才”“五行”。律璞的《董仲舒哲学体系中的天、地、人三才结构分析》解构了董子天地人“三才”构成，强调董仲舒认为王道必须将天、地、人贯通[34]。韩星的《董仲舒三才构架下的仁学构建》分析了董仲舒在三才构架下，董子仁学是如何按照天地－阴阳－四时－五行逻辑顺序展开的；强调董子的仁爱思想更关注爱他人，并扩展到大众乃至天地万物，具有博爱性质[35]。

彭华的《人伦大经："五行"与"五常"》认为，董仲舒将"五常"与"五行"钩联起来，从道德本原论的角度论证了"五常"的永恒性[36]。

（三）关于董子仁、义、信的论述。"仁"在五常中居核心地位。但王壮壮的《论董仲舒儒学中仁的原始精神的缺失》[37]一文提出，由于出发点和关注领域的转变，董氏儒学中仁的原始精神出现缺失，这与上述韩星先生的观点有很大不同。蒋聚缘的《董仲舒论"义"》把董子所述之义分为三个方面：义以正我、春秋大义和死义为贤[38]。周桂钿的《董学与儒学对"信"的说法何以不同?》回答了董学的信与儒学的信为何会有不同的表述，作者认为，孔孟处在春秋战国的乱世，应讲义重于讲信；而董仲舒的年代实现了社会的安定，集中统一的社会为诚信创造了条件[39]。

（四）关于"三纲五常"的意义和价值。唐加祥、蒋红的《董仲舒伦理教育思想探析》提出，董仲舒主张的"三纲五常"等伦理教育内容，以及教育原则和方法对后世都产生了深远影响[40]。类似的论文还有刘敏的《浅析董仲舒伦理思想的时代价值》[41]，而苗泽华的《"三纲五常"新解及其管理智慧》[42]和陈华波的《德行与秩序的张力——论传统纲常思想的逻辑演变》[43]部分涉及董子的"三纲五常"内容。

五、"礼乐论"研究

董仲舒礼乐论是今年学者关注的内容之一。上述常会营的《董仲舒〈春秋繁露〉礼乐教化思想及现代价值》重点关注了礼乐教化功能。除此之外，学者还注意到了董仲舒在乐论表达上的问题。王维的《董仲舒乐论思想研究——以〈春秋繁露〉〈天人三策〉中的乐论思想为例》一文是关于董子乐论最深刻的论文之一。作者认为董子的"乐者，盈于内而动发于外者"和"声发于和而本于情"等观点存在矛盾，表述矛盾的原因在于董子用"春秋笔法"蕴含着对于世俗人间的深切关怀。但某些观点也有可商榷之处，如"道"的概念是否具有绝对价值和超验主义[44]。张树业的《人成之以礼乐——董仲舒礼乐论释蕴》给出了董子乐论矛盾表述的另一回答，认为礼乐乃天人分际之所在，又是人所以能参天地而为万物之本的依据[45]。马瑞的《中国古代政治文明的本质——礼乐文明》用“礼主法辅”来概括礼法关系，同时认为古代是通过礼制来划分等级，通过乐来改善人际和社会关系[46]。

六、“抑制兼并”思想研究

“抑制兼并”是董仲舒经济思想的主要内容，改革开放初期是研究的重点内容，2017 年只有两篇文章主要讨论此论题。秦进才的《董仲舒限田思想再探》认为，董仲舒创造性地揭示出了土地私有、土地买卖、土地兼并三者紧密相连的秘密，其主张限田以兼并的思想，开启了中国古代限田思想的先河[47]。与此相反，钟祥财的《封建社会农业政策对王朝更替的影响——以商鞅和董仲舒的土地政策思想为例》以西方经济学的方法为分析工具，认为由商鞅变法所实践、董仲舒倡议所合法化的国家控制土地的政策思想，是导致中国古代农业经济长期停滞在“生产使用价值”的前市场状态的根本原因。该文是新自由主义在古代经济史研究上的反映[48]。

七、“灾异理论”研究

灾异理论是董仲舒“天人合一”理论的延伸，并对中国社会、政治、思想观念影响深远。杨全顺与杜瞻湫合作的论文《何休与董仲舒公羊灾异理论的差异及产生原因》指出，在灾异理论上，何休重“异”，董仲舒重“灾”；并认为董仲舒“屈君伸天”和何休“君天并尊”两种不同的君天关系是造成这一差异的深层原因；文章还分析了产生认识分歧的时代背景和学术风气[49]。李晓梅的《战国至东汉时期祥瑞灾异说的演变》系统梳理了灾异理论从战国到东汉的发展历程，认为灾异理论肇端于战国，完成于西汉，董仲舒是灾异理论集大成者，东汉完全接受了董仲舒的灾异说，并与谶纬学结合，使之更为完善[50]。赵天昱的《略论汉宣帝时期的灾异》一文认为，董仲舒的灾异理论在西汉宣帝时期被朝廷所接受，并分析了汉宣帝接受灾异理论的原因是政治需要而非真实信仰[51]。

八、董学与诸子学说关系的研究

董子思想的产生以儒家思想为根本，融合法家、道家、阴阳家等诸子思想的成分，成为战国以后秦汉时期新儒家的代表人物和集大成者，并深刻影响了后世思想家思想学说的形成。董学对诸子的继承和发展及对后世的影响是2017年学者讨论的重点内容。王文涛、秦奕的《〈天人三策〉引孔子论说》通过梳理《天人三策》所引用18条孔子言论，发现出处大多在于《论语》，并总结了三策中引用孔子言论的方式，得出董仲舒思想反映出“孔子为汉家制度”的思潮[52]。徐梦琳的《董仲舒对孔子思想的承继和发展——从〈春秋繁露〉引〈论语〉材料》则考察了《春秋繁露》对《论语》的33条引用，进一步强调董子思想是儒家思想的事实，并认为董子对孔子言论做了自己的阐释，是对儒学的再创造[53]。

董学同时也融合了黄老道家的思想元素。王壮壮的《论董仲舒儒学与黄老“无为”思想的渊源》认为，董仲舒儒学将黄老“无为”思想糅合到了儒学体系中，使汉代儒学的理论基础发生了巨大的改变[54]。而吴玉琨的《〈春秋繁露〉中龙的文化哲学内涵》以中华传统龙图腾为切入点，认为龙在《春秋繁露》中祥瑞的意涵、求雨工具性、阴阳附会三重功效，提出董学也统摄了一些原始巫术观念，与弗雷泽交感巫术之相似律相通[55]。

董子的学说对后世百家的理论产生的重要影响。《盐铁论》是西汉中期的重要的儒家文献，吴龙灿的《〈盐铁论〉哲学思想发微》以该书对董仲舒言论的引用作为理论根据，把董仲舒德主刑辅、不与民争利等思想提升到正统地位。文章提出来盐铁会议有儒法斗争的形式，仍然是儒家内部争论的观点[56]。王允亮的《扬雄〈剧秦美新〉

与汉代的王道观》纠正了古人对《剧秦美新》中“奋三为一”理解的错误，追溯其渊源来自“王道通三”，可见董仲舒思想对扬雄的影响[57]。

九、董氏春秋学叙述方式研究

董仲舒留存至今的文献主要是《春秋繁露》和《汉书》中保存的《天人三策》，这两部文献是董学研究依据的主要文献资料。《春秋繁露》82篇，篇幅也不长，但并不易读懂。对《春秋繁露》叙述方式的研究有利于对董仲舒思想的理解。易海艳的硕士论文《〈春秋繁露〉文本言说方式研究》总结出三种言说方式：对文本的解经言说、具体理论建构中的类比言说以及新儒学理论在言说理路上多元并包，了解《春秋繁露》的言说方式或叙述习惯对深入理解文本有非常大的帮助[58]。古代简牍文书语句简单，更加之孔子作《春秋》明哲保身，用微言表大义，增加了后人解读的困难，也给后人发挥提供了机会。《公羊春秋》解释孔子的微言大义，提出“《春秋》无达辞”的观点。王刚的《“〈春秋〉无达辞”的知识生成与董仲舒的〈春秋〉“辞论”》认为，董仲舒坚持公羊学《春秋》无达辞的观点，将《春秋》改造为最可依凭的基本文本，借用孔子“微言”发挥自己的“大义”[59]。张宏斌的《“大一统者，天地之常经，古今之通义”——论董仲舒的大一统学说》也表达了同样的观点。张丰乾的《董仲舒的心学：以其引〈春秋〉与〈诗〉为基础的探讨》追寻了董仲舒借重“《春秋》无达辞”“诗无达诂”推演和阐发的表达方式的原因，作者认为，董仲舒沿袭了孔孟注重分析人的主观动机的“心学”是其叙述方式的思想基础[60]。只有理解了董氏独特的论说方式才能更好地读懂董氏学问。曹建国的《类比、还原与谶纬之〈诗〉学——纬书的情性〈诗〉学观谫论》认为，董仲舒学说将宇宙与社会相比附，把天人合一理论化、系统化，中经西汉经学家翼奉，影响了谶纬诗学[61]。李有光的《中国诗学“从变”与“从义”阐释思想研究》认为，董仲舒的“从变从义”论“《诗》无达诂”说对中国诗学解释史影响深远[62]。

张大为的《东方心智与中国古典文明—政治秩序》比较了施特劳斯揭示的“隐微教诲”传统与董仲舒公羊学的“微言大义”的义理格局，认为董仲舒义理格局太小，以至于不理解武帝的雄心和儒家的文明理想与文明抱负。用作者的话就是：“董氏公羊学只是用自身的思想和修辞‘义例’，搭建了一个文化政治的实验室……政治社会和政制秩序的边界，就是他的思想方式的边际……董氏公羊学的义理构成，因而只是一个义理镜室内部的自我复制的镜像……算不上一个千古圣哲，一个思考政治社会之普遍性和穿透性的‘道’的政治哲人，而只是一个真正‘为汉制作’的‘哲人’；但同时他恐怕又不是一个有着强大的事功能为的政治家。”[63]这一观点值得我们进一步研究。

十、董学学术史的研究

康有为是董学研究的重要人物，其所撰《董氏春秋学》是研究董学的重要专著。李洪杨的《康有为对董仲舒思想的研究与阐释》概括了康有为董学研究的主要内容，认为康有为对董仲舒的推崇与特定时代息息相关，董康二人化解时代危机和社会现实问题的想法相互契合[64]。路鹏飞的《董仲舒、康有为的春秋公羊学“改制”思想探析》也提出了类似的观点，董、康同样通过春秋公羊学阐释自己的哲学思想，表达自己的“改制”思想[65]。徐复观是20世纪中国新儒家的一位重要代表，王坤平的《透过徐复观看董仲舒“天人三策”思想》力图通过徐复观的视角重新审视董仲舒的“天人三策”思想[66]。

日本董学研究的文章是邓红的《“废黜百家”与“儒教国教化”——日本学术界关于“儒教国教化”的争论》，该文为我们系统介绍了日本学界对“废黜百家”的另一种表述“儒教国教化”及各家论著和观点，并对产生争论的原因、焦点、方法论做出适当的评价，认为这是一场“虚拟争论”[67]。

张尚英的《20世纪的董仲舒春秋学研究》对20世纪董仲舒春秋学的研究进行了较为系统的梳理，发现该研究主要集中在“董仲舒公羊学的师承”“《春秋繁露》文本”“阐释董仲舒春秋学”三方面，研究角度偏重于哲学、思想方面，经学角度的研究有待深入[68]。董仲舒教育教化思想是董仲舒思想研究的一个重要领域。魏彦红的《董仲舒教化思想研究述评》一文在肯定成绩的同时指出了在董子教化思想研究方面的不足：选题狭窄，内容单一；研究没有连续性；观点缺少创新；结论带有明显时代局限等。作者倡导针对不足全方位深入研究董仲舒教化思想[69]。此外还有王文书的《2016 年中国大陆地区董仲舒研究综述》[70]。

十一、董学文本和方法论研究

周桂钿先生是秦汉思想史及董仲舒哲学研究的大家，研究董仲舒凡几十个春秋，积累了丰富的经验。周桂钿发表了《谈谈关于董仲舒研究的方法论问题》一文总结了自己多年的研究心得，“要运用唯物的和辩证的方法”，并从三个方面阐述了董学研究的方法论：首先，要不迷信权威，不人云亦云；其次，要全面掌握资料，对资料要作精当解读，要了解古人用语习惯，避免用西方观念误解和现代观念曲解古文；再次，要了解人物之间和事件之间的相互联系，认识人物和事件的发展变化[71]。曾亦的《怎样读〈春秋繁露〉》指出，读《春秋繁露》须有《公羊传》的基础，不能绕过经学，这样不可能进入董学之门[72]。

刘明《明刻四种汉人集非原本旧貌考述》的第三部分专门考察了保存在台北故宫博物院的两种明代版本的《董仲舒集》（桂莲西斋活字本和卢雍刻本）情况，对所收文章篇目、卷第、构成和流传进行了考证，认为明本远非六朝古本和隋唐以来旧本原貌[73]。季桂起的《〈春秋繁露〉成书及书名考辨》针对《春秋繁露》真伪的质疑，系统考证了古今学者在此方面的观点和论证，认为《春秋繁露》的成书年代在南北朝或隋唐之际，其书名亦非董氏原著之书名，而为编纂者所设，书名之含义已经不能定论[74]。赵羽的《〈天人三策〉篇名与文体考辨》认为，三策非一时之作，是颜师古校定《汉书》将三者合为一体；《天人三策》并非固有之题目，是由唐宋学者赋予的特称，南宋时才广为人知；文体性质应属于奏疏类，非考试性文体[75]。

十二、董学的当代价值和应用

董学是中华传统文化构成的重要部分，2017 年各地学者非常重视董学的当代价值和应用，在这方面的探讨明显多于常年。余治平在第四届德州董仲舒学术研讨会开幕词《继承董仲舒，多献治安策》中倡导："当代儒学家应当从他（按：指董仲舒）身上汲取智慧，接受启迪与滋养，在历史中理解现实，在现实中消化历史，进而促进儒学重新发挥拯救世道人心和天下秩序设计的积极效用。"[76]赵艳玲的《董仲舒政治哲学的思想意蕴及当代价值》在分析董仲舒政治哲学产生的时代背景基础上，列举了董仲舒政治哲学的理论贡献，从国家统一、核心价值观的培育、依法治国三个方面阐述董仲舒政治哲学的当代价值[77]。

在具体运用层面，韩国学者南基守、孟维的《从阴阳学探索人文治疗的根基——以董仲舒阴阳学理论为主》以董仲舒的阴阳学理论为基础，探索对酒精中毒、游戏中毒、赌博成瘾、网络中毒的中毒者使之重返正常人的世界的人文治疗理论[78]。常会营的《董仲舒〈春秋繁露〉礼乐教化思想及现代价值》一文，从"尊礼而重信""礼之所重者，在其志""经礼和变礼""礼乐之所为兴"四个方面总结了董仲舒礼乐教化思想的内容，结合当今时代要求，强调董子的礼乐教化思想可为今日之国民教育提供很好的理论参考和借鉴[79]。曹迎春的《董仲舒官德思想及其现代价值》一文，系统考察了董子构建的"道一德一法"的官德系统：形而上的理论基础；修身爱民的主体内容；任贤考绩的制度保障，对当前的干部队伍建设具有重要的借鉴意义[80]。张宇的《董仲舒"天人三策"管理思想蕴含及启示》解读董子思想在天人关系、古今之道和治乱之端的内涵，提出从现代管理的视角分析董子思想在提高管理效率、推动管理有序运行等方面的借鉴作用[81]。

衡水学院以清唱剧的形式来呈现了董仲舒充满传奇色彩的一生，

李爱云、吴海涛的《清唱剧〈董仲舒〉的歌词创作及其价值》分析了清唱剧《董仲舒》歌词创作对董子文化宣传等方面的重要价值[82]。许艳艳、蔡艳霞的《衡水市董子文化品牌的推广路径研究》给董子文化品牌推广提出了合理化意见和建议[83]。

总　结

2017年董仲舒研究有如下几个特点：（1）2017年中国内地董仲舒研究比2016年的数量稍有回落，但研究成果质量整体提高。（2）论题基本涵盖董学的所有范畴，但基本已经摆脱了原来的历史定位、故里之争等比较浅层的问题，研究问题都深入到董学的比较深层的问题；传统的董学研究课题如“天人合一”等热度稍减；董仲舒人性论以及与此相联系的“三纲五常”伦理教化和“德主刑辅”的社会教化成为今年的热点；董学学术史的研究在数量上增长迅速，从经学发展史角度的研究成为今年的重点；学者们也非常关注董学的现代意义，力图找到传统文化在现代社会的应用价值。（3）《衡水学院学报》发表董仲舒研究的论文最多，继续成为董仲舒研究的主阵地，为董学研究者提供了高水平的交流平台。（4）学术研究需要“百花齐放、百家争鸣”，董子学说毕竟是两千多年前的理论，精华与糟粕并存，研究董仲舒并非全盘歌功颂德，更应理性客观地分析其思想的优缺点，更好地“古为今用”。批评是必要的，批判性的文章很少，另外，相互讨论商榷的文章几乎为零，这都不利于董学研究的深入发展。

参考文献：

[1] 宋志坚. 汉武帝是否“独尊儒术”[N]. 福建日报，2017-12-04（11）.

[2] 王宏海. “罢黜百家，独尊儒术”的价值导向研究 [J]. 衡水学院学报，2017，19（6）：23-28.

[3] 张宏斌. “大一统者，天地之常经，古今之通义”——论董仲舒的大一统学说 [G] //卢国龙. 儒道研究，北京：社会科学文献出版社，2017：3-32.

［4］霍韬晦．“经”与经学《经学与现代社会》之一［J］．中国文化，2017（1）：116－124．

［5］任蜜林，Liu Huawen．汉初改制与春秋学的兴起［J］．孔学堂，2017，4（2）：62－68，71－78．

［6］王元，侯天保．儒学意识形态化的理论切入点和实践展开路径［J］．武汉理工大学学报：社会科学版，2017，30（3）：

159－164．

［7］刘运果．组织传播视域下西汉“独尊儒术”成因研究［J］．传播与版权，2017（8）：118－119．

［8］王壮壮．“天人关系”视域下董仲舒儒学思想的理论转向［J］．周口师范学院学报，2017，34（3）：62－65．

［9］李斌．独尊儒术［J］．考试周刊，2017（70）：18．

［10］孙凯．董仲舒政治遭遇考辨［J］．历史教学：上半月刊，2017（1）：54－57．

［11］李德嘉．“德主刑辅”说之检讨［M］．北京：中国政法大学出版社．2017．

［12］李德嘉．“德主刑辅”说之驳正：董仲舒德刑关系思想新诠［J］．衡水学院学报，2017，19（2）：55－60．

［13］李德嘉．董仲舒“任德不任刑”的思想辨正［J］．江汉学术，2017，36（4）：97－102．

［14］李德嘉．儒家德刑关系思想辨正及其治理创新价值启示［J］．原道，2017（1）：273－284．

［15］陈苏镇．秦汉时代社会治理模式的演进［J］．人民论坛，2017（28）：142－144．

［16］王立仁．传统“德治”的意蕴——兼论德治与法治的关系［J］．北京交通大学学报：社会科学版，2017（4）：98－104．

［17］武树臣．法家的师承：出乎儒而返乎儒［J］．山东大学学报：哲学社会科学版，2017（1）：1－17．

［18］高山林．董仲舒春秋决狱案例考［J］．研究生法学，2017，32（3）：131－142．

［19］肖庚奇．汉初至盛唐时期中国封建法中“亲亲相隐”制度的思想

变迁［J］. 法制博览，2017（16）：89－90，88.

［20］张文波. 董仲舒法律思想中的超验之维［N］. 人民法院报，2017－05－19（7）.

［21］郭宏. 论汉代春秋决狱及其影响［J］. 法制与社会，2017（7）：9－10.

［22］岳蕾阳. 我国法制传统的本土生成——以“春秋决狱”为视角［J］. 学理论，2017（2）：143－145.

［23］尤娇娇. 论春秋决狱对我国刑事审判制度的启示［J］. 牡丹江大学学报，2017，26（2）：90－92.

［24］王冰杰. 董仲舒与柏拉图人性论思想的比较［J］. 赤峰学院学报：汉文哲学社会科学版，2017，38（4）：36－38.

［25］张文渊.《吕氏春秋》与董仲舒的人性论之异同［J］. 宁夏大学学报：人文社会科学版，2017，39（2）：52－56.

［26］沈顺福. 性即气：略论汉代儒家人性之内涵［J］. 中山大学学报：社会科学版，2017，57（1）：125－132.

［27］任蜜林. 从本体论到工夫论：董仲舒的气论思想［J］. 中国社会科学院研究生院学报，2017（4）：46－55.

［28］周炽成. 儒家性朴论思想史发微：从先秦到西汉［J］. 文史哲，2017（6）：50－65，163－164.

［29］何善蒙. 情性与教化：以董仲舒为中心的考察［J］. 衡水学院学报，2017，19（3）：13－19.

［30］段宇祥. 董仲舒人性论思想探析［J］. 潍坊工程职业学院学报，2017，30（4）：84－87.

［31］孙易君，孟庆雷. “性”“情”之辨与魏晋尚“情”观念的崛起［J］. 兰州学刊，2017（2）：28－37.

［32］安启杰. “三纲”的首创者探析［J］. 衡水学院学报，2017，19（3）：25－28.

［33］韩星. 汉代经学与“五常”核心价值观的构建［J］. 中国哲学史，2017（4）：23－28，40.

［34］律璞. 董仲舒哲学体系中的天、地、人三才结构分析［J］. 衡水学院学报，2017，19（5）：29－33.

［35］韩星. 董仲舒三才构架下的仁学构建［J］. 唐都学刊，2017，33（2）：5－12.

［36］彭华，Liu Huawens. 人伦大经："五行"与"五常"［J］. 孔学堂，2017，4（3）：86－92，104－113.

［37］王壮壮. 论董仲舒儒学中仁的原始精神的缺失［J］. 中北大学学报：社会科学版，2017，33（3）：6－10.

［38］蒋聚缘. 董仲舒论"义"［J］. 人文天下，2017（18）：75－78.

［39］周桂钿. 董学与儒学对"信"的说法何以不同？［J］. 前进，2017（12）：40－41.

［40］唐加祥，蒋红. 董仲舒伦理教育思想探析［J］. 重庆师范大学学报：哲学社会科学版，2017（4）：32－36.

［41］刘敏. 浅析董仲舒伦理思想的时代价值［J］. 时代教育，2017（23）：207－208.

［42］苗泽华. "三纲五常"新解及其管理智慧［J］. 衡水学院学报，2017，19（2）：44－50.

［43］陈华波. 德行与秩序的张力——论传统纲常思想的逻辑演变［J］. 天府新论，2017（3）：46－56.

［44］王维. 董仲舒乐论思想研究——以《春秋繁露》《天人三策》中的乐论思想为例［J］. 中国音乐学，2017（2）：43－47.

［45］张树业. 人成之以礼乐——董仲舒礼乐论释蕴［J］. 衡水学院学报，2017，19（6）：2－7.

［46］马瑞. 中国古代政治文明的本质——礼乐文明［J］. 湖北函授大学学报，2017，30（13）：184－185，194.

［47］秦进才. 董仲舒限田思想再探［J］. 衡水学院学报，2017，19（2）：17－34.

［48］钟祥财. 封建社会农业政策对王朝更替的影响——以商鞅和董仲舒的土地政策思想为例［J］. 探索与争鸣，

2017（11）：122－128.

［49］杨全顺，杜瞻湫. 何休与董仲舒公羊灾异理论的差异及产生原因［J］. 泰山学院学报，2017，39（5）：81－87.

［50］李晓梅. 战国至东汉时期祥瑞灾异说的演变［J］. 陇东学院学报，

2017，28（4）：31－35.

［51］赵天昱．略论汉宣帝时期的灾异［J］．湖北函授大学学报，2017，30（3）：88－89，96.

［52］王文涛，秦奕．《天人三策》引孔子论说［J］．衡水学院学报，2017，19（2）：35－39.

［53］徐梦琳．董仲舒对孔子思想的承继和发展——从《春秋繁露》引《论语》材料［J］．忻州师范学院学报，2017，33（1）：16－20.

［54］王壮壮．论董仲舒儒学与黄老“无为”思想的渊源［J］．青岛农业大学学报：社会科学版，2017，29（2）：67－70.

［55］吴玉琨．《春秋繁露》中龙的文化哲学内涵［J］．濮阳职业技术学院学报，2017，30（5）：1－3.

［56］吴龙灿．《盐铁论》哲学思想发微［J］．德州学院学报，2017，33（5）：76－80.

［57］王允亮．扬雄《剧秦美新》与汉代的王道观［J］．上海大学学报：社会科学版，2017，34（5）：30－44.

［58］易海艳．《春秋繁露》文本言说方式研究［D］．重庆：西南大学，2017.

［59］王刚．“《春秋》无达辞”的知识生成与董仲舒的《春秋》“辞论”［J］．衡水学院学报，2017，19（5）：8－22.

［60］张丰乾．董仲舒的心学：以其引《春秋》与《诗》为基础的探讨［J］．衡水学院学报，2017，19（6）：8－14.

［61］曹建国．类比、还原与谶纬之《诗》学——纬书的情性《诗》学观谫论［J］．中南民族大学学报：人文社会科学版，2017，37（4）：146－155.

［62］李有光．中国诗学“从变”与“从义”阐释思想研究［J］．河南社会科学，2017，25（9）：84－90.

［63］张大为．东方心智与中国古典文明－政治秩序［J］．社会科学论坛，2017（3）：159－174.

［64］李洪杨．康有为对董仲舒思想的研究与阐释［J］．知与行，2017（10）：144－147.

［65］路鹏飞．董仲舒、康有为的春秋公羊学“改制”思想探析［J］.

西南科技大学学报：哲学社会科学版，2017，34（2）：37－42.

［66］王坤平．透过徐复观看董仲舒“天人三策”思想［J］．开封教育学院学报，2017，37（6）：23－24.

［67］邓红．“废黜百家”与“儒教国教化”——日本学术界关于“儒教国教化”的争论［J］．衡水学院学报，2017，19（3）：3－12，56.

［68］张尚英．20世纪的董仲舒春秋学研究［J］．儒藏论坛，2017（1）：196－214.

［69］魏彦红．董仲舒教化思想研究述评［J］．衡水学院学报，2017，19（1）：70－79.

［70］王文书．2016年中国大陆地区董仲舒研究综述［J］．衡水学院学报，2017，19（2）：61－68，101.

［71］周桂钿．谈谈关于董仲舒研究的方法论问题［J］．社会科学动态，2017（9）：21－24.

［72］曾亦．怎样读《春秋繁露》［N］．中华读书报，2017－02－22（8）.

［73］刘明．明刻四种汉人集非原本旧貌考述［J］．图书馆研究与工作，2017（1）：83－89.

［74］季桂起．《春秋繁露》成书及书名考辨［J］．枣庄学院学报，2017，34（3）：13－17.

［75］赵羽．《天人三策》篇名与文体考辨［J］．青海社会科学，2017（3）：179－185.

［76］余治平．继承董仲舒，多献治安策——第四届中国·德州董仲舒学术研讨会开幕词［J］．衡水学院学报，2017，19（5）：4－6.

［77］赵艳玲．董仲舒政治哲学的思想意蕴及当代价值［J］．中共石家庄市委党校学报，2017，19（2）：41－44.

［78］南基守，孟维．从阴阳学探索人文治疗的根基——以董仲舒阴阳学理论为主［J］．衡水学院学报，2017（2）：40－43.

［79］常会营．董仲舒《春秋繁露》礼乐教化思想及现代价值［J］．当代中国价值观研究，2017，2（3）：40－53.

［80］曹迎春．董仲舒官德思想及其现代价值［J］．衡水学院学报，2017，19（2）：51－54.

[81] 张宇. 董仲舒“天人三策”管理思想蕴含及启示 [J]. 陕西行政学院学报，2017，31 (2)：53−56.

[82] 李爱云，吴海涛. 清唱剧《董仲舒》的歌词创作及其价值 [J]. 衡水学院学报，2017，19 (5)：34−36，93.

[83] 许艳艳，蔡艳霞. 衡水市董子文化品牌的推广路径研究 [J]. 佳木斯职业学院学报，2017 (11)：56−57.

原载于《衡水学院学报》2018 年第 6 期。

王文书（1974−），男，河北衡水人，历史学博士，衡水学院董子学院副教授。

崔明稳（1974−），女，河北衡水人，衡水学院学报编辑部教授。

鲁惟一《董仲舒儒家遗产与〈春秋繁露〉》述评

王文书

英国汉学家鲁惟一的有关董仲舒研究的专著《董仲舒儒家遗产与〈春秋繁露〉》英文版由 Leiden & Boston：Brill 出版社（博睿学术出版社）于 2011 年出版，中文版由香港中华书局 2017 年推出。欧美的汉学本身就是一个比较小的学术群体，专门研究董仲舒的学者更是少之又少了，美洲研究董学的是桂思卓，欧洲研究董仲舒的硕果仅存的就是鲁惟一了。

一、鲁惟一简介

鲁惟一（Michael Loewe）教授，闻名于世的英国汉学家，1922 年生，至今已经 97 岁高龄，毕业于剑桥大学和牛津大学，1963 年在伦敦大学获得博士学位。先后任教于伦敦大学、剑桥大学，曾任剑桥大学东亚系主任，1990 年退休，现为剑桥大学荣退教授。

鲁惟一家学渊源深厚。他的祖先是德国犹太人，1820 年代移民到英国。其曾祖父路易·罗威（Louis Loewe）是希伯来学的大家，也是最早钻研古埃及学的学者之一，他的父亲赫伯特·罗威（Herbert Loewe），是一位剑桥犹太法典的专家和典型的人文学者；他的长兄拉斐尔·罗威（Raphael Loewe），当年也主动参军抗击纳粹，转战北非和意大利战场，以英勇闻名，战争结束后重返学界，成为中古希伯来文学研究的大家和知名的诗人。

鲁惟一先生可以说是著作等身。目前在中国内地能够买到的有，《汉代行政记录》（于振波、车今花译，广西师范大学出版社，2005年）、《中国古代典籍导读》（李学勤等译，辽宁教育出版社，1997年）、与崔瑞德（DenisTwitchett）合编的《剑桥中国秦汉史》(1986)，杨品泉等译，中国社会科学出版社，1992年）、《中国人的生死观：汉代的信仰、神话和理性》（北京大学出版社出版，2009年）。现在还没有中译本的有：《汉代中华帝国初期的日常生活》(1968年)、《汉代中国的危机与冲突》（1974年）、《通往仙境之路：中国对长生的追求》（1979年）《汉代的谶纬、神话与君主政治》(1994年)《秦朝、西汉和新朝文献辞典》(2000年)、历史小说《丙：一位从田舍儿到县令的汉代人物》、《中华早期帝国：一种重估》(2010)。

鲁惟一并非一开始就研究董仲舒学问，鲁惟一的最初身份是间谍。"二战"期间，鲁惟一在牛津大学学习，英国政府挑选了一批大学生作为特务，训练他们破译日本军方密码的能力，鲁惟一被选为其中一员，鲁惟一供职的机构是英国著名的秘密情报所"政府代码与编码训练学校"（Government Code and Cipher School，简称 GCCS)，被研究者誉为"二战"期间对击败德日轴心作出贡献最大的机构。"二战"结束后，又被派到中国学习了六个月的中文，估计是被培训为对华、对日侦查的间谍。1947年，鲁惟一来到英国驻北京的领事馆，领事馆的汉文秘书为他取了"鲁惟一"名字，后来他一直使用这个汉语名字。鲁惟一的这一段经历促使他对日本文化产生了浓厚的兴趣，后来知道日本以中国为师，逐渐把研究目光转向汉学。

鲁惟一起家的学问是汉简的研究。1957年前后，三十多岁的鲁惟一作为一名年轻的研究者第一次注意到了居延汉简，并在伦敦看到了斯坦因掠夺到伦敦的敦煌简牍，并阅读了法文出版的介绍大英博物馆汉简的著作，以及罗振玉、王国维的《流沙坠简》、劳榦的简牍学名著《居延汉简考释》。60年代鲁惟一在日本京都大学学习了一年的时间，与森鹿三、大庭修、藤枝晃、米田贤次郎以及永田英正等日本的简牍学者建立了深厚的友谊，后来他在台湾直接接触了运到中国台湾的汉简。70年代中国内地不断有汉简出土，都成为鲁惟一研究的对象，丰富了鲁惟一的资料库。汉简的研究也造就了鲁惟一研究的特点：特别注重第一手资料，所有的一切的研究都从材料出发，但是也造成了鲁惟一研究的局促、狭小的并且讨论得不够深入的特点。这在《董仲舒儒家遗产与〈春秋繁露〉》也有体现。

造成这一特点的原因也可能是作为外国人对中国人的思维习惯不熟悉导致对文献的理解产生一定的隔膜，思维不能非常流畅的迁移。即好像是我们到了一个不太熟悉的城市，有个别的街道虽然我们也有所了解，但是我们没有在这里生活过，他的大的背景、具体的细节我们不知道，更不要提这里的风俗习惯等一些看不见摸不着的文化了，如果让我们描绘我们只能说一些表面的东西，至于深入骨髓、只可意会不可言传的文化内涵完全不能表达一样。

二、《董仲舒儒家遗产与〈春秋繁露〉》内容介绍

《董仲舒儒家遗产与〈春秋繁露〉》除了绪论外分为九章。在绪论部分，作者从“儒家”的概念入手，并认为儒家的概念被严重泛化了，汉代儒者并不是真正的儒家。作者把唐代、宋代儒家的概念来套汉儒当然是套不上了。作者也否定汉代存在黄老思想和儒家思想的对立，作者同时否定司马谈对汉代学术流派的“六家”分类——“阴阳、儒、墨、名、法、道德”。作者提出的理由是没有文献的证明。显然作者要求司马谈写文章和现代论文一样规范，要注明出处，那是多么荒诞的要求呀！作者关注到三个问题：一是皇帝的地位问题和大臣的关系及民族问题；二是权威文献的利用；三是统治者和普通大众对待生死、灾异等理论，在此基础上作者发现秦汉时期思想史发生了很大的变化，作者在这一背景下来研究董仲舒的历史地位和文化遗产。附录部分作者搜集了有关对董仲舒的评论，但是这只是作者看到

现存的文献资料一部分，还有相当多的评论鲁惟一并没有提及。

第一章介绍了董仲舒的时代及其思想背景。作者强调了实证的方法，在对待材料方面处于一种巨大的审慎状态，提出了董仲舒时代讨论的主要问题和历史状态——帝国权力的基础或来源是汉代讨论的重要议题；汉代采取了和秦代一样严苛的制度；没有一种公认的理想治国模式。作者回顾了汉代政府就统治权问题展开的激烈的斗争，强调汉初的统治者并未仿效圣王的统治之术，而是一直承袭着秦朝的制度，不管是军事扩张，对编户齐民的管控，还是祭祀五帝都固守秦制。鲁惟一认为，变化发生在宣帝后期和元帝时期，儒家经典地位提升，博士数量增加，《史记》重现天日，呼韩邪单于朝汉，元帝接受儒家正统教育，官员接受儒家训练，国家诏令中反复提及儒家价值观，一直到东汉思想史的演化，儒家正统地位确立，等等。作者力图证明在董仲舒以后的五十年里董子的学说没有被政府采纳，代表法家的严刑峻法仍旧发挥作用。鲁惟一认为，董仲舒时期没有形成儒家思想体系，学者们被司马谈、刘向、刘歆的学派分类所误导，儒家体系的建立是在东汉，真正发挥作用是在唐代，儒家的核心思想礼与孝在董仲舒的思想里并不存在，官员奏章和国家文献显示国家接受不同学派的思想。最后他得出结论：董仲舒不应被视为“汉代儒家”的创始人。

第二章介绍了董仲舒的生平和名声。关于董仲舒的生卒年份历来都有争议，鲁惟一采信了 BC198－BC107 年的观点，按照鲁氏的说法，董仲舒经历了高祖时代，并分析了董仲舒可能遇到的历史。拉长董子的生存时间，作者想要表达董仲舒的生平大部分时间处于黄老思想统治时期。作者详细对比了《汉书》和《史记》对董仲舒记载的不同。他认为，《史记》对董仲舒少量记载反映了董仲舒不是当时能引起广泛关注的重要人物；《汉书》有意识地建立董子的威望。鲁惟一在排比了有关董仲舒传记史料之后，回顾了学术界关于对董子生平的争执、董子的家乡、对策的年代；对策是一次完成还是两次三次；何时从长安迁居茂陵，与之有关的历史事件的先后顺序等等，作者着重提出董仲舒从未成为高官要员，言外之意是董仲舒对汉初社会的影响并不会很大。文章还对比了同时代的公孙弘和主父偃与董子的关系，并认为董子家徙茂陵远离了政治中心。本章第二部分用实证排比文献的方法，详细列举了后世文献中对董子的评价，引用了诸如眭孟、魏相、刘向刘歆父子、班固、王充、王符、荀悦、陶渊明以及三国两晋南北朝唐宋等正史对董子的评价。本章第三部分介绍了董仲舒对时事的回应以及对后世的影响。本节篇幅非常短小，没有多少内容。本章的结论是：董子官职不高无法将自己思想付诸实践，生前名声不高，死后没有获得多少赞誉。文章论述董子的主张如对匈奴采取和平手段、减少贫困等触犯权贵，目的也是论证董子并未得到重用，其思想主张并没有付诸实施。附录部分涉及董子生平、天人三策时间、《论衡》“乱”字含义等内容。

第三章关涉董仲舒的著作。开头详细枚举了有关董子著作的各个篇目和《天人三策》。鲁惟一也承认虽然《天人三策》经过了后人的修订，但仍是研究董子的核心文献。他对《汉书·天人三策》的内容做了比较详细的翻译，不加评议，直陈董子的观点。同时他强调董仲舒引用孔子和《春秋》记载作为权威言论证明自己观点的论述方式在汉初并不多见；并且，董子的观点除了杨恽之外没有人引用过，来证明儒家并没有被当时大多数人接受，董子也不被时人所认可。本章还单独列出独立一节来分别论述董子的经济思想《农业和赋税》与对外关系思想《与匈奴的关系》。文章叙述了董仲舒限民名田的主张和盐铁经营权还民的思想，作者一再强调，盐铁官营制度取消和师丹的限民名田政策与董子的主张关系不大。董仲舒提出收买、盟誓、质子的办法来约束匈奴，班固意识到董仲舒在对待匈奴问题上的天真，而汉代后世并没有文献引用董子在这方面的论述。关于《士不遇赋》作者没有给予过多的议论，对《诣丞相公孙弘记室书》没有给予较大的篇幅，作者一再对这封信提出质疑，指出此信件应是没有官职的人寄出的，不是官员间的通信，信件并未给朝廷政策带来影响。作者同样对《古文苑》中的《郊祀对》以及有关历代记载的董仲舒春秋决狱案例表示了怀疑。附录部分最重要的内容是有关班固的角色。作者对比《史记》和《汉书》的差异，提出《汉书》的特点是班固比较喜欢文饰，追求文章具有美感的文学性；在史料的处理上，有意地删改不符合自己思想的内容。

第四章是关于董仲舒著作中的主题。第一节内容所占篇幅较大，解释灾异是董仲舒理论的主要的内容，在论述这一部分时，鲁惟一使用的史料主要是《汉书·五行志》，辽东高庙和长陵高园殿大火是董仲舒解释灾异的重大历史事件，也是董仲舒唯一一次联系当代的事件解释灾异，给自己带来重大挫折。鲁惟一对此事件却没有做重点论述，也没有一个明确的观点。鲁惟一的重点放在对比其他学者对灾异的解释来阐述董仲舒观点和方法的独特及其被接受程度，他的结论是董仲舒谈灾异一是强调天的作用，二是把这些事情和《春秋》的灾异比较分析；从被后世作品引用次数来看董仲舒解释灾异的方法并不为人接受，“对于当时解释自然界的人来说影响并不大”。第二节主要研究了选官制度，鲁惟一承认董仲舒对于汉初的选官制度有一定的贡献，作者并未着重分析董子的贡献。第三节否认董子对“学校”的设立所起的作用，认为文翁等其他汉代学者作用更大，他没有提及董仲舒下帷讲诵的事情，也没有提及董子对教化的重视。第四节博士与博士弟子。鲁惟一在此节中提出，公孙弘推动了太学的发展，而不是董仲舒，“从董仲舒提出建立太学的意见到公孙弘真正实施中间大概相隔十年之久，当时董仲舒已经不住在长安了”。第五节《春秋》。该节的结论：董仲舒治《春秋》胜过其他学者，但是他又提出疑问，经过庙火事件，董仲舒不再谈论灾异了，他是通过什么方式来研究《春秋》呢？第六节《常与变：古与今》。作者在此节论述了董子的另一个主题思想，鲁惟一质疑天人三策第一策和三代改制质文虽谈论同一主题，但是风格内容迥异。第六节董仲舒对个别人物的批评。无甚可谈！鲁惟一确定，庙火的建议没有影响到汉武帝及其臣子。第七节推明孔氏。鲁惟一用统计的方法不厌其烦地罗列了自西汉到东汉各种典籍引用孔子言论的次数，论证了在西汉出现像董仲舒频繁引用孔子言论是一件非常罕见的事情，是推崇孔子过后很久的事情了。第八节求雨止雨。文章详细地考证了董仲舒求雨和止雨的仪式，求雨和止雨的仪式符合董子的天人感应原理和阴阳五行的理论，但近似远古的巫术，所以鲁惟一认为，求雨止雨不能说明董仲舒是一个儒者，而应是一个萨满巫师。董仲舒来自齐赵燕三国交界之处，燕国齐国巫术盛行，儒者应来自于巫师，后世儒术才摆脱巫术的阴影。第九节素王。鲁惟一系统耙梳了素王的记载，论证了董仲舒没有用素王特别指代孔子，孔子没有自称素王。王充《论衡·定贤》："孔子不王，素王之业在《春秋》。"孔子在《春秋》哀公十四年春天，提到"西狩获麟"，对此孔子为此落泪，并表示"吾道穷矣"。第十节一统。鲁惟一同样使用了文献统计法，对各种典籍一统概念进行了梳理，认为董仲舒所提出的一统概念不是政治上的统一，而是思想定于一尊，并进一步贯彻到官员的选拔上。

第五章到第八章主要研究《春秋繁露》的问题。第五章主要介绍《春秋繁露》的流传及真伪问题。作者的主要观点是：《春秋繁露》是一部文集，其中大部分内容是董仲舒所作，但是也有相当的内容是后人补充进去的，后来补充进入的内容来自白虎观奏议，但是鲁惟一并未论证这一观点；同时，他认为，尽管《春秋繁露》有一部分内容有所亡佚，但是全书仍是一个有机的整体，该书八十二篇可以分成十七卷。不过鲁惟一认为，《楚庄王第一》是后加入的，这与最近的德州季桂起的观点相悖，季桂起认为该篇是《春秋繁露》的总序，为整本《春秋繁露》的总纲，不可能是后入的。第六章《春秋繁露》的章节和内容。鲁惟一确定《春秋繁露》多主题的特征，主要包含几个内容：对《春秋》用辞的解释（11－17），解释历史进程中王朝的更替（23），诸种礼仪的详细说明（72、74、75），宇宙运行规律的探讨（58－64）。文章除了自己对《春秋繁露》各篇的主题进行了探讨，还抄录了桂思卓对各篇的分类分析。第七章《春秋繁露》的主题和问题。一、阴阳五行是《春秋繁露》的重要主题，据鲁惟一统计，以阴阳为题目的六篇，涉及阴阳内容的两篇；以五行为题目的有九篇之多。鲁氏认为汉元帝之前五行不可能成为思想界讨论的对象，不可能出现在国家的意识形态之中。二、郊祭。三、质与文。作者认为《春秋繁露》中提到了质与文的问题，在三策中董仲舒提到忠敬文，类似的论述出现在《盐铁论》和《白虎通》之中，实际是一种历史循环论。四、玉英。玉英是《春秋繁露》的篇名，其意义多种。不知道鲁惟一考察这个有什么用意？第八章单独拿出《春秋繁露》的一篇《三代改制质文》来论述。作者认为该文有三个部分，阐述朝代更迭的理论系统，考察了传说时代的君王，并把他们分成不同等级，也谈论了爵位制度。作者怀疑文章内容并非出自公羊学，推测其来自白虎观会议奏议辑录，部分内容和纬书相似。

第九章是本书的结论部分，本书的核心思想集中体现在本章。如果不用拗口的翻译语言，直截了当的用现代汉语来表达，一是儒学在西汉并没有成为国家意识形态，没有成为排他性的、压倒性的理论体系，也就可以推论为董仲舒罢黜百家独尊儒术的政策建议并未实行，包括董仲舒的其他主张。董仲舒时代孔子的学问并未被广大学者重视，人们并不引用孔子的言论来支持自己的观点；董仲舒并非高官，在他死后五十年到汉宣帝晚期和汉元帝时期儒家才占领国家意识形态。二是《天人三策》是董仲舒的思想的真实表达，但是经过了班固增删和润色；公孙弘对选官制度的影响力超过董仲舒，举孝廉和立学校之官的政策建议影响要么很长时间见效，要么影响力仍有待论证；董子的一统无关政治的一统，只是思想上定于一尊。三是刘向沿着董仲舒的路线解释灾异，把灾异视为上天示警；东汉王充推崇董仲舒，但是以后就没人提及了，一直到清朝影响不及其他重量级学者。

这是采访鲁惟一其所述原话："董仲舒的作用被过度夸大了。我也明白为什么会这样，任何一个朝代或政权，人们总要寻求一种知识或智力层面的支撑，在这个时候，要证明自己或获得一种承认，他们一般都要在历史上找一些很著名的人的观点。就因为这个原因，董仲舒的声望就被后人树立起来了。在他自己的朝代，他可能并没有这么大的影响。"

三、对鲁惟一《董仲舒儒家遗产与〈春秋繁露〉》评论

（一）鲁惟一《董仲舒儒家遗产与〈春秋繁露〉》的地位。它是我们可以看到的欧洲董学研究的最高水平的著作之一。现在我们缺乏欧

洲美洲董学研究的文献资料，一是获取这些资料不易，二是即使获得了原文版本，由于外语水平的限制，不能真正了解内涵。桂思卓的《从编年史到经典：董仲舒的春秋诠释学》也是一本难得好书，其水平应在鲁著之上。鲁惟一是汉学大家，研究汉朝历史 60 多年，积累很是丰富，对中国的文化文献资料相当熟悉，对史料的内容也是能够触类旁通，通达圆润，读起来基本没有磕绊。文章内容相当丰富，显示了作者驾驭史料的能力。

（二）鲁惟一《董仲舒儒家遗产与〈春秋繁露〉》的研究方法。该书采用的方法是统计加实证的方法。历史学实证的方法就是利用史料来，外证即是依靠碑铭学、古文字学、语言学等辅助学科来消除史料的错误，辨别其真伪，同时确定其年代、日期。内证分析史料内容的完整性、统一性并将其与同时代的其他史料比较、对照以确定其可靠性和价值。在这一考证步骤结束之后，史学家便将这些史料根据日期及揭示的事件信息顺序加以联贯，编写成书。历史实证法是比较传统的方法。历史统计方法，不是通常说的计量史学，不只是简单统计在历史研究中的应用。本书普遍采用历史统计方法。通过梳理历史史料，然后对比一下，得出一个比较可信的结论。比如说，第四章推明孔氏一节，通过爬梳有关孔子记载的史料包括《史记》、《汉书》、《盐铁论》等，大致统计出引用孔子的次数，看出在汉元帝以后引用孔子言论的次数明显增多，说明政府推崇孔子、儒学成为官方意识形态是在汉元帝之后了，西汉初年汉武帝时期并没有形成一统于儒学的局面。但这样统计也有问题，基本上存在这样一个规律，不管什么史料，年代越接近现在，其史料也越丰富，汉初和汉代中后期所遗留的史料在数量上也是不一样的。本书大量使用了史料统计的方法来论证自己的观点，所以其局限性也不可避免，其结论的可靠性打了一定折扣。

（三）本书所得出的一些结论也有待进一步考证，或者说值得进一步商榷。比如，鲁惟一把儒学看作是一个稳定不变的概念，他认为儒家的核心概念是唐代奠定的，否定董仲舒是儒家。其实儒家是一个变的概念，有一个发展演变的过程和历史，儒学发展可以形成一个比较明晰的轨迹——先秦儒家、汉代儒学、魏晋玄学、唐代儒学、程朱理学、陆王心学等等，汉代儒学是儒学发展史上不能脱落的一环，董仲舒是其中的一个杰出代表，并呈现出与其他朝代不同的特色。董仲舒来自燕齐赵交界地带，这一带有很强的巫术，先秦儒家学说和巫术的结合，形成汉儒的一大特色。

该文为“2018中国·衡水董仲舒与儒家思想国际学术研讨会”提交的论文。

王文书（1974－），男，河北衡水人，历史学博士，衡水学院董子学院副教授。